中国近现代法医学史

主编 黄瑞亭 胡丙杰

主审 丛 斌

中山大学出版社

·广州·

版权所有　翻印必究

图书在版编目（CIP）数据

中国近现代法医学史/黄瑞亭，胡丙杰主编. —广州：中山大学出版社，2020.3
ISBN 978-7-306-06734-0

Ⅰ. ①中… Ⅱ. ①黄… ②胡… Ⅲ. ①法医学—医学史—中国—近现代 Ⅳ. ①D919-092

中国版本图书馆 CIP 数据核字（2019）第 229733 号

出 版 人：	王天琪
策划编辑：	徐　劲　鲁佳慧
责任编辑：	鲁佳慧
封面设计：	曾　斌
责任校对：	张小可
责任技编：	何雅涛
出版发行：	中山大学出版社
电　　话：	编辑部 020-84110283，84111997，84110779，84113349
	发行部 020-84111998，84111981，84111160
地　　址：	广州市新港西路 135 号
邮　　编：	510275　　传　真：020-84036565
网　　址：	http://www.zsup.com.cn　　E-mail：zdcbs@mail.sysu.edu.cn
印 刷 者：	广州一龙印刷有限公司
规　　格：	787mm×1092mm　1/16　35.75 印张　850 千字
版次印次：	2020 年 3 月第 1 版　2020 年 3 月第 1 次印刷
定　　价：	198.00 元

如发现本书因印装质量影响阅读，请与出版社发行部联系调换

谨以此书献给
为中国法医学事业默默奉献和辛勤耕耘的
法医前辈和同道们！

内容提要

本书对1840年以后我国不同时期的法医学发展进行了深入研究，对清末时期、民国时期和中华人民共和国成立70年来法医学的发展成就和重要事件进行了全面阐述，并从社会政治制度背景出发，研究不同时期政治法律制度、司法行政体制、历史文化背景对检验制度和法医鉴定体制的影响，探讨我国近代以来法医学演变、沉浮、发展的历史进程和原因，重点对我国从古代法医学向现代法医学的飞跃、现代法医学的建立与发展、中华人民共和国成立后法医学的发展等做了系统介绍和评价。同时，本书采用"藉人明史"的笔法，选取近现代对我国法医学有突出贡献和重大影响的人物进行了介绍。考虑到我国台湾、香港、澳门地区的特殊情况，本书单列一章进行介绍。本书可供高等院校法医学、法律、历史（医学史与法制史）专业教师、学生、研究人员，在职法医以及法官、检察官、警官、律师、司法鉴定人、医生等阅读，也可以作为法医学教学和研究的参考书。

主 审 简 介

丛斌,1957年7月生,医学博士,教授,主任法医师。中国工程院院士。中国医学科学院学部委员。河北医科大学法医学院院长、法医学及病理生理学博士研究生导师,四川大学、中国政法大学博士研究生导师,最高人民法院、最高人民检察院、公安部特聘专家。中国法医学会副会长,中国病理生理学会常务理事,中国法医学高等教育研究会副理事长,教育部高等学校法医学教学指导委员会副主任委员,中国法医学会专家委员会副主任委员,中国药理学会神经精神药理学专业委员会常委,河北省法医学会理事长,《中国法医学杂志》编委会副主任、副主编,《中国病理生理杂志》常务编委,《中国大百科全书》(第三版)"法医学"部分主编。第十届、十一届、十二届、十三届全国人民代表大会常务委员会委员,第十二届全国人民代表大会法律委员会副主任委员,第十三届全国人民代表大会宪法和法律委员会副主任委员,九三学社第十二届、十三届、十四届中央委员会副主席。从事法医学教学、科研、检案工作30多年。培养博士研究生和硕士研究生160余名。主持、参与多起重大疑难案件的法医鉴定,主持完成了中国工程院重点课题"中国法医科学发展战略研究"。研究领域包括法医分子遗传学、法医病理学、法医法学、病理生理学。在高度降解生物检材DNA分型技术、广泛软组织损伤、应激性损伤等复杂死因鉴定,以及毒品依赖、中药毒性化合物分纯及毒理学、法医法学、缩胆囊素的细胞调节、自身免疫性疾病等方面取得重要成果。以第一完成人获国家科技进步一等奖1项、二等奖1项,省部级科技进步一等奖3项。获2018年何梁何利基金奖。在国内外期刊发表学术论文460余篇,主编《实用法医学》《法医病理学》(第五版)、《法医法学》等专著和教材8部。

主 编 简 介

黄瑞亭 1958年1月生，福建省罗源县人。主任法医师、硕士研究生导师。1984年毕业于福建医科大学医学系。先后在西安医科大学、同济医科大学和中山医科大学法医学系学习。福建省高级人民法院司法鉴定管理办公室主任，司法鉴定科学研究院研究员，中国政法大学法庭科学研究院研究员，福建医科大学、福州大学、福建公安学院兼职教授。中国法医学会理事，中国法医学会医疗损害鉴定专业委员会副主任委员，《中国法医学杂志》《法庭科学文化论坛》编委。1991年获福建省科学技术进步二等奖，并获得"国家科技成果完成者证书"。著作有《中国法医学史》《中国近现代法医学发展史》、History of Forensic Medicine（The History of Chinese Forensic Medicine and Science）、《洗冤集录今释》《话说大宋提刑官》《林几法医生涯录》《法医探索》《司法鉴定概论》《鉴证：图文解说中国法医典故》《林几》《中国现代法医学奠基人林几》《真相》《档案》《说案》《证据》《证明》《宋慈说案》《法医说案》等。论著有 Professor Lin Ji（Forsenic Sci Int）、《百年中国法医学》《法庭科学的真谛》《我国仵作职业研究》《〈洗冤集录〉与宋慈的法律学术思想》《宋慈〈洗冤集录〉与宋朝司法鉴定制度》《中国现代法医学人物志》《我国古代法医语言的现代借鉴价值》《林几教授与他的〈实验法医学〉》《我国古代诬告检验的现代研究价值》《〈法医月刊〉办刊特色与历史作用》《宋慈及〈洗冤集录〉产生的历史文化条件》《林几学术思想及其现代价值》《1936年以前林几论文著作的综览》等100余篇。

胡丙杰 1966年5月生，医学博士，教授，主任法医师。广州医科大学副校长、党委常委、法医学与公共卫生硕士研究生导师。海峡两岸医药卫生交流协会法医学分会主发起人，中国法医学高等教育研究会理事，广州市公安局法医学专家顾问，中国医疗保健国际交流促进会全科医学分会常务委员，广东省医师协会全科医师分会主任委员，广东省高校全科医学教学指导委员会副主任委员，广东省医院协会伦理与文化专业委员会副主任委员。1990年中山医科大学法医学系毕业后留校任教，1994—1995年英国威尔士大学法医学研究所访问学者，1997年破格晋升副教授，历任中山医科大学基础医学院院长助理、法医学系副主任兼法医病理学教研室代主任、法医鉴定中心副主任，广州法医学会理事，中国法医学会法医病理学专业委员会秘书，《法律与医学杂志》编委。1998年在读博士期间获共青团中央、全国学联"中国大学生跨世纪发展基金·建昊奖学金特等奖"。2002年后历任广州市卫生局科教处处长（2003—2004年美国马里兰大学访问学者），广州亚运会医疗卫生部副部长，广州市卫生局副局长，广州市卫生和计划生育委员会副主任。2017年12月后任现职。长期从事法医学和卫生管理研究，在国内外发表论文100余篇，主编《中国法医学70年理论与实践》《中国近现代法医学史》《名公宋慈书判研究》著作3部，作为副主编或参编《中国近现代法医学发展史》《中国刑事科学技术大全·法医病理学卷》《现代法医学》（郭景元主编）《现代法医学》（陈康颐主编）、《高级法医学》《实用医学科研管理学教程》《英汉汉英医学新词语》等著作16部，主持及参加国家和省部级科研课题17项，获国家教委科技进步二等奖、广东省科技进步三等奖等共5项。获"广州抗击'非典'标兵""广州市广州亚运会亚残运会先进个人""广州亚运会火炬手"等荣誉称号。

序

我国法医学有着灿烂辉煌的历史。宋代是我国古代法医学发展的高潮，宋慈的《洗冤集录》是世界上最早的系统法医学专著。以后各朝代我国法医学虽有所发展，但由于受封建检验制度的束缚，直至清末仍未能实现从古代法医学向现代法医学的飞跃。1840年鸦片战争以后，西方法医学的输入及清末进行的变法实践，对传统法医检验制度有了触动。但由于尚未正式开展现代法医学检验——尸体剖验，清末只能算是现代法医学的前奏期，即现代法医学过渡阶段。至民国时期，在林几等现代法医学先驱的努力下，我国法医学才逐渐步入现代法医学的轨道。1949年，中华人民共和国成立后，我国法医学事业得到了快速的发展。

黄瑞亭、胡丙杰主编的《中国近现代法医学史》一书，系统阐述了我国法医学自1840年来170多年的发展史。纵览全书，我认为该书有三个鲜明特点：一是学术思想新颖。1840年至民国初年这段时期是我国现代法医学的前奏期，即现代法医学过渡阶段，既有别于古代法医学，又不同于现代法医学，本书将其作为近代法医学史来阐述，在学术上具有科学性和新颖性。二是内容资料翔实。本书跨越170多年的发展历程，不仅囊括了法医学的发展成就、重要事件和主要人物，而且还涉及政治、法律、检验制度、医学和法医体制等诸多方面，力求全方位、多角度展示我国近现代法医学发展的真实全貌。三是治学态度严谨。多年来，黄瑞亭和胡丙杰一直以高度的历史责任感和科学严谨的态度全面收集资料，在拥有大量素材的基础上，寻根究底，认真查证，力求史出有据、数据准确、史料完整、史实清楚。

这是一部难得的法医学史著作，我对本书的出版感到十分欣慰，也乐意向广大读者推荐。期待我国法医学的明天更加美好！

祝家镇

原中山医科大学副校长、法医学系首任主任

教授，博士研究生导师

国务院特殊津贴专家

中国法医学会副理事长、顾问

全国法医学专业教育指导委员会副主任

国务院学位委员会学科评议组成员

全国高等法医学教育研究会顾问

Forensic Science International 编委

《中国法医学杂志》副主编

2018年8月28日于加拿大多伦多

　　700年前,马可·波罗描绘中国时写道:中国建筑和桥梁的精美、医院齐全和社会秩序,都在任何欧洲国家之上。然而,近400年来,中国发展停滞了,远远落在世界其他国家的后面。现在,中国又强盛起来,正如从来没有到过中国的拿破仑所预见一样:中国这个沉睡的巨人,一旦醒来就会改变世界。这是美国前总统尼克松所著的《超越和平》一书中对中国历史所说的一番话。

　　法医学发展也不例外,从法医学史角度来看,情况是如此相似:700多年前,中国法医史上出现了一位划时代的人物——宋慈(1186—1249年,福建建阳人)。他的著作《洗冤集录》已影响了中国法医学700多年。20世纪初,《洗冤集录》的国外译本至少已有7个国家19种版本,这说明了700年前中国法医学的繁荣,也说明了中国有深厚的法医文化底蕴。明清以后,中国落后了;而西方法医学由于检验制度的先进、科学的发展、医师参与法医鉴定工作,情况发生了很大变化。欧洲发展了,而中国则墨守成规,故步自封,处于停滞状态。关于这一点,贾静涛教授有过描述:研究中国法医学史的人,总喜欢以我国古代法医学成就与欧洲相比。常常说我国系统法医学著作《洗冤集录》比意大利人费德罗于1598年发表的系统法医学专著《医师关系论》(又译为《论医生的报告》)早350多年。这是历史事实。但这只是问题的一方面,另一方面还应该问:为什么欧洲比我国晚350余年,但在以后的300年时间里完成了向现代法医学的飞跃,而我国却不能?归根结底在于欧洲自文艺复兴时期起,采用了医师参与鉴定的法医制度,而我国仍然采用旧的封建检验制度。这是问题的症结所在。

　　我国现代法医学从何时开始,众说纷纭。多数学者的看法是始于辛亥革命后,初步形成于我国法医学奠基人林几教授(1897—1951年,福建福州人)创办法医研究所之时,真正发展则是在中华人民共和国成立以后。清代末年,西方法医学已输入中国,并产生了一定的影响。洋务运动、戊戌变法、君主立宪都对清末进行了变法变律实践,也或多或少地对传统检验制度有了触动。清光绪三十二年(1906)清廷成立"法律学堂",光绪三十三年(1907)颁行《大清新律例》和《审判厅试办章程》,宣统元年(1909)又颁布《法院编制法》,同年还成立了检验学习所。在此时期,西方法医学通过教会、医院、医药、创建学校以及翻译法医学专著等方式输入,而我国法医学也有了某些现代法医学的新内容的出现,如对鸦片中毒、尸斑、尸僵、保存型尸体的认识,尸体骨骼研究及枪弹伤检验等较以前有所发展。此外,还请"洋人"做过尸体解剖。而这些变化绝大多数是在1840年鸦片战争前后发生的。所以,这一阶段,无论在立法、司法变革、法医学输入、法医学教育、学术探究乃至部分法医学检验方面都受到西方法医学的影响。同时,此阶段我国法医学的发展,为后来民国时期接受西方现代法医学、建立法医学法规、改变传统观念等创造了有利条件。所以,1840年以后的中国法医学应与古代法医学区别开来。但由于尚未正式开展现代法医学检验——尸体剖验，清末只能算是现代法医学的前奏期，即现代法医学过渡阶段。为了系统地介绍中国现代法医学，本书亦介绍了清末我国法医学的发展。

从清末向现代法医学过渡阶段，到民国时期现代法医学形成阶段，再到现代法医学发展阶段，经历了170余年。但是，现代法医学真正发展是在中华人民共和国成立后70年。那么，这段路程中，中国法医学是如何演变、沉浮、发展的呢？中国法医学事业能否再创辉煌并为世界法医学做出新贡献呢？国内外学者一直十分关心。本书试图为此做较全面、系统的介绍。

本书在1997年黄瑞亭主编的《中国近现代法医学发展史》基础上，对有关内容进行了补充、修改和完善，并增加了1997年以后我国法医学发展的内容。本书共分七章，第一、二、五、六章及附录由黄瑞亭撰写。第三、四、七章由胡丙杰撰写。

本书在收集资料和编写过程中，得到了有关单位和许多专家、学者的大力支持。中国法医学会，公安部物证鉴定中心，司法鉴定科学研究院，中山大学、中国医科大学、四川大学、西安交通大学、华中科技大学、复旦大学、河北医科大学、中南大学、河南科技大学、新乡医学院法医学院（系）以及全国30多所高等医学、法律院校为本书提供了大量翔实的宝贵资料。作者的恩师、90岁高龄的祝家镇教授不遗余力地通读全书，提出诸多宝贵意见，并欣然为本书作序。郭景元、吴家驹、吴梅筠、黄光照、朱小曼等老一辈法医学家对本书的出版给予热情鼓励和亲切指导。中国工程院院士丛斌教授在百忙中审阅全书，并提出了宝贵意见。在编写过程中，引用了不少专家、学者在《中国法医学杂志》《法医学杂志》《证据科学》《刑事技术》《中国司法鉴定》《台湾法医学志》等刊物发表的研究成果和学术思想。在此一并表示诚挚的感谢！

非常遗憾的是，在本书出版期间，法医前辈祝家镇教授、张其英教授、胡炳蔚教授、黄光照教授不幸驾鹤仙逝，未能看到本书的问世。我们谨以此书的出版，向他们致以崇高的敬意和深切的怀念。

中国近现代法医学是我国法医学史的重要组成部分，过去研究的人不多，需要有这方面的专著，因此本书作者竭尽全力编写了本书。但由于时间仓促和水平所限，仍不免有疏漏和不当之处，敬请专家、学者、读者斧正和不吝赐教，以便日后再版时修订和完善。

本书可供高等院校法医学、法律、历史（医学史与法制史）专业教师、学生、研究人员，在职法医以及法官、检察官、警官、律师、司法鉴定人、医生等阅读，也可以作为法医学教学和研究的参考书。

黄瑞亭　胡丙杰

2019年12月28日

目　录

第一章　清末时期中国法医学（1840—1911年） … 1
- 第一节　毒品鸦片与法医学 … 1
- 第二节　清末衙门与仵作 … 3
- 第三节　西方法医学的传入与传播 … 11
- 第四节　传统法医学与现代法医学 … 22
- 第五节　传统法医学在国外的传播 … 26
- 第六节　清末法医学成就 … 28
- 第七节　清末法医案例评注 … 31
- 第八节　从两份文书看清末法医学的地位 … 36
- 第九节　清末时期法医学发展的述评与小结 … 39

第二章　民国时期中国法医学（1912—1949年） … 49
- 第一节　民国时期法医学的法律地位 … 49
- 第二节　司法改革与法医学 … 52
- 第三节　法医检验及其鉴定体系 … 67
- 第四节　法医学教育 … 75
- 第五节　中国现代法医学的形成与林几、孙逵方 … 76
- 第六节　法医研究所 … 118
- 第七节　法医学杂志 … 122
- 第八节　法医学研究与学术交流 … 124
- 第九节　与法医学有关的论著 … 130
- 第十节　民国时期法医案例评注 … 135
- 第十一节　民国时期药检与毒物分析化学 … 149

第三章　中华人民共和国时期中国法医学（1949—2018年） … 153
- 第一节　法医学与法律 … 153
- 第二节　法医鉴定体制 … 158
- 第三节　中华人民共和国成立后我国法医学发展概述 … 176
- 第四节　法医学教育 … 192

第五节　法医学科学研究 …………………………………………… 223
　　第六节　法医学术团体及学术交流 …………………………………… 285
　　第七节　法医学类杂志 ………………………………………………… 302
　　第八节　法医学著作 …………………………………………………… 312
　　第九节　国际交流 ……………………………………………………… 340

第四章　我国台湾、香港、澳门地区近现代法医学 ……………………… 406
　　第一节　台湾地区近现代法医学 ……………………………………… 406
　　第二节　香港特别行政区近现代法医学 ……………………………… 422
　　第三节　澳门特别行政区近现代法医学 ……………………………… 433

第五章　近现代法医学人物介绍 …………………………………………… 439
　　第一节　清末对中国法医学有重要影响和贡献的人物 …………… 439
　　第二节　民国时期对法医学有影响与贡献的人物（1912—1949 年） …… 453
　　第三节　中华人民共和国时期法医人物（1949 年至今） ……………… 464
　　第四节　林几生平小结 ………………………………………………… 478

第六章　近现代法医学大事年表 …………………………………………… 485

第七章　中国近现代法医学史小结 ………………………………………… 506

附录　中华人民共和国现行与法医鉴定有关的法律、法规、标准 ……… 521

主要参考文献 ………………………………………………………………… 549

中国近现代法医学重要人物

中国现代法医学奠基人林几（LIN JI，1897—1951年）

陈康颐（CHEN KANG YI，1908—2005 年）

陈安良（CHEN AN LIANG，1909—1998 年）

陈东启（CHEN DONG QI，1912—2006 年）

第一章 清末时期中国法医学（1840—1911年）

清代是我国最后一个封建专制王朝，其封建专制主义也发展到了顶峰。在法医学方面，清康熙三十三年（1694）颁布了《律例馆校正洗冤集录》，这是我国古代唯一一部由官方颁行的检验书籍。清政府明确规定，检验以此书为准，此书成为清代检验不可违背的官书。因此，在鸦片战争前，清代的法医学著作只能以此书为基础进行"增"及"补注"等。1840年爆发的鸦片战争，动摇了清朝的封建统治，中国沦为半封建半殖民地社会。在内外交困的情况下，社会发生了深刻的变革，法医学的发展也产生了深刻的影响。一方面是"治外法权"的存在。外国侵略者凭借不平等条约攫取了领事裁判权，并在租界内建立"会审公堂"；另一方面，为了"师夷之长"，清政府进行洋务运动、戊戌变法、君主立宪等变法变律实践，对传统检验制度有了触动。此外，随着西方医学和法律的输入，西方法医学也通过教会、医院、医药、创建学校以及翻译法医学著作等方式输入我国。而这些变化基本上是在1840年鸦片战争前后发生的。这一阶段，无论是司法检验制度的变革还是法医学的发展都不可避免地受到西方法医学的影响；同时，此阶段的法医学发展，为民国时期现代法医学的建立和发展创造了有利条件。因此，这一时期的法医学既有别于古代法医学，也不同于现代法医学，属于我国古代法医学向现代法医学发展的过渡阶段，即中国近代法医学阶段。

第一节 毒品鸦片与法医学

大概现代中国人最难忘却的就是发生在1840年英国人发动的侵华战争。战争的导火线却是美丽罂粟花的蒴果浆汁干燥物——鸦片。因此，这场战争又叫鸦片战争。鸦片这种本来用作治病的药品，居然引起了一场战争，并揭开了一个国家的一段历史序幕。

其实，鸦片传入中国的时间更早，公元659年的《新修本草》中就记载了一种叫"底野迦"[①]的小亚细亚诸国进贡的药品。《新修本草》称："'底野迦'味辛苦平无毒。

---

① 公元前120—前63年，希腊国王为防止被人毒害，曾用含有鸦片等数十种药物配制成的秘方，叫"Theriaca"，译为"底野迦"，现指鸦片。

主百病中恶，客忤邪气，心腹积聚。出西戎。"我国更早的医书《五藏论》也指出"底野迦善治百病"，故推测"底野迦"在隋代以前即已传入中国。至于鸦片的原植物罂粟（*Papaver somniferum* L.）的种植，在唐开元二十七年（739）陈藏器的《本草拾遗》中就有记载。但当时很大一部分是作为花卉观赏用，如唐太和年间（827—835），诗人雍陶咏米囊花的诗《西归出斜谷》云："万里客愁今日散，马前初见米囊花。"这种能让万里来客一见便消愁的美丽的米囊花就是罂粟。鸦片的药用在各代医学典籍中均有记载，明代李时珍的《本草纲目》将鸦片以"阿芙蓉"为正名加以收载，称其主治"泻痢提肛，能涩丈夫精气"，但无鸦片成瘾记载。从历史记载上看，从隋代至明代，鸦片一直只供药用，并课以相当的税赋。明万历四十三年（1615）、清康熙二十七年（1688）和雍正十一年（1731）所制定的税则中，皆包括鸦片。根据许乃济在道光十六年（1836）给道光皇帝旻宁的奏折记载，鸦片在乾隆以前列入药材项下，每百斤税银三两，说明乾隆以前鸦片只作为药品进口，其量尚不太大。

国人何时开始用鸦片成瘾，至今仍不详。虽有明神宗朱翊钧（万历皇帝）因服用鸦片成瘾（当时宫中称鸦片为"福寿膏"），但那时服鸦片成瘾的人毕竟很少。此风真正盛行应是在清雍正、乾隆年间，比较明确的是由台湾传入大陆。此时，已有如何鉴别鸦片中毒的方法，如赵学敏《本草纲目拾遗》（1765）就记载："常有身被逮系，犹求再吸一筒者""困惫欲死，面黑肩耸，两眼泪流，肠脱不收而死"。清末法医学者郎锦麒（1829）和阮其新（1832）还记载了急性鸦片中毒与假死的状态："若服多毒重，则身冷气绝，似乎已死。若肢体柔软，则脏腑经络之气尚在流通，实未死也，乃鸦片烈性醉迷之故耳，三四日后，鸦片之气退尽即活。身不僵、不变色，七日以前，无遽棺殓。"从这里我们可以看出，当时法医学对鸦片中毒已有相当的研究，其中"肢体柔软""无变色"即无尸僵、尸斑出现，而中毒后可两三日"醉迷"则是对鸦片作为麻醉性药物服后中毒假死的科学记载。此外，清末吴子美的《冤沉蘖海》图描绘了一妓女不堪忍受迫害而服阿芙蓉膏中毒死亡的案件，说明服用鸦片过量可致中毒死亡。

清末鸦片不断涌入中国，不仅男性抽鸦片，女性也抽鸦片，不仅人民健康受到摧残，也使白银大量外流，清朝财政危机四伏。清政府迫于舆论压力，不得不禁烟，于道光十八年（1838）12月委任湖广总督林则徐为钦差大臣去广东查禁鸦片。次年6月，在广东虎门销毁鸦片200余万斤。英国政府对此大为恼火，于1840年6月中旬挑起了鸦片战争，英军舰艇驶入广东海面，封锁珠江口。由于战争失利，腐败无能的清政府被迫于1842年8月签订了丧权辱国的《南京条约》。之后，鸦片更是在中国大地上泛滥成灾，烟毒遍布全国。无论在政界、商界、文界，还是在普通老百姓中，甚至在军队，烟毒犹如瘟疫一样流行。清兵一手拿烟枪，一手拿刀枪，缺了鸦片便手无缚鸡之力，不能打仗。

鸦片战争使中国沦为半殖民地半封建社会。但是中国人民猛然清醒过来：中国人为什么如此受人欺凌而无力反抗？中国汉唐的强盛今日安在？中国人真的就这么任人摆布下去？中国落后归根结底的原因是什么？中国人很快发现，中国落后不是人种低人一等，也不是地理偏差，而是闭关锁国的封建制度造成了科学落后、国力疲惫，最后"不敌洋人"。于是，自鸦片战争后，从清朝政府上层的有识之士到社会各界慢慢地开始走"中西文化交融"之路。其中较为突出的是洋务运动、司法变革和君主立宪等，而科学界，特别是医学界，因慢慢接受西方医药的输入而兴起，形成中医、西医各自独立的体系——传统中医学派和现代西医学派。法医学是运用医学知识解决法律问题的科学。司法改革需要法医学，所以传统法医学开始向现代法医学发展变革。从检验方面、立法方面、法医学教育方面、人才培养方面已较传统法医学有了一些变化，加上法律向现代化的演变，现代医学逐渐被世人所接受，以及现代法医学通过翻译而输入我国，使得法医学从传统向现代发展的各种条件慢慢成熟。但是，法医学毕竟与医学发展不一样，其发展受制于千年的封建制度，维系尸表的检验制度不能打破。然而，此期变革很重要，为以后的法医学发展奠定了法律、政治、社会、舆论的基础。正如"十月怀胎，一朝分娩"一样，这是孕育的过程，故我们称之为中国现代法医学的过渡阶段。因此，可以说，1840—1842年的鸦片战争唤醒了中国人，是我国法医学史上的一个重要转折点，同时也揭开了我国近现代法医学史的序幕。

第二节 清末衙门与仵作

清代（1644—1911年）是中国末代封建王朝，1840年鸦片战争以后往往被称为清末（1840—1911年）。清代法规继承了封建法律发展的源流，很大部分沿用了明律并加以修订。其中《大清律例》是具有代表性的法典，其编目与《大明律》相同，仍名为例律、吏律、户律、礼律、兵律、刑律、工律7篇，30门，律文436条。关于刑律，据清代《四库全书》记载："有贼盗、诈伪、杂犯、捕亡、断狱诸门，又分诉讼斗殴·诉讼诸门。"但到了清末，立法则与以前不同，因为，1840年以后中国沦为半殖民地半封建社会，外国侵略者凭借不平等条约攫取了领事裁判权，并在租界内建立"会审公堂"。清政府于光绪二十八年（1902）建立了修订法律馆，委派沈家本[①]、伍廷芳[②]为修律大臣；光绪三十二年（1906）清政府颁布了《大理院审判编制法》；光绪三十三年（1907）颁布了《各级审判厅试办章程》，制定了《大清新刑律》草案；光绪三十四年（1908）修订了《钦定案法大纲》；宣统二年（1910）制定了《法院编制法》。法院编制采用了西方司法独立的原则，规定各衙门"独立执行"司法权，行政长官和检察官"不得干涉推事[③]之审判"。据《清史稿·志一百十九》载："迨光绪变法，三十二年，改刑部为法部……刑事有检察官临莅，人命有检察官相验。"宣统二年（1910）的《大清刑事诉讼律草案》第一百二十条规定："检验得发掘坟墓，解剖尸体，并实施其余必

---

① 沈家本（1840—1913年），字子惇，别号寄，浙江吴兴人，清末著名法学家。
② 伍廷芳（1842—1922年），字文爵，号秩庸，广东新会人，清末和民国南京临时政府司法、外交官员，中国近代司法改革代表人物之一。
③ 推事，即指清末的法官，这一习惯称呼沿用至民国时期。

要处分。"在法律规定方面，尸表检验的局限已经被突破。清末引进了西方法律体系，打破了中国固有的诸法合体的结构，标志着延续2000多年的中华法系开始解体。

一、清末衙门与审判厅

旧时的衙门公堂相当于现在的法院。历代衙门审理刑事、民事案件都在衙门的公堂上进行。县级以上的衙门都建有堂皇宏伟的宫殿式公堂，北面设置高尺许的长台，案上陈列签筒笔架，背后有油漆图案；走廊高置鼓架，上放大鼓，升堂时击鼓示威，官吏朝衣朝冠，端坐横案后的高大座位上，公堂两旁列身佩刀剑的武士和手执杖板的差役。仵作（旧时的验尸人员）在明、清后虽属衙门内人员之一，但只是随官检验、喝报死者尸情，公堂上是不露面的，鉴定结果由检验官吏负责。这便是中国衙门公堂，与西方的法院法庭截然不同。显然，就法医角度而言，国外法庭需要法医回答法院庭审有关问题，并出庭质证，法医由医师、专家、教授充任。

清末，清王朝为挽救其行将崩溃的统治，预备实行君主立宪制度，变律变法，实行了司法与行政分立制度。光绪三十三年（1907）实施法院编制，采用四级三审制。学习西方，在上海、福州等地建立法庭。法庭以方形布局，正面建尺许高的讲台，上设长形横案1张，有5张座椅（上海用高背沙发，福建用直背椅），可供推事3人、检察官1人和书记官1人坐，讲台对面下方是双方律师座位，但没有法医的座位。在法庭中央有一空地，供受讯人站立。这便是当时法庭的大致样子。而在国外法庭上有法医和其他证人的座位，是为法医和证人出庭作证而设置的。这说明中国对法医的作用停留在过去检验制度之下，仍带有封建的色彩。

清末设置的法院组织：中央设立大理院，省、府、县逐级分设高等、地方、初级审判厅，专司审判，并开设有刑事、民事二庭，高等法院审判厅一般设厅丞（首席法官）1人、推事（法官）6～10人、典簿（书记官）1～2人、主簿或录事（书记员）4～6人。地方法院和初级法院依地方大小而定，并配有仵作若干人。仵作配备是：大县3名，中县2名，小县1名。

法院法官职位：高等审判厅厅丞从四品，地方审判厅厅长从正五品，各级审判厅推事从五品以下七品以上，典簿、主簿、录事为咨补官，仵作未作明确规定。直至清王朝行将灭亡前夕才开办检验学习所，此时把仵作一职改称"检验吏"，并作出允许出身的规定。由此可见，中国法医的命运在历代封建衙门内的地位是如此之低，以致他们几乎没有支配自己的能力，更谈不上在衙门内占有一席之地，唯有"法曹"定尸图尸格（旧时给检验人员填、画尸体受伤部位的文书格式或图表），仵作喝报死、伤，代代相传。从这一点上看，清末对仵作的培养无疑是进步的。关于仵作，本节后面还将作介绍。

二、清末领事裁判权与上海、厦门、汉口会审公堂

道光二十一年（1842）九月，清政府因鸦片战争失败，被迫与英国签订《南京条约》，允许英国人在广州、厦门、福州、宁波、上海5个港口通商和居住。道光二十四年（1844）七月，中美签订《望厦条约》，规定美国人被控告的诉讼案件由领事"讯明

第一章 清末时期中国法医学（1840—1911年）

办理"。嗣后，清政府与各国签订的不平等条约，均有类似的规定。外国人在华享有的域外管辖权，不仅由中国法官和外国领事共同组成的法庭行使，而且还由外国人专门设立的法院行使。

在领事裁判权制度下，中国人和外国人的刑事、民事案件还得由被告所属国法院办理；享有领事裁判权的各个国家的外国人在租界内犯罪，中国法院无权管理；即使是在中国法院管理的辖区内犯罪，如一方是外国人，也得请领事到法庭观审，如1858年中英《天津条约》还规定了"两国外涉事件，彼此均须会同公平审断"的会审制度；又如1876年中英《烟台条约》规定了外国官员可以赴承审官员处观审，有不同意见，可以逐细辩论的"观审制度"。光绪十年（1884）七月十六日，日本人打伤中国济远船水手李荣，后李荣住院治疗无效死亡，同乡人为死者申冤告状到衙门，要求验尸。当地衙门因涉及外国人作案，不敢照清律断案，只好照会日本领事官员，日方代表带西医布百布卧氏前往验尸，用解剖尸体的检验方法，"开膛相验"（图1-1），中方和日方代表在两侧监督检验。这大概是中国历史上有记载的第一例用现代法医学的方法检验尸体。虽然检验结果不详，但这次法医解剖在法医学史上有重要意义，打破了我国法医检验停留在尸表的传统陋规，值得记载。

图1-1 〔清〕吴友如《点石斋画报·开膛相验》：西医布百布卧解剖李荣尸体

此外，还有一个案件：有个上海南汇人沈兆龙在法界地被外国巡捕殴伤致死，有王金生、龚阿宝作证。沈兆龙因伤殒命，死在仁济医院。当时的上海县法院陆佀尊法官会同法领事请英国法医师验尸。英国法医师检查，见伤在左太阳穴，未定死因。陆佀尊法官请仵作检验，仵作当场喝报伤痕在左太阳穴，按《洗冤录》古法定为致命要害伤。但英国法医认为左太阳穴不是致命伤，需要解剖确定死因。陆佀尊法官认为，死者系华

人，应按体例检验。辩论数次，终未定谳！（图1-2）

图1-2　清·吴友如《点石斋画报·沉冤待雪》

与领事裁判权有关的是所谓"会审公廨"（会审公堂）制度。前面提到的不平等条约中规定有"现审"和"会审"的办法，实际上是外国人得寸进尺，由原来的相互的"观审"变成只许外国人到中国衙门观看外国人为原告的案件审理，而不许中国官员到领事法庭观看中国人为原告的案件审理。由于租界的存在，清政府允许外国人在上海、厦门、汉口设有"会审公廨（堂）"，审理租界内的中国人为被告的案件。（图1-3）

图1-3　会审公廨（堂），清末外国列强在中国租借地设立的由中外法官组成的审判机关

1868年，《洋泾浜设官会审章程》规定，无论是华人还是洋商控告华人，概由会审公廨（堂）审理。上海租界地会审公堂于1926年改为临时法庭，才取消了外国人与中

国人之间刑事、民事案件由外国会审公堂领事会审的规定。据魏立功记载:"上海法租地会审公堂取消后由上海第二特区法庭中国人接管,当地的法医事件在1930年以后皆由中国法医办理。"又载:"司法行政部成立法医检验所,由上海第二特区法庭的留法博士孙逵方负责。"因此,孙逵方于1929—1930年回国,任上海第二特区法庭的法医。

与上海"会审公廨"相应的"厦门会审公堂"(建在厦门鼓浪屿)是根据1902年1月10日各国驻厦门领事与厦门道签订的《厦门鼓浪屿公共地界章程》,于1903年5月3日设立的,其设置、人员、办理案件的规章均与上海会审公廨相同,规定"凡涉案洋人,无论小节的词讼,获有罪名之案,均由该领事亲来或派员会同公堂员审问。"实际上是"外国人不受中国之刑章,华人反而受外国之裁判"的怪现象在厦门的蔓延!例如,1914年3月18日,鼓浪屿公共租界地印度巡捕打伤厦门鼓浪屿龙头街一餐馆店员,引起公愤,巡捕长闻讯前往弹压,枪伤3人(验伤皆由教会医生检验),拘捕5人。会审公堂曹友兰向英国政府领事交涉,被拒不见。后连会审公堂也被英国领事所封,结果发生厦门商界罢市。北洋政府与英、法、美领事多次商议,竟然于5月15日以惩办殴伤印捕的华人为妥协条件,换取领事团同意启封会审公堂。厦门会审公堂直到1945年9月29日才被废除,中国的检验人员在租界地、会审公堂根本无权作检验,这是历史的悲剧。

三、从仵作到检验吏

清代的检验制度较严密,本质上是"官验",即京城内委刑部司官及五城兵马司、京县知县,外地委州县正印官,若正印官外出,由邻县正印官代验。印官亲往相验,随带仵作1名、刑书(刑房书吏)1名、皂隶2名。检验时由检验官躬亲监视。由仵作验尸,出具保证书。仵作只有边验尸边喝报伤情、致命部位等权力,其记录及结论按尸图尸格上致命伤部位填写,最后由监视印官定夺。因为清代法律规定,若检验官听凭仵作,将有伤报无伤或打伤砍伤报跌伤,降二级调用;如无伤报有伤或重要伤报不全者,降一级调用;有其他差错者罚俸一年。所以,从历史上来看,检验官对验尸验伤十分重视,事关仕途,不会把权力放给仵作;这也可解释为什么验尸者为仵作,而法医专著皆出"官曹"之手的缘故。(图1-4)

那么,什么人充当仵作呢?清代以前,历代的刑律中没有关于仵作的规定,可以认为仵作是衙门的雇佣工。历史上仵作大致从五代时为丧家处理丧葬事宜、搬运尸体,到宋代时成为检验官的助手,到元、明、清时成为检验人员,清末时才规定州县均设仵作,更名为检验吏,发给《洗冤录》一部,由刑书逐细讲解。但仵作为县府世袭吏目,父子相传,世代供职,其技术一向保密,从不外传,这一点有点像古代中医传徒。仵作虽然地位甚低,但外人不得参加,成为私家垄断的专门行业。这也是为什么仵作学识长期不能进步的内在原因。清代姚德豫就说过:"仵作贱役也,重任也,其役不齿于齐民,其授食不及于监犯。役贱而任重,利小而害大,非至愚极陋之人谁肯当此也!……良吏(官员)必须熟悉《洗冤录》,与之辨认确切,方令其(仵作)喝报,若任其喝报,求无冤不可得也。"由于是贱役,又受官吏的轻视和怀疑,仵作的子孙连应试做官的权利都没有!

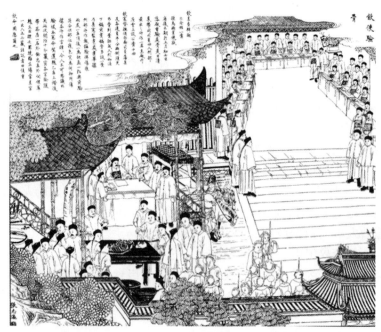

图1-4　〔清〕吴友如《点石斋画报·钦差验尸》

湖北余姓一案,潘臬钦差带刑部4人、仵作1人,升堂办案,重验尸体。潘臬钦差及各道官员平分两侧。在右侧另有验尸堂,中间桌子停放一具尸体。仵作当场喝报伤痕及何物所伤,与前验区别等。

这里,要提一下清末一个案件:杨乃武与小白菜案。这个案件引起了清廷上层的关注,并试图对仵作职业进行改革。(图1-5)

图1-5　〔清〕吴友如《点石斋画报·杨乃武与小白菜案》

杨乃武与小白菜案,即葛毕氏案,后世又称小白菜案。清同治十一年(1872)三月，浙江余杭县人葛品连与新婚妻子葛毕氏租住了举人杨乃武的房屋。葛毕氏，本名毕秀姑，很有几分姿色，平时喜爱下穿白裙上穿绿衫，故绰号"小白菜"。葛品连在杨家打工，小白菜与杨乃武亦有接触。葛品连对此心中不悦，曾盯梢二人行踪、偷听谈话。除了发现杨乃武教葛毕氏读书识字外，并未发现奸情。别人知道后就在居里巷间传开，成为当地人茶余饭后的谈资。此后，葛家就张罗搬家。第二年六月，葛家搬至亲属王心培家隔壁居住，葛品连也不在杨家打工了。有一次葛品连与妻子因腌咸菜琐事发生争吵，动手打了小白菜。过后，小两口恢复常态，葛品连每日照常出去打工。十月初七这日，葛品连感到身体不适，时冷时热。初九，病情加重，下午四时左右虽经医治但无效，死亡。葛母见死去的儿子脸色发青，疑是中毒致死。又联想到儿媳平时举止轻浮，更加怀疑了。于是便以死因不明，恳求检验为名，请地保王淋到县衙代为告状。余杭县令刘锡彤接诉状后并未立即升堂，先派人"秘密初查"。初查人回来作了汇报，自然是杨乃武与小白菜的"绯闻"贯满了刘的耳鼓。之后，刘县令带领办案人及法医沈祥等验尸。此时尸体已经腐败，尸表呈青黑色，沈祥便报称"服毒身死"。刘锡彤当场将小白菜带回县衙审问。小白菜大呼冤枉，但在"大刑伺候"下屈认曾与杨乃武通奸谋害了亲夫。刘锡彤接着传杨乃武到庭对质，杨拒不承认。后被刑讯逼供，杨乃武屈招。结案意见是：葛毕氏、杨乃武拟判为凌迟、斩首。清朝死刑案件是五审制。同治十三年（1874）四月，本案第五审即终审开始。审讯中，杨乃武、小白菜均推翻原供词，故而没能审结。光绪元年（1875）四月，皇上令刑部详细研究案情。刚毅被任命为主审官。经刑部审查卷宗，认真研究，讯问犯人，调查证人，重新检验尸骨，终于查清葛品连系病死而非中毒死亡。有关涉案官员、仵作被刑事处罚。至此，杨乃武与小白菜冤案得以平反。

清末两江总督沈文肃①（图1-6）看到仵作检验弊端，曾上奏请准许仵作子孙参加应试，但因"格于例"而不行。

由于仵作出身贫寒，世袭为业，在衙门内任重而役贱，尸体检验要求技术高而仵作又无文化，检验官吏需要仵作喝报尸伤又不敢信任，这些矛盾集于一身。在封建社会里，有较高文化的人是不可能从事仵作的，也就是说，检验官为对案件负责，又碍于封建礼教和地位，不愿进行尸体处置和对众喝报伤痕，只好高香一束，坐定现场，雇用贱役仵作来完成。而仵作能存在千年，又与封建制度维护尸体外表检查、不容许尸体解剖有关。因为，一旦通过尸体解剖，血痕、毒物等化验确定死因和死亡方式，检验人员不能没有文化，文化低也不行，而不熟悉日新月异的医学发展更不行。可见，仵作是封建制度造成的一种特殊职业。他们来自封建社会的最底层，为生活所迫，不得不接受验尸的重任和社会歧视。

---

① 沈文肃：（1820—1879年），即沈葆桢，福建福州人，曾任大清两江总督等职。很少有人知道沈葆桢与近代法医学有较大关系。沈葆桢对法医学的贡献和重视《洗冤集录》价值的研究，主要缘自他任九江知府、江西巡抚时接触到刑事案件后深感法医检验的重要性，并认为担任这样重任者必须要精通《洗冤集录》，否则不利断案。沈葆桢被提升两江总督后，便上书朝廷，要"解除仵作禁锢"，让其学习文化，掌握《洗冤集录》有关知识，为清律断案服务；同时，还奏请批准"仵作子孙应试"，但因"格于例"而不行。沈葆桢的建议对以后清廷改仵作为检验吏出身以及建立检验学习所有很大影响，为清末法医制度改革的先声。

图1-6 沈葆桢(1820—1879年)

清末,随着西方文化、科学、法律的传入,中国的检验制度暴露了其致命弱点。清政府迫于压力,于宣统元年(1909)决定建立检验学习所,改仵作为检验吏并给出身,指出:检伤之法,外国责之法医,中国付之仵作。法医系专门学科,必由学堂毕业,于一切生理、解剖诸术,确然经验有得,始能给予文凭,故业此者,自恃不轻,即人也不敢贱视。而仵作则源其党私相传授,率皆椎鲁无学,平昔于宋慈《洗冤集录》一书,句读尚难,遑言讨论。各州县既视为无足轻重,故例内所载,选明白刑书逐细讲解,及由该官府、州随时提考之事,历久几等具文。

清政府在京师设检验学习所,调取识字仵作,并招考20岁以上聪颖子弟入学学习。但学习的仍然是《洗冤录》(即大清《律例馆校正洗冤录》)一部,外加生理、解剖等书,并附尸骨模型标本讲学(不进行尸体解剖实地教学)。学习一年半,发给文凭,分派至各州、县。这是中国历史上的第一次,也是法医学史上的一个大事件。清末政府这样做无疑是正确的,但同样又带有浓厚的封建色彩。其一,为什么不选用当时有文化的、有医学基础的医学人才?其二,为什么不选派医学生出国深造?其三,为什么不设立专科学校直接讲授和接受西方现代法医学,而仅以学习《洗冤录》为主?显然,清末仍摆脱不了封建桎梏。

清末政府迫于压力,还把旧日仵作改为检验吏,并规定,自毕业后从事工作起五年之后不发生错误,经过考试,可给"从九品"或"未入流"出身。从"不入流"的衙门雇工到有出身的检验吏,这是仵作地位的提高,从法律上讲,仵作的"贱役"帽子开始被摘掉了。值得一提的是，光绪三十三年（1907）清政府颁布了由修律大臣沈家本修订的《大清新刑律》，其中吸收了西方国家法典的不少内容，与法医学有关的有："鉴定人，以自己的学识或特技于审判厅鉴别事物，凭判者也。例如医师、理化学者判定加害之健康状态或有无血痕之类。凡审判官于法学行动所不能及处，必须有特别之学识或技术之人为之补助，即可命之为鉴定人。"从这一法律规定我们可以看出，清政府立法者认为仵作或检验吏已不能适应社会、法律的需要，还需聘请医师、理化学者鉴定，并提出有专门技术或学识的人为鉴定人。这是中国历史上的第一次，也表明中国想走西方鉴定人制度这条路。

关于对仵作的看法，我国学者贾静涛教授做了论述：仵作是封建制度造成的矛盾职业，随着清王朝垮台，才从检验工作中消失。没有医生参与尸体解剖检验，只靠检验官吏和仵作，是不可能向现代法医学转化的。显然，尽管清末在法律、法医学教育、部分检验方面接受西方法律、法医学影响，与以前传统的法医学有很大差别，但我们也只能称其为中国法医学从传统到现代转变的过渡时期。

第三节 西方法医学的传入与传播

西方医学的传入与教会关系很大，因教会传教士对中国比较了解，有一定基础和地位，再加上帝国主义列强为了其政治上、经济上的利益，对于向我国输入西方医学大加鼓励，改变了以往传教士只能在澳门、广州等地区活动的局面。鸦片战争以后，西医在我国开始得到较快的发展和传播；与此同时，随西医发展而发展起来的现代法医学也慢慢地传入中国。

一、教会医院与法医学

1807年，英国传教士马礼逊来华开始了基督教在华传教史，教会医疗事业的创办则要滞后一些。1820年，马礼逊为了接触华人的便利，与英国东印度公司医生李文斯顿在澳门合开诊所，这是基督新教在华行医施药的开始。这件事引起东印度公司医生皮尔逊的注意。继马礼逊之后，皮尔逊、郭雷枢在华人中进行过行医活动，他们虽非传教士，但他们的活动对近代基督教在华教会医疗事业的产生起了积极影响。皮尔逊在广州进行种痘，在中国人中有很大的影响。1826年，郭雷枢被派到东印度公司当医生，次年他即给华人诊治疾病，他很快便发现眼病在广州的劳动阶层中相当流行，而当地没有能够治疗这种病的人。于是，他于1827年在澳门创办医院，在华人中进行医疗活动。郭雷枢等人的行医活动在西方基督教界产生了较大反响。正是在这种背景下，美国公理会于1834年派遣伯驾（Peter Parker）以医生的身份到中国传教，这是近代来华的第一个正式医学传教士。1835年，伯驾到达中国，开启了基督教在华医疗事业。1835年11月4日，伯驾在广州开办一所医院，因其设在广州十三行新豆栏街，所以也称"新豆栏医局"，这是近代中国第一所教会医院。1838年7月5日，伯驾在澳门开办了近代中国的第二所教会医院。1842年，英国以武力打开中国国门后，美、法等列强接踵而来。1844年，美、法两国先后迫使中国签订《望厦条约》《黄埔条约》，通过这两个条约，西方列强在中国的通商口岸获得了设立医院和教堂的权利。鸦片战争以后，随着不平等条约的签订和五口通商的开辟，教会医院的设立不再局限于广州、澳门、香港，外国人有权在广州、福州、宁波、厦门、上海五个通商口岸开设医院。1848年，英国人合信放弃了香港的医院，在广州金利埠建立惠爱医院。1850年，英国圣公会的温敦到达福州，几经努力，在当地建立了医院，这是福州教会医疗事业的开端。1851年，美国美以美会维利到达福州。继美国人高明（又译为"甘明"）之后，厦门有英国伦敦会希斯洛普、英国长老会养为霖等医学传教士开辟医疗事业。1854年，美国长老会的嘉约翰到达广州，入伯驾的医院工作。伯驾离开广州任美国驻华专使，继任者将医院迁到联安街，1854年医院由嘉约翰主持。1835—1850年的十几年内，5个通商口岸全部建立了教会办的诊所和医院（表1-1）。

表1-1 1835—1850年间外国教会在广州等地开设的医院、诊所

年份	地点	医院、诊所	创办人
1835	广州	医院（眼科医局，博济医院前身）	伯驾（美国）
1838	澳门	医院	伯驾（美国）
1840	舟山	诊所	雒魏林（英国）
1842	宁波	诊所（华美医院前身）	玛高温（美国）
	厦门	施医传教	高明（美国）
1843	厦门	诊所	合文（赫伯恩）（美国）
1844	上海	医院	洛克哈特（英国）
	上海	医院（仁济医院前身）	雒魏林（英国）
	宁波	行医传教	麦嘉缔（美国）
	香港	行医传教	地凡（美国）
1845	宁波	医院	李高恩（美国）
1848	福州	诊所	怀特（美国）
	广州	惠爱医院	合信（英国）
1850	福州	医院	温敦（英国）

1860年以前，教会医疗事业的发展还是相当有限的，集中在以上海和广州为中心的沿海五口岸，医院的规模不大，有的从严格意义上讲只能算诊所。究其原因，除了中国政局、清政府的政策影响外，医学传教士人数较少也是重要原因。第二次鸦片战争（1856—1860年）结束后，随着一系列不平等条约的签订，教会的特权又逐渐扩大，在北京、杭州、台湾、汉口、汕头等地建立了教会医院。由于通商五口岸有较好的传教基础，因此，教会医疗事业得到了进一步的重视。1867年，上海设立了同仁医院；1866

第一章 清末时期中国法医学（1840—1911年）

年，福州设立了塔亭医院。随着新辟口岸的开放，教会势力及时跟进，教会医疗机构随后得以举办。伦敦会在这方面走在前列。1866年，伦敦会在汉口创办仁济医院，1868年又在天津创办基督教伦敦会医院。1869年，爱尔兰长老会的宏德到达辽宁省牛庄设沟营口岸（即今营口市）开始医学传教，开办诊所，后来发展为普济医院，他是到达我国东北地区的第一个医学传教士。除在通商口岸从事活动外，一些医学传教士还进入非通商口岸地区。1861年，雒魏林以使馆医生的身份进入北京，设立基督教会双旗杆医院（北京协和医院的前身），这是近代北京第一所教会医院。1860—1862年，美国浸信会的纪好弼先后在广东肇庆和广西梧州设立教堂和医院。19世纪70年代，教会医疗事业在通商口岸得到加强的同时，在我国沿海、沿江省份也得到了长足进展，在沿海省份设有杭州广济医院（1871年）、福建古田怀礼医院（1874年）和苏州中西医院（1878年）等。教会医院还日益深入内地，如地处内地的武汉在70年代就设有汉口普爱医院（1874年）、汉口普爱妇孺医院（1878年）和武昌同仁医院（1873年）3所医院。就连长江上游的宜昌也有普爱医院（1878年）和普济医院（1879年）。经过19世纪六七十年代的发展，教会医疗事业在我国已达到一定规模。到1877年在华传教士大会召开前，中国共有教会医院16处、诊所24处。1887年以前，教会医院除在我国东南沿海得到加强外，日益向内地和北方发展。这时期，东南沿海设有上海西门妇孺医院（1884年）、苏州博习医院（1883年）、汕头益世医院（1885年）、海南那大医院（1881年）、福音医院（1885年）等，内地设有武昌昙华林医院（1885年）等，北方则设有山东临清华美医院（1880年）、德县卫氏博济医院（1884年）、天津妇孺医院（1882年）、北京美国同仁医院（1886年）、盛京施医院（1883年）等。注重在中国内地布道的内地会将教会医疗事业扩展到内地的山西，1880年，英国圣公会萧菲德到太原从事医疗活动，成为到达山西的第一位医学传教士。19世纪80年代，许多教会医院在生徒教育的基础上开办了医学校，这些医学教育虽然规模较小，有的很不正规，但是奠定了以后教会医学高等教育的基础，如：1880年，文恒理在上海同仁医院创办医学校，为后来的圣约翰大学医学院的前身；1884年，杭州广济医院创办广济医学校，为后来的广济医专的前身；蓝华德、柏乐文在创办博习医院之初就进行医学教育，不久开办医科，为后来的东吴大学医学院的前身；司督阁在盛京施医院里进行医学教育，奠定了后来的辽宁医专的基础。与此同时，护士教育也提上了日程。1884年，伊丽莎白·麦卡特妮（Elizabeth Mckechnie）来华，是西方来华的第一个正式护士。此后，一些受过护士教育的女医学传教士先后来华，开始在一些教会医院从事护士教育，奠定了教会护士教育的基础。1887—1900年，教会医疗事业在沿海与内地都得到进一步的拓展。在沿海地区，教会医院得到了进一步加强，如：上海设有广仁医院（1898年），新辟为通商口岸的苏州增设上津桥妇孺医院（1899年）、福音医院（1897年），福州设有柴井基督教医院（1899年），广州设有柔济医院（1899年）、夏葛妇孺医院（1896）。同时，沿海省份的一些地方设立了新的教会医院，如：山东的济宁德门医院（1890年）、临沂南关基督教医院（1891年）、济南华美医院（1893年），福建漳州的协和医院（1890年），江苏南京的鼓楼医院（1890年）、江阴福音医院（1894年），河北保定的思罗医院（1893年）。教会医院在内地也得到新的拓展。一方面，教会医院在原来设有较多教会医院的省份得到加强，如湖北德安设有普爱医院（1894 年），孝感设有伦敦会麻风病院（1895 年）；另一方面，原来设立教会医院较少或没有教会医院的省份增设了一些医院，如安徽合肥设有基督医院（1897 年），安庆设有同仁医院（1899 年），山西临汾设有善胜医院（1898 年），四川重庆设有仁济医院（1892 年）、宽仁医院（1894 年），成都设有存仁医院（1894 年）、达县教会医院（1893 年）、乐山仁济男女医院（1898 年）。教会医院的新拓展还表现在一些新的专门医院的设立。1893 年，梅藤更在杭州设立麻风病院；1898 年，嘉约翰在广州设立近代中国第一所疯人院。

　　教会医学和护士教育也有新的发展。中华博医会成立后，医学教育得到了医学传教界的重视。1887 年 10 月 1 日，在何启博士和基督新教英国伦敦传教会的倡议和英国及清政府支持下，香港西医书院建立。同年，美国监理会斐医生在苏州创办妇孺医院，1891 年，斐医生又创办苏州女子医学校，1901 年改称苏州女子医学院。到 1896 年，医学传教士已在 39 个地方进行医学教育，共培养了 268 名男女西医生，当时正在接受教育的有男女学生 194 人，其中，男生有 161 人，女生有 33 人。1897 年，苏州福音医院开办医学校。1899 年，富玛丽在广州创办女子医学院（1901 年改为夏葛医学院）。1866 年，嘉约翰在博济医院内办了南华医学堂（1886 年孙中山先生在这里学医），1904 年，南华医学堂扩建为南华医学院。与此同时，许多医学传教士认识到联合创办中心医学院的重要性，在东北奉天，苏格兰长老会医师司督阁积极筹建医学院，1911 年末，奉天医科大学建成，司督阁任校长。正规的护士教育开始为医学传教界所注重，1888 年，安娜·约翰逊（Alla Johnson）在福州设立了近代中国第一所护士学校。此后，一些教会医院先后创办了各自的护士学校。医学、护士教育的发展为教会医院的进一步发展起到积极的促进作用。义和团运动以后，各国教会积极改变政策，以适应中国的实际情况，教会医疗事业很快得到恢复。1901—1911 年，教会医院的设置范围超过前此任何时期。新设教会医院主要有：江苏的无锡圣公会医院（1908 年）、徐州基督医院（1905 年），河北的昌黎广济医院（1901 年）、顺德福音医院（1902 年）、保定思侯医院（1903 年）、沧州博施医院（1903 年），山东的黄县怀麟医院（1902 年）、泰安博济医院（1904 年）。此外，辽宁的新民、辽阳、安东、铁岭等地先后设立了教会医院。除无锡等个别地区外，沿海省份新设的教会医院主要集中在这些省份的腹地。在内地的河南、湖南等省份，教会医院设立较多，如湖南在 20 世纪以前没有一所教会医院，20 世纪初，湘潭、长沙、郴州、益阳、岳阳等地先后设立教会医院；河南的卫辉、沁阳、开封等地先后设立教会医院；四川的教会医院也得到加强。此外，教会医疗事业不发达的安徽、广西也分别设立了怀远民望医院、梧州思达医院。很明显，在我国沿海、沿江省份通商口岸及其附近地区教会医院拓展到一定程度后，教会医院在 20 世纪初以强大的势头向内地以及偏远地区拓展。在空间拓展的同时，教会医院也出现新的变化。在新建的医院中，长沙的湘雅医院值得注意，它是由非宗派的雅礼会所建，这是学生志愿布道运动后出现的新现象。有些教会医院对一些特殊病症表示了关注。继嘉约翰之后，1906 年，惠更生在苏州福音医院创办疯癫病院。据 1905 年统计，全国教会医院发展至 166 所、诊所 241 处。

　　由于教会医院在全国遍布，西医在中国站住了脚根。在中国人眼中，西医在 19 世

第一章 清末时期中国法医学（1840—1911 年）

纪以前并不比中医高明，加之西医西药学理论同传统的中医学理论格格不入，所以西医没能在全国迅速传播。但是 19 世纪以后，西医有了很大发展，特别是眼科、外科、妇产科等手术疗法挽救了不少人的生命，也使一些疑难重症得到有效治疗，西医逐渐得到中国人的信任。此外，对这些"动刀开膛开腹"的手术，中国人从怀疑到接受，动摇了传统中医药理论，从而，国人慢慢认识到中医与西医是两个不同的医学体系。

中国传统法医学的最大特点是维系在尸表的检验，许多死因不能解释。法医学上不明原因死亡，中毒，多种方式致死，暴力致颅脑、胸腹腔内出血死亡的案例，随着现代科学发展，特别是法医病理学的发展，以及法医毒理学的兴起而得到解释。加之西方此时期的化学、药物学、血清学发展并通过教会医院传入中国，使得我国传统的法医检验开始逐渐被世人怀疑。

教会医院在清末能在中国存在并迅速发展，除帝国主义列强制定的不平等条约因素外，统治阶级的主导思想以及法律的规定影响也很大，是其法律基础。当然，医学发展对社会有其有利的一面，这也是其得以发展的社会基础。

第二次鸦片战争后，清王朝统治集团出现了以李鸿章等人为代表的主张洋务运动的法律思想，曾提出采用西方的做法，如办同文馆译西书等，李鸿章本人还于 1881 年在天津开办医学馆①，曾建议派员到西欧留学；还聘请美国传教士丁韪良（1827—1916 年）和英国传教士傅兰雅（1839—1928 年）译西方法律和医书。但洋务派具有一定的买办色彩。中法战争前后，以康有为等人为代表的资产阶级改良派以进化论的观点提出法律改革，唤醒了中国人对人权、主权、民权的认识。这些清末的法律思想和做法，都影响了清末政府的法律，也促进了为刑狱服务的法医检验方法从过去的固守到动摇，再到改革。所以，清光绪三十二年（1906）开始实施改革司法制度方案，宣统元年（1909）决定设立检验学习所，改仵作为检验吏，提出采用鉴定人解决专门问题的法律规定，这是历史的必然。

值得一提的是，教会医院在中国的存在与其治疗手段有关，特别是用手术治疗的外科、妇产科等有较大的影响，比如剖腹出儿、剖割怪胎等，有的画家还制成图片在报纸、杂志上登载。与"动手术"相同的"尸体解剖"慢慢地就被社会所接受，也促进了法医学的发展。

清代吴友如的《点石斋画报·剖割怪胎》云："张云彪之妻难产，接生婆无法处理，转到一家外国人办的医院，只割下婴儿头颅。后又转到同仁医院行剖腹取胎，系一头四手四脚怪胎。胎儿已死。怪胎放在药水中浸泡研究。"（图 1-7）

《点石斋画报·剖腹出儿》云："某蛋妇②，身怀六甲。至临盆时，腹震动而胎不能下。阅一昼夜，稳婆无能为计，气息奄奄，濒于危矣。或告其夫曰：是宜求西医治之。其夫遂驾舟载妇至博济医院，适女医富氏因事他出。男医关君见某危在旦夕，恻然动

---

① 天津开办的医学馆是我国当时创办的第一所医学校，该馆于 1893 年由清政府接管，改名北洋医学堂，后又改称海军军医学校；辛亥革命后，1912 年 10 月，据民国教育部颁发第十六号令更名为直隶公立医学专门学校，1937 年停办，是河北医科大学的前身。

② 这里"蛋"指蛋民，即旧时我国沿海地区水上生活居民的一个统称。"蛋妇"就是指常年水上生活居民（蛋民）的妻子。

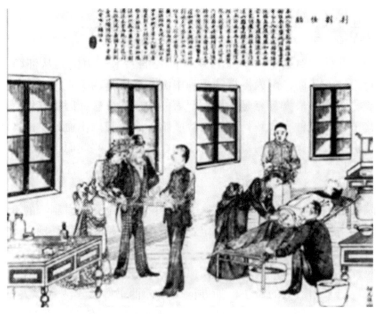

图 1-7 〔清〕吴友如《点石斋画报·剖割怪胎》

念,为之诊视,谓儿已至产门,只因交骨不开,故碍而不下,若剖腹出之,幸则尤可望生,不幸而死,亦自安于命而已。其夫遂侥幸万一计,听其剖视。医士乃施以蒙药,举刀剖腹,穿其肠,出其儿,则女也,呱呱而啼,居然生也。随缝其肠,理而纳之腹中,复缝其腹,敷以药,抚之安卧。数日寻愈,妇乃将儿哺乳以归。如关君者,真神乎其技矣。"清光绪十八年七月初六日(1892 年 8 月 27 日)出版的《点石斋画报·剖腹出儿》图,其地点、人物、事件、原因等新闻要素俱全,而且既有图示,又配发有文字,故具有史料价值和学术文献价值。(图 1-8)

二、医学交流与法医学

(一) 医学教育的兴起

西方投机者早已看到中国是一个很大的医药市场,单靠几个传教士是不够的,办医院只靠几个洋医生也不够,必须在中国训练年轻的医生。1837 年,美国传教士、医生伯驾就在一篇报告中说:"早就感到在中国训练医生的必要了,因为我们教育的医生可逐步遍布清帝国,同时可影响其他人学习医学技术,从而增加威信,这种影响是无形而有力的。"伯驾本人便在广州和裨治文(Rev. E. C. Bridgman)共同以学徒助手方式带中国学生。

1843 年,英国传教士合信(Benjamin Hobson)将英文医书译成中文,在香港训练中国医生。19 世纪 60 年代,教会医疗事业拓展的另一个表现是教会医学教育得到了新的发展。为了培养助手,更多的医学传教士在所设医院里以学徒助手方式带中国学生。1866 年,美国传教士嘉约翰(John Glasgow Kerr)(图 1-9)在广州博济医院(图 1-10 至图 1-12)内训练中国学生,博济医院在长期从事医学教育的基础上成立博济医学

第一章 清末时期中国法医学（1840—1911 年）

图 1-8 〔清〕吴友如《点石斋画报·剖腹出儿》

堂①，这是近代中国第一所教会医学校，是中国的第一所西医教育机构。这些为教会医学教育的进一步发展起了促进作用。1866 年，嘉约翰翻译《化学初阶》《西药略释》，嘉约翰还聘请黄宽（我国最早留学英美的医生）教授解剖学、生理学、外科学，聘请关韬（伯驾在香港医院训练的中国医生）教授临床各科。其后，各地教会陆续建立医学校，如 1883 年开办了苏州博习医院医学传习所（苏州医学院前身）、1896 年建立上海圣约翰学院医科等。这段时间里，有些教会医学堂（如山东基督教共合大学医道学堂）把法医学列入教学课程中。

从 19 世纪末起，一些医学传教士主张进行正规的医学教育，20 世纪初，医学传教士对医学教育更加注重。这主要是出于以下两方面的考虑：其一，义和团运动期间，许多地方的医学传教士撤离，当地没有胜任的中国医生，医院不得不关闭；其二，20 世纪初起，中国人对西医日渐信任，到教会医院里求医的人不断增多，教会医院没有足够的医生。鉴于以上情况，许多医学传教士主张发展医学教育以弥补人手的不足。一些教会医院在生徒传授的基础上相继开办了医学校。如福建汀州的福音医院于 1908 年开办亚盛顿医馆。一些开办时间较长的教会医学校在 20 世纪初发展成为高等医学教育，如 1901 年，苏州女子医学院单独开办；1902 年，纪立生在汉口创办伦敦会医学堂；1904 年，博习医院医科归并东吴大学，创立东吴大学医学院。这些医学院校均由一个基督教

---

① 1879 年，博济医学堂改名为博济医院南华医学校。1936 年，博济医学堂发展成为岭南大学医学院，是中山大学中山医学院的前身。

图 1-9 医学传教士嘉约翰夫妇墓碑

引自刘远明:《广州重建著名医学传教士嘉约翰墓地》,载《中国科技史杂志》2015 年第 36 卷第 1 期,第 104-106 页。

图 1-10 中国内地第一所西医医院——博济医院的大门

第一章 清末时期中国法医学（1840—1911年）

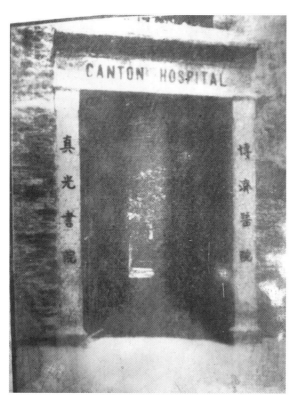

图1-11 博济医院大门石柱

图1-12 博济医院大门石柱

发现于现中山大学附属第二医院内，现收藏于中山大学北校区。

差会所办。一般而言，这样的教会医学院校的师资、设备都不完备。广州博济医院在20世纪初开办医学院的失败就证明了这一点。1902年，博济医院正式制定了建立医学院的计划，1904年开学；1908年，因师资缺乏被迫停办；1909年，重新开办；1911年，该校在没有教师的情况下再次停办。

这种情况引起了一些医学传教士的注意。20世纪初，医学传教界在兴办医学教育上表现出了前所未有的合作精神。在1905年的基督教教育会上，与会的医学传教士均主张联合办学以提高医学教育的水平。同年，中华博医会通过决议，主张各地的基督教差会联合开办协和医学校。1906年，美英6个教会差会联合创办北京协和医学堂。1908年，美英5个教会差会联合创办了北京协和女子医学院。同年，纪立生所办的医学堂与英国循道会、美国浸礼会合办，成为协和医学校，学校改名大同医学院。1909年，东吴大学医学院停办后归并金陵大学医科。1910年，在四川传教的差会积极筹办华西协合大学医学院。1911年，司督阁在长期从事医学教育的基础上，开始筹建奉天医科大学。

这里，要介绍一下华西协合大学医学院（图1-13）。1910年3月11日，在成都华西坝（锦江南岸、南台寺之西）的理科临时教室里，华西协合大学正式开学。这所外国人创办的大学，当时称为"五洋学堂"，是由英国、美国、加拿大三国基督教会的5个差会共同开办的，故名华西协合大学。1914年华西协合大学增设医科。

图1-13 华西协合大学大门

护士教育也受到相当的重视。1908年，北京协和女子医学院就附设有护士学校。1908年，安庆、南京等都设立了教会护士学校。1909年，监理会的何美丽来到苏州天赐庄妇孺医院任看护主任，并在该院创办护士学校。随着护士教育的发展，一些医学传教士从专业的要求出发，主张加以规范和协调。同年，在教会医院工作的几位外国护士创办了中华护士会。与中华博医会成立之初的情况几乎相同，中华护士会在成立之初的几年里并没有从事什么有意义的工作。1911年，辛亥革命爆发后，许多医学传教士躲避于上海,一些从事护士工作的女医学传教士讨论了一些问题,正式规定了中华护士会的职责。

除了教会办学外,清政府在光绪二十八年(1902)在天津创办北洋军医学堂,这是中国公办医学高等教育的开始。

此外,1911年,日本人在沈阳创办南满医学堂(后改为满洲医科大学)。经作者考证并经贾静涛教授证实,南满医学堂于1914年开设法医学讲座,但无专职教授,是由精神病学教授兼任的。先后由林道伦(1914—1915年)、大沢宏(1915—1916年)、大成洁(1917—1923年)三位教授担任。1923年8月,开设法医学教室,由二阶堂一种任主任教授。

医学教育对法医学发展起了促进的作用。在我国古代,随着中医学不断发展加上法律重视检验,法医学迅速发展,举世瞩目。而在欧洲,中世纪时,由于神学的黑暗统治,医学教育无法发展,所以其法医学处于蒙昧阶段。文艺复兴以后,其医学教育开始发展,加之法律允许医生作鉴定人的制度,使法医学逐渐进入现代发展阶段。这种科学技术发展超前于立法,又促进立法的现象是历史发展的必然规律。

清末正处在这样的阶段:西方医学特别是解剖学、病理学、药理学、化学、法医学不断传入中国,我国司法实践又需要现代法医学;而法律又滞后于社会需要。这种矛盾的社会现象给了清末政府很大压力,这正是促进法医学发展的内在因素之一。

(二)派遣医学留学生对法医学的影响

清末,清政府感受到向西方学习的必要性,为了"师夷长技",便派遣留学生到欧美及日本学习,主要学法律和自然科学(包括医学,但没有法医学),人数不多,在1900年以前不到百名。1900年,八国联军入侵北京,激起朝野上下发愤图强的决心,留学生数量猛增,公费派遣留学生到日本留学,在短期内达万人以上。日本政府曾针对中国的情况培养法律、医学、化学人才,但也不乏有人是去"镀金"的,如日本专门为中国开设的法政学校,有的留学生才读一年半就可回国做官,但学医的较为严格,一般要学满5~8年方允毕业。大批学生进入日本引起了美国的注意,1908年,美国决定将清廷偿付美国庚子赔款的半数作为中国派遣留学生赴美的费用。此后,中国人先在美国教会学校预科学习英语后留美,不久人数显著增加。在美留学多为学习自然科学。

无论学医或是学法律,留学生都或多或少接触到了西方的法律程序、检验程序或西方医学(如解剖学、生理学、化学、病理学等),逐渐意识到中国传统审判制度下的检验方法不科学,需要变革。有了这些学生对科学的追求和敬业精神,一旦国家需要时,他们会挺身而出,为国家作贡献。

1873年,暹罗(今泰国)、马来西亚等地霍乱流行,上海和厦门也受影响。为此,上海、厦门两地海关先后制定了《海港卫生规则》,对进口的船只施行检疫;汉口海关于1894年、广东海关于1910年也制定了同样的章程,检疫工作皆由留学归来的医生及其助手负责完成。

这些留学生大多非常爱国,他们用自己所学的知识为自己本学科做出贡献的同时,还为法医学发展做出了积极的贡献,如留学欧美回国的学者黄鸣龙、汤腾汉、徐诵明、郭琦元、曾广方、赵承嘏等①。到了民国时期，留德博士林几教授创办法医研究所，这些留学生就被聘为法医学、毒物学或病理学顾问，做了大量法医学检验工作。又如留德学者黄鸣驹②是我国毒物分析化学先驱，在法医界享有盛誉。

（三）西方医学与法医学书籍的翻译

1840年以后，西方法律和医学的书籍通过翻译不断传入中国，如传教士嘉约翰、傅兰雅等就翻译过不少国外著名法律和医学书籍。我国学者也翻译了不少国外专著，如徐寿、赵元益、丁福保、严复等人。

由于中国留学生出国留学，与西方医学、法律界人士交流不断增多，随着社会发展需要，翻译书籍的需求越来越大。1862年，清政府陆续设立翻译西书机构，如京师同文馆、江南制造局翻译馆等，出版了不少有关医学、法律的书籍。值得一提的是，当时刊印了法医学书籍，如由英国人傅兰雅、我国近代翻译家赵元益合译的《法律医学》于1899年江南制造局出版发行。1908年，王佑、杨鸿通合译日本的《实用法医学》并改名为《东西各国刑民事检验鉴定最新讲义》出版发行。

这些书籍的出现，特别是法医学书籍的出现，促进了法医学发展，是传统法医学向现代法医学过渡的又一标志。

1910年12月，沈家本等草拟《刑事诉讼律（草案）》（图1-14）。该草案"酌采各国通例，实足以弥补传统中国旧制之所未备；上奏后，清廷即发交宪政编查馆复核，惟未及正式颁布，清室已倾"，还首次列入了对鉴定人的规定，其中涉及精神病鉴定、血痕鉴定等现代法医学鉴定部分。从这些新的法律规定，特别是"鉴定人"的提出，可以看出，我国学者不断引进和借鉴了西方法医学书籍，这种情况一直延续到民国时期（见本书第二章民国时期中国法医学相关内容）。

第四节 传统法医学与现代法医学

一、传统法医学

现存资料认为，我国古代法医学萌芽可以追溯到战国时代（公元前475—前221年）。《礼记》和《吕氏春秋》都记载："孟秋之月，命理瞻伤、察创、视折、审断。" 1975年发现的《睡虎地秦墓竹简·封诊式》中记载了有关法医学资料，说明早在战国时代，我国法医学已经取得了惊人的成就。因此，推论古代法医学检验最早起源于

---

① 黄鸣龙（1898—1979年），留学德国，博士，化学家；汤腾汉（1900—1988年），留学德国，博士，药物化学家；徐诵明，留学德国，病理学家；郭琦元，留学法国，博士，病理学家；曾广方（1902—1979年），留学日本，博士，药物化学家；赵承嘏（1885—1966年），留学英国、瑞士，博士，药物化学家。

② 黄鸣驹（1895—1990年），江苏扬州人，药学、毒物化学家。

第一章 清末时期中国法医学（1840—1911年）

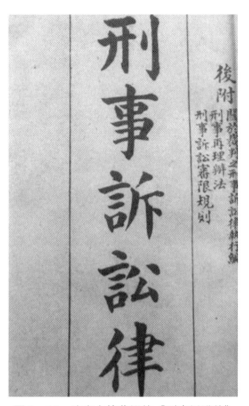

图1-14 沈家本等草拟的《刑事诉讼律》
引自黄瑞亭、陈新山《中国法医学史》，华中科技大学出版社2015年版。

中国的战国时期是有根据的，《睡虎地秦墓竹简》的发现，尤其是其中的《封诊式》为这一推断提供了有力的证据。《封诊式》是秦简原有的标题，所述的"封"指查封，"诊"指诊察、勘验或检验，"式"指程式或格式。由书中的内容可知，《封诊式》就是一部以文书格式出现的以刑事技术和医学检验为主要内容的法科学书籍。这类书在16世纪以前的欧洲是未曾有过的，因而是世界第一部法科学方面的图书。勘验是其中心内容，所介绍的勘验内容相当广泛，包括活体检查、尸体检验、现场勘查、法兽医学检验等。

但是，严格地说，我国何时开始出现古代法医学萌芽尚难以定论。我国学者林几研究认为："中国名法医药诸学，自古已昌，书曰'惟刑之恤'，诗曰'在泮献囚'。""惟刑之恤"指经检验确定为老、幼、废、疾者予以减刑悯恤，"在泮献囚"指经检验尸首核实战功以行赏赐；《尚书》是有关史料的记载，收入商、周特别是西周初期的一些重要史料；《诗经》是收入自西周初年至春秋中叶约500多年的诗歌（公元前11—前6世纪）。我国学者孙逵方曾论述，中国古代医学名著《黄帝内经》有载"其死可解剖视之"，《史记》中《扁鹊仓公列传》有载"乃割皮解肌"。及黄帝时期名医岐伯"内观五脏六腑"。名医俞跗"割皮解肌""湔浣肠胃""搦髓脑、漱涤五脏"《礼记·丧大记》载："属纩以俟绝气。"东汉时期郑玄的《礼记注》载："纩，今之新绵，易动摇，置口鼻之上以为候。"这种简便易行的方法在今天仍有一定的借鉴意义,现代法医学仍将它作为确定是否死亡的一种手段,同时也表明当时已使用呼吸停止("绝气")作为死亡指征。《礼记·问丧》载:"死三日而后敛者,何也?三日而后敛者以俟其生也,三日而不生,亦不生矣。"这是作为"属纩"验死法的一种补充,对死者停尸三日,是为了防止假死、误葬的发生。

我们在研究中发现,在甲骨文中(殷商时期,公元前2000多年)就有很多医学记载,仅胡厚宣先生统计《甲骨文合集》就收集了有关疾病甲骨文320件,计有1 000余条,其中如难产死、酒精中毒、死婴、耳创伤性耳鸣、耳聋、恶梦、传染病的记载与法医学有关。当时医疗管理工作由一种叫"小疒臣"的官员(专门掌管宫廷医事行政的官员)负责,虽然带有浓厚的占卜(《龟卜》)色彩,但在古代法医学史上不失有研究意义。此外,《周易》中也有"正法"(《蒙卦》)、"刑罚清而民服"(《豫卦》),即采用灭耳、灭鼻、灭趾、噬肤、刖(砍脚)的酷刑以及刑后外科处理的内容。《噬嗑卦·爻辞》载:"嗑腊肉遇毒,小吝、无咎。"这是我国最早的有关食物中毒的文字记载,具有较大的史料价值。以上说明,我国古代法医学的萌芽应该更早。随着考古的发现,也许将来我们会进一步弄清这一问题。

我国古代法医学兴盛在汉、唐、宋,这与当时法律对检验重视有关,也与当时医学发达有关。这一时期对死亡征象、伤的定义、生前死后焚尸、溺死、中毒死及伪伤等有了相当认识。特别是宋慈的著作《洗冤集录》(1247年)(图1-15)在已有认识的基础上对尸体现象、窒息、损伤、现场、尸体检查等做了大量的科学观察和归纳,是世界上第一部较为完整的法医学著作。

元、明、清后又出现了不少法医专著,在《洗冤集录》基础上进一步总结和发展了法医学,在凶器和毒物、毛发与牙齿、影响尸斑条件、保存型尸体、缢死舌骨大角骨折、鸡奸形态特征、人畜骨鉴别和鸦片中毒假死等方面有重要发现。但是,我国古代法医学最突出的特点是维系在尸表的法医学鉴定,这是应封建法典需要的特殊产物。我国古代法医学影响了亚洲诸国,有学者称之为以我国古代法医学为中心的"亚洲法医学"。

二、现代法医学

按英国法学大字典和牛津大字典的解释,法医学(legal medicine)指的是"法律事件所需的医学知识"(medical knowledge as needed in legal matters)。

国外古代法医学方面,公元前2060—前1955年的苏美尔人(Sumerian)在黏土板上记录的乌尔纳姆法典,即所谓楔形文字法(*Cuneiform Law*),就有了用赔偿办法解决人身伤害的法律。公元前约2000年,古巴比伦汉谟拉比(Hammurabi)王法典有医疗事故应负法律责任的规定。罗马恺撒大帝(Julius Caesar,公元前100—前44年)被杀,元老院责成医师安提斯底(Antistius)进行检验,确定在其所受的23个刺创中,贯穿胸部第一、第二肋间的贯通性刺创是致命伤。8世纪,法兰克国王查理大帝(742—814年)的法规规定,有关创伤、杀婴、强奸等问题均应有医学证明。

现代法医学的形成是在欧洲。1532年,罗马帝国皇帝查理五世(Karl V,或

第一章　清末时期中国法医学（1840—1911 年）

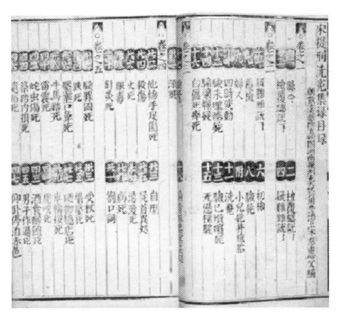

图 1-15　元刻本《宋提刑洗冤集录》目录
引自黄瑞亭、陈新山《中国法医学史》，华中科技大学出版社 2015 年版。

Charles Ⅴ）颁布了加罗林法典，明确法医鉴定人参与检验准许解剖尸体，特别强调了法医检验中尸体解剖的重要性。近代外科学的创始人、欧洲法医学奠基人 Ambroise Paré（1510—1592 年）于 1562 年进行了第一例法医学尸体解剖，鉴定为汞中毒死。1598 年，意大利 Palermo 大学教授福蒂纳特·菲德尔（Fortunato Fedele）出版了《论医生的报告》（*De Relationibus Medicorum*，*On the Reports of Doctors*，以前曾有翻译为《医师关系论》）一书，是公认的欧洲第一部系统法医学著作。1621 年，欧洲法医学之父、意大利医学家保罗·查克其亚（Paulo Zacchia）编著的划时代的法医学巨著《法医学问题》（*Quaestiones Medico—legales*）出版。1650 年，德国莱比锡大学由 J. Michaelis 首次开设系统法医学讲座。17 世纪末，法国在巴黎等地设置了 3 个法医学教授职位。1782 年，德国乌登（Konrad F. Uden）在德国柏林创办了第一个法医学杂志《法医学与医学管理杂志》（*Magazin für die Gerichtlich - Arzeneikunde und Medicinische Polizei*）。18 世纪后，法医学科主要成就有德国吉森（Giessen）大学教授互伦蒂尼（Valentini）的《法医学大全》（1722 年出版），德国医学与自然科学教授迈克尔·阿伯蒂（Michael Alberti）的《系统法医学》（*Systema Jurisprudentiae Medicae*，1725—1736 年出版，共 6 卷），普朗克（Plenck）的《中毒学或毒物解救的科学》（1775 年出版），法国法医学家、现代毒物学奠基人奥尔菲拉（Mathieu Joseph Bonaventure Orfila）的《论毒物》（1814—1815 年），德国法医学家约翰路德维希·卡斯珀（Johann Ludwig Casper）的《实用法医学手册》（1845 年），奥地利维也纳大学法医学教授爱德华里特·冯·霍夫曼（Eduard Ritter von Hofmann）的《法医学教程》（1878 年出版）。

欧洲现代法医学史主要有以下特点：①法律允许医师参与作法医鉴定人；②允许尸

体解剖明确死因；③随着医学科学发展，法医学不断融入现代医学科学各分支学科的全部内容，使医学知识解决法律问题起到科学证据的作用，这就是现代法医学。

从欧洲法医学史我们看到，16世纪以后，由于法律允许医生做尸体解剖，法医学进入现代发展阶段；而17世纪后有了重大发展，出现了法医学专家、专著、杂志、教育机构；到了19世纪，欧洲现代法医学已经十分发达。欧洲法医学的发源地是法国、德国、奥地利和意大利，可称之为欧洲法医学。

我国清末司法界、医学界及朝野有识人士了解西方法医学发展，认为中国过去的传统法医学已不能适应日益发展的社会、法律、政治、文化需要，只有用现代法医科学断案，才能保证法律尊严和保障人身权利，因此，提出让具有专门学识的技术人员充当鉴定人的法律规定。但是，清末的法律规定并没有提出用尸体解剖方法解决死因问题，显然带有浓厚的封建法律意识色彩，即维护千百年的礼教和传统习惯不被破坏，但又提出学习西方法医鉴定人制度。试问，没有解剖，法医如何全面评定死因？没有解剖，没有病理检查及毒物化验，如何确切说明死因抑或中毒？没有医生参与鉴定而责成仵作充任，如何承担集现代医学科学于一身的法医学鉴定任务？这种矛盾的法律本身便是不科学的，不能成立的，也是不能让人信服、接受的。这种矛盾的法律也能公布成为《大清新刑律》，可想而知当时清政府内部的斗争激烈程度。

历史研究也表明，1897年，清王朝修订法律大臣沈家本主持编纂《大清新刑律》和《刑事、民事诉讼法草案》时，因法律条文同中国的封建纲常伦理有抵触，引起了张之洞的反对，他指责新定刑律"于中法本原似有乖违""坏中国名教""有悖圣贤""纲伦法斁，隐患实深"。于是，他重申重新修订法律，"仍求合于国家政教大纲"，仍须按"有体有用，先体后用"的精神办事。

可见，清末修订的新法律是在封建势力重重阻挠的环境中出台的，不可能完全摆脱封建法律思想的桎梏，这种情况直到辛亥革命成功后才得到改变。

第五节 传统法医学在国外的传播

鸦片战争前，我国古代法医学著作就已经流传到朝鲜、日本及欧洲。传入朝鲜和日本的主要是元代王与编著的《无冤录》。明洪武十七年（1384年），我国的《无冤录》传到朝鲜，1392年，朝鲜又引入明朝羊角山叟重刊本《无冤录》，由朝鲜学者崔致云注释为《新注无冤录》，于1440年刊出。日本学者河合尚久依据朝鲜本《新注无冤录》译述取名为《无冤录述》，于1768年在日本刊出。传入欧洲的是《洗冤录》，最早的译本是法文节译本（1780年）。

鸦片战争后，西方法医学传入中国，对中国法医学产生了很大的促进作用，使中国加快进入现代法医学过渡阶段；与此同时，来华外国人也纷纷将我国古代法医学著作翻译介绍到国外不少国家。据我国学者宋大仁、贾静涛等研究，1840年后，我国法医学也在国外流传，甚至到了1990年仍有国外学者从事这方面的工作。

一、鸦片战争后传统法医学在国外的传播情况

（1）朝鲜。1865年颁发《大典会通》，将《无冤录》作为司法官吏的必修书籍。直至1908年颁发的《新旧刑事法规大全》才将《无冤录》列为失效的法令。

（2）日本。1854年的《无冤录述》在日本流传较广，1876年有《福惠全书和解》，1877年有《验尸考》，1891年又见《变死伤检视必携无冤录述》。在日本，1840年后翻译、节译或结合经验而写成的还有《检使辨疑》《检死法》《检死方法》，均参考了我国古代法医学的成就。1990年，日本东京大学的石山昱夫和辽宁省刑事科学技术研究所和中年监修，石山昱夫、张维东、庞文喜译的日译本《洗冤集录·洗冤录详义》由群众出版社出版。

（3）欧洲。1853年6月，英国人海兰（W. A. Harland）著《洗冤录集证》论文，刊于英国《亚洲文会会报》，属一种书评。1863年，荷兰人葛利斯（C. F. M. de Grys）的译著刊于拍打威①杂志，题名为 Geregtelijke Geneeskunde, uit Chinese vertaald。1873年，英国剑桥大学东方文化教授、英国人嘉尔斯（H. A. Giles）的 The Hsi Yuan Lu or Instructions to Coroners 于《中国评论》杂志上分期刊出；1924年，英国皇家医学会杂志又重刊全书。1779年，法国《中国历史艺术杂志》节译刊出《洗冤集录》。1882年，法国法医学者马丁（Ernest Martin）著有《洗冤录介绍》，后又被霍夫曼（Hofmann）译成德文；1908年，葛利斯（de Grys）的荷译本又被 Wang in Hoai 和德国人布莱坦斯坦因（Von H. Breitenstein）将译为德文刊出，取名 Gerichtliche Medizin der Chinesen。1910年，另一位法国人李道尔夫（Litolff）将越南本《洗冤录》译为法文，于越南河内出版，取名 Le Livre de la Réparation des Torts。

（4）美国。1981年，美国学者马克奈特（Brian E. McKnight）将《洗冤集录》翻译为《洗除错误——13世纪的中国法医学》（The Washing Away of Wrongs: Forensic Medicine in Thirteenth Century China）（图1–16）。

二、我国古代法医学在国外流传的形式

（1）作为一种传统文化历史研究。典型的是1981年的美译本，正如贾静涛教授所说，美译本的问世可以满足一切关心中国古代法医学成就的学者们的愿望。

（2）作为法医知识的介绍。如英国人海兰医师的书评、剑桥大学嘉利斯的译本，李道尔夫、葛利斯等译本亦属此。

（3）作为参考书介绍。如马丁译本和霍夫曼译本，日本部分译本也属此。

（4）作为检验工具书使用。如朝鲜译本。朝鲜甚至将其作为律官考试的重要用书。

（5）作为本国检验工具书而部分翻译。结合本国情况或西方法医学新发展重新修改刊出，如日本译本。这是因为，朝鲜与中国法律相同之处甚多，而日本则有差异，所以采取以中国法医学为蓝本并取长补短的方法引进中国法医学，这是我国古代法医学传

---

① 拍打威：Batavia，又译为巴达维亚，即今日的印度尼西亚雅加达。

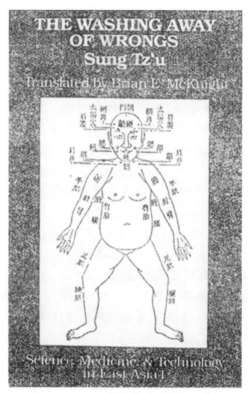

图 1-16　美译本《洗冤集录》封面
引自贾静涛《世界法医学与法科学史》，科学出版社 2000 年版。

入日本的主要方式。

从我国古代法医学传出的方式我们不难发现，以中国为中心的亚洲法医学，将我国法医学作为工具书使用；而欧美则作为文化、历史介绍和参考书使用。从时间上看，我国法医学的向外传播，19 世纪中叶前后主要作为工具书或参考书，到了 19 世纪末、20 世纪初则多为文化交流。随着西方医学科学的发展和法律的健全，旧的传统法医学已日渐落后，取而代之的是适应法律需要和充分吸收现代医学知识的现代法医学检验方法，这是历史发展的必然。

第六节　清末法医学成就

鸦片战争后，随着帝国主义列强的入侵，中国逐渐沦为半封建半殖民地国家。这一重大变化动摇了中国的封建统治，直接影响了与封建统治密切相关的封建法律制度和古代检验制度。另外，西方医学和法医学的输入，也为我国古代法医学向现代法医学过渡提供了条件。清末法医学就是在这种内忧外患、内外交织的特殊困境下发展过渡的，因

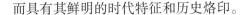

而具有其鲜明的时代特征和历史烙印。

一、清末法医学的特点

清代法医学是在《洗冤集录》的基础上，以官书的形式编成尸图尸格。到了清末，出现了对《洗冤录》内容和尸图尸格的批评，对尸体现象、死亡过程及其检验的新见解，以及新的检验方法和观察方法，这便是清末有别于古代法医学的法医学成就。

(1) 纠正谬误。王又槐对"冻死""饿死"条驳正说："《洗冤录》称冻死者身直，两手紧抱胸前；饿死者身黑瘦，硬直。余所验冻、饿死者不下千计，尸身均系曲而不直，或曲卧或靠壁低头而坐。"许梿纠正《洗冤录》"检骨"条时说："检骨格云肋骨共二十四条，妇人多四条，此皆沿内经骨度篇注之误。"王又槐和许梿都是经过数以千计的法医实践才下的结论。对经典著作一般人唯有遵守和服从，而这二位为了捍卫科学真理大胆提出了自己的看法，特别是许梿已有了用解剖学知识解决法医鉴定问题的实践研究，是非常可贵的。关于《洗冤集录》中的"踢伤比拳击伤大"的说法，清末学者经反复研究也提出看法，认为不能笼统地把"脚踢伤大、拳击伤小"作为鉴定标准，用足尖、靴尖、鞋尖踢人是可以小于拳击、掌击的。许梿明确指出："脚蹬与踢之别，蹬是全足，其伤痕应较拳击大；踢用鞋头、靴尖，自不能大于手掌"，而"拳有正反，伤的面积可以从围圆到不规则"。

(2) 新的发现。进一步从尸斑的发生机制和部位及影响尸斑的条件作研究。文晟（1844年）说："死人皆有血障（尸斑），病死者也有之，不独缢死者为然。盖平时血凶气行，周流无滞。及其死，渐微以至气绝，血渐缓以至寂，其坠下及着物处血稍滞而现为赤色，即所谓血障（尸斑）也。故仰卧死者，血障在合面；左侧卧死者，血障在左边，余可类推。""腰系裤带处，俱有红痕。两臂红痕更多，其状如枫叶或龟翅，皆衣褶所垫而成。"中毒方面，王又槐报道服蟾蜍一钱五分中毒死亡一例，其症状为"呕吐、周身发颤、满面大汗、轻瘫倒地而死"。至于煤气中毒时的症状，阮其新认为"受熏时头晕，而心口作呕即是"。对于扼死者，郎锦麒指出了3种损伤，即指甲伤、指头伤、虎口叉伤。他介绍说："致命咽喉伤，一横是二寸九分，宽四分，紫红色有血荫。左长二指痕，右短大指痕系右手掐伤（虎口叉伤）。又致命咽喉上掐伤，横长五寸，宽五寸，左边有指痕四个，右边有指痕一个，俱紫红色，有血痕，系左手掐伤……手指甲掐伤。致命咽喉左畔，指甲痕一个，有血荫；咽喉右畔，指甲痕三个，有血痕，俱紫红色，系手指掐伤。"

(3) 新的进展。文晟报告了5例尸体长期保存未腐败的实例，指出其原因是"用泥沙掩埋，尸沾地气，经久不坏"。其中1例尸体用沙土掩埋经189天，发现尸体仍然完好。他还介绍潮州有一种人工保存方法："用盐数斗罨尸，尸经一两年不坏。"许梿介绍保存型尸体："僵尸有红黑白三种，红僵面色如生，皮肉红活，有无伤痕一览便知；黑僵周身灰黯，皮肉干枯贴骨，肚腹低陷，伤难辨认，用酒醋拥罨，未见分明；白僵色白带黄，皮肉干枯而不贴骨，往往有沿身长白毛者，其伤痕全然不显。更有一种左半僵结而右半消化者，亦有上半僵结下半消化者。"作者考虑：红僵可能是指湿尸，黑僵可能是指干尸，白僵可能是指霉尸，而"半身僵结半身消化"可能是指部分木乃伊化和部分尸腊化的尸体。清末损伤研究已有新进展，如郎锦麒在《检验集记》中就指出："验得致命额颅右边一枪子伤，穿透内，由合面致命脑后左边而出。额颅右面进枪子处围圆九分，脑后左边出枪子处围圆一寸八分，俱皮口展，骨破，有血污。亦有进枪子处大，出枪子小者。"这是对枪伤进出口的描述。关于颈部刀伤的描述，姚德豫说："自残数伤者必有深浅，与人杀者迥异。盖自残初下手时，必畏痛缩手而轻，终于忿不欲生，故连砍而重。若凶杀犯手辣，无轻划之理矣。自残刀必排连一定之理，故若被人杀，强者抵拒，弱者逃，即倒地叠殴，亦必转侧挣命，刀痕不能排连。"中毒性或感染性流产方面，郎锦麒介绍："因服红花麝香打胎时，打胎未下（中毒）身死"，"有的是堕胎后感染身死"。这些描述与前人记载的殴打堕胎不同，在当时属新的见解，表明在堕胎研究方面已有了全面的认识。

（4）研究方面。文晟对是否处女的研究已接近现代理论："探以指头，处女窍尖，妇人窍圆。"郎锦麒报告："强奸可在阴户部见到皮瘀、红肿、带血。"若鸡奸，"谷道（肛门）开，内有红肿"或"谷道（肛门）破损，血出"。久被鸡奸者，"粪门宽松，并不紧凑"。许梿进一步指出："男人被鸡奸，须视粪门有无褶痕。"在杀人现场研究方面，许梿说："被杀之人伤重血多，四处跟寻，并不遗血在地，必是移尸无疑。"他充分强调研究他杀现场血痕辨别移尸的重要性。在鸦片中毒假死方面，阮其新指出，鸦片中毒后因"醉迷"作用而使人陷入假死，此时，身不僵，色不变，不能棺殓。这里不仅提到鸦片中毒陷入假死，并指出其假死机制是"醉迷"（麻醉作用），而且用尸僵尸斑来确定是否真死，符合现代法医学的见解。

从以上四个方面我们可以看出，清末法医学已较之前法医学有了进展，有的已符合现代法医学检验方法，有的已直接应用自己研究的新成果解决问题并与现代法医学相吻合。在性犯罪、鸦片中毒、枪弹伤方面与现代研究相接近。但由于受到维护尸表检验的封建制度约束，不能解剖尸体研究内部改变，失去进入现代法医学发展的条件，而只能称之为现代法医学过渡期。这不能不说是历史的悲剧。

二、清末法医学著作及译著

（一）著作

我国清末法医学著作中指有价值或创见的主要有如下 12 部，其中，部分法医学著作在 19 世纪初叶刊行，影响清末的法医学发展，故也收入。

（1）《检验合参与检验集证》，郎锦麒，清道光九年（1829）。

（2）《洗冤录解》，姚德豫，道光十二年（1832）。

（3）《补注洗冤录集证》，王又槐增辑，阮其新补注，道光十二年（1832），分别于 1833 年、1835 年、1837 年重刊。

（4）《重刊补注洗冤录集证》，文晟，道光甲辰（1844），分别于 1858 年、1879 年、1906 年、1907 年重刊。

（5）《洗冤录详义》，许梿，咸丰四年（1854）。

（6）《洗冤录检验总论》，宋邦傃，同治年间刻本。

（7）《洗冤录拾遗》，葛元煦，光绪二年（1876）。

(8)《洗冤录拾遗补》，张开运，光绪二年（1876）。

(9)《检骨补遗考证》，许梿，光绪十二年（1886）。

(10)《宝鉴编补注》，乐理莹，光绪六年（1880）。

(11)《洗冤录义证》，刚毅，光绪十七年（1891）。

(12)《补注洗冤录集注》，曾慎斋，宣统元年（1909）文瑞楼石印本。

（二）译著

(1)《法律医学》（1～24卷），傅兰雅（John Fryer）、赵元益等翻译，印刷5次，1881年初版后又于1899年在江南制造局出版。原书为1880年英国人W. A. Guy和P. Ferrier合撰的 *Principle of Forensic Medicine*（第5版）。

(2)《实用法医学大全》，1908年初版，1909年再版，王佑、杨鸿通合译（日文原著为石川贞吉的《东西各国刑民事检验鉴定最新讲义》，又说是根据石川清忠著《实用法医学》）。

(3)《无冤录辑注》，原名《王穆伯佑新注无冤录》，1909年冬出版。蕲州王佑（字穆伯），留学日本，于东京上野藏书楼见有元代王与著《无冤录》二卷，为朝鲜崔致云等注释本《新注无冤录》，是日本人抄自朝鲜的抄本。王佑归国时，出示给沈家本，沈家本看后作序。

(4)《近世法医学》，1911年，日本田中祐吉著，丁福保、徐蕴宣译述，上海文明书局出版。

第七节　清末法医案例评注

案例一：枪伤鉴定

光绪十二年（1886）十二月初二，台湾彰化县检验官、彰化县知事蔡某带仵作萧圭，对死者黄天德（36岁）做尸体检查。尸长5尺2寸，发长2尺4寸，头面部未见损伤。两眼微开，上下牙齿未见脱落，口微开，舌抵齿。颈部未见损伤。胸背部未见损伤。四肢未见损伤，两手微握。右中腹枪伤一处，铅子（子弹）进口周围八分，皮肉焦黑色，深透内。铅子穿过左后肋；出口周围一寸四分，血污。结论：系生前枪铳伤身死。

评注：这是例枪伤案。清末我国枪伤案报道不少。本例枪弹伤的入口、出口描述得很清楚。我国学者郎锦麒另有报道出口可以比入口大的现象，这一发现比前苏联学者皮罗果夫的发现早约30年。

案例二：自勒致死

海陵一民工，因身患绝症意欲轻生，便用绳子自勒颈部，然后将笔杆插到勒套中绞紧，又将笔管置于下颌部位压紧后死亡。当时是死在民工的工棚里，大家供词一致，没有疑窦而结案。事情的经过是：当晚同室6人围坐在一起，开始，该民工说："我患这样的不治之症，不如早点死去的好！"于是就用绳子缠自己颈部。当时，他还笑着问大家说："这样会死吗？"随即用笔管插到绳套内，又说："这样该可以了吧！"大家以为他在开玩笑，没有人上前阻止他。不一会儿，没听见声音，一看人已死去了。

评注：这是个罕见的案例。自勒死历来受怀疑，当绳套压闭颈部时，因缺氧而使人不能继续完成勒颈过程，所以，自勒多不能完成。但在特殊情况下，如本例用笔管插入套用下颌压紧而致窒息死亡可以解释，故清末法医学者文晟没有怀疑而定案。这不禁使编者想起，20世纪40年代英国学者辛普逊（Keith Simpson）报道一位老太太因患严重空洞型肺结核长期不愈，用长筒丝袜（长筒丝袜有弹性）在颈部自勒打结后自杀成功的案例。这例清末文晟报道（1844年）的案例比辛普逊报道（1940年）案例早约100年，颇引人深思。

案例三：鸦片中毒假死

广东省一姓吴的穷人，因为家贫如洗、生活无保障而吞鸦片"死亡"。客店的主人不敢收殓，就派人去广东三水通知"死者"亲属。当亲属来到客店时，这个人已于一天前活了，这样一算，他"死去"已三天三夜。鸦片中毒死亡开棺检验尸骨时，往往见到人伏着的多，侧着的也不少，平卧的很少。这是因为当人被埋在土中后，鸦片的毒性慢慢退尽而清醒过来。这样，被埋的人便在棺材里辗转反侧，又不能出来，不久便由假死转而发生真死，所以，检验鸦片中毒埋藏的尸体骨架时，要么是伏着，要么是侧着。实际上，服用鸦片中毒可以救活，这就是例证。

评注：这是一个服鸦片过量中毒假死不入殓而复苏的案例报告。该案例已论及鸦片是麻醉药物，中毒时陷入假死状态，但慢慢可复苏，这是从鸦片中毒的机理上加以论述的，具有法医学意义。此外，案例中还提出检验鸦片中毒被入殓的尸体总是伏着或侧位的原因是中毒者复苏后活动而又不能自救所致，最后死亡并不是鸦片中毒，而是棺内缺氧，所以，假死情况下入殓，终于转为真死。该案例的思维方法已符合现代科学原理。

案例四：疑问滴血案

清代黄六鸿的《福惠全书》载："昔有夫与人同伙生意，去未数日，而同伙独归。妻问其夫，云：行至次日，遇彼某亲，邀同他处生意，我因无伴，故归耳。未几，某路旁塘中有一死尸，不知为谁，其塘适夫与同伙者前所经之道。妻疑之，往视，尸已溃，不可辨。但其尸身长短与夫相似，妻遂控之。官云：系同伙者谋死而取其财。官鞫不招，乃命妻滴血尸骨上，血辄入。官怒其狡，严刑拷之，遂诬服，以谋财害命拟辟，系狱未决。一日，其夫忽归，妻疑以为鬼也，细问之，乃知同伙之言非谬，因详释其罪。"

评注：黄六鸿对夫妻之间用滴血方法认亲提出疑问。

案例五：自割睾丸案

京师前门外有华盛麻刀铺，刀铺的门外放着数口泡麻水缸。一日清晨，店员开铺门时，见一具男尸倒浸在水缸中，缸水皆被血染红，于是，报官请验。经东三城司勘验现场，发现除外肾（即睾丸）自割外，全身其他地方没有伤痕。（图1-17）

评注：该案经现场勘查和检验，发现除外肾（即睾丸）自割外，全身其他地方没有伤痕。因此，排除他伤，属于自割睾丸致死。

第一章　清末时期中国法医学（1840—1911年）

图1-17　〔清〕吴友如《点石斋画报·疑案待查》

案例六：冒认尸案

官府检验一死者，仵作喝报非械斗而死。一老妇冒为死者母亲，但检验死者右手系六指。老妇大惊，只好吐露受人之指使而冒认尸体。该案主谋凶手受到惩罚。（图1-18）

图1-18　〔清〕吴友如《点石斋画报·冒认尸案》

评注：该案为人体特征的检验，属个人识别的法医学鉴定。

案例七：伪盲案

某日耳曼人在华打工受伤，经多方治疗，一直称左眼视物不见。但多家医院都诊断已愈。有医师出一副眼镜，其镜片右红而左白，又以黑板书绿字，令戴镜而视。医师问："以何所见?"答："如所书"。自以为右目见也，而不知绿附于黑又隔以红势不能见也，于是，揭露了其诈盲。（图1-19）

图1-19　〔清〕吴友如《点石斋画报·谬称盲左》

评注：该案鉴定某在华打工日耳曼人伪盲。

案例八：两性畸形案

宁波石浦人王阿三，生有阴阳二具，即俗称"雌哺雄"也。年十三，父母爱其姣好令作女郎装束。至年十七，雇于沪上张彩云妓院为大姐，已两年。一日被法包探拘入捕房，送仁济医院黄春甫医生验视，确认其有阴阳二具。虑其女装有伤风化，送回原籍改作男装。（图1-20）

评注：该案为两性畸形的检验。

案例九：鸦片中毒假死案

高邮焦家巷某甲，服紫霞膏（鸦片膏）救之不及"死亡"。及至即将收殓时，忽然立起，家人大惊！见他吐出带黑膏的痰，索茶饮后，众人始敢走近。盖其受毒浅，故死而复生。（图1-21）

评注：该案是服鸦片中毒假死状态复苏的案件。

第一章 清末时期中国法医学（1840—1911年）

图1-20 〔清〕吴友如《点石斋画报·时阴时阳》

图1-21 〔清〕吴友如《点石斋画报·得庆复生》

第八节 从两份文书看清末法医学的地位

清末,包括法医学在内的所有体制都在变革之中,有的还十分超前,比如行政官员任职前要接受法医学常识的教育,又如法院有权委托有专门知识的人进行鉴定等。下面,我们从两份文书来分析清末法医学的地位。

一、安徽法政学堂修业文凭

(一)修学科目

河南省洛阳市档案馆有一套清宣统年间官员的学习毕业、修业证书,为晚清官员档案,其中有一文书是安徽省官立法政学堂、安徽审判研究所、安徽省高等巡警学堂的毕业证。(图1-22)

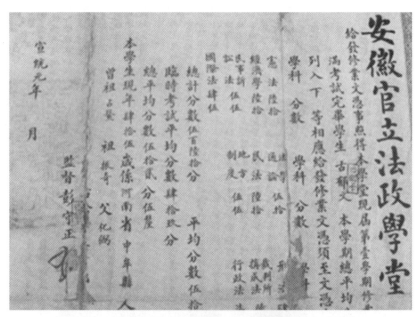

图1-22 安徽省官立法政学堂毕业证书(洛阳市档案馆藏)

这份文书的颁发时间在宣统元年(1909)。颁发这份修业文凭、毕业证的是"钦命陆军部侍郎衔兼都察院副都御史安徽巡抚部院提督军门朱为"。这份文书是颁发给一个叫古郁文的人。古郁文,河南中牟人,职务是县丞,相当于现在的副县长。1910年,古郁文拿到毕业证时已经45岁。毕业证上列举出他在法政学堂学习的科目:宪法、民事诉讼法、国际法、刑法、裁判所构成法、行政法、经济学,其中,裁判所构成法包括法医学内容。在巡警学堂,他学习了现行刑律、法院编制法、洗冤录、民法、商法、监狱学、现行各项法律和暂行章程以及法医学，说明进修的科目涉及法学、经济学、社会学、法医学四大领域。晚清法政学堂分"职班"和"绅班"。"职班"的学生是像古郁文这样的在职官员，这些官员在"职班"主修司法，修业期为一年半；"绅班"专收地方士绅，以养成地方自治人士为教学目的，修业时间与"职班"相同，入"绅班"，须经府、厅、州、县保送。

（二）从安徽法政学堂学习科目了解晚清法医学地位

（1）从晚清检验改革角度。《法院编制法》规定全国的法院分为初级审判厅、地方审判厅、高等审判厅、大理院四级，分设于县、府、省、中央，采用四级三审制，并在大理院和地方审判厅设立相应的检察厅，各级审判厅和检察厅专司审判。在地方，司法检验设在法院审判厅的检察处内。这种改革一直延续到民国时期，现今台湾地区仍是这种体制。这对了解清末民初法医学发展史和研究其变革是有帮助的。

（2）从司法检验地位角度。为什么古郁文要去进修？这里要说说晚清的"法政教育热潮"。1902年，清廷诏命刑部左侍郎沈家本、出使美国大臣伍廷芳为修律大臣，正式开始法律改革。当时，朝廷要学日本等君主立宪国家，想预备立宪。要立宪，就需要法政人才。从北洋法政学堂开始，全国各地陆续建起法政学堂，学堂的教员多有留日经历。由此可见，法政学堂的出现不仅体现了教育制度的变革，更是政治制度与社会制度变革的一个缩影。

（3）从接受法医学教育角度。按理，政府行政人员没有必要了解法医学。古郁文接受的是"修业"性质的短期培训。即使这样，清末也把简明法医学加入培训内容。可见，法医学除了有检验断案性质外，还有作为法律入门和行政处理事务必备知识的功能。通过这种速成教育，朝廷获得了急需的政法人才，官员和士绅们也得到了普法教育，以及通过掌握法医学知识，提高了协调相关突发案件的能力。由此可见，在清末，国家已把法医学作为证据科学在政法人员和行政人员中普及。这也是清末法医学有别于古代法医学的标志之一。

二、法院判决书

该判决书之案发生在民国元年（1912）。当时，民国的法律还没有建立，沿用的是清末法律，所以该案放到本章介绍。判决书中"京师地方审判厅刑庭"也是清末机构的名字。值得一提的是该案的审判长推事潘恩培，后来在民国时期还成为司法行政部副部长，并支持林几创办法医研究所。该案件与检验有关，因此，有法医学史研究价值。

（一）实际案例

京师地方审判厅判决王逸殴伤一案

被告人：王逸，住六国饭店，无职业，年三十岁。

被告因伤害人案，经检察官尹朝桢莅庭，本厅判决如下。

主文

王逸处五等有期徒刑八月，罚金十圆。其徒刑八月，易为罚金二百四十圆。

事实

查王逸于九月二十一日晚十一钟，在金台旅馆楼上喧嚷，经同寓汪彭年阻止不服，辄下楼辱殴。店伙劝阻不听，到汪彭年房外，将汪彭年殴踢有伤。汪彭年仆人李德立拦劝，伊不注意，一并踢伤。经同寓人将汪彭年劝入室内，关闭屋门，伊仍在外喊闹踢门。当经巡官报区，送由检察厅起诉，当即公开审理，检察官举出所搜查各种证据，并汪彭年轻微伤单，伊均未能明确抗辩。传唤证人陶子俊、张永泉，分别具结，证明伊殴打汪彭年，及踢汪彭年所住房门属实，伊又不能举出反对证据。嗣又传唤李德立，眼同验明伤痕。伊称情急踹伤，或许有之。依此证据，认定王逸轻微伤害汪彭年，又因过失致李德立轻微伤害是实。

理　由

　　据右事实，王逸轻微伤害汪彭年，依新刑律第三百十三条第三款，致轻微伤害者三等至五等有期徒刑律处断。查王逸虽系寻殴，究因汪彭年先行阻止喧嚷，且地属旅馆，时未半夜，一时气忿，情节较轻，处以五等有期徒刑八月。又因过失致李德立轻微伤害，依新刑律第三百二十四条第三款，致轻微伤害者，一百圆以下罚金律处断。查喧闹之际，偶不注意，情节较轻，处以罚金十圆。二罪于审判前同时成立，依新刑律第二十三条第六款，依第三款至第五款所定之有期徒刑拘役及罚金并执行之。有期徒刑拘役及罚金各科其一者亦同律。将王逸并执行五等有期徒刑八月，罚金十圆。惟王逸前曾经理军务，现又归画南北统一，经手事件，多未完结，执行徒刑，实有窒碍。其徒刑依新刑律第四十四条，受五等有期徒刑或拘役之宣告者，其执行若实有窒碍，得以一日折算一圆，易以罚金律。将五等有期徒刑八月依新刑律第七十七条，时期以月计者，阅三十日律折算，易以罚金二百四十圆。判决如主文。

　　中华民国元年十月初二日

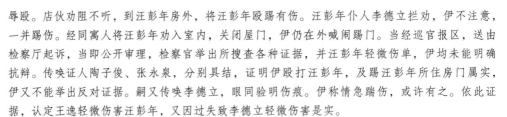

（二）证据制度

（1）从证据制度改革角度。中国古代主要实行以有罪推定和口供主义为核心的证据制度，重视口供，口供是定罪的主要依据，这也导致了刑讯逼供的合法化。清末的刑事司法改革基本上确立了以证据裁判、直接言词和自由心证为原则的证据制度，削弱了口供的重要地位，形成了近代化的证据制度框架。清政府为了彻底禁止刑讯，对证据种类也进行了规定，刑讯本来就是与"罪从供定"的证据制度相适应的、为获取口供而设的审讯制度，禁止刑讯关键在于降低口供的重要性，发挥其他证据对定罪量刑的重要性。在《大清刑事诉讼律草案》中，设专章规定了证据种类，刑事证据有口供、检验笔录、证人证言、鉴定结论等。明确鉴定结论作为证据种类并以法律形式加以固定，是确认法医地位的重要标志。由此，近代法医改革在清末已具雏形。换句话说，清末的法医学与古代法医学有本质的区别。

（2）从证明力与法医地位角度。对于检验证据证明力的判断，清末民初引入了自由心证制度。一方面，对各种证据的法定资格作了明确规定；另一方面，对证据的证明能力不作规定，而由法官自由判断。如"京师地方审判厅判决王逸殴伤一案"中，检验人员定"轻微伤"，法官根据伤情检验和有关情节，认定是否构成"轻微伤害"。法官再根据法律规定做出实体裁决。这样，法医检验的地位明显提高，只要法官认可法医检验及其推断，就可作为定罪量刑的法律依据。这种模式，在清末民初就已形成，即法医是法官的助手或司法辅助人员。

（3）从法医学分支学科和相应法医制度角度。既往认为，法医临床研究主要是近30年发展起来的，但这份民国初年的判决书使我们了解到，法医临床学损伤程度分类中的"轻微伤"一词早在民国元年（1912）就已出现。民国初年北洋政府沿用清末（1910）颁布的沈家本修订的《刑事诉讼律》："鉴定人，以自己的学识或特技于审判厅鉴别事物，评判者也。例如医师、理化学者、判定加害者之健康状态或有无血痕之类。凡审判官于法学行动所不能及处，必须有特别之学识或技术之人为补助，即命名之为鉴定人。"从判决书所涉内容看，检验报告可能是医师受法庭委托做出的。从沈家本《刑事诉讼律》中表述"鉴定人"来看，受委托做鉴定的，被视为本次鉴定的鉴定人，未受委托时其仍然是"医师、理化学者"。这种状况直至林几创办法医研究所后才有所改变，出现了专门"法医师""法医检验员"。但从民国初年迄今一直有专门鉴定的司法鉴定人和受委托授权的司法鉴定人两轨制存在。无论是在大陆法系国家还是在英美法系国家，迄今为止对鉴定的界定大体一致："为取得证据资料，指定或委托有特别知识经验的专门人员，就特别事项报告其判断意见，称为鉴定。"因此，我们必须对"司法鉴定"一词重新进行思考；同时，在进行司法鉴定改革时重新对历史和现状进行认真研究和深刻讨论。

第九节　清末时期法医学发展的述评与小结

清末，政府的司法改革是对包括检验在内的一系列改革。虽然晚清检验改革没有成功，但对晚清法医转型过渡与近代法医体制变革起到一定影响，取得一定成效，使得晚清法医学发展与古代法医学发展出现明显区别，并且为现代法医学发展奠定了一定基础。因此，有十分重要的历史研究价值。

一、从仵作到检验吏出身

（一）晚清仵作改制（即沈葆桢改革）的流产

清同治十三年（1874），两江总督沈葆桢于杨乃武案后上折《请免仵作马快两途禁锢疏》："将仵作照刑科书吏一体出身，马快照经制营兵一体出身，俾激发天良，深知自爱，养其廉耻，竭其心力，庶命案盗案来源易清。倘仍作奸犯科，自有加等惩办之法。"意思是给予仵作一个出身。但这个建议因清廷复议"格于例"而没有被采纳。

（二）晚清从"仵作"到"仵书"再到"检验吏"的出现

（1）陈灿改革。光绪三十年（1904），云南按察使陈灿提议："设仵作学堂，以精检验。"

（2）沈家本改革。光绪三十年（1904），清政府设立法律馆，由沈家本主持修订法律，于1907年完成《大清新刑律》。1908年，清政府建立"检验学习所"，明确"法医系专门学科，必由学堂毕业"。清末法医建制设在法院内，法医由法院委任，称为"检验吏"。

（3）袁世凯改革。光绪三十一年（1905），由总督袁世凯在保定法政学堂内设立仵作学堂。

（4）锡良改革。光绪三十四年（1908），云贵总督锡良主持仵作学堂培训，并改"仵作"为"仵书"。

（5）沈秉堃改革。光绪三十四年（1908），云南布政史并护理云贵总督沈秉堃奏《改仵作为检验吏给予出身片》："仵作一役，向被视为卑贱，工食亦极微薄，自好者多不屑为""若遇开检重案，无不瞠目束手"。沈秉堃还提出要提高仵作品格，设立学堂，给予文凭，改名仵书，比照刑书优给工食，即由役提升为吏，并亲自筹经费于省城设检验学堂一所。

（6）徐世昌改革。光绪三十四年（1908），东三省总督徐世昌依托奉天地方法院，培训12名检验用的吏役。据故宫博物院藏清代宫存档案奏折，光绪三十四（1908）年八月二十日，徐世昌等人上奏建议"改仵作为检验吏"；同时，徐世昌明确提出"比照刑书一体给予出身"，否则"旧例视为贱吏，稍知自爱者每不屑为之"，"奏为各省拟设立检验学习所各属原设仵作为检验吏"。

（7）吴焘改革。宣统元年（1909），吉林提法司提法使吴焘主持吉林提法司检验学习所培训。他聘用吴焕渠（原江苏习仵公所毕业生）为检验教员。吴焘还在开班时与全体学员合影。这张照片存于《吉林提法司第一次报告书》中，该书作于宣统元年（1909），辑者吴焘，时任吉林提法使。提法使一职系由原提刑按察使演变而来，晚清新政时改为此名，主管一省的司法审判及行政工作。吉林检验学习所开学集体合影照的前排为官员与教师，后三排应为学生，均是晚清新式警察打扮。吉林改革中，提法使吴焘则针对朝廷"法部新章令各省筹设各级审判检察厅，并专设检验吏以代仵作"的要求，再次提议"仰恳宪台，奏请将各检察厅检验吏照吏员一体出身"。

（8）朱家宝改革。吉林巡抚朱家宝对吴焘改革提出修改意见。他认为培训时间太短，改为1年；原来还曾想仿照江苏命名为习仵学堂，但朱家宝直接改为检验学习所；在课程安排上，朱家宝还曾将医学一门删去。朝廷在同意徐世昌、朱家宝等给予检验吏出身的奏折中，对此问题则作了较全面指正。首先，培训时间再作增加，三学期共一年半时间方可毕业，"一年毕业恐为时过促，未必有成绩可观，然遵照各国设立专科，又虑缓不济急"；并且结合当时新法规要求，认为勘验之事既归检察官负责，则检验学习所"自应责成检察长妥为经理"，具体设立地点则"审判检察各厅未成立以前，似均可于法政学堂内附设此科"，"设有审判等厅省分，应于上级厅内附设检验学习所一区"；具体课程安排则是"责令检察长督同入所肄习，仍照例各给《洗冤录》一部，派员讲解，此外生理解剖等学亦应择其普通浅近关系检验者，附入课程，并陈列骨殖模型标本，藉资考证"，在继承传统洗冤录的基础上增加了西医学内容；至于具体学习人员选派则大体肯定了吉林的方式，"调取各属识字仵作，并招考本省二十岁以上聪颖子弟若

干名",这得益于朱家宝在江苏主持工作时的体会,如此选任学员有利于毕业时安排。

(9)徐世昌、朱家宝联手改革。宣统元年(1909),东三省总督徐世昌、吉林巡抚朱家宝向朝廷覆奏,得到批复:"于毕业时由该管衙门造具籍贯名册,注明毕业等第,报部备案,即以充役之日作着役日期,扣足五年,役满勤慎无过,应请准其查照各省吏攒考职之例,一体考试,将录取者分为二等,以从九品、未入流两项送部注册选用。"也就是说,仵作不仅正式更名为检验吏,而且在毕业五年后,可根据学习毕业时的等第分别以从九品、未入流两官阶予以录用入仕。第二年,即宣统二年(1910),法部认为"奖励过微,曷能使人皆尽职",进一步商同吏部将五年考核期改为三年,"其考列最优等学生,有职者予以分省补用,无职者予以从九品实职;考列中等学生,有职者予以分发,无职者予以未入流实职",并于宣统二年(1910)十一月二十一日施行,进一步提高检验者的待遇。

二、晚清法医体制的变革

(一)现代法医学传播的影响

晚清,国外法医学从不同渠道传入中国。比如,英国该惠连、弗里爱同撰的《法律医学》,由傅兰雅口译,赵元益笔录,于清光绪乙亥年(1899)由江南制造局刻印。又如,光绪三十四年(1908),留日学生王佑、杨鸿通两人合译日本警视厅石川贞吉所著《东西各国刑事民事检验鉴定最新讲义》,取名《实用法医学》,于宣统元年(1909)再版。再如,徐蕴宣、丁福保共同翻译日本田中祐吉著作《近世法医学》,由上海文明书局于宣统三年(1911)出版。近代中国,闭关自守,许多有识之士"睁眼看世界"逐步成为共识,但"中体西用"的思维仍主导整个朝野。不过,这些国外现代法医学在中国的传播,在过去是没有出现过的,对晚清法医学发展起到了积极的促进作用。

(二)治外法权的存在

1. 会审公廨与法庭

清同治七年(1868),清政府与英、美驻上海领事议订《洋泾浜设官会审章程》,在租界设会审公廨,受理租界内除享有领事裁判权国家侨民为被告外的一切案件。同治八年(1869),上海英美租界会审公廨成立,简称"会审公廨"(图1-23、图1-24),初设于洋泾浜北首理事衙门内。光绪二十五年(1899),会审公廨由南京路移至北浙江路新厦。会审公堂是晚清外国列强在中国租界地设立的、由中外法官组成的审判机关。1843年后,外国列强凭借不平等条约中关于领事裁判权的规定,在租界内设立了领事法庭。当时租界内的中国人违法犯罪,仍由清政府的上海地方官审理,而租界内的外国人违法犯罪则可以完全不受中国法律的制裁,由各国驻沪领事自行审理,成立会审公堂。简而言之,会审公廨就是晚清外国列强在中国租界地强行设立的、由中外审判官组成的审判机关。先在上海,以后扩大到厦门等地。

2. 会审公堂与审案

1903年,厦门鼓浪屿工部局设立时,参照上海工部局的方式成立了会审公堂(图

图1-23 100年前的上海会审公廨

图1-24 修缮后的会审公廨旧址

1-25),裁决中外纠纷案件,行使租界的司法权,即所谓领事裁判权。民国十三年(1924),我国法医先驱林几在《北京晨报》发表了《收回领事裁判权与法医学之关系》一文,联合医、法各界人士向当时司法行政部上书,主张"收同司法权乃当前当务之急",要求政府重视培育法医人才,改旧法验尸为尸体解剖,提倡科学办案。

第一章 清末时期中国法医学（1840—1911年）

图 1-25 厦门鼓浪屿会审公堂

3. 会审公堂附设监狱

会审公堂还附设监狱。清光绪二十九年（1903），《厦门鼓浪屿公共地界章程》规定："凡案涉洋人，无论小节之词讼，或有罪名之案，均由该馆领事自来或派员会同公堂委员审问。"故会审公堂审理华人的民事、刑事案件，工部局英国董事或各国领事轮流派副领事到庭陪审。出庭陪审的外国人往往无视中国主权，喧宾夺主，目空一切，肆无忌惮地公然变陪审为主审，这种陪审制度已超过领事裁判制度所规定的范围。会审公堂受理辖内诸如金钱、债务、婚姻、继承、析产、不动产等民事纠纷、合同纠纷等民事案件。会审公堂还受理轻微刑事自诉案件以及工部局移送到堂的"违警"案件。刑事处罚仅限于罚金和拘役，凡罪当科刑者须经录供后再移送厦门地方审判机关审判。凡"公共租界"内华人被控犯罪或"违警"者，则分别适用中国刑法和工部局律例。

（三）尸体解剖与法医检验

清末时，对尸体解剖看法有所演变。光绪二年（1876），有葛元煦《洗冤录增补之遗二卷》，刚毅所著《洗冤录义证四卷》，它们都对古代法医学一些检验方法和尸体观察提出质疑，但没作尸体解剖。王清任的解剖思想具有一定影响，他认为，我国古代医书中对人体脏腑的位置、大小和重量的描述并不确切，他曾在瘟疫流行的灾区观察未掩埋的儿童尸体300多例并逐一进行了解剖和观察，绘制了大量的脏腑图，认为前朝许多医书的讲法不正确，须改正，故名为《医林改错》。

（四）晚清的检验培训

最早提出"仵作比照书吏"的是沈葆桢，但时隔30多年后才有官员再提议案。根据惯例，政府官员以考试录用或培训使用，故允许仵作培训表明晚清政府默许仵作以准官员形式任用。这是晚清与之前各朝古代法医学发展的最大区别之一。这一转型时间点是光绪三十年（1904）。前已述及，仵作培训，最早称"仵作学堂""习仵公所"，后成为"检验学习所",这一转型时间点是光绪三十五年(1909)。仵作名称也有变化,晚清从"仵作"到"仵书"再到"检验吏",检验吏出现的时间点是宣统元年(1909)。再者,"奏为吉省拟设立检验学习所各属原设仵作为检验吏"这句奏折含义可理解为只有经晚清政府设立的检验学习所培训后才能成为检验吏。这一形式类似现在的公务员任前培训,说明晚清承认仵作为政府公务人员,而不是过去官员验尸时的雇佣人员。清光绪、宣统年间(1875—1911)整饬司法,由刑部饬令各省审判厅,附设检验学习所,训练检验人员,所订教授课程为洗冤录、法医学、生理学、解剖学、理化学、法律大意、医学大意等,尸体解剖用模型标本代替。

(五) 晚清法律允许医生和理化专家参与检验

值得一提的是1910年沈家本等草拟的《刑事诉讼律(草案)》。该草案"酌采各国通例,实足以弥补传统中国旧制之所未备;上奏后,清廷即发交宪政编查馆复核,惟未及正式颁布,清室已倾"。其中,"鉴定人,以自己的学识或特技于审判厅鉴别事物,评判者也。例如医师、理化学者、判定加害者之健康状态或有无血痕之类。凡审判官于法学行动所不能及处,必须有特别之学识或技术之人为补助,即命名之为鉴定人"。这是中国历史上第一次提到检验人员为鉴定人,并以法律形式规定其地位和资格。

(六) 晚清部分教会办学设法医课程

晚清,外国人在华开办学校,主要有:

(1) 美南浸信会、美北浸礼会创办的沪江大学(University of Shanghai)。

(2) 1880年美国圣公会创办的圣约翰大学医学院(St. John's Medical College)。

(3) 法国耶稣会(天主教)创办的震旦大学医学院(Universitè Aurore)。

(4) 美国卫理公会创办的东吴大学(Soochow University)。

(5) 1907年美国卫理公会、长老会、基督会等创办的金陵大学医科(University of Nanking)。

(6) 美南长老会、美北长老会创办的之江大学(Hangchow University)。

(7) 美国卫理公会、美国公理会等创办的燕京大学(Yenching University)。

(8) 美国本笃会(天主教)创办的辅仁大学(Fu Jen Catholic University)。

(9) 美北长老会创办的广州岭南大学(Lingnan University)。

(10) 美国雅礼会创办的湘雅医学院(Hsiang-ya Medical College)。

(11) 美国圣公会、雅礼会、复初会,英国循道会、伦敦会创办的华中大学(Central China University)。

(12) 美北长老会、英国浸礼会等创办的齐鲁大学(Cheeloo University)。

(13) 美国美以美会、公理会、归正会,英国圣公会创办的福建协和大学(Fukien Christian University)。

(14) 1910年英国、美国和加拿大的五教会创办的华西协和大学医学院(West China Union University)。

(15) 日本人在沈阳创办的南满医学堂。

(16) 1900年,德国军医埃里希·宝隆在上海建立了同济医院,之后,宝隆博士于

第一章 清末时期中国法医学（1840—1911年）

1907年开办了同济德文医学堂，设有病理学馆，后来开办同德医学院。其中，同济医院主持病理学工作的欧本海（Oppenheim）博士还在民国初年与上海法院协作办案，并著有《对于洗冤录之意见》一文。

（17）1884年创办的广济医学专门学校。

（18）1898年创办的夏葛医学院，1903年创办的大同医学院。

外国人在华办的大学中，齐鲁大学山东基督教会医道学堂、南满医学堂等已将法医学列入教学课程。这些在华外国人所办学校按国外大学教学要求，开设法医学课程，对晚清乃至民国法医学发展都有影响。

（七）晚清政府洋务运动的影响

除了教会医学校对中国西医教育产生影响外，留美归国的医学生也对医学教育的进一步发展起到了促进作用。这股热潮由于美国退还庚款而引起。1909年1月，美国政府正式退款。自退款第一年起，至辛亥革命止，我国共派遣了三批留学生，所需经费均从退还的庚款中支出；再加上各省和各部派出的官费生、华侨学生和自费生，于是在1911年前后出现了留学美国的高潮。晚清政府在洋务运动时期（1862—1911年），为了"师夷长技"，陆续派留学生到德国、意大利、法国、美国及日本学习，至1899年国内约派留学生60名。到1908年，留学生竟达万名。这些留学学成后回国的学者中，不少是学有所成的医药学专家，他们虽然不是专门从事法医学，但对我国早期法医学发展有过贡献。晚清留英、美学者黄宽（1829—1878年，广东香山人）是我国最早传播病理学和解剖学的先驱之一。丁福保（1874—1952年，江苏无锡人）毕业于东吴大学化学系，赴日本考察医学，在传播解剖学、药物化学方面有贡献，1926年还与徐蕴宣合译日本学者著作《近世法医学》。徐寿（1817—1884年，江苏无锡人）曾于1899年与傅兰雅、赵元益（1840—1902年，字静涵，江苏新阳人，1889年曾任职于英、法、比、意四国使馆，归国后在江南制造局翻译馆从事译书工作，在翻译医药书籍方面有较大贡献）合译《法律医学》。留日博士华鸿（1886—1923年）归国后在浙江公立医专任教，授裁判化学（即现称法医中毒学）、药品鉴定、分析化学等课，著有《饮食物鉴定篇》《裁判化学》《药物鉴定》等著作。

光绪二十九年（1903），清政府公布《奖励游学毕业生章程》，明确了对留学毕业生给予相应的科名奖励办法。"在清廷奖劝留学政策的推动下，在日本政府拟与中国倍敦友谊为幌子而极力地怂恿下，十年间，留学日本蔚为风气，极一时之盛，其规模之大，人数之多，前所未有。"而1907年清政府规定，凡官费留学生回国后，皆须充当专门教员五年，以尽义务；在义务期未满之前，不得调用派充其他差使。这使得全国各地各级各类高校出现了一个数量可观、分布广泛的留日学生群体，他们成为晚清日本高等教育的主要"输送者"。在他们中间，留学日本学医的毕业生，归国后有的直接从事医学教育，有的成为卫生官员，有的开业行医。早在1906年，千叶医专的中国留学生就发起建立了"中国医药学会"；1907年，金泽医专的留学生成立了"中国国民卫生会"；1907年冬，王焕文、伍晟、赵黄、曾贞、胡晴崖、鲍荣等东京医科大学药学专业的留日学生组织发起了"东京留日中华药学会"。他们均以宣传现代医药卫生知识为己任。在留学生创办的学会中，最有影响力的两个学会分别是中国药学会与中华民国医药学会。中国药学会的前身即为"东京留日中华药学会",1909年在东京召开第一届年会,通过了会章,推举王焕文为会长,并仿照《日本药学杂志》编辑《中华药学杂志》一期。这些学者后来成为我国毒物化学的先驱。

(八) 晚清检验向现代法医学靠近

1844年,文晟重刊《补注洗冤录集证》(阮其新补注,1832年),每章之末增以"续辑"介绍个人检验经验和成案,并附瞿中溶(1827年)的《洗冤录辨正》作为校正《律例馆校正洗冤录》(1694年)中谬误的参考。这一时期最有代表性的著作是许槤的《洗冤录详义》,刊于1854年。许槤在多年的检案中发现官方颁布的图形与检案不甚相符,他博采各家之书30余种并直陈自己的检验经验和见解,更重要的是作者亲自考查了230余幅枯骨,绘成"现拟尸图"正后面各1幅,全身骨图2幅,单独的骨图10余幅。他所绘制的骨图与现代解剖图谱相当接近。所有的尸骨图格都有较科学的解说和论证,大胆而科学地指出了刑部所颁图格的许多谬误。《洗冤录详义》是清末最受欢迎的法医学著作之一,《洗冤录详义》是《洗冤集录》以后的又一中国法医学代表作。1891年,刚毅(1837—1900年)编辑出版了《洗冤录义证》,汇集了文晟的著作和《洗冤录详义》等著书中的重要内容,但以近代解剖学骨图代替《洗冤录详义》的骨图,是第一部吸收欧洲解剖学成就的中国法医学书籍。

(九) 晚清外国学者的贡献

晚清有2名外国学者对中国法医学贡献较为突出。一是John Dudgeon(1837—1901年),中国名"德贞",字子固,英国苏格兰格拉斯哥人。1862年获英国格拉斯哥大学外科学硕士,1863年受伦敦教会派遣来华行医传教。1865年,德贞在北京创办医院——双旗杆医院,即今天协和医院的前身。德贞留下的"施医十余年间,而绝不受一钱"的崇高医德与人格精神依然是今人的典范。德贞对中国法医学的贡献是他在北京同文馆引进了现代法医学教材。1866年,北京同文馆设科学系,开始对法医学知识进行研究,德贞被聘为教习。德贞发现《洗冤录》所载骨骼部位、次序名目,中西迥异,因此翻译英国《法医学》作为教材,命名为《洗冤新说》,并在《中西闻录》连载。这是外国法医学向我国输入之始。德贞给同文馆学生讲课的解剖学教材《全体通考》附有近400幅精美的人体解剖图谱。二是John Fryer(1839—1928年),中国名傅兰雅,英国肯特郡海斯镇人。毕业于伦敦海布莱师范学院,于清咸丰十一年(1861)到香港,就任圣保国书院院长。两年后受聘北京同文书馆任英语教习。同治四年(1865年)转任上海英华学堂校长,并任《上海新报》主编。同治七年(1868)起,任上海江南制造局翻译馆译员,时间长达28年,编译《西国近书汇编》等书籍。光绪二年(1876)创办格致书院,创办科学杂志《格致汇编》。光绪二十二年(1896)去美国担任加利福尼亚大学东方文学语言教授,后加入美国籍。清政府曾授予他三品官衔和勋章。傅兰雅对法医学的贡献是他于1899年和赵元益合译的《法律医学》,该书被认为是我国最早的法医学译著,但据薛愚研究,1888年傅兰雅就译有 *Forensic Medicine* 一书,取名《英国洗冤录二卷》。

三、晚清法医转型的特征

（一）被动性法医转型

在中国古代检验史中，仵作一直是雇佣人员，仵作这个职业也被视为"贱业"。清同治十三年（1874），两江总督沈葆桢于杨乃武案后上折"改仵作照刑科书吏一体出身"，但"格于例"而流产。之后30多年没有变化。期间，国外法医学输入及案件需要和各种因素影响，晚清政府迫于压力加上再次有各省总督、巡抚上疏才被动开始变革。仵作直到清廷垮台的前两年才改为检验吏出身。

（二）渐进性法医转型

在这个渐进性的发展中，清廷决策圈逐渐摆脱传统检验观念的束缚，从初步认识到检验落后到开办检验学习所，再到"改良仵作"为"检验吏"。而仵作改为检验吏后的出身之所以得到认可，则与光绪三十一年（1905）科举制度被废除有关。仵作的贱役地位随着科举被废除而解除了禁锢，清廷从政治上对仵作出身予以考虑。

（三）浓厚的个人色彩

个人色彩成为影响和制约发展的重要因素。晚清检验改革和发展，是封建传统体制之下展开并推进的，因此，中国法医学个人因素在很大程度上制约了发展进程。清廷固守"朝制"，把检验改革局限于技术层面，缺乏管理体制的彻底改革。想改革检验又不改革制度，最终陷入因人而兴、人去则废的境地。

四、小结

（一）晚清改革只流于表面

在长期封建封闭状态下，我国具有独特法医体制和保守检验思维。晚清改革实际上是在不触动封建专制制度的情况下进行的。换句话说，晚清司法改革是"只引装不纳制"，其改革的本质是"只变事不变法"，流于表面。也就是说是书本学"西法"，模型搞教学，仍然循古检验。从深层次来探究，晚清变法不成功的原因是没有摆脱农耕文明的桎梏。农耕文化的视野是向内而不是向外看，满足于表面，故革新不彻底，其根本所在是统治阶层思想观念保守落后。所谓"中体西用"指导思想，只是一种嫁接思维，没有通盘规划。这就可以解释，晚清在为何要学"西法"这个问题上始终存在模糊认识，在"指定技术人员检验"和"开展尸体解剖"这两个深层次问题上，没有明确认识和具体措施。在检验史中，清宣统元年（1909）改仵作为检验吏，表面上是有所改变，但维持尸表检验和仵作验尸这一特点并没有变化。因此，改变的是皮毛，而不是体制，只看小处，不看大处，只注重器物层次方面的改革，而不想在"制度化"层次上取得进步，只会处理技术性问题，而对大战略束手无策。虽然宣统三年（1911）沈家本等草拟《刑事诉讼律（草案）》，在法律规定方面已经突破尸表检验的局限，但未及实施清廷已垮台。

（二）晚清改革有一定成效

晚清变法运动涉及包括检验在内的司法改革。这场改革在开阔视野、推行教育、培养人才、引进技术和检验立法等方面取得一定成效；同时，晚清也改革"人"，不过只是把"仵作"变为"检验吏"而已。应该说，晚清检验改革始终没有突破法医制度的瓶颈，在旧体制的边缘实施改良修补只能取得局部的成效。晚清的检验吏培训及给予出身，在形式上第一次以朝廷谕旨的形式昭示了旧有专门检验人员卑贱身份的结束；同时，培训包括法律、医学、法医学、心理学以及检验内容，都是过去所没有的。特别是提出了"鉴定人"和"医师、理化学者、判定加害者之健康状态或有无血痕之类"等全新法律概念。此外，国外现代法医学的传播和引进，还有教会法医学教育和部分尸体解剖案例，以及我国自身法医学发展和留学归国学者的贡献等，都是促进晚清法医变革的因素。因此，晚清法医学的发展明显有别于古代法医学，是现代法医学的前奏，其历史地位不容否定。

第二章 民国时期中国法医学 (1912—1949年)

第一节 民国时期法医学的法律地位

我国古代的司法从属于行政。19世纪末至20世纪初叶，清末开始立法，改变司法与行政合一的状态，但不及实施就随清王朝的覆灭而消失。民国肇造，司法改革，立法、司法、行政三权分立，按西方的司法审判制度建立法院。那么，作为法院审判检验工作的法医学的法律地位如何呢？我们先了解一下民国时期的司法制度，然后详述法医检验工作。

一、北洋政府时期的司法与法医学

1911年，孙中山领导辛亥革命推翻了清王朝，建立了南京临时政府，当时就颁布了一系列西方引进的法令和司法审判原则。但北洋军阀篡夺政权后，北洋政府基本上承袭清末司法审判制度，实行四级三审制。而在袁世凯期间，又恢复了已被废除的部分司法制度，撤销了原设的初级审判厅，全面推行县知事兼理司法，即县一级司法、行政合一的制度，并明令高等审判厅接受行政长官监督，重新规定适用笞刑、流刑等。这一情况直至民国15年（1926）才发生改变。

北洋政府时期，法医人员基本上是由清末遗留下来的检验吏，但大部分是未经培养的仵作承担检验工作。虽然此时已在省城开始设法庭断案，但在边远山区，仍然沿袭衙门公堂的开庭形式，仍不乏由仵作喝报伤情、审判官躬亲检验的情况。因为当时接受过现代法医知识教育的检验人员几乎为零，又如何做现代法医学检验呢？

尽管如此，但北洋政府对法医检验的法律规定使法医学逐步走向现代化。例如，民国元年（1912）颁发刑事诉讼律，其中第120条规定："遇有横死人或疑为横死之尸体应速行检验。"第121条规定："检验得发掘坟墓，解剖尸体，并实验其余必要处分。""非解剖不足以断定犯罪事实之真相者，例如，中毒致死案件，非实验尸体或解剖不能举示证迹，故本条规定之。""解剖究属非常处分，非遇不得已情形，不宜草率从事也。"辛亥革命后的第一部刑事诉讼律冲破了封建法典的长期束缚,为准许法医解剖奠定了法律基础。在这一基础上,1913 年 11 月 12 日,内务部以 51 号令发布了我国第一个《解剖规则》①,其中第二条明确规定:"警官及检察官对变死体非解剖不能确知其致命之由者,得指派医士执行解剖。"1914 年 4 月 22 日内务部又以 85 号令公布了《解剖规则施行细则》十条,其中第一条规定:"凡国立、公立及教育部认可各医校暨地方病院,经行政官厅认为组织完全确著成效者,其医士皆得在该校该院内执行解剖。"第四条规定:"依本规则应行解剖之尸体,如非死于病院,须将医士诊断书呈送官厅验明,始得送付医士解剖之。惟医士于解剖尸体后,应即时呈报官厅备查。"除了关于解剖尸体规定外,民国三年(1914)颁布的《刑事诉讼律》还对鉴定人的资格、权利、业务等做了详细的规定。如鉴定人应为有特别学识和经验、能胜任鉴定的人,鉴定前具结为诚实鉴定的保证,按鉴定事宜以及书状或言词报告鉴定程序或结果,有阅读文件和证物、询问被告人和证人的权利等。这些法律规定与日本的法律规定颇为相似,也参考了欧美的某些法律规定。从历史角度说,为查明死因,准许解剖尸体,这是我国古代法医学与现代法医学的分水岭,是现代法医学赖以发展的法律基石。从此,我国法医工作者才有可能公开地研究人体内部问题,才有可能吸收和应用现代医学发展成就为法医学服务,为法庭提供科学的证据。

二、国民政府时期的司法与法医学

1926 年 11 月,国民政府取代北洋政府统治,改革司法制度,将各级审判厅、检察厅合并为法院。1928 年 10 月,国民政府设立法、司法、行政、监察、考试五院,司法院行使司法权。司法行政部管辖全国各省司法机构,总揽全国各司法行政大权。司法院、司法行政部及法院的概况如下:

(1) 司法院。为全国最高司法权力机关,下设最高法院、行政法院和公务员惩戒委员会。最高法院配置最高法院检察署。

(2) 司法行政部。其最主要任务是管理全国各省司法的人事行政,各省及特别市的推事(法官),推检(检察官)的任免、升调、考核、惩奖均由其办理。它可呈荐各省司法最高长官高等法院院长和首席检察官等工作。其第二位工作为司法的财务行政,主要筹措并分配全国各省司法经费。我国于 1932 年在上海真如创办的法医研究所即由司法行政部筹划和组织而完成。

(3) 法院。高等法院为省级司法机构,办理全省刑、民事审判及检察等事务。废除清末所设审判厅、检察厅,合二为一改设法院,并于法院内配置检察官。北洋政府法院审级为四级三审制,1931 年后改为三级三审制。虽然检察院设于法院内,但高等法院的检察厅自设收发处,收到案件呈首席检察官核阅,由首席检察官决定,分配各检察官处理。而全国在法院内设的检察机构实行一体制,为一不可分割的整体。地方法院在

---

① 据陈康颐介绍,1912 年 1 月 16 日,汤尔和任国立北京医学专门学校校长,11 月 24 日结合我国具体情况制定了中国的《解剖条例》,呈请教育部予以公布,但当时政府囿于旧观念,害怕落后舆论,不敢及时应允。经汤氏一再请求和种种交涉,1913 年 11 月 22 日,内务部公布了《解剖规则》,次年公布了《解剖规则施行细则》。

法院内设检察处，大的县法院检察处有检察官数人，小的县则只有检察官 1 人，代行首席检察官职务。除法庭外，在法院内部设有 10 个处室为对外机构，包括侦查室（供检察官用）、法院收发处、检察收发处、法院收状室、检察收状室、刑事案件报到处、民事案件报到处、律师办公室（包括阅卷室）、收费处和检验室（即法医检验员执行检验的场所，备有多种检验用具，检验员常住室内）。检验员属于法院的编制，但又受法院内设置的检察处管理，由于需要日夜值班，地方法院配 3 人以上检验员，大的县 2～3 人，小的县 1～2 人（详见本章第三节"法医检验及其鉴定体系"相关内容）。

民国政府初建期，沿用北洋政府的《暂行新刑律》，1928 年 3 月 10 日始由国民政府试公布第一个刑法典——《中华民国刑法》，1935 年 1 月 11 日又公布了修改的刑法，即《新刑法》，共 57 章 357 条。1928 年 7 月 28 日公布《中华民国刑诉法》，1935 年 1 月 1 日公布新《刑事诉讼法》，分 9 编 516 条。后民国政府又公布《法院组织法》《民法》《民诉法》等。与法医检验有关的是《法院组织法》（1932 年 10 月公布，1945 年 4 月再次修改后公布，共 15 章 91 条）第五十一条法医师、检验员的设置：高等法院以下各级法院及其分院检察处，为检验死伤，除临时指定专门人员外，得置法医师、检验员。第九十一条规定：关于法医师、检验员任用，适用技术人员任用条例之规定。《中华民国刑诉法》第十二章"证据"的第三节"鉴定"的鉴定人选（第一百九十八条）规定，鉴定人由审判长受命推事或检察官选任一人或数人充之：①就鉴定事项有特别知识经验者。②经政府机关委任有鉴定职务者。鉴定实施（第二百零三条）规定：审判长、受命推事或检察官于必要时得使鉴定人于法院外为鉴定。因鉴定被告人心神①或身体之必要，得预定期间，将被告送入医院或其他适当之处。鉴定人检查身体、解剖尸体或毁坏物体权限（第二百零四条）规定：鉴定人因鉴定之必要得经审判长、受命推事或检察官之许可检查身体、解剖尸体或毁坏物体。勘验之必要处分（第二百十三条）规定：①勘验犯罪场所及其他与案情有关系的处所。②检查身体。③检查尸体。④解剖尸体。⑤检查与案件有关的物体。⑥其他必要的处分。检查身体的限制（第二百十五条）规定：检查身体，如系对于被告人以外之人，以有相当理由可认为于调查犯罪情形有必要者为限，始得为之。检查妇女身体，应命医师或妇女行之。检验或解剖尸体的程序（第二百十六条）规定：检查或解剖尸体应先查明尸体有无错误。检验尸体应命医师或检验员行之。解剖尸体应命医师行之。检验或解剖尸体之处分（第二百十七条）规定：因检验或解剖尸体得将该尸体或其一部分暂行留存，并得开棺及发掘坟墓。检验或解剖尸体及开棺发掘坟墓应通知死者之配偶或其他同居或较近之亲属，许其在场。相验（第二百十八条）规定：遇有非病死或可疑为非病死者，该管检察官应速相验。如发现有犯罪嫌疑，应继续为必要勘验。《中华民国刑法》中鉴定内容包括放火、危险物、妨害交通、妨害秩序、鸦片烟、奸非、杀伤、堕胎和伪造文书印鉴等。《民国刑法》第十条规定重伤的定义为：①毁败一目或二目之视能。②毁败一耳或二耳之听能。③毁败语能、味能或嗅能。④毁败一肢以上机能。⑤毁败生殖之机能。⑥其他于身体或健康有重大不治或难治之伤害。此外，还对北洋政府制定的《解剖规则》做了修改，

---

① 心神：指心神鉴定，即司法精神病鉴定。

其中第二条改为对变死死因及无主尸认为有付剖验研究之必要，得派医士解剖。1928年以后的民国时期法律对法医鉴定人资格、权利、义务、出庭作证等做了具体规定。由以上可以看出，尽管民国时期法律对鉴定人权限做了较多的限制，但是法医鉴定人必要时可以对人体作解剖取材、实验，还可作重伤、精神状态等鉴定。法医学发展有了法律保障，这是与封建法典的最根本区别。由此，法医学的法律地位被重新确定了：法医学是为法律服务的，开展尸体解剖，应用医学先进科学理论和技术是法庭办案的需要，法医学的发展是法庭办案科学性的标志，而培养法医专门人才则是提高办案质量的关键。这是一个历史的转变，也给法医学发展提供了契机。

然而，当时虽然法律给法医学发展提供了保障，但法医人才匮乏，无力承担起这一历史重任；现代法医学的发展需要吸收现代所有先进技术，而当时国内各地发展不平衡，有的地方仍停留在清末的法医检验水平上；即使一些大城市想要大力开展法医学检验，但封建势力、守旧势力阻碍了法医学发展。尽管如此，中国法医学还是在这些矛盾环境中跌跌撞撞地发展了起来。这就是中国现代法医学形成阶段突出的特点。

第二节　司法改革与法医学

一、抗争

1840年鸦片战争以后，清政府被迫签定与领事裁判权有关的不平等条约共有9个之多，援引最惠国条款，在中国享有领事裁判权的国家多至20余国。民国建立后，这些丧权辱国的不平等条约激起了各界有识之士的强烈不满，他们进行了猛烈抨击。在法医学史上，1924年的改良司法、改良法医的抗争是一件大事。其宗旨是用现代法医学取代旧法仵作验尸。在这次抗争中，医学界、法学界有识之士提出了"废除治外法权"的口号，要求中国法医参与检验，同时反对旧法检验。废除治外法权是废除不平等条约的一项重要内容。但是帝国主义是不愿放弃其在中国所掠夺的任何特权的。他们借口"中国司法不良"，要组成"调查司法委员会"，为其继续把持治外法权制造借口。就在要求废除治外法权的运动中，中国医学界和法医学界人士纷纷提出改良司法、发展法医学的主张。1924年冬，北平医学院林几在北京《晨报》发表了《收回领事裁判权与法医学之关系》一文，主张"收回领事裁判权与法医学乃当今之急务"，并提出了"改良法医应成为司法革新目标之一"。一些医学界人士也相继对旧法验尸提出批评，要求在改良司法中，应用和发展现代法医学。[①] 为此，他们向当时的司法部上书，力陈时弊，要求把废除旧法验尸作为改良司法的一项重要措施。一个署名"汶"的人士就以"致

---

① 参见汶《致司法部之呈文》，载《民国医学杂志》1926年第1期第2页。

司法部之呈文"的形式提出了以上看法。① 姜振勋②则在《调查司法声中应注意法医之吾见》中进行了措辞激烈的评论，他认为，政府对我国法医学未做出什么有意义的工作，"究其改良者，不过呼作作曰检验吏；呼开业西医曰法医官"。在要求政府重视法医人才培养方面，"汶"讲得很清楚："在司法部设立卫生专处，筹设法医专校，召取医学毕业生若干名，使之学习法医，聘请病理名师，法医专家为之指导，并参与剖验，从事实习。更须设药学专科，造就裁判化学专员。数年后，人物辈出，不患用无其材矣！"有位叫"生痴"的学者在《吾人医事行政管见》一文中明确指出："在医学专科学校里的基础课中增设法医学，讲授医师法令，卫生行政大纲，医师应知的法律裁判医学。"③

医、法各界有识之士的抗争是有意义的。在舆论的压力下，当局迫于形势，不敢一意孤行。为表明接受专家学者、各界人士的"呼呈"，司法部以法令形式制定司法讲习所规程规定，在讲习过程中应开设法医学、指纹学、心理学等课程，并颁行内容简略的《检验新知识》一书，饬令全国各省成立法医讲习所，培养人才。但因教师和经费问题，不少讲习所在筹建中即告中辍或开班后不能坚持到结束。在师资不足的情况下办学是不行的。于是，民国二十三年（1934），教育部规定国内各大学及高等专科学校教育科目，首次把法医学列入医科必修科，法科为选修科。民国二十四年（1935），在医学教育委员会编定的《医学专科学校暂行课目表》中，法医学被列为医学院校的必修科，在第四学年开设课程，讲授理论课 16 学时、实习 16 学时。在 1935 年颁布的《大学医学院及医科暂行课目表》中，法医学同样被列为必修课目，讲授 16 学时、实习 16 学时。在第五学年开课。此外，人才培养、检案、创办法医研究所等，都是在困难重重的情况下开展起来的。可以说，民国时期中国法医学的发展是在法律奠定的基础上，在法医学界、医学界老前辈以及支持法医学发展的各界人士长期不懈的努力下实现的，也是后人值得骄傲和重笔记载的法医学史料。至于我国老前辈提出废除治外法权问题，即丧权辱国的领事裁判权，则延至 1943 年 1 月 11 日，中英、中美改订新要约，才告全部废除。若从 1840 年开始算起，则整整达 100 年之久。我国法医前辈林几等人开创法医学新局面的设想和努力，至今仍然令后人感到钦佩。

二、社会舆论与法医学

与医学界、法学界支持法医学发展的呼声同时存在的社会舆论，当时有支持的，有反对的，有看到现实后猛然惊醒要求发展法医学的，有因循守旧反对发展法医学的。这里我们要介绍是两个案子和极力反对发展法医学的一个律师——上海陈奎棠的倒行逆施言论，从中我们可以了解当时发展法医学的困难程度。

---

① 参见汶《致司法部之呈文》，载《民国医学杂志》1926 年第 2 期第 2 页。
② 参见生痴《吾人医事之管见》，载《中华医学杂志》1918 年第 3 期第 149 页。
③ 法律裁判医学，即指法医学。

(一) 陕西王案①和无锡刘案②

1. 陕西王案

1923年4月，某陆军二十师团长王佐才（50岁）在陕西暴卒。家属有疑问。4月24上午11时，军队司法官带仵作宋启云前往检验，至下午3时未得真相。第二日复验，将尸体搭于席上，由仵作用银针从口内插入，再由肛门插入，并用棉被将尸体包裹后用开水浇洒，历一小时之久，始将银针取出，而银针已变黑色，即认为中毒。

这是一桩不实行解剖尸体，单靠旧法验尸误验的实例。按上述方法，同样处理非中毒尸体亦能使银针变黑，"中毒"的结果显然是没有根据的。因为人死后由于腐败气体的作用产生硫化氢、尸胺等成分，能使银受氧化而变黑。所以，银钗验毒法是不符合现代科学原理的。实际上早在春秋时期就有记载，如将毒药洒在地上，看有何反应，或用动物及奴隶试验："公至，毒而献之。公祭之地，与犬，犬毙，与小臣，小臣亦毙。"以后发展成银、卵白两种验毒法："欲知是毒非毒者，初得便以灰磨洗好银令净。复以水杨枝洗啮，含此银，一宿卧，明旦吐出看之。银黑者是不强药；银青黑者是兰药；银紫斑者是焦铜药。"到了唐代，进一步提出银钗验毒法："取银钗若筋或银含之，经宿色黑即是，不黑者非。"由此可见，古人对银的氧化反应原理不了解，而误认为能使其变黑者即为有毒，这既没有科学根据，也无毒物化学研究基础的检验方法，竟沿用千年。究其原因是维护尸表检验的产物。而到民国时期，科学已大为发展，不采用尸体解剖取材作毒物化验，而采取过去不科学的方法，怎么不会引起民众反对呢？社会各界对"陕西王案"的检验提出批评。

2. 无锡刘案

民国时期，一个叫刘廉彬的女子自杀引起了包括新闻、医学、司法等社会各界的广泛关注。一石泛起了层层涟漪，后来还间接地引发了对法医制度的大讨论。

在20世纪二三十年代，新闻自由、女权运动和司法改革都是当时最为活跃的领域，敏感话题的炒作往往一夜间令全国沸腾。"无锡刘案"就是在这个社会背景下发生的。

案件是这样的：刘廉彬，女，30岁，四川泸县人，1923年春经同乡王德全、李文彬介绍，前往无锡贺康（又名贺亚宾）开办的蚕种培育场料理春蚕。1923年7月15日清晨，无锡蚕种培育场仆人秦妈久呼刘廉彬起床不应，推门而入发现其在屋内已自缢身亡。场主贺康随后赶到，并于第二天致电王德全、李文彬，称刘廉彬病亡。王德全等以事发突然，奔告刘廉彬之弟刘亮生，同乡穆济波、黄绍绪、张万杰等，于16日晚间赶赴无锡。抵锡后会晤贺康，始悉刘廉彬系自缢身亡。众人发现贺所言与电文不符，且时隔二日不报官检验。随后又在刘廉彬屋内找到遗书3封，其中一封写道："人生不幸，未有如我者，卅年来清白，今日不死，此生前途不堪设想。死了死了，无他虑了。"刘廉彬自杀引起了人们的广泛关注和热议。无锡当地报纸随后进行了跟踪报道，上海、北京的各大媒体也及时跟进，一个地方性的命案迅速转化为全国瞩目的公共事件，并且不断被放大。在倡导妇女解放的时代大背景下，人们对此案做出不同的理解。媒体声援、

---

① 参见姜振勋《调查司法声中应注意法医之我见》，载《民国医学杂志》1923年第1期第7页。
② 参见汶《致司法部之呈文》，载《民国医学杂志》1926年第1期第2页。

第二章 民国时期中国法医学（1912—1949 年）

抗议、申诉，制造了巨大的社会舆论，特别是女子职业、女性自杀、女权维护等敏感话题，扩大了刘案的影响。该案的尸体检验更是成为焦点，由于采取旧法仵作检验，舆论和社会各界十分不满，提出质疑。

刘廉彬案之所以得到媒体的广泛关注，"女性"加"自缢"的案情是一个重要原因。1923 年 7 月 18 日，《无锡新报》首先报道案件详情，这则看似普通的自杀新闻变得不寻常。新闻媒体还指出："据贺康所云系十五日在床柱自缢身死，假令自缢床檐，柱弱断难胜重，足未悬空，何由致死？"公众对法医学并不了解，认为"床柱脆弱不能承重，且高度不足，尸身不能悬空，显然刘廉彬非自缢身亡。如果刘廉彬非自杀，那只有一个结果，是他杀，而凶手就是隐瞒真相的贺康"。自杀还是他杀，脖子上的痕迹是重要的判断依据，于是有了开棺验尸。这时，公众开始对检验感兴趣并寄予希望。媒体更是对验尸过程进行报道。值得注意的是，几乎所有的媒体在报道中都留意尸身形状："将衣裤完全剪去后，尸身完全暴露。全身现青紫色，乳部并不高耸，乳头已经腐烂，阴户腐烂翻转，大肠流出六七寸，两腿均未伸直。"为什么阴户腐烂翻转？大肠为什么流出？生前是否遭遇强暴？自缢是否仅仅是假象？每个人都在根据自己的经验，而不是根据法医科学进行判断："死者下部子宫突出，腐烂不堪，数日之内虽不能不腐，但在短时期内是否应当腐烂到如此程度？""阴户尸变腐烂，姑且勿论，内膜子宫，何故突出？是否生前被人压小腹所致？"有人认为刘廉彬是被人强奸后勒毙身亡："兹就左面紫肿推想，自出当日强奸时贴席捺碰成伤，故眼亦随闭，且右眼睁突，显系抵抗无力怒视所致，况左腕绳痕，阴户腐烂，下衣血液淋漓，种种铁证非强奸而何？综上，女士之死实出强被奸污，可断言也。"本来，用法医学死后尸体现象可以解释的问题，被放大到"性"这一私密话题，引起全社会关注。媒体也质疑，为什么不请法医而是仵作尸表验尸？刘案由于媒体的适时引导，与时代关注的大问题发生了碰撞，引发了人们更深的思考。

刘廉彬案发生在 1923 年，当时正值妇女解放运动兴起，女子教育、女子就业的呼声很高。刘廉彬千里来锡就业，在公众眼中无疑是妇女解放者。因此，从社会影响角度来说，刘廉彬的自杀就不仅仅是一起普通的女性自杀事件了。1923 年 7 月 29 日，《无锡新报》《时事新报》同时推出专刊，就刘廉彬之死进行了大讨论。《时事新报》发表刘廉彬女士惨死问题特号发刊词："这兵戈扰攘的时代，死一个小女子，本算不得一回什么大事，然而我们偏为刘廉彬女士惨死一事出专刊，是什么道理呢？刘廉彬虽然是一个四川人，然而这次惨死，确含一个顶大的女权问题。妇女问题，现在才有点萌芽，妇女问题中最要紧者为职业自由、教育自由、婚姻自由等。凡此皆要个人亲身去做，然而一到社会去解决此事，就有谋毙惨杀之事，还有人敢到社会做事吗？"《无锡新报》写道："刘廉彬案固是一件轰动社会的大案，但是在我们无锡，每年发生的大案，不止一件，为什么我们对于别的不加讨论，而偏要讨论刘案？""刘廉彬一定早和贺亚宾有了关系，一个孤男，一个寡女，同住在一起，如何能保得住清白？况且贺亚宾是一个性喜渔色的男子，刘廉彬又是一个三十未嫁的女子。本来，男女应当有界限，男和女怎能在一起做事？剪了头发善写白话文的刘廉彬，不远千里从四川到锡缢死，究竟受谁的影响？"后来有个叫王季同的调侃："无锡人贺康，办了一个蚕桑传习所，四川女子刘廉彬做他的帮手。大概因为两性恋爱问题，刘廉彬上吊死了，刘家人上告贺康逼死她。初审判了，贺康被提到苏州司前街监狱。一天黄昏，贺忽然倒下，主管人把他救醒。醒后问贺，贺说看见了刘廉彬。"8月31日，晏始在《妇女杂志》上说：刘廉彬的死无外乎三种可能。一是因被贺康强奸作抵抗，因而被贺康勒毙（仵作检验是自缢，没有法医参与，也没有解剖记录）；二是被贺康用术强奸而羞愤自缢；三是受贺康诱惑与之私通，后来觉悟贺康不良，因而自缢。如果是第一种情况，她的死也不过钦佩其勇敢，决不能像从前片面贞操论加以三贞九烈崇拜，甚至援照所谓《褒扬条例》去请政府褒扬。如果是第二、第三种情况，那么"这样的女子即使不谥之为愚，也应该谥之为懦"。《无锡新报》指出："本案案情的研究和昭雪刘女士的冤抑等，是法官、律师、刘女士家属的责任，我们可以不闻，但这种舆论有无价值？本案将受什么影响？应当如何补救？这些都是社会上的事。"

刘廉彬之弟刘亮生以尸亲名义，在刘廉彬死后第三天具状无锡法院，请求验尸。县法院接报，派俞承法官带仵作前往验看，尸表验得刘廉彬确系自缢身亡。尸亲不服，委托律师李宗唐等致电苏州高检厅提出复验。1923年7月19日，刘亮生在李宗唐陪同下前往苏州，向高检厅投状。检察官严彭龄命令复验。7月21日，地方检察厅检察官张宗庚到锡。苏州高检厅还聘请苏州福音院院长和另一名西医会检。23日，开棺复验。当日，围观人群数以千计，无锡当地报纸用整版篇幅记录验尸过程，《申报》《时事新报》《民国日报》《中华新报》《晨报》等也作报道。西医检验却以经验不足为由，表示不能断定是自缢还是勒毙，最后由张宗庚命令仵作就尸表检验结果喝报尸状，仍定自缢。7月24日，川籍国会议员委托陈凤石律师到锡。7月26日，上海川籍国会议员21人联名致苏州高检厅和无锡法院电。27日，成立刘案昭雪委员会驻沪办事处。30日，川省议会会长及川籍国会议员19人致电江苏省省长、省议会并转审、检两厅。国会议员代表向作宾、谢持则准备8月1日面见江苏省省长。7月22日，北京《晨报》以"江苏无锡之大疑狱"为题报道刘案。25日，北大教授吴虞及学生黄日葵等数十人致电苏州高检厅。29日，北京20余校在北师大成立刘案昭雪后援会，杭州、天津、南通、泸县等地也成立刘案昭雪委员会。但是，高检厅坚持刘是自缢身亡。各地同乡会分呈司法部和总检察厅要求3次复验。之所以提出复验，就是对旧法尸表检验不满。傅增湘、胡景伊更给江苏省省长韩国钧拍去电报。韩国钧命高检厅再次派员侦查。高检厅严彭龄检察官到无锡后，召集双方进行了问讯，最终仍认定刘廉彬为自缢身死。8月31日、10月5日无锡法院两次开庭，均未当庭宣判。有律师搬出民国二年（1913）内务部发布的《解剖规则》第二条："警官和检察官对变死尸体非解剖不能确知其致命之由者，指派医士执行解剖"，以及民国三年（1914）颁布的《刑事讼诉律》关于鉴定人资格等规定，法院没有作相应回答。直至11月，无锡法院认定刘廉彬系自缢身亡，依据仍是仵作尸表检验结果，贺康有侵占财物、妨碍通信自由之罪，依律判刑2年。双方均不服上诉。此后，案件进行了二、三审。二审贺康获判无罪，但尸亲上诉，再次发回，维持一审判决。案件尘埃落定，但讨论仍在继续。

医界的讨论比较理智。刘廉彬案发生后次年，即1924年春，医学界一个以"汶"为笔名的学者在《中华医学杂志》第一期上对无锡刘案发表看法：1923年7月15日，

第二章　民国时期中国法医学（1912—1949 年）

某蚕种培育场女实习员刘廉彬突然"缢死"于自己住室内。各界怀疑她是被场主贺亚宾强奸后自尽或他杀。官方命仵作沈桂芳检验，认为是缢死。7 月 30 日复验，也认为是自缢。检验时有两名英籍福音医院医生参加，但都说没有经验，未表示意见。此案就此草草了结。医学界纷纷抨击："为什么不用法医学而用《洗冤录》？为什么要用旧法尸表验尸而不解剖尸体？"在刘廉彬案发生后 3 年，即 1926 年，"汶"对旧法检验再次提出批评，要求在改良司法中，应用和发展现代法医学。他还公开《致司法部之呈文》一文，力陈时弊，要求把废除旧法验尸作为改良司法的一项重要措施。可见，医界看到刘廉彬案问题症结和解决的方法，因此，渴望政府尽快进行司法改革，改用现代法医学替代旧法仵作尸表检验，以避免类似刘廉彬案的发生。

为什么法医历史上要记载这个刘廉彬自杀案件呢？因为，刘案与两个法医"议案"有关。

这里所说的"议案"指"第三二四号中央政治局会议决议案"和江苏省政府提议于中央政治局会议的《速养成法医人才》议案。

我们还要提提林几和罗文干。

林几于 1924 年被派去德国维尔茨堡医学院学习法医学，4 年后学成获法医学博士学位。回国后，林几就开始筹办北平大学医学院法医学教室。经过 2 年努力，于 1930 年 8 月成立北平大学医学院法医学教室，林几任主任教授，并开设法医学必修课，接受各地送检的法医鉴定案件。1928 年，林几应中央大学医学院校长颜福庆博士邀请，就中央大学医学院选址和法医学教室问题草拟《拟议创立中央大学医学院法医学科教室意见书》（以下简称为《意见书》）。林几旋即完成《拟议创办中央大学医学院法医科意见书》，并在《中华医学杂志》上发表。《意见书》写道："考中央大学医学院，设在沪滨。而上海地居全国海线中央，交通极便，又为亚陆商埠之中心，万邦居民之杂处。虽该校开办未及二年，而内容颇完善，若得附设法医检验室及研究科于内，则实为最便。"

在林几创办北平大学医学院法医学教室的同时，司法行政部也在上海筹办法医检验所。1928 年，魏道明任司法行政部部长，于 1929 年委托孙逵方筹办法医检验所，主要目的是建成后负责江苏、浙江两省法医案件。1931 年 10 月，魏道明被任命为南京特别市市长。1931 年 12 月，罗文干被任命为司法行政部部长，并委托林几筹办法医检验所。林几曾在《法医月刊》上这样介绍："司法行政部有筹设法医机构计划。加之第三二四号中央政治局会议决议案，1930 年 7 月设法医检验所筹备处于上海。并在真如购地建屋，久未就绪。至 1932 年 1 月，突以日兵压境，真如被占，遂暂停顿。4 月 13 日，几奉部令接任筹办，改名为法医研究所。8 月 1 日，法医研究所正式成立。"林几被罗文干任命为法医研究所第一任所长。林几改"法医检验所"为"法医研究所"，其中一个重要目的就是培养高素质法医人才，以解决全国法医案件的鉴定问题。

"第三二四号中央政治局会议决议案"指什么议案呢？我们再看看林几于 1928 年写的《意见书》。林几说："此意见系因十七年夏初，江苏省政府提议于中央政治会议，有《速养成法医人才》议案，经议决定交大学院（相当于现在的教育部）办理。大学院批复中央大学，中央大学乃令吴淞之医学院核复。又在最近颁布国民政府纲领草案中关于司法部项内亦有《养成法医人才》一项。故颜福庆博士以其系专门研究法医学科乃嘱其草此。"

"第三二四号中央政治局会议决议案"和江苏省政府提议于中央政治会议的《速养成法医人才》议案，都与法医人才培养有关，一个是中央，一个是地方。刘廉彬案对两个议案有间接影响，至少与江苏省政府提议中央政治会议的《速养成法医人才》议案有一定关系。具体地说，国家已在酝酿法医制度改革，刘廉彬案的讨论助推了这一进程。

（二）陈奎棠其人

陈奎棠并不是什么知名人物，只因在历史上扮演了一个阻挠法医学发展的角色而成为法医学史学者批评的对象。

1924年，上海地方法院检察厅检察长车显庭认为："检验之手续，不若解剖之完备。"他还认为："每感法院检验工作尚沿《洗冤录》之旧说，检验吏之臆断以折狱，疑点既多，冤抑难免。"他与同济大学主持病理学工作的德国人欧本海（Oppenheim）博士多次合作，收获很大，于是，委托同济大学病理教室和宝隆医院订立了验尸契约，办理法医疑难案件，为期1年①，双方均以学术为立场，彼此不取报酬。在1年合作中共验案约400起，除尸体外表可断死因外，剖验者不超过40起。当时，欧本海主持尸检工作，由杜克明医生当助手，单德广医生担任解剖工作。欧本海结合检案所获资料，写出《对洗冤录之意见》一文②，内容共分"洗冤录之优点"、"洗冤录之误点"、"洗冤录之缺点"三大节，以科学眼光作直率的批评，很有价值。然而，这种卓有成效的合作遇到一个名叫陈奎棠的律师上书司法部并登报③反对。陈奎棠在他的《陈奎棠请弗剖验之呈文》中声称："今日之验尸，倘尤洗冤录以相参考，以相检验，则委托该医校剖解明冤宜也。而今参考之书昭昭具在，乃必舍我千年沿用惯常之经验，变为解剖，无论解剖之所得，未必胜于检验，即或胜之，而人心所欲，被害者之家属壅以不闻，纵然为之洗冤，亦何冤之可雪？观遗尸遗骨，既为习惯所重视，又为法律所保护。舍检验而从事解剖，是奚啻疾视尸体之完好而有意毁损之哉。"陈奎棠进而攻击法医学检验，内有"被验之尸体湔肠伐胃，肉血狼籍，大小脑为医校囊括而去"之语，引起了不明真相的社会人士的误解，造成一片哗然。上海医会也发出"西人检验太厉"的评论。恰逢此时车显庭检察长因病在上海逝世，于是有人又诬称为死亡冥报。在这种情况下，陈奎棠的不合理要求竟得到满足。上海地方法院检察厅终以经费问题为由声言不再继续。司法检验又回到循蹈旧章之路。陈奎棠反对法医学检验，并没能阻挠法医学发展。1929年，司法行政部令孙逵方筹建法医检验所，1932年成立法医研究所，林几任所长。在陈奎棠的地盘上，首创现代法医学检案、教学、研究中心，以后再也没听到陈奎棠的"弗请解剖"的陈词滥调，说明历史在发展，法医学在发展，一切守旧的势力不能阻挠历史的洪流。可是，从陈奎棠的反对法医学发展获短暂成功这一事实我们也看到，封建守旧势力在当时是相当强大、顽固的，也表明法医学发展历

---

① 参见余岩《余氏医述》，上海社会医报馆1932年版。
② 参见陈康颐《中国法医史》，载《医史杂志》，1952年第4卷第1期，第1-8页。
③ 参见陈奎棠《陈奎棠清弗剖验之呈文》，载《申报》1925年7月16日。

经坎坷，连一名律师的"呈文"也能废止正在履行的科学的检验契约，法医学社会基础的薄弱便可略见一斑了。

三、带有封建色彩的验断书

上面提到的两个验尸和陈奎棠的主张，都是在所谓"验断书"的基础上工作或提出来的。什么是"验断书"呢？其实它是清王朝留下来的仵作验尸法令化的内容，即尸图尸格之类。民国早期乃至1928年国民政府的刑事诉讼法也用上这类内容，只是用"验断书"来代替尸图尸格罢了。

什么是尸图尸格呢？实际上是清代沿用元代的检尸法式颁布的官方检尸文件。清代的尸格分仰、合二面，从仰面的各部位中取出致命16处，再列出不致命37处；从合面各部位中取出致命6处，不致命20处。尸图也分仰、合二面，按尸格的各部位，将名称致命、不致命标注于图上。关于尸格尸图的错误，在使用中就受到批评，清代姚德豫指出其"与检验不甚符合，填注时复有参差。尸亲、讼师往往执以相难。官以其执有成书，无可究，以致案悬莫结者多矣"。就是这个尸图尸格，到了民国时期现代医学发展之时，还被修改后以"验断书"的形式出现，其所用尸表部位名词仍然用"致命"或"不致命"字样标出，其部位数目与清代大同小异，这表明在民国初期单纯用尸表检查下死因结论是合法的，解剖尸体受到限制。

显然，"验断书"的错误就在于阻挠了法医解剖的开展，这也是民国早期刑事诉讼法的不足所在。因为1928年公布的刑诉法规定，现场勘验分为检验尸体和解剖尸体。检验尸体由医师或检验吏进行，解剖尸体由医师施行。这说明，尸表检查定死因是合法的；尸表检查可以由检验吏和医师施行；解剖尸体不能由检验吏施行，只能由医师进行。而我国当时进行尸体解剖的法医学专家和愿意参与尸体解剖的病理医师极少，大多数仍然是检验吏检验，其自然只能是尸表检验，封建时代沿用的尸图尸格以"验断书"形式出现便不足为奇了。

这个"验断书"理所当然地受到了法医学界的反对。孙逵方就指出："凡检验尸体，只能以伤痕之轻重定其致命与否，不能以部位而定其是否致命伤。"胡齐飞拟定"新验断书"，删除"致命""不致命"字样，而改用现代医学术语。"验断书"中的"致命""不致命"是通过尸表推断而得出结论，又走上仵作验尸的歧途，是不符合科学原理的，也是不严肃的，更是有碍法医学发展的。真正死因只能通过尸体解剖来确定，别无他法！正如孙逵方所说的那样："法医学重在明了致死真因，稍有疑虑，即应实施剖验，以明真相，非可依外表伤痕而推断其死因。"

四、提案

在民国初期，鉴于法医学鉴定的重要性，及其我国当时法医检验工作出现与法律审判活动不相适应的局面，一位叫"生痴"的人就提出了一个内容全新的建议，即法医要设专职。他提出："近年来各国有精神病之检定，伤死之检定，专门社会治疗学及社会病理学之基础，所谓裁判之医学。然各国皆漫无设立，不过临时嘱托他医，而医师亦应暂时之要求,不重视其职权,未免失诸疏漏,吾以为应有专司。"①"生痴"建议司法部设二局:"甲为裁判法医局,分审判厅若干,即设分局若干,任医若干人司精神检查及伤死检定。乙为犯罪学研究局,分审判厅若干,即设分局若干,任医若干人专司犯罪者之体格检查及囚人之形貌,犯罪时之精神状态及囚人之特性。""生痴"的这一建议是设想在司法部项下设法医鉴定局的法医鉴定体系,而这与法律中《法院编制法》设法医的规定是矛盾的,而且法医人才匮乏,与实际情况差别悬殊,条件还不够成熟,自然未被采纳,但说明了早在20世纪初叶,已有人看到独立于审判、检察、警署之外设法医的实际价值,今天看来仍有法医学意义。

由于各地出现不少因仵作验尸不合理,社会要求科学办案的呼声,以及审判中发现问题或诉讼拖延或诉讼反复或判决后民心不服等,1928年,江苏省政府向国民中央政府会议提交《速养成法医人才》的提案②(当时国民政府施政纲领草案关于司法部项目亦有《养成法医人才》一项),引起了司法部的重视,于是当局将决议转交大学院③办理,大学院委托中央大学办理。中央大学委托赴德研究法医学刚回国的林几博士草拟发展方案,这就是他著名的《意见书》。这份《意见书》成为我国法医学向现代化发展的一个里程碑,对以后法医研究所的成立、各大学开展法医检验工作,以及使不少法医专家、学者重新认识法医学并为之奉献毕生精力起到积极的作用。林几成为中国现代法医学的奠基人。

五、民国法庭与摇铃

法庭是进行司法审判的特定场所,也是司法文化的外在表现形式。法官席、公诉席、辩护人席、被告人的相对位置,除了体现预期要实现的诉讼功能之外,还体现了诉讼的基本精神和基本结构。

英、美等国家的法庭直接连接法官的办公室,法官从自己的办公室打开一扇门便进入法庭。办公室可以作为法官与当事人双方律师进行某些协商的场所,协商的内容为诉讼的某些准备活动或者不宜公开的事项,特别是不宜向陪审团公开的某些事项。

在法庭上,法官坐于审判席,居中、居高,取临下之势。法官席所处位置和高度,昭示法官乃主持公道之人,恪守其中立性,与当事人双方保持等距离,持不偏不倚之态度。法官席前为书记员席位,为负责法庭记录之人。法官左边为证人席,证人面向双方当事人席,为陪审团所能观察。证人坐而为证,接受双方律师询问和盘诘。法官左前方为陪审团席,陪审员往往前后两排坐,其视线及于法官、证人和当事人双方。法官席对面为辩护席(法官右手边)和检察官席(法官左手边)。辩护席和检察官席并排,无高下之分。这是控辩双方地位平等的表现。在英、美等国的传统里,法庭权利的平等,适用于民事案件和刑事案件。因此,刑事案件的检察官和被告人辩护律师面临呈现证据和陈述辩论的相同限制。而刑事案件检察官和被告人辩护律师在法庭上所坐的律师席一

---

① 生痴:《吾人医事行政管见》,载《中华医学杂志》1916年第2卷第4期,第55–65页。
② 参见何颂跃《民国时期我国的法医学》,载《中华医史杂志》,1990年第20卷第3期,第129–134页。
③ 相当于现在的教育部。

第二章 民国时期中国法医学（1912—1949年）

样,高度也相同。

英、美等国家的法庭格局体现了检察官乃与对方为平等争讼之当事人,在审判过程中其承担客观义务,不得仅为获得胜诉之结果而枉顾正义。

我国从清末开始"远师法德,近仿东瀛",诉讼制度受大陆法系国家影响较大,法庭格局也是如此。

但是,民国时期,法庭布局的最大问题是位置如何摆。中国近代以来的法庭礼仪是从西方继受而来,而中国是一个传统文化积淀深厚的国家,继受过程中不能不受到本国文化因素的影响。举其大者,一是检察官和法官庭审时的座位,二是法官步入法庭时检察官是否需要和其他人一样起立致敬。

关于检察官和法官庭审时的座位问题,民国时期有两种看法,一种看法是,检察官是公诉人,严格地讲,是刑事诉讼中当事人的一方,即使说他代表国家,不同于一般当事人,但总不能与推事（法官）并坐,高高在上,给人印象是检察官说了就可以算数,因此,检察官在法庭上的座位应当有所改变。另一种看法是当时担任最高检察长的郑烈的异议,他说,民国初年,各地设审判厅和检察厅,地位对等,审判庭改成法院,法院内设检察厅,首长称首席检察官,地位已经下降,如再考虑改变检察官在法庭上的座位,那将真是每况愈下。最后,经过激烈辩论,以法律至上为由才摆平争论,确定了座位。检察官的位置以大陆法系、日本法庭布局特征为参照。刑事法庭的布置将法官席、检察官席、辩护人席、被告席分开,其中检察官与辩护人的席位分置于法官席位两侧,被告席位设于法官对面栏杆后方,于应讯时起立上前。

不过,民国时期法庭（图2-1）还是带有我国古代的一些"衙门大堂"的色彩。比如,西方采用法槌,民国时期则采用摇铃（图2-2）,宣布开庭和闭庭由专门法警摇铃。法官进法庭,摇铃,全体起立;结束,摇铃,全体起立。民国时期,没有鉴定人席。鉴定人出庭与证人相同座位,接受法庭质证。

图2-1 民国法庭的布局

引自黄瑞亭:《鉴证》,鹭江出版社,2014年版,第242页。

中国近现代法医学史

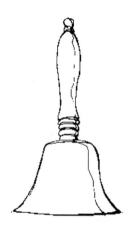

图2-2 民国时期法院铜铃，相当于古代法庭"惊堂木"的作用
引自黄瑞亭：《鉴证》，鹭江出版社，2014年版，第238页。

六、林几的《意见书》

《拟议创立中央大学医学院法医学科教室意见书》

林 几

　　为建议于中央大学医学院内创立法医学科教室，藉以培育法医专门人才，实行新法鉴定事。窃意法律乃立国之本，法医则为法律信实之保障。现任吾国对于这项学科鲜有专材，法医检验仍袭旧弊。其实，此学科研究及实用范围包罗至广，为国家应用医学之一。凡立法、司法、行政三方面无不有需于法医。就中尤以社会民众病状之调查，及其病因的研究，以共谋救济政策，且供立法与行政之参考者为首要。故，社会医学、社会病理学、保险医学、灾害医学、裁判医学及精神病裁判学①均在内。即其应用上较窄范围，亦足供司法之各种刑事、民事案件之鉴定，并伪病或匿病之检查。故法医学即以医学及自然科学为基础，而鉴定且研究法律上问题者也。

　　夫法之所贵，当罚必信，苟被检举或嫌疑犯者，犯罪行为证据不甚充分，则乌可遽施以判决。吾国对刑事案件，自古以来，已能注意及斯。惜后人食古不化，墨守陈章，以致当兹科学世界，尤复袭用七百年前宋人所集洗冤录以为刑检之蓝本。吾人固至爱我中华，至仰我古人，佩其富有理想，艰于创作，而惜后人不能追踪精研，推旧更新，延至今日终落人后，不亦悲夫。观洗冤录中所载，亦偶有足供吾人之参考，然其荒谬绝伦，类若神话者，确属非鲜，是乌能合乎科学原理，而作文明国家法律之鉴证乎。且历来更将刑检要务，委诸毫无常识、不学无术之作件，是诚难免有蔑视法律尊严之诮。

　　在欧西各国，每遇有关于法医事件，统先由各城指定官医施行初检，择取检材送交各大学校法医学教室，更请专家详细检查（注：林几在此提出法医初检，病理、毒化检材由专家复检的法医鉴定体系，即大学、研究所鉴定体系）。故所鉴定案件，事无大小，必详必确。亦所以昭大信于公民，尊法律重国本也。

　　有唐之制，于各郡县均置有经学及医学博士各一人。可见昔日专制时代犹知慎刑恤命。对

---

① 现在称为司法精神病学。

第二章 民国时期中国法医学（1912—1949年）

医事行政之注重矣！然有唐之世，实乃吾华文化昌明时代也。书曰惟刑之恤，诗曰在泮献囚，殆因上古治世，虽未明科学新理，而其慎于用法，以伸民冤，立意固至善也。

明代以后，犹于各府县分置教官及医官，是与唐代施设之精意已相悖戾！

迫至前清中叶，刑章益驰，同治末年虽沈葆桢（注：1820—1879年，福州人，清同治年间曾任两江总督兼南洋通商大臣，任职期间鼓励他的学生赴英、法留学，培养了大批科技人才和海军人才。沈葆桢妻子为林则徐次女）曾奏请解除忤作禁锢，而仍格于当事之昏聩，竟未实行。

光绪之季，效法图强，亦知注意法检，曾于刑曹设检验学习所，惜乃因人设官，辍遂无继。今者，党国维新，努力求治，训政肇始，百事待兴。国人皆耻国权之旁落，改良司法收回法权乃当今之急务！况人民智识增高，对旧日非科学之鉴定，已失信用，且国宇辽阔，人才缺乏，各地医师之分配尚未普及。一般开业医师忙于职务，对于病理、精神病及医事法令等有关于法医学常识，每未暇多加研究。故对新法刑检之实行，诚感非便。今为应时事之要求，此项人才之栽培及实验教室之建设，更属刻不容缓。此时，宜择适中地点，建立一专门法医研究科及附设之法医检验室。特聘专家主其事，以资养成法医专门人才，并实行有关于法医事件之鉴定。夫用人以才，则才方得其用；用非所学，则等于不学而用。际兹科学昌明时代，故非徒托空言所能有济。故欲养成法医人才，非设有法医学检验室以供实习，不足有增研究者之经验，且无补于事实也。

此种特别研究科及检验室，内容设备诚极繁杂，须并有病理学、细菌学、毒物学、化学及精神病学、产妇科学等临床及法医学的特有检查用具之设备。预计只开办费用一端，已须超过五万三千元。

顾刻国力疲弊，经济困难。为省国力而济实用，作较便利之计划，固莫若附立此种研究科及检验室于本国设备较良医学院内，则所需经费可以节省，教授人才亦不虞缺乏，盖于一专门医学院内必须设有化学、药物、病理、精神病、产妇科等教室。利其既有之各种设备及已聘之专门人才，合作通融，则其所省者岂止开办之所需，即经常经费也可减少。

考中央大学医学院①，设在沪滨②，而上海离新都③仅隔带衣之水，地居全国海线中央，交通极便，为亚陆商埠之中心，有万邦居民之杂处。虽该校开办未及二年，而内容已颇完善，若得附设法医检验室及研究科于内，则实称最便。然助理人员亦所必须，故宜于研究科外，更立一法医检验助理人员特班，分别训练专门鉴定及助理人员，即法官、警、探及一般医师尽可于相当期间前来切磋，受益当不浅也。

预计若不特兴建筑，就于医学院内，指定三五相当屋舍，再筹得开办费一万元，月常费两千元（即常年经费二万元），已可成立一组织较完备之法医学科教室，并创办法医学研究科及法医检验助理员训练班。再1～2年后，人才养成，即可分配于各地司法、保安机关执行新法初验，并可创修各地之相当医事法令，调查社会之疾苦，用保法律之庄严，增人民之幸福焉。

兹将法医学科之组织计划及各种筹办预算分列于后，备供参照。

---

① 当时在上海。
② 指上海。
③ 指南京。

甲、法医学科教室之组织计划

（一）法医科教室组织系统

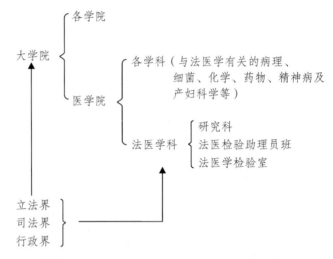

（二）法医学科教室组织人员

法医学科教室应聘科主任教授一人，教授、副教授、讲师教员及助教若干人，雇用技手①、书记若干人。其各课程拟即请医学院有关系各科之专门人员兼任。

（三）法医学研究科

（1）研究员资格：以医科专门以上学校卒业生或曾在病理学及精神病学教室各一年以上者，于一定期前来中央大学医学院报名，经一度口试或笔试并心理测验，认为合格者。

（2）研究期间：二年四学期，每日授课四时，每学期共六百小时，四学期共二千四百小时。至于个人或分组之课外研究时间须临时酌定并可由教室酌收其实验消耗费用。

（3）研究课目：因国内医校及中学程度不齐故斟酌情形添加下列非完全属于法医学功课。第一学期共25个星期每周授课24小时共600个小时。第二学期同上（第1～13课目）。第三学期（第14～19课目），第四学期（第20～31课目）。见下表。课目时间得酌量增改。

法医研究科研究项目及时间安排表

课目	总课时	周时	课目	总课时	周时
1 解剖学	125	5	17 中毒之动物实验	50	2
2 局部解剖学并绘图实习	100	4	18 法医中毒学	75	3
3 有机化学并实习	125	5	19 法医学总论及验伤学	125	5
4 病理组织学并实习	125	5	20 法医学各论	125	5
5 精神病学总论	50	2	21 裁判化学各论	75	3
6 细菌学	50	2	22 法医精神病学	75	3
7 血清学	25	1	23 社会医学	25	1

---

① 技手：即指现在的技术员。

第二章 民国时期中国法医学（1912—1949年）

续表

课目	总课时	周时	课目	总课时	周时
8 病理解剖学	100	4	24 行政医学	25	1
9 比较解剖学	125	5	25 生命保险医学	25	1
10 无机化学并实习	150	6	26 灾害医学及例案之说明	25	1
11 精神病学各论	50	2	27 医事法令概要及其运用	25	1
12 鉴别诊断学（有关于法鉴定者）	125	5	28 法医学例案说明及讨论	75	3
13 药性学	50	2	29 法医学检验及实验	25	1
14 病理解剖实验	100	4	30 指纹学并实习	50	2
15 毒物学总论及各论	200	8	31 法医检验摄影术	25	1
16 裁判化学总论	50	2			

（4）研究人员数：第一班名额暂定四十至五十名。

（5）甄别：入校：有专门医校毕业文凭者经口试及心理学测验，合格者。

出校：经各学科分科口试或笔试及法医案例讨论，平均绩分认为及格者，予以研究科毕业发给证书。有自愿退学，或成绩过劣不堪造就及品行不良者，均可予以出校。

（6）研究员在校之条件及待遇：①恪守院规；②纳研究练习费（另行规定）；③在校所受待遇与该校学生相同；④毕业后荐充各地检验医官或荐在本校或他医校法医学教室服务。

（四）法医检验助理员训练班

（1）助理员训练班生资格：初级中等学校毕业程度，或公私医校所设练习生特班毕业者，于一定期内来院报名，经国文、博物、化学笔试及口试认为合格者。

（2）训练期间为一年。每学年五十星期（十星期为假期），每星期授课24小时一年共1200小时。

（3）教授科目：第一学期共600小时，每周授课4小时，每周24小时，共25个星期（课目1-9），第二学期（课目10-16）。见下表。

法医检验助理训练班授课及时间安排表

课目	总课时	周时	课目	总课时	周时
1 解剖学（同研究科）	125	5	10 病理解剖学（同研究科）	100	4
2 局部解剖学并绘图实习（同研究科）	100	4	11 精神病学各论（同研究科）	50	2
3 细菌学（同研究科）	50	2	12 鉴别诊断学（有关于法医鉴定者）（同研究科）	125	5
4 生理与病理学概论	125	5	13 法医检验学概论	75	3
5 化学并实验	75	3	14 法化学检验法并实习	75	3

续表

课目	总课时	周时	课目	总课时	周时
6 普通药物学	25	1	15 法医精神病学概论	50	2
7 普通毒物学并实验	25	1	16 法医学各论并实验	125	5
8 法化学检验法概论	25	1			
9 精神病学总论（同研究科）	50	2			

（4）学生人数：第一班名额暂定五十至六十名。

（5）甄别：

入校：经相当考试。

出校：经各学科笔试及口试及格者予以卒业文凭。有自愿退学或不堪造就及品行不良者均可予以出校。

（6）在校之条件及待遇：1. 恪守院规；2. 纳学费（另行规定）；3. 在校时与医校生同等待遇。

（7）卒业后荐充各县法医检验助理员，或法医科教室①技手。

（五）法医学检验室

（1）施设：凡医学院其他教室既有之设备且可以通融使用者，本检验室概可酌省。

（2）性质：为医学院法医学科教室之实习研究室，并接受各处有关法医学检验事件。

（3）人员：即以医学院专门教授人员担任研究及检验。

乙、法医学科教室经费概算（略）

包括课堂、实验室、化验室、检查室，图书室、办公桌、书桌椅、中外法医参考书、器械费、药品费、标本费、幻灯费、开办费及教师工资预算等80余项，面面俱到，完备齐全总计年经费二万元。

按此意见书系因民间十七年（1928年）夏初，江苏省政府提出于中央政治局会议，有《速养成法医人才》一案。经议决定交大学院办理。大学院批交中央大学，中央大学乃令吴淞之医学院核复。又在最近颁布之训政时期国民政府施政纲领草案中于司法部项内亦有《养成法医人才》一项。故医学院院长颜福庆博士，以其系专门研究法医学科乃嘱其草此。

惟国内法医人才过于缺乏，以个人管见所及，容或难免遗漏，兹特公诸报端，便征识者纠正为幸。依上项计划，预计至少须于十年内，在全国适宜地点，分设六个法医学室（上海、北平、汉口、广州、重庆、奉天），以便培育法医学人才并检验邻近法医事件，且可创修各地之医事法令，执行各地医事不法之纠正事件。

预计在各地司法及保安行政机关，至少须各设有一员以上之法医官及二员以上之检验助理员，即全国共有若干县及市区，便须准备有县市总数之二倍半以上法医学人员，方足敷全国之分配。

---

① 教室：相当现在的教研室。林几这一计算，全国共有3 000多个县（市）则应配法医总数近10 000名。按现有体制公、检、法配法医则我国法医总数应为20 000～30 000。这份《意见书》是林几于1928年写的，迄今已近90年。今天法医学发展已很大程度上证实和实现了林几的预见和计划。

林几这份《意见书》意义重大：①是全国法医鉴定体系的规划——法院作为初检单位以检案鉴定体系存在，而大学、研究所以科研、复检和人才培养的体系存在。②作为我国法医起步阶段的布局蓝图，分建6个法医科（上海、北平、汉口、广州、重庆、奉天）带动全国法医学发展。③根据中国国情和法医学发展规律，量体裁衣，提出在医学院内办法医科这一行之有效的办法，他的这一办法，以后一直成为中国传统的教育和办案结合的习惯而延用至今。④是一部非常好的法医教育的教学、科研计划，其周详细致，足使今天的我们读起来倍感亲切，也表现了他的组织、领导才华和强烈事业心和民族感。⑤《意见书》还是一部简要的法医史，是一部认真思考中国法医学发展演变和兴衰的法医史，告诫人们，我们现在发展法医学要师古而不能泥古，只有学习先进的科学技术才能真正爱我中华，才能推陈出新而使中国法医学走上科学道路。⑥确定了关于法医学范围，认为除刑、民事案件外，还有社会医学、社会病理学、保险医学、灾害医学、精神病学以及痕迹指纹、印鉴学等，都是法医学研究范围。他的这一观点，一直指导着现代法医学发展。⑦正确认识法医学使命。他反复强调，法医学是立法、司法、行政三方面不可少的应用科学，法律是立国之本，法医则是法律信实之保障。把法医学从单纯地为了鉴定而在解剖台上工作解脱出来，清楚表明，法医学并不是"尸体学说"，它是阐明从生至死的过程的医学，是保证生命尊严的科学，是为人民幸福、为法律尊严、为科学发展服务的科学。他的远见卓识令人感佩。林几一生一直为之奋斗，他是这样写的，也是这样做的，最后成为公认的我国现代法医学的奠基人。

第三节 法医检验及其鉴定体系

一、早期法医检验的出现

我国在民国时期审判实行四级三审制，从民国法律来看，最高法院不设法医，高等法院及其分院、地方法院、县法院设法医。民国二年（1913），内务部颁布了《解剖规则》，刑律还规定："检验尸体由医师或检验吏施行，解剖尸体由医师实行。"所以，需要施行解剖才能解决问题的检验绝大多数得送医学院或医院进行。于是，1914年4月，教育部颁布的《解剖规则施行细则》的第一条就规定："凡国立、公立及教育部认可各医校暨地方病院，经行政官厅认为组织完全确著成效者，其医士皆得在该校该院内执行解剖。"这便是我国民国时期出现的早期法医检验，即由院校承担法医解剖工作，由法院检验吏作初验，部分省、特别市（相当于直辖市）法院也聘请了医师作法医检验。

民国时期的早期法医检验机构有：1913年，江苏公立医学专门学校开始进行尸体解剖工作；1919年，国立北京医学专门学校及其附属医院接受北京、天津、山西各地方法院检察厅委托检验血痕、鸦片嫌疑犯、孕妇妊娠月数等；1924年，上海地方法院检察厅委托同济大学病理教室办理法医疑难案件，为期1年。

此外，据张天禄记载，北洋政府统治时期设有内务部，其下设置卫生试验所掌管药品和生物制品鉴定工作。上海的卫生试验所还有麻醉品检验和司法案件检验等任务。但当时药检机构并没受法律的充分保护，有的药检人员还由于坚持原则而受到社会邪恶势力迫害，如药检工作者何鉴清因拒绝流氓胁迫他修改检出吗啡的检验报告而惨遭暗害。

1924年开始，浙江医药专门学校受理毒物分析化学案件。1930—1935年，浙江省卫生试验所化学科做了大量的毒品化验工作。

以上是我国早期法医检验情况，总的来说，法院检验吏的检验仍然维持在尸表检查，极少数需要解剖才送到医学院或医院由医师作解剖。送去医学院或医院的还有毒物、毒品及活体检查，为数不多，表明法医工作起步还很缓慢，其主要原因还是法医人才缺乏，限制了检验的数量和范围。

二、法医人才的培养

有关民国早期法医人才培养方面的资料很少，只在《中华民国法令大全》中有记载："民国三年后，司法部以法令形式制定司法讲习所规程，选拔合格人员补充高等法院审判厅，并在学习班中开设法医学、指纹学、心理学课程，兼授内容简略的《检验新知识》一书。"① 可见，当时还是用新知识培训了一些旧体制转过来的检验吏。也就是说，清末检验由官吏监督仵作完成，北洋军阀时期仵作改称检验吏。至民国时期，根据1912年中华民国政府颁布的《刑事诉讼律》规定"遇有横死人或疑为横死之尸体应速行检验，检验得发掘坟墓，解剖尸体，并实验其余必要处分"，"根据现场勘察和尸体检查，法医应提出死亡时间"，始出现法医的称呼。但是，民国初期法医严重缺乏，不少地方法院仍然由旧时留下的检验吏经过培训从事法医工作。培训机构称为"司法讲习所"（图2-3）。培训内容包括法律、法令、理化和裁判医学等。以后，又选拔合格人员在全国各地高等法院讲习所学习，并补充至高等以下审判厅任法医。讲习所培训开设法医学、指纹学、心理学等课程，并颁行内容简略的《检验新知识》一书。期间，北平、浙江等地大学也进行个别培训。直至1932年，司法行政部法医研究所成立，聘留德博士林几为第一任所长，才正式培养法医。

林几的《意见书》发表以后，在培养法医人才方面，明确记载的有以下一些：

1929年春，浙江省高等法院委托浙江医药专门学校附设法医专修班，将医专毕业的学生短期训练一年分发到该省各地方的法院服务。

1929年春，江西省高等法院委托江西医学专门学校附设法医专修班，学生在此学习1年毕业后到法院服务。

1929年7月，司法行政部为使法院改用科学方法检验及培养法医人才，通饬各省高等法院仿照浙江、江西高院的办法，筹设法医专修班，候学员毕业后分发至各法院服务。

1929年9月，南京开设法官训练所法医讲习班，林几任教，接受训练的旧检验员

---

① 《中华民国法令大全》第69号（民国三年十月十五日）。

第二章 民国时期中国法医学（1912—1949 年）

图 2-3 民国初年的司法讲习所

引自黄瑞亭：《鉴证》，鹭江出版社 2014 年版，第 243 页。

结业后回原处工作。

1929 年 11 月，江苏省高等法院委托上海同德医学专门学校设法医讲习所，招收医学毕业生，训练一年，派赴江苏地方以下法院服务。

1930 年春，国立北平大学医学院首设法医学教室，聘林几为主任教授。

1930 年 7 月，司法部以各省法院仍未普遍筹设法医专修班，不足以应对现代检验之需要，特重申办法医训练班的命令。

1932 年 4 月，司法行政部训令河北、山东、江西、河南各省高等法院，参照江苏省《速养成法医人才案》的提案，委托北平大学医学院训练法医人才，但未办成。

1933 年，司法行政部法医研究所林几任第一任所长，招考全国医科毕业生学习二年。招收第一届后，由第二任所长孙逵方继办两届。至 1937 年为止总计有结业生 60 余名。这是民国招收的最高层次的法医训练班，毕业后发给法医师证书（图 2-4）。

1935 年 8 月，司法行政部法医研究所还增设法医检验员训练班。

1935 年夏，江苏、浙江、山东、河北等省高等法院自设检验员训练班，半年毕业，培养初级检验员。

1936 年 10 月，北平冀察政务委员会审判官训练所附设检验员训练班，调集各地方法院及司法处原有检验员训练 6 个月，再回原处工作，经办二期。

1937 年，因抗日战争爆发，法医培训工作中断。

1943 年，国立中央大学医学院首设法医学科，授法医课。

1945 年 2 月，受司法行政部委托，中央大学医学院法医学科设司法检验员班，招收高中毕业生为学员，二年半毕业，分配到四川省各地方法院工作。

1947 年，中央大学招收第一届高级司法检验员，后根据教育部的命令，该班改为司法检验专修科，定二年半毕业。

图 2-4 司法行政部颁发给陈康颐的毕业证书
引自《法医月刊》。1935 年第 12-13 期，第 1 页。

1948 年，中央大学医学院成立法医研究所，筹设法医学师资班及法医师训练班（未办成）。

1948 年秋，国立中山大学医学院根据教育部命令，设置司法检验专修科，招收一期学员进行专门培训。

以上是民国时期法医训练情况。总的来说，1929 年以后，主要以法医研究所培养人才为突出和具有代表性；1945 年以后，以中央大学医学院培养法医人才具有代表性。林几等人为此倾注了全部心血，成绩斐然。但是，即使这样，法医人才还是"不敷使用"，全国发展不平衡。值得一提的是，由于法医人才缺乏和旧中国的政治腐败，与法医有关的案件竟出现种种令人震惊的弊端："一般检察官对检验伤害事宜，多缺乏常识，只得委诸胥吏，于是检吏得以上下其手，收受贿赂，装伤抵赖者有之，重伤轻报者有之，弊端百出，检察官尚茫然不知。乃据以决定起诉或不起诉处分，致当事人易不白之冤。"① 这是国民党政府的自白，也是法医界的不幸。例如，据陈衡铨记载："1931 年福建闽侯地方法院检察处来了一个被人打得头破血流，连衣服都沾有血的告诉人到检验室要求验伤，检验员何健忠因索取规费不遂，竟欺检察官李煊年老，说当事人衣上的血迹是鸭血，因此当事人被判不起诉。被害人及律师提出再验要求，被害人称，头破血流，创口宛在，何况创口血迹与衣上血迹是否相同，一看便明。若衣上血渍是泼上鸭血请再验。李煊传复验。何健忠随即说明自己上次检验不仔细，乃重填伤格，经李煊亲自复查后，改发起诉书。"② 这是检验员徇私舞弊的一个典型案子。作为历史，我们要实

---

① 林森：《饬知检察官应亲身检验伤害以祛弊端令》，载《中华民国法规汇编》民国二十四年（1935）辑。
② 陈衡铨：《旧法曹剪影》，载《福建文史资料》1989 年第 21 辑《法曹内外》，第 89-103 页。

事求是地加以记载。我们要看到好的一面，也要看到不足的一面，纠正错误，扬长避短，实事求是，这才是真正的法医科学本身的内涵。

三、法医专职的设置

我国最早设置法医专职的是北平地方法院检察厅于民国三年（1914）设立的一个法医席位，由江尔鄂医师担任。民国五年（1916），他受司法行政部委托去日本考察法医情况。据魏立功记载："江苏省上海地方法院早设法医一职，民国十九年四月一日，上海租界地改组后，公共租界地首先接收法院，由孙逵方医师充任法医，法租界第一特区法院亦于是年相继成立，该两处检验案件，完全归于我国法医办理。"①

虽然北京、上海二地曾有法医专职，但民国时期的法医人员主要是在法医学教育、法医人才培养后才真正出现。

1. 法医教授的出现

尽管我国早期曾有医学院校参与法医检验，但都是由办案单位委托，医学院病理科或医学临床科室临时办理一些需要解剖或检验的案件，并没有在医学院内成立专门法医机构。最早成立法医鉴定机构的是北平大学医学院。北平大学医学院于1924年派送林几到德国维尔茨堡大学医学院专攻法医学，获博士学位。林几于1928年回国，被聘为法医学教授，并于1930年春创办北平大学医学院法医学教室，林几任法医学教室主任教授。所以，林几是我国第一位法医学专业教授。以后，林几任第一任法医研究所所长，专门从事法医学检验的专家、教授有所增加，特别是研究所培养出来的研究员，分配到各地医学院后又成立法医机构，如中山大学医学院、东南医学院，加之北平大学医学院和林几于1943年又创立的中央大学医学院法医科，此时，全国各地出现一些法医学专业教授，但人数不多。

2. 法医检验员的出现

我国民国时期培养的人才，大多是法医检验员或由清末的检验吏再训练而成为检验员。这些检验员大多分配到县一级法院从事检验工作。从训练形式上看，这些检验员多数由本省法院或邻近几个省法院合办的训练班训练，检验员资格由省级法院颁发，但也有由中央司法行政部颁发的，如1935年司法行政部法医研究所增设的"检验员训练班"以及1945年中央大学医学院受教育部委托开办的"高级司法检验员训练班"颁发的证书。由司法行政部或教育部颁发毕业证书的训练班，招收的是高中毕业生，经考试入学后，定期二年至二年半进行训练。

3. 法医师的出现

法医师一职究竟何时出现，众说不一。有的认为医学院或医生毕业后又训练一年的即为法医师。但林几在其《二十年来法医学之进步》一文中说："司法行政部曾于二十一年在中设立法医研究所。二十二年开始招收医师为研究员，二年毕业，发给法医师证书，派往各地法院服务，是即我国有法医师名称之始。"林几这里说的法医师证书是指由中央司法行政部发的毕业证书，即由国家承认的法医师证书，而我国民国时期《刑

---

① 魏立功：《我国法医概况》，载《中华医学杂志》（上海）1939年第25卷第12期，第1066–1067页。

法》《刑诉法》《法院组织法》在这之前仍称法医工作人员或检验吏或检验员，称被聘从事法医检验的医师为医士或法医，没有"法医师"的名称。1943年，修订法律时才出现"法医师"的名称。① 所以，林几的说法是正确的。如早期北平、上海设立的法医席位的充任者江尔鄂、孙逵方，只称为江尔鄂法医、孙逵方法医，而不称法医师，即是证明。因此，早期的医学本科生或大专生经训练的医师，如1929年浙江高等法院委托浙江医药专门学校附设的法医专修班，江西高等法院委托江西医学院附设的法医专修班，及1930年江苏高等法院委托同德医学专门学校附设的法医讲习所，其培养出来的学生仍然被称为为法院服务的医士或法医。而1933—1937年法医研究所招收的二届研究员，及1942年、1947年第一次和第二次高等考试所招收的学生，毕业时才称为法医师。当然，1943年后，浙江、江西、江苏早期培养的为法院服务的医士或法医，也随之称为法医师，与检验员区别开来。

检验员、法医师都是法院实际检案的工作人员，他们对于培养高级师资考虑很少。林几曾在1946年提出培养高级师资的问题，但未实现。林几于1946年提出"法部颁修条例，提高法医师及检验员待遇，准与法官同受保障。考试院及铨叙部亦视为专门技术人员，并于考试、叙职"的建议，但未实现。

由此可见，林几是十分有远见的，他既考虑了法医人才培养，又考虑了人才使用，还考虑了队伍稳定和如何发挥法医人才作用等诸多问题。

4. 受聘鉴定人

民国时期，除了培养法医人才为司法实践服务外，还聘请专门技术人员作为鉴定人。最为典型的是1936年11月，司法部鉴于司法机构的法医师未习中医理论，对中医医药诉讼案纠纷，不谙中医处方的法则和中药性质，不能胜任中医药处方的鉴定，特委托上海中西医药研究所设立的中医药讼鉴定委员会进行鉴定中医药诉案纠纷。同年11月27日，司法部以第三百四十三号令通令全国高等法院，嗣后受理中医药讼案均委托该所鉴定。由该所鉴定的诉讼案达100余件，得到社会各界的好评。抗日战争爆发后，该所暂停工作，抗日战争胜利后又恢复工作。由国家特聘专门鉴定人处理中医诉讼案件，保证了案件的鉴定质量。

四、鉴定体系的形成

清末时期，司法检验由仵作（后又称检验吏）从事尸表检查。民国时期，各省相继成立高等法院、地方法院和县法院，承担大量刑、民事案件的处理工作。检验工作由法院首席检察官领导，法院内的检察处下设检验室。

那么，民国时期法院法医是如何的工作呢？据林厚祺回忆，民国时期法医、检验员的主要工作是验尸和验伤。验尸为对已死亡尸体的检查，法院检察官从公民告诉、告发

---

① 参见林几《二十年来法医学之进步》，载《中华医学杂志》（上海），1946年第32卷第6期，第244-266页。

第二章 民国时期中国法医学（1912—1949 年）

及报纸登载等渠道获悉有自杀、被杀及无主尸体的事实，督率检验员前往现场执行检验。①

对无主尸要检查死因，是否饥寒致死，或受人谋害。在福州，发现无主尸往往由警察机关电话通知，检察处派法医或检验员前往检验。在济南，每逢严冬大雪，马路上常出现无主尸体，多系被风雪冻毙，检察处这个季节常外出验尸。一到夏天，人力车夫因中暑暴死者多达 10 余起，检察处要派好几个检验员才能应付。检察处还要执行狱中死亡检验及刑场枪决尸体验明正身。以上各项检查均由检验员将检验情形或判断裁明检验书送检察官办理。验伤为对被害人受伤情况的检验。被害人受伤后可直接到法院检察处请求验伤，随到随验，无须先行其状，门岗法警不得阻拦。验伤时由值日检察官监督检验员执行，验毕检验员制作检验书呈检察官查核。检察官应于检验后对被害人做必要的讯问，由书记员制作笔录送首席检察官分案。遇有受伤严重，流血不止的，要先送医院抢救，不得先行检验。1935 年，司法部法医研究所分二名法医师到山东地方法院检察处，福建当时则聘福建医学院病理医师王兆培处理法医案件。全国各地法医配备情况不一。福建法医配备情况见表 2－1。

表 2－1　民国时期福建法院法医、检验员人员分布情况②

时间	各级法院	人数	时间	各级法院	人数
1936 年	高等法院	—	1946 年	高等法院	1
	高等分院	3		高等分院	—
	地方法院	9		地方法院	14
	县司法处	32		县司法处	57
	县府兼理司法	25			
合计		69	合计		72

民国时期全国的法医状况也不乐观。1935 年，全国司法会议对全国的司法检验人员作过统计（见表 2－2），全国各省检验人员共有 706 人，在学校受检验教育的检验人员仅 147 人。各省方面，新式检验人员人数以江苏省最多，但也不过 29 名。若将这些曾在学校受过检验教育者平均分派至各地方法院，各省所得不过三四名，省既不敷任用，至于市、县以下及僻远之地，司法检验显然不能指望操于法医之手。另外，从人员构成上看，旧式检验人员仍占据司法检验队伍的绝大部分。以仵作改充及随同刑幕老吏学习检验的旧式检验人员共计 559 人，几乎是曾在学校受过检验教育者的 4 倍。我们再看表 2－2 就更加清楚。

---

① 参见林厚祺《国民党统治时期的司法概述》，载《福建文史资料》1989 年第 21 辑《法曹内外》，第 568 页。

② 参见黄瑞亭《福建审判志·司法行政（法医）》，中国社会科学出版社 1990 年版，第 215－220 页。

表2-2 1935年全国各省检验人员①

单位：人

省别	受过检验教育	以仵作改充者	随同老吏者	合计
江苏	29	20	3	52
浙江	8	33	44	85
安徽	2	11	10	23
河南	1	61	42	104
福建	4	21	6	31
河北	7	12	3	22
湖南	11	49	8	68
陕西	2	27	46	75
察哈尔	2	10	4	16
山西	25	24	49	96
湖北	28	5	24	57
江西	12	14	26	52
东省特区	5	—	—	5
黑龙江	11	4	3	18
合计	147	291	268	706

以上是民国时期法院法医工作及人员情况。我国从辛亥革命后法院以检验吏检验死伤作为检验制度。1929年后，各省根据司法行政部命令相继培训医师和检验员。1932年，司法行政部在上海真如成立法医研究所成为全国法医鉴定中心。1935年，广东成立法医研究所，负责广东及邻省的法院检案工作。同年9月，司法部再划分黄河流域诸省法院检案工作归北平大学医学院法医研究所办理。此外，1935年以后，各省法院还相继成立法医检验室。这样，司法部法医研究所、北平大学医学院法医研究所、广东中山大学法医研究所为国家法医检验鉴定的最高权威法医机构，解决全国各地法院送检的疑难复杂案件，各省法院系统成立的法医检验室处理本省法医案件检验工作。一个以法院系统为主的法医检验鉴定网络在全国初步形成。民国时期我国法医体系建立和法医专职的设置，使我国的法医学发展发生了本质的改变，表明我国已建立了现代法医学的模式，也说明当时司法检验制度已有了较大的进步。

---

① 参见明仲祺《我国法医前途的展望》，载《东方杂志》，1936年第7期，第181-187页。

第二章　民国时期中国法医学（1912—1949 年）

第四节　法医学教育

本节主要讲法医学教育问题。有关法医人才培养在上一节以及下文的"法医研究所"相关内容中作介绍，本节不做重点描述。

1912 年 11 月 22 日，民国教育部第 25 号令《医学专门学校规程令》、第 26 号令《药学专门学校规程令》分别公布，医学专门学校开设的 48 门课程中列有"裁判医学"和"裁判医学实习"课程，药学专门学校开设的 31 门课程中也列有"裁判化学"和"裁判化学实习"。我国最早开设裁判医学课的学校是 1915 年国立北京医学专门学校和浙江省立医药专门学校。1934 年，教育部首次规定国内各大学医学院及高等医学专科学校教育科目把法医学列入医科必修科目及法科选修科目。

1935 年，教育部医学教育委员会编定的《医学专科学校暂行课目表》[①] 将法医学列入医学院校的必修科，规定课程第四学年开设，讲授理论课 16 学时、实习 16 学时。同年印发的《大学医学院及医科暂行课目表》同样将法医学列入，在第五学年开课。[②]

1942 年，南京国民政府考试院组织第一次高等文官考试时，亦将法医师列入，凡以下者皆可报名应试：①公立或经立案之私立大学医学院或专科学校修习医学 4 年以上毕业有证书者；②教育部承认之国外大学医学院或专科修习医科 4 年以上毕业得证书者；③有大学或专科学校医学毕业之同等学力，经考试合格者；④确有医学专门学术技能或著作，经审查合格者；⑤由医院出身，并执行医务 3 年以上，有证明书者。考试科目有国父遗教、中文史地、宪法、医化学、解剖学、病理学、药物学、诊断学、法医学、精神病学等 10 门。经初试及格者，训练 1 年 6 个月后，考试成绩合格，始取得法医师资格，派至法院服务。这次考试录取者全国只 2 名。同时举行的第一次普通文官考试时，亦有检验员一项，凡以下者皆可报考应试：①公立或经立案之私立高级中学或其他同等学校毕业得证书者；②有前款所列学校毕业之同等学历经普通检定考试合格者；③曾在卫生医药机关服务 3 年以上，有证明书者；④曾任法院检验事务 3 年以上，有证明书者。考试科目有国父遗教、中文史地、宪法、法医学、化学、生理学、解剖学等 7 门。经考试合格，训练 1 年 6 个月后，成绩优良者，始取得检验员资格；但未有人应考。

1943 年秋，国立中央大学医学院创办法医科。1946 年，司法行政部颁定法医人才五年计划，由林几拟定，再经司法行政部和教育部核准。五年计划的内容是：①培养各医、法、警学校的法医学师资；②各高等法院所需的法医师；③各地方法院的检验员；④法医学各分科的研究员。可惜因经费问题未能实现。1947 年 10 月，全国第二次司法人员考试时在高等考试内复将法医师列入，训练期改为 1 年；普通考试将检验员列入，

[①] 参见《医学专科学校暂行课目表》，载《中华医学杂志》（上海）1935 年第 21 卷第 7 期，第 808－813 页。
[②] 参见《医学专科学校暂行课目表》，载《中华医学杂志》（上海）1935 年第 21 卷第 7 期，第 801－817 页。

训练期改为6个月。报名应试者仍寥寥无几。1948年8月，国立中央大学医学院成立法医研究所，筹办法医学师资班，但未办成。1949年8月，国立中央大学医学院司法检验专修科因经费问题暂缓招生。1949年，中央大学医学院设置的司法检验专修科与中山大学医学院司法检验专修科因缺乏师资力量和经费无法继续教学，将该科学生转入医学本科肄业。

中华人民共和国成立前夕，全国高等医学院建立法医教室的也仅有中央大学医学院、北京大学医学院、中山大学医学院和中国医科大学等几处。可以说，民国时期的法医学教育不能适应法医学发展的需要。

第五节　中国现代法医学的形成与林几、孙逵方

一、林几与中国现代法医学

（一）林几一生

林几生于1897年11月20日，福建福州人。近代福州是我国最先开埠的五口通商口岸之一，也是中西文化交融的城市。林几出生于书香之家，父亲林志均（字则平、宰平），清末进士，曾留学日本，母亲梁秀筠，持家有方，妹林东枝（1904年生），大弟林庚（1910年生），二弟林津（1912年生）。林几从小受外祖父（清末进士，养老归里在福州光禄坊书院办私塾）和舅父梁敬镦（曾任台湾历史研究所所长等职）影响颇大。他熟读《四书》《五经》，接受传统文化教育，10岁迁居北京，接受新的文化知识教育。父母、外祖父对林几的过人记忆力和理解力大加赞赏，遂取字号"百渊"。果然，林几不负众望，中西文化在他的身上融会贯通，他不仅知识渊博，而且谦逊、执着，善于学习和思考，成为中国现代法医学的先驱者。

但是，林几青年时的志向并不是学医，而是学法律，一个突发事件改变了他的职业选择。据林几的弟弟林庚教授回忆："1915年2月，林几东瀛求学攻读法政科。但是，1917年春，旅日留学生因不满日本在中国山东地区的特权而游行。林几于1917年夏被迫离日回国。当他匆匆赶回北平大井胡同寓所，推门而入时，全家人正在进午餐，父母在上座，弟妹侧座。林几双膝跪下，给父母行了大礼，告知在日本发生的事。"正是在这个大礼后，林几改学医学，于1918年7月考入国立北京医学专门学校（北京大学医学院前身），走上医科学救国之路。

国立北京医学专门学校是我国民国时期门类齐全、名师云集、学术活跃的医学高等学府。早在1915年秋，该校就开设"裁判医学"（即法医学）这门课程。林几是个思想活跃的青年，毕业留校任病理助教，后选择了法医学。1924年秋，他在北京《晨报》发表《收回领事裁判权与法医学之关系》一文，以应和"废除治外法权"运动，提出"改良法医、发展法医"的要求。林几呼吁改良法医、培养法医人才、废除旧法验尸改

第二章　民国时期中国法医学（1912—1949 年）

为尸体解剖。林几认为："法医学乃以医学知识鉴定并研究法律上问题者也。夫法之所贵，当罚必信。""法医学为国家应用医学之一。凡立法、司法、行政三方面无不有需于法医学"。可见，当时林几选择法医学作为自己终身事业是经过深思熟虑的。他那为国争光、负重致远的精神，将永远被后人铭记在心。

1924 年冬，林几留校 2 年后，北平大学医学院派他到德国维尔茨堡（Würzburg）医学院学习法医学。

德国是欧洲法医学的发源地之一。1650 年，德国莱比锡大学由 Michaelis 首次开设了系统的法医学课程。1722 年，Valenlini 出版了《法医学大全》。1782 年，由 Uden 在柏林出版《法医学杂志》。Casper（1796—1864 年）出版的《实用法医学手册》是 19 世纪著名的法医学著作之一。德国维尔茨堡医学院的两位著名法医学教授 H. Fischer 和 O. Schmidt 是林几留德的导师。在 4 年的留学生活中，林几如饥似渴地汲取外国法医学的新鲜知识，无论是理论研究，还是实际检案，他始终以饱满的热情、坚强的毅力认真学习。林几刻苦的学习精神、高效率的工作作风、敏捷的科研思路，博得教授们的赏识。最后，他完成了《吗啡与鸦片中毒的毒理学研究》（*Pathologische Anatomic Der akate und Chronische Morhin Opium Vergiftung*）论文。维尔茨堡医学院给这位中国学者颁发了博士学位证书。在德国学习期间，林几不忘在国内的《中华医学杂志》发表论文，如《最近法医学界鉴定之进步》《父权鉴定诉讼法对血球凝集现象之应用及实例》等，传播最新法医学知识。

林几深知，中国古代法医学的发展已逾千年，中国著名古代法医学家宋慈《洗冤集录》也比意大利菲得里《医生关系论》早 350 多年。林几赞扬说："吾人固致爱我中华，敬仰古人，佩其理想，艰于创作。"到了 18 世纪，由于西方国家法律和医学发展，法医学逐步走向科学化阶段，而中国仍然维持尸表检验，他感叹说："惜后人不能追踪精研，推陈出新，延至今日，终落于人后，不亦悲夫！"他把中国法医学与日本法医学进行比较。他在留学日本学法律时了解到，日本足利幕府时期，中国传至朝鲜的《无冤录》传入日本，直到明治时期（19 世纪末）才由片山国嘉留学德国后把西方法医学带入日本。林几进而认为，中国现在正是现代法医学形成时期，一是与日本现代法医学形成有相同历史背景；二是法律（《刑诉法》《解剖规则》）已冲破封建法典束缚，允许法医解剖尸体。但是，民国建立已十几年了，"法医检验仍袭旧弊"，即仍然由仵作沿用清代尸表验尸旧法进行检验。林几深深感到，中国必须尽快发展法医学，并深感自己肩上责任重大，归国报效之心更加迫切。获得博士学位后不久，他便于 1928 年夏回到阔别 4 年的祖国，满怀信心地规划起我国法医学的发展蓝图。

1. 林几的法医学教育思想

20 世纪初叶，中国法医学如林几所看到的那样，仍然由仵作验尸。更为可悲的是，全国只有北平医学院、浙江医学院、南满（沈阳）医学院教授法医学课程。面对中国法医学教育现状，林几敏锐地看到"吾国落后在于对法医科学鲜有专才"，明确提出"教育为先，培养专才"的法医学教育思想。

（1）"全国分设 6 个法医学教室"的先进教育理念。林几认为，没有人才培养，法医学发展无从谈起。林几在《拟议创立中央大学医学院法医学科教室意见书》一文中就建议"在上海、北平、汉口、广州、重庆、奉天6省率先建立法医学教室，培养法医人才，兼办邻省法医事件。继而全国效仿培养人才"。这实际上是引进德国法医学鉴定制度，即大学法医学研究所制度。林几回国后第二年就在北平大学医学院首创法医学教室。林几以"大学研究所制度"规划我国法医学发展模式是有其根据的：其一，他认为"法医学乃专家主其事"，因此，必须由专家、教授组织、领导办案；其二，他认为"法医系专才"，大学法医研究所是专家云集的地方，是承担这一工作的首选；其三，大学法医研究所以教育为己任，是培养、造就法医专门人才的场所，又以办案为实践是保证鉴定质量的工作模式，谓之"专家检验制度"，符合法医这门科学的本质特征。林几这一教育思想伴随了他一生，从北平大学医学院到法医研究所，从西北联大到中央大学医学院，他从未停止过教学育人、培养人才、检案科研，要不是抗日战争爆发，也许我国在20世纪20—40年代就建成大学法医学研究所制度。值得一提的是，80年代初开始，我国在上海医科大学、西安医科大学、同济医科大学、中国医科大学、中山医科大学、华西医科大学6所医学院建立法医系（院），部分医学院、政法学院、公安院校也培养人才、接受检案。可以说，我国大学法医学教学、检案、科研取得了丰硕成果。

（2）分层次培养法医人才的"改良法医"教育思想。按照德国法医检验制度，对现场勘验或类似初验的法医事件，由有法医学知识的司法人员处理，而尸体解剖、司法检验必须由专家鉴定。林几提出必须根据需要培养多层次人才的思路。林几在20世纪20—30年代提出三种人才培养计划：一是培训法院、警署的在职法医；二是培养法医研究员（医学本科毕业后经过3年专门培训而成，如陈康颐、陈安良等）；三是培养法医检验员（高中毕业后接受法医学培训2年）。40—50年代林几又提出在原有三种人才培养基础上增加另一种高级人才培养计划，即大学高师班。该计划直至中华人民共和国成立后才实现，这一计划即法医教授培训计划，学员高师班结业后回到各高校进一步培训法医学人才。林几高瞻远瞩，20—40年代极其困难时期，重视教育，不遗余力地培养人才，为日后中国法医学发展留下了先进的教育理念、宝贵的师资和法医队伍。令人欣慰的是，目前我国分层次培养人才计划进入新的阶段，除了林几当年的人才培养外，法医学大学本科培养已纳入国家普通高校招生计划；部分高校还将其纳入硕士研究生、博士研究生、博士后培养计划；国内外高校法医人才培养和交流也走上正轨。总之，我国法医学教育和人才培养已进入繁荣阶段。

（3）"习而学"的教育思想。林几注重法医人才的实际培养。在他的课程设置中，理论课都与实践课联系在一起。如有尸体解剖时必安排学员观摩，实验课必安排学员设计和动手，教学与检案同等地位看待，以及尸体解剖中发现理论问题要求学生写文章报道的教学方法，形成了林几"理论中有实践"和"实践中有理论"的教育模式。林几的这一教育思想一直沿用至今，也被他的不少学生在培养法医人才和制订教学计划时引入，影响了几代人。

（4）"学生考先生"的教育思想。在培养法医人才上，除了第一代学生由林几自己主刀解剖教学外，第二代及以后的学生均由高年级师兄代教，如当年的陈康颐等人经常是学生的"教授"。这种教学方法实际上是"学生考先生"的方法，只有基础扎实的学

第二章 民国时期中国法医学（1912—1949年）

生才能教学生，教学生的学生本身又是榜样，低年级学生更应努力。"学生考先生"，更是考学生，集思广益，增加学生动手机会，又激发了学生学习的积极性和思维能力，继而促进教学质量和水平。陈康颐教授后来回忆说："耳闻不如目见，目见不如实践。"这就是林几提倡的法医学教育方法，一种实践性很强、行之有效的教育方法。

（5）"养人才、学而用"的教育思想。林几说："夫用人以才，则才方得其用，用非所学，则等于不学而用。故就养成法医人才，非徒托空言所能有济。"林几进一步说，法医学"乃人民福祉和法律信实之保障"。在传道、授业、解惑过程中，林几重视对学生品行、学识、技能的全面培养。由于法医服务对象的特殊性，没有学识、技能，法医培养不能成功；没有道德、品行，法医培养同样不能成功；只有品学兼优，才是"养成法医人才"的要求。林几以身作则，几十年如一日，培养社会有用人才，被公认为成功的法医学教育家。他的这一法医人才观和教育理念，在今天看来仍有重要意义。

（6）"教、检、研、刊"四位一体的教育思想。1929年，司法行政部决定在上海办法医检验所，由孙逵方在上海真如筹建，至1932年春末就绪。1932年4月，林几受司法行政部委托动身由北平到上海，立即提出"教、检、研、刊"四位一体的理念，改所名为"司法行政部法医研究所"。1932年8月1日，法医研究所正式成立，林几被任命为第一任所长。他的"教、检、研、刊"四位一体，即："教"，招收研究员班和检验员班；"检"，检验各地送检案子；"研"，成立法医病理室、毒理室、血清室、法医人证诊查室、心神鉴定室进行法医学检验和科研活动；"刊"，1934年创办我国历史上第一种公开发行的法医学杂志《法医月刊》。林几的"教、检、研、刊"四位一体并以培养人才为主体的教育思想，成功地为中国叩开现代法医学大门提供了教育、人才、组织等方方面面的准备，是林几很重要的法医学教育思想。

2. 林几的法医学术思想

林几学贯中西，知识渊博，他在引进法医学时，十分注重西方法医学与中国古代法医学的比较和衔接。他深知不同文化、法律、科技乃至宗教的渗透和吸收总是伴随于本土化发展过程的，这是规律，法医学也不例外。所以，他把中西兼容、吸收营养、注重实践、纠正错误的学术思想融于自己的法医学生涯之中。林几一生学术硕果累累、成绩斐然，与他正确的学术思想是分不开的。

（1）林几回国后对自己在上海、北京办理的案子作了一番梳理，发现我国法医学研究对象至少有四个方面与国外不同。①中毒方面。林几统计，砷占2/3，鸦片占1/5，其他为安眠药、酚、乌头、钩吻等。这与西方不同，因为"吾华为农业国，农药（尤其是砷）便于取用"。于是，他把农药中毒检测作为重点，发表了《药酒与服毒》《吗啡与鸦片中毒》《检验烟犯意见》等文章。②尸体检验方面。林几认为："按各国法医检验尸体，其尸更新鲜，故经解剖可解决。但我国验伤送检尸体，多已腐，甚至死后数年，方求复验。"因此，林几注重已腐尸体、开棺验尸、腐尸中毒等的研究，发表了《已腐溺尸溺死液痕迹检出新法》《腐尸验毒与墓土验毒的比较实验》等文章。③猝死方面。林几统计，猝死中"心血管占33%，呼吸占12%，消化占10%，神经占7%，泌尿占2%，传染病占2%，其他虚脱、冷热、出血等占34%"。而猝死发病与季节有关，林几发现，"暮夜、中宵、7—8月间最常见"。④死因分析方面。林几收集了

1932—1937 年这 5 年间检验的 2 000 多例案件，发现外伤死亡占 46.5%，中毒占 27%，窒息死亡占 23.5%，猝死占 3%。这是我国 20 世纪 30 年代各种原因死亡和死因分析的宝贵资料。

（2）提倡大法医学的学术思想。林几在《二十年来法医学之进步》一文中对法医学的三个方面发展，即法医研究、法医分支、法医学作了阐述。关于法医研究，林几认为，除常规尸体、活体、中毒、血清学等检验外，还应包括心神鉴定，即法医精神病学（forensic psychiatry）；关于法医分支学科，林几认为，随着法医学发展，"遂陆续更有伪病学（simulation malingering）、健康保险医学（medicine of life insurance）、灾害医学（medicine of accidents）、社会病理学（social pathology）、施刑医学（medicine knowledge applied to prisoners）等专门分科"；关于法医学学（science of forensic medicine），即以法医学本身发展为研究对象的科学，如法医学史、法医法学、法医遴选、法医待遇、法医奖惩、法医体制等，林几提出，"法部应修颁条例，提高法医师、司法检验员待遇；准与法官同享保障。考试院应视其为专门职业，考试后叙职。"事实上，一个学科的发展，没有政治、经济、思想、哲学、法律等社会基础，其发展是不完善的，有时还会受到挫折。林几早在 20 世纪 40 年代就提出法医应参照法官选拔方法、通过考试录用任职并以法律形式确定的设想，说明他对法医学发展的深谋远虑。值得一提的是，林几当年的设想，今天有的已实现，有的还在努力之中。我国现有近 20 000 名法医工作者，中国法医学会正式会员 6 000 多人，有 25 个地方法医学会，已建立法医病理学、法医临床学、法医物证学、法医损伤学、法医毒物学、法医精神病学等专业委员会，出版《中国法医学杂志》《法医学杂志》等刊物，中国法医学会还开展中外法医学学术交流，提出制定我国法医师法等立法设想。

（3）"法医学是国家应用医学"的观点，是林几又一重要的学术思想。林几在研究各国法医体制后说："既往法医学的适用仅限于鉴定罪迹，故名裁判医学，但今日涉于法医学之问题日趋繁重，故研究领域与应用范围日益扩大。无论立法、司法、行政三界以至全社会，凡企谋人群健康幸福、维护个人身心健康，永保民族繁昌诸问题，倘与实施法令既医药自然科学有关者，莫不包容于法医学""法医学为国家社会应用科学之一"。林几希望国家按照法医学自身内在规律扶持和保障该学科发展，根据我国法医学发展特点，以国家社会应用、公益服务和对司法案件负责为该学科的法律定位，以专门机构、专门服务、专业人才、专家管理为该学科的社会定位，按研究所规模配备先进仪器、云集各类专家，以适应国家应用科学的法医学鉴定重大任务。按照林几思路，法医鉴定机构的私有化、小规模、盈利性和社会化的管理模式与法医学本质要求不吻合。林几这一学术思想符合世界各国法医学发展的要求，也是当前法医体制改革的正确思路。

（4）对我国古代法医学成果"取之精华、弃之糟粕"。林几对中国古代法医学家宋慈的《洗冤集录》赞赏有加，说："吾人固至爱我中华，敬仰古人，佩其富有思想，艰于创作。"但对于 18 世纪之后，由于西方医学的发展，法医学逐步进入科学化发展阶段，而中国仍然维持尸表检验的状况，他感叹地说："惜后人不能追踪精研，推陈出新，延至今日，终落人后，不亦悲夫！"林几对古代法医学有专门的研究，他是我国第一位从现代法医学角度评价古代法医学的法医学者，著有《法医学史》《洗冤录驳议》

第二章 民国时期中国法医学（1912—1949 年）

等；他也对古代法医学的不科学性提出批评，发表有《〈洗冤录〉银叉验毒法不切实用意见书》《〈洗冤录〉滴血法不足为凭》等。林几对我国古代法医学采取"取之精华、弃之糟粕"的科学态度至今仍有指导意义。

（5）法医学是实验科学的学术思想。跟随林几多年的陈康颐教授对此深有体会，他说："林师常说外国的东西也有长处和短处，有正确的，也有错误的，要实验验证，只有反复实验，才能了解透彻，从实践中得出真知。所以，他的论文大多是关于实验方面的。"林几的《实验法医学》《法医学四种小实验》《腐尸验毒与墓土验毒的比较实验》等都是在大量实验基础上做出结论的。林几重视科学实验的态度，是他尊重科学、追求完美的体现；林几不是单纯为办案而检验，而是把案子作为科研对象进行学理研究，这是"匠"与"家"的区别，林几是真正的法医学大家。

（6）公正平允的学术思想。林几认为，法医学鉴定结论是科学家"认识"的真实性，并不完全是"事实"的真实性，法医学追求的是"认识"和"事实"二者的接近，这也是法医哲学研究的范畴。显然，不同鉴定人由于认识水平和掌握技术的差异可能出现偏差，但鉴定人必须正直，不带私心杂念，不能违背科学，这样才可以接近事实真相，否则有悖法医科学的本质特征。为此，林几在每份鉴定书的末尾加上说明，写有"本说明皆据学理事实""本鉴定皆公正平允，真实不虚"。林几在高度揭示法医科学本质内涵和科学手段之间关系的前提下提出法医学鉴定人自身修养的问题。林几这一思想深深影响着他的学生陈康颐教授。陈教授为了纪念林几的教诲，把自己的 4 个子女分别取名守公、守正、守平、守允，这是我国法医学界的一个佳话。

林几享年 54 岁，但活跃在法医学界竟长达 30 年之久。大凡研究中国法医学史和接触过林几的学者都知道，林几是一位与时间赛跑的法医科学家，无论是学医、留学，还是创办北平大学法医教室、法医研究所、西北联大法医科及中央大学法医科，他毕生不遗余力地致力于法医学教学、科研、检案工作，以其鲜明的教育思想、学术思想、组织能力和宽广视野，为中国现代法医学的形成和发展做出了巨大的贡献，成为公认的我国现代法医学奠基人。

林几于 1935 年与林惠女士结婚，婚后未育子女，林几夫妇把自己培养的学生视为己出。时至今日，他的几代学生还把林几夫妇视作慈父慈母，其情谊永远超越了师生关系。1951 年 11 月 20 日林几病逝时，他所有的学生无不悲痛垂泪，火化时由陈康颐教授点火。林几的遗愿由他的一代又一代学生完成，而他的精神则永远留在中国法医学界。这正是林几教授留给我们的宝贵财富！

林几毕生为法医事业奋斗，法医学学人没有忘记他。从 20 世纪 50 年代开始，他的名字在各种杂志上出现。他的事迹被收入《近现代福州名人》[①] 等人物志和法医学著作之中。1991 年，林几逝世 40 周年时，中国法医学会开展纪念活动，《中国法医学杂志》开辟专栏刊登黄瑞亭等研究林几教育、学术思想的文章。1992 年，《国际法庭科学杂志》（*Forensic Science International*）刊登黄瑞亭介绍林几法医生涯的学术论文——*LIN JI*（*1897—1951*），*The Founder of Chinese Modern Forensic Medicine*。1997 年，林几诞辰 100

---

① 参见黄瑞亭《近现代福州名人》，福建人民出版社 1999 年版，第 213 – 215 页。

周年时,国家司法部司法鉴定科学技术研究所在上海召开纪念活动并在《法医学杂志》上刊登了黄瑞亭等纪念林几教授的文章。2007 年,林几诞辰 110 周年时,《中国法医学杂志》再次开辟专栏刊登黄瑞亭纪念林几教授的文章。今天,我们再次缅怀这位杰出的法医学家、教育家、社会活动家、中国现代法医学奠基人,重温他的教育思想、学术思想,对振兴我国法医学事业是有积极意义的,同时对目前法医学体制改革也是大有裨益的。

(二) 林几为什么选择法医学

对于林几来说,为什么一个前途无量的医生职业放在眼前不做,去当一个当时社会地位低下的法医;一个立马就可以行医救世的大夫不做,去当一个前途不明了的法医?关于这个问题,本书著者黄瑞亭曾和林几的家人、林几当年的学生陈康颐教授、福建省史志地方志的专家讨论过。林几选择法医职业是经过深思熟虑的,1924 年,林几在北京《晨报》发表文章表明,选择法医职业,一是为了收回领事裁判权发展中国法医学;二是为了改良旧法作件检验为现代法医学;三是为了废除领事裁判权与法医学之关系。这中间有一个故事。林几是福建人,福建厦门有个"鼓浪屿会审公堂"。厦门鼓浪屿租界内中国公民殴打致人死亡,英国领事认为"公共地界"应包括中国人和外国人在内,中国政府就无权干涉岛上的事务,因中国尸体检验不公,应由英国领事决定外国法医进行解剖。这就是治外法权的会审公堂制度,除了厦门外,上海、武汉也有。林几认为,治外法权要废除,不能给外国人以中国法医不良为借口,要培养中国法医。这就是林几因爱国而选择法医的原因。林几选择法医是历史自觉,林几后来成为中国法医学奠基人是历史的结果。因此,林几选择法医这个职业,有其爱国情结、开拓精神和宽阔的视野。

(三) 林几发表《拟议创立中央大学医学院法医学科教室意见书》

详见本章第二节相关内容。

(四) 林几与罗文干

林几成为法医研究所第一任所长,与自己努力有关,也离不开时任司法行政部部长罗文干的大力支持。

1. 罗文干其人其事

罗文干(1889—1940 年),广东番禺人(图 2-5)。其早年留学英国,回国后任广东审判厅厅长。中华民国成立后,罗文干历任广东都督司法局局长、高等检察厅厅长、北京政府总检察厅厅长、内阁司法次长、大理院院长、司法总长、财政总长、国民政府司法行政部部长、外交部部长、国防会议参议、西南联大教授等,1940 年 10 月病逝于广东乐昌。罗文干在任司法行政部部长期间发现并重用林几,对林几创办法医研究所予以大力支持,使我国跨入现代法医学的行列,罗文干的功绩不可磨灭。

这里,要介绍一下"罗文干案"。

1924 年,罗文干在北京《晨报》发表《身受之司法滋味》一文。据该文介绍,1922 年,时任财政总长的罗文干被卷入一场冤狱。当时直系军阀内部权争激烈,王宠惠代表吴佩孚"洛阳派"出任总理,"保定派"不服,推议长吴景濂出马密谋倒阁。王

第二章 民国时期中国法医学（1912—1949 年）

宠惠内阁以"好人政府"著称，王宠惠、罗文干、顾维钧等都是技术官僚型的"海归派"，办事循规蹈矩，吴景濂抓不到什么把柄，就制造冤案。1922 年 11 月 18 日晚，吴景濂胁迫总统黎元洪下令拘捕财政总长罗文干，罪名是从奥国借款交涉中收受贿赂，而事实上罗文干只是按照惯例将佣金留作财政部福利金，并未有一分钱落入个人腰包。北京地方检察厅坚持独立办案，认为没有证据不能定案，要求无罪释放，遭到吴景濂、曹锟粗暴干涉，罗文干因此"三进三出"，闹出了民国初年司法界一场最大的风波。继任司法总长不断撤换检察官，将大理院院长董康降职，逼得修订法律馆总裁江庸及各地司法官员辞职抗议。1924 年春，罗文干终因"没有任何证据"而被无罪释放。

图 2-5 罗文干

引自黄瑞亭：《罗文干与中国早期的法医研究所》，载《中国法医学杂志》，2015 年第 3 期，第 343-344 页。

其实，罗文干也有他的"中国梦"。早在 1932 年，作为近代中国影响最大的一份刊物，商务印书馆主办的《东方杂志》曾围绕"中国梦"话题发表过一组文章。1932 年 11 月 1 日，杂志主编胡愈之向全国各界知名人士发函 400 余份，提出两个问题：一是"先生梦想中的未来中国是怎样？"；二是"先生个人生活中有什么梦想？"截至 1932 年 12 月 5 日，共收到回函 160 余封。1933 年元旦，《东方杂志》第 30 卷第 1 号推出"新年的梦想"专栏。外交部长罗文干撰文谈自己的"中国梦"。他梦想着"武官不怕死，文官不贪钱，永远做太平盛世的国民"。罗文干当时还兼任司法行政部部长，他说过："政府能统一全国，免人说我无组织。内争的勇敢毅力，转用来对外。"从罗文干谈中国梦的内容可以看出，当时罗文干对中国未来充满期望，也对中国内忧外患的局面十分担忧。当时的历史背景，一是日本占领东三省，二是淞沪抗战爆发，作为身兼外交部长和司法行政部部长的罗文干，多么期待祖国能"太平盛世"，他期待"对外强硬，对内团结"，"武官不怕死，文官不贪钱"，"政府能统一全国"，充满政治现实主义色彩。透过罗文干的中国梦，我们还可以看到，他所期待的是有能力、有组织和有毅力的人来担当实现中国梦的重担。

罗文干早年留学英国牛津大学学习法律，1909 年毕业获法学博士学位。回国后被评为留学生最优，赐法政科进士，自命为"有职业而不靠政治吃饭"的自由主义知识分子。罗文干曾受聘于北京大学法律系，他和同在北大的胡适、王宠惠、蔡元培等人过从甚密。几个好朋友时常在一起讨论时局，还联署发布了引起很大反响的《我们的政治主张》，十余名学者一起呼吁"好人们"不要洁身自好，要积极从政，改造社会。不久，王宠惠组阁，罗文干出任财政部长。当时社会对他们期待很高，称之为"好人政府"。可惜在乱世中，好人斗不过枭雄，罗文干心高气盛，不愿与政敌妥协，被人抓住小辫子不放，导致"好人政府"仅 70 余天就被迫解散，自己也锒铛入狱数月之久。王宠惠和蔡元培四处展开营救，罗文干自己倒认为清者自清，不以为意。张君劢带着自己的宪法新著去狱中看他，他就利用狱中的时间写成厚厚的一本《狱中人语》，洋洋洒洒地与张君劢讨论宪法问题。

罗文干出狱后任司法行政部部长。1932年1月28日，十九路军在上海闸北与日军展开激战，司法行政部部长罗文干就在这一天兼任外交部长。罗文干主张"无论日军攻至何处，必抵抗不屈"，认为只有坚决抵抗，才有真正的外交，要求增兵支援上海，与主张"适可而止"的上层爆发了冲突。《塘沽协定》出笼之后，罗文干愤而辞职到西南联大当教授去了。

罗文干为官廉洁，当时外交部长照例每个月有3万元的特别办公费，无须报销，可直接支取，这笔费用一直被当作部长的福利，但罗文干严守法度，卸任时，竟将数年节余的特别经费90余万元如数交还国库，为历任部长未有之举。

罗文干为人十分风趣。他两腿修长，上楼梯常常一步两级。别人问他为何如此，答道"我身兼两职，假如不是一步两级，那是不合法的"。抗战初期，政府推动欧美外交，他和陈公博访问意大利，会见意大利外长齐亚诺，罗文干在宴会上拿出一张名片，说："齐亚诺先生，我介绍陈公博这个淘气小孩给你。"

罗文干还有个不穿西服的特点。他除了正式的外交场合之外，绝不说英语，而且不穿西装，平时的打扮是脚穿布鞋，身着绸袍。遇到外宾到来，他就把一套崭新的蓝袍黑褂穿上，等接待仪式结束，又换回长袍。罗文干不仅喜爱中式服装，也喜爱中国美食。他根据自己周游多国的经历，得出"一国的菜品好坏与该国历史的长短成正比"的结论，他认为历史长的国家才会有好的菜肴，因为一国的饮食"也是先民经验的累积，经过不断改良才慢慢进步的"。民国初年，西风盛行，国会甚至确定将西方的燕尾服作为中国正式场合的礼服，罗文干大不以为然，认为此举是"不问吾国之丝绸，不审中外居处之不同，不知欧亚气候之各异，不察硬领高帽之痛苦"。从衣服的问题发散开去，他在《国闻周报》和《晨报》上逐一罗列当时中国采用外国制度的许多问题，他说外国制度虽好，但不能盲目抄袭而全不问外国制度实施的历史沿革和社会条件。他举例说，科举制本来是很好官员选拔的制度，公平竞争，有智力和能力者能通过考试做官；现在学习西方，贸然废除科举，改成了西方式的选举，"百姓不知选权为何物，防弊之法，又不如外国之严"，许多没有能力的地方恶绅通过操纵选举当上了大官，造成民初官场的乱象。他说："外国制度，其关乎政治法律经济社会者，莫不循渐以进出于自然""制度之设立变迁，应以制度就人，不应以人就制度也"。顶着牛津大学法学博士的头衔，会英语、德语和拉丁文的罗文干当然不是一个守旧的人。在法律继受的问题上，他主张学习西洋法学家对待古希腊罗马法律的态度和方法：先是"注疏"解释，继而以"理性的研究"分析其合理与否，再以"历史的寻源"判断其是否符合本国国情，最后以"进化的探讨"以求其如何适合现状。

1931年12月，罗文干被任命为司法行政部部长，仅1个月后又被任命为外交部部长。（图2-6）

在1932年1月28日至1933年12月2日担任外长期间，他处理对日问题的基本立场是中国对日本的侵略要坚决抵抗，在此前提条件下再依靠英、美等国解决中日冲突，而不是完全依赖他国。同时，由于日本企图通过同中国直接交涉以强迫中国接受其奴役条件，罗文干坚决反对同日本直接交涉，反对国民政府对日妥协。他与蒋介石的主张既

第二章　民国时期中国法医学（1912—1949 年）

有相同的一面，又有矛盾的一面。由于在依靠西方国家政策上具有相同的一面，蒋介石任命罗文干兼任外长；由于在是否坚决抵抗和是否妥协的问题上主张不同，两人之间爆发了一系列矛盾，罗文干因此被免去外交部长职务。1934 年 10 月，罗文干再辞去司法行政部部长职务，司法行政部部长由王用宾接任。

2. 罗文干与法医研究所

1924 年，林几在北京《晨报》发表了《收回领事裁判权与法医学》的文章。文章内容既讲仵作检验和现代法医学的比较，又讲培养法医和收回领事裁判权法医学改革在司法改革中重要性，重点是重证据、重科学。罗文干也在同一期北京《晨报》上发表了《身受之司法滋味》文章，以自己切身体会，谈司法证据的重要性和司法证据缺乏的危害性。二人不约而同地在各自文章中提到"废除领事裁判权"的观点和发展中国司法改革的设想。

林几于 1928 年留学回国后不久发表了《意见书》。他这样写道："考中央大学医学院，设在沪滨。而上海地居全国海线中央，交通极便，又为亚陆商埠之中心，万邦居民之杂处。虽该校开办未及二年，而内容颇完善，若得附设法医检验室及研究科于内，则实为最便。"林几回国后开始筹办北平大学医学院法医学教室。经过两年努力，于 1930 年 8 月成立北平大学医学院法医学教室，林几任主任教授，并开设法医学必修课，接受各地送检的法医鉴定案件。

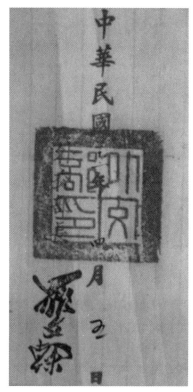

图 2-6　1932 年 4 月 5 日外交部部长罗文干签名

引自《法医月刊》1934 年第 1 期封面

1928 年，魏道明任司法行政部部长，并于 1929 年委托孙逵方筹办法医检验所。1931 年 10 月，魏道明被任命为南京特别市市长，1931 年 12 月，罗文干被任命为司法行政部部长，并选用林几任法医检验所所长。

关于法医检验所筹办事宜，林几曾在《法医月刊》上介绍："司法行政部有筹设法医机构计划。在第三二四号中央政治局会议决议案，亦有培育法医人才之必要。十九年七月设法医检验所筹备处于上海。并在真如购地建屋，久违就绪。至廿一年一月，突以日兵压进，真如被占，遂暂停顿。四月十三日，几奉部令接任筹办，改名为法医研究所。八月一日，法医研究所正式成立。"

"第三二四号中央政治局会议决议案"是什么议案呢？林几在《意见书》中这样写到："此意见系因十七年夏初，江苏省政府提议于中央政治会议，有《速养成法医人才》议案，经议决定交大学院办理。大学院批复中央大学，中央大学乃令吴淞之医学院核复。又在最近颁布国民政府纲领草案中关于司法部项内亦有《养成法医人才》一项。故医学院院长颜福庆博士以其系专门研究法医学科乃嘱其草此。"

这样，罗文干上任伊始就选择林几接替孙逵方担任法医检验所筹办人，而林几也不负期望，把法医检验所改为"法医研究所"，并进一步提出了自己的计划：法医研究所不仅要面向全国检案，还要办杂志及培养人才。林几的设想得到罗文干的支持，据《法医月刊》消息栏目报道："因鉴于法医检务之重要，决议创设法医机关。至廿一年罗文干部长接任后，派林几为所长。"由此可见，罗文干十分看重林几，对刚创办北平大学医学院法医教室的林几教授的渊博学识和办事风格十分赞赏，并交予大任。

罗文干选拔林几为法医研究所所长，并一直关注其发展，从以下几件事可以得到验证。

一是开支提高。据林几在《法医月刊》发表《司法行政部法医研究所成立一周年工作报告》中介绍："本所二十一年度经费预算为五万三千七百八十四元。每月计四千四百八十二元。二十二年度起，因开设研究班招收研究员，所务扩充，各项经费均激增。"

二是办刊。《法医月刊》的封面刊名由罗文干亲自题写，《法医月刊》的办刊费用也由司法行政部开支。

三是培养研究员。法医研究所招收和培养法医研究员的开支由司法行政部开支。林几在培养研究员的同时，让学员撰写论文，把实际检案和科学实验在《法医月刊》上发表，收到很好的社会反响。罗文干也十分赞赏，还给《法医月刊》题词"法推洞垣"予以褒奖（图2-7）。这里，"法推"即法官；"洞垣"即清代陈士铎的医学著作《洞垣全书》。这是司法行政部部长罗文干对林几主编《法医月刊》的题词。意即法医学洗冤如同医书《洞垣全书》救人一样起死回生。由此可见罗文干对林几创办法医研究所和《法医月刊》工作的高度评价和支持。

四是建设研究所。据林几介绍："法医研究所设有三科。第一科含三股，管研究、审核鉴定、人才培训、教务、教材、资料、图书等，第二科含四股，分管毒化、解剖、活体检验、病理检验、细菌学检验、物证检验等，第三科为事务主任；配备了解剖、病理组织学检验、毒物分析、摄影室、第一二人证诊查室、心神鉴定收容室、眼耳鼻科暗检处、动物饲养室、实验室、教室等工作和办公用房；有关大小仪器均购自德、美、法三国；建造了当时国内鲜有的尸体冷藏柜；当时已能自己制造人和动物的鉴别血清、亲子鉴定血清，开展生化、定性定量分析、细菌培养；聘请了外部的专门人才，如北平大学病理学教授徐诵明、林振纲，李斯特研究院的Robertson、高麟祥、汤飞凡、Read，自然科学研究所病理系杨述祖、山东大学化学药物毒物学家、主任教授汤腾汉、曾任当时卫生署化学组主任的黄鸣龙等人，凡遇疑难专门案件有所咨询或共同研究，对于检务获益甚大。"以上费用由司法行政部开支。

五是购买图书设备。林几在报告中说："法医学所关于的

图2-7 罗文干为《法医月刊》题词
引自《法医月刊》1934年第8期第1页。

第二章 民国时期中国法医学（1912—1949 年）

学科已多，国内专门科学书籍又罕，故不得不籍重欧美日本图书，以资参考。惟本所限于经费，除职员私有者外，所中关于法医学图书设备不满三千元。兹一年中极力节减而增购图书七百元。现计备有中、德、日、法、英五国文献六百余种。"可见，图书设备是一笔不小的开支，也是司法行政部予以支持。

六是规划扩建研究所。据林几报告，法医研究所每年不断扩建以适应工作和发展需要。图 2-8 是林几规划的法医研究所平面图，其中还包括法医精神病鉴定医院和戒烟医院规划图。从法医研究所平面图可以看出，当年法医研究所的规模相当大，且相当完整，而费用开支也相当大。

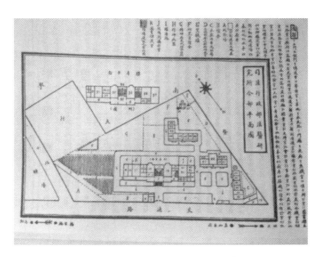

图 2-8 1934 年所绘法医研究所平面图
引自《法医月刊》1934 年第 8 期第 1 页。

3. 罗文干辞职与林几回北平大学

1933 年 12 月，罗文干因外交上与上层意见相左而辞去外长之兼职。1934 年 10 月，罗文干再辞去司法行政部部长职务。罗文干的辞职对林几影响很大。1935 年 4 月，林几也辞去法医研究所所长职务，回北平大学医学院任法医学教室主任教授。1935 年 7 月 3 日，北平大学医学院函请司法行政部，以北平大学医学院法医学教室设备尚不完善，请令各法院如需检验勘察，不论尸体、人证、物证，均可送委鉴定。司法行政部准函，并于 1935 年 8 月 29 日令冀、察、鲁、绥、陕、晋、豫、甘、新疆九省高等法院嗣后凡遇疑难重案，如因法警设备未臻完善，未能即时检验或鉴定者，应酌情就近送往北平大学医学院处理。

20 世纪 30 年代初，司法行政部在上海成立法医研究所，是我国现代法医史上一个重大事件。这其中，林几是关键人物，时任司法行政部部长的罗文干也起了重要作用。罗文干支持林几把"法医检验所"改为"法医研究所"，并任命林几为首任法医研究所所长，还支持林几招收法医研究员、创办《法医月刊》、检验全国各地疑难案件，推动了我国现代法医学的发展，其功绩应载入法医学史册。

（五）林几发表《司法行政部法医研究所成立一周年工作报告》

1934 年 1 月 1 日，林几在《法医月刊》创刊号上发表题为《司法行政部法医研究所成立一周年工作报告》的文章。

这是法医研究所自 1932 年 8 月成立以来开展检案、研究、准备办刊、培养研究员、成立研究会以及法医研究所工作范围、经费开支、下一步工作计划等全面总结的公开报告，是我国现代法医学发展史上非常重要、珍贵的一份历史文献。

该工作报告分六大部分：一是缘起；二是布置和设备；三是执掌范围职务分配及系统；四是经费预算及支配；五是成立一周年经办事项；六是逐年计划。

林几在"缘起"里讲得非常透彻："夫法医之为专门科学，于司法设施上颇占重要。不独刑事检验为然，即所有人证物证均需科学的方法为鉴定之标准也。吾国法医人才感缺乏，故每逢疑难案件，辄无明确鉴定籍以定谳。而外人方面更是籍口我国司法不良，侵我法权。虽经交涉，终未收回。故为谋改进司法设施，亟应创立专门法医，以求适合科学之鉴定。庶可杜绝外人口实，而维护法律公允与尊严也。司法行政部有鉴于斯，遂有筹设法医检验机构计划。在中央政治会议第 324 号决议案中，亦认有培育法医人才之必要。当经国府洛字第 268 号明令在案。民国十八年部委孙逵方开始筹备。十九年七月设法医检验所筹备处于上海，并在真如购地建屋，久未就绪。至二十一年一月突以日兵压境，真如被占，遂暂停顿。四月十三日，几奉部命接任筹备，改名法医研究所。五月后，日兵始退。收回所址，交涉结果，尚鲜损失。又以检毒、验伤、验病等急需仪器药品，乃于力求撙节之中，酌行购置。至七月一切粗全。八月一日法医研究所正式成立，迄今已一载。所有经过情形，并将来计划择要略陈梗概。虽不敢言成绩，而经验所得，事实俱在。"

林几将法医研究所布置、设备、职能、职务、经费等做全面介绍，并向全社会公开；同时，报告招收法医研究员、检验员和有关法医学课本和实验教程等，以及一年来研究员完成的 17 个论文课题研究。

当谈到经验案件时，林几介绍说：一年里，疑难案件 95 件，普通案件 2 200 件，其中，验尸、验烟犯及人血检验为 25% 左右，人证、文证、验骨为 5% 左右，少部分为勘验现场，如勘查制药厂（上海白脱尔贩制毒品案）等。各省案件所占比例为：江苏（包括上海）70%、山东 5%、湖北 4%、浙江 4%、河北 3%、广西 3%、安徽 3%、四川 1%、江西 1%、湖南 1%，其他为各省送检案件。大部分为法院委托案件。

林几在报告中详细地介绍了法医研究所今后的逐年计划。简要介绍如下：

民国二十二年（1933）计划：增设 X 光机、国外法医图书杂志、化验仪器，培养研究员，培养法院法医师，增设教育股，增开毒物室，增设光学部。

民国二十三年（1934）计划：公开研究成果、筹设讲堂实习室、创设法医研究所北平分所、增设宿舍、增设图书储藏室。

民国二十四年（1935）计划：增设心神鉴定室，增设法医研究所武汉、广东、重庆三处分所，派员出国考察各国法医设施，设法医助理员训练班，购人证检查用器械。

民国二十五年（1936）计划：增设侦查科、训练刑事警察、颁发法医检验标准、编订法科法医学和警科法医学课本。

第二章　民国时期中国法医学（1912—1949 年）

民国二十六年（1937）计划：办法医学校、扩大所内组织、增设学校宿舍、订立法医制度、分全国五大区分所（司法行政部法医研究所、北平分所、武汉分所、广东分所、重庆分所）。

这就是林几著名的法医研究所五年计划。除了法医研究所建设外，还有全国法医人才培养和筹建法医专门大学以及建设全国五个分所的法医布局和法医制度建设，更有法医检验标准化建设、法医学教材编制，甚至还有法学院、警察学院的法医教学和人才培养计划。所以，林几法医研究所一周年报告是一份非常值得研究的中国现代法医学史上的重要文献。

可惜，林几于 1935 年夏离开法医研究所回北平医学院任教，他的计划并没有完全实现。但他的法医学学术思想、法医学教育思想和法医学制度设计，在中国法医学史上留下了深深的烙印，时至今日，仍留在中国几代法医学人的心目中。

（六）林几发表《实验法医学》

《实验法医学》是林几自步入法医生涯就开始收集资料、构思内容、不断写作并于 1951 年完成但没有出版的遗作。笔者 1991 年在写《林几传》时一直寻找其下落。这部遗作的手稿几经周折，2013 年 12 月 13 日，在"华夏国拍 2013 秋季拍卖会·名人墨迹精粹珍存专场"出现，由北京华夏藏珍国际拍卖有限公司拍卖，以 6 万元成交。林几教授的《实验法医学》倾注了他毕生的心血，笔者根据多年收集、研究对其作如下介绍，以此缅怀中国现代法医学奠基人林几教授。

1. 林几《实验法医学》的资料收集

（1）关于古代法医学与现代法医学资料的对比。1924 年，林几在《司法改良与法医学之关系》中说："我国古代对于人命案件，由仵作本着《洗冤录》的经验，对被害者进行检验。"1934 年，林几在《法医学史略》中指出："中国名法医药诸学，自古已昌，书曰'惟刑之恤'，诗曰'在泮献囚'。"但林几又说："近代对法医学缺乏精研而终落于人后。"因此，古代资料正确的要继承，不科学的要纠正，要用实验的眼光和方法，丰富和发展现代法医学，以解决法律问题。林几曾做过大量实验来证明古代检验方法的可行性，也用实验来纠正古代资料中的错误，如在《司法公报》上对"银钗验毒"提出批评，在中华医学杂志上对"颅内泥沙为溺死"提出批评。

（2）关于当时检验水平与实际检验需要的对比。林几认为当时检验仍沿用古代的旧法，虽然北平、上海等地医学院校参与检验，但为数很少，而大量检验仍停留在尸表看验水平。林几举例说，对于溺尸，古代看尸表腹胀，而现代要对溺死液进行检查及其进行腐败病理检查和显微镜下观察，并对溺死液进行分析等。当时的检验水平与实际法院判案的需求相去甚远，必须发展现代法医学。

（3）关于国外引进法医学与我国实际情况的对比。20 世纪二三十年代，我国法医学还很落后，林几提出引进法医学要从我国实际情况出发进行研究。以中毒为例，林几对我国毒物类型、种类、中毒原因及其研究价值作过深入探索。林几指出："盖吾华犹居农业社会，工业未兴，平民对毒物常识素缺，购毒不变。惟农用肥料，多掺信石、红矾、鸡冠石（为不纯之亚砷酸）用以杀蝗，故民间便于取用，且其致死量甚小，色味又微，便于置毒，遂多用以谋杀。阿片、安眠药、盐卤、氨水、铝粉、石炭酸、强酸多用于自杀。而汞蓝、氰酸、铜绿、钡盐、乌头、钩吻及河豚、毒蕈、蛇毒等则多属误用，间有自杀者。""因食病兽肉类，致生类似副伤寒及中毒之急性胃肠炎症状，甚至迅速死亡者，则颇非鲜。"这是林几对我国法医中毒学的研究思路。

（4）关于国外法医学资料与我国法医学资料的对比。1946年，林几在《二十年来法医学之进步》一文中统计国外猝死病因后指出："欧美学者统计内因猝毙死约占死亡率百分之二至三。""法国马鲁伯里、德国海利许普记和阿伯罗的统计未详其全人口百分率。日本小南氏调查，每年东京剖验猝毙尸四五十例，常有内因猝毙五六例。"林几分析了奥地利学者威伯尔的统计后认为，我国的内因猝毙明显有自己的特点，必须进行针对性、实验性法医学研究。

（5）关于法庭需要与法医学实际工作需要的对比。林几反复强调要根据实际情况进行尸体检验和实验。在《二十年来法医学之进步》一文中，林几说："兹提近数年来经验：得悉凡正型缢死者，两下颚骨隅下内方或外侧及颞骨乳突下后侧无可显出绳索紫压皮肉，（索沟压痕处）出血沾附骨上可见点线状棕红色之骨荫。勒死者，第二、三或四头椎后突每有横行之骨荫或骨损，故可为腐尸缢、勒之鉴别。著者经检一案，以尖刀刺入人头，同时用沸水冲入刺口，随切随冲，平切下颈。其两端创面皮肉组织均呈半熟状态，色白，皮肉略卷。内层组织发红，充血。所溢血液，被沸水冲洗稀释后淡薄宛如茶色。咋见难辨为生前刺切创。惟检头椎椎骨间切痕，可见骨上伤荫，足资为证。""又另两例绞毙尸：①夜将尸枕铁道轨上，火车开过，颅身分离，颈项勒痕大部分销毁。惟其挫裂压榨之创口截齐，皮肉不生卷缩，溢血较微。第三、四头椎后突缺损，显有横走血荫，且于项侧创缘组织发现狭短半截索勒残痕。遂据断为绞毙移尸，偷装卧轨碾死。②醉后绞毙，尸难运出。乃俟一日后，尸已冻僵。再用菜刀顺后项绞痕切下头颅，并切割四肢躯干。分成两箱，送到火车站，拟运他阜灭迹。破获，送检。其头椎及格切创部均无生活反应，是为死后伤。仅于第二、三颈椎索沟部下组织见有溢血红肿及（颈椎）后突端部骨损伤荫，是为生前伤。"林几的观点是，要依据我国实际，不能盲目照搬国外，要结合实验，总结经验，发展中国法医学。

2. 林几《实验法医学》的内容构思

（1）关于改良法医的思想。为什么要改良法医？当时的背景一是清末尝试将医学检验用于司法判案，刑部曾在各省审判厅成立检验讲习所，对忤作进行"新法检验"培训；二是民国的刑事审判方式改革，从纠问式转向了控辩式，要求法医鉴定证据在案件公开审理的过程中当庭质证，但当时法医匮乏而无力完成这一任务；三是外国在中国的领事裁判权还存在，以致在上海、厦门、武汉、宁波等地的会审公堂或会审公廨中外国人主宰裁判。因外国人在中国享有领事裁判权的不平等条约，并不承认忤作检验。林几以极大的爱国热情在北京《晨报》发表了《收回领事裁判权与法医学之关系》的文章，要求改良法医，发展中国现代法医学，并提出了"改良法医作为司法革新内容之一"的思想，呼吁把法医学作为一门法律医学证据科学加以研究和发展。林几还说："栽培法医专家刻不容缓。迟一天，司法基础就迟一天稳固，对收回领事裁判权就晚一天去外国人的口实。"纵观林几法医生涯，我们看到，林几由爱国而关注法医学，选择法医学，并将其一生奉献给法医学，其法医事业虽经战事纷乱和人事变迁而南北流离，

第二章 民国时期中国法医学（1912—1949年）

但其爱国之心始终未变，始终把国家利益放在首位，这是林几成为中国现代法医学奠基人的精神动力，也是他成功的治学之道。

（2）关于法医教育的思想。林几出身于书香门第，父亲林志钧与沈钧儒同为癸卯科举人，辛亥革命前留学日本学法律，回国后任北洋政府司法部长和朝阳大学（民国时期著名法科大学，创办于1912年，1949年改建为中国政法大学）校务长、北京大学教授等职，中华人民共和国成立后为国务院参事室司长参事。林几胞弟林庚教授为北京大学中文系主任。林几于1918年曾到日本学法律，因参加爱国游行被迫回国，之后考入北京医学专门学校（北京大学医学院前身），1924年由校方派往德国维尔茨堡大学医学院专攻法医学，获博士学位。回国后在北平大学医学院创办法医学教室（图2-9）。林几家世以大学教育为主，尤以北京大学和中国政法大学为其家族的教育生涯。这可以解释，林几一生都在从事法医学教育工作，无论在任何时候，就是在法医研究所大量检案工作期间，甚至在抗战期间，也不忘培养法医人才。

图2-9　1930年林几创办北平大学医学院法医学教室
引自黄瑞亭：《林几》，鹭江出版社2014年版，第67页。

1928年，江苏省政府向中央政治会议提交《速养成法医人材》案。当局交中央大学办理，委托赴德研究法医学回国的林几负责。林几写了著名的《意见书》，《意见书》中，叙述了建立法医学教室的作用及意义，并为成立教室在人员、设备、规模等方面做了详尽的规划。《意见书》对法医学科研机构选址和发展谈了自己的构思。林几说："考中央大学医学院，设在沪滨。而上海地居全国海线中央，交通极便，又为亚陆商埠之中心，万邦居民之杂处。虽该校开办未及二年，而内容颇完善，若得附设法医检验室及研究科于内，则实为最便。"关于法医学机构设置的问题，林几认为应从法医学的科学实验这一本质来寻找其立足点。因为，法医学是医学的应用学科之一，所以，林几在

《意见书》中分析了国内情况后认为:"此种特别研究科及检验室,内容、设备繁杂,需并有病理学、细菌学、毒物学、化学及精神病学、产妇科学等临床及法医学的特有检查用具之设备。顾刻国力疲弊,经济困难,莫若附立此种研究科及检验室于本国设备较良的医学院内。"这是我国现代法医学机构设在医学院内的早期规划,也是我国现代法医学教育的先声。林几考虑选择在有检验基础、医学发达和有一定经验的上海作为创办法医学教育的地方,表明林几把法医学以实验性、科学性定位,3 年后,我国历史上第一个法医研究所就设在上海,这与林几的建议应该有很大关系。

(3) 关于法医学课程设置。《意见书》中还体现了林几重视法医学实验的思想,其中对培养计划及课程设置介绍的十分详细(见表 2-1)。林几这一课程安排除了要求学员掌握法医学基础学科知识外,显然注入了实验法医学的内容,其中病理学、细菌学、血清学、分析化学、中毒毒物、药性学、裁判化学以及法医学各论案例中都有大量的实验课程。这一课程计划后在北平医学院、法医研究所、中央大学医学院等教学中使用,为培养法医人才起了重要的作用。

(4) 关于法医研究的范围。林几将法医研究的范围概括为:"立法之厘定各种法律中关生命健康繁衍乃至医学卫生、禁烟、禁淫、禁娼、护幼、养老,精神病之监护,遗传病职业病之遏制,劳工疲劳之调节,灾害伤害之审定,急慢性传染病地方病之防范,普通性行猥亵行为、性欲异常等违法生理事件,堕胎、节育,寿命、健康等诸条款,均需法医学之学识;司法之民刑案件中证实犯迹、病伤(包括伪匿病伤)、死因、年龄、性别、职业、人种、亲权、鉴胎、毒理、药性、笔迹、印鉴、文字涂改、珍宝真伪、商品优劣、智能程度、心神状态、责任能力、治产能力、侵害赔偿率、枪弹、凶器种类,并医疗看护司药等责任过误问题,或文证、鉴定书、说明书、检验报告、病例、诊治日志、处方签、契约字据笔录等之审查,尤有需法医学之专门技术;行政中警务之罪犯收索,个人异同验断,与保健、戒烟、戒淫、禁娼政令检验之执行,亦莫不有需法。社会病、传染病之扑减,健康保险之实施,灾害事故之检讨医学。"林几把传统的法医学、法医毒物学、法医精神病学、血痕鉴定、指纹检验、笔迹鉴定、亲权鉴定、伪匿病鉴定、医术过误鉴定、枪弹鉴定等纳入法医学范畴内,可见,林几说的法医学是"大法医学"概念,即司法鉴定科学。我们今天的司法鉴定发展,印证了林几的设想,符合司法鉴定科学发展方向。林几总结说:"法医学研究及实用之范围包罗至广,为国家应用医学之一,凡立法、司法、行政三个方面无不有需于法医。故社会医学、社会病理学、保险医学、灾害医学、裁判医学、裁判化学及精神病裁判学均在内。目前所应用的刑事、民事案件之鉴定,实际上乃法医学应用之较狭之范围。"由此可知,林几把为刑事、民事裁判服务的法医学应用叫狭义法医学,而把为社会服务、为人民造福的法医学应用称为广义法医学。林几是一位把国家利益放在前面、把尊重生命放在前面、把保障法律放在前面、把法医责任放在前面的有远见、有良知的学者。

(5) 关于法医的地位和定义。民国时期,法院法官保障由中央统筹,林几提出"法医应与法官同享待遇",也应由中央管理。这种思路主要在于去地方化和去行政化,避免鉴定受干扰。林几认为:"法医学即以医学及自然科学为基础而鉴定且研究法律上问题者也。法律乃立国之本,法医学则为法律信实之保障。"林几的观点是:法医学不

第二章 民国时期中国法医学（1912—1949 年）

只是尸体解剖判定病因、死因的技能，而是服务法院裁判的科学，这是法医应有的定位。所以，林几对法医学下了定义，法医学乃国家应用之科学。

（6）关于法医研究方法。法医研究方法集中在案件处理上。林几在《二十年来法医学之进步》一文中这样说："麻醉毒品及阿片，历年虽经严禁，遭日人侵入，在占领区肆施毒化政策，既未沦陷各地，亦因战事影响，未能彻底禁绝。故禁烟禁毒一事，仍属吾华复兴工作之一严重问题。而戒除及鉴定烟贩、毒犯暨禁烟毒品，自为医界和法医学检验所宜注意。"我们从林几创设法医学研究所的规模就可以了解到他对法医实验的重视。当时法医研究所内设三科（第一科含三股，分管研究、审核鉴定、人才培训、教务、教材、资料、图书等；第二科含四股，分管毒化、解剖、活体检验、病理检验、细菌学检验、物证检验等；第三科为事务主任），配备了解剖、病理组织学检验、毒物分析、摄影室、第一二人证诊查室、心神鉴定收容室、眼耳鼻科暗检处、动物饲养室、实验室、教室等工作和办公用房；有关大小仪器均购自德国、美国、法国；建造了当时国内鲜有的尸体冷藏柜；已能自己制造人和动物的鉴别血清、亲子鉴定血清，开展生化、定性定量分析和细菌培养。在当时，该所平均每月收检普通案一百四五十起。

林几在上海任司法部法医研究所所长时，正值政府禁烟、禁毒政令实施期间，经常受委托对烟犯进行检验。当时，一旦怀疑是烟犯，便送到研究所检查，根据检验结果，对烟犯进行不同的惩罚。当时查烟犯是否吸毒主要靠一次性检查尿中是否有毒。有些烟犯知道验毒时间，就在验前不吸毒，以致检查呈"阴性"；有的吸毒者用他人的尿送验，有意出伪证；有的系已短暂戒毒，但体内有蓄毒以致查有毒；如此等等。因此，为提高毒品检验水平，加强禁烟禁毒力度，林几根据吸毒者具有成瘾性的特点提出验瘾的检验方法。林几在《二十年来法医学之进步》一文这样说："只凭验尿而不验瘾，殊多流弊，未足凭断。据个人二十余年经验，至少须禁闭三五日，断绝烟酒，照常工作，以验瘾。同时，累集被验人五日间各次排尿，以送检。综其结果，可分：有瘾有毒者；无瘾无毒者；无瘾有毒者——是或因偶尔有吸烟吸毒未成瘾，或已先戒除而体内蓄毒偶尔排出，或因医用麻醉品恰存体内排出所致，故宜予数次复验；有瘾无毒者——是或因有意伪证，竟以他人之尿供验，或因新吸生瘾，而体内蓄毒既少，已全排尽，或当日未排出，或因体力衰弱，易招疲劳，疑似毒瘾，亦严复侦查。"林几进一步指出："吸鸦片者，因鸦片中含吗啡及其罂粟酸、那尔可丁、那尔采音等成分，均升华于胃肺，故胃液及尿中可检见。而注射吗啡、吸海洛因者，尿中只含吗啡，不含阿片的其他成分。习惯注射吗啡者，注射部皮肉每因中毒，溃结成疮，堪供参证。"林几有关毒品、毒瘾的检验方法，今天看来仍有研究价值并可资借鉴。

（7）关于实验法医学的观点。林几认为要把每个案件都当作科学实验去完成。一般来说，一个成功的法医有两条路可走，一是按程序或规程完成每一个法医鉴定，日积月累，经验丰富，受到认可；二是在前者的基础上，用心去做每个案件的科学实验，总结经验，提炼理论，为后人铺路。林几就是后者，他是一个伟大的法医学家。

（8）关于法医的学术观点。林几的学术观点简单地说就是实验的观点，我们可以从他的关于猝死发生时间、中毒统计、死因统计等研究得到印证。

（9）关于我国猝死死因的统计学研究。林几说："据著者二十一年八月至二十六年七月在平沪两地（作者注：即1932年8月—1937年7月司法部法医研究所和北平医学院法医教室）检见之内因猝毙之实例""（一）心脏血管疾病：（a）心冠状动脉硬变二例；（b）心瓣膜病兼梅毒一例；（c）脂肪心二例；（d）梅毒性主动脉淀粉样硬变一例；（e）脑出血二十一例。（二）呼吸器病：（a）异物堵塞一例；（b）声带痉挛二例；（c）声门水肿一例；（d）急性肺出血一例；（e）肺炎三例（醉中误咽二例）。（三）脑病：（a）梅毒性脑病一例；（b）癫痫三例；（c）脑肿瘤出血一例；（d）梅毒性脑膜炎一例。（四）消化器病：（a）肠嵌顿一例；（b）肠穿孔三例；（c）肝硬肿破裂二例；（d）脾肿破裂；（e）肝脾破裂一例。（五）泌尿生殖器病：（a）尿毒症一例；（b）妊娠胎盘异常致子宫破裂一例。（六）急性传染病：（a）伤寒一例；（b）霍乱一例。（七）中酒者（作者注：酒精中毒）：（a）慢性酒精中毒血管硬化脑出血七例；（b）急性酒精中毒脑出血三例；（c）醉中误咽窒息二例；（d）心脏卒中一例；（e）合并心脏死一例；（f）酒醉冻死二例。（八）精神虚脱四例。（九）淋巴胸腺体质三例。（十）内脏毛细血管出血一例。（十一）热射病一例。（十二）疲乏虚脱死（作者注：过劳死）一例。（十三）心脏畸形一例。以上八十二例中，大多有外力之诱因，但其暴力均不足为猝毙之主因，无外来诱因者约占七分之二。"

这是我国20世纪30年代一份非常有价值的法医学猝死死因统计学资料，对当时猝死病因、病种研究，乃至法医病理学发展水平研究，都有重要的参考意义。同时，这份资料也是林几等老一辈法医学家致力于法医学本土化工作的重要佐证，更是林几关于"法医学乃国家应用医学"和注重本国实际情况开展科学研究学术思想的具体体现。我国目前还没有完整的法医学死因分析资料，主要原因是我国法医学机构分设于公安、检察、司法、卫生、院校、社会机构，有待于组织以上机构联合研究，形成我国法医学死因统计学资料。

（10）关于猝死诱因、季节、时间等研究。林几对我国猝死死因提出了独到的见解，指出："内因猝毙之发生与个人体质、年龄、性别或病变脏器性质及外力诱因并部位有关。""多系劳动界或老人，夙有血行系统异常及肝肾机能病变，过度劳心，生活困难，营养不足，体力羸弱者，好酒者，或患梅毒性疾病及精神障碍者，神经质者，卒中质者，或淋巴胸腺体质者，并患重病或失血过多，体未复原者，均易陷于内因猝毙。而五六十岁以上老人及幼弱者，与经期妊产期妇女，亦易发作。"对于我国猝死发生的季节和时间，林几有过专门研究，他指出："暮夜，中宵，当七至九月间，最常发生。"这也是林几通过大量猝死案例检验得出的结论，具有十分重要的法医学研究价值。

（11）关于我国非正常死亡死因研究。林几十分重视对本国非正常死亡的研究和数据分析。他指出："吾华法医检验变死之死因，据十四年来统计（因战争死亡者未计）：中毒约占27%、外伤46.5%、窒息死22.5%、夙有疾病内因猝毙死者3%、其他不明原因者1%。"这又是一份有价值的我国非正常死亡死因研究的法医学统计数据。法医学是建立在大量实际检案和科学研究基础上的应用科学，林几的研究大大丰富了我国法医学的发展，突出本土特色，对指导我国法医学发展作出了重大贡献。每个法医除了日常工作外，还有一项更重要的工作就是研究各种类型死亡检验的法医学规律。林几不仅

第二章 民国时期中国法医学（1912—1949年）

从事日常法医工作，而且研究其规律，最终成为受人尊重的大师。

（12）关于我国中毒统计学及原因研究。林几十分重视本国法医中毒统计学及其原因研究，认为这是法医中毒检验必备知识，反映当时毒物类型、种类，也是法医学研究水平的体现。林几说："中毒案件中，以砷中毒为常见，约占中毒案件五分之三。鸦片次之，约占五分之一。安眠药、酚类、金属类毒、乌头钩吻巴豆类植物毒，再次之，约占五分之一弱。而磷类毒物罕睹。"

（13）关于法医学历史观。林几介绍，从我国法医学历史，春秋战国时就出现法医学的萌芽，宋慈《洗冤集录》出现前后繁荣发展，宋以后沿用《洗冤集录》创新较少而发展较慢；20世纪40年代中期，虽然法律规定由医师进行尸体剖验，但大部分地方无法实施。林几讲法医科学史有别于其他史学研究，是用事实来定义法医学，用科学实验来研究法医学，既肯定在古代当时条件下法医学发展，也批评不接受科学带来的落后现状。只有正确了解、评价历史，才能科学规划、发展当下，这是一种值得提倡的法医学历史观。

（14）关于鉴定运行机制。这里主要指法医学鉴定权的运行机制。林几主张，既然法律赋予法医鉴定权，那么鉴定就得按司法本性进行公开、透明和公示。林几在司法行政部法医研究所任所长期间，在《法医月刊·鉴定实例专号》上公开《法医案例100例》；在北平医学院法医学教室任主任教授期间，在《北平医刊》上又公开《法医案例50例》。林几不仅把法医鉴定做公证，而且将自己的鉴定书放在杂志上登出，交给全社会评价，接受监督。这种法医鉴定公开并接受社会监督的运行机制，是避免法医冤假错案的有效方法，是我国法医洗冤文化的体现，更是实验法医学的精髓，是先进的法医学理念和现代法医学真正意义上的"洗冤"，在今天看来仍有实际应用价值。

（15）关于法医布局的建议。林几一生都在规划法医学发展，他早期就规划"建立全国6个法医教室"。林几说："在全国适宜地点，分建6个法医学教室（上海、北平、汉口、广州、重庆、奉天），以便培养法医人才并检验邻省法医事件。"林几这一规划在当时没有实现，直到1930年他创办北平大学医学院法医学教室，1932年任司法行政部法医研究所第一任所长，成功培养了一批法医人才，并将学生分配至全国各地法院和医学院工作，尤其是在北平、上海、广州，法医学发展十分活跃。当时有人赞誉："南至两广、北至热察，法医随处设置，颇得各界人士的信赖"。1943年，林几又在重庆创立中央大学医学院法医科，成功培养了三期法医专修科。林几把中国法医学发展视为己任，把法医学教育作为自己的终身职业，是我国早期法医学活动家、教育家和创业者，他远见卓识，规划中国法医学布局和发展前景，我们今天的许多法医学定位、教育及发展方向早在20世纪二三十年代就已被设计和规划。林几确实是我国现代法医学的伟大设计师。

（16）关于法医遴选机制。司法行政部法医研究所原是以法医检验所的建制设立的，主要解决江浙两省法医案件。林几接手后，改为法医研究所，其最关键的思路是要培养法医人才，建立全国法医遴选机制。法医研究所全国招收本科医学生和专科生，分别培养法医师和检验员，由司法行政部发给法医师资格证书。这种从医师中遴选、培训，并由国家考试、认证的遴选机制，仍然是今日值得借鉴的做法。

(17) 关于法医评价标准。林几对法医学发展和检验水平的评价是有其标准的。从林几在《中华医学杂志》上发表《最近法医学界鉴定法之进步》(1926 年)、在《法医月刊》上发表《司法行政部法医研究所成立一周年工作报告》(1934 年)、在《中华医学杂志》上发表《二十年来法医学之进步》(1946 年) 的文章,我们可以看到,他是以鉴定能力和实验水平作为评价标准的。这在林几 1936 年发表的《法医学史略》中讲得很清楚。

3. 林几《实验法医学》的主要特点

(1) 以法医实际需要编排内容。从遗稿目录来看,本书内容包括实验法医学概论、医师与医业、司法应用之法医学、创伤与法检、死因死象及检骨、窒息、中毒死伤、心神鉴定、伪匿病伤之鉴定、猥亵行为及性能检查、妊娠与堕胎行为杀婴行为、亲权鉴定、个人异同鉴定、斑痕检查、医术过误问题等共 15 章。该稿的编排基本上成为后世我国法医学书籍的蓝本,如陈康颐、陈东启主编的《法医学》教材、郭景元主编的《实用法医学》等。

(2) 以实验的观点对待法医学的理论与实践。在林几看来,案例是实验的过程,是创造理论和检验理论的过程,也是促进发展的过程。如对于窒息,应分为内窒息和外力窒息,不能只讲机械性窒息。为什么林几没有使用"机械性窒息"一词,而用"外力窒息"一词?因为在他看来,窒息可以分为外力窒息、中毒窒息、电窒息、病理窒息、缺氧窒息、新生儿窒息。所以,"外力"是窒息手段,"外力"中的"缢、绞、扼、溺"是窒息方式,属鉴定材料范畴。林几认为,外力窒息是法医必须掌握的基本工作,但我国法医实践中有不少国外没有、本国特有的检验内容,谓之"外力窒息鉴定新材料",即现在法医学上的非典型机械性窒息。

林几在《二十年来法医学之进步》一文中指出了我国非典型机械性窒息几种情形:①隔勒。林几说:"(缢痕一侧开放) 绞痕则必周匝颈项,前后暴力平匀,索沟同数。但据个人(作者注:指林几本人) 十年来检验,吾华有所谓'隔勒',即背隔板、隔栏以绳索勒颈者;'提勒',即卧人于地,足蹈于项,而用绳索套提起勒毙者;'背勒',即以绳索套人项,背于身行数十步,致于窒息者,俗称'背娘舅'。其项后每亦开放,缺有索沟,极似缢痕。惟有籍其绳索压痕,行走方位之不同及其他体部伤痕,沾迹以佐鉴定。"②口鼻贴纸。林几说:"叠糊棉纸紧蔽醉人口鼻,或用湿巾覆蔽婴儿口鼻,均可窒死,虽有一般窒息内外征象,但口鼻外毫无压痕等徵标。"③揾死:林几介绍:"乃以头倒浸浅水塘或水缸中,窒息溺死,吸水不多,颜面黛紫,口鼻有沫。然无其他溺死外表徵状。"④游湖非刑。林几介绍:"乃在狱中私刑。将囚醉饱食后,裹以荐毯倒立浸于盛有灰水桶中,不倾窒息。面白(因灰水可使颜面血管收缩,故虽倒立而不发紫)、身黄,除唇指微黄、眼结合膜稍有溢血外,外观无徵,一似病死。"⑤醍醐非刑。林几介绍:"乃灌水逼供之非刑。水中或更掺有烟油、辣粉、粪尿、煤油等刺激性质料。"⑥活埋。林几说:"亦属窒息死之一徵象。其尸颜黛紫眼突口张,口鼻、气道、肺支气管均堵泥。肋膜及内脏溢血斑甚著,肺心及脑膜尤甚,指端趾端及指甲均青紫,于误咽尸之徵象相似。此种案件在华野颇属常见,而此次东西战场,日德军队,每用此法残害盟国民众。然既往法医学书籍,则罕述及。"⑦土布袋非刑。林几介绍:"为监

第二章　民国时期中国法医学（1912—1949 年）

中非刑之一。令饱食后，荐裹绳捆，使卧，次于胸腹部上压置盛土之大布袋，致胸部呼吸不能，约四五个小时即渐窒息死。验结合膜、口鼻及肺、肋膜、心肌乃至胃、脑膜均有溢血现象。"

（3）以实验的视角对待前人和现存法医成果。林几在德国留学时，曾和法医骨病理学专家施米狄教授讨论骨伤问题，二人都认为，骨折或骨裂容易证明，但是否生前骨伤，抑或死后骨伤则难区别。林几说："骨折部位周围组织出血可证明生前伤，但死后时间久，周围组织已腐败，欲在枯骨上证明其为生前伤或死后伤则十分困难。按各国法医检验尸体，其尸体多新鲜，故经剖验可解决。但我国验伤送检尸体，多属已腐，甚至死后数年，方求复验。"如何解决这一问题呢？林几在任法医研究所所长时，曾专门对此进行了研究。他先是将 10 只狗打伤致骨折，详细记录原伤部位，然后处死，分别埋于法医研究所后花园内。两年后，待狗尸肌肉腐败，再挖掘检骨，对照原来记录，在紫外线下观察。结果，发现生前打伤骨折处可见土棕色荧光。然后，他再把未骨折处用锤击致骨折，也在紫外线下观察，结果见白色荧光。他还发现生前打伤骨质有出血者，用刀刮、水冲洗，出血斑痕均不能去除，因为骨质出血在深部。林几用此办法解决了 30 例骨折案的生前死后判定。林几在法医研究所时检验过一个案子：死者叫许宝聚，死亡已 5 年，死者家属反复告状。受法院委托，开棺检验许宝聚尸体。开棺见尸体只剩一髅白骨。经检查头骨有骨折。为排除是否挖尸时被土工碰伤致骨折，林几将颅骨骨折处放在紫外线下观察，发现有土棕色荧光。然后，用力锤击骨折裂部上方，使骨裂部分延长，继续观察。结果，在紫外线下原来骨折处出现土棕色荧光，而人工延长部分骨折处见白色荧光。因此，林几下结论："许宝聚的头部生前受暴力打击。"由于林几的科学鉴定结论，使累讼 5 年的案件很快得到解决。林几在《二十年来法医学之进步》一文中说："损伤检验当尸腐烂，尸表极难检出。惟伤及骨，检骨损伤，方能辨明。近十年来吾人利用紫外线之映射，得于枯骨上检见其生前皮肉钜伤，皮下溢血，沾附骨上之伤荫，且于生前骨伤可见骨荫，而死后伤则无伤荫。拙著《骨质血荫之价值及紫外线下之现象》一文内已述及，发表于《中华医学杂志》第二十卷第五期。"

（4）以实验的态度纠正古代法医学检验错误。古人要证明生前入水只要见到颅内有泥沙即可。但林几认为这是不够的，要全面实验才能做出结论。林几在法医研究所时检查过一具从水塘捞起的男尸，尸体检查未发现暴力致死的损伤，但发现死者体内有大量乙醇（酒精）。尸体解剖，取未全腐的边缘肺组织制作较厚切片，染色，显微镜下观察，发现有泥沙。手指甲缝内、耳蜗内及前额窦内也有极少量泥沙。然后将尸体上的泥沙与池塘中的泥沙作对照，并结合案情调查，结论定为"生前落水溺死"。经证实，系醉汉跌落池塘溺死。之后，林几检验了许多溺死的尸体，特别是已经腐烂的溺水尸体的检验，总结了一整套检验方法。林几在《二十年来法医学之进步》一文中说："溺死鉴定既往对烂尸苦难证明。著者于 1943 年冬发表《已腐溺死液痕迹之证出新法》一文，载于中央卫生实验院《实验卫生杂志》第一卷第三、四期合刊。对腐尸，尚不至外方泥沙浸入胸腔者，按其肺部腐败进行程度，而行肺脏中溺死液泥沙成分残迹之检出。得鉴定其是否生前溺死，抑或他故死之而抛尸入水。"

古人检验是否中毒多用银钗（图 2-10）。

1934年5月31日，甘肃省高等法院检察处送检"复验银钗验毒案"，送检银钗一枚，上有黑印两道，要求检验是否为毒质。原来，甘肃省某县西金村村民陈某突然死亡，怀疑系村民投毒。当地县长因病，请某科长验尸，因无经验只看尸后便回县城。次日，到甘肃省高等法院请检验员验尸，但村民阻拦云：尸已验过，不能再验。因人命关天，县长抱病前往，此时人已死十余日，县长用银钗探死者肛门，拔出后反复擦洗仍见银钗上有两块黑斑。县长宣告死者系中毒身亡。此案告至省法院，因无法认定，请求检验。收到该案，林几仔细观察了银钗。该银钗长 25.5 cm，重 52.5 g，一端钝圆，一端银质薄，中央旁有一小孔。在银钗末端中下段有两个分别为 1.5 cm 及 1.0 cm 的黑色污斑。再仔细观察，在黑色污斑

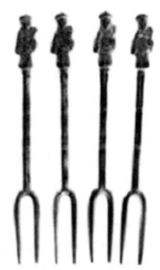

图 2-10　我国古代验毒用的银钗

引自黄瑞亭：《鉴证》，鹭江出版社 2014 年版，第 208 页。

周围及其远离部位可见褐色和黄色污斑数处。林几用擦镜纸轻轻擦拭，不见脱落。将氰化钾液滴至黑斑处，见黑斑消失。再找其他黄色污斑一处，用氰化钾液数滴，也见消失。又取过氧化氢液滴到其余污斑处，污斑也见消失。将已擦洗的银针放入粪便中，数分钟拔出复见污斑。刚好所里有腐败尸体解剖，林几把银钗洗净后，按旧法将银钗插入肛门，同样见污斑。林几说，银钗上的污斑是硫化银。因尸体腐败后，其体内产生的硫化氢能使银针表面变色。新鲜尸体未大量产生硫化氢，故发生变色少。而若探入深部，肛肠内有大肠菌会产生硫化氢，则可使银钗变黑，但其是否为中毒，无科学证据。若需判定是否中毒，应将尸体的脏器作毒物化验。林几的科学实验和分析说明很有权威性，为当地村民所接受，避免了一场村民斗殴，法院也圆满审结此案。林几将该案的科学实验发表在《司法公报》和《法医月刊》上。

林几创办《法医月刊》，并把法医实验在杂志上公开发表，社会影响很大，当时司法行政部部长王用宾对林几的法医实验大加赞赏，在法医研究所 1 周年总结会上特别谈到了法医学实验的重要性，还专门题词："洗冤有录，释冤有医。考古证今，实验为宜。学术医术，启发应时。悉心精研，治平之基。"

(5) 以实验的技术规范研究新出现检验内容。1933 年 6 月 13 日，江苏高等法院第三分院函请法医研究所检验金丹红丸。案由："查得某厂生产金丹红丸，疑有掺毒可能，现提取十粒送检，请出具证明。"林几马上将金丹红丸送到毒物化验室，先取 6 粒化验，余 4 粒封存备查。化验结果分别检查出吗啡、金鸡纳霜、士的宁、海洛因。于是，认定某厂生产的金丹红丸为违禁麻醉品的配合丸剂。鉴定发出后，很快查封了这一厂家，其已销往全国各地的金丹红丸也相继被追回、烧毁。林几在此间还处理了不少同类案件。如淞沪警备司令部送来白粉，系沪火车站查获的贩毒犯企图外运的 4 大箱白粉，化验结果是乳糖、蔗糖和吗啡。又如江苏高等法院受理某香料制造厂的香料掺毒案，查明系吗啡掺入香料中。还有一家工厂，10 份香料中竟查出 9 份含吗啡，1 份含海洛因。浙江吴兴地方法院送检的烟土案，查出烟土中有鸦片粉。天津法院搜得某人家里

有"救苦金丹",经化验为海洛因。浙江高等法院要求对某案的油漆进行检验,结果查出含有吗啡,系贩毒分子把吗啡和于油漆之中再漆于箱子表面,然后贩运,此案验毕,林几写道:"该油漆之制造者实有大量制造吗啡之疑,即使原料非由该厂所出,然集此原料造假油漆而掺和吗啡,亦有贩毒之疑!"由此可见,当时贩毒、吸毒是何等猖獗,林几为配合禁烟禁毒运动做出了很大贡献。

(6)以实际检验的照片和实物作为图书配图。在《二十年来法医学之进步》一文中,林几说:"兹提近数年来经验:得悉凡正型缢死者,两下颚骨隅下内方或外侧及颞骨乳突下后侧无可显出绳索紫压皮肉,(索沟压痕处)出血沾附骨上可见点线状棕红色之骨荫。勒死者,第二、三或四头椎后突每有横行之骨荫或骨损,故可为腐尸缢、勒之鉴别。著者经检一案,以尖刀刺入人头,同时用沸水冲入刺口,随切随冲,平切下颈。其两端创面皮肉组织均呈半熟状态,色白,皮肉略卷。内层组织发红,充血。所溢血液,被沸水冲洗稀释后淡薄宛如茶色。咋见难辨为生前刺切创。惟检头椎椎骨间切痕,可见骨上伤荫,足资为证。""又另两例绞毙尸:(一)夜将尸枕铁道轨上,火车开过,颅身分离,颈项勒痕大部分销毁。惟其挫裂压榨之创口截齐,皮肉不生卷缩,溢血较微。第三、四头椎后突缺损,显有横走血荫,且于项侧创缘组织发现狭短半截索勒残痕。遂据断为绞毙移尸,偷装卧轨碾死。(二)醉后绞毙,尸难运出。乃俟一日后,尸已冻僵。再用菜刀顺后项绞痕切下头颅,并切割四肢躯干。分成两箱,送到火车站,拟运他阜灭迹。破获,送检。其头椎及格切创部均无生活反应,是为死后伤。仅于第二、三颈椎索沟部下组织见有溢血红肿及(颈椎)后突端部骨损伤荫,是为生前伤。"林几在所有鉴定和所有实验文章必配图加以说明,这是他的习惯。

4. 林几的《实验法医学》小结

(1)关于林几思想。林几的思想集中体现在他对法医学定位是"实验性的科学"及他的教育、学术思想、法医科学史观、职业品德、创业精神上。林几将毕生奉献给法医学事业,毕生进行科学实验,是我国当之无愧的现代法医学奠基人。

(2)关于遗作书名。林几手稿原名《简明法医学》,后改为《实验法医学》。为什么改为《实验法医学》呢?据笔者研究,林几的"实验法医学"观点很早就已形成。我们可以看看林几最早有关"实验法医学"的文章。从王世凡收集到的材料看,《医事月刊》1923年第1期和1924年第9期上就发现有林几《人力车夫心脏及脉搏之变态》和《新颖之血族鉴定方法》的文章,前者是病理实验室检验,后者是血清学实验室检验,这是林几还在北平医学院读书和留校任病理学助教期间发表的。1926年,林几在《中华医学杂志》上发表《最近法医学界鉴定法之进步》,1927年在《东方杂志》上发表《亲生子之鉴定》,在《法律评论》上发表《谁残留的精痕之鉴定》《检查精痕之简便方法》,及在《中华医学杂志》上发表《确定诉讼法对血球凝集现象之运用及实例》,这些主要是血清学实验、亲子鉴定和精斑检验方法,这是林几在德国留学期间发表的。1928年,林几在《中华医学杂志》上发表《拟议创立中央大学医学院法医学科教室意见书》,正式提出法医学教育思想和实验法医学观点,1929年在《卫生公报》上发表《吗啡及阿片中毒实验》文章,这是林几刚回国后创办北平医学院法医学教室期间发表的。可见,林几在接触法医学、留德专攻法医学和从事法医学工作时都把科学实验作为法医学研究的重点。另外，在 1934 年，林几在《法医月刊》第 4、5、6、7 期发表法医学科学实验文章，就取名《实验法医学》。同时，在《法医月刊》发表《法医学四种小实验》《氰化钾中毒实验之说明》《检验烟犯意见》《骨质血荫之价值及紫外光下之现象》，在《中华医学杂志》发表《父权鉴定诉讼法血球凝集现象之运用及实例》《吗啡与鸦片实验》《已腐溺尸溺死液痕迹之检出新法》，在《北平医刊》发表《检验洗冤录银钗验毒方法不切实用意见书》《墓土验毒与墓土含毒之比较实验》《驻平英使馆委托检验英女温纳被人暗杀案之物证检验》《枪弹射创口与子弹炸伤之实验》。林几还将上述文章整理后在《实验卫生杂志》上连载，取名也是《实验法医学》。林几在 20 世纪 20—40 年代先后出版或刊印《法医学讲义》《法医学总论各论》，供北平医学院、法医研究所、中央大学医学院教学使用，还出版《法官用法医学》、《医师用法医学》、《简明法医学》、《犯罪心理学》、《法医学》（林百渊著）、《法医学讲义》等。根据林几多年积累案例和实验，以及纠正古代错误和验证检验，不断补充完善，该著作取名《实验法医学》十分贴切。

（3）关于遗作拍卖。拍卖林几《实验法医学》是以"名人墨迹精粹珍存专场"进行的，据笔者研究，该书的内容的确是林几的珍贵遗作，但部分字迹不是林几本人的真迹。可能是当年中央大学医学院法医科秘书吴幼霖女士、褚权材先生根据林几教授手稿誊写而成。从收集的林几真迹（图 2 - 11）看，林几多用毛笔字书写。

（4）关于遗作下落。我们先看一张收条："收条：兹收到《实验法医学》（林几教授遗著），原稿四九五页（图三百余幅）。此致。陈康颐教授。十二月八日。吴幼霖大夫送来一袋关于林几教授《实验法医学》遗作图片及手绘图 300 余幅。第五军医大学。一九五二年三月一日。"从收条来看，遗作当时还在第五军医大学出版社。后来如何处置，因年代久远，不得而知。但其遗作后由拍卖行拍卖，说明有人长期保管遗作并送拍卖行。笔者倒觉得是件好事，至少林几教授的遗稿被保存了下来。

图 2 - 11　林几签名真迹

引自黄瑞亭：《鉴证》鹭江出版社 2014 年版，第 251 页。

（5）关于林几遗愿。1951 年，林几不幸病逝，未能参加全国法医学教材编审，亦未能亲自培养全国高师班学员，后来由其学生们完成。而林几正在撰写的《实验法医学》和《洗冤录驳义》也未能出版。相信，林几的遗愿应该是《实验法医学》出版面世，这也是我们法医学界的期望。陈康颐教授曾给我写信，希望有关单位或个人找到《实验法医学》遗稿以及《洗冤录驳义》后尽快出版，以告慰林几教授。后来，他还撰文提到这件事。

（七）林几发表《二十年来法医学之进步》

1946 年，林几在《中华医学杂志》上发表《二十年来法医学之进步》一文。该文由两个部分构成，分为"（甲）法医学运用与研究范围之进步"和"（乙）法医学检验技术之进步"。在林几看来，法庭科学的发展不能只包括科学技术方面的成果，必须对法庭科学本身发展历史、人文、法律、哲学等多学科进行全面研究。只有这样，法庭科学才会健康发展。下面对林几有关法庭科学的历史、内涵、范围、管理、教育、学术、立法、本土化、医疗过误观点及法庭科学人文、人格等方面进行研究和述评。

1. 法庭科学的历史

林几的法医史观很明确。林几说："我国法医学自古已昌，而检验之制，首载周礼月令'孟秋之月，命理，瞻伤察创视折，审断'。司法检验，考者仅有石晋和凝之疑狱集、北宋郑克之折狱龟鉴、南宋宋慈之洗冤集录、元王与之无冤录，明清两朝，虽多增注，但均出自法曹之手。未明人体构造、病理死因，以致疑窦滋多，真意转晦。当时律例规定，检验死伤由仵作，检验妇女身体由稳婆。直至民国二十四年颁布法律，方更尸体剖验及妇女身体检查由医师执行。法院组织法删去仵作检验吏一职改为检验员。是乃我国检政之进步，即由非科学时代而演进合与科学也。惟一般检验员罕受科学之训练，法官对新法检验难以得悉，于是一遇检验死伤，委诸检验员，遂至案多冤抑，讼累莫决。"

2. 法庭科学的内涵

（1）关于法庭科学的定义。林几在文章中列举了我国古代、近代、现代法医学的演变，对法医学做出精确的定义。

古代法医学以疑狱、折狱、洗冤、无冤命名。顾名思义，为蒙受牢狱之灾的人"洗脱冤枉"，行使"洗冤"的人是官府行政官员，可称之为"恩赐说"，有相当浓厚的封建色彩；近代法医学以法律医学（legal medicine）、裁判医学（forensic medicine）、裁判化学（forensic chemistry）命名。正如林几所说："三十余年前法医学之运用仅限于鉴定罪迹，故名裁判医学，而将毒物检验另称裁判化学。"这种只作法官判断使用的或者法官案件需要聘请医师、理化学者参与的，其本质上还是原来的医学、化学，充其量只作为法官的内心确认裁判使用而已，而从事这项工作的人员未形成规模和专业队伍。但从本质上说，其行使人员已改变为技术人员。所以，当时医院临床医师、化验人员成为临时检验人员。因此，这一时期可以称为"使用说"。

现代法医学，随着社会发展、法律健全，需要专门人才、专门队伍和专门研究方向。正如林几所说："追近十余年，法庭涉于法医学之问题更趋繁重，致研究领域与应用范围日益扩大。无论立法、司法、行政有需法医学。""法庭需要心神鉴定之案件日繁，遂创为法医精神病学，容纳于法医学内。"林几认为："盖法医学者，乃荟萃医学、法学及其他科学与本国法律、社会现状，以讨论研究并应用之一种科学。"林几所作的定义，实际上是根据法庭审判需要，应用医学及其他科学为法庭服务的现代法庭科学概念，也可称之为"应用说"。

（2）关于法庭科学的定位。

一是法庭科学是国家尊严的象征。林几留学德国学习法医学之前，我国存在"治外法权"，法院审判、检验不独立。1924年，林几在《北京晨报》发表《收回领事裁判权与法医学之关系》的文章，提出在国内发生的法医事件应由我国法医检验。法医学乃国家尊严信实之保障。林几在这篇文章中还提出"改良法医"的建议。

二是法庭科学是国家应用科学。林几在《二十年来法医学之进步》一文中提出一个重要的观点就是"法医学为国家应用医学科学之一"。因为，司法机关的诉讼行为是国家司法行为，法医鉴定机构为司法机关服务是收集、固定科学证据的机构，涉讼证据是法庭审判依据，法医鉴定人是涉讼参与人，法医鉴定人有别于专家证人，法医鉴定对维护司法公正至关重要。林几这一观点揭示了法庭科学的本质，对当前司法鉴定体制改革仍有现实意义，特别是对社会机构审核、认证方面。

三是法庭科学是保障人民福祉的科学。林几在《二十年来法医学之进步》一文中提出："凡企谋人群健康幸福维护个人身心健全，永葆民族繁昌诸问题，倘与实施法令既医药等自然科学有关者，莫不包容于法医学。"

（3）关于法庭科学的地位。

一是立法。林几在《二十年来法医学之进步》一文中提到：①法律规定尸体检验"由医师及检验员施行"；②"法部修颁条例，提高法医师及检验员待遇"；③法医师及检验员"准予法官同受保障"。这表明林几认识到了法医学立法和提高法医待遇的重要性。值得一提的是，民国时期，陈康颐、汪继祖等都曾在法院任法医，他们参与法庭检验，对提高鉴定质量和审判公正做出了贡献。由此，法医准予法官同享待遇，是当时我国法庭科学地位提高的表现之一。

二是准入。林几在《二十年来法医学之进步》一文中提到"考试院及铨叙部亦视法医为专门技术人员，并予考试、叙职"，表明法庭科学被政府确认为专门技术门类，法医技术人员必须通过法定考试才能"准入"，政府认定才能合法任职。由此，确定了法庭科学的科学技术地位和发展方向。当前，我国法医学还没有考试制度，有必要尽快改革。

3. 法庭科学的范围

关于法庭科学范围，林几认为："凡立法、司法、行政三界以至全社会无不有需于法医学。"林几从另一角度概括："（一）立法之厘定各种法律中关生命健康繁衍乃至医学卫生、禁烟、禁淫、禁娼、护幼、养老，精神病之监护，遗传病职业病之遏制，劳工疲劳之调节，灾害伤害之审定，急慢性传染病地方病之防范，普通性行猥亵行为、性欲异常等违法生理事件，堕胎、节育、寿命、健康等诸条款，均需法医学之学识；（二）司法之民刑案件中证实犯迹、病伤（包括伪匿病伤）、死因、年龄、性别、职业、人种、亲权、鉴胎、毒理、药性、笔迹、印鉴、文字涂改、珍宝真伪、商品优劣、智能程度、心神状态、责任能力、治产能力、侵害赔偿率、枪弹、凶器种类，并医疗看护司药等责任过误问题，或文证、鉴定书、说明书、检验报告、病例、诊治日志、处方签、契约字据笔录等之审查，尤有需法医学之专门技术；（三）行政中警务之罪犯收索，个人异同验断，与社会病、传染病之扑减，健康保险之实施，灾害事故之检讨，保健、戒烟、戒淫、禁娼政令检验之执行，亦莫不有需法医学。"

林几把传统的法医学、法医毒物学、法医精神病学、血痕鉴定、指纹检验、笔迹鉴定、亲权鉴定、伪匿病鉴定、医术过误鉴定、枪弹鉴定等纳入法医学范畴内，可见，林几说的法医学是"大法医学"概念，即法庭科学。

第二章 民国时期中国法医学（1912—1949 年）

4. 法庭科学的管理

（1）法庭科学是独立学科。林几在《二十年来法医学之进步》一文中强调法医学是一门服务法庭、独立的科学，虽然"为国家社会应用医学之一，但与临床各科运用有殊，且其运用范围、方式，每因国家现行制度法律而不同"。

（2）法庭科学要加强管理。林几认为："因法医学运用所涉范围过于广博，故应研究法医学者，亦不限于医师。凡法家、宪警、侦探及药师等，对于法医学亦宜相当修养。"此外，法医学范围不断扩大，如"民间由团体或私人委托检验法医事件，如健康证明、死亡宣告、毛革优劣、食品成分、珍宝真伪、遗言能力、治产能力、生殖能力、亲权、性别、商品、文据等仍然常见者也。""于是，遂陆续更有医法学（医事法制论）、伪病论（simulation malingering）、健康保险医学（medicine of life insurance）、灾害医学（medicine of accidents）、社会医学（social medicine）、社会病理学（social Pathology）、施刑医学（作者注：如刑场注射执行死刑等的研究）（medical knowledge applied to prisoners）等紧密专门分科之创立，而均属法医学之一分科，遂形成包罗万象庞大广义之现代法医学（medicinal legalis）。"因此，要加强管理，确保法庭科学的发展。我们今天法医学发展映证了林几当年的设想，有的还在实现中，但足可证明林几对法医学的用心和远见。

（3）法庭科学要专家主其事。1928 年，林几在《拟议创立中央大学医学院法医学科教室意见书》中就提到法医学要专家主其事。在《二十年来法医学之进步》一文中他又提到："诉讼之纠纷，徒增社会及个人之损失。窃以为，属专门问题，学理精深，症变繁多，绝非法官及常人所能通晓。故宜交由研究机构，群集研讨，裨佐定谳，方昭公允。"林几认为，法庭科学专业性强，必须由专家主持，才能保证公正。这对当前司法鉴定体制改革也是大有裨益的。

5. 法庭科学的教育

林几一生进行法医学教育，形成了鲜明的法医学教育思想，但更主要的是，他是杰出的法医学教育实践家的典型代表。

（1）教学。林几在《二十年来法医学之进步》一文中列举最早的教学是"吾华民国四年，国立北京医学专门学校及江苏省立医药专门学校"。其中，国立北平医学专门学校就是林几的母校。他于 1924 年毕业后留校任病理学助教，不久到德国维尔茨堡大学医学院专攻法医学。4 年后获博士学位回母校任教。

（2）教室。林几介绍："国立各大学中，只北平医学院于民国十九年春首创法医学教室"。林几教授于 1928 年秋回国。于 1930 年春在母校创办北平医学院法医学教室。林几任北平医学院法医学教室主任。

（3）研究所。林几介绍："司法行政部曾于二十一年，在申设立法医研究所。二十二年夏，开始招收医师为研究员。二年结业，发给法医师证书，派往各地法院服务，是我国有法医师名称之始。"林几为第一任司法行政部法医研究所所长。

（4）法医科。林几介绍："中央大学医学院，于三十二年秋，续创法医科，并于三十四年春受法部委托，用科学方法，设班训练司法检验员。"林几任中央大学医学院法医科主任。

（5）"六个教室"设想。1928年，林几在《拟议创立中央大学医学院法医学科教室意见书》中提出"在全国建立上海、北平、武汉、广州、成都、奉天六个法医学教室，指导、管理、检验全国法医事件"的设想。实际上，林几建议我国建立欧洲大学法医研究所法医制度。虽然这一规划没有实现，但林几提出的这种局部发展带动全国发展的教育思想，一直成为我国法医学教育的发展模式。1932年以后，我国在上海成立法医研究所，在广东、北平医学院以及中央医学院也先后成立法医研究所培养学生。中华人民共和国成立初期，南京大学医学院、中国医科大学先后举办了高师班，学员分配至全国各大学医学院培养学生。20世纪80年代，西安医学院、中山医学院、四川医学院、中国医科大学、上海第一医学院和武汉医学院成立了法医学系培养学生。我国地域广阔，基础不一，科技水平也不一，采取这种发展模式是切合实际，也是行之有效的。今天我国法医学繁荣发展，应该感谢林几等老一辈法医学家的贡献。

（6）计划。关于两种人才的培养计划。林几在北平医学院法医教室时除办案外，主要为北平医学院医学生授法医学课和为冀察政务法官训练所培训检验吏。

关于三种人才培养计划。法医研究所实际上是实施三种人才培养计划：一是检验吏培训；二是招收医学专科生培养检验员（如仲许等）；三是招收医学本科生培养法医师（如陈康颐等）。

关于四种人才培养计划。林几介绍：①各医法警宪学校所需之法医学师资（作者注：当年未办成，直到中华人民共和国成立后才办成，可惜法医高师班办班后不久，林几不幸病逝于任内）；②各地法院所需法医师；③各地法院所需检验员；④法医学各分科研究者。

6. 法庭科学本土化

林几自20世纪二三十年代引进现代法医学后，就致力于我国法庭科学发展本土化工作。一是我国猝死病因统计学研究。二是猝死诱因、季节、时间等研究。三是我国非正常死亡死因研究。四是我国中毒统计学及原因研究。五是我国非典型机械性窒息死亡研究。六是我国验尸特点的研究。以上六点前文已叙述，此处不再重复。七是我国验毒特点的研究。验毒。某埠法院受理一宗累讼三年的案件。尸体亲属诉死者系被妻子和奸夫毒死。法院无确实证据，未能下判，乃委托北平医学院法医教室鉴定。林几受理此案后即会同法院对尸体进行开棺检验。发现棺木埋于潮湿地里，"尸体腐烂如泥"。林几嘱取相当尸体胃肠道分布地方的内脏残渣及其尸体下方的泥土，再取棺木周围泥土作对照，分别包装好带回做毒物化验，结果内脏残渣和肉泥均化验出有砷，而棺木周围泥土没有砷。结合法院提供死者生前"消瘦，吐泻而死"，考虑其为砷中毒死亡，这便是"墓土验毒案"。林几在《二十年来法医学之进步》一文中说："法医学验毒，原不仅限于采集尸体内脏及其内容物之化验。对于腐败如泥的内脏、残渣、枯骨、患者的呕吐物和排泄物、含毒药料（作者注：指中药炮制过程中不少需用砷、汞等做配料）、盛药器皿、饮食品及棺外泥土等，有时也应采样作检验。近十余年来对酗酒检验、麻醉毒瘾检验、生物碱毒及未知动植物毒等累有新颖之阐明。凡生物化学、生药学、毒物学、毒化学、细菌血清学、病理学，尤以分光镜光像及紫外光分析法之应用，益能增加验毒之判断。"毒品。验瘾已于前述，林几有关毒品、毒瘾的检验方法，今天看来仍有研究价值并可资借鉴。

7. 医术过误的观点

（1）对医学的认识。

林几不用医疗纠纷、医患纠纷、医疗事故、医疗伤害、医疗损害等术语，而用"医术过误"，是有依据的。林几在《二十年来法医学之进步》一文中说："近年手术及药品均有划时代之新发明，故医疗技能乃有长足之进步，遂对医术过误范围，自须多予纠正。"在林几看来，医学是不够完善和有待发展的科学，医疗上出现问题或引发纠纷，与医学发展的阶段和水平有关，绝大多数诊疗中发生的问题，不是伤害、损害或医事本身问题，而是医术过误。

（2）对业务的报告。林几列举医学业务的14种报告，其中急性传染性病人或尸体之报告，变死体死产儿或死因不明有犯罪嫌疑之死体死胎之报告，医学院校及医院解剖尸体之报告，麻醉品用途之报告，精神病、花柳病及其他与色欲异常遗传病之报告，非法定传染病、地方病、职业病、烟酒毒瘾者之报告，中毒伤害、灾害病伤、经治残废死亡结果报告等，认为须报告当地各管理机关（法院、警局及卫生机关）。林几认为列举的报告中，不少法律未涉及，因法律不够完善或医学业务报告不完整，大多医师埋头业务或不明白报告用途，致使纠纷出现。所以，林几认为，医术过误与法律不健全、普法工作不到位、医学立法不完整有一定关系，也与医师法律知识匮乏有关。他的观点至今仍有借鉴价值。

（3）对医业的正当性。医师什么能做，什么不能做？什么药能开，什么药不能开？什么证明可出具，什么证明不能出具？林几说："私用芦荟、红花、巴豆、麦角膏、安息香、砒汞、金鸡纳及其他通经药、吐剂以企图堕胎之事件，殊形日增。"林几又说："麻醉品只限供医药及科学上研究之需要。如以之转售他人或为非法使用，应依法严处。"对医师给病人开病假问题，有时也可能引起纷争，林几列举说："刑法、兵役法及禁烟法令规定对身体健康伤病之证明有伪证者，悉加处刑法中，处理业务过误杀人或伤害罪均较常人为重。而新颁医师法却对医业尚乏适当之保障，致使医师对本身正当业务之执行乃添顾忌。然向谓正当或不正当业务之界说，犹难明白。""医术过误中有关法律之要目，亟宜注意，幸勿蹈之。"林几提出医师业务正当性是相对的，还提出医术过误与法律知识的关系问题，值得我们深思。

（4）医术过误鉴定。林几既强调"当今医学还是不完善的科学"，也强调"出现医术过误时要由最权威专家进行科学的鉴定"。因此，对不是专家或专业不对口的随意鉴定持否定态度，这对当今司法鉴定改革是有指导意义的，特别是对某些社会机构不具医疗纠纷鉴定条件而出现的瑕疵鉴定、问题鉴定和错误鉴定，是个警示。林几说："窃以为，运用医药有无过误，概属专门学技问题。学理精微，症变繁多，绝非常人所通晓。故宜先期交由医学研究机关、医学会或医师公会，群集研讨，裨佐定谳，方昭公允。"林几在70年前就提出了医术过误由医学会进行鉴定的设想。

（5）医业道德问题。林几提出不属医术过误的情形："有意应用引赤发泡药、泻药、吐剂使病症增剧，企图病人肯信医师预告以遂需索敲诈之案件，有意延误诊疗、漠视病情、临危不救或夸大危机等，时常引起诉讼问题，均是医业道德问题。"

8. 法庭科学的人文

林几在《二十年来法医学之进步》一文中描述:"尸体解剖规则始颁于民国二年,就中对变死和死因不明及无主之尸体,得施剖验。""至民国二十四年颁布新法,民刑案件鉴定事项,须选任特别学识之鉴定人充任。更在法律内特指定尸体应由医师或检验员执行。是乃我国检政制度之大进步。由非科学时代而演进就合于科学也。仵作多出旧时私人之传授,洗冤录之尸表征象。适国内法政学校多缺法医学讲座。故此时实乃吾华检政最困难时期,亦即新旧检验学术交替之时代也。"

由此可见,林几认为,尽管法医学内容包罗万象,但还是有其重点内容,那就是尸体剖验。这里包含有丰富的人文情愫。因为,千百年来,我国古代法医学长期维持尸表检验不变,而现代法医学与古代法医学区别的显著特点之一就是开展尸体解剖,探索死亡奥秘。在林几看来,离开尸体剖验,现代法医学失去本源;离开人文研究,现代法医学就失去灵魂。这也可以解释为什么林几几十年如一日对法医人文关注、对学理追求、对科学执著的原因。

9. 法庭科学的人格

林几在《二十年来法医学之进步》一文中明确提出:"对官署委任检验案件,必须据实作证。"翻开林几的鉴定卷宗,我们可以看到每份鉴定书末尾的几行字:"本说明皆据学理事实""本鉴定皆公正平允,真实不虚"。林几的观点很明确,要树立法庭科学家的形象,一种坚毅、自信、奉献以及从容的形象,一种注入博爱与人文精神的形象!因为,这种形象正是社会信任感、真诚度的基础。这种形象除了来源于技术本身外,还来源于科学家的职业操守和高尚的人格魅力。法庭科学不是纯专业知识和技术的科学,需要呼唤并强力推动法庭科学人文的回归,具体地说,是人性的完整、爱心的奉献、博及医源的探索与孜孜不倦的追求,更是今天需要的法庭科学真谛和期望塑造的法庭科学专家职业精神。

10.《二十年来法医学之进步》小结

《二十年来法医学之进步》一文是林几的代表作,是其逝世前5年为医学界、法医学界奉献的力作,是我国20世纪40年代法医学发展水平的总结,也是林几法医学教育思想、法医学学术思想、法医学历史观、人格魅力等的集中体现,更是林几对法庭科学真谛的精辟诠释。

(八)林几与《洗冤录驳议》

《洗冤录驳议》是林几于1947—1949年写在《重印补注洗冤录集证》(道光年间版)原版书上的批注文或称讲课稿,是林几准备出版的书,可惜因其突然病逝,未及出版。

我国法医学有悠久的历史,在它的发展史上有两位划时代的人物:一是南宋时的法医学家宋慈;二是现代法医学家林几。宋慈编著了世界上最早的、系统的法医学专著《洗冤集录》五卷,分门别类地阐述检验方法和检验所见,为数百年审理案件所遵循,宋慈是我国古代法医学的奠基人。林几继往开来,毕生致力于培养现代法医人才,致力于革新我国的司法检验制度和建立科学的司法检验方法,开拓科学检验的新局面,是我国现代法医学的奠基人。

第二章　民国时期中国法医学（1912—1949 年）

在宋慈以后至清朝末年长达 600 多年中，我国的法医检验工作一直以《洗冤集录》为依据，停留在尸表检验上，未发生根本改变。民国时期至中华人民共和国成立前，在司法界和未经现代法医学系统训练的检验人员中，《洗冤集录》的影响仍甚深厚，他们对祖国法医学遗产的精华与糟粕无能力鉴别，严重影响了法医学的正确鉴定。有鉴于此，林几开设了"洗冤录驳议"一课，每周 4 小时，对《补注洗冤录集证》逐段讲解评述，用现代法医学理论和技术鉴别其正确与错误，对重要段落和内容，会在黑板上写出驳议全文。当时有一位法医学科的职员随班记录，下课后将记录交林几增删修正，再用毛笔校正。

《重印补注洗冤录集证》一书是以宋慈《洗冤集录》为蓝本，历代对其补、集、注，至清代道光年间所合编，内容较宋慈的《洗冤集录》充实，即目前所统称的《洗冤录》。林几不以《洗冤集录》作为"驳议"蓝本，却采用本书为教材，亦可能是因本书内容更充实，流传更广之故。

现举数段《洗冤录》和《洗冤录驳议》相对照。

1. 关于滴骨法、滴血法

《洗冤录·滴血》原文：

> 父母骸骨在他处、子女欲相认，令以身上刺出血滴骨上，亲生者则血入骨，非则否。亲子兄弟，自幼分离，欲相认识，难辨真伪，令各刺出血，滴一器之内，真则共凝为一，否则不凝也。但生血见盐醋则无不凝者，故有以盐醋先擦器皿作奸蒙混，凡验滴血时，先将所用之器，当面洗净，或於店铺特取新器，则其奸自破矣。

林几认为："滴血法、滴骨法，可认为现代亲权鉴定、血清学之先声。"但同时亦指出其谬误，子女欲认父母骸骨，以"滴骨法"来判定是否亲生父母是不正确、不可靠的。

他指出："此段亦是谬误，盖骨膜如朽脱及骨小孔或骨裂缝处，不论何人之血，滴者均可吸收。如骨膜未朽，任是亲属，血滴涂抹骨上，亦不渗入。而骨膜固较易朽，凡骨面失去润泽者，该部骨膜必已脱失或朽失，故《洗冤录》滴血法不足为凭。"

对亲子、兄弟以"滴血法"验亲，林几指出："至亲属滴血，真则共凝，非则不凝，亦不的确。惟同血簇（注：即血型）之血，自可相融，不生凝集，生有沉析，故古法正与科学血簇之血清凝集现象相反。而用亲属血滴于水中，自能和融，确乃事实，且经检验，两和融血滴浮沉水中间有白晕，此乃实验结果，附备参考。现代亲子验断法应用：①容貌遗传测定法；②体部特征遗传检定；③血簇鉴定；④受胎期及出生期之核算；⑤三方口供记录；诸法以共研究。上五法中有三法检验结果相符，方能判定是否亲生子女。其法甚繁，须有特种设备方能检定。"

2. 关于银钗验毒法

《洗冤录·服毒死》原文：

> 验服毒用银钗，皂角水揩洗过，探入死人口内，以纸密封。良久取出作青黑色，再用皂角

水揩洗，其色不去，如无，其色鲜白。

银钗验毒法在我国曾沿用千余年，被错断的案子大概不少，林几指出其误，其法不可应用："但此法乃古人误会，实乃腐败蛋白分解之硫化氢，硫化物与银化合所生黑色硫化银。凡腐尸臭气正盛时均有此现象，即将银钗置于粪便中亦可变色。"

3. 关于服盐卤中毒死的临床症状和尸检所见
《洗冤录·服毒辨生前死后》原文：

> 服盐卤死者，发乱，手指一甲秃，胸前有爪伤痕，因痛极不可忍，偏地滚跌，自抓掐所致。""服盐卤死者，身不发泡，口不破裂，腹不膨胀，指甲不青，钗探不黑，颇有黯色，洗之即白，遍身黄，两眼合，口中或有涎沫，但其尸虽发变，心肺不烂，取汁煎之，犹能成盐。

林几对《洗冤录》上述两条服盐卤致死者临床症状和死后尸体外表所见没有完全否定，但又指出："盐卤，咽下立发急性胃肠炎，剧吐不止，吐物带碱性带褐黑色，黏膜剥坏，呕吐间歇发生（与强酸中毒异点），人事不省而死，少量则二、三日后下痢，血尿呈强碱性，或因食道狭窄隔食死亡，尸表无微状，唯强碱类毒液接触部白肿，呈半透明，似半熟蛋白样泡。"

4. 关于辨别生前伤与死后伤
《洗冤录·辨伤真伪》原文：

> 凡伤以荫晕为主，荫之为形，要皆自近而远，由深渐浅，自浓及淡，而将尽之处（注：指边缘部位）又皆如云霞，如雨脚，如晴云之若有若无，可望而不可即，鲜润淡宕，要皆自然之气所致（注：指充血发炎），故其色活，此为检伤纲领。如红自红，紫自紫，呆板积於一处，荫脚全无，则伪造也。

林几认为，上段所述辨别生前伤与死后伤基本符合现代法医学的生活反应的原理，并指出："伤痕青紫应是红肿、硬，以指细按或切开，皮下且有凝血，沾于肌骨，便是伤处之皮下溢血。"

他还指出："假伤（注：死后伤）之色，用盐酸酒精拭之，即脱色棉上，显其本色。血荫入骨，拭之不去，如在骨面污棕红色，拭之作樱红色。再骨荫只发红棕紫色，如见青、黑色，多为旧色。"

5. 关于检骨法及辨其生前死后伤
《洗冤录·检骨》原文提出晴天用蒸骨法，阴天用煮骨法辨别生前伤或死后伤。
《检骨辨生前死后伤》原文：

> 骨上有被打处，即有红色路微荫，骨断处，其接续两头各有血晕色。再以有痕骨日中照，如红活乃是生前被殴分明。骨上若无血荫，纵有损折乃死后。

林几认为："《洗冤录》旧法每不真确，只宜于不宜得时用之。"他提出："新法检

第二章 民国时期中国法医学（1912—1949年）

骨，先将骨用漂白粉水洗涤，次即放于瓦器内加水煮沸，煮时水中渗以醋酸酒精，勿煮过久致骨缝裂开，宜候沸后取出，乘湿先视有无骨折裂处，后用刷轻别上附秽淤血使净。再放于明处晾干，置紫外线光灯下或日光透映之新黄桐油绸伞下审视伤荫，骨荫皆鲜明显出。"

林几认为，《洗冤录》中对骨质的生前死后伤的鉴别是看血荫的有无，符合现代法医学的骨损伤鉴别。

6. 关于自刎死者的尸体现象

《洗冤录·自残》原文：

> 自刎死者，如用右手执刀自刎，则右手软，死后一二日内，右手可弯曲，左手直不能弯曲；左手执刀自刎亦然。若系别人执刀戮死者，左右手皆直不能弯曲。

林几不同意《洗冤录》这种说法。他驳议说："此说不对，尸僵发生则皆不能弯曲，至死后尸体腐败，肌蛋白分解，尸僵即解，与用刀之手软硬无关。"

上述对照举例足可证明林几对于祖国法医学遗产具有存其精华、去其糟粕的严谨治学态度。他有的肯定，有的否定，用词很有分寸。关于"银钗验毒法"，他驳议时用谅解的口吻说"此法乃古人误会"，因为当时科学不发达，不懂化学反应原理，情有可原，用"误会"一词驳议，非常恰当。另外，还可以看出他致力于"改良法医"，使我国法医检验建立在现代科学的基础上的强烈愿望，这种愿望常在课堂内外表达或反映出来。

林几培养了几批现代法医专业人员，但毕业后改行转业的较多，坚持从事法医工作的寥寥无几，他对此甚为伤心，归咎于社会的偏见和人们的无知。在"洗冤录驳议"课中，他讲述"仵作"的含义和职业历史时，把自己的法医职业比喻为"洋仵作"，说这个职业是在从事涉及"人命重事""人间冤狱"的神圣事业，说这门科学知识广博，涉及医学和许多自然科学，还需要一定的社会科学知识，从事这门学科的人理应得到社会和人们的尊重。加上"洋"字，是指具有现代医学科学知识而言。

（九）林几谈医院管理

1944年9月中央卫生署颁布《医院诊所管理规则（21条）》（以下简称为新《规则》），代替1929年4月公布的《医院管理规则》128条，以下简称为旧《规则》。

1945年4月，林几在中央大学医学院任法医科主任教授时，受中央卫生署的委托对《规则》研究后，感到还有不足的地方，便极其诚恳地、毫无保留地提出了自己的见解，写成题为《对医院诊所管理规则之检讨》一文，共13 000余字，并于1945年发表在《中华医学杂志》第4期上。林几在文章中指出："照大体而言，新规则确能加强医业之管理，惜犹未能应时代之需要，以补救前秋医师法（1943年9月22日颁布，1948年12月28日修订，医师法内容包括医师资格、执业、义务、惩处、协会，共43条）及现在社会上之缺憾耳。故当厘定补助法规时，即宜从事纠正。况即本规则内容，亦对医业管理尚未周妥。"故林几对新《规则》的21条逐条进行了分析、研究、补充、删减。

林几在这篇文章中主要提出了以下五个观点。

（1）提出要"加强医业之管制，取缔庸医之殆害"。他对新《规则》第五条与旧《规则》作了比较，认为在"医师"前取消了"合格"二字（旧《规则》为"合格医师"）很恰当。他说"一方面固足表示凡充医师，自必'合格'；另一方面表示，国内医业有长足之进步，法律已不默认社会上有"不合格"之医师存在，然究其"不合格医师"，犹充斥于各地，且人数或反较"合格医师"为多，应加取缔。林几分析："社会上有四种例外医业人员。①原非医师，无医师资格，而从事医业，公开或隐秘执行医师业务，如助产士、护士、医技人员。虽无医师证书，但往往因其业务之便，擅执行病伤之治疗。甚至拳术家、草药采贩者、药店伙计、蒙古大夫、祝由科、女巫、方士等，并无开业执照，亦竟公然登报，张贴启示，为人诊治。其玩忽人命，殊对国民健康有很大影响。②有医师资格，而未取执照，擅自设诊所或医院者。③医师闲暇时，以应酬或济人而治病，或收诊疗酬劳，或当时不收费而迫逢年节或事后收受病人谢礼。考其行为称之为不完全营业，其医疗行为，只属副业而已。④一身混兼数处公医职务，时常另与某机构以外多地方与人诊病，冀免开业医师的法令约束。"这四种人"盖若按现行医师法及本规则内容，殊无遵守各法规之义务也。如此结果，未免国家有真正医业管理，而对不正当医业反予放任之虞也"。因此，他认为："①凡未领有当地开业执照之医师，不得擅设医院或诊所，并执行诊疗。②凡非医师不得主持诊所及医院之治疗。③凡医师设诊所或医院者不兼业。"林几不仅从医师资格上提出严格要求，还从医师管理和取缔庸医等方面提出了建设性建议。此外，林几对中医的看法与他人不尽相同。林几认为："中医之诊所、医院另颁管理规则，当然，亦同受本规则管理。凡中医之未领医师证书，擅在当地开业，可取缔之。但如按医师法第二条第三款，曾执行中医业务五年以上，卓著声望之资格者可先开业。到五年以后再领医师证书。不知是否主管官署同时仍可按医师法二十六条惩罚规定处罚。此点望立法机关预先以解释。否则，不但卫生主管机关，无法执行医师法，即中医亦难放胆开业。因此，不先开业，便无从积成五年以上'中医业务'之资格，何能取到医师证书。若未领取证书，先擅开业，则又须受罚并禁营业，殊有矛盾。"林几在立法上提出保护中医、发展中医的观点，是正确、有远见的。这在当时中医被排挤的年代，能提出如上观点是很不容易的。

（2）提出关于医疗纠纷处理的看法。林几认为，使用药品和施行手术均会造成医疗过失，这是难免的。就手术而言，签定手术志愿书是必要的，但未成年的病人或病人已失去知觉，应取得关系人同意。从法律立场上说，民法规定，私人间契约，其约束力只限于债权和物权，故有义务履行手术费、检查费等，若造成死伤则需援用刑法条款。对于"非故意或过失"或"业务上之正常行为""不得已行为"不作处罚；反之，则应按法规处理。林几呼吁，医院法令过少，处罚不当易引起反作用。"倘政府早颁法规，则医院医师即多一层法令之保障。""若发了医疗纠纷，概属专门学技问题，学理精微，症变繁多，绝非法官及常人所能通晓也，故当先期交由医学研究机关、医学会、医师学会，群集研讨，裨佐定献，方昭公允。"林几从法律角度谈了医疗事故的发生与处理，又从发展医疗事业和保护受害人合法权益的角度认识医疗事故，并提出成立专门机构处理医疗事故以别于刑、民法有关规定，采取"专家""群集研讨"的办法，解决

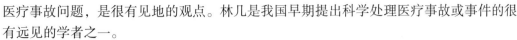

医疗事故问题,是很有见地的观点。林几是我国早期提出科学处理医疗事故或事件的很有远见的学者之一。

(3) 传染病管理。林几主要提出了三点建议:①修改"医院非有隔离之设备不得收容传染病人"的提法。他认为这种提法不妥,"因为传染病有急性与慢性、烈性与非烈性之分"。"肺痨(肺结核病)、癞病(麻风病)等慢性传染病"可在家庭治疗;"伤寒、霍乱、赤痢等胃肠急性传染病人及斑疹伤寒等寄生虫传染病人,只须对病人排泄物充分消毒,即使无隔离室,病人也可在一般病房治疗"。此外,一些胃肠道性传染病如霍乱、伤寒应尽早治疗,以免延误治疗时机。②报告时限问题。林几认为,传染病应在"医院收容"时病名确定 24 小时内报告也欠妥。一则,有些不一定确诊,只要拟诊也应报告,而且一旦确诊就应立即报告的,如鼠疫、霍乱。二则,《规则》还把传染病限制在"医院收容"的病例。防疫机构、诊所、厂医、乡医,一旦发现传染病也有义务报告,故应改为"医院诊所诊治"中发现传染病及时报告为妥。③传染病分类。《规则》只规定 10 种传染病上报,而烈性传染病只列有鼠疫、霍乱。林几认为:"疫势猛烈,必须早防治者,如白喉、猩红热、流脑、眠睡脑炎、黑热病等吾华甚多见。其有必要早报告或增加颁定传染病报告范围。"林几又指出,传染病应分类别报告,并作精确病类调查。即把多种传染病按急慢性或烈性非烈性,作出精确分类调查,然后按类别规定报告时限。但林几感叹说:"然此种调查,因非医药管理与人才缺乏时代所能坐置者也。"

(4) 死亡与检验。林几认为:"惜至今吾国尚缺乏各种疾病分类报告,只有死因分类报告。"他建议先在大都市试调查,渐谋推展。特别是"死因分类亦不完善乍认为应尽早研究,解决这一难题。死因分类中有自然病死医院中,有传染病死亡,有手术、用药不当等死亡,有与司法有关的外伤、投毒致死等。各种死亡应分别对待。医院尸体解剖应按《解剖规则》进行(指 1913 年前内务部发布的我国第一个《解剖规则》,其中第二条明确规定:警官及检验官对于变死尸非解剖不能知其致命之由者,指派医士执行解剖。"实际上,医院里施行解剖在当时非常少,林几提出要重视尸体解剖,提高医疗水平)。他强调指出,医院除临床需要的检验、化验、病理、血清学、细菌学的诊断检查,还应设特种手术室、研究室、剖验室。他明确提出了死亡解剖在医院管理中的位置。他还提出医院要重视配合"司法检验""战时之军区调查与伪病、伪伤检查",否则,"倘对此奉行不力,视为例行公事,则误医药管制之庇政"。林几明确提出了法医学在医学中的位置及医院医师了解法医学知识的重要性和必要性。

(5) 病案管理。林几对《规则》中病案管理与保存提出了看法。他认为,医院、诊所不应只有挂号簿,还应有门诊、急诊、入院志、急救记录、手术记录等,且"实际上挂号簿之价值远不如入院簿之切要"。具体说,医院就诊记录要完备,"分门诊、入院、出诊、救急等各种记录簿,对所有应诊病历包罗无漏"。关于病历保管年限,林几指出:"除法律规定的治疗簿保管十年、挂号簿五年、药房调剂簿十年、毒品处方簿五年外,还应把病人入院病历、手术志愿书与治疗簿同归入档案一并保管。尸体解剖记录,与挂号簿一律,诊断证明书,如检验证明书、档案鉴定书一份交付证明保存,一份与治疗簿一律。"

林几一生不仅在医学、法医学学术上有突出贡献，而且在医学、法医学管理上也有突出贡献，在医事立法上也有丰富的经验。他的一些关于法医学实践和理论建设的建议，由于受当时历史、社会条件的限制和其他种种原因未能在他有生之年被采纳。今天，再温故林几几十年前的论述时，我们不能不为他那富有远见的见解而折服，时至今日，人们仍然能从现代法医学发展的轨迹中寻觅到林几所做出的贡献。

（十）林几为法医研究员毕业论文作序

1934年12月，中国历史上第一批法医师毕业了（图2-12），这是林几和研究所全体教师员工共同努力的结果。这批学员是：陈安良，27岁，广东人，中山大学医学院毕业；胡师瑷，39岁，四川人，陆军军医学校毕业；吕瑞泉，字唤民，29岁，安徽人，东南医学院毕业；张树槐，27岁，河北定县人，北平大学医学院毕业；李新民，字作齐，27岁，河北人，北平大学医学院毕业；张积钟，字万泉，27岁，山东黄县人，北平大学医学院毕业；于锡銮，字金波，29岁，浙江医药专门学校毕业；汪继祖，字柏荫，29岁，浙江人，浙江医药专门学校毕业；蔡炳南，31岁，浙江人，浙江医药专门学校毕业；陈伟，字景涵，25岁，浙江黄岩人，陆军军医学校毕业；鲍孝威，字固卿，25岁，浙江黄岩人，东南医学院毕业；蔡嘉惠，字迪民，27岁，温州平阳人，东南医学院毕业；张成镰，26岁，温州平阳人，东南医学院毕业；陈康颐，28岁，江苏江阴人，北平大学医学院毕业；陈礽基，字生乃，36岁，江苏人，同德医学专门学校毕业；王思俭，字之明，27岁，江苏南京人，东南医学院毕业；谢志昌，27岁，江苏南京人，南洋医科大学毕业。

图2-12　林几教授培养的第一届法医研究员

引自《法医月刊》1934年第1期，第1页。

毕业前，这些学生要向林几交一份毕业论文。林几对论文的要求很严格，论文要做

第二章 民国时期中国法医学（1912—1949 年）

到"严、真、新、达"。

严，即严谨，包括实验步骤的严谨，实验数据的严谨，论文格式的严谨；真，即真实不虚，经得起考验，实验的可复性强，符合实际检案要求；新，即新颖，思路新颖、方法新颖和结果有较高水平；达，即能有发展，可利用性高，不仅有一定水平，还要在今后工作中起指导作用。

根据林几的要求，研究员们日夜工作，根据自己的特长，经过半年多的努力，写出了自己最高水平的毕业论文。每篇论文，从设计到实验、出论文，都经林几指导。林几把论文整理成册，发表于《法医月刊》论文专号上，并专门为此作了序。

这些论文是：张积钟的《足痕之比较》、汪继祖的《缢勒之骨损及伤荫》、陈安良的《卤族中毒之动物实验》、李新民的《佛罗拿急性中毒之动物实验》、吕瑞泉的《毛发之鉴别》、陈伟的《听能及前庭机能之检查暨伪聋与夸大性难听之发见法》、陈康颐的《吗啡与安洛英毒力比较之实验》、谢志昌的《酒类中醇含量之测定及急性醇中毒时血尿中微量醇之定性定量》、张树槐的《斑蝥中毒之动物实验》、蔡炳南的《内因性急死中关于心脏疾患之研究》、于锡銮的《验尸验伤应注意之各点》、陈礽基的《损伤检验应注意的要点》、鲍孝威的《初生儿之死因及生死产之鉴别》、王思俭的《番木鳖中毒之研究》、蔡嘉惠的《吸食鸦片小便之化验法》、胡师瑗的《蛇毒之中毒在法医学上之所见》、张成镳的《鸦片之中毒症状其病理变化及法医学上之检查法》等 17 篇。

林几作序的全文如下：

> 吾国法医，墨守旧法，乏专门研究。然人类因世界之物质进步，则奇妙新颖，变幻莫测。是以吾国司法检务，犹如雅子之制强寇，其不反被制于强而冤狱者几希！且传统之检验方法，如蒸骨验伤、银针验毒、检地、滴血等等，毫无科学根据。一般检验人员，尚奉行金科玉律，然其学理解答，谬忘殊甚！即一般执行检务人员，亦多不学无术，只按古代所传，沿法炮制。以此重任，全委以此种不学而毫无常识之人，实属髦人民生命财产，小则关系人民名誉，大则祸及生命。以人道法理而论，司法检务实极重要，而吾国法医之改良乃属当务之急！司法行政部有鉴及斯，筹设本所，以期改良司法设施，杜绝悬案冤狱。
>
> 至二十一年八月一日，本所成立，其除研究法医学疑难事件、受理全国检案外，并创始招收医学士为研究员，以培育法医学专门人才，尽心竭力，时虞陨越，转瞬已逾二载。虽不敢自诩其有若何成绩，然已稍纳吾国法检于正轨。尤堪庆幸者，厥惟第一届研究员等十七名，已于上年十二月毕业，并经部授以法医师资格，是为吾国有正式法医师之始。各员均派往各省法院服务，予以较优待遇。从此，吾国法检前途，可乐观也。惟此次毕业人员过少，尚不敷全国法院之分配，现正计划继续招收，倘能实现，则全国法检，实有循步渐展之势。
>
> 本届研究员之论文，虽无多创见，然对于各种法医学术之探讨，尚颇有见地，是以刊为专号，贡献于各界人士之前，深望加以指正，则本刊幸甚！法医前途幸甚！
>
> 所长：林几 谨序

这是一篇很有价值的文章，不仅阐述了林几本人改良法医学、研究法医学、发展法医学的动机所在，也反映了当时中国法医学的现状和林几研究法医学的历史背景。

此外，本文是为他的学生们的论文作序，表现了他与自己亲手培养的学生们的真挚情谊,还寄托了他对学生们的厚望和对中国法医学前途的信心。可惜,此文发表后不久,林几辞职回北平大学医学院任教,他原计划亲手再培养第二批法医研究员的愿望未能实现。

(十一)林几向司法部投书表达"银钗验毒不科学性"

"复验银针验毒案"的经过前已述及,林几通过科学试验指出银针上的污斑是硫化银。因尸体腐败后,其体内产生的硫化氢能使银针表面变色。新鲜尸体未大量产生硫化氢,故发生变色少。而若探入深部,肛肠内有大肠菌也会产生硫化氢,则可使银针变黑,但其是否为中毒,无科学证据。若需判定是否中毒,应将尸体的脏器作毒物化验。林几的科学实验和分析说明很有权威性,使当地村民接受,避免了一场村民斗殴,法院也圆满审结此案。林几说,"银针验毒"在过去可能导致不少错案和冤案,应尽快纠正,避免再滥用。

这个案子后,林几向司法部发信《银钗验毒不科学性意见书》,其原因有四个:一是"银针验毒"在过去可能导致不少错案和冤案,应尽快纠正,避免再滥用;二是法医学为实验科学,要接受实验检验,古今中外不科学的检验方法都应摒弃;三是在1934年仵作银针验毒法在偏远地区仍在使用,表明法医研究所的责任重大;四是从法医学史出发,古代仵作检验法不是清末改检验吏就结束,1934年还有。

1935年,全国司法会议对全国的司法检验人员作过统计,全国各省检验人员共有706人,在学校受检验教育的检验人员仅147人。各省方面,新式检验人员人数以江苏省最多,也不过29名。若将这些曾在学校受过检验教育者平均分派至各地方法院,各省所得不过三四名,省即不敷任用,至于市、县以下僻远之地,司法检验更不能指望于法医。另外,从人员构成上看,旧式检验人员仍占据司法检验队伍的绝对主体,以仵作改充及随同刑幕老吏学习检验的旧式检验人员共计559人,几乎是曾在学校受过检验教育者的4倍。

这就是林几研究法医学史的历史观,否认某些历史学家的闭门造车的研究,也否认一些历史学家盲目乐观的研究,从法医学角度出发对法医学史进行客观、科学的评价,认为"改良中国法医"任重道远,这也是林几重要的法医思想之一。

二、孙逵方与中国现代法医学

(一)孙逵方生平

有关文献记载,孙逵方生于1896年。但2011年出版的《张元济年谱长编》记载,孙逵方生于1897年。《张元济年谱长编》是家族编年史和回忆录,其记载是可信的。

(1)关于孙逵方字号。《张元济年谱长编》记载:"孙逵方,字萝庵,安徽寿县人。"孙逵方青年时期即跻身于中国古代文学的研究行列,成为中国当时著名古典文学派系——安徽桐城派的一员。其字号自然有其特殊含义。"萝庵"取自晚清李慈铭的《萝庵游赏小志》:"萝庵在柯山之垓,侍御于咸丰甲寅春养疴于庵之黄叶院。同治壬午侍御居京师,取昔来游赏之事,记忆诠次,以萝庵名其书。录其志中数则,以见一斑。"

第二章 民国时期中国法医学（1912—1949年）

（2）关于孙逵方学业。国内学历方面，有关文献记载，孙逵方毕业于北京大学。笔者曾查20世纪20年代北京大学孙逵方档案未果。《张元济年谱长编》记载："1921年7月，孙逵方因获北京大学奖学金而赴法留学。"据考察，1920年前后，北京大学还没有医学部。1937年抗日战争爆发后，国立北平大学医学院西迁。部分留在北京的医学院院务完全停顿。因未找到孙逵方在北京大学的档案，其出国前是否学医及其专业还待进一步研究。国外学历方面，《法医月刊》和《张元济年谱长编》记载："孙逵方赴法留学，专攻医学及法医学，获巴黎大学医学博士学位。"

（3）关于孙逵方回国。

回国前职业方面，《张元济年谱长编》记载："孙逵方留法期间，曾任巴黎大学法医学研究所法医师，并与徐志摩、徐悲鸿、邵洵美、刘海粟、江小鹣、张道藩等成为好友。"由此可见，孙逵方留学毕业后以法医为职业，而其朋友以文学家和艺术家居多。据说，在巴黎期间，徐悲鸿、张道藩、谢寿康、邵洵美、江小鹣等留学生经常聚会并组织"天狗会"。孙逵方是否参加"天狗会"不得而知，但孙逵方一直喜欢文学，结交这些朋友是可以理解的。

回国时间方面，据笔者研究，孙逵方的回国时间应该是1929年。林几说，法医研究所成立前，孙逵方已筹办两年余。《张元济年谱长编》也记载："1929年孙逵方学成归国。"法医研究所是1932年8月1日正式成立并开展工作的，因此，孙逵方1929年回国是可信的。

回国职业方面，据笔者研究，孙逵方回国后在上海法租界法院任法医。《张元济年谱长编》记载："1931年，孙逵方被推选为法国国家法医学会会员。"法租界始设于1849年4月。1849年，法国首任驻沪领事敏体尼（L. C. N. M. Montigny）到任。后法租界经历三次扩张，至1914年，法租界实际范围扩至北自长浜路，南自斜桥，东自麋鹿路、肇周路、斜桥，西至徐家汇，面积达15 150亩。1914年，上海法租界内华人超过10万，抗日战争前达50万。法租界法院实行"领事裁判权"，1943年法租界才收回并结束"领事裁判权"。因此，1931年孙逵方在国内以法医为业并取得"法国国家法医学会会员"的说法是可信的。

（4）关于孙逵方家庭。

结婚时间方面，《张元济年谱长编》记载："1933年11月11日，孙逵方与张树敏在上海大东饭店举行婚礼，证婚人是张元济的同年好友蔡元培。婚后，张树敏搬离张宅，迁居静安寺路西摩路转角的高级公寓。"

嫁妆方面，孙逵方的夫人是张树敏，岳父是张元济。张元济（1867—1959年），字筱斋，号菊生，海盐武原镇人，出身于官宦书香之家，是我国近代著名出版家，商务印书馆创始人之一，我国文化界有影响的人物。清光绪十年（1884）为秀才，十五年（1889）中举人，十八年（1892）成进士，选授翰林院庶吉士，散馆，任刑部主事。光绪二十三年（1897）进总理各国事务衙门任章京，积极主张变法维新，光绪二十四年（1898）六月十六，受光绪帝单独召见，力主废除科举制度，取消八股文。维新失败后，被"革职不叙用"。随即离京至沪，任职于南洋公学，在1902年入商务印书馆，任编译所长，主持商务印书馆的编译出版事业，以学者兼出版家身份，在近现代中国文化发展史上树立了一座丰碑。

1889 年,张元济中举,娶同乡吾乃昌之女为妻,3 年后,张元济中进士,也是在这一年吾氏夫人病故。1895 年,娶已故军机大臣、兵部尚书许庚身之女许子宜为妻。张元济有一女一子,均为继室许子宜夫人所生。女儿张树敏(小名勤),1903 年出生;儿子张树年,1907 年生。女儿张树敏自幼聪颖,聘家教读书,一度学过油画。结婚时,已 30 岁,她对留法归来的孙逵方一见倾心。

张元济嫁女的嫁妆十分阔绰。张元济曾手书《奁目》:"余族祖客园公家训有言,冠婚巨典从义起,勿矫勿靡。余何敢矫,亦何敢靡。昔王荆公嫁女,家人制一青纱帐,荆公嫌其侈。曾文正公女归于聂氏,仅给二百金。余今遣嫁树敏,具奁物如右,虽曰无多,然以视王、曾二公,则愧甚矣。"客园公即张元济七世祖张芳潢,张氏七世本生祖张芳湄的胞弟。芳潢虽只是国子生,一生功名未就,但工书擅画,有名乡里,所作家训,为后代子孙遵循。此目写于张树敏婚礼前一天,谨录如下:"洋式寝室木器十件,洋式大床一张,绣被四条,棉被二条,夹被二条,棉褥二条,绣枕靠枕十六对,织锦床毯一条,彩绣床毯一条。象箸二十双,银酒壶一对,家常用银碗匙碟各一对,家常用象箸二双,银果碟十八个,银果盒一个,银茶盘一个,银托茶杯一对。银花插大小各一座,银花瓶五对,银像架二对,银粉盒一对,珐琅银茶匙六件,银茶匙七件,珐琅银烟碟一对,银粉闽漆烟盒一个,玻璃烟器四件。银塔一座,钢钟一座,玉笔筒一个,玉印色盒一个,玉砚一方,玉瓶一座,意大利雕石像一座,彩绣桌毯一方。墨地五彩瓷碗十个,金地五彩瓷碗十个,龙凤五彩瓷碗十个,金花白地瓷一品锅大小各一个,五彩卫生瓷碗一套计九个,白地瓷碟各四个,白地五寸洋瓷碟十二个,黑地五彩瓷碟羹匙各十个,胭脂红瓷茶杯十套,洋瓷西餐器皿七十件,洋瓷茶杯十二套,洋瓷茶具十五件,洋式餐具全份,闽漆茶盘一套计五件,手提皮箱大小各一个,漆篮、竹篮各一对。汽车一辆。"长达 5 页的目录中,除日常家具器皿十分精致之外,最后还有汽车一辆,可谓相当奢华。对此,张树年于回忆录中都不无微词。

(5) 关于家庭关系。孙逵方翁婿关系较好。1935 年 5 月,孙逵方继林几之后成为第二任法医研究所所长。1937 年 8 月,上海"八·一三"事变后,孙逵方曾任上海第三救护医院院长。11 月以后,张树敏与孙逵方随法医研究所内迁至重庆,张元济曾作《赠萝庵贤婿》诗饯行。1942 年,孙逵方和张树敏随法医研究所经汉口迁至重庆,与张元济两地睽隔,音信几绝,遥相思念。张元济写信称"逵、敏二君","逵"即女婿孙逵方,"敏"即女儿张树敏。1945 年 10 月 6 日,孙逵方、张树敏夫妇从重庆回到上海,暂居上方花园 24 号张宅底楼,后孙逵方转任上海警察局刑警处处长,迁往长乐路居住。张元济一直和孙逵方保持良好的关系。但孙逵方与张树年有些许隔阂。孙逵方与张树敏结婚后不久,张家突发变故,张元济夫人许子宜因病去世。在此期间,许子宜夫人曾经孙逵方诊治,张树年认为因孙逵方误诊、延误医治,以致母亲去世,因此心存芥蒂。1959 年 8 月 14 日,93 岁的张元济在上海华东医院逝世,当时陪伴身边的只有儿子张树年,没有女婿孙逵方和女儿张树敏。

(6) 关于孙逵方出国定居。

定居情况方面,《张元济年谱长编》记载:"1949 年 5 月 17 日,张树敏、孙逵方夫

第二章 民国时期中国法医学（1912—1949年）

妇偕三个女儿离开上海，经香港赴法国巴黎定居。"

家庭人员方面，《张元济年谱长编》记载："张树敏的女儿，孙氏三姊妹孙以恒、孙以恕、孙以茂分嫁法人、德人为妻，定居欧洲。大女儿孙以恒和三女儿孙以茂都是教师。"

（7）关于孙逵方卒年。既往没有记载，主要原因是孙逵方与国内法医界没有联系。《张元济年谱长编》记载："1962年，孙逵方因车祸去世。二十年后，张树敏在巴黎一所养老院中离世。"这一记载使孙逵方的辞世时间和原因都明了了。

（二）孙逵方贡献

（1）关于筹建法医检验所。林几介绍："民国十八年，部委孙逵方开始筹备。十九年七月设法医检验所筹备处于上海。"由此可见，孙逵方被指定为法医检验所筹办人。早期筹办的法医检验所是负责江浙两省的法医检验案件。之后，"法医检验所"筹办由林几接任，遂改为"法医研究所"规模进行筹建，除负责办理全国地各法医案件外，还决定出版《法医月刊》和办班培养法医研究员。

（2）关于法医学史研究。孙逵方曾作《中国法医学史》一文。该文把中国法医学史分为三个阶段，即《洗冤集录》未出现以前、《洗冤集录》出现期和清末以来现代法医学的输入期。孙逵方的我国法医学史三个阶段学说，把清末法医学从古代法医学中剥离出来，认为此阶段在培训、法律、科技和国外输入都与古代有所区别，他的这一学术思想具有重要的研究价值。

（3）关于人才培养方面。在林几培养第一期法医研究员后，孙逵方继续培养第二、第三期研究员。1935年9月18日，招收第二期法医研究员5人（林筱海、沈大钧、蒋大颐、胡齐飞及黄锡揩）和法医检验员班25人（仲许、蒋培组、马荫源、谭兴、龚自为、王圣众、朱允中、钱沅、张允任、全万春、符洪恩、孙世熙、李景杰、俞应康、赵绅、陈志明、汪殿梁、陈禾章、顾仲达、周亚人、钟国鼎、倪端拱、萧钟耿和范树犹等）。1936年又招收了第三期研究员（陈履告、王效尹等）。

（4）关于学术研究方面。孙逵方的主要学术研究有《枪创之法医学观察》《强奸之确证》《精子、人血化学鉴识的新途径》《外伤性头骨破裂》《蚊污与血痕之鉴别法》《肉食动物在尸骨上所留之痕迹》《先天性大动脉狭窄与急死》《死之研究》《字迹鉴定实例》《关于急性砒素中毒腐败现象之观察》《骨质上生前受伤痕迹之持久性》《处女膜之检查及其伤痕所在之指示法》等。法医学审议会方面，1936年在上海银行举行了法医学审议会成立大会，由孙逵方任大会主席，特邀国内有关专家参加会议。会上选举了一至四组的正副主任，分别是内科组富文寿、邝安坤，外科组曹晨涛、王逸慧，理化组赵承嘏、曾广方，病理组孙逵方、郭琦元。

（5）关于法医季刊方面。1936年，《法医月刊》改名为《法医学季刊》。孙逵方在《发刊词》中提倡"研究科学问题，须学理与经验并重"，以便"可两相对照，无偏重学理或经验之弊"。《法医学季刊》由孙逵方、张养吾、赵广茂、温承翰、祖照基和郑子华组成编辑部。1937年，抗日战争爆发，《法医学季刊》停刊。

（三）小结

孙逵方（1897—1962年），字萝庵，安徽寿县人，曾留学法国获巴黎大学医学博士学位,是法国国家法医学会会员。1929年回国,曾任上海法租界法医,后被任命为司法行政部法医检验所筹办人和司法行政部法医研究所第二任所长,在国内从事法医工作达20年之久。他在《中国法医学史》研究、法医人才培养和我国现代法医学研究等方面有贡献,是我国早期现代法医学有影响的人物。

今天,我国现代法医学事业较20世纪20—40年代已有了很大发展,但我们不能忘记过去,不能忘记中国法医学发展所走过的坎坷历程,不能不用历史的眼光,实事求是地对每一个对法医学事业有贡献的学者进行评价。此外,我们通过研究历史人物,借人明史,对研究现代法医学发展史、指导今后法医工作有深远的历史意义和现实意义。当然,我们这样做的目的,更主要的是从成功中吸取经验,从失败中得到教训,并从中得到有益的启发,进而激励后人,振作精神,同舟共济,推动我国现代法医学健康地向前发展。

第六节 法医研究所

说到现代法医学史,必然要介绍司法行政部在上海创办的法医研究所。

辛亥革命后,我国法医学获得发展。北洋政府在北京设立司法行政部,统辖全国司法行政,公布《刑法》《刑诉法》《解剖规则》等法律,给法医学发展奠定了法律基础。但由于全国普遍没有法医机构设立和人才培养,仍然靠清末遗留下来的检验吏行使检验,法医学发展很缓慢,法律上规定"医士解剖"的目标远未实现。国民党在南京建立政权后,于1928年10月在国民政府下设立法、司法、行政、监察、考试五院。司法院行使司法权。司法行政初由司法院下设的司法行政部管理,该部后从司法院分离划归行政院,不久,又回归司法院。1940年,蒋介石兼行政院长,以司法行政部有行政字样,又将该部改隶行政院。司法行政部管辖全国各省司法机构,总揽全国各省司法行政大权。其首要工作是主管全国各省司法的人事大权,其次是司法财物大权,主要是筹措并分配全国各省司法经费。

司法行政部的首任部长是魏道明。他采纳医、法各界提出"改良法医"的意见,并感"医事检案"的重要,于1929年冬在上海决定成立法医检验专门机构——法医检验所。1930年,魏道明改任南京特别市市长,部务由政务次长朱履和代理。1931年,罗文干接任部长,后又兼外交部部长。1934年,司法行政部改隶司法院时,罗文干被免去司法行政部部长的兼职,由司法院院长居正兼任部长。1935年春,王用宾出任部长。1936年夏,王用宾出巡川、滇、黔,未返,司法行政部次长谢冠生被受命接任部长,但王用宾不肯移交,直到1937年8月4日,谢冠生才在重庆被正式任命,后一直连任至1945年。所以,法医研究所从筹办到成立及开展工作,短短数年时间里,司法行政部部长一职已更换4任。

第二章　民国时期中国法医学（1912—1949 年）

一、法医研究所的筹办与成立

1929 年冬，孙逵方受司法行政部重托到上海筹建司法行政部法医检验所。当初筹建法医检验所是为"江浙两省法院解决疑难案件之用"。所以，法医检验所一是专门法医检验机构；二是面向江浙两省；三是法院案件急需而设置；四是应社会、法律急需时创办；五是筹办时对法医科研、办刊、教学等未作为法医检验所的重点任务。按这种模式，法医检验所的筹建工作全面铺开。首先，孙逵方在上海真如购地建屋。真如位于上海的西北部，相当于现在的闸北①，在京沪线、沪杭线的铁路干线上；公路也很方便，又在吴淞江（苏州河）附近航线上，对于上海市区和江浙二省以及外地送检案子在交通上不成问题，是设法医检验所的好地方。孙逵方根据法医工作情况和自己的工作经验，亲自到欧洲采办法医仪器及法医用具。孙逵方筹建两年，尚未就绪，1932 年 1 月 28 日，日军进攻上海闸北一带，真如沦陷，法医检验所筹建工作被迫暂停。罗文干接任司法行政部部长后，命留德博士、北平大学医学院法医科主任教授林几继续筹建法医检验所。林几奉命于 1932 年 4 月亲赴上海真如。他从实际出发，以教育家的眼光认为法医检验所应建成集"育人、检案、科研"于一身的机构，并应该是全国法医学鉴定中心，于是改以"法医研究所"进行筹建，在原有基础上加以充实、扩建并增设图书馆、教室、动物饲养室等，"法医检验所"改名为"司法行政部法医研究所"。研究所的任务是：①培养法医人才；②承办全国各地法医检验；③开展科学研究。1932 年 8 月 1 日，法医研究所正式宣告成立，中央司法行政部、教育部及上海医、法各界人士前往祝贺，中央司法公报和全国各大报纸均报道了这一重要消息。这是我国法医历史上的重大事件。法医研究所很快成为全国法医鉴定、育人、科研中心，这是我国辛亥革命以后，中国现代法医学赖以发展的最重要的阵地。

二、法医研究所开展的工作

法医研究所在林几安排、操办、规划下进行了卓有成效的工作。

（1）林几聘请专家、教授为法医研究所顾问，如北平大学病理学教授徐诵明②、林振钢，李斯特研究所的罗伯特森（Robertson）、高鳞祥、汤飞凡、瑞迪（Read），自然科学研究所病理学教授杨述祖，山东大学化学药物毒物学家、主任教授汤腾汉，曾任当时卫生署化学组主任的黄鸣龙等人。聘请的这些专家对解决疑难案件起了很大作用，如 1934 年四川重庆宪兵司令部送检的"蒙汗药案"，法医研究所检验后又送山东大学化学药物专家汤腾汉教授处检查，得以确证，并检查出其成分③。

（2）规划并扩建成相当规模的研究所机构和设置。法医研究所设有三科：第一科

---

① 闸北在 1930—1937 年间曾经是上海最繁华的市区，商务印书馆、上海图书馆以及商业、文化区都位于闸北，但闸北又是上海的门户，日本侵略军于 1932 年 1 月 28 日（简称"一·二八"）和 1937 年 8 月 13 日（简称"八·一三"）两次轰炸，闸北变成了废墟，以至于今日仍在恢复之中。法医研究所就是在 1937 年的日军轰炸中被毁。

② 徐诵明，曾任北平大学医学院院长和人民卫生出版社社长等职，是林几的老师。

③ 参见黄瑞亭《法医青天——林几法医生涯录》，世界图书出版公司 1995 年版，第 39 页。

含三股，管理研究、审核鉴定、人才培训、教务、教材、资料、图书等；第二科含四股，管理毒化、解剖、活体检查、病理检查、细菌学检查、物证检查等；第三科配备了解剖、病理组织学检验、毒物分析、摄影室、教室等工作办公用房。有关大小仪器均购自德国、美国、法国等国。建造了当时国内鲜有的尸体冷藏室。当时已能自己制造人和动物的鉴别血清、亲子鉴定用的血清，开展生化、定性定量分析、部分细菌培养等。

（3）向全国各省收案，受理各种案件，研究所平均每月收案达 145 起（从数量上看，依次为验伤、验烟犯、验尸体、验强奸、验病、验处女及其他）。每月并有 20 起左右由江苏、上海、山东、湖北、福建、河北、广西、浙江、安徽、江西等省送检的案件。如江苏某法院送来一起"医生手术后肠穿孔死亡"的案件，经病理组织学检查，发现镜下有肠伤寒细胞，取病历复查其死亡过程符合肠伤寒临床表现的全过程，证实系肠伤寒性肠穿孔，与医生手术无关。避免了一场诉讼。又如上海特区法院送来俄罗斯人（当时俄罗斯人在上海的不少，上海人称之为"白俄"）在上海银行涂改支票，要求研究所作文书检验。林几应用文检技术检验其系作伪行为，使俄罗斯人在法庭上认输服判，为国人赢得荣誉。

（4）培养人才。林几提出两种人才，即法医师、法医助理员（法医检验员）的培养，制定了较为详细的法医研究员课目表（其课目表基本上与林几1929年发表的《意见书》同），于 1933 年 7 月招收医师研究员，如陈安良、张积钟、汪继祖、陈康颐、李新民、张树槐、陈伟、吕瑞泉、于锡銮、蔡炳南、陈礽基、蔡嘉惠、鲍孝威、胡师瑗和谢志昌等 17 人，于 1934 年 12 月毕业，陈安良分配到广东省高等法院，张积钟分配到山东省高等法院，汪继祖分配到浙江省高等法院，陈康颐留法医研究所，李新民分配到河北高等法院，张树槐分配到山东高等法院，陈伟分配到首都宪兵司令部，吕瑞泉分配到江苏高等法院，于锡銮分配到山东高等法院、蔡炳南分配到浙江高等法院，陈礽基分配到江苏高等法院，蔡嘉惠分配到河南高等法院，鲍孝威分配到首都宪兵司令部，胡师瑗分配到四川高等法院，谢志昌分配到湖南高等法院。这些学员分配到全国各地后发挥了积极的作用。1935 年后，各省高等法院相继成立法医检验室。

（5）创办法医学杂志。详见本章第七节相关内容。

（6）开展科学研究。研究课目较广泛，有《慢性阿片中毒白血球内类脂体研究》《法医学验毒方法之表解》《骨上血荫与伤痕关系之研究》等，还编译了一些外国法医学资料，如《饮料水含毒质试验法》《死体腐败后发酵之定性化验法》《吗啡定量化验法》等（详见本章第八节）。

（7）规划了《司法行政部法医研究所研究员章程》《司法行政部法医研究所练习生章程》①《司法行政部法医研究所暂行章程》②。1935 年，林几规划了法医研究所五年计划。

（8）为了提高办所质量和效率，在法医研究所内部组织疑难案件讨论和学术交流，成立"法医研究所法医审议会"和"法医研究所法医研究会"，形成了在组织上、学术

---

① 参见《司法行政公报》1933 年第 25 号。
② 参见《司法行政公报》1932 年第 13 号。

上、管理上、研究上、公共关系上都十分科学、严谨的组织机构。这也表明了法医研究所很好的发展前景。可惜，林几因过度操劳便血月余，于 1935 年夏辞职离开上海回北京养病。林几回北京后又于 1935 年冬在北平大学医学院办法官训练所培养检验员。

林几辞职后由孙逵方继任法医研究所第二任所长。他继续办好《法医月刊》，又招两期研究员班（第二期 17 人、第三期 20 人）。孙逵方提倡："研究（法医）科学问题，须理论与经验并重。"他要求学生在《法医月刊》《法医学季刊》上发表自己的见解，以利提高学术水平，如《枪创之法医学观察》《强奸之确证》《伪病伪伤鉴定法》《人血、精子化学鉴识的新途径》《先天性大动脉狭窄与急死》等。1936 年，在上海银行举行了法医学审议会成立大会，在会上选举了富文寿、邝安坤（第一组、内科组），曹晨涛、王逸慧（第二组、外科组），赵承嘏、曾广方（第三组，理化组），孙逵方、郭琦元（第四组、病理组）为正副主任，协助解决国内法医学疑难案件。

总之，司法行政部法医研究所成立以来，从林几任第一任所长到孙逵方任第二任所长这 7 年时间，无疑是早期中国现代法医学史上最辉煌的时期，加之全国各地成立法医检验机构和研究所，全国以法院为主的法医鉴定体系基本形成。

三、法医研究衰落

1937 年 8 月 13 日，上海抗日大会战。日军疯狂进攻上海，法医研究所在日军轰炸之中毁于一旦。研究所人员奉命迅速撤离上海，一路上又遭日军炮火袭击，至重庆歌乐山时，仪器、设备已寥寥无几。在四川，法医研究所因人员、设备均缺乏，几乎未开展工作。1945 年抗日战争胜利，法医研究所于 1946 年夏在上海恢复，但已不能在真如相家桥原址重新工作，只能在上海市区长乐路 666 号租屋办公。孙逵方虽然名义上仍然是法医研究所所长，但他已在上海警察局任职，1948 年离开上海赴巴黎定居。孙逵方离开后研究所由张养吾（即张颐昌）临时负责。实际上，自抗日战争爆发至 1949 年前夕，原法医研究所已名存实亡。

虽然法医研究所从成立到衰落只维持了短短 7 年时间，但其在我国法医学史上记载了不可磨灭的一页！法医研究所培养的人才为以后中国现代法医学发展做出了巨大的贡献，如陈康颐、陈安良、汪继祖、张颐昌、陈履告、张树槐等都是当代法医学的鼻祖。而法医研究所的检案质量和水平赢得了司法界、医学界的赞扬和社会各界的理解，树立了法医学的地位，这是十分重要的贡献。此外，法医研究所成立也使有志于从事法医事业的人看到了希望。值得一提的是，尽管法医研究所被毁后，不少人离开了法医队伍，但法医研究所创始人之一林几又以顽强的毅力坚持法医工作。他回北平后继续开展法医工作，以后辗转陕西、汉中、重庆、成都、南京等地，他以法医事业为己任，以他自己的威信和号召力，于 1943 年在四川成立中央大学法医科，并开始育人、检案和科研，再现了法医学史上的辉煌。林几的功绩永载法医学史册。

第七节　法医学杂志

法医研究所成立半年，林几所长即创办中国历史上第一个法医刊物《法医月刊》（图 2-13）。

图 2-13　《法医月刊》创刊号（1934 年第 1 期）

1934 年 1 月，《法医月刊》创刊，全国医、法各界十分关注。司法部、教育部、卫生部、司法行政部要员均为《法医月刊》题词：如谢健的"极深研几"、谢冠生的"覆盆必照"、覃振的"平情以法，审疑以医，物无遁形，听讼之师"、潘恩培的"贯微达幽"，以及王用宾的"洗冤有录，释冤有医，考古证今，实验为宜。学术医术，启发应时，悉心精研，治平之基"。（图 2-14、图 2-15）

林几在《法医月刊》的发刊辞中明确地阐述了创办该杂志的目的："法医研究所有研究班之设，集教授、学员平时所得，发为月刊。举凡学术事例之足供研究参考者，公开登载。学术包括法律、医药、理化、生物学、毒物、心理、侦察各科；事例则分民事、刑事各案。有意见之商榷，或事实之鉴定；但求真确，不涉虚夸。深愿法政界、医

第二章　民国时期中国法医学（1912—1949年）

图2-14　谢健、谢冠生、潘恩培为《法医月刊》题词

分别引自《法医月刊》1935年第12/13期、1934年第10期、1934年第11期。

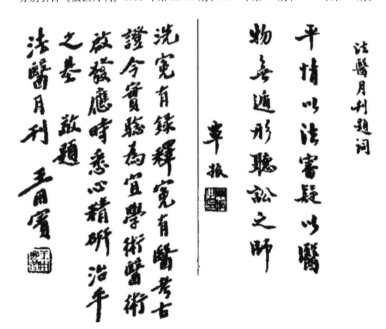

图2-15　覃振、王用宾为《法医月刊》题词

分别引自《法医月刊》1934年第11期、1935年第12/13期。

药界之有志于斯者共同讨论，而期进步焉。"

《法医月刊》由林几任主编，陈安良、陈康颐等人组成出版委员会，张积钟、陈安良任编辑，汪继祖、陈伟任校对，蔡炳南任出版，于锡銮、吕瑞泉任广告。《法医月刊》刊登了一批有较高质量的论文，如《紫外线在法医学上研究》《血清沉降毒反应在法医学上应用价值》《检查溺死者固有特征》《尸斑之形成及其鉴别》《亲子鉴定》《细微真空升华法》《氰化钾中毒之实验研究》等,林几本人在《法医月刊》上发表多篇论文,如《实验法医学》《氰化钾中毒实验之说明》《检验烟犯之意见》《骨质血荫之价值及紫外线光下之观察》等。

1935年1月,《法医月刊》创刊一周年,林几高兴地看到《法医月刊》在传播法医学和介绍新成果、解决全国疑难案件以及一年多来法医研究所取得的成绩,他再次明确指出,法医研究所在受检各地案件、创收检案经验和法律实施体会的同时,籍以养成法医人才,开展法医学研究。法医研究所的工作和《法医月刊》的办刊是成功的。这时林几已看到了中国法医学的发展前景。此后,他在《法医月刊》上办了两件事,一是17名学员即将毕业,他把学员的毕业论文经自己认真指导仔细修改后发表于《法医月刊》上并辟为专栏;二是把法医研究所检验的100例疑难案件在《法医月刊》上登出,称之为《法医鉴定实例专号》,使法医研究所学员水平和研究成果公诸于众,赢得社会的支持,推动了法医学发展。不久,这批学员毕业离所,走向全国各地省法院从事法医工作。

作者在收集资料时找到一张盖有司法行政部大印和林几亲笔签字并有学员戴博士帽的毕业证书,这张毕业证书恰好是陈康颐教授的。陈康颐和其他学员一样,对林几有特殊感情,他也像林几一样终身从事法医工作。他在91岁高龄时还出版了专著《应用法医学各论》,96岁高龄时出版了《现代法医学》巨著,为后人留下了宝贵经验和体会。笔者在写《林几传》时,曾三次到陈康颐教授家,他告诉笔者说,法医要有奉献精神,遇到困难不能退怯。这正是林几的遗风。

1935年夏,林几因病回北平,孙逵方继任所长。他继续办好《法医月刊》,至1935年底又办5期。1936年,因法医研究所工作繁忙,《法医月刊》改名为《法医学季刊》。孙逵方称:"同仁工作甚忙,而各地送检案又纷至沓来,寓研究于工作之中,虽工作甚重而兴趣不减,惜困于时间,有所得便需记录,不能从长加讨论,殊属憾事。故自本期起改为季刊。"《法医学季刊》由孙逵方任总编,张养吾任编辑,赵广茂任总务,温承翰任广告,郑子华任发行,组成了编辑部。孙逵方在《法医学季刊》上发表了《死之研究》,介绍了早期尸体现象、晚期尸体现象、死亡分期、假死的区别,还介绍了国际上不少学者对肝内葡萄糖含量在认定"慢死亡"和"速死亡"价值上的观点,是当时较为有意义的学说。《法医学季刊》办了三期于1936年秋停刊,停刊的原因不明。有人说可能是稿源问题,有人认为可能是经费问题,有人则认为与二者都有关系。《法医学季刊》的停刊是当时法医学发展的一个重大损失。

第八节　法医学研究与学术交流

林几曾于1925年5月在留学德国时写了《最近法医学之进步》论文刊于《中华医学杂志》第12卷第2期。1946年6月在从事法医工作20多年后,他又写了《二十年

第二章 民国时期中国法医学（1912—1949 年）

来法医学之进步》刊于《中华医学杂志》第 32 卷第 6 期。后林几还写了《洗冤录驳议》《法医学讲义》《现代法医学须知枪弹检查》等。民国时期还有不少学者，如黄鸣驹、孙逵方、佘小宋、魏立功等在《法医月刊》《法医学季刊》上发表的论文，以及在《中华医学杂志》《民国医学杂志》《实验卫生杂志》《北平医刊》《新医药杂志》和国外医刊（如《德国法医学杂志》）发表的论文等，反映了民国时期的法医学发展水平。

一、法医学研究范围的进步

（一）法医学涉及范围

林几认为，民国初期出现的法医学涉及范围仅限于刑事犯罪鉴定，故名为裁判医学（forensic medicine），而将毒物检验另称为裁判化学（forensic chemistry），归药学化学研究范围；另外，中毒学、急慢性中毒分别属于内科中毒学和病理中毒学范围；精神状态也由精神、心理学家研究。但 20 世纪 30 年代前后，开始把裁判医学、裁判化学、中毒内科学、中毒病理学、精神状态等归于法医学之内。这是一个很重要的进步，表明法医学家的工作范围已变大，是现代法医学的特征之一。另外，无论立法、司法、行政三界以至社会各界，凡属于人身权利问题，都是法医学研究的问题，还包括法令实施和医药有关的身心健康问题等，如：①立法制定各种法律关于生命健康、人类繁衍、医药、卫生、禁烟、禁淫、护幼养老、司法精神病、职业病、劳工劳伤的调节、灾害医学、赔偿医学的审定等；②司法之刑民事案件中的医学证据，如伤病、死因、个人识别问题、亲权问题、中毒问题、笔迹印鉴、文字涂改、珍宝真伪、商品优劣、智能状态和责任能力（包括有无出庭能力）、枪弹、凶器种类，以及医疗病历审核、鉴定书审核等；③行政中，警务人员犯罪、尸解发现传染病、社会病的及时扑灭，医疗保险、灾害保险等也需要法医学。团体和私人委托的法医尸体检验，如健康证明、死亡宣告、毛革优劣、食品成分、遗言能力、生育能力等也不少见。所以，林几说："盖法医学者，乃荟萃医学、法学及其他科学与本国法律、社会现状，以讨论、研究并应用的一种学科，为国家应用医学之一……于是遂陆续更有医法学（医事法制论）、伪病论（simulation malingering）、健康保险学（medicine of life insurance）、灾害医学（medicine of accident）、社会医学（social medicine）、社会病理学（social pathology）、施刑医学（medical knowledge applied to prisoners）等专门学科的创立，形成广义的现代法医学（legal medicine）。"

今天看来，林几说的广义法医学至今还未完全实现，应该是我们后人努力的方向。我们要从历史的角度研究法医科学，并从中吸取经验教训，发展今后的法医学。

（二）法医学体制问题

中国古代法医学不能向现代法医学飞跃的症结所在是维系落后的尸表检验制度，以致世俗轻视检验职务，而旧法律规定没有文化的仵作检验，根本不适应现代法医学发展。民国建立后，《新刑律》及《刑事诉讼律》才规定尸体解剖及妇女身体检验由医师执行，法医为有特别学识的鉴定人。法院组织法删去仵作、检验吏，设检验员和法医师。1935 年以后，各地法院成立法医检验机构，并与大学法医机构、法医研究所保持密切联系或接受指导、复检，形成了法院系统承当法医检验工作的单一法医鉴定体制。

这是民国法医检验体制的一个突出特点。正如林几说的："是乃我国检政制度之一大进步，即由非科学时代而演进就合于科学也。"

法医体制决定法医学发展方向，我国古代的法医体制适应当时情况，因而它发展了；但到了19世纪以后，我国旧法医体制已大大不适应形势发展，它又落后了，被远远地抛在世人后头。这是法医学发展的一条经验。今天，法医学发展中，制定什么样的法医体制，也是我们研究历史的关键内容之一。目前，不少学者根据现有发展情况，提出单系统法医体制，并独立于公、检、法之外而成立，值得法医界同行研究。本内容将在第三章中做重点讨论。

（三）法医学教育

法医学内容的教学在医学、法律、警校内设置和普及是社会文明、科学进步的表现之一。1912年颁布的《刑事诉讼律》、1913年公布的《解剖规则》是法医学得以发展的基石，也是现代法医学教育的法律依据。1915年，国立北京医学专门学校和江苏、浙江省立医药专门学校开设法医学。1929年后，江苏、浙江、江西、山东、北平等省（市）相继培养法医人才。1930年，林几首创北平大学医学院法医学教室。司法行政部于1932年在上海设立法医研究所，林几、孙逵方先后培养了三期法医研究员。1934年，教育部首次规定国内大学及专科以上学校把法医学列入医科必修科和法律选修科。1943年，林几又创中央大学法医科，培养了两期司法检验专修班。1942年，民国考试院组织的第一次全国文官高等考试只录了2名法医师，普通考试招收检验员时，未有人报考。1947年，第二次文官高等考试和普通考试也招法医师和检验员，但报考者寥寥无几。1946年，司法部和教育部提出培养四种法医人才，即医、法各校法医师资，法院所需法医师、法院所需检验员、法医各科研究员，但未实施。林几提出法医师与法官同享待遇的建议。

从民国时期培养人才形式看，以办案单位培训为主，大学培养较局限，而医学教育也不普及，没有培养过大学法医师资。总的来说，培养了一些法医，但受条件限制，质量多不高，只有法医研究所培养的三届研究员（54名）和中央大学专修科的学员质量较高。但由于大学里没有法医师资，后继无人的现象十分严重。此外，法医待遇未跟上，也是致命的缺陷。所以培养的人才大多流失。据考证，到1949年，民国时期培养的法医人才不足十分之一留下从事法医工作，这是很沉重的历史教训，也是对今后法医学发展可资参考的经验教训。特别是大学师资培养和法医从业人员待遇问题，是法医学发展的关键问题之一。

二、法医学术研究的进步

（一）法医学史研究

林几是我国第一位从现代法医学角度写出中国古代法医学简史的作者。他对中国古代法医学成就抱着取其精华、弃其糟粕的正确态度。在他的著作中经常引用我国古代法医学成就，同时也用审慎态度对古代遗产进行实验研究。他根据实验结果批判了沿用千年的银钗验毒法，指出了颅内灌液验溺死的不正确性，对"缢勒之骨损及伤荫"也作

第二章 民国时期中国法医学（1912—1949年）

了正确的评价。孙逵方对中国法医学作了分期研究，即《洗冤集录》出现以前时期、《洗冤集录》出现以后时期和清末以来现代法医学输入期。古代法医学分为二期，即以《洗冤集录》出现作为分界线与当今分类有出入，我国学者贾静涛把中国古代法医学研究分为先秦萌芽期、汉唐期、两宋期、元明清期，这是科学合理的历史分类法。但孙逵方把清末现代法医学输入期从古代法医学中分离出来无疑是正确的，因为这一时期正是现代法医学过渡阶段，在法律、教育、现代法医学输入和部分检验都有了现代法医学的因素，是现代法医学的前奏。

（二）法医病理学研究

林几对法医研究所和北平大学医学院检验82例猝死病因作了分析（表2-3）。

表2-3 林几北平、上海两地检验内因猝死与澳大利亚威尔伯的病例比较

疾病种类	林几		威尔伯	
	疾病	例数	疾病	例数
心血管系统疾病	冠心病	2	冠心病	832
	心瓣膜病（梅毒）	1	心瓣膜病（梅毒）	156
	脂肪心	2	脂肪心	47
	动脉淀粉样变	1	动脉淀粉样变	128
	心血管畸形	2		
呼吸系统疾病	误咽异物堵塞	4	肺炎	267
	声带水肿、窒息	1	肺结核	210
	急性肺出血	1	肺血栓	68
	肺炎	3	窒息	23
			气管肿瘤	623
神经系统疾病	梅毒脑炎	2	脑出血	133
	癫痫	3	脑动脉瘤	69
	脑肿瘤	1	脑炎及脑膜炎	35
	脑出血	21		
消化系统疾病	肠崁顿	1	食道胃肠疾病	147
	肠穿孔	3	肝胆病	15
	肝硬化	2		
	脾肿大破裂	2		
泌尿系统疾病	尿毒症	1	生殖系统	22
	妊娠子宫破裂	1	泌尿系统	159

续表 2-3

疾病种类	林几		威尔伯	
	疾病	例数	疾病	例数
传染病	伤寒	1		
	霍乱	2		
其他	虚脱	7	特异体质	29
	淋巴体质	1	恶性贫血	4
	酒精中毒	16	衰老	103
			营养不良衰弱	66
			酒精中毒	50
			死因不明	33
合计		82		2 668

林几根据自己的研究并对照威伯尔的研究认为，猝死要注意内在潜在病因和外在诱因，还要注意体质、年龄、性别以及死亡时间，如暮夜、中宵，七至八月间最常见。林几是我国最早进行法医学死亡统计的学者。

（三）法医中毒学的研究

据林几统计，所有非正常死亡中，中毒占 21%，外伤占 46.5%，窒息死占 22.5%，猝死 3%，不明原因死亡占 1%。其中，中毒死亡中砷中毒占 60%，鸦片中毒 20%，其他的还有强碱、安眠药、酚类、氰酸类、汞、铜、强酸、乌头、钩吻、巴豆等中毒。中毒学统计对法医学鉴定及预防、抢救都有实际意义。中国当时还处在农业国的地位，农药中毒（当时主要是砷）十分常见。而鸦片中毒又是社会问题，林几还提出了验毒方法，把受检者分为有瘾有毒、有瘾无毒、无瘾无毒、无瘾有毒四种，验尿与验烟瘾同时考虑，为配合禁烟做出了贡献。黄鸣驹的《毒物分析化学》于 1932 年出版，该书从各种毒物提取、检验、毒理、中毒症状、定性实验、定量实验等方法做了全面介绍。还设计了含氮药物的系统分析方法。该书是一部严谨、科学、现代化的法医毒物分析专著。以后余小宋根据中外学者的中毒学专著和法医鉴定实例，编成《毒物学》，对无机毒、有毒气体、金属毒、有毒生物碱等中毒的理化性质、毒理、致死量、尸解所见等作了较为系统的论述。

（四）血型鉴定和亲权鉴定

当时已能检测 ABO 血型和 MN 血型。法医研究所已能生产自制的抗血清。在血痕检验方面已能引进国外先进技术排除人血抑或常见动物血痕，以及何人血痕（限于 ABO、MN）。精液检验在法医学上的应用已见多篇报道。在亲子鉴定方面，除用血型鉴定外，林几认为，"血型系统分型太少，结合遗传特征、指纹足纹、妊娠期及当事人回忆询问等参合使用"，这是林几在当时提出亲权鉴定的有价值、有效的方法。

第二章 民国时期中国法医学（1912—1949 年）

（五）机械性窒息的研究

林几提出缢死颈部索沟用"提空"来代替过去的"八字不交"提法。至于颈部勒痕，大多为环型封闭，但林几认为：①隔勒（即背隔板、隔栏以绳索颈者）；②卧人于地足蹬其颈而用绳套提起勒死的提勒；③绳套颈部背着走致人窒息的背勒等颈部的绳套不封闭。这是长期检验的经验总结，也是对机械性窒息的深化研究，有法医学意义。

水中溺死问题，林几专门研究了已腐溺尸的鉴定方法，他提出取肺边缘组织作切片镜检泥沙或其他成分解决生前入水或死后抛尸。

（六）死亡时间的研究

孙逵方提出"速死""慢死"，用肝内糖的含量多少来判定，"慢死"肝内无糖，"速死"则可检出大量糖，但未见到国内学者的科研报告。林几研究，尸体在各种环境下腐败程度不同。尸体在空气中停放 1 日，其腐败程度等于水中 2 日，或土中深埋 8 日。污浅塘土中其腐败程度与尸体在空气中相等或更快。水中尸体，日晒部分易腐败。夏秋 1～2 天相当于春冬天 5～6 日。严寒、冰雪中埋尸可不腐败，解冻后更易腐败。冷泉水中尸体不易腐败，但易形成浸软尸体。伤口脓者易腐败。林几还介绍了昆虫发育与死亡时间的关系，很有实际意义。

（七）法医损伤学的研究

法医检案中很大一部分是要求判断损伤成因、致伤工具、生前或死后伤，介绍的论文也很多，已接近现代法医学所有研究方法。林几曾介绍 1 例醉汉被人尖刀刺伤颈部致死的案例，罪犯用开水冲入醉汉颈部创伤，一边用刀把头切下，一边用开水反复冲，结果颈部的肌肉呈半熟状态，但解剖后还是发现颈椎骨上有刀痕和骨质内出血（伤荫），证实伤是生前造成的。此外，在报道中，如刺创形态观察、动物咬伤、外伤性头颅骨破裂、腹部钝器伤、枪弹伤也都很有价值。这些是通过大量尸体解剖观察的法医损伤学，较之过去前进了一大步。在民国时期，司法精神病（当时称为"心神鉴定"）、伪伤（病）鉴定、文书检验、指纹、足痕检验及医疗事故鉴定等也见诸报道，但不普及。

三、法医学交流

民国时期在国际刊物上交流的只查到林几于 1926 年留学德国时在《柏林法医学杂志》上发表的《急慢性吗啡和鸦片中毒的病理解剖所见》一文（详见第九节）。除了法医专刊外，民国时期，在《中华医学杂志》《北平医刊》《实验卫生杂志》《民国医学杂志》均可见到有关法医学的文章。林几还被聘为《中华医学杂志》1934—1937 年的特约编委。1934 年 5 月，林几带领法医研究所部分学生参加在上海召开的中华医学会全国第二届学术交流会，林几的《骨质血荫之价值及紫外线光下之现象》在大会上作宣读。民国时期出版的专著，除了供专职法医使用外，也有供法官、警官、医师及律师使用的书籍，也是法医学在司法、医学各界交流的内容（详见第九节）。

民国时期法医学国际交流方面，据日本国立公文图书馆馆藏资料（编号 H - 0574 图 2 - 16）记载：1935 年 11 月至 1936 年 1 月下旬，林几以北平大学医学院法医学教室主任教授身份访问日本 3 个月，分别到日本帝国大学、庆应大学、千叶大学、京都大学、大阪大学等医学院考察日本法医学发展与法医学教育。

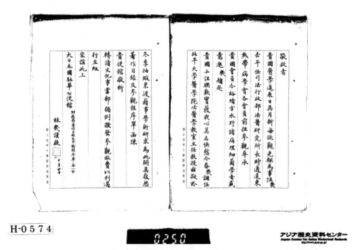

图2-16 日本国立公文图书馆馆藏资料（编号H-0574），图为林几字迹
引自黄瑞亭：《1936年以前林几论文著作的综览》载《中国司法鉴定》2017年第6期，第21-24页。

第九节 与法医学有关的论著

民国时期，法医学发展从1911—1932年的20年属初始期，为第一阶段；1932—1949年为第二阶段，其中又分几个时期，即1932年成立研究所到抗日战争爆发属成长期，1937—1945年属艰难期，1945—1949年属恢复期。在初始期，主要著作或论著是引进国外法医学和提出规划的内容，实际检案的著作不多。在成长期，见到有实际检案和经验总结的著作、论著、科研成果及有价值的参考书，是民国时期法医学的鼎盛时期。在艰难期，法医学滑落至低谷，文章和论著很少，但林几在立法方面有建树。恢复期，论著和教学讲义及专著相继出现，因在抗日战争前夕，《法医学杂志》已停刊，主要是在《中华医学杂志》等刊物上见到，出版社出版的法医学图书不多。现把民国时期不同时间有价值的论文、著作做归纳，如表2-4、表2-5所示。

第二章　民国时期中国法医学（1912—1949 年）

表 2-4　民国时期重要论文及著作

时间	论文、图书名称（出现年份）	作者（出版社）
初始期 1911—1932 年	《近世法医学》（1911）	田中祐吉著，丁福保、徐蕴宣译述（上海文明书局）
	《基氏法医学》（1912 初版，译自英国 Medical Juriprudence）	G. H. Giffen 著，E. J. Stuckey 译.（《中国医博会》）
	《新法检验书》（1914 初版）	万青选（上海广益书局）
	《新注无冤录》（1915）	王佑
	《中国新医发达之展望》（1916）	生痴（《中华医学杂志》）
	《吾人医事行政管见》（1918）	生痴（《中华医学杂志》）
	《检验必携法医学》（1921）	商务印书馆
	《法医学大全》（1921）	王佑、杨鸿通编译（商务印书馆）
	《对洗冤录之意见》（1924）	欧本海（Oppenheim）
	《新法检验书》（1924 版）	万青选（上海广益书局）
	《致司法部之呈文》（1926）	汶（民国医学杂志）
	《调查声中应该注意法医人才之吾见》（1926）	姜振勋
	《近世法医学》（1926）	田中祐吉著，上官悟尘编译（商务印书馆） 田中祐吉著，丁福保、徐蕴宣译述（上海医学书局）
	《基氏法医学》（1927，译自英国 Medical Juriprudence）	G. H. Giffen 著，E. J. Stuckey 译.（《中国医博会》）
	《基氏法医学》（1929，译自英国 Medical Juriprudence）	G. H. Giffen 著，E. J. Stuckey 译（《中国医博会》）
	《新法检验书》（1931 版）	《万选青著》（上海广益书局）
	林几论文、论著	（见表 2-5）
成长期 1932—1937 年	《毒物分析化学》（1932）	黄鸣驹（医药学杂识社）
	《司法行政部法医研究所筹备经过情形及现在处事务及将来计划概略》（1932）	上海法医研究所编
	《最新法医学》（1933）	邓纯录（改造与医学社）

续表 2-4

时间	论文、图书名称（出现年份）	作者（出版社）
成长期 1932—1937 年	《法医月刊》（1934—1936，共 20 期） 　主要有： 　《慢性阿片中毒之血球内类脂体颗粒的研究》 　《现代法医学验毒方法之表解》 　《骨上血荫伤痕关系之研究》 　《各种动物毛之测定及比较》 　《紫外线光在法医学之研究》 　《血清沉降素反应在医学上的应用价值》 　《检查溺死者的固有特征》 　《亲生子鉴定》 　《窒息死之种类及鉴别》 　《精子检查法与其法医意义》 　《细微真空升华法》 　《氯化物中毒之实验研究》	林几
	《法医学季刊》（1936 年出 3 期后停刊） 《枪伤之法医学观察》 《强奸之确证》 《中国法医学史》 《外伤性头骨破裂》 《蚊污与血痕鉴别方法》 《先天性大动脉狭窄与急死》 《死之研究》	孙逵方
	《变态行为》（1939）	孙雄（上海世界书局）
	《法医学讲义》（1932）	毛咸
	《法医学》（1935）	刘兆霖
	《法医学》（1936）	张崇熙（宋纪楼书店）
	增补注释《洗冤录集证大全》（1936）	浦士钊校阅（上海鸿文书局）
	《最新实用法医学》（1936）	张崇熙（新医书局）
	《毒物学》（1936）	佘小宋（商务印书馆）
	《法医学史略补》（1936）	杨元吉（北平医刊）

第二章 民国时期中国法医学（1912—1949年）

续表2-4

时间	论文、图书名称（出现年份）	作者（出版社）
成长期 1932—1937年	《法医学最近之进展》（1937）	S. Smith，J. Glaister 著，佘小宋译（商务印书馆）
	林几发表论文、著作	（见表2-5）
艰难期 1938—1945年	《刑事警察科学知识》（其中论及法医学内容的有8万字）（1938）	冯忠尧
	《我国法医学概况》（1939）	魏立功（《中华医学杂志》）
	《裁判化学实验法》（1940）	（日）服部健三著，汪良寄译（商务印书馆）
	《法医学教程》（1942）	重庆宪兵学校编
	《法医学讲义》（1942）	重庆宪兵学校编
	林几论文、论著著作	（见表2-5）
恢复期 1945—1949年	《法医学》（1947）	俞叔平（上海远东图书馆股份有限公司）
	林几发表论文、论著	（见表2-5）

*本书为王佑撰写，传至朝鲜又传至日本，由王佑等人在日本上野图书馆发现后又译成中文，由沈家本审定，在国内重新出版。这是第一部祖国法医学国外版本在国内重新出版。

表2-5 林几的论文与著作

时间	论文、书籍（年份）	期刊或出版社
初始期 1912—1932年	《收回领事裁判权与法医学之关系》（1924）	《北京晨报》
	Pathologisehe Anatomic Derakute and Chronische Morphin and Opium Vergiftung	*Deutshe Zeitsche Medigin*（1926）
	《父权鉴定诉讼法对血球凝集现象之运用及实例》（1927）	《中华医学杂志》
	《拟议创立中央大学医学院法医学科意见书》（1928）	《中华医学杂志》
	《吗啡及鸦片实验》（1929）	《中华医学杂志》
	《法官用法医学讲义》（1930）	司法行政部法官训练所出版股
成长期 1932—1937年	《检验洗冤录银叉验毒法不切实用意见书》（1932）	《司法行政公报》
	法医月刊发刊辞（1934）	《法医月刊》
	《法医学4种小实验》（1934）	《北平医刊》
	《检验烟犯意见》（1934）	《法医月刊》

续表 2-5

时间	论文、书籍（年份）	期刊或出版社
成长期 1932—1937 年	《实验法医学总论》（1934）	《法医月刊》
	《氰化物中毒实验之说明》（1934）	《法医月刊》
	《骨质血荫之价值及紫外线光下之现象》（1934）	《中华医学杂志》
	《司法行政部法医研究所成立一周年工作报告》（1934）	《法医月刊》
	《医师用简明法医学》（1934）	东南医学院出版社初版 北平大学医学院出版社再版
	《法医研究所鉴定实例专号（100 例）四册》（1934）	《法医月刊》
	《法医学史》（1935）	《法医月刊》
	《腐尸验毒及墓土验毒之比较实验》（1935）	《北平医刊》
	《北平大学医学院法医教室 24 年/度鉴定实例 50 例三册》（1936）	《新医药杂志》
	《药酒与服毒》（1936）	《北平医刊》
	《北平东车站籍尸案之鉴定》（1936）	《北平医刊》
	《心神耗弱——禁治产》（1936）	《北平医刊》
	《借宿凶杀九人梦中行为之心神鉴定》（1936）	《北平医刊》
	《教授法医学之我见》（1936）	《中华医学杂志》
	《误咽窒息死因文证鉴定》（1937）	《北平医刊》
	《驻平英使馆委托检验英女温纳被人暗杀案之物证》（1937）	《北平医刊》
	《犯罪侦查学》（1937）	冀察审判官训练所出版社
	《犯罪心理学》（1937）	冀察审判官训练所出版社
	《枪弹射创口与子弹砸炸伤的检验》（1937）	《中华医学杂志》
	《已腐溺尸溺死液痕迹之检出新法》（1937）	《中华医学杂志》
	《个人笔迹鉴定》（1937）	《北平医刊》
	《医师责任问题实例》（1937）	《北平医刊》

第二章 民国时期中国法医学（1912—1949 年）

续表 2-5

时间	论文、书籍（年份）	期刊或出版社
艰难期 1938—1945 年	《法医鉴定实例二册》（1938）	《中华医学杂志》
	《现代应用之法医学》（1940）	《中华医学杂志》
	《医术过误问题》（1943）	《实验卫生杂志》
	《新颁布医师法之检讨》（1943）	《中华医学杂志》
恢复期 1945—1949 年	《对医院诊所管理规则之检讨》（1945）	《中华医学杂志》
	《二十年来法医学之进步》（1946）	《中华医学杂志》
	《法医学发展五年计划》（1946）	《司法公报》
	《对改良医学教育的刍议》（1946）（1 期、2 期连载）	《社会卫生杂志》
	《现代法医学须知之枪弹检查》（1948）	《江苏医院》10 周年纪念特刊
	《洗冤录驳议》（1948）	《教学讲义》
	《实验法医学》（1930—1949）	课堂讲义

第十节　民国时期法医案例评注

[案例一] 许宝聚案

某法院数年来一直接到受害者（死者许宝聚）家属反复告状，诉说死者系生前被他人打伤头部致头骨骨折死亡，要求惩罚凶手。因许宝聚已死亡数年，尸体早已腐败成一髅白骨，法院无法认定。1934 年，该法院将此案委托法医研究所检验，随案卷送来一个头颅骨。经检查，发现头颅有一条线状骨折，骨折处有骨质出血，用水煮洗后刀刮不去。为排除土工挖墓时碰伤头骨折裂而证实其的确为生前外伤所致，经用紫外线照射骨折处发现呈棕色。又将原来头颅骨上骨折线用槌子轻轻敲打致骨折线延长，然后再用紫外线照射，结果发现原来骨折线上为棕色，而新延长的骨折线为白色。法医研究所已检查类似案件 30 例。曾做过实验：将狗 10 只打伤骨折后分别埋于法医研究所后园中，待狗肌肉完全腐败后发掘作如上检得到证实。因此，结论是所送颅骨上骨折经检验有血痕伤荫，确为生前头骨之伤痕。

评注：这是林几检验的案子。本案解决已死多年的人颅骨骨折是生前还是死后形成的问题。林几在德国留学时曾和他的导师骨病理学家 Prof. Dr. Schmidt 讨论过这个问题。二人都认为发掘的尸骨认定生前骨折抑或死后骨折很困难。林几认为，国外送检尸体多新鲜，不存在这一问题，而中国则不同，在当时不少是死后多年提出验尸，尸体早已腐败，只剩骨架。林几还与德国维尔茨堡医学院法医学教授 H. Hischer 一起做过研究：用活兔 5 只、活鼠 10 只，用钝器击伤后检其骨上血痕及组织变化，同时将死鼠、兔的其他部位施暴致死后骨折。结果，生前伤的骨上有骨质血荫，用水洗、刀刮不去。做骨组织切片可证明有出血和骨细胞"磨灭"现象；而死后动物骨无此现象。林几解释说其原理在于生前伤骨折者，骨质内出血，其血液成分深藏于骨组织内，不随尸体腐败而消失，故是法医检验生前伤的根据。20 世纪 80 年代，党志忠用电子探针方法，河北公安厅骨荫研究小组用骨磨片脱钙切片的 HE 染色和特殊染色，以及采用比色定量方法、原子吸收光谱分析法、电子探针显微分析法对铁元素含量进行测定，证明了骨质血荫的价值。90 年代，左芷津用扫描电镜等方法对生前骨折进行超微结构电镜观察，也证实用此来区别生前伤死后伤是可信的。

[案例二] 银针黑斑案

1934 年 5 月 30 日，甘肃省高等法院检察处送检银针一枚，要求法医研究所对银针上的黑斑检验是否毒质。简要案情：1933 年冬，甘肃省某县西金村有一村民突然死亡，怀疑被他人投毒致死。当地县长因病，派某科长验尸，因无经验只看尸后便回县城。次日到甘肃省法院请检验员验尸，但村民阻拦说："尸已检过，不得再验。"因人命关天，县长抱病前往，而检验时，人已死去十余日，县长请人用银针探入死者肛门，半天拔出后亲自反复擦洗仍见银针上有一个黑斑。县长宣告死者生前系中毒。此案告到法院，因无法认定，请求法医研究所检验。案子送来后，林几仔细观察了银针。该针长 25.5 cm，重 52.5 g，一端钝圆，一端银质薄，中央旁有一小孔。在银针末端上看有两个分别为 1.5 cm 及 1 cm 大小的黑色污斑。仔细再观察，在黑色污斑周围以及远端有褐色和黄色的污斑数处，用擦镜纸擦拭不见脱落；用氰化钾液滴到黑斑处见黑斑消失。再找其他污斑处用氰化钾滴数滴，也见消失，又取过氧化氢液滴到其余污斑处，污斑也见消失，将擦洗干净的银针放入粪便中半小时拔出复见污斑。又将银针洗尽后按旧法插到研究所冷藏库中的一具尸体肛门对照检查，同样见到污斑。鉴定结论指出：银针上黑斑不是毒质是硫化银，故生前中毒无科学根据。

评注：从该案例可以看出，中国在法医学发展快接受科学早的上海、北平等地，因受到法医先驱的传播和实践，法医学已在实际检案中使用，而在边远地区则仍然是清末的检验水平，甚至还是县官躬亲检验的情况，还把"银叉验毒"法用于检验，这告诉我们，中国法医学的发展在当时从普及上说就很困难，而深入就更困难了！林几就叹道，这是"吾国检政最困难时期"。林几检验完这一案子后，陕西南郑法院也送来同样的案子，林几也做回答。林几的《银叉验毒的不确切性》文章在《司法公报》上发表过，后又结合实例在《法医月刊》上再作公开登载，并作评论，以纠正这一古代法医学谬误。

[案例三] 殴伤流产案

1934 年，江苏高邮县法院受理一件"民妇被殴致流产"案，因久判未决，呈送法医研究所"验胎"。函致法医研究所："本院受理原告××诉被告××殴伤伊妻致胎元（即胎儿）堕落案。经本县验得产门（即女性外阴）及裤沿有恶露。本县医院鉴定未果，或曰'用具不全'，或曰'见少不认'。今请部所检验：是否胎元？若是，查有几

第二章 民国时期中国法医学（1912—1949 年）

月？是否因伤而落？请出具鉴定书。"并送至一玻璃瓶，内盛以酒精保存的"胎儿"一具。案情述："受害人，29 岁，有孕二个月，被捺地殴打，又拳足交加，登时昏迷，下部见红。本院即派人查得该女产门及裤有污斑，落下胎元。"法医研究所收案后，由林几检查。经查，该"胎元"呈卵圆形，表面粗糙，褐色，触之甚硬。其长为 3 cm，中央部厚 1.3 cm，重 7.5 g。切面呈深黄褐色，见大小不等裂隙。无羊膜、胞衣，也无脐带，无胎儿的骨骼。病理切片后作镜检，发现其大部分是凝固的血块，少量为白血球，还见到许多圆形的细胞，呈透明的、胞体大的细胞与郎罕氏细胞相似，还见有合体细胞及坏死组织。诊断为"葡萄鬼胎"①。结论：送检物系"葡萄鬼胎"并非胎元。高邮县据此很快结了案。

评注：法医研究所通过病理检验解决法医疑难问题的案件不少。但检验流产物病理的不多，林几亲自检验"胎元"，表明这个案件的重要性，也表明他重视法医妇产科学的研究。我国早在先秦刑侦书籍《封珍式》中就有"出子"和"胞衣"的记载，表明古人早已注意法医妇产科学的研究。宋慈的《洗冤集录》中也有堕胎"胎下紫黑色、生下腹外死胞衣白"之说。本例林几观察"胎元"无胞衣，无骨骼，无脐带，切片病理证实不是胎儿，而是"葡萄鬼胎"。

[案例四] 糟肉验毒案

为了让读者了解法医研究所毒物化验情况，现将林几一份鉴定书全文登载如下。

司法行政部法医研究所鉴定书（沪字第一五六号）

委托机关：福建省高等法院

来文日期：二十二年（1933）十一月十日

鉴定事由：送检傅洪牛状诉叶汪氏毒毙伊子傅廷妹案，物证系"红糟虾米猪肉"。其是否含有毒质。

检材件数：红糟虾米猪肉一洋铁罐

来件日期：十一月十日

检定日期：十一月二十日起

检验地点：本所化验室

鉴定日期：十二月二十八

为鉴定事，案准福建省高等法院一二一号公函内开："案据闽侯地方法院、南平分庭主任推事李宝麟呈称：本庭侦查傅洪牛状诉叶汪氏毒毙伊子傅廷妹一案，据告诉人所指毒物者仍红糟煮猪肉虾米一碗，殊有检验之必要。而南平富有检验经验的学识医士，因受时局影响，大都隐后。为此，将该余剩红糟猪肉虾米等装封赍呈，恭请检验。"本所收到送验原装洋铁罐一个，验明封识不误。当交由本所化验室代验有无毒质。并函转实业部上海商品检验局代检查该物证内有无肉毒杆菌存在。兹据检验，鉴定于后。

---

① 葡萄鬼胎：即葡萄胎，是指妊娠后胎盘绒毛滋养细胞增生，间质高度水肿，形成大小不一的水泡，水泡间相连成串，形如葡萄，亦称水泡状胎块。

甲、检验

一、一般检验

（1）检材重量：100.9 克。

（2）取材重量：70.9 克。

（3）剩余重量：30.0 克。

（4）性状：赤红色，黏厚泥状物质，呈虾米类腐臭，其水溶液呈弱碱性反应。

二、化学化验

（一）第一类（挥发性）毒物化验

取检材按 Mitscherllen 氏法蒸馏之，其馏液试验氰酸、碳酸及其他挥发性毒，均属阴性。即本检材内不含有挥发性类毒物。

（二）第二类（碱质）毒物之检验

取（一）蒸馏后遗下残渣按 Stos-Otto 氏法，制成酒石酸性水溶液，做磷钼酸碘化钾及鞣酸等试验，均不起反应。

将上项醚液分离后遗下的酸性水溶液加氢氧化钠液使成碱性，然后以醛液振荡，取此浸液挥发后残渣于稀盐酸中再加磷钼酸、碘化钾等试剂，均不起反应。

将上项液分离后遗下钠碱性液加稀盐酸使呈酸性再加碱液，使呈碱性，以酒精氯仿振荡后取此酒精氯仿液挥发后残渣溶于盐酸中加磷钼酸、碘化钾汞等试剂，均不起反应。

（三）第三类（金属）毒物检验

取二次按 Stos-Otto 氏法施行后所遗下之残渣，按 H. Hhoms 氏法破坏有机质后，过滤其滤液及残渣，分别检验如下。

有机质破坏后过滤液检验：取该滤液加稀硫酸不起反应，是即该检材内不含钡质之证。然后，将此溶液加碱液使呈碱性，再加稀硝酸使呈弱酸性，加入无砒硫化氢，放置一夜，过滤其沉淀及滤液分别检验如下：

1. 沉淀检验

取通入硫化氢所得之沉淀，加硫化锂及（硫化铵）锂（铵）混液溶解之，其溶液及残渣分别检验如下：

（1）取该溶液蒸干，加硝酸钠及碳酸钠而熔之，放冷溶于热水，加重碳酸钠少许，并不现反应。为慎重起见，仍滤过其滤液及残渣，分别检验如下：①取该滤液，照 Cntycit 氏法及 Marsh 氏法试验砒素，均为阴性反应；②将该残渣加稀盐酸溶解后试验铜锑锡等质，均为阴性反应。

（2）不溶于硫化物残渣的检验。取该残渣，加稀硝酸溶解之，其溶液及残渣分别检验如下：①试验汞为阴性反应；②铜、铋、镉为阴性反应。

2. 硫化氢滤过所得滤液检验

（1）试验锌阴性反应。

（2）试验铬阴性反应。

（3）试验银、铅阴性反应。

（四）第四类（强酸、强碱）毒物检验

据本检材性状检验，属弱碱性，不属强酸、强碱类。

总之，据以上检查所见，上述四类检验无任何毒物。

三、细菌检查

因本所设备无关于食品腐败之肉毒杆菌之菌种，故函托实业部上海商品检验局专门人员代为检查。兹据该局发字第 207 号复函，内开"案奉贵所公函，检案肉毒杆菌及肠炎杆菌。经检验、培养结果为细长杆菌，革兰氏染色为阴性，无芽孢，并不完全嫌氧性，能运动，但不迅速，

第二章 民国时期中国法医学（1912—1949年）

将在肉汁中培养基上72小时的细菌液1cc[①]，注射入海豚腹腔内，5日未死。以同量注射于腹腔内2日亦不死。以1/10 cc注射静脉内5日亦不死。此菌生长情形与毒力均不是肉毒杆菌。

乙、说明

按红糟猪肉虾米为一般食品。若发生毒害作用，不外因外加毒物，或肉类内含肉毒杆菌，然后才能致人于死。

一般毒物分为四大类：①挥发性毒物，如氢氰酸、石炭酸（苯酚）等；②碱质毒物，如士的年（宁）、吗啡、可待因等；③金属毒物，为砒、汞、铜、铋、铅、锌、铬、银等；④强酸、强碱性毒物，如盐酸、硫酸、磷酸等。经检验证明红糟虾米猪肉不含上述任何毒物。

对于肉类食物如含有肉毒杆菌，则食用者亦可因之致死，经转送上海商品检验局详为检查并作动物实验，证明红糟虾米猪肉无肉毒杆菌，即其死因与肉毒杆菌无关。

丙　鉴定

据检验及说明，得鉴定本案死者傅廷妹之死因不由食用红糟虾米猪肉致死。

本鉴定系公正平允，真实不虚。

鉴定者：司法行政部法医研究所

所长：林几（盖章）

中华民国二十三年二月二十二日二时

评注：这是一份20世纪30年代法医研究所的法医鉴定书。从鉴定书中可以看到，当时检验是相当详细认真的，应用了当时最先进的技术。此外，还委托其他单位作细菌学检查，又提高了鉴定质量。这份鉴定书对了解法医研究所毒物化验鉴定水平和设备情况以及当时检验手段有实际意义。

[案例五] 庸医堕胎致人死亡案

为让读者了解民国时期我国法医尸解及鉴定情况，现将陈康颐教授在广西高等法院时所作的法医学鉴定书全文登载，以飨读者。

广西高等法院法医鉴定书

尸字第×××号

委托机关：广西××地方法院检察处

鉴定事由：请鉴定赵××是否堕胎致死，有无其他情形

检材件数：赵××尸体一具，本案卷宗

检验日期：中华民国三十年×月××日

检验地点：广西××地方法院看守所验尸场

鉴定日期：中华民国三十年×月××日

公函摘录：

为鉴定事：案准广西××地方法院检察处，本年×月××日××字第×××号公函内开："案据广西××警察局××分局报请相验张××使赵××堕胎致死嫌疑一案，该死者赵××，究竟是否堕胎致死，有无其他情形，亟应鉴定，以资侦办。唯本院既无法医学专门人才，又乏剖

[①] 1cc = 1mL。

验尸体各项设置。兹特将该尸体抬送广西××地方法院看守所验尸场。相应由请贵法医师莅场依法剖验，出具鉴定书见复为荷？"等由，准此，会同本院检察官张××，前往验尸地点，有××分局陈局长、甘局员等在场，将该尸体详行剖验。兹将所验结果，编定说明鉴定如后：

甲、尸体检验

一、外表检查

（1）验得赵××尸体，女性，年约17岁，身长140厘米，体格中等，营养尚佳；全身皮肤前面呈苍白色，背面呈暗紫色；全身各部均无肿瘤、创伤、溃疡、疱痕等疾病痕迹，亦无母斑、纹身、黑痣、畸形等特种异常；外阴部系有纸片，是为月经带；手指甲涂有蔻丹，呈桃红色。体表有腥气，是为尸臭；外表体温消失，是为尸冷；项部、肩胛部、背部、腰部、两上肢外侧部及两下肢后侧部均有暗紫色斑痕，作散在性大片状，压之不退，渗入组织，用刀割开，并无血块，是为尸斑；颈部、项部、两上肢部等关节部分，尚呈强直现象，而有缓解趋势。两下肢各关节强直现象显著，是为尸僵。就上述外表检查的尸臭、尸冷、尸斑、尸僵，该死者系早期尸体变化之现象。

（2）头部：头发乌黑，长20余厘米，头皮呈苍白色，未见损伤、特征等异常。

（3）面部：耳、目、鼻、口各孔窍内，均无针、钉、棉花、布片等异物存在。两眼闭，翻开检查，左侧之睑结膜呈淡红色，球结膜呈苍白色，均无出血斑点，眼球柔软，角膜混浊，瞳孔呈中等度扩大；右侧之结膜、眼球、角膜、瞳孔等性状，均与左侧者相同。两鼻孔内，均流出少量污秽白色泡沫性液体，用手指压之，无其他异液。口半开，亦漏出与鼻孔内流出同样之液体，口唇黏膜呈淡紫色，口腔黏膜呈淡紫红色，牙齿齐全，齿列正常，舌正常，尖端位于齿列之后面。其他未见有损伤、特征等异常。颈部其前部及左右外侧部，均未见有索沟、扼痕、损伤、特征异常。

（4）项部：未见有索沟、扼痕、损伤、特征等异常。

（5）胸部：两乳房紧张膨满，乳头较大，呈暗褐色，用手指挤压，无乳汁漏出。其他未见有损伤、特征等异常。

（6）腹部：腹壁紧张膨隆，无妊娠纹，未见有损伤、特征等异常。

（7）背部：除显现暗紫色尸斑外，未见有损伤、特征等异常。

（8）外阴部：系有纸质月经带一条，将其解开，在带内面纸片上，附有污秽淡红黄色脓样液体，采取少许检查结果，内有脓球甚多，是为脓液。阴阜部生有少数褐黑色阴毛。大小阴唇比较肿起。尿道口正常。阴门闭合。处女膜呈轮状形，处女膜孔约黄豆大，膜有裂痕，呈放射状，但不及于基底部。阴道入口狭缩，其中流出多量污秽淡红黄色脓样液体，并有腐败脓腥气。会阴部正常。经详细检查，未见有损伤、特征等异常。

（9）肛门：弛缓，其周围附有少量污秽黄色粪便，但无异物、损伤等异常。

（10）左上肢：其上臂外侧部，有痘瘢二个，约蚕豆大；五指甲涂有蔻丹，呈桃红色，但无其他损伤、特征等异常。

（11）右上肢：其上臂外侧有痘瘢二个，约蚕豆大；五指甲涂有蔻丹，呈桃红色，但无其他损伤、特征等异常。

（12）左下肢：未见有损伤、特征等异常。

（13）右下肢：未见有损伤、特征等异常。

二、内部检查：着重阴道与子宫的检查

（一）自颏部起作正中线割开，即经颈前部、胸骨部、至腹前部，绕过脐之左侧，达于耻骨联合，其皮下脂肪良好，呈淡黄色，肌肉发育中等，呈紫红色。将胸部之皮肤、肌肉，向左右翻转、剥离、腹部皮肤、肌肉同样向左右翻转，腹腔内放出腐败气体，带有脓腥臭气，并储有

第二章　民国时期中国法医学（1912—1949年）

少量污秽淡红黄色脓样液体，采取少许检查结果，内有脓球甚多。大网膜内含有多量脂肪，各器官均在孕妇之正常位置，膈之高度右侧在第五肋骨处，左侧亦在第五肋骨处。

（二）颈部剖验

将颈部皮肤等软组织向左右两侧翻转，沿下颌骨内缘割开，左手握紧舌尖，向外拉出，现割断咽头部组织，将舌、咽头、食管连同喉头、气管等一并取出。该舌面被有污秽淡黄白色舌苔，舌根部之滤泡显著发育；咽头、食管之黏膜呈淡红色，食管下端有少量未消化之软性食物；喉头、气管之黏膜亦呈淡红色，气管内有污秽色泡沫液体；舌骨及喉头各软骨均未见有骨阴、骨折等异常。颈部血管、肌肉、颈椎均未见有损伤、断裂、脱臼等异常。

（三）胸腔剖验

（1）胸腔：在胸之前壁，依肋软骨与肋骨之连接部稍内方，作八字形切断肋软骨，沿胸壁内面将膈割断，把胸壁向前上方翻转，其左右胸腔未见粘连，胸腔之内亦无积液，两肺比较扩张，纵膈内有多量脂肪变性之胸腺残留物。

（2）胸腺：尚残存，大部分陷于脂肪变性，呈淡黄褐色。

（3）心包：内有琥珀黄色略带混浊之液体4～5毫升，内面呈黄白色，平滑光泽，未见有出血斑点。

（4）心脏：较死者手拳略大，心肌弛缓，外膜下沉着少量脂肪，尤以基底部较多，但无出血斑点，心尖由左室形成；左心房室内含有少量暗红色流动性血液，及软性鸡脂样血凝块；右心房室内含有多量同样之血液及血凝块。主动脉瓣及肺动脉瓣，能由灌水闭合；左房室间孔能通过二指，右房室间孔能通过三指；左心肌厚约1.0厘米，右心肌厚约0.3厘米，心肌硬度正常，呈淡褐色，肉眼上未见有脂肪变性；心内膜尚透明滑泽，无出血斑等异常；二尖瓣、三尖瓣、半月瓣、腱索、肉柱、乳头肌等均未见异常；主动脉起始部内面柔软，无硬变等异常；卵圆孔闭合；其他均未见异常。

（5）肺脏：左肺表面呈暗红色，有郁血现象，稍膨大，带水肿状，用手指触之，如海绵样柔软，胸膜下无出血斑点；用刀割开，其剖面色泽与表面相似，用手压之，小支气管内流出白色泡沫，采取少许检查结果，未见异物，小血管内流出血样液体，形成血性泡沫；肺剖面未见浸润、空洞、硬结等异常。右肺其表面之色泽、性状及剖面之色泽、性状并小支气管、小血管等均与左肺相同。

（6）气管、支气管、食管、主动脉及上下腔静脉用剪分别剪开，均未见有病理变化。

（7）胸膜、肋骨、肋软骨、胸椎均未见有出血、骨折、畸形等异常。

（四）腹腔剖验

（1）割开腹腔：将腹壁向左右翻转，腹腔内放出腐败气体，带有脓性臭气，并储有少量污秽淡红黄色脓样液体；大网膜及肠系膜含有多量脂肪，呈污秽淡黄色，各器官相互之间发生纤维蛋白性粘连，但容易剥离。将大网膜翻开检查，脾、肾、胃、肝、胰腺、大小肠、膀胱、子宫等器官均在孕妇之正常位置，硬度比较柔软。有腐败现象，用手压之，在子宫下方有脓样液体流出。将各器官剔出，分别详检如次：

（2）腹膜：无光泽，呈污秽淡红色，有炎症现象。

（3）脾脏：长约13.0厘米，宽约8.0厘米，厚约3.0厘米，表面带污秽青红色，无出血斑点，用刀割开，剖面色泽与表面相似，血量较少，余无异常。

（4）肾脏：左肾长约10.0厘米，宽约6.0厘米，厚约3.0厘米，表面呈淡红褐色，黏膜容易剥离；用刀割开，其剖面色泽与表面相似，皮质尚透明，髓质带暗色，血量较少，余无异常。右肾之大小、色泽、性状与剖面所见，均与左肾相同。

（5）胃：呈中等度膨大，呈污秽淡红黄色，用剪沿大弯剪开，内含流动性食物，约100余毫升，呈污秽淡黄褐色，有中药气味。肉眼上检查，系未消化之粥块及食物性残渣，黏膜呈污秽淡黄白色，血管充盈，但无出血等异常。

（6）肝脏：长约21.0厘米，宽约14.0米，厚约7.0厘米，表面虽污秽紫褐色，实质比较硬固，带有弹力性，剖面色泽与表面同，未见有硬变、脓肿、癌瘤等异常。

（7）胆囊：内有少量黄绿色胆汁，未见有结石等异常。

（8）胰腺：长约17.0厘米，宽约3.5厘米，厚约1.0厘米，表面呈淡红色，剖面未见有出血等异常。

（9）小肠：中等度膨大，外表呈污秽淡红色，无出血斑点；用肠剪沿肠系膜连接部剪开其上部含有少量污秽淡黄褐色黏稠样物，中部比较空虚，仅有少量黏液，其上部含有少量污秽黄褐色软便，肠黏膜呈苍白色，但未见有炎症、出血等异常。

（10）大肠：用肠剪沿长轴剪开，盲肠内含有少量污秽黄褐色软便，升结肠、横结肠及降结肠内均含有少量污秽黄色软便，直肠内亦含有污秽黄色软便，肠黏膜呈苍白色，但无炎症、出血等异常。

（11）膀胱：内有少量黄色尿液，黏膜呈苍白色，无出血斑点。

（12）阴道与子宫：阴道内含有多量污秽淡红黄色脓样液体，阴道狭隘，富有皱壁，而带粗糙，未见创伤、溃汤等征象；子宫颈阴道部短小，呈圆锥形，硬度中等，表面平滑；在阴道穹后部，有穿孔一个，约小豌豆大，是为刺创；其周围比较膨隆，结缔组织增生，是为生活反应。子宫颈管外略带椭圆形，周围未见瘢痕；子宫婴儿头大小长约10.0厘米，底宽约6.0厘米，体厚约1.5厘米，颈管宽约3.0厘米，子宫颈管内含有少量与阴道内同样脓样液体，黏膜充血，呈暗红色，子宫腔内含有多量与阴道内同样脓样液体，有腐败脓腥臭气，采取少许检查结果，内有脓球甚多，是为脓液；体部和底部之黏膜充血，均呈显著暗红色，其表面被有多量同样脓样液体，有腐败化脓性炎症现象。左右卵巢及输卵管，均在孕妇之正常位置，其他未见异常。

（13）腹主动脉：用小剪剪开，其内膜滑泽，未见有硬变、溃疡等异常，各大静脉正常。

（14）腹壁：肌肉、骨盆肌肉、腰椎、骨盆均未见有出血、骨折、畸形等异常。

张检察官提出要求，免施颅腔剖验，特此陈明。

乙、说明

（1）据前外表检查结果，该赵××体格中等，营养尚佳，体表各部均无创伤、溃疡、肿瘤等疾病痕迹，亦无母斑、纹身、畸形等特种征象，耳、目、鼻、口、尿道、肛门各孔窍内均未见有针、钉、棉花、布片等异物存在，仅两上臂外侧各有痘瘢二个，约蚕豆大，十个手指甲涂有寇丹，呈桃红色，外阴部系有纸质月经带一条，内面附有脓液。其他各部均未见有异状。

按人死亡后，约经过二小时后，则尸斑明显，尸僵强硬，眼球比较软化，角膜轻度混浊。经过二十四小时，尸斑之浸润性显著，尸僵开始消失，腹右下部略带青绿色，眼球完全柔软，角膜全部混浊。查该赵××尸体有尸臭，发生厥冷，背侧面各部，现有尸斑，压之不退，血液渗入组织，各关节部发生尸僵，上半身有缓解趋势，下半身尚是强硬，眼球软化，角膜混浊，两鼻孔及口腔内，均流出少量污秽白色泡沫性液体. 此等征象，界于死后十六小时与二十四小时之间，而在二十小时前后。故该赵××于死亡后至剖验时，约经过二十小时。

又该死者赵××之乳房紧张膨满，乳头较大，呈暗褐色，处女膜破裂，呈放射状，阴道内流出多量污秽淡红黄色脓液，有腐败脓腥气。得证明该赵××生前曾有过性生活，应非处女，且其生殖器官内有发生腐败化脓性炎症之情事。

（2）据前胸腔剖验结果，该死者赵××之心外膜下，沉着少量脂肪，以基底部较多，左右心房室内，均含有暗红色流动性血液及软性鸡脂样血凝块，此因迁延死亡时发生衰弱之证。又左右肺表面均呈暗红色，有郁血状态，其小支气管内流出白色泡沫性液体，采取少许，经检查

第二章 民国时期中国法医学（1912—1949年）

并无异物，是于死亡之前，心脏衰弱、循环障碍，肺发生郁血，带水肿状，经腐败后所发生之泡沫。得证明赵××于临死前曾有呼吸困难之征象。

（3）据前腹腔剖验结果，该死者赵××之腹腔内，储有少量污秽红黄色腔液，有脓腥臭气，而有炎症征象。大网膜、肠系膜及各器官相互之间，发生纤维蛋白性粘连。经剥离后详检各器官，均在孕妇之正常位置，除硬度比较柔软，有腐败现象外，经用手压之，子宫腔内有多量脓液，从阴道穹后部穿孔处流入腹腔。故该赵××之腹腔内之所以发生弥漫性腹膜炎者，系由穿孔处流入脓液所致，均可以断言者也。

（4）一般曾经性交、妊娠未分娩之妇女，其乳房紧张充实，乳头增大呈暗褐色，腹壁紧张较硬，后半期出现妊娠纹，大小阴唇肿胀，阴门闭合，阴道入口狭缩，阴道腔狭，富于皱壁，而带粗糙，子宫颈阴道部短软，呈圆锥形，硬度中等，表面平滑，妊娠末期有消失之感，子宫颈管外口略呈圆形乃至椭圆形，妊娠末期尚是闭合。子宫增大，即在第一个月末略成球形，如鸡卵大，第二个月末鹅卵大，第三个月末如手拳大，第四个月末如小儿头大，第五个月末如大人头大。据前赵××尸体检查结果，其乳房、腹壁及外阴部之变化，均与之相当。其子宫增大如婴儿头大，长10.0厘米，底宽约6.0厘米，体厚约2.5厘米，颈管宽约3.0厘米。故该赵××有曾经性交、妊娠三个多月之情事。

又据前子宫剖验结果，该死者赵××之阴道穹后部有穿孔一个，约小豌豆大，是为刺创，其周围发生膨隆，结缔组织增生，是为生活反应。子宫颈管及子宫腔内均有污秽淡红黄色脓液，有腐败脓腥气，黏膜充血，呈暗红色，是为腐败化脓性子宫内膜炎之证。唯查该赵××各内生殖器官，均无化脓性病灶存在，故此等征象，应非疾病的原因，显系人工所造成。换言之，即由堕胎不慎（器械暴力与细菌感染）所致也。

（5）堕胎分治疗的堕胎与犯法的堕胎二种，前者乃妊娠之妇女，患有某种疾病，或胎儿有特殊情形，为防止生命上危险之必要，医师以治疗的目的，为救助母体安全，可以施行堕胎，但为避免嫌疑起见，必须会同其他医师，取得一致意见后，共同行之，即所谓医疗的堕胎，此种堕胎，为法律所许可，不得处以刑罚。后者乃健全之孕妇，并无疾病缘由，胎儿亦无特殊情形，并无医疗关系，故意地使妊娠终止，即所谓犯罪的堕胎，此种堕胎必须受到法律制裁。

堕胎的方法，有用药物的、器械的或二者兼用的三种。药物的堕胎，即服用某种药物，使母体发生中毒症状，引起子宫收缩及胎儿娩出，或引起血行障碍，使胎儿死亡，而后产出。器械的堕胎又有数种，除医师用刮宫等手术外，一般采用某种细长尖器，如针、钉、箸或与此类似之物件，插入子宫腔内，穿破胞衣，流出羊水，使胎儿娩出。亦有兼用药物与器械的方法，如先服用药物，经过相当时间，再借器械的作用，以达到堕胎的目的。

（6）综上所述，该赵××身体健全，并无疾患、腹腔内各器官除内生殖器官外，均无明显病变，应属正常，是该赵××既无自然流产之因素，又无医疗流产之必要，而由其内生殖器官所见，如阴道穹后部穿孔，子宫体积膨大，子宫内膜炎等，则有为堕胎之情事，而此堕胎系属犯罪的堕胎，殊堪认定。唯其堕胎之方法，是否使用药物，因时间已久，证据消失（据被告张××供称：赵××在阴历×月××日即阳历×月××日那天上午吃了奎宁丸就堕胎了），未便臆断，但以其阴道穹后部之穿孔而论，施行堕胎者曾使用针、钉等细长尖头器械，企图刺破胞衣，使胎儿堕下，因技术不精，又将阴道穹后部刺破穿孔，同时消毒不全，以致细菌感染发生子宫内膜炎，当无疑义。

又奎宁丸虽为植物性堕胎药之一种，但用以堕胎时，须有一定的用法，且有定的分量，继续服用至某种程度或能见效。至于一次用少量，即能引起堕胎，则未之所闻，名医药杂志亦无报告，该被告张××在××分局供称："赵××本来是打摆子吃药，她身上怀有三个多月胎，初四那天上午吃了一颗奎宁丸和两颗阿司匹林，胎就掉下来了"等语，显系狡辩，不足为证。

故该死者赵××圣系生前被他人用细长尖器施行堕胎,又穿破阴道穹后部,因器械消毒不全,受到细菌感染,发生腐败化脓性子宫内膜炎,脓液由穿孔处流入腹腔内,引起严重的急性弥漫性腹膜炎致命,而非因内服一颗奎宁丸和两颗阿斯匹林堕胎身死。

丙、鉴定

据前赵××尸体检验及分析说明,得鉴定该赵××应系生前怀孕三个多月,被他人用针钉等细长尖头器械施行堕胎,因技术不精,又穿破阴道穹部,同时器械消毒不全,发生细菌感染,引起腐败化脓性子宫内膜炎,子宫内脓液由阴道穹后部穿孔处流入腹腔内,产生弥漫性腹膜炎毙命。

鉴定人　广西高等法院法医师陈康颐
中华民国三十年×月××日

评注:本例通过详细、准确的尸体解剖,应用法医妇产科学知识,明确诊断赵××系被他人用细长尖头器施行人工流产、穿破阴道穹后部致严重感染,弥漫性腹膜炎死亡。尸解系统完备,分析全面周到,说服力强,结论准确无误。民国时期因违法人工流产致死案件很多,特作介绍。

[案例六] 法医检骨案

广西高等法院法医鉴定书

骨字第×××号

委托机关:广西××地方法院

鉴定事由:送请鉴定该项骸骨之性别、年龄、身长、损伤、死因、有无特征及其腐败程度等情形,究竟是否即系被害人张××之骸骨

检材件数:骸骨一具,案卷二宗

检验日期:中华民国二十九年×月×日至×月×日

检验地点:广西高等法院法医室

鉴定日期:中华民国二十九年×月×日

公函摘要:

为鉴定事:案准广西××地方法院本年×月×日,××字第×××号公函内开:"迳启者,查本院受理王××杀人一案,据告诉人张××声称:其胞妹张××被被告人王××殴伤后身死,曾蒙钧院检察处派员检验在案,惟被害人张××身死未及二月,即成为骸骨,显系被告人王××殴伤致死后,偷换尸体,恳请严办等语,惟被告人王××绝对否认有上项情事,并称其妻张××(即告诉人胞妹)确系撞在桌子边上受伤身死,验理之后,亦未更动,如不相信,可以复验等语。兹既情词各执,对于该项骸骨之性别、年龄、身长、损伤、死因,有无特征及其腐败程度等情形,究竟是否即系被害人张××之骸骨,本院认为有审之必要,业经派员前往传集一下,眼同开棺,检取齐全,固封带院,相应检同卷件,汇送贵法医师依法鉴定见复为荷等由,计送到尸骨一具,卷二宗。准此,将该尸骨详行检验,兹将所检结果,编定说明,鉴定于后。

甲、检验

送验证物,系装于木箱内,外表钉封不误,上有"内装骸骨一具,送广西高等法院法医室

第二章 民国时期中国法医学（1912—1949 年）

查收，广西××地方法院封"及"广西××地方法院××年×月××日封"字样。开盖，取出各骨，置于煮骨箱内煮沸消毒，用自来水先刷干净，经太阳热力干燥后，详细检查如下。

（一）性别的检查

该送检尸骨，比较纤弱而短，骨质较轻，骨面光滑，骨突微小，凹凸较少。将左右髋骨与骶骨合成骨盆，其全部宽大而小，上口呈横椭圆形，盆腔宽大而浅，下口的纵径和横径宽大，骶骨、尾骨前面凹陷，呈等边三角形，坐骨、耻骨较短，耻骨联合广阔而短，耻骨弓呈弧形，约为九十五度。颅有眉弓、乳突微弱，鼻根较浅。胸骨体仅胸骨柄的一倍半多些。经骨盆、颅骨、胸骨检查，得推断该被害人的尸骨应系女性骨骼。

（二）年龄的检查

1. 牙齿的检查

该颅骨的上颌骨有牙齿 14 个，即中切牙 2 个，侧切牙 2 个，尖牙 2 个，第一双尖牙 2 个，第二双尖牙 2 个，第一磨牙 2 个，第二磨牙 2 个，共计 14 个，第二磨牙尚未萌出。下颌骨有牙齿 16 个，即中切牙 2 个，侧切牙 2 个，尖牙 2 个，第一双尖牙 2 个，第二双尖牙 2 个，第一磨牙 2 个，第二磨牙 2 个，第三磨牙 2 个，共计 16 个。

2. 骨端与骨主体接合的检查

该尸骨的肋骨后端与骨主体接合。坐骨结节与坐骨体接合。胫骨、腓骨的近端和远端均与骨主体接合。肩胛骨的肩峰与肩胛岗接合。肱骨近端、桡骨远端均与骨主体接合。肩胛骨各骨端全部与骨主体接合。尺骨及股骨的远端均与骨主体接合。锁骨的胸骨端与骨主体尚未接合。腰椎骨上下面的椎间盘均未与骨主体接合。

3. 哈佛氏管（Havers' canals）的检查

将该尸骨的右胫骨体中部，用锯作横断面锯下一片，在砥石上磨成薄片，置于显微镜下观察，在能看见的空间范围内，哈佛氏管平均直径约 38 微米，经牙齿萌出、骨端与骨主体接合及哈佛氏管的大小等检查，估计被害人的尸骨年龄约 20 岁左右。

（三）身长的测定

将该尸骨的颅骨、颈骨、胸椎、腰椎、骨盆、股骨、胫骨、腓骨及距骨、跟骨置于骨骼固定器中固定，测量其长度，计 151 厘米，加头皮、脚跟等软组织及各关节间纤维软骨等厚度共 5 厘米，得测定该被害人生前身高约 156 厘米。

（四）损伤的检查

将该尸骨的颅骨固定后，前自眉弓上一厘米处，后至枕外隆凸外，作一平行线，用弓锯锯开，使成两片，检查脑颅骨及面颅骨如下：

（1）大脑颅骨：将额骨、左右顶骨、枕骨、蝶骨、左右颞骨及筛骨进行详细检查（肉眼检查及扩大镜检查），尤其对扁骨内外板及颅前窝，颅中窝，颅后窝仔细观察，均未见有骨质血斑、拆裂、断离及其他损伤，应属正常。

（2）面颅骨：将左右上颌骨、左右颧骨，左右鼻骨，左右泪骨，左右腭骨，左右下鼻甲，梨骨及下颌骨进行详细检查（肉眼检查及扩大镜检查），均未见有骨质血斑、拆裂、断离及其他损伤，应属正常。

（3）舌骨：详细检查其骨主体及大小角，尤其大角，均未见有骨质血斑、拆裂、断离等损伤，应属正常。

（4）颈椎：共计七枚。每椎各部，特别是棘突，均未见有骨质损伤，应属正常。

（5）胸椎：共计十二枚。每椎各部，均未见有骨质损伤，应属正常。

（6）腰椎：共计五枚。每椎各部，均未见有骨质损伤，应属正常。

（7）骶骨：其前后面、基底、尖端及两侧部，均未见有骨质损伤，应属正常。

(8) 尾骨: 每一尾椎正常。

(9) 左肋骨: 共计十二条。在第四、第五、第六三根肋骨体前部, 均发生不全骨折, 但未断离, 在骨折处, 都显出红褐色骨质血斑, 阔约0.6厘米（骨折处两边各0.3厘米）, 其中尤以第五肋为最明显, 用水刷, 刀刮不去, 将刮下的骨粉进行血痕试验, 均呈阳性反应。在其他非骨折部分刮下的骨粉进行对比试验, 均呈阴性反应, 这是生前受到暴力撞击引起肋骨损伤, 发生的骨质血斑, 即宋慈所说的血荫是也。其余各肋骨的前后端及骨主体部, 均未见有骨质损伤, 应属正常。

(10) 右肋骨: 共计十二条。各肋骨的前后端及骨主体部, 均未见有骨质损伤, 应属正常。

(11) 胸骨: 其柄及体均未见有骨质损伤, 应属正常。剑突缺如。

(12) 左锁骨: 其内外端与体部, 均未见有骨质损伤, 应属正常。

(13) 右锁骨: 其内外端与体部, 均未见有骨质损伤, 应属正常。

(14) 左肩胛骨: 各部均未见有骨质损伤, 应属正常。

(15) 右肩胛骨: 各部均未见有骨质损伤, 应属正常。

(16) 左肱骨: 其上下端与体部均未见有骨损伤, 应属正常。

(17) 右肱骨: 其上下端与体部均未见有骨损伤, 应属正常。

(18) 左桡骨: 其上下端与体部均未见有骨损伤, 应属正常。

(19) 右桡骨: 其上下端与体部均未见有骨损伤, 应属正常。

(20) 左尺骨: 其上下端与体部均未见有骨损伤, 应属正常。

(21) 右尺骨: 其上下端与体部均未见有骨损伤, 应属正常。

(22) 左手骨:（腕骨、掌骨、指骨）不计。

(23) 右手骨:（腕骨、掌骨、指骨）不计。

(24) 左髋骨:（髂骨、耻骨、坐骨）骨主体各部均未见骨质损伤, 应属正常。

(25) 右髋骨:（髂骨、耻骨、坐骨）骨主体各部均未见骨质损伤, 应属正常。

(26) 左股骨: 其上下端及骨主体部均未见骨质损伤, 应属正常。

(27) 右股骨: 其上下端及骨主体部均未见骨质损伤, 应属正常。

(28) 左右髌骨: 均未见有骨质损伤, 应属正常。

(29) 左胫骨: 其上下端及骨主体部均未见骨质损伤, 应属正常。

(30) 右胫骨: 其上下端及骨主体部均未见有骨质损伤, 应属正常。

(31) 左腓骨: 其上下端及骨主体部均未见骨质损伤, 应属正常。

(32) 右腓骨: 其上下端及骨主体部均未见骨质损伤, 应属正常。

(33) 左足骨:（跗骨、跖骨、趾骨）不计。

(34) 右足骨:（跗骨、跖骨、趾骨）不计。

(五) 特征的检查

该尸骨的左右上颌骨的尖牙, 均向外方突出, 即俗称虎牙。下颌骨的右侧第一磨牙有腐蚀现象, 俗称蛀牙。其余各骨均未见有异常。

乙、说明

(1) 男女性之骨骼, 以其大小、长短、粗细、重量、性状等不同而异, 尤其是骨盆的性别差异最为明显, 其次为颅骨, 再次为胸骨。其余的某些骨骼, 亦有程度不同的性别差异。

1) 一般言之, 男性骨骼粗大而长, 骨突明显, 骨质较重, 骨面粗糙, 凹凸较多。女性骨骼纤小而短, 骨突微小, 骨质较轻, 骨面光滑, 凹凸较少。但在法医学实际工作中, 鉴定骨骼的性别, 以检骨盆较为确, 因男女生理上之不同, 女子生育的需要, 骨盆形态自有差异。通常男子之骨盆狭小而长, 上口呈心脏形, 盆腔狭小而深, 下口之纵径及横径狭小, 骶骨前

第二章　民国时期中国法医学（1912—1949年）

而较直，略呈等腰三角形，坐骨、耻骨较高，耻骨联合狭窄而长，耻骨略呈类三角形，70～75度。女子之骨盆宽大而短，上口呈横椭圆形，盆腔宽大而浅，下口之纵径及横径宽大，骶骨前面凹陷，略呈等边三角形，坐骨、耻骨较短，耻骨联合广阔而短，耻骨呈弧形，90～100～110度。

2）男性颅骨之眉弓及乳突凸起明显，鼻根部凹陷较深。女性颅骨之眉弓及乳突凸起不明显，鼻根部凹陷较浅。

3）男性胸骨之体长为柄长之二倍以上。女性胸骨之体长为柄长二倍以下。

据前甲检验壹性别检查结果，该送检尸骨之一般性状，尤其是骨盆之全体形态，颅骨眉弓，乳突之凸起度及胸骨体长与柄长之比例，实与女性骨骼相当，委系女子之骨骼。得证明该送检之尸骨，就系一女子之尸骨，故该被害人应为女子。

（2）法医学实际工作中，以尸骨来确定年龄，一般采用牙齿萌出之顺序，骨骼发育之状态以及哈佛氏管之大小，以推定年龄之大小。

1）牙齿萌出：牙齿从上下颌骨中逐渐长出的过程。即乳牙自婴儿6～8个月起开始萌出，恒牙在6～8岁开始萌出，在恒牙逐渐萌出时，乳牙即逐渐脱落。一般第一磨牙在11～14岁萌出，先从下颌骨中长出，后从上颌骨中长出，第三磨牙在18～22岁萌出，亦先从下颌骨中长出，后从上颌骨中长出。查该送检尸骨之上颌骨中尚未长出第三磨牙，而下颌骨中已经萌出第三磨牙二个。

2）骨骼发育：骨化中心又称骨化核或称骨核，常在一定场所之小范围内开始，随着年龄之增长，而逐渐形成骨化，再与骨主体接合。如18～24岁时，肋骨后端与骨主体接合，坐骨结节与骨体接合，胫骨、腓骨之近端与远端均与骨和体接合。19～21岁，肩胛骨的肩峰与肩胛岗接合，肱骨近端，桡骨远端均与骨主体接合。20～21岁时，肩胛骨各骨端全部与骨主体接合，尺骨及股骨的远端均与骨主体接合。20～22岁时，锁骨之胸骨端尚未与骨主体接合。22～25岁时，腰椎体上下而椎间盘均未与骨主体接合。查该送检尸骨，其中肩胛骨已与肩胛岗接合，肱骨近端、桡骨远端均与骨主体接合，肩胛骨各骨端全部与骨主体接合，尺骨及股骨的远端均与骨主体接合，但锁骨之胸骨端与骨主体尚未接合，髂嵴与髂翼亦未接合。

3）哈佛氏管：据法国巴黎大学法医学教授巴尔达沙及罗勒兰二氏研究，人的胫骨体中部哈佛氏小管，随年龄之增长而逐渐长大，一般哈佛氏小管之平均直径，婴儿为27～28微米，10岁时为35微米。20岁时为38微米，30岁时为40微米，40岁时为42微米，50岁时为43～40微米等。该送检尸骨，其胫骨体中部哈佛氏小管之平均直径为38微米。

据前牙齿萌出，骨骼发育及哈佛氏小管检查结果，该送检的尸骨一具，从其上下颌骨第三磨牙长出的顺序而言，其骨龄介于18-22年之间，以骨骼发育之状态而言，当在19～21年之间，即在20年左右；又以哈佛氏小管之大小而言，则在20年左右。综上所述，该送检尸骨之骨龄估计在20年左右，故该被害人之生前年龄应在20岁上下。

（3）该送检尸骨，基本上是一具比较完整之尸骨，只要将颅骨、颈椎、胸椎、腰椎、骨盆、股骨、胫骨、腓骨、及距骨、跟骨置于骨骼固定器内，按照顺序排列固定，测量从颅顶至足跟间之长度，再加上头皮，足跟软部组织及各关节间纤维软骨等厚度5厘米，即该被害人生前之身高。经测量该具尸骨结果，自颅顶至足段之长度为151厘米，再加上软组织、软骨等5厘米，合计156厘米，即该被害人身高为156厘米。

（4）骨骼受到外界钝体撞击后，超过骨之弹力，骨组织之联系发生部分的或全部之折断状态，称为骨折。例如：头部受到外力撞击后，往往发生颅骨骨折，胸部受到外力撞击后，容易引起肋骨骨折，四肢受到外力撞击后，造成长骨骨折等。在外力撞击的部位发生骨折者，称为直接骨折；离开外力撞击的部位发生骨折者称为间接骨折。骨折于骨组织并未完全断离仍保持连续性者，称为不全骨折；骨折后组织完全断离者，称为完全骨折。骨折附近皮肤或黏膜完整无损者，称为闭合性骨折；骨折同时并发皮肤、皮下组织创伤者称为开放性骨折。据本案卷宗内载，该被害人张××与被告人王××扭打中，被王××用力一推，张的胸左前部撞在桌子边缘上，当时喊痛，蹲在地上，立即将其扶起，抱在床上，解开上衣，见胸左前部皮肤有些青肿，马上贴上伤膏药等情事，经检查骨骼结果，其左侧第四、第五、第六肋骨体部，均见有尚未断离的骨折。得证明该被害人张××生前胸左前部撞在桌子边缘上，在被撞击部位，发生直接闭合性不全骨折。

关于"骨折"方面，早在我国宋代宋慈编著的《洗冤集录》的《论沿身骨脉及要害去处》中就有叙述。他说："若骨上有被打处，即有红色路，微荫，骨断处，其接续两头各有血晕色，再以有痕骨照日看，红活乃是生前被打分明。骨上若无血荫，纵有损伤，乃死下痕。"又说："如阴雨，不得已，则用煮法，候千百滚，取出，水洗，向日照，其痕即见。血皆浸骨损处，赤色，青黑色，仍仔细验，有无破裂。"查该送检尸骨的左侧第四、五、六肋骨体前部的不全骨折处，均显出红褐色骨质血斑，阔约 0.6 厘米（骨折处两边各 0.3 厘米），其中尤以第五肋最为明显，用水刷，刀刮不下，将刮下的骨粉进行血痕试验，将呈阳性反应；在其他非骨折部分刮下的骨粉进行血痕试验，均呈阴性反应。这是生前受到暴力撞击后，引起的骨质损伤，血管破裂，血液渗入骨质所形成的骨质血斑，即宋慈所说的血荫是也。

（5）据本案卷宗内载：该被害人张××与被告人王××扭打中，胸左前部撞在桌子边缘，经检查尸骨结果，其左侧第四、五、六肋骨均发生不全骨折，都是事实。该张××是否因左肋骨骨折，伤及心包、心脏或肺脏致死，因张××死后，未经剖验尸体，不知其心、肺有无损伤及其程度。其次，该被害人张××患有水肿病，经中医治疗无效，于五月底不治身死。按医学上的水肿有郁血性水肿、营养不良性水肿、肾性水肿、中毒性水肿、炎症性水肿等多种。该张××系患何种水肿，生前未经诊察，死后亦未剖验。本鉴定人对这两个问题，很难加以判断。

（6）尸骨之个人辨认，包括性别、年龄、身长、颅形、牙齿、畸形及伤病痕迹等等。该送检尸骨，除前检查之性别、年龄、身长，左侧第四、五、六肋骨骨折外，其左右上颌骨的尖牙，均向外方突出，即俗称虎牙，下颌骨左侧第一磨牙有腐蚀现象，是为龋齿，其余并未见有异常征象。

（7）人体死亡之后，其腐败之速度，及成白骨之时间，因环境而有不同，如夏季最速，春秋次之，严冬较迟；空气中最速，水中次之，地中较迟；水分多者最速，中等度者次之，湿度低者最迟；闭塞之潮湿空气中最速，流通之干燥空气中最迟；棺木薄者速，棺木厚者迟；埋葬浅者速，埋葬深者迟等。一般言之，人死之后，须经过数月之久，方能成为白骨。但据日人舟越清氏之报告：有于梅雨期内自缢者，经过十日，即成为白骨；百崎钦一氏遇一妇人尸体，在一个月内，即成为白骨。又欧人爱勒氏称：浅埋于湿暖沙地内之尸体，约 17 日间，即成为白骨化。据本案宗所载：该被害人张××曾患有水肿病，死后殓于板棺内，且浅埋于地中，棺背与地面相平，此种情况，无论在病因、季候、处所、湿度、温度等方面，均适于腐败，易成白骨化。证之舟越清、百崎钦一、爱勒等之经验，该张××尸体于两月内变为骨骼，并非不能也。

（8）该送检尸首一具，是否即系被害人张××尸体腐败后所成的骨骼，请参照前述说明各项，详加调查，是否相符。

丙、鉴定

据前检验及说明，得鉴定：

（1）该送检尸骨，系一女性之骨骼，故该被害人，应为女子。

（2）该送检尸骨之骨龄，成在 20 年左右，故该被害人之年龄系在 20 岁上下。

（3）该送检尸骨之长度约为 151 厘米，故该被害人之身高约为 156 厘米。

（4）该送检尸骨中左侧第四、五、六肋骨，检有不全骨折。
（5）该被害人死后未经剖验，不知其器官伤病如何，未便判断死因。
（6）该送检尸骨中左右上颌骨的尖牙为虎牙，下颌骨左侧第一磨牙为龋齿。
（7）该被害人死后两个月内，可以变成为白骨化。
（8）该送检尸骨是否被害人张××之骨骼，请参照说明各项，详加调查，是否符合。

鉴定人　广西高等法院法医师陈康颐
中华民国二十九年×月××日

评注：法医检骨，现称为法医人类学，也称法医骨学。本例通过对张××骨骼法医学鉴定，推断性别、年龄、身高、有无损伤（骨折）等作出结论，是我国早期法医人类学的鉴定实例。我国当代法医人类学学者陈世贤[①]、胡炳蔚[②]等都有专著，应用法医人类学研究还可作出死因、死亡时间、颅像复原、血型、人种等鉴定。近年来还应用DNA指纹技术作法医人类学鉴定，使法医人类学研究上了一个新台阶。

第十一节　民国时期药检与毒物分析化学

我国毒物分析化学，亦称"法化学"（早期还称"裁判化学"），是在辛亥革命后的早期药检工作基础上发展起来的。

一、历史背景

作为毒品的鸦片是早期药检工作的对象：1840年后，鸦片不断涌入中国，清政府屡禁不止。而从检验角度出发，据考证，清末没有设立药检专门机构。这一情况直至辛亥革命后，北洋政府才不得不在北京成立"卫生检验所"，实际上是对烟毒中毒和外来民间毒品进行检验。辛亥革命后的十余年里，全国也仅此一所而已。1924年，上海也设药检所，限制毒品进口中国。但据史料记载，偌大的中国只有北京、上海有药品检验所，对全国烟患而言，其效果是可想而知的，而当时的历史背景之一还在于征税。实际上，我国药检正常开展工作，在20世纪20年代末，其主要对象是作为毒品的鸦片。

西医的传入与药物中毒事件：由于清末以来西医西药的传入，教会医院的设立使西药中毒的事件日渐增多。当时，民国政府所设卫生司专辖全国卫生行政事宜，药物中毒为医政行政工作范畴之一，也是药检工作的对象之一，特别是外来药物滥用问题以及医药市场上假药或药物中掺入毒品等事件经常出现，舆论和社会压力使药检工作成为迫在眉睫的任务被提了出来。

---

① 参见陈世贤：《法医骨学》，群众出版社1980年版。
② 参见胡炳蔚：《法医检骨与颅像重合》，陕西科学技术出版社，1994年版。

有关法律规定：较为直接的影响是民国法律规定允许尸体解剖以解决刑事案件中的中毒问题，这是药检工作的重要任务之一，当时又叫裁判化学。

我国药检工作者的努力：清末和民国初期，我国曾有一批学者到国外学习西药和药检工作，同时民国初期我国也培养了一批这方面学者。而这些学者组织起来的药学技术团体"药学会"则成为药检工作者的坚强后盾。例如 1907 年，中国第一个药学组织——中华药学会在日本东京成立。1909 年召开第一届药学年会，至 1949 年中华人民共和国成立，共举行了 12 届年会，其中坚持搞药检工作并有成就的有黄鸣驹、华鸿、叶汉丞、周军声、汤腾汉、汪良寄、胡乃钊、汪殿华等。由于我国药检工作者的努力，不仅在民国早期办起了药检教学，也承办了司法药检工作。

二、药检机构

（一）国家药检机构

我国在北洋政府内设有卫生检验所，担任药品化验工作。民国政府于 1929 年在南京设中央卫生试验所，所长是陈方之。该所下设有药品检验科，任务是西药检验、药材化验和阿片检验。该所为当时全国最高药品检验机构，次年改为卫生实验处，负责检验、鉴定药品、毒品工作。药品检验工作由马基华负责，主要分析麻醉品、伪药、司法单位送检的中毒案，工作人员有彭创勋、萧倬殷等。到了抗日战争胜利前夕（1944—1945 年），卫生署仿照美国药检制度，拟成立独立的药检机构，曾制定过抗日战争胜利后在南京成立中央药品检验所及 10 个地方药检机构的规划，但这一计划未实现。

（二）地方药检机构

（1）浙江卫生试验所：浙江卫生试验所成立于 20 世纪 20 年代初，主要从事药物中毒分析鉴定和司法案件检验。如 1923 年浙江第一医药学校学生食物中毒事件发生后，委托浙江卫生试验所化验，由周军声和黄鸣驹教授（两位教授为浙江医药专科学校教师）检验，结果检出砒霜，该案在社会上引起很大反响，提高了浙江卫生试验所的声誉，也引起社会要求开展司法检案中用现代药检知识解决法律问题的呼声。黄鸣龙、黄鸣驹两位教授先后在浙江卫生试验所工作过，其中，黄鸣驹教授于 1930—1935 年在任化学科工作期间，带领助手分析了大量毒品。

（2）上海卫生试验所：上海卫生试验所于 1935 年竣工，曾被日军占领。主要任务是分析水、食品及中毒案件，如"拍花"案经检验为闹洋花中毒、五加皮酒中毒、扛柳皮中毒，并经赵燏黄教授证实。

（3）广西第四集团军的药品检验所：所长为郑寿。胡乃钊也在该所工作过，做了些药品化验工作。胡乃钊毕业于国防医学院药科 14 期，中华人民共和国成立后仍从事毒物分析化学工作，著有《新编毒物分析化学》一书，受到法医界的好评。

（4）福建军医署的药品检验工作：由林分际、汪良寄等负责，做一些药物、食物中毒和毒品化验工作。

（三）大学药检机构

（1）国立北京医学专门学校：1919 年，接受北京、天津、河北等法院检察厅送检

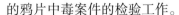

的鸦片中毒案件的检验工作。

（2）浙江药学专门学校：1916年，浙江药学专门学校开设裁判化学课，接受部分毒品药检工作。

（四）法医毒物分析

（1）司法行政部法医研究所的毒物分析工作：1932年8月，司法行政部法医研究所成立，首任所长是林几，该所进行了大量法医学药检和毒物化验、毒品检验工作，称为法医毒物分析。据林几统计，毒物分析案件占所有法医检验的27%，其中砷占60%，鸦片占20%，其他毒物为安眠药、酚、乌头、钩吻等。法医研究所还聘请著名药检工作者作为法医毒物分析的顾问，如黄鸣龙、汤腾汉、曾广方等。

（2）中央大学医学院法医科的毒物分析工作：1943年在四川成立中央大学医学院法医科，1946年返回南京时已建立法医科毒化实验室，聘请黄正化（即黄鸣驹）为教授，陈谦禄任法化讲师，接受法医毒物分析检案工作。

三、我国早期司法药检工作的成就

（一）药检专著

（1）《毒物分析化学》，黄鸣驹编，1932年出版。内容包括挥发性毒物、酸性酒精浸出的毒物、金属毒、其他各种无机及人工合成的毒物，以及有机性含氮药物系统分析法，血斑试验及人血与兽血区别鉴识法。本书除详细说明毒物化学分析方法外，对于毒物的化学结构、中毒现象、生理作用等也有较详尽的叙述，是当时药检和法医工作者的重要参考书。

（2）《毒物学》，佘小宋编，商务印书馆1936年出版，该书收载了美国耶鲁大学医学院毒物分析学家F. Purderhill的《毒物学》和黄鸣驹的《毒物分析化学》等内容，并结合自己的经验、体会编撰而成。书中对各类毒物的理化性质、毒理、中毒症状、致死量和尸体解剖所见等做了系统论述。

（二）期刊载文

1. 药学、医学期刊

根据薛愚、陈新谦等人研究，司法药检论文在各种药学、医学期刊上发表且影响较大的有：黄胜白的《药始于毒物》（《同德医药》，1932年）；黄鸣驹的《蒙汗药考》（《医药学》，1927年）；林几的《吗啡与鸦片实验》（《中华医学杂志》，1929年）；孟目的之《尿中微量吗啡检查法的研究》（第七届药学年会，1935年）；沈仲谋的《尿中检验海洛因之研究》（1936年）；惠云身的《血液与小便中吗啡之新检验法》（1940年）；黄鸣驹的《生物性液体中吗啡、海洛因及其衍生物微量化学鉴识法》（药学第十二届年会，1947年）；林几的《墓土验毒与墓土含毒之比较实验》（《北平医刊》，1936年）；林几的《药酒中毒》（《北平医刊》，1936年）。

2. 法医期刊

《法医月刊》于1934—1935年连载5期法医研究所第一届研究员毕业论文，林几本人也登载二篇论文，包括：林几的《检验烟犯意见》和《氰化钾中毒实验之证明》

(《法医月刊》，1936年)、陈安良的《卤族中毒之动物实验》、李新民的《佛罗拿急性中毒之动物实验》、陈康颐的《吗啡与海洛因毒力之比较实验》、谢志昌的《酒类中醇含量的测定及急性醇中毒时血尿中微量醇定性定量》、张树槐的《斑蝥中毒的动物实验》、王恩俭的《番木鳖中毒之研究》、蔡嘉惠的《吸食鸦片小便化验法》、胡师瑗的《蛇毒中毒的法医学之所见》。

四、小结

任何一个学科的发展都必须建立在一定的基础之上。我国法医毒物分析化学也不例外，是建立在早期的药检工作基础之上发展起来的。20世纪一二十年代，药验工作人员承担了全部司法中毒案件的检验。30年代初中期，上海成立司法行政部法医研究所，接受司法毒物化验工作，但就全国而言，大量的毒化工作仍然由药检工作者承担。20世纪40年代，除中央大学医学院建立法医毒化检验室外，全国没有一所专门的法医毒物化验检验机构，有关司法毒化工作绝大部分仍然委托药检机构或药学专业（学校）或大学化学系检验。

由于我国药检工作者的努力，不仅药检工作在我国开展了起来，而且培养了药检工作的队伍，也为法医司法毒物化学培养了人才，为中华人民共和国成立后我国开展法医毒物分析化学献上了一份厚礼。今天，我国法医毒物分析化学人才辈出、毒物分析水平不断提高，我们不能忘记早期为法医毒化检验做出贡献的药检工作者和开拓法医毒化工作的法医先驱。有鉴于此，回顾历史，激励今人，有深远意义。

第三章 中华人民共和国时期中国法医学（1949—2018年）

第一节 法医学与法律

法医学是以医学、生物学及其他自然科学的理论和技术，研究和解决法律上有关问题的一门医学分支科学。从法律与其他社会现象及自然规律相关联的角度研究，法医学又属法学领域中的一门边缘法学学科。所以，法医学是法律与医学之间的"桥"，即应用医学知识为司法实践提供科学证据。本节就法医学的法律特征、法医学鉴定的法律作用、法医学与法律相关问题探讨以及我国法律制度在完善过程中对法医学的影响等方面谈我国法医学与法律的关系。

一、法医学的法律特征

（一）法医学的产生是由法律所决定的

历史上，我国从夏朝法律的起源到李悝的《法经》（公元前407年），以及据其制定的秦律，最早的法典规定了法律中涉及医学的问题，其后相继出现了有关法医学检验的条文，以至发展为法医学专著。可考证的资料表明，法医学的产生是由法律的需要和发展所决定的，法医学是以服务于法律为目的而发展起来的一门学科。

另外，从法医学发展史的角度分析，法医学的发展固然取决于医学的进步，但是，法医学与国家的法律制度密切相关，特别是法医学鉴定制度的发展，将随着法制的建设和不断完善，形成一套适合法律需要并有利于法医学事业良性发展的新体制。

（二）法医学鉴定制度受法律规范的制约

法医学鉴定结论是我国诉讼法规定的证据之一，法医学鉴定首先必须符合证据法律规范，这是由证据在法律中的作用所决定的。法律关于证据的规定，不仅反映了运用证据的规律，也是查明案件真实情况的重要保证，有利于保证办案质量和提高办案效率。我国的法医学鉴定制度的构成与法律的关系包括两方面：一方面是由《全国人民代表大会常务委员会关于司法鉴定管理问题的决定》、人民法（检察）院组织法和法规界定鉴定机构的组成和鉴定人的选任资格；另一方面由诉讼法和有关规定明确案件受理至诉讼终结的鉴定程序。依法形成较为系统的法医学鉴定制度是保证鉴定工作的中心环节，是健全社会主义法制的迫切需求。

（三）我国的法医学是为社会主义法治服务的一门重要自然科学

法医学属于自然科学的范畴，其本身虽无阶级性，但它为之服务的法律却有着鲜明的阶级性。我国的法医学是为社会主义法治服务的一门重要自然科学，同时，我国的职业法医鉴定人隶属于公安和检察机关，这就要求法医学鉴定人必须努力提高政治和业务素质，为打击犯罪，维护社会主义民主和法制提供科学证据，树立全心全意为人民服务的思想，科学鉴定，公正服务，弘扬奉献精神。

二、法医学鉴定对法律的作用

法医学是解决司法案件中专门性问题的特种科学，其鉴定结论作为证据具有重要的证明作用，也是法医学鉴定人对法官判明案情所起的实际辅助作用。我国学者唐永辉认为，法医学鉴定对法律的作用主要有以下几点。

（1）法医学鉴定是查明案件事实，分清案件性质的重要根据。一是在侦查阶段，法医学鉴定是证明犯罪、揭露罪犯的重要依据，为侦查提供线索。二是为自诉刑事案件和民事案件立案提供科学证据。法医学鉴定是案件构成要件的必要补充，特别是对损伤因果关系判定，有时将成为诉讼案件立案的唯一条件。三是为行政司法及非讼案件查明原因，澄清性质。随着法医学鉴定领域的发展，其社会服务范围越来越广，法医学鉴定通过介入一些意外事件、民间纠纷矛盾的调处及违法案件的行政处理，查明死亡原因，明确损伤情况，分清性质，协助有关部门和单位及时处理矛盾，为社会治安综合治理服务。

（2）法医学鉴定是借以鉴别案件中其他证据真伪的重要手段。由于法医学鉴定程序和鉴定人选任的合法性，鉴定理论和技术的科学性，因而法医学鉴定结论往往作为审查案内其他证据的重要根据。一是物证或书证的真伪可以通过专门鉴定或鉴定中鉴定人的审查运用而直接引入鉴定结论；二是案内口供、陈述及证人证言的真实性，也可结合鉴定结论分析研究，相互印证，进行判断和决定取舍。

（3）法医学鉴定结论是司法机关据以定案和作出处理决定的重要依据。司法人员通过对法医学鉴定结论的审查判断，就可以成为定案和处理的根据。一是在刑事审判中，法医学鉴定结论可以为司法人员分清罪与非罪、此罪与彼罪以及刑罚裁量提供科学依据；二是在民事审判中，法医学鉴定结论可以解决损伤后果、生理精神状态以及亲子关系等医学问题，为确定民事责任提供了确证和重要的参考依据。

三、法医学与法律相关问题探讨

（一）法医学鉴定制度存在的问题及其对法律的影响

有关法医学鉴定的各项法律规范构成了法医学鉴定制度。有作者提出，鉴定制度立法的内容包括鉴定权、司法鉴定机构、鉴定人、鉴定对象、鉴定标准化和鉴定程序。然而，目前我国有关法医学鉴定制度的法律规范极不完善，除各诉讼法少量的原则性规定外，尚无系统和通用的法规或条例，加之鉴定机构分别隶属于公、检、司系统，缺乏统一管理、协调监督机制，致使在法医学鉴定工作中问题层出不穷，严重阻碍了法医学事业的发展。贾静涛教授就此从十个方面论述了现行法医体制的缺陷。其对法律的影响可以概括为以下几点：①由于法医学学科发展缓慢，技术力量薄弱，为法律服务的领域和范围受到一定限制，特别是很难提供高精技术手段。②由于鉴定机构设置问题，经常出现不必要的重复鉴定，有时相互扯皮推诿，致使案件久拖不决。③由于法医隶属于司法机关，从证据角度对司法机关内部出现的法律问题，无法公正鉴定，甚至受行政领导干预。

（二）立法中的医学问题及其对法医学的挑战

随着我国法制建设的不断完善，立法工作取得了迅猛发展。实践证明，法律的制定与实施需要科学化，而医学的实践与发展也必然受到法律的规范。随着医学先进技术和新观念的出现，诸如安乐死、脑死亡、器官移植及试管婴儿等所带来的新问题必将冲击着传统的法学和医学观念。我国各项法律、法规和条例中，涉及医学理论和技术的越来越多，司法实践与医学之间的关系日趋紧密。上述问题是我国法医学界面临的新挑战。法医学必须在研究法学与医学相关问题的基础上，创建具有中国特色的法医学新体系。

（三）法医学理论技术与法律规定的关系

法医学理论技术涉及法律规定的情况有两种：一是法医学鉴定中运用的新技术，能否作为法律证据，需要依法认定，如《最高人民检察院关于"骨龄鉴定"能否作为确定刑事责任年龄证据使用的批复》和《最高人民法院关于人民法院在审判工作中能否采用人类白细胞抗原作亲子鉴定问题的批复》。二是法医学鉴定结论直接涉及法律规定的问题，如人体重伤鉴定和司法精神病的责任能力评定等，如《最高人民法院关于审理刑事案件中涉及人体损伤残疾程度鉴定如何适用鉴定标准问题的请示的批复的通知》和《最高人民法院关于对医疗事故争议案件人民法院应否受理的复函》等。对于后者，在司法实践中，法医学鉴定结论往往作为司法机关依法处理案件的主要依据，有时甚至是唯一依据。法医学鉴定的标准由法律直接派生，已非单纯的医学标准，对此应有清醒的认识。在现行条件下，笔者认为，法医学鉴定人必须粗通法学理论，增强服务意识，避免画蛇添足，甚或误导司法工作的现象出现。另外，司法人员应结合案情以及其他证据，综合分析，做出正确的判断，切忌盲目照搬鉴定结论。

（四）审判工作与法医学

司法工作各环节均有可能涉及法医学问题，司法人员了解、学习法医学知识，对正确运用法医学鉴定结论大有裨益。我们在工作中深深感到，法院的法医在学习法学理论的基础上，与审判人员就案件中的医学问题可以展开深入讨论，并为审判人员准确把握审判提供有价值的参考意见。人民法院直接受理的案件范围越来越广，特别是一些涉及专门医学问题的案件，如果没有法学和医学的相关知识，很难保证科学准确地审判。继2005年全国人大常委会通过《全国人民代表大会常务委员会关于司法鉴定管理问题的决定》后，人民法院的法医不再从事法医及相关的鉴定工作，但法院系统实行司法鉴定归口管理,改革完善司法技术辅助工作管理制度,充分发挥司法技术辅助功能,协助审判人员审查鉴定结论,协助法官对涉及法医技术的案件进行调解,发挥在医疗纠纷鉴定中的独特作用和在死刑执行中的保障作用。为保障司法公正,查明案件事实,提供科学、客观、便捷、高效的司法技术服务。

四、我国法律制度完善过程对法医学发展的影响

法医学发展受法律的制约,同时法医学发展为法律服务,在立法、法律实施方面起着其他任何学科不可代替的作用。中华人民共和国成立后,我国的法制建设逐步走上正轨。但由于各种因素的影响,我国法医学的发展经历了以下过程:20世纪50年代,国家重视法制建设,法医学上马了;60年代中期至70年代中期,国家出现动乱,法律被践踏,法医学随之下马;80年代开始恢复制定法律,法医学又获新生;2005年,全国人大常委会通过《全国人民代表大会常务委员会关于司法鉴定管理问题的决定》,法医学发展进入新阶段。所以,中华人民共和国成立后法医学发展是随法制建设的发展而发展的,这是一个很重要的历史经验。由于我国法医学的发展与法制建设密不可分,在研究法医学史时不难发现,法医学虽属医学科学的分支学科,但又与医学不同,它受政治、经济、文化、法律等影响比医学要大,其社会基础比医学要薄弱;法医学除了本学科理论技术,如法医病理学、法医血清学、法医人类学、法医临床学等研究外,还要研究支持法医学发展的科学,如法医立法学、法医社会学、法医哲学、法医法学、法医学史、法医人文、法医管理学、法医信息学等以法医学本身为研究对象的科学,即法医学的科学——法医学学(science of forensic medicine)。我国法医学发展到今天,法医学学的研究很不够,这不能不说是件憾事。没有健全的法律不利于法医学发展;相反,有了很好的法律,没有相应的法医学法规予以执行,在某些时期法律将成为一纸空文。显然,法医学这门特殊科学单纯进行技术研究是不够的,还要重视这门科学的法学、政治、经济、历史、文化、哲学等社会科学的研究;否则,法医学发展没有保障。中华人民共和国成立后,法医队伍不稳定,法医学工作者的积极性多次受挫的事实便是历史经验教训。

五、我国与法医学有关的法律规定

我国与法医学鉴定有关的法律、法规和标准等主要有:

(1)《中华人民共和国刑法》(1979年颁布,2017年11月第10次修正)。

(2)《中华人民共和国刑事诉讼法》(1996年第1次修正,2012年第2次修正,2018年第3次修正)。

(3)《中华人民共和国民事诉讼法》(2017年第3次修正)。

(4)《中华人民共和国行政诉讼法》(2017年第2次修正)。

(5)《全国人民代表大会常务委员会关于司法鉴定管理问题的决定》(2005年)。

(6)最高人民法院、最高人民检察院、公安部、司法部、全国人大常委会《关于刑事诉讼法实施中若干问题的规定》(有关重新鉴定,1998年)。

(7)最高人民法院《关于民事诉讼证据的若干规定》(有关鉴定、重新鉴定,法释

第三章　中华人民共和国时期中国法医学（1949—2018 年）

〔2001〕33 号）。

（8）公安部《公安机关办理刑事案件程序规定》（公安部令第 127 号，2013 年 1 月 1 日起施行）。

（9）公安部《公安机关鉴定机构登记管理办法》（公安部令第 83 号，2006 年 3 月 1 日起施行）。

（10）最高人民法院《关于行政诉讼证据若干问题的规定》（有关鉴定、证据，法释〔2002〕21 号）。

（11）《中华人民共和国监狱法》(1994 年公布，2012 年修正)。

（12）司法部、最高人民检察院、公安部《罪犯保外就医执行办法》（司发〔1990〕247 号）。

（13）《中华人民共和国精神卫生法》(2013 年 5 月 1 日起施行)。

（14）最高人民法院、最高人民检察院、公安部、司法部、卫生部《精神疾病司法鉴定暂行规定》（卫医字（89）第 17 号）。

（15）《医疗事故处理条例》（国务院令〔2002〕第 351 号）。

（16）《医疗事故技术鉴定暂行办法》（卫生部第 30 号令，2002 年）。

（17）最高人民法院、最高人民检察院、公安部、国家安全部、司法部《人体损伤程度鉴定标准》〔2014 年 1 月 1 日起施行，《人体重伤鉴定标准》（司发〔1990〕070 号）、《人体轻伤鉴定标准（试行）》（法（司）发〔1990〕6 号）和《人体轻微伤的鉴定》（GA/T 146—1996）同时废止〕。

（18）卫生部《解剖尸体规则》（1979 年）。

（19）《道路交通事故受伤人员伤残评定》（GB 18667—2002）。

（20）《劳动能力鉴定职工工伤与职业病致残等级》（GB 16180—2006）。

（21）《职工非因工伤或因病丧失劳动能力程度鉴定标准（试行）》（劳动和社会保障部〔2002 年〕8 号）。

（22）《中华人民共和国侵权责任法》（有关医疗侵权，2010 年 7 月 1 日起正式实施）。

（23）《司法鉴定程序通则》（2007 年，司法部令第 107 号；2015 年修订，2016 年 5 月 1 日实施，司法部令第 132 号）。

（24）《司法鉴定机构登记管理办法》（司法部令第 95 号，2005 年）。

（25）《司法鉴定人登记管理办法》（司法部令第 96 号，2005 年）。

（26）《司法鉴定机构文书规范》（司法部，〔2007 年〕71 号文件）。

（27）《司法鉴定教育培训规定》（司法部司法通〔2007〕72 号文件，2008 年）。

（28）《法庭科学 DNA 数据库建设规范》（GB/T 21679—2008）。

（29）《人身保险残疾程度与保险金给付比例表》（中国人民银行，1998 年）。

（30）《中国实用残疾人评定标准（试用）》（中国残疾人联合会，1995 年）。

（31）《人身保险意外伤害残疾给付标准（团险）》（中国人民保险总公司，1992 年）。

（32）公安部颁布的《法医学鉴定行业标准》（详见附录）。

(33) 司法部《司法鉴定管理局发布的法医学鉴定技术规范》（详见附录）。

(34) 最高人民法院关于印发《罪犯生活不能自理鉴别标准》的通知（法〔2016〕305 号）

此外，我国台湾地区有"《法医师法》"（2006 年 12 月 28 日正式实施，2015 年 12 月 11 日修正，2015 年 12 月 23 日公布并实施）、《去氧核糖核酸采样条例》（1999 年）及相关施行细则和管理办法（详见第四章第一节），香港特别行政区有关 DNA 证据的规则主要见于《危险药物、总督特派廉政专员公署及警队条例》。

第二节　法医鉴定体制

一、我国现行法医鉴定体制概述

法医鉴定体制是与司法制度密切相关的。中国的司法制度是一整套严密的人民司法制度体系，在整个国家体制中具有非常重要的地位和作用。根据我国公、检、法互相监督体制，1949 年后逐步形成了我国公、检、法系统分别设置法医的多系统法医鉴定体制。1998 年，国务院赋予司法部指导面向社会的司法鉴定工作管理职能。之后，司法部出台《司法鉴定执业分类规定（试行）》《司法鉴定机构登记管理办法》《司法鉴定人管理办法》等规定。2005 年 2 月 28 日，第十届全国人大常委会第 14 次会议通过《全国人民代表大会常务委员会关于司法鉴定管理问题的决定》，规定"国务院司法行政部门主管全国鉴定人和鉴定机构的登记管理工作""侦查部门根据侦查工作需要设立的鉴定机构，不得面向社会接受委托从事司法鉴定业务，人民法院和司法行政部门不得设立鉴定机构"。所以，目前我国法医体制仍是多系统鉴定体系，但是法院、司法行政部门不设法医机构。法院法医负责审判阶段技术咨询、技术审核、委托鉴定和保外就医组织诊断、刑场枪决（注射执行死刑）死亡认定。公安、检察二系统内部设服务侦查需要的鉴定机构。面向社会服务的鉴定机构由司法行政部门登记后设立。因此，中国法医体制正面临一个新的发展和改革时期。

我国现阶段法医鉴定机构分属两大体系：一个是司法系统内部的鉴定机构，主要有公安系统内设立的中央、省（自治区、直辖市）、市、县四级法医鉴定机构，检察系统内的四级技术鉴定机构。另一个是由司法行政机关进行管理、面向社会服务的法医司法鉴定机构，包括司法部设立的司法鉴定科学研究院（原司法鉴定科学技术研究所），医学院校、政法院校、医疗机构和科研机构内部设立的法医学鉴定机构，各种面向社会的鉴定机构，以及民营的司法鉴定机构。

公安系统的法医鉴定机构是我国最为庞大且涵盖面最广的法医鉴定机构，从中央到省（自治区、直辖市）、地（市）、县（市），各级公安部门几乎均有法医鉴定机构，构成四级技术鉴定机构。公安部设有物证鉴定中心。中国刑警学院设有刑事技术鉴定机

第三章 中华人民共和国时期中国法医学（1949—2018年）

构，亦可进行相应的法医鉴定。公安系统法医鉴定机构的工作范围涉及法医鉴定的各个方面，主要针对刑事案件、意外灾害事故的现场勘验、尸体检验，物证检验和活体损伤检查，为案件侦破和司法审判提供证据，工作量占我国法医检验鉴定工作总量半数以上，是我国法医鉴定机构中的主力军。检察系统的法医鉴定机构设置与公安机关相似，在最高人民检察院、各省（自治区、直辖市）人民检察院及部分地（市）人民检察院（分院）、县（市）人民检察院均设有法医鉴定机构，也构成四级技术鉴定机构。鉴定业务主要涉及侦查和反贪有关的案件。法院系统的法医检验鉴定机构已经大部撤销。司法部司法鉴定科学研究院受理全国各地公安、检察、法院系统的委托，同时有条件的受理社会企事业单位、社团、组织以及公民个人的委托。刑事案或者可疑刑事案、狱中或拘禁中死亡者均先由公安系统的法医进行检验。循诉讼过程的案例由检察院的法医参与检验。猝死、医疗纠纷或者死因不明等案例可由司法机关或者死者家属委托社会服务司法鉴定机构进行鉴定。交通事故案例由公安系统交警队法医进行检验，也可委托社会服务司法鉴定机构鉴定。一些有争议的案例，常由检察院委托有经验的法医进行复核。

二、我国法医鉴定机构的发展演变

我国法医鉴定机构的发展演变经历以下三个阶段。

（一）1949—1978年

中华人民共和国成立后，法医科学和法医鉴定得到逐步发展。新中国成立初期，我国法医鉴定机构主要是司法机关为侦察办案所需而设立的内部鉴定机构。1951年9月4日，中央人民政府颁布《中华人民共和国人民法院暂行组织条例》，规定省级、县级人民法院视需要设法医。1956年后，公安机关和检察机关开始创建法医技术队伍。公安部，省（自治区、直辖市）、市公安厅（局）和大部分地区公安处设有法医鉴定机构和法医鉴定人，极少数的县级公安机关也有法医鉴定人。但当时法医鉴定工作欠规范，很少出具鉴定书，仅以法医检验记录和法医参与案情讨论时所发表的意见作为定案的鉴定结论，对这些记录和结论也很少或基本上没有人提出异议，其科学性和准确性只有凭鉴定人的业务水平、敬业精神和人品来控制。1950年、1957年，卫生部先后公布了《解剖尸体暂行条例》与《解剖尸体规则》，规定医学院校和医疗机构具有尸体解剖和死因鉴定权。20世纪50年代，司法部恢复设立了司法鉴定科学技术研究所，部分医学、政法院校与公安部民警干校相继设立了法医教研室组，编写、翻译了专著与教材，培养了一批专业法医与师资，壮大和充实了法医队伍，初步建立了法医学鉴定体系。但"文革"期间，法医事业受到摧残，许多法医研究机构被撤销，各医学院校法医教学部门也被相继取消。

（二）1979—2004年

1979年颁布、1980年实施的《中华人民共和国刑法》和《中华人民共和国刑事诉讼法》，是我国步入法制国家的重要标志。为配合"两法"的实施，公安机关的法医组织机构得到发展，人员增加，医学院校的法医组织机构迅速恢复，检察、法院系统各级法医鉴定机构相继建立，重新形成"多头管理"的法医鉴定体制。司法部在上海司法鉴定科学技术研究所设立了法医鉴定机构，整个法医队伍不断壮大。公、检、法、医学院校之间加强了彼此的联系与合作，陆续出版了《法医学》等专著与讲义10多种。1985年，司法部司法鉴定科学技术研究所创刊《法医学杂志》。1985年10月在河南省洛阳市召开了中国法医学会第一次代表大会，成立了中国法医学会。1986年底创办了全国性法医学刊物《中国法医学杂志》。从此，我国法医学在新的起点上得到了更大的发展。医学院校主要从事法医人才的培养，并开展法医鉴定工作，公安机关和检察机关的法医鉴定机构主要为自侦案件服务，法院的法医鉴定机构主要是为民事案件服务。公、检、法机关的法医鉴定机构还起到相互制约的作用。

（三）2005年以后

1998年，国务院在机构改革的"三定"方案中，明确赋予司法部指导全国"面向社会服务的司法鉴定工作"。但真正开展司法鉴定工作是2005年2月28日第十届全国人民代表大会常务委员会《全国人民代表大会常务委员会关于司法鉴定管理问题的决定》通过和实施之后。随着《全国人民代表大会常务委员会关于司法鉴定管理问题的决定》《司法鉴定人登记管理办法》《司法鉴定机构登记管理办法》的公布并施行，自管自鉴也不例外地被停止对外的鉴定工作；由于法医与医学的密切关系，法医技术人员绝大多数经过各医学高等院校法医专业的学习或培训，这些高等院校也建立了相应的法医鉴定机构，其性质归于"面向社会"服务的法医鉴定机构，受理公安、检察、法院系统的委托及社会企事业单位、社团、组织以及公民个人的委托。

2005年2月28日，全国人民代表大会常务委员会通过《全国人民代表大会常务委员会关于司法鉴定管理问题的决定》后，司法部和省级司法行政部门审批设立或确认了一批面向社会服务的法医鉴定机构。其业务范围包括法医类、物证类、声像资料以及环境损害司法鉴定。2015年12月24日，司法部修订并颁布《司法鉴定程序通则》。2007年，司法部颁布《司法鉴定程序通则》。2016年4月18日，最高人民法院、最高人民检察院、公安部、国家安全部、司法部《人体损伤致残程度分级》颁布。2016年10月9日，最高人民法院、司法部印发《关于建立司法鉴定管理与使用衔接机制的意见》（司发通〔2016〕98号），其主要内容为加强沟通协调，促进司法鉴定管理与使用良性互动；完善工作程序，规范司法鉴定委托与受理；加强保障监督，确保鉴定人履行出庭作证义务；严处违法违规行为，维持良好司法鉴定秩序。2017年10月，中共中央办公厅、国务院办公厅印发《关于健全统一司法鉴定管理体制的实施意见》。2017年11月，司法部印发《司法部关于严格准入、严格监管，提高司法鉴定质量和公信力的意见》（司发〔2017〕11号），加强对社会鉴定机构进行管理。

三、各系统法医工作

（一）法院法医工作

1. 1949—1966年

早在延安时期，法院审判中法医技术工作就得到高度重视。1937年10月5日晚，延河畔发生了一起枪杀案件，陕北公学女学员刘茜被黄克功枪杀。案件的起因

第三章 中华人民共和国时期中国法医学（1949—2018 年）

是，黄克功追求刘茜不成，一怒之下发生情杀。现存黄克功案档案，集中在编号"全宗 15-543"《边区高等法院关于黄克功逼婚未遂、枪杀刘茜案的材料》中。该档案包含此案的判决书、刘茜死亡验伤单、证人证言、来往书信等。黄克功对于枪杀刘茜的事实，最初辩解是枪支走火，一枪误杀刘茜。但现场勘查发现第二颗子弹，证明黄克功打了两枪。随后的第一次尸体检验证明有两处枪伤且没有强奸发生。法庭再次请医生看尸体，检验表明刘茜身中两枪，第一枪为胸部擦伤，第二枪是近距离头部致命伤。战争年代边区高等法院审判中重视法医检验的司法实践，成为日后人民法院审判工作的一个传统和特点。

中华人民共和国成立后，人民法院开始组建法医机构和法医队伍。最早由南京大学医学院林几创办的法医专修班培养的林锡署、文剑成 2 名法医在南京中级人民法院开展法医检验工作。在北京市法院，1949 年后原留有 2 名法医。1949 年 3 月 18 日，北京市人民法院正式成立法医检验室，承担全市法院法医检验工作。1950 年，黑龙江全省法院有 8 名法医。浙江省法院系统有 3 名法医，分别在杭州、嘉兴和宁波各 1 名。1952—1956 年，司法部法医研究所先后开了 3 期训练班，培养了近 400 名法医，其中，福建高级人民法院叶炯华、北京高级人民法院吴宝琛、黑龙江高级人民法院黄文衡、浙江高级人民法院陈惜秋（后调公安任法医）、漳州中级人民法院院魏祯祥（后调公安任法医）等，为新中国成立初期法院法医事业做出了贡献。此外，一些著名的法医专家如汪继祖、蒋大颐、蔡炳南、仲许、蒋培祖等分别在浙江、江苏和上海等法院工作过。

中华人民共和国成立后，各法律陆续颁布，给法院法医工作奠定了基础。1950 年 9 月，卫生部发布《尸体解剖暂行规则》，规定了法医尸体解剖的对象、目的和原则。1953 年 5 月，中央人民政府公布《城市陆上交通管理暂行规则》，其中第十二条规定："交通肇事，致人死亡或重伤，应将肇事情况连同肇事人移交法院判处。"1954 年 9 月，政务院公布《劳改条例》，其中第四条规定："犯人死亡，应有医疗鉴定，经过当地人民法院检验。"1957 年 7 月，卫生部修订《解剖尸体规则》，将解剖分为普通解剖、病理解剖和法医解剖三种，其中，法医解剖限于人民法院、人民检察院、公安部门和医学院校附设的法医机构，凡涉及刑事案件，必须经解剖始能判明死因的尸体，均进行法医解剖。由于法院案件多，需要配备法医检验人员较多，1953 年前后司法部法医研究所培养的 400 名法医，有近 100 名分配到法院工作，其中北京市法院分配 3 名、浙江省法院系统分配 7 名、福建省法院系统分配 5 名。但 1962—1966 年，法院法医开始并入公安系统，以浙江、福建为例，浙江省法院法医全部并入公安系统，福建省法院除留下 1 名法医外，其余并入公安系统。

2. 1979—2004 年

1979 年开始，由于我国法制建设的需要，党和政府对法医事业非常重视，法院法医工作开始恢复。1979 年，《人民法院组织法》颁布，其中第四十一条规定"地方各级人民法院设法医"。最高人民法院技术局设法医处，由李瑞兰任处长，负责全国法院法医建设工作。各省（自治区、直辖市）高级人民法院到基层法院设立法医技术机构，法医开始归队，如浙江的蒋大颐、关信，福建的叶炯华，北京的吴宝琛、陕西的武国栋，广东的庄雄，以及宋士俊、蒋玉民等。此外，法院也从医疗部门引进人才，如万金华、孙永兴、李常春、张南山、曾宪斌、林维新、赵绪文、潘良胜等。各省（自治区、直辖市）从医学院校引入毕业的本科生、研究生充实到法院法医队伍。到1986年，全国已有28个高级人民法院、198个中级人民法院、570个基层人民法院配备了法医技术人员，总人数达1 032名；一些高、中级人民法院还相继建立健全了法医机构，开展了检验、复核、鉴定等多项法医技术工作，为审判人员正确定罪量刑、解决民事和经济纠纷案件提供了科学依据，对避免冤、假、错案，保证办案质量发挥了重要作用。

1986年，最高人民法院印发《关于加强法院法医工作的通知》（司发〔1986〕34号文件，以下简称《通知》），开启了法院法医发展的步伐。《通知》明确指出，法院法医任务是运用现代科学技术，准确、及时地为查明和确定案件真实情况，为审判工作提供科学证据，以维护国家、集体和公民的合法权益，保证国家法律的正确实施。法院法医职责是：①对刑事、民事案件的活体（人身）进行检查鉴定。包括损伤、精神状态、生理状态、亲子关系等。②对处决的罪犯尸体进行检验、鉴定、拍照。对死因不清需再次剖验的尸体进行复核鉴定。③对案卷中有关物证、书证、毒物、痕迹进行检验鉴定和复核鉴定。④对人民法院受理的案件中其他有关法医学的检材进行检验鉴定。同时，对各级法院法医机构和人员配备做出规定：①高级人民法院法医技术室，根据需要逐步分设物证组、病理组、活体检查组、毒物化验组。高级人民法院法医技术室人员应配备8～12名。②中级人民法院法医技术室开展活体检查、物证、书证检验、尸体剖验等。中级人民法院法医技术室人员应配备4～8名。③基层人民法院逐步配备法医技术人员1～3名。工作需要、条件具备的，建立法医技术室。

法医技术职务问题被提上议事日程。根据中央职称改革工作领导小组《对〈关于法医技术人员靠用卫生技术职务系列的请示〉的批复》（职改字〔1986〕第47号）规定，从1986年开始，各省在实行专业技术职务聘任工作中，根据《卫生技术职务试行条例》和法医工作特点，法医职务名称为主任法医师、副主任法医师、主检法医师、法医师、法医士。评定办法按最高人民法院、最高人民检察院、公安部、司法部的《关于法医技术人员靠用〈卫生技术人员职务试行条例〉实施细则》（〔86〕公发15号）规定执行。

法院法医培训方面成效显著。1983年10月26日至11月1日，教育部联合卫生部、公安部、司法部、最高人民法院、最高人民检察院在山西太原晋祠召开全国高等教育法医学专业教育座谈会，法院提出的法医人才培养计划成为《晋祠会议纪要》内容之一。从20世纪80年代中期开始，大部分地市和部分县级市配备了法医并接受培训。1982年毕业的医学院校医学本科毕业生经过培训开展法院法医工作。对已具有大专以上医学水平但未受过法医专业培训的法医进行培训。此外，通过培训使具备中专水平的400名法医技术人员在1990年前50%达到大专水平。在1996年以前轮训一遍。最高院选定西安医科大学（北片）、同济医科大学（南片）作为法院法医培训中心。以同济医科大学（南片）法院法医培训中心为例，1987—1996年共办10期，受训560人（表3-1）。

第三章 中华人民共和国时期中国法医学（1949—2018 年）

表 3-1 1987—1996 年同济医科大学举办法院法医进修班一览表

时间	名称	委托	人数	备注
1987.2	第 4 期进修班	最高院	50	12 省市
1987.9	第 5 期进修班	最高院	50	19 省市
1988.9	第 6 期进修班	最高院	51	10 省市
1989.9	第 7 期进修班	最高院	60	16 省市
1990.2	第 1 期证书班	最高院	42	11 省市
1992.2	第 8 期进修班	最高院	50	12 省市
1993.2	第 9 期进修班	最高院	57	14 省市
1994.2	第 10 期进修班	最高院	70	16 省市
1995.2	第 11 期进修班	最高院	70	16 省市
1996.2	第 12 期进修班	最高院	60	14 省市

法院法医工作在全国影响很大。如江西省南昌市中级人民法院法医室于 1979 年就首先创立法医门诊，直接面向社会，受理司法机关、社会团体和社会性法律机构的委托案件，接待涉及法医学问题的咨询业务。之后，公、检、法、司、相关院校等的法医机构都建立法医门诊，成为我国法医临床学发展的先声。

各地方法院法医工作者积极性很高。以北京市高级人民法院法医技术室为例，1986—1990 年 5 年内检案达 872 件（表 3-2）。

表 3-2 1986—1990 年北京市高级人民法院法医检案分类

单位：件

检案类型	1986 年	1987 年	1988 年	1989 年	1990 年	总计	占比
死亡原因	2	6	8	10	6	32	3.66%
死亡性质	0	0	0	0	1	1	0.11%
损伤判定	1	0	0	0	5	6	0.68%
损伤性质	0	20	0	5	1	26	2.98%
损伤程度	11	69	69	150	213	538	61.69%
损伤时间	0	0	0	0	3	3	0.34%
工具推断	1	7	10	9	6	33	3.78%
伤病关系	0	0	10	23	21	59	6.76%
劳动能力	1	3	6	13	33	56	6.42%
医疗预后	0	8	5	8	21	42	4.81%
医疗纠纷	0	0	1	2	0	3	0.34%
性功能	3	3	5	0	2	13	1.49%
亲权鉴定	0	7	5	10	0	22	2.52%

续表 3-2

检案类型	1986年	1987年	1988年	1989年	1990年	总计	占比
物证检验	0	0	1	4	0	5	0.57%
精神状态	4	5	2	2	0	13	1.49%
其他	1	3	6	4	5	20	2.29%
总计	25	131	151	245	320	872	100.00%

法院法医参与制定人体损伤鉴定标准。1985年3月21日至3月25日在福建漳州召开《人体重伤鉴定标准（试行）》定稿、鉴定会。参加会议的有最高人民法院、最高人民检察院、公安部、司法部以及地方法院的法医，医学院校法医学教授，临床医学专家及法学专家等。这次会议为《人体重伤鉴定标准》出台奠定了基础。1990年2月15日，最高人民法院在河北石家庄召开《人体轻伤鉴定标准（试行）》评审会，参加会议的有河北、福建、江苏、北京、河南等高级人民法院法医。这次会议为《人体轻伤伤标准（试行）》出台奠定了基础。

法院法医参与学术研究。1985年，中国法医学会成立，法院法医工作者成为这一学术性组织的成员。1986年，我国古代伟大的法医学家宋慈诞辰800周年，中国法医学会和宋慈故里所在地的福建省建阳县政府于1986年12月中旬在建阳县举行宋慈学术讨论会，有法院系统法医代表参加。1986年，中国法医学会创办《中国法医学杂志》，也有法院系统法医成为该杂志编委。中国法医学会的专业委员会都有法院法医任主委、委员。最高人民法院还组织法院系统法医参加在德国、日本、印度、泰国召开的国际法医学术交流会。最高人民法院时任院长任建新十分重视法医事业发展，在《中国法医学杂志》创刊10周年时专门题词祝贺。1988年，湖南省高级人民法院创刊《湖南法医通讯》杂志；1994年，北京市高级人民法院创刊《法律与医学杂志》。这两个内部刊物在交流法医工作经验，更好地为审判工作和社会综合治理服务上取得了良好的社会效果。从1992年开始，在最高人民法院法医处的组织下，每两年召开一次法医临床学术交流会，分别在威海、九江、杭州、武汉、南京召开，推进了法院法医事业的健康发展。1993年10月，最高人民法院技术局法医处主编《司法鉴定概论》，作为全国法院干部业余大学的教学教材。1998年，江苏省高级人民法院制定《人身伤残鉴定标准（试行）》，率先开展人民法院审判工作中涉及人体伤残程度的鉴定，为日后全国制定人体伤残分级标准奠定了基础。

拓展法院司法技术业务范围。法院司法技术工作不仅仅是法医技术工作，还有文检、建筑工程质量、司法会计等工作。最高人民法院委托公安部等单位培训文检技术人员3期，提高了办案效率。2000年，法院司法技术部门开始开展对外委托鉴定。2002年，最高人民法院印发《人民法院司法鉴定工作暂行规定》和《人民法院对外委托司法鉴定管理规定》，全国各级法院司法技术部门负责统一开展对外委托鉴定工作，实行委托鉴定归口管理和审鉴分离的工作机制。

3. 2005年至今

2005年至今，法院法医主要工作内容包括：①开展对外委托司法鉴定工作；②开

第三章 中华人民共和国时期中国法医学（1949—2018 年）

展人民法院审判业务中司法鉴定咨询、技术审查工作；③开展保外就医监外执行组织诊断工作；④制定保外就医疾病范围与生活不能自理诊断标准；⑤刑场枪决执行或注射执行死刑死亡确认等技术工作；⑥建立与司法行政部门对司法鉴定的衔接工作；⑦开展委托司法鉴定、技术咨询技术审查、监外执行组织诊断、注射执行死刑死亡确认等培训工作；⑧参与制定人体损伤程度、伤残程度分级等鉴定标准的制定和司法解释工作；⑨制定《人民法院司法技术工作规定》；⑩制定《人民法院贯彻落实〈关于健全统一司法鉴定管理体制的实施意见〉的意见》。

（二）检察院法医工作范围及其具体工作

检察权是集部分侦查权、公诉权、法律监督权为一体的权利。按世界各国通例，具有侦查权的机关设立鉴定结构。因此，我国检察机关设有鉴定机构。

1. 检察院法医工作范围

检察院法医工作主要包括：①接受检察机关办案部门和其他机关或者单位委托，就案件中涉及人身伤亡的现场进行勘验、检查，对尸体、活体及法医物证进行检验鉴定。②对检察机关办案部门移送的法医学鉴定文书和相关证据材料进行审查。③为检察机关办案部门提供涉及法医学问题的技术协助或者技术咨询，根据办案需要参与法庭审理活动。④开展法医培训和学术交流，组织以应用为主的法医学科研工作。在检察人员中普及法医学知识，开展经验交流和学术讨论，组织以应用为主的法医学科研工作。⑤对检察机关自行侦查的案件中涉及人身伤亡的现场、尸体、活体、法医物证及文证进行勘验、检查、检验鉴定；参加各检察业务部门对重大疑难案件的讨论，必要时组织法医共同鉴定；审查涉讼案件的法医鉴定书，必要时进行复查复验，并出具复核鉴定书。⑥配合刑事检察部门参加公安机关侦查的重大伤亡案件的现场勘验。⑦检验鉴定人民检察院认为需要直接受理的涉及人身伤亡的其他案件。

2. 检察院法医具体工作

主要包括：①法医参加勘验、检查，其主要任务是进行尸体检验、活体检查，发现和收集痕迹、物证，为诉讼活动提供线索和证据。法医勘验、检查应当如实反映现场情况，配合其他技术人员对尸体的原始状况及周围的痕迹、物品进行照相、录像、制图固定。复验、复查时应当制订预案，并尽可能在与原始现场相同的条件下进行重新勘验检查或者侦查实验。必要时，可以协助检察机关案件承办人员参加公安机关复验、复查或者侦查实验。②法医尸体检验，其目的是确定死亡原因、死亡方式，推断死亡时间、损伤时间及致伤物。尸体检验的范围包括：检察机关渎职侵权检察、检察等部门办理案件中涉及非正常死亡的；检察机关认为有必要进行补充鉴定或者重新鉴定的；按照相关规定接受其他司法机关委托，对案件中涉及的尸体进行检验的。尸体检验应当由两名以上法医进行。尸体检验原则上应当在解剖室内进行。现场解剖的，应当设置防护隔离设施。尸体检验禁止有伤风化的行为。涉及少数民族尸体检验的，应当尊重其民族风俗。尸体检验包括尸表检验和解剖检验。尸体检验要全面、系统，应当按相关技术规范提取有关脏器和组织进行组织病理学检验，提取胃内容物、脏器、组织、血液、尿液等进行毒物分析或其他检验。上述检材应当留取一定数量，以备复验或者重新鉴定。尸体检验应当进行照相、录音、录像。照相和录音、录像应当由专业技术人员进行。未经办部门批准，禁止其他人员照相和录音、录像。尸体检验应当形成全面客观的记录，尸体照相应当完整，阳性发现和重要的阴性表现均应当完整反映，细目照相应当有比例尺。③活体检查，主要是对被检人的个人特征、损伤情况、生理状态、病理状态、精神状态和各器官、系统功能状态等进行检验、鉴定。包括查明个人特征，如性别、年龄、血型及生理、病理特征，提取用于DNA检测的生物检材等；检查人身损伤情况，判断损伤程度，推断损伤性质、损伤时间、致伤工具、伤残程度等；检查有无性侵害、妊娠、分娩以及性功能状态，协助查明有无性侵害犯罪方面的问题；查明人体有无中毒症状和体征，检查体内是否有某种毒物，并测定其含量及判断入体途径等；检查有关人的精神状态，必要时配合精神病学专家判断是否存在明显的精神异常表现。活体检查一般在法医活体检验室进行。根据办案需要，可以在医院、被检人住处或者监管场所等地进行。活体检查应当由两名以上法医进行。检查未成年人身体时，应当有其监护人在场；检查妇女身体时，应当有女性工作人员在场。活体检查时，案件承办人应当将被检人的临床资料及有关材料送交法医鉴定人。涉及临床医学专科问题，可聘请医学专家共同检查。④法医物证，主要指与案件有关的人体组织器官的一部分或者其分泌物、排泄物等。法医物证检验主要内容：血痕检验，包括检验检材上是否有血及其种属，判断性别、血型、DNA基因分型、出血部位等；毛发检验，包括种属认定，确定其生长部位，脱落、损伤的原因，有无附着物，判断性别、血型和DNA基因分型等；精斑检验，包括认定是否精斑，判断血型和DNA基因分型等；骨骼检验，包括认定是否人骨，是一人骨还是多人骨，推断性别、年龄、身高和其他特征，判断骨骼损伤是生前还是死后形成以及致伤工具等；对其他人体生物检材的检验。⑤技术性证据审查，指具备法医鉴定资格的人员受检察机关办案部门委托或者指派，就案件中涉及的法医学证据材料进行审查、判断，并提出审查意见的专门活动。有下列情形之一的，应当进行技术性证据审查：对案件定罪、量刑起关键作用的法医学证据与其他证据之间存在明显矛盾且不能排除的；同一案件对同一法医学专门性问题有两个或者两个以上不同鉴定意见的，或者对鉴定意见理解不一致的；犯罪嫌疑人、被告人及其辩护人，被害人及其诉讼代理人提出异议，案件承办人认为应当审查的；死亡原因鉴定中涉及伤病关系分析的；损伤检验鉴定意见与鉴定标准的适用条款明显不相符的；对被鉴定人法定能力的司法精神病鉴定意见存在疑问的；案件承办人认为有必要进行技术性证据审查的。⑥接到人民法院的出庭通知，检察院法医鉴定人应当出庭。确因特殊情况无法出庭的，应当及时向法庭书面说明理由。

（三）公安法医工作职责与具体工作

1. 公安法医工作职责

主要包括：①研究解决与暴力案件有关的涉及人身伤亡，检验人体或人体组织，分析鉴定其损害性质及原因，确定是否为犯罪的结果。②对被害人或犯罪嫌疑人进行个人识别，研究案件性质，分析作案手段，根据检验结果经过分析判断，制作鉴定书。③对委托单位提供的涉及人身伤亡案件的现场勘查记录、尸体检验记录、访问笔录、被害人的陈述、被告的供述、法医鉴定书等文证材料进行法医学审查，就委托单位提出的有关问题写出客观分析结论。④协助有关部门查明重大意外中毒和伤亡事故发生的原因，澄清事故的性质和责任。⑤对涉讼案件的法医鉴定，接到法院通知书后应及时出庭作证，确因特殊情况无法出庭的，应当及时向法庭书面说明理由。

2. 公安法医具体工作

主要包括：①负责刑事犯罪案件的微量物证和生物检材的提取和检验，如血迹、毛发、唾液斑、精斑，凡是嫌疑人触碰的东西都有微量物证遗留下来，提取后如果无条件检验的，送上一级技术部门鉴定。②负责辖区内失踪人口和未知名尸体的信息录入工作，如派出所有关失踪案件，登记失踪人员表格以及采集亲属血样，由法医对信息进行录入。③配合侦查员对犯罪嫌疑人进行生理性特征的确定，如采血样 DNA 来确认身份，有时也配合侦查员进行相关场所的搜查和证据固定。④非正常死亡现场的尸体勘察，主要是医院外死亡的尸体需要法医来确定死亡原因以及案件性质，大多非正常死亡是由于疾病发作或者其他意外原因导致的死亡检验。⑤命案现场检验，由法医负责命案现场物证的提取工作以及检验鉴定工作，通过尸体解剖以及其他相关的特殊检查，如酒精检验、毒物筛查、病理检查等查明其死亡原因，并在案件起诉至检察院之前将鉴定报告出具完毕。⑥公安机关法医不再面向社会接受鉴定任务，人身伤害逐渐由社会司法鉴定机构鉴定。

（四）社会司法鉴定

1. 我国社会司法鉴定的发展过程

2005 年 10 月 1 日，《全国人民代表大会常务委员会关于司法鉴定管理问题的决定》（以下简称《决定》）颁布施行，司法行政部门为司法鉴定的主管部门。《决定》促进了我国司法鉴定体制的改革。《决定》颁布实施后，司法鉴定机构和鉴定人开始走向社会化。社会化的弊端也显而易见，多头鉴定、重复鉴定屡见不鲜，导致诉讼程序拖延，浪费了司法资源，引发了一些司法鉴定投诉，不仅影响了司法机关公信力，也损害了法律的尊严与权威。

2012 年与 2014 年，刑事诉讼法、民事诉讼法、行政诉讼法修订时，司法鉴定定义修改为"在诉讼活动中鉴定人运用科学技术或者专门知识对诉讼中涉及的专门性问题进行鉴别和判断并提供鉴定意见的活动"，"鉴定结论"被修改为"鉴定意见"；完善了鉴定人出庭作证制度，经法院依法通知，鉴定人不出庭作证的，鉴定意见不得作为定案依据；建立了专家证人出庭质证制度，允许当事人向法庭申请有专门知识的人出庭对鉴定意见提出意见等。

2014 年 10 月，《中共中央关于全面推进依法治国若干重大问题的决定》提出了推进"以审判为中心的诉讼制度改革"，明确要求"健全统一司法鉴定管理体制"。

2015 年 1 月 15 日，中共中央办公厅印发《贯彻实施党的十八届四中全会决定重要举措 2015 年工作要点》，进一步明确制定建立完善司法鉴定管理与使用相衔接运行机制的意见、将环境损害司法鉴定纳入统一登记管理范围、开展健全统一司法鉴定管理体制试点等三项改革任务。

2016 年 1 月，司法部会同最高人民法院、最高人民检察院决定将环境损害司法鉴定纳入司法鉴定登记管理范围，以适应打击环境违法犯罪和维护人民群众合法权益的诉讼需要；同时，司法部与环境保护部联合制定发布了一系列文件，对环境损害司法鉴定工作进行有序规范，并作出明确规定和要求。

2016年10月，司法部与最高人民法院在共同调研的基础上，联合出台了《最高人民法院、司法部关于建立司法鉴定管理与使用衔接机制的意见》，推动建立形成司法鉴定工作与审判工作的衔接机制，从"加强沟通协调""完善工作程序""加强保障监督""严处违法违规行为"等四个方面提出意见，促进司法鉴定管理与使用的良性互动。

2017年7月19日，中央全面深化改革领导小组第三十七次会议审议通过了《关于健全统一司法鉴定管理体制的实施意见》，明确司法鉴定制度是解决诉讼涉及的专门性问题、保障司法机关查明案件事实的司法保障制度。该文件由中共中央办公厅、国务院办公厅于2017年10月印发。

2017年11月《司法部关于严格准入 严格监管 提高司法鉴定质量和公信力的意见》出台。司法行政部门从重视鉴定数量到重视鉴定质量之变，从重视行业发展到重视监管规范之变，进一步提出从严监管的举措。

2. 我国社会司法鉴定的几个概念

（1）管理理念。2005年开始审批鉴定机构时，由于审批门槛低，导致鉴定机构过多，布局结构失调。司法行政部门重质量、重监管之后，司法鉴定之变可以从一些数字上体现出来。全国鉴定机构的数量，2005年为1 385家，2007年增至4 421家，2015年为4 924家，2016年降至4 872家，2017年进一步降至4 338家。全国司法鉴定人的数量，2007年为5万人，2014年增至55 290人。2015年为55 662人，2016年减至54 198人，2017年进一步降至49 498人。但全国司法鉴定机构完成的业务量逐渐增加，2007年社会鉴定数量为72.19万件，2009年突破100万件，2014年为185.54万件，2017年达到了227.35万件。其中，法医类、物证类、声像资料类三大类司法鉴定机构从2005年到2015年10年间累计完成鉴定案件974.39万件，年均增幅为22.25%。

（2）鉴定标准。2013年8月30日、2016年4月18日，司法部和最高人民法院、最高人民检察院、公安部、国家安全部先后出台《人体损伤程度鉴定标准》《人体损伤致残程度分级》并分别于2014年1月1日、2017年1月1日施行；从2010年至2018年，司法部先后制定出台了118项司法鉴定技术规范，推荐给全行业适用，基本覆盖了三大类鉴定的主要鉴定事项。

（3）管理制度。2008年以来，司法部制定出台了《司法鉴定执业活动投诉处理办法》（司法部令第123号）、《司法鉴定职业道德基本规范》、《司法鉴定人和司法鉴定机构名册管理办法》、《司法鉴定许可证和司法鉴定人执业证管理办法》、《司法鉴定机构仪器设备配置标准》、《司法鉴定机构内部管理规范》等一系列规章和规范性文件，重新修订了《司法鉴定程序通则》（司法部令第132号）。司法鉴定实践中出现的问题也暴露出管理中的漏洞，为此，制定、修订、细化、完善这些管理制度，不仅对司法行政部门加强管理提供了依据，也让司法鉴定活动更加有章可循。

（4）收费管理。2009年之前，司法鉴定收费无章可循。2009年，国家发改委、司法部联合印发了《司法鉴定收费管理办法》，制定了各项鉴定事项的收费标准。2015年，按照国家价格体制改革的要求，国家发改委、司法部将司法鉴定收费管理权限下放到各省、直辖市、自治区。2017年上半年，在司法部积极推动下，全国31个省（市、

第三章 中华人民共和国时期中国法医学（1949—2018 年）

区）均出台了本省司法鉴定收费管理办法和收费标准，收费管理制度体系进一步完善。至此，司法鉴定收费无章可循的不良状况结束，收费过低或过高现象得到遏制。

（5）鉴定质量。从 2005 年 5 月起，开始对鉴定机构和鉴定人进行能力验证，当时仅有 17 个省份 38 家机构参加，也仅仅涉及"死亡原因鉴定"和"笔迹鉴定"两个业务类别这两个能力的验证项目。到 2009 年，能力验证便已覆盖三大类和其他类共 11 个业务类别。到 2010 年，则覆盖了全国 31 个省份（市、区）。2014 年开展能力验证项目 26 个，全国 1 581 家司法鉴定机构参加了 4 017 项的能力验证活动，总体通过率为 84%。2005—2015 年 10 年间，全国司法鉴定机构累计参加了 20 660 项能力验证。通过率和满意率稳步上升。2008 年 7 月，司法部联合国家认监委，在北京、江苏、浙江、山东、四川、重庆 6 个省市开展认证认可试点工作。2012 年 4 月，司法部、国家认监委印发《关于全面推进司法鉴定机构认证认可工作的通知》，在三大类司法鉴定机构中全面推行认证认可。

（6）鉴定监管。司法鉴定业发展壮大后，严格执行监管必不可少。近年来，对司法鉴定违法违规行为的查处、通报力度在不断加大、加强。据统计，2014 年以来，全国司法行政机关针对司法鉴定违法违规行为共作出行政处罚 280 余件，其中停止从事司法鉴定业务的 45 件，撤销登记 11 件，对情节轻微的违法违规行为作出批评教育、训诫、通报、责令限期整改等行政处理 590 余件。连续 3 年，司法部在全国范围共通报 15 起司法鉴定违法违规典型案件。到了 2017 年，从严监管之变尤大。从 2017 年 5 月 1 日起，在司法部官方网站"行政处罚和行业处分通报"专栏上开辟了"司法鉴定类"专项通报，5 月 1 日当天就通报了 8 起违法违规行为，截止到 2017 年 12 月，共通报了 38 起违法违规行为。

（7）机构设置。2017 年，全国司法鉴定机构中，依托卫生、教育、科研部门设立的机构占 39.47%。在法医、物证、声像资料、环境损害"四大类"机构中，这个比例为 60.07%。全国司法鉴定人中具有博士学历的 2 485 人、硕士 5 484 人、本科 31 491 人。具有本科及以上学历的占总人数的 79.74%；具有正高职称的 11 602 人、副高职称的 15 418 人、中级职称的 16 430 人，具有副高以上职称的占总人数的 54.59%；同时，司法鉴定人中还包括一批"两院院士"、国务院特殊津贴获得者和学科专业带头人。司法部接受中央政法委委托，遴选出最高人民检察院司法鉴定中心、司法鉴定科学技术研究所司法鉴定中心、公安部物证鉴定中心、法大法庭科学技术鉴定研究所、西南政法大学司法鉴定中心等 10 家国家级司法鉴定机构。10 家国家级司法鉴定机构的诞生，不仅解决了大量重大疑难案件和有争议案件的重新鉴定工作，还解决了多头鉴定、重复鉴定等问题，保障诉讼功不可没。2010 年，投诉量为 1533 件，投诉率为 0.13%；2011—2014 年，投诉率下降为 0.09%；2015—2017 年，投诉率进一步下降为 0.07%，投诉率下降了 0.02%。投诉量和投诉率的下降，说明社会鉴定机构司法鉴定质量提高，公信力也随之提升。

3. 国家级十大司法鉴定中心

2013 年 9 月，国家级司法鉴定机构遴选委员会按照国家级司法鉴定机构遴选办法有关规定，再次对 2010 年 9 月遴选产生的 10 家国家级司法鉴定机构进行资质审核，认为10家机构相关资质条件均符合《国家级司法鉴定机构评审标准》，同意继续授予10家机构"国家级司法鉴定机构"称号。这10家机构分别是最高人民检察院司法鉴定中心、公安部物证鉴定中心、北京市公安司法鉴定中心、上海市公安司法鉴定中心、广东省公安司法鉴定中心、北京市国家安全局司法鉴定中心、司法鉴定科学技术研究所司法鉴定中心、法大法庭科学技术鉴定研究所、中山大学法医鉴定中心和西南政法大学司法鉴定中心。

据不完全统计，几年来，10家国家级司法鉴定机构固定资产投入累计总金额超过2.4亿元，引进先进鉴定设备159套，新增鉴定人员超过115人，具有研究生以上学历的鉴定人所占比例大幅提高，承担重大科研课题累计达315项以上，发表学术论文超过206篇，编纂司法鉴定领域重大专著28部，研制技术专利、国家标准、行业标准等技术成果200多项，全部顺利通过CNAS监督评审或复评审，认可项目不断拓展。实践证明，遴选国家级司法鉴定机构不仅对于完善司法鉴定管理制度具有重要推动作用，而且通过发挥国家级司法鉴定机构在技术研发和技术推广方面的引领作用、在机构建设和规范执业方面的示范作用以及在解决疑难复杂和重复鉴定方面的权威作用，还有效推动了司法鉴定行业的建设发展，提升了司法鉴定的社会公信力。

（1）最高人民检察院司法鉴定中心。其前身是1985年设立的最高人民检察院办公厅刑事技术室。1988年刑事技术室升格为最高人民检察院检察技术局，同期设立最高人民检察院检察技术科学研究所。2000年，最高人民检察院合并检察技术局、检察技术科学研究所和办公厅信息技术室，成立最高人民检察院检察技术信息研究中心。2007年登记为司法鉴定中心。中心目前开展的鉴定项目包括法医病理、法医临床、法医毒物、文书鉴定、声像资料、电子证据、司法会计等，现有鉴定人43名，其中45%具有高级职称，硕士以上学历16人，拥有一批国内同行业中最先进的仪器设备。中心主要承担最高人民检察院以及下级检察院送检的重特大和疑难案件的检验鉴定、文证审查等。中心坚持"办案、科研、培训"的功能定位，立足服务于检察机关办案，着眼于提高解决重大疑难案件的能力，基础建设、专业人才、技术能力和管理水平显著增强。2008年12月，中心有6类23项通过实验室认可。

（2）公安部物证鉴定中心。始建于20世纪70年代初，原名公安部126所，后更名为公安部第二研究所。1996年以公安部第二研究所为基础成立公安部物证鉴定中心。中心专业机构和专业特长涉及法医病理损伤鉴定、法医物证鉴定、DNA鉴定、毒物检验鉴定、毒品检验鉴定、微量物证鉴定、痕迹鉴定、指纹鉴定、枪弹物证检验鉴定、爆炸物证检验鉴定、视听技术检验、文件鉴定、电子物证检验鉴定、书写材料和书写时间的检验等方面。中心在职人员300余人，有一批高科技专业技术人员，其中中国工程院院士1人、研究员38人、副研究员86人，享受国务院政府特殊津贴28人，新世纪百千万工程国家级人选3人、博士26人、硕士60人。中心主要负责中央和公安部交办的物证检验鉴定和现场勘验工作，以及省级公安机关提交或其他相关机关委托的各类案件的物证鉴定及复核工作。中心自成立以来，已检验鉴定各类案件13万余起，参与了不同时期我国很多有影响的重特大案（事）件的现场勘验或检验鉴定工作。2006年10月，中心通过中国合格评定国家认可委员会的实验室认可，成为公安机关刑事技术领域

第三章 中华人民共和国时期中国法医学（1949—2018 年）

第一个整体通过实验室认可的物证鉴定机构。

（3）北京市公安司法鉴定中心。隶属于北京市公安局刑事侦查总队，是集办案、科研、培训与教学于一体的刑事科学技术部门。中心设有 16 个专业技术科室：现场勘验室、痕迹检验室、现场图像室、理化检验室、爆炸检验室、文件检验室、指纹检验室、心理测试室、计算机和数字声纹检验室、电子物证检验室、法医病理检验室、法医临床检验室、毒物毒品检验室、DNA 检验室、影像技术室和法医二部。建有全国第一批公安部重点实验室——法庭毒物分析公安部重点实验室，中心共有专业技术人员 178 名，其中 51% 具有高级技术职称。中心自成立以来，立足实战和专案攻坚，近 10 年每年检验鉴定各类案件 2 万多起，在许多重特大疑难案件、重大突发事件以及群死群伤类案（事）件的侦破工作中发挥了关键或重要作用，为侦查破案和法庭诉讼提供了准确线索和科学证据。自 2003 年通过实验室认可以来，至今已有痕迹、理化、文检、指纹、电子物证、声像资料、法医病理、法医临床、法医毒物、法医物证等 10 个专业 92 个检验项目通过认可，基本涵盖了目前中心所开展的日常工作。

（4）上海市公安司法鉴定中心。隶属于上海市公安局。中心具有健全的组织结构、完善的实验室质量管理体系和专业化的技术队伍。设有法医室、毒化室、声像室、痕检室（含文检专业）、指纹室、理化室（含心理测试专业）、生物物证室、警犬队和综合室 9 个科室。目前共有技术人员 176 人、管理人员 18 人、文职人员 50 人；技术人员中高级职称 68 人（有 7 人获得国务院政府特殊津贴）、中级职称 50 人。中心在现场勘验、法医病理学检验、法医临床鉴定、法医物证检验、理化分析检验和痕迹检验鉴定等专业领域具有一定的优势，并具备重大疑难案件和重大事件的现场取证和研判能力、检验鉴定各类疑难物证的能力和为其他鉴定机构复核疑难案件的能力。2007 年 6 月以来，中心已有 65 类 165 项通过中国合格评定国家认可委员会实验室认可，系全国省厅级公安机关第一个全专业获得认可的单位。中心建有全国第一批公安部重点实验室——法医物证学现场应用技术公安部重点实验室，并在 2010 年 2 月获科技部批准建立上海市现场物证重点实验室——省部共建国家重点实验室培育基地。

（5）广东省公安司法鉴定中心。隶属于广东省公安厅，前身为广东省公安厅刑侦处技术科，成立于 1979 年 6 月。1996 年升格为正处级单位，2008 年正式挂牌。中心设有技术管理、法医病理、法医临床、法医人类学、法医物证、DNA 检验、手印、足迹、工具痕迹、枪弹及其他痕迹检验、排爆、化验、毒化、理化、毒品、微量物证、文件、声纹、电子物证检验、影像、画像、测谎、指纹、警犬技术等专业。中心现有工作人员 124 人，其中博士研究生 1 人、硕士研究生 19 人、本科生 43 人；具有高级职称的 35 人、中级职称的 27 人；具有鉴定资格的有 79 人；享受国务院政府特殊津贴 3 人、全国刑事科学技术青年人才 23 人。作为中南和华南地区规模最大、专业最齐全的公安司法鉴定中心，中心利用技术手段破获了一大批大案要案，在影响重大的一系列部、省督办案件侦破中发挥了关键作用。2008 年 8 月，中心通过了实验室国家认可，成为全国首家获得国家认可的省级公安司法鉴定机构。同时，中心也是公安部和香港特区政府确定的国内唯一一家承担香港居民内地非婚生子女赴港定居亲权鉴定的机构。

（6）北京市国家安全局司法鉴定中心。是国家安全机关依法履行职责，根据侦查工作需要设立的鉴定机构,并已在当地司法行政机关进行了备案登记。中心主要从事法医类、物证类和声像资料的鉴定工作,具有工作所需的高素质专家型鉴定人队伍,以及先进、可靠的检测、检查设备和设施,工作场所、工作环境符合相关标准和规范的要求。

(7) 司法鉴定科学研究院司法鉴定中心。依托原司法部司法鉴定科学技术研究所(现司法鉴定科学研究院)设立。始建于 1932 年,是我国近代法医和司法鉴定的发源地。中心是经司法行政机关审核登记的面向全国公、检、法、司以及社会、公民服务的司法鉴定机构,核定的司法鉴定业务范围包括:法医病理鉴定、法医临床鉴定、法医物证鉴定、法医毒物鉴定、法医精神病鉴定、文书鉴定、痕迹鉴定、微量鉴定和声像资料鉴定、计算机鉴定等。中心现有专职鉴定人员 70 名,其中具有高级技术职务任职资格的司法鉴定人 35 名,享受国务院特殊津贴的鉴定人 10 名。中心与研究所一体,围绕司法鉴定实践的重大需求,重点开展司法鉴定新技术、新方法、新标准的研究工作,形成多项具有国内领先水平和国际影响的标志性成果,为司法鉴定提供科技支撑。首创了覆盖 ISO/IEC17025 和 ISO/IEC17020 国际标准要求的司法鉴定质量管理体系,在全国司法鉴定行业率先通过中国合格评定国家认可委员会的检查机构/实验室认可的基础上,于 2009 年再次通过国家实验室/检查机构资质认定、实验室/检查机构和能力验证计划提供者认可的"五合一"评审,具备国际行业认可的"提供可靠数据和司法证明"的能力。

(8) 法大法庭科学技术鉴定研究所。依托中国政法大学设立,前身系 1986 年北京市高级人民法院法医技术室,1995 年成立北京市法庭科学技术鉴定研究所,为贯彻执行《全国人民代表大会常务委员会关于司法鉴定管理问题的决定》,经调整转制后,于 2006 年并入中国政法大学并更名。该所是经司法行政机关审核登记的司法鉴定机构,核定的司法鉴定业务范围包括:法医病理鉴定、法医临床鉴定、法医物证鉴定、法医毒物鉴定、法医精神病鉴定、文书鉴定、痕迹鉴定、微量鉴定和声像资料类鉴定。现有执业司法鉴定人 38 名,具有正高级职称 16 名、副高级职称 16 名,取得硕士以上学位 21 人,其中 24 人在专业领域工作 10 年以上。该所累计完成各类鉴定 6 万余件,每年各类咨询 1.5 万人次,服务范围辐射全国各省、市、区,承办大量反复缠诉、上访和疑难复杂的案件,为各级司法机关解决纠纷提供科学依据,取得了良好的社会效益。2008 年 4 月,该所通过中国合格评定国家认可委员会的实验室认可和国家认证认可监督管理委员会的国家级资质认定。

(9) 中山大学法医鉴定中心。依托中山大学设立。1953 年成立法医鉴定组,1998 年成立法医鉴定中心,2000 年被广东省政府指定为唯一的法医学专业类复核鉴定机构。中心是经司法行政机关审核登记的司法鉴定机构,核定的司法鉴定业务范围包括:法医病理鉴定、法医临床鉴定、法医物证鉴定、法医毒物鉴定、法医精神病鉴定。现有鉴定工作人员 46 名,其中司法鉴定人 23 名、鉴定辅助人员 23 名。高级职称司法鉴定人 20 名,占司法鉴定人的 87.0%,司法鉴定人中有博士学位、硕士学位和学士学位的人员分别占 69.6%、26.1% 和 4.3%,拥有高素质的专家型司法鉴定人团队。中心长期以来为全国的公、检、法、司和个人的民事及刑事案件提供法医鉴定工作。各专业迄今共受

第三章 中华人民共和国时期中国法医学（1949—2018 年）

理和鉴定 6 万余例案件，法医病理、法医临床和法医物证等三个主干专业的年检案总量大于 5 000 例，检案数量大，疑难案件多，重复鉴定案件比例高，在一些疑难和敏感案件的鉴定中发挥了重要的作用。2008 年 7 月，中心通过中国合格评定国家认可委员会的实验室/检查机构认可。

（10）西南政法大学司法鉴定中心。依托西南政法大学设立。西南政法大学从 20 世纪 50 年代中期即从事刑事侦查和司法鉴定教学、科研活动，具有较好的教学和实践的基础。1986 年经司法部批准成立西南政法大学司法鉴定中心。中心是经司法行政机关审核登记的司法鉴定机构，核定的司法鉴定业务范围包括：法医病理鉴定、法医临床鉴定、法医物证鉴定、法医毒物鉴定、文书鉴定、痕迹鉴定、微量鉴定和声像资料（电子证据）鉴定。中心拥有一支人数达 73 人的学缘、年龄和职称结构合理的鉴定专家技术人员、管理人员队伍，具有几十年的司法鉴定实践经验和丰富的人才资源。中心开展以物证类鉴定为主、鉴定种类基本齐全的司法鉴定活动，其中，笔迹和文书检验有多位知名专家教授，文件形成时间鉴定是其特色。中心已通过中国合格评定国家认可委员会的实验室/检查机构认可，以及国家认证认可监督管理委员会的国家级资质认定。

四、我国法医体制改革设想

传统的法医鉴定体制难以满足当前快速发展的法医司法鉴定工作的发展。因此，推动法医鉴定体制的改革已成为我做司法鉴定工作顺利开展以及社会进步、发展的必然趋势。

近百年来，我国曾经历两次法医学体制大讨论。第一次法医学体制讨论是 20 世纪初叶。1914 年，北京地方法院设法医席，由江尔鄂医师担任。1916 年，司法行政部派江尔鄂医师赴日本考察法医学情况。不久，司法界、医学界人士相继提出中国现代法医学发展模式："司法行政部设二局。甲：裁判法医局；乙：犯罪研究局""司法行政部设卫生专处，筹设法医专科学校。"1924 年，林几在北京《晨报》发表《收回领事裁判权与法医学之关系》文章，阐述发展中国现代法医学的观点。1930 年 4 月 1 日，上海租界地法院由我国接收改组，孙逵方医师被任命为法医。1932—1936 年，法医研究所培养的法医分配至各省高等、地方法院以及各地警署，实际上形成了多系统法医体制。1949 年后，中国法医学逐步形成公、检、法多系统法医体制。

除我国以外，世界各主要国家在一个地区或一个城市都只有一个法医机构，不论隶属哪个系统都是面向全社会服务的。而我国目前各系统体制，即在公安、检察系统内重复设置法医机构，另外还有社会鉴定机构，共同完成相同性质、相同内容的鉴定工作。为此，法医界、法学界颇有微词。中国医科大学贾静涛教授曾提出我国现行多系统体制的 10 项缺陷：①机构重复，浪费人力和物力；②人员分散，技术力量薄弱；③相互扯皮；④行政干预法医鉴定；⑤各系统业务量饱饿不均；⑥只管使用不管培训；⑦自侦自鉴、自审自鉴；⑧技术人员长期不能享受相应待遇；⑨不利于其他部门利用法医技术；⑩不易取得群众信任。他认为，我国现行法医体制应改变，建立一个统一的法医机构，在国务院设置法医工作委员会，成立法医局，隶属于国务院法制局，其下设 1～2 所科学研究机构，进行重点科学研究和疑难案件的会诊工作。在省市（地）设立法医局或法医鉴定中心，在县设法医鉴定所，行政上受当地政府领导，并接受当地政法委员会监督，其负责人（法医局长或中心主任或鉴定所长）由当地政府任命，向中央法医总局备案。合并分散于全国的各个系统的法医人员和设备，由各级政府资助进行机构建设。在人才和设备较好的单位附设法医研究所，有条件的设立法医医院。贾静涛认为，这种新体制可以克服旧体制的弊病，促进我国法医学事业的健康发展。

从历史的角度和历史比较学角度来说，各国的法医制度的成功经验和法医设置布局也应为我国所吸收。我国从古代到近代，法医检验制度一直受传统封建意识所束缚，法医为封建王朝的法律服务，检验人员一直水平低下而不受重视，结果检验者为仵作，断案者为刑吏，没有作为一门科学加以发展；而国外由医学专家、教授主其事，继而建立研究所、鉴定局，先进、合理布局的法医机构使法医学得以迅速发展。我们国家不能再沿袭旧体制，而应尽快建立新体制以适应现代发展需要。

此外，从法医工作职能出发，我们也会发现，目前法医所做的事只是法医职能很小的一部分，如法医只完成法律上的刑事、民事部分的鉴定工作，起法庭上的"证据作用"。但实际上，除了证据作用外，为保证公共安全，监督健康卫生条件、非诉讼纠纷的调解、非刑事案件的死亡管理（医疗中死亡、不明原因死亡、工伤死亡、意外死亡、灾害死亡、传染病死亡等），都需要由法医出具证明作用的鉴定，即法医的另一作用是"证明作用"。此外，法医还需为非讼的亲生关系、卫生质量、产品质量、意外事故伤害等出具"是与非"的认可，即法医的第三个作用是"公证作用"。鉴于法医学结论除了起证据作用外，还应起证明作用和公证作用，法医机构设在司法部门内，尤其目前这样公检法三家均设置法医是非常不妥的。笔者认为，法医机构应是公检法三系统以外的由政府部门管辖的独立、专门鉴定机构，只有这样才能起科学、合理、合法的鉴定作用，真正发挥法医的作用。

第二次法医体制大讨论发生在 20 世纪末 21 世纪初。1998 年，国务院赋予司法部指导面向社会的司法鉴定工作管理职能。之后，司法部出台《司法鉴定执业分类规定（试行）》《司法鉴定机构登记管理办法》《司法鉴定人管理办法》等规定。2005 年 2 月 28 日，全国人大常委会第 14 次会议通过《全国人民代表大会常务委员会关于司法鉴定管理问题的决定》，规定"国务院司法行政部门主管全国鉴定人和鉴定机构的登记管理工作""侦查部门根据侦查工作需要设立的鉴定机构，不得面向社会接受委托从事司法鉴定业务，人民法院和司法行政部门不得设立鉴定机构"。所以，目前我国法医体制仍是多系统鉴定体系，但是法院、司法行政部门不设法医机构。法院法医负责审判阶段的技术咨询、技术审核、委托鉴定、保外就医组织诊断、刑场枪决（注射执行死刑）死亡认定。公安、检察二系统内部设服务侦查需要的鉴定机构，面向社会服务的鉴定机构由司法行政部门登记后设立。因此，中国法医体制正面临一个新的发展和改革时期。

华中科技大学黄光照教授等认为，理想的司法鉴定体制应该是"侦查、鉴定、审判分开"，并保证鉴定机构的独立性、中立性、专门性和公益性，他建议法医学鉴定机构的设置应以高等院校和科研院所的法医学鉴定机构为主。华中科技大学陈新山教授认为，自全国人大常委会《全国人民代表大会常务委员会关于司法鉴定管理问题的决定》（以下简称《决定》）2005 年发布实施后，我国法医学司法鉴定进入了新的历史阶段，

第三章 中华人民共和国时期中国法医学（1949—2018 年）

形成了以公安系统、相关院校与科研单位和社会第三方鉴定机构为主体的法医学司法鉴定新格局。其中，公安系统主办刑事案件；学校和科研院所因教学和科研任务繁重，其司法鉴定的总量不多；大量的民事案件进入社会第三方鉴定机构。《决定》虽然取消了法院系统法医从事法医学鉴定，限制了公安、检察系统的法医进行法医学鉴定，但鉴定机构分散、设置不合理的局面并没有得到根本解决，而是呈现更加分散、数量更多的趋势。原来仅有公安局、法院、检察院、司法系统和部分医学院校的鉴定机构从事法医学鉴定工作，现在出现了大批经省级司法厅（局）批准开展鉴定工作的法医学司法鉴定机构，有的城市司法鉴定机构数量多达十几家，甚至几十家。与此同时，鉴定人员的素质良莠不齐，总体素质较前无明显改善，部分鉴定人缺乏系统的法医学理论知识的学习和教育，甚至业务能力低下，其鉴定质量难免令人怀疑。与法医学司法鉴定机构及司法鉴定人存在的问题相对应的，反映在司法鉴定实践中的主要问题包括：①《决定》期望改变的多头鉴定、重复鉴定乱象并未得以根本性遏制。当事双方或其中一方只要对鉴定意见不满意，就更换鉴定机构进行重新鉴定，一个案例进行两三次鉴定较为常见，四五次鉴定也非罕见，影响了案件的调处、诉讼和审判；另一方面，一些鉴定机构从自身经济利益出发和避免矛盾考虑，容易做的案例抢着做，疑难的案例则相互推诿，最终造成案件调处、法院审理的困难。②部分司法鉴定机构出于经济利益考虑，或者自身业务能力不足，鉴定质量不高，导致司法鉴定的权威性降低。③鉴定机构与鉴定人准入门槛过低，人民群众鉴定成本反而增高。少数鉴定机构为了开展鉴定业务，仓促拼凑几个人员、租个房间就开张，有的没有凑齐鉴定人员，就借用他人的资质顶替，这些现象的存在对司法鉴定本身带来的负面影响可能是巨大的。由于鉴定机构多，部分地区出现无序竞争的乱象，再加上多头鉴定和重复鉴定，使当事人的鉴定成本居高不下。要改革我国现行的法医学司法鉴定体制，首要的目标应当是建立统一、独立、分级、分类的鉴定机构。虽然我们不能，也不应该完全照搬西方发达国家的体制模式，但一个地区通常仅设立一个法医学司法鉴定机构应当是值得学习和借鉴的，至少不应是现在这样在同一地区动辄有几家甚或几十家鉴定机构的局面。

笔者赞同贾静涛的法医布局设想和陈新山教授的建议，综合国内不同学者的观点，提出以下构想：①将司法系统内部设立的法医鉴定机构和公检法机关内部的法医鉴定机构全部撤销，全国法医集中于一个政府部门内，成立一个独立的、科学的、专业的法医鉴定机构。从中央到地方加以管理，按照法医科学的学科特点建立发展规划，完成法医学机构改革任务。鉴于 2005 年 2 月 28 日第十届全国人大常委会第 14 次会议通过《全国人民代表大会常务委员会关于司法鉴定管理问题的决定》，规定"国务院司法行政部门主管全国鉴定人和鉴定机构的登记管理工作"，可考虑将法医鉴定机构设置在司法行政部门，即在司法部设立国家法医鉴定局（中心），各省（自治区、直辖市）、地级市、县（区）分别设置省、市、县级法医鉴定机构。上一级鉴定机构对下级鉴定机构进行业务与管理指导，并且也对下级人员工作情况进行监督。②对于有条件的大专院校来说，可以由司法部门批准成立面向社会服务的法医鉴定机构，其主要的任务就是进行刑事及民事案件中的非诉讼性鉴定与司法鉴定，从而对专业鉴定机构鉴定短板问题进行弥补，还能培养出法医鉴定的高级专业人才，促进法医学科的可持续发展。③考虑到我国幅员辽阔，仅有一家国家级法医鉴定局（中心）难以满足解决疑难、复杂案件的鉴定需求，可在法医教学、科研和鉴定实力雄厚的城市如北京、上海、沈阳、西安、成都、武汉和广州等地建立7个所在大区的国家级法医学司法鉴定中心，负责有争议案件的重新鉴定及对法医学司法鉴定人的继续教育和业务培训工作。

第三节　中华人民共和国成立后我国法医学发展概述

中华人民共和国成立后，我国法医学发展经历了三个阶段：第一个阶段是1949—1978年，第二个阶段是1979—2004年，第三个阶段是2005年至今。

一、1949—1978年第一个法医学发展阶段

1949年后，中央人民政府重视法医学发展，先后制定了法律、法规，使法医学获得发展。1950年2月，政务院公布《关于严禁鸦片烟毒的通令》，使禁烟成为法医工作者的任务之一。1950年9月，卫生部发布了《解剖尸体暂行规则》，规定了法医学尸体解剖的对象、目的和原则。1951年9月4日，中央人民政府颁布《中华人民共和国人民法院暂行组织条例》，规定省级、县级人民法院视需设法医。1953年5月，中央人民政府公布《城市陆上交通管理暂行规则》，其中第十二条规定："交通肇事，致人死亡或重伤，应将肇事情形连同肇事人移交法院判处。"1951年7月，中央人民政府卫生部公布《医师暂行条例》规定：医师检验尸体或死产，须会同公安人员办理。医师在执行业务时，如发现关于伤病的发生，有犯罪事实或犯罪嫌疑时，须于24小时内向当地人民政府公安机关报告（《中医师暂行条例》中也有类似规定）。医师受人民政府询问或委托检验时，不得拒绝。1954年，我国第一部《中华人民共和国宪法》颁布，这是我国各行各业工作的行动指南，标志着中国走向法制化。1954年9月，政务院公布《劳改条例》，其中第四条规定："犯人死亡，应有医疗鉴定，经过当地人民法院检验。"1957年7月，中央人民政府卫生部修订《解剖尸体规则》，将尸体解剖分为普通解剖、病理解剖和法医解剖三种。其中，法医解剖限于人民法院、人民检察院、公安厅（局）、医学院校附设的法医检验机构及受人民法院、人民检察院、公安厅（局）委托的有条件进行法医剖验作死因分析时进行。凡涉及刑事案件，必须经过剖验始能判明死因的尸体；对于有工业中毒死亡的嫌疑，必须经过解剖始能确定诊断的尸体，均可进行法医剖验。这种剖验应先取得亲属或机关负责人的同意为原则，但涉及刑事案件需要判明死因的法医剖验，在必要时也可以进行。有关法医检验、死因剖验，须会同检察或公安人员进行。如果法医剖验的尸体在学术上认为有必要时，在保持尸体外形情况下，可以酌留适当部分作研究之用。《解剖尸体规则》还规定：尸体剖验后，如发现死因为鼠疫、霍乱、天花等烈性传染病或中毒、他杀或自杀，应于确定诊断后12小时内报告当地有关主管部门等。此外，与法医学工作有关的法律法规还有《治安管理处罚条例》、

第三章　中华人民共和国时期中国法医学（1949—2018 年）

《传染病管理办法》、《国境卫生检疫条例》等。

法医学教育方面，新中国成立初期，国家在制定法律的同时，重视法医学教育。卫生部成立医学教材编审委员会，设有法医学组。北京大学医学院（1952 年更名为北京医学院，即现北京大学医学部）、中央大学医学院（后改名为南京大学医学院）、中国医科大学设有法医学科或组，江苏医学院也设有法医科。其中，南京大学医学院除法医科外，尚附设法医检验专修科和法医研究所。南京大学医学院法医科聘林几为主任，北京大学医学院聘张树槐为主任，中国医科大学聘陈东启为主任，设在镇江的江苏医学院（现南京医学院）聘汪继祖为主任。1951 年，卫生部委托南京大学医学院培养第一届法医高师班，为各高等医学院校开设法医必修课培养第一批师资，这是我国历史上的第一次（内容详见第四节"法医学教育"）。1951 年 12 月，中国人民解放军医学科学院设法医系，聘孔禄卿为主任。1953 年春，中国人民解放军第二军医大学成立法医组。1953 年起，上海第一医学院（即原国立上海医学院，后来更名为上海医科大学，现复旦大学上海医学院）、华南医学院（后来更名为广州医学院、中山医学院、中山医科大学，现中山大学医学部、中山大学中山医学院）、四川医学院（后来更名为华西医科大学，现四川大学华西医学中心）、浙江医学院（后来更名为浙江医科大学，现浙江大学医学院）、西北医学院（后来更名为西安医学院、西安医科大学，现西安交通大学医学部）、湖南医学院（后来更名为湖南医科大学，现中南大学湘雅医学院）、山东医学院（后来更名为山东医科大学，现山东大学齐鲁学院）相继成立法医学组。此外，建立法医教学机构的还有哈尔滨医科大学、中南同济医学院（后来更名为武汉医学院、同济医科大学，现华中科技大学同济医学院）和江西医学院（现南昌大学江西医学院）。1954 年，卫生部召开教学大纲审定会议，陈康颐、陈东启教授及汪继祖副教授等制定了我国第一部法医学必修课教学大纲。同年，中国医科大学在陈东启教授领导下，着手翻译苏联波波夫著《法医学》，于 1955 年出版，由卫生部指定作为高等医药院校试用教材。1955 年 10 月，卫生部委托中国医科大学陈东启教授举办第二届法医高师班。卫生部还委托军事医学科学院孔禄卿和陈康颐教授培养我国第一批法医学研究生，这是中华人民共和国成立后历史上第一批法医研究生。这些有力措施使我国多数医学院校在短时间内都配备了法医师资，建立了一批法医学教研室或法医学组，为一些医学院校本科生开设了必修课。制定教学大纲，出版通用教材，建立教学组织，开设必修课和培养研究生，这些是我国高等法医学教育初步形成的主要标志。

随着高等法医学教育事业的发展，我国积极进行了法医专业人员的培训工作。1952—1956 年间，司法部法医学研究所开办了 3 届法医训练班，培养了 200 余名法医专业人员，分配至全国公安、检察、法院从事检案工作，初步建立起全国性的法医鉴定体系。1956—1966 年，公安部第一人民警察干部学校陆续培养了多名法医。1972 年复校更名为公安部人民警察干部学校后继续开展了法医培训工作。

我国高等法医学教育的初步形成和全国性法医学鉴定体系的初步建立是中华人民共和国成立后我国法医学事业第一次发展的主要特征，短时间里取得的这些成就，是中华人民共和国成立之前近 40 年的法医事业所不能比拟的，这是当时我国社会主义建设取得飞跃发展的一个侧面。但是，到了 20 世纪 50 年代末，情况发生了很大变化。1958

年后，各医学院校取消法医学课，撤销法医教研室。1959 年冬，司法部法医研究所合并到公安部门，1960 年该所被撤销。20 世纪 60 年代，法院、检察系统刚成立不久的法医机构也被撤销，只有公安系统法医队伍维持法医检案工作。20 世纪 60 年代中期以后又遇十年"文化大革命"，法医队伍被破坏。总之，1949 年至 1979 年这 30 年中，前 10 年法医发展是初步繁荣的，而 20 世纪 60 年代至 70 年代末这后 20 年中，法医工作跌入低谷。

二、1979—2004 年第二个发展阶段

1979 年后，我国恢复了法制建设。我国新《中华人民共和国宪法》《民法通则》《民事诉讼法》《刑事诉讼法》《刑法》《行政法》《赔偿法》《行政诉讼法》《禁毒决定》《劳动法》等重要法律、法规相继出台。1979 年，《中华人民共和国刑法》和《中华人民共和国刑事诉讼法》的颁布为我国法医学的第二次发展提供了重要的条件。同年 9 月，卫生部重新发布试行《解剖尸体规则》。1980 年 5 月，公安部发布《刑事技术鉴定规则》，规定了尸体和物证检验的程序，鉴定的要求以及出庭作证等问题。法医队伍又开始建立起来。

1979—2004 年法医学事业主要发展历程如下。

（一）法医学教育与培训

法医教育得到重视，自 1979 年起，卫生部指定当时的中国医科大学、中山医学院、西安医学院、四川医学院、武汉医学院、山西医学院、中国刑警学院等相继开始由大学入学招生考试中招收法医专业学生，开办法医专业班，培养法医师资和法医专业医师，这是我国有史以来第一次。中山医学院等院校开始招收法医硕士学位研究生。

1980 年，为了适应培训法医人才及实际检案的需要，法医培训工作在全国迅速兴起。全国公检法司各系统建立法医培训计划。公安部为建立全国公安系统的法医服务组织，依靠公安部人民警察干部学校逐年培训了大批法医人员充实基层刑事技术机构。卫生系统的西安、武汉、南京、山西、广州、沈阳、四川等地医学院校也相继举办法医师资和法医师培训班培训法医人才。

1983 年 4 月 30 日，教育部发出文件《关于调整改革高等医药教育的几点意见》，将法医学列入我国高等教育亟需发展的"短线专业"。

1983 年 10 月 26 日，教育部联合公安部、司法部、卫生部、最高人民法院和最高人民检察院在山西太原召开了全国高等法医专业教育座谈会，即"晋祠会议"。会后，四部两院签发了《全国高等法医学专业教育座谈会纪要》，提出加强法医学科建设，改善办学物质条件，编写法医学专业教材和为临床医学专业学生增加法医必修课等重要措施。

1984 年春，教育部向各医学院校发出增设法医学必修课的决定，并于 1984 年 3 月确定成立全国法医学专业教学教材工作协作组作为教育部领导下的全国性法医学专业教学指导机构，其下设有法医学教材编审委员会。同年 7 月，卫生部与教育部确定中山医科大学、华西医科大学、上海医科大学、中国医科大学、同济医科大学、西安医科大学设法医学专业，建立法医学系，每年招收法医专业学生。其后，山西医学院、昆明医学

院、皖南医学院等也建立了法医学系,洛阳医学高等专科学校设置了法医学专业。

1984年9月,西安医科大学受教育部、卫生部委托培养法医学高级师资班,由刘明俊主持,学员有丛斌、黄瑞亭、顾晓生、何颂跃、高彩荣、黄秋菊、王雪梅、马光瑜、田川、张国昌、温书贤、兰正民等23人。结业时,胡炳蔚、刘明俊两位教授分别题词勉励学员(图3-1、图3-2):

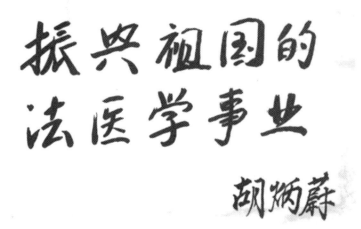

图3-1 1984年胡炳蔚为西安医学院全国高师班学员题词
引自黄瑞亭、陈新山《中国法医学史》,华中科技大学出版社2015年版。

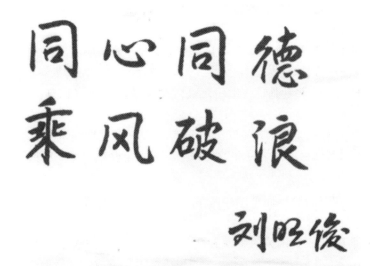

图3-2 1984年刘明俊为西安医学院全国高师班学员题词
引自黄瑞亭、陈新山:《中国法医学史》,华中科技大学出版社2015年版。

1985年4月,国家教育委员会确定将全国法医学专业教学教材工作协作组更名为

"全国法医学专业教育指导委员会",由中山医学院原党委书记李福海任第一任主任,并于同年11月在河南洛阳召开了委员会第一次会议,确定在3年内编写出版8种法医学专业教材。

1986年8月,国务院学位委员会批准中山医科大学法医学系和中国医科大学法医学系为我国法医学专业的首批博士学位授予权单位;祝家镇、贾静涛教授为首批博士生指导教师。至1990年,又增加华西医科大学法医学系和同济医科大学法医学系为授予权单位;吴梅筠、郭景元和黄光照教授为博士生指导教师。自1995年起,有了年轻一代的博士生指导教师,如徐小虎、王保捷、侯一平、陈玉川等。

1987年3月,中山医科大学法医学系举办法医病理培训班,徐小虎为班主任,学员有黄瑞亭、程海鹰、熊平、晏明等7人。

1987年5月,国家教委确定法医学属于医学中的第六门类,其中设法医学专业和法医物证专业两个专业。中国刑事警察学院自1991年起招收法医物证专业学生,第一期学生于1995年7月毕业,这是中国第一批法医物证专业毕业生。

1991年9月,国家教委对法医学专业9门课程的性质和任务、理论知识和技能、参考学时范围等做出明确的规定。

1993年5月,国家教委批准法医学专业教学应该达到的基本标准。

1994年3月,公安部召开了公安机关法医教育培训座谈会。

1994年10月,国家教委和公安部确定全国法医学专业教育指导委员会第二轮法医学教材编审委员会成员,吴家驭为主任委员,组织修订和编写全套教材共10种,其中6种为修订出版第二版。

1995年7月,在华西医科大学召开了全国法医学专业第二轮教材编写会议。确定对已出版的6门教材修订再版,并编写《法医物证学》《法医精神病学》《法医人类学》和《法医法学教程》。

1999年9月17日,全国高等医学教育法医学教育分会成立大会在华西医科大学召开,吴家驭为首任理事长。

2002年1月,法医学专业研究生用《高级法医学》教材(伍新尧主编)由郑州大学出版社出版。

2002年8月,全国高等医学院校法医学专业第三轮教材编审委员会成立,吴家驭为主任委员,组织第三轮法医学专业教材编写工作,全套教材共10种。

(二)法医学会与学术交流

1979年12月1日,第一届全国法医学术交流会在陕西西安召开,这是我国法医学界的第一次学术盛会。

1980年3月14日,我国第一个地方性学会组织——沈阳法医学会成立,刊物《法医通讯》出版发行。其后,广州、武汉、四川等地也相继成立了法医学会。

1985年10月27日,中国法医学会在河南洛阳召开了成立大会(图3-4),同时召开了第二届全国法医学术交流会。由李伯龄担任中国法医学会第一任理事长。

1985年,中国法医学会有了自己章程和会徽(图3-5)。中国法医学会制作盾牌一枚,正面是宋慈铜像,下面写着"伟大的法医学家宋慈(1186—1249)",背面是双

第三章 中华人民共和国时期中国法医学（1949—2018 年）

图 3-4　中国法医学会第一次代表大会于 1985 年在河南洛阳召开

引自黄瑞亭、陈新山：《中国法医学史》，华中科技大学出版社 2015 年版。

图 3-5　中国法医学会会徽

龙护盾牌，龙表示中国，盾牌表示信念，意思是中国法医学者学习宋慈，忠于职守，维护正义。

1985 年 7 月，司法部司法鉴定科学技术研究所主办的《法医学杂志》创刊发行，由郑钟璇任主编。

1986 年，中国法医学会创刊全国性学术刊物《中国法医学杂志》，由吴家驭担任第一任主编。

1987 年 10 月，中国医科大学法医学系在辽宁沈阳召开了国际性的法医学研讨会。

1987 年 11 月 14 日，第三全国法医学术交流会在重庆召开。

1988 年 9 月，中国法医学会在北京召开了国际性的法医学研讨会。

1988 年，《湖南法医通讯》创刊，由湖南省高级人民法院主办。

1989 年 8 月，全国首届中青年法医学者论文研讨会在四川成都召开。

1989 年 9 月，《实用法医学杂志》创刊，由四川省法医学会主办，主编吴家驭。

1990 年，全国法院系统首届法医临床学术交流会在山东威海召开。

1991年5月，中国法医学会第二次全国代表大会暨第四次全国法医学术交流大会在江苏无锡召开，大会再次推选李伯龄为理事长。

1992年，全国第一次法医病理学术会议在吉林抚松市召开。全国第二次法医临床交流会在江西九江召开。

1992年5月，中国刑事警察学院在辽宁沈阳召开了国际性的法医学研讨会。

1993年，全国第二次法医病理学术会议在内蒙古呼和浩特召开。

1994年1月，《法律与医学杂志》创刊，由北京市高级人民法院主办。

1995年，中国法医学会纪念《中国法医学杂志》创刊10周年，社会各界予以高度赞扬。全国第三次法医病理学术会议在安徽黄山市召开。

1995年1月，《湖南法医通讯》更名为《法庭科学杂志》。

1996年10月29日，第五次全国法医学术交流会在北京召开。

1998年5月，全国第四次法医病理学术会议在福建省武夷山市召开。

2000年11月，第六次全国法医学术交流会在陕西省西安市召开。

2001年，《中国司法鉴定》杂志出版发行。

2002年5月，全国第五次法医病理学术会议在江西省井冈山市召开。

2004年12月，第七次全国法医学术交流会召开。

（三）法医学人才与科学研究

1978年，郭景元、朱小曼等（中山医学院）的《马王堆一号汉墓古尸研究》获全国科学大会奖。

1997年，河北医科大学博士研究生丛斌荣获共青团中央、全国学联颁发的"中国大学生跨世纪发展基金·建昊奖学金"1997年度优秀奖。

1998年12月，中山医科大学法医学博士研究生胡丙杰荣获共青团中央、全国学联颁发的"中国大学生跨世纪发展基金·建昊奖学金"1998年度特等奖。

1985—1998年，多个法医学项目获国家科技进步二等奖。

2001年，刘耀当选为中国工程院院士。

（四）法医学著作与法医学史研究

1980年，郭景元主编的《实用法医学》出版发行。

1981年，郭景元主编的《中国医学百科全书·法医学》出版发行。

1984年11月，由公安部第二研究所发起，在中国古代伟大法医学家宋慈的故乡福建建阳召开了中国法医学会筹备会，并在宋慈墓前建碑留念。由福建省委原书记陈明义题词，横批是"宋慈纪念园"，两侧题词是"大宋提刑业绩垂千古，法医鼻祖洗冤传五洲"。（图3-3）

1986年12月15日，中国法医学会在福建省建阳县召开，纪念我国古代法医学家宋慈诞辰800周年纪念会。

1991年5月25日，在第四次全国法医学术交流会上，黄瑞亭的《林几传》作大会交流。

1992年，《国际法庭科学杂志》（*Forsenic Science International*）发表黄瑞亭论著

第三章 中华人民共和国时期中国法医学（1949—2018年）

图 3-3　位于福建建阳崇雒乡昌茂坊的宋慈纪念园

引自黄瑞亭、陈新山：《中国法医学史》，华中科技大学出版社 2015 年版。

《林几传》（*Professor Lin Ji*（1897—1951））。

1995 年 1 月，世界图书出版公司出版黄瑞亭著作《林几传》，取名《法医青天——林几法医生涯录》。

图 3-6　黄瑞亭著的《法医青天——林几法医生涯录》

1995年3月,《法庭科学杂志》发表黄瑞亭论著《中国近现代法医学发展史述评》。

1995年5月,福建省志人物志为林几立传,由黄瑞亭撰写林几传记,取名《中国现代法医学奠基人、法医学家、教育家林几教授》,并在《福建史志》上发表。

1996年,《法医学杂志》发表黄瑞亭论文《早期中外医学家对我国法医学的贡献》。

1997年,福建教育出版社出版黄瑞亭主编的《中国近现代法医学发展史》(图3-7)。

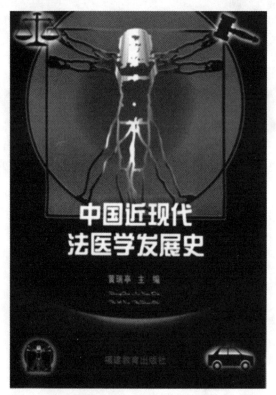

图3-7 黄瑞亭主编的《中国近现代法医学发展史》

1998年,《法医学杂志》发表黄瑞亭论文《拟议创立中央大学医学院法医科教室意见书与林几教授的法医学教育思想》。

2000年,郭景元的《现代法医学》出版。

2004年,《法律与医学杂志》发表黄瑞亭论文《洗冤集录与宋慈法律学术思想》。

(五)法医学鉴定

1986年8月15日,司法部、最高人民法院、最高人民检察院、公安部联合发布《人体重伤鉴定标准(试行)》。

1990年,司法部、最高人民法院、最高人民检察院、公安部联合发布修改后正式施行《人体重伤鉴定标准》。

1990年4月2日,最高人民法院、最高人民检察院、公安部、司法部联合发布

《人体轻伤鉴定标准（试行）》。

1992 年 4 月 4 日，公安部发布《道路交通事故受伤人员伤残评定》。

1998 年 7 月，国务院在机构改革中出台"三定"方案，赋予司法部指导全国"面向社会服务的司法鉴定工作"。

2000 年 8 月 14 日，司法部公布《司法鉴定人管理办法》（司法部令〔2000〕年第 63 号）。

2001 年 11 月，最高人民法院印发关于《人民法院司法鉴定工作暂行规定》的通知。

总的说来，1979—2004 年这 25 年中，我国法医学发展有以下几点特征：①恢复了公检法多系统法医体制；②成功进行了法医学教育和人才培养；③法医学直接为公检法各职能部门检案工作服务；④法医科研成果是 1949 年后任何时候不能比拟的；⑤我国法医学某些学科开始进入成熟阶段，出现不少有造诣的专家、学者；⑥我国法医学已不能满足日益发展的需要，暴露出新的问题——法医体制问题。

三、2005 年至今第三个发展阶段

2005 年 2 月 28 日，第十届全国人大常委会第 14 次会议通过《全国人民代表大会常务委员会关于司法鉴定管理问题的决定》，规定"国务院司法行政部门主管全国鉴定人和鉴定机构的登记管理工作""侦查部门根据侦查工作需要设立的鉴定机构，不得面向社会接受委托从事司法鉴定业务。人民法院和司法行政部门不设立鉴定机构"。中华人民共和国成立后，中国法医学形成公、检、法多系统法医体制。在《全国人民代表大会常务委员会关于司法鉴定管理问题的决定》颁布之前 6 年（即 1999 年），国务院赋予司法部指导面向社会的司法鉴定工作管理职能。之后，司法部出台《司法鉴定执业分类规定（试行）》《司法鉴定机构登记管理办法》《司法鉴定人管理办法》等规定。至此，中国出现社会鉴定机构，由各省司法行政部门登记后从业。根据最高人民法院《人民法院第二个五年改革规划》要求，参照大陆法系做法，将法医等司法技术人员纳入人民法院工作人员人事管理制度中进行分类管理，人民法院将转变法医等司法技术人员工作的职能，完成协助法官审查法医鉴定结论等有关证据材料、列席合议庭合议、回答法官咨询、委托评估拍卖、委托司法鉴定、刑场枪决（注射）执行死刑死亡确认等法庭科学技术工作的重要作用。

2005 年后，我国法医学事业的发展历程如下。

（一）司法鉴定管理和改革

2005 年，全国人民代表大会常务委员会发布《全国人民代表大会常务委员会关于司法鉴定管理问题的决定》，规定法医类、物证类、声像资料司法鉴定实行司法行政机关登记管理。司法部公布《司法鉴定人登记管理办法》（司法部〔2005〕第 96 号令）和《司法鉴定机构登记管理办法》（司法部〔2005〕第 95 号令），规定"司法鉴定许可证"和"司法鉴定人执业证"是经司法行政机关审核登记获准行政许可的司法鉴定机构和司法鉴定人从事司法鉴定执业活动的有效证件。

2006 年，最高人民法院印发《关于各级地方法院设立司法技术辅助工作机构的通

知》（法发〔2006〕182号），国务院发布中华人民共和国国务院令第481号《诉讼费用交纳办法》。

2007年，最高人民法院办公厅印发《技术咨询、技术审核工作管理规定》和《对外委托鉴定、评估、拍卖等工作管理规定》的通知。

2009年，司法部《关于印发〈国家级司法鉴定机构遴选办法〉和〈国家级司法鉴定机构评审标准〉的通知》（司发通〔2009〕第207号）。

2010年，最高人民法院印发《关于适用侵权责任法若干问题》的通知；最高人民法院、最高人民检察院、公安部、国家安全部、司法部联合发文，公布十家国家级司法鉴定机构：最高人民检察院司法鉴定中心、北京市国家安全局司法鉴定中心、司法鉴定科学技术研究所司法鉴定中心、公安部物证鉴定中心、法大法庭科学技术鉴定研究所、北京市公安司法鉴定中心、中山大学法医鉴定中心、上海市公安司法鉴定中心、西南政法大学司法鉴定中心、广东省公安司法鉴定中心。

2012年，司法部司法鉴定科学技术研究所获首批国家级服务业标准化试点。

2014年，最高人民法院、最高人民检察院、公安部、司法部、国家卫生计生委印发《关于印发〈暂予监外执行规定〉的通知》（司发通〔2014〕112号）。

2016年，最高人民法院、最高人民检察院、公安部、国家安全部、司法部印发《人体损伤致残程度分级》文件号；最高人民法院、司法部印发《关于建立司法鉴定管理与使用衔接机制的意见》（司发通〔2016〕98号）；最高人民法院印发《关于印发〈罪犯生活不能自理鉴别标准〉的通知》（法〔2016〕305号）。

2017年，中央深化改革领导小组审议通过并由中共中央办公厅、国务院办公厅印发了《关于健全统一司法鉴定管理体制的实施意见》（厅字〔2017〕43号）；司法部印发《司法部关于严格准入、严格监管，提高司法鉴定质量和公信力的意见》（司发〔2017〕11号文件）对社会鉴定机构进行管理；经统计，2017年，全国经司法行政机关登记管理的鉴定机构共4 338家，全国经司法行政机关登记管理的鉴定人共49 498人。

2018年，国家标准化管理委员会确定"上海市司法鉴定服务标准化示范"为2018—2019年度国家级服务业标准化示范项目，承担单位为司法鉴定科学研究院；司法部开始以省份为单位建立司法鉴定重点实验室，解决本省司法鉴定疑难案件。7月31日，国务院公布《医疗纠纷预防和处理条例》，自2018年10月1日起施行。

（二）法医学会与学术交流

2005年，刘耀会长率团赴英国参加了在杜布兰（Dunblane）召开的世界警官第七届国际法医临床学学术交流会暨法医临床学会年会。

2007年，《法律与医学杂志》改名《证据科学》杂志，由国家新闻出版署批准出版，国内外公开发行。

2009年，中国法医学会法医临床学专业委员会在西宁举办全国第十二次法医临床学术交流会；中国法医学会对中国现代法医学先行者和奠基人林几、陈康颐、孔禄卿、丁涛、陈谦禄、汪继祖、张树槐、黄鸣驹、陈东启、仲许、张颐昌、陈安良、吕瑞鑫等为代表的法医先辈作了高度的褒扬，同时对1949—1959年10年间参加法医工作（为中

第三章　中华人民共和国时期中国法医学（1949—2018年）

国法医事业贡献50年，即1959年前参加法医工作）的256位法医专家颁发了纪念奖牌。这些法医专家是（按姓氏笔画排序）：丁树屏、刁任昌、于九五、于玉录、马学胜、马宝庆、马明友、乌国庆、方爱民、王天良、王玉山、王克峰、王志贤、王学文、王若葵、王振刚、王雄文、王麟士、车锡秀、邓浩、邓文才、邓运瞳、兰忠贤（女）、冯汉辉、冯岐达、冯学文、冯满年、卢新泉、史天恩、史景泉、叶国耀、叶炯华、叶焕锦、叶惠玲（女）、叶谦正、司寿春、白阶瑞、石秋念、艾英文、关玉华、关信、刘大荣、刘文启、刘文秀、刘月锦、刘世沧、刘玉山、刘玉芬（女）、刘协和、刘良声、刘奇馨、刘承海、刘明俊（女）、刘祖伯、刘振森、刘桂云（女）、刘培善、刘硕艺、吕世惠、吕登中、孙丰铄、孙再生、孙贵文、孙桐润、安文献、师振英、庄明洁、朱小曼（女）、朱绍荣、朱郁文、江东林、江荫泽、江焘、米良多、许长启、何启芬、何志美、何郁之、何金龙、何接昌、何蔚云、何德普、吴亚标、吴宝琛、吴炳织（女）、吴家驳、吴梅筠（女）、宋一璇（女）、宋观晃、宋嗣荣、张仁兴、张介克、张友之、张兴满、张百鹏、张纯录、张其英、张国峰、张杰、张武扬、张泰运、张继森、张焕云、张维贤、张鸿鬻、张新志、张源来、张瑞武、时承发、李士义、李元平、李丙南、李永千、李延吉、李伯龄、李英文、李贤俊、李贯中、李素全（女）、李谦宜、李道泉、李德祥、杜功茂、杨宣德、沈宝镕、沈松贤、肖光夏、肖早生、肖宝华、肖柏坤、邱金才、邵洪起、邹玉林、陆泽勤、陆振芳、陈大光、陈之清（女）、陈文斌、陈世贤、陈东才、陈主杰、陈斥、陈仲芝（女）、陈光然、陈佛云、陈应勋、陈金才、陈笃体、陈惜秋（女）、陈槐林、陈源世、周天玉、周世才、周荣宗、周殿松、和中年、季少岩、庞土凤、易剑秋、林静平、武国栋、武振华、罗佛来、罗炎生、范星儒、范维均、郑国才、郑金福、郑钟璇、郑德滋、侯甘云（女）、祝家镇、胡三多（女）、胡文明、胡炳蔚、赵广成、赵以诚、赵海波、赵鸿举、钟木兴、钟志强、饶铁卿、骆世林、骆庆盘、党正清、党礼让、党志忠、徐婉（女）、徐功伟、徐明、徐英含、徐榴园、殷培端、殷富根、真允武、袁方、袁绍清、诸葛瑞延、贾仲道、贾明春、贾静涛、郭修文、郭润根、郭景元、郭福、高志江、高威、高继胜、高随捷、高富愿、寇连绪、崔绍湘、崔家贵、曹秀彭（女）、梁宗万、梁鸿仪、梁惠文、麻永昌、黄文衡、黄木泉、黄东森、黄本欢、黄立煌、黄光照、黄汝、黄灶林、黄学政、黄环英（女）、黄继泉、黄培、黄跃才、傅松华、景民、曾元成、曾令和、曾甘露、曾金文、曾炳才、温定源、董仲龄、董恩宝、蒋玉民、蒋兴文、蒋瑞华、谢仁福、谢其天、雷纯章、廖胜昌、翟建安、翟贵礼、蔡光延、蔡榕、蒲芝谷、谭光寅、潘文、黎纯学、薛正贵、戴志清、魏如凡、魏祯祥。（1959年前参加法医工作的还有北京市公安局法医赵经隆。）

2010年3月，中国法医学会在海南省万宁市召开第八次全国法医学术交流会。

2011年，司法部司法鉴定科学技术研究所主办并召开"2011年司法鉴定理论与实践研讨会"。

2012年，中国法医学会第五次全国会员代表大会在北京召开。大会选举产生了新一届理事会领导成员。会长：刘耀。副会长：王羽、王雪梅、丛斌、石鹏建、吴少军、胡占山、翟恒利。秘书长：翟恒利（兼）；中国法医学会在广东广州举办"中外法庭科学新技术研讨培训班"；中国法医学会医疗损害鉴定专业委员会在河南焦作举办首届医疗损害法医鉴定学术研讨会；中国法医学会第五届法医毒物学专业委员会第一次工作会议在江西省景德镇市召开。

2013年，中国法医学会五届二次会长办公会议在北京召开；中国法医学会在北京召开第九次全国法医学术交流会，这是学会进行换届后举行的首次全国性学术交流活动，交流内容涵盖法医病理学、法医损伤学、法医临床学、医疗损害鉴定、法医物证学、法医毒物学、法医人类学、司法精神病学以及其他相关或交叉学科；中国法医学会在北京举办中外法庭科学学术交流会议；司法部司法鉴定科学技术研究所主办并召开"2013年司法鉴定理论与实践研讨会"。

2014年，中国法医学会法医临床专业委员会在黑龙江哈尔滨举办中国法医学会第十七届全国法医临床学学术研讨会及临床专业委员会工作会议。

2015年，司法部司法鉴定科学技术研究所主办并召开"2015年司法鉴定理论与实践研讨会"；中国法医学会在江苏省南京市召开五届一次法医精神病学学术交流会。

2016年，第五届全国法医DNA检验技术研讨会暨2016年法医遗传学新进展国际研讨会在京召开；司法部司法鉴定科学技术研究所主办的英文期刊 *Forensic Sciences Research* 创刊。

2017年，司法部司法鉴定科学技术研究所主办召开"2017年司法鉴定理论与实践研讨会"。

2018年10月，中国法医学会医疗损害鉴定专业委员会在贵州贵阳市举办全国医疗损害鉴定学术研讨会。

（三）法医学教育

2007年，全国高等医学院校法医学专业第四轮教材编审委员会成立，吴家驷为主任委员，组织第四轮法医学专业教材编写工作，全套共10种主教材和4种配套教材。

2008年，王镭主编的《继往开来：振兴中国法医教育事业》（图3-8）由四川大学出版社出版；同年，在山西太原举行了纪念全国法医学教育座谈会（四部两院晋祠会议）25周年庆祝活动，会议由全国高等法医学教育研究会、教育部高等学校法医学专业教学指导委员会主办，山西医科大学法医学院承办，全国高等医学教育学会名誉会长王镭、教育部高等教育司副司长石鹏建、山西省副省长张平、山西医科大学校长郭政、山西省人民检察院副检察长、山西省高级人民法院副院长等领导、全国高等法医学教育的老前辈、老专家，来自于全国32所高校（所）的领导和代表共130余人参加了会议，大会由全国人大常委会常委、河北医科大学副校长丛斌教授主持。

2011年，法医学专业研究生用《高级法医学》教材第二版（伍新尧主编）由郑州大学出版社出版。

2013年，山西医科大学举办高等法医学专业教育30年回顾暨学科发展高峰论坛，中国工程院院士、中国法医学会会长刘耀教授，中国工程院院士、中国法医学会副会长丛斌教授等在我国法医学科领域做出卓越贡献的国内知名专家出席会议。

2014年，经全国高等医药教材建设研究会和全国高等医学院校法医学专业教材编审委员会审议，第五轮法医学专业教材编写工作启动，全套共16种教材，其中主教材11种、配套教材5种。

第三章　中华人民共和国时期中国法医学（1949—2018年）

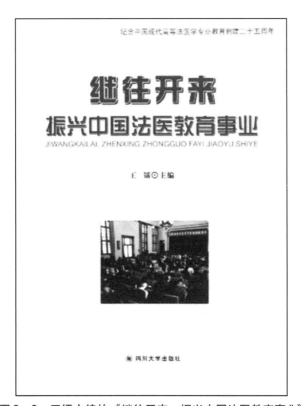

图3-8　王镭主编的《继往开来：振兴中国法医教育事业》

（四）法医学人才队伍建设和科学研究

2007年，司法部司法鉴定科学技术研究所作为中方牵头单位，组建了由15家机构（其中国内5家、国外10家机构）参加的"国际司法鉴定教育合作计划"，搭建了国际司法鉴定科学技术和教育培训交流合作的平台。

2011年，丛斌当选为中国工程院院士；丛斌等的科研成果《高度腐败检材降解DNA检验技术体系的建立》获2011年国家科学技术进步奖一等奖。

2005—2017年，法医学多个项目获得国家科技进步二等奖。

（五）法医学著作与法医学史研究

2005年，黄瑞亭著的《法医探索》（图3-9）由福建教育出版社出版。黄瑞亭、陈新山的《百年中国法医学》在《中国法医学杂志》发表。

2006年《中国司法鉴定杂志》发表黄瑞亭的《宋慈洗冤集录与宋朝司法鉴定制度》。

2007年，《中国法医学杂志》发表黄瑞亭的《百年之功——纪念林几教授诞辰110周年》

2008年，军事医学科学出版社出版黄瑞亭、陈新山主编的《洗冤集录今释》（图3-10）。

2011年，军事医学科学出版社出版黄瑞亭、陈新山主编的《话说大宋提刑官》（图

3-11)。

2012年,《中国法医学》杂志发表黄瑞亭的《中国近现代法医学人物志》。

2014年,刘耀、丛斌、侯一平主编的《实用法医学》(图3-12)由科学出版社出版,黄瑞亭著的《林几》(图3-13)由海峡出版集团鹭江出版社出版,黄瑞亭、高洪懋的《鉴证》(图3-14)由海峡出版集团鹭江出版社出版。

2015年,黄瑞亭、陈新山主编的《中国法医学史》(图3-15)由华中科技大学出版社出版。

图3-9 黄瑞亭著的《法医探索》

图3-10 黄瑞亭、陈新山等主编的《洗冤集录今释》

图3-11 黄瑞亭、陈新山主编的《话说大宋提刑官》

图3-12 刘耀、丛斌、侯一平主编的《实用法医学》

第三章 中华人民共和国时期中国法医学（1949—2018 年）

2016 年，福建省政协、司法部、福建省司法厅在福建建阳召开纪念宋慈 830 周年大会。

2017 年，司法鉴定科学技术研究院召开"纪念林几诞辰 120 周年座谈会"。陈新山、黄瑞亭参与 Burkhard Medea 主编的 *History of Forensic Medicine*（《世界法医学史》）（图 3-16）中国法医学和法科学史部分的编写，黄瑞亭、陈新山编著的《宋慈说案》（图 3-17）由科学出版社出版，黄瑞亭著的《法医说案》（图 3-18）由福建科技出版社出版。

图 3-13 黄瑞亭著的《林几》

图 3-14 黄瑞亭等主编的《鉴证》

图 3-15 黄瑞亭、陈新山主编的《中国法医学史》

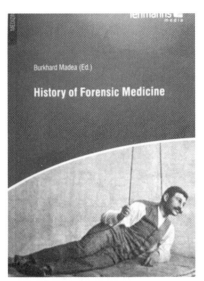

图 3-16 陈新山、黄瑞亭参与编写的 *History of Forensic Medicine*

图 3-17 黄瑞亭、陈新山编著的《宋慈说案》　　图 3-18 黄瑞亭著的《法医说案》

2018 年，黄瑞亭的《宋慈〈洗冤集录〉与洗冤文化》在《法庭科学文化论丛(3)》发表。

第四节　法医学教育

我国法医学发展至今，形成多个分支学科，包括法医病理学、法医临床学、法医物证学、法医毒理学、法医毒物分析、法医人类学、法医精神病学、法医法学、法医现场学、法医昆虫学、法医齿科学等。社会上普遍认为法医学就是"解剖尸体"，实际上它并不等同于解剖学或病理学。法医工作者主要解决涉及与人身伤、病、残及其他生理病理状况等有关的医学问题，从而提供相关的线索或法律证据等；解剖学、病理学主要是研究人体结构或发现人体组织的病变而为治疗提供依据。由于不同的国家司法体制存在差异，故在提到"法医"时所指的工作内容也有所不同。比如美国的法医是法医病理学工作者，主要解决与法律相关的涉及死亡的案件，明确死因、死亡时间和方式等；而中国的法医则从现场勘查照相到检查伤者，从检验血痕到化验毒物，从解剖尸体到检查骨骸，几乎无所不为。美国从事法医学工作者首先需经过 4 年的理工科大学学习，再接受 4 年医学院的教育，毕业后首先取得病理医师资格，才能取得法医病理医师资格，病理医师资格的取得须通过进修病理解剖学或临床病理学（3 年）或二者兼修（4 年），考试合格者可得到资格证书（primary certification），具备这一条件再进修法医病理学（1 年），通过考试才能获得法医病理医师资格。相比之下，目前我国的法医学专业学生的培养时间就要短得多，高中毕业后进入医科大学的法医学专业，进行 5 年的本科学习

第三章 中华人民共和国时期中国法医学（1949—2018年）

就可以开展法医工作。

一、中华人民共和国成立后我国法医学教育的历史

中华人民共和国成立后我国法医学教育发展经历了两个主要阶段。

第一阶段（1949—1978年）是法医高级师资人才及司法系统法医工作者的培养阶段。由于党和国家领导人的重视，我国法医学教育有了第一次发展。1954年颁布的新宪法规定，必须强化人民的国家机器，加强对敌人的专政。作为直接为无产阶级专政机关服务的我国法医学，是打击敌人、保护人民利益、保卫社会主义制度、加强无产阶级专政的斗争中不可缺少的重要手段之一。通过法医学鉴定，为打击犯罪提供科学依据，也可提供依据调解民事纠纷。20世纪50年代初，我国法医学教育处于起步阶段。1951年，卫生部委托中央大学医学院（后改为南京大学医学院）由林几主持开办第一届法医师资进修班，由陈康颐、丁涛、陈谦禄协助，为各高等医学院校培养了中华人民共和国成立后的第一批师资19人（图3-19），他们毕业后被分配到全国11所医学院，开设法医学课程，这批师资大多已成为我国法医学教育的基础力量。1954年，卫生部制定并颁布了我国第一部法医学课程（必修）的教学大纲。1955年，中国医科大学法医学教研组翻译，陈东启、陈康颐审校的苏联波波夫著的《法医学》出版，并指定为高等医学院校的试用教材。1955年，由中国医科大学陈东启主持开办第二届法医师资进修班，共22人。这次培训结束后，使得有法医学教师的医学院又增加了16所。再后，上海第二军医大学孔禄卿招收了几位副博士研究生，培养我国第一批法医学研究生，他们毕业后也大部分到医学院任法医学教师。有了这些有利措施，我国一批医学院校在短时间内配备了法医师资，开设了法医课，陆续建立了一批法医学教研室或在病理解剖教研室内设立的法医学组。这些都是我国高等法医学教育初步形成的主要标志。随着高等法医学教育事业的发展，我国积极开展了法医学专业人员的培训工作。1952—1956年，司法部在上海成立了法医学研究所，开办3届法医训练班，培养了近400名法医专业人员，毕业后分配到全国各地公检法单位从事法医工作。之后还从医学院抽调一些毕业生经各医学院或者上海司法部法医学研究所短期培训成为法医。1959年，陈康颐等编著的《法医学》出版，司法部法医学研究所开办了法医学研究生班，毕业后他们分配到全国公检法系统从事检案工作，初步建立起全国性的法医学鉴定体系。但由于我国当时受"左"的路线影响，法医学教育在20世纪50年代末下马了。1958年，法医学在全国高校"废科建组"运动中被取消。20世纪60年代，只有公安部第一人民警察干部学校（后更名为公安部人民警察干部学校即中国警官学院前身）举办了6期法医学训练班，先后结业400多名法医人员，他们被分配到全国各地公安部门从事法医工作。1962年，《高教六十条》颁布，中山医学院郭景元先后上书周恩来总理、公安部和卫生部，力陈法医学专业的重要性。1963年，卫生部通知中山医学院设立法医学教研组并恢复法医学课程。"文革"期间，我国的法医学事业处于停顿阶段，20世纪70年代初中期几乎没有法医学教育。

第二阶段（1979年至今）法医学本科专业确立，在世界上首创了招收法医学专业学生的法医学教育模式。可喜的是，20世纪70年代末，我国恢复了法制建设，1978年

图 3-19　全国第一届法医学高级师资班师生合影
南京医科大学陈锋提供

后排右起：郭景元、老二、老顾、王恩寿、祝家镇、沈宝镕、周需良、徐英含、吴梅筠、刘明俊、高慧珍、胡三多、胡炳蔚、杨增言、叶继光、张峰

中排右起：景民、吴家纹、王建清、赵经隆、黄其善、顾明理、汤玉林、陈傑、王伟、王炳森、张介克、陆振芳、史慧珠、朱小曼、张其英

前排右起：任定一、褚权材、王秀品、吴幼霖、吕瑞鑫、陈谦禄、张树槐、陈康颐、汪继祖、丁涛、刘淑慈、林锡暑

召开的第五届全国人民代表大会要求卫生部组织力量培训法医人才。1979 年 7 月，《中华人民共和国刑法》和《中华人民共和国刑事诉讼法》颁布，对法医学提出更高更全面的要求，为我国的法医学教育的第二次发展提供了重要的基础。1979 年，卫生部决定在全国高等学校统一招生考试中招收法医专业学生，并确定在中山医学院、中国医科大学、四川医学院开设法医专业班，培养法医师资和法医专业医师。这是我国有史以来第一次。1980 年，由中山医学院郭景元主编、联合各医学院法医学教师共同编写的《实用法医学》出版。接着，卫生部又主持编写《中国医学百科全书》，其中《法医学》分册主编为郭景元，副主编为吴家驳、祝家镇。20 世纪 80 年代中后期，法医学教育发展形势喜人。1983 年，教育部联合公、检、法、司、卫等部门在山西太原晋祠召开"全国高等法医学专业教育座谈会"（图 3-20），讨论了我国高等法医学专业教育现存的主要问题，并就加强法医学科建设、改善办学物质条件、编写专业教材和增加法医学必修课等提出重要意见，由"四部两院"联合印发《全国高等法医学专业教育座谈会纪要》[（83）教高二字 034 号]（图 3-21），指出，全国公安、司法部门约需补充高等法医专业人才近万名，而 1982 年高等法医专业在校学生的总数仅 249 名，应将法医学专业列入我国高等教育急需发展的"短线专业"。1984 年，国家教委批准在卫生部属的中山医科大学、华西医科大学、上海医科大学、中国医科大学、同济医科大学、西安医科大学设法医学专业，建立法医学系，每年招收法医专业学生。之后，4 所省属医学院校（山西医学院、昆明医学院、皖南医学院、洛阳医学高等专科学校）也开始开设法医学专业。上述各高校于 1984 年以后陆续开始招生，每届 30～60 人，学制为 5～6 年。为了办好高等法医专业教育，国家教委于 1985 年 10 月 14 日决定成立"全国法医学专业教育指导委员会"，并任命自愿献身法医学教育事业的中山医学院原党委书记李福海同志为主任委员，时任中国刑警学院院长的翟建安教授和中山医学院副院长的祝家镇教

第三章 中华人民共和国时期中国法医学（1949—2018年）

授为副主任委员。全国法医学专业教育指导委员会在李福海同志和祝家镇教授、翟建安教授的共同主持下，依靠全体委员的共同努力，对我国法医学专业教育的发展规划和教学改革教材编审及信息交流，法医学专业建设及教育工作进行了具体指导，并向国家主管行政部门提出不少建议，有力地推动了我国法医学专业教育的发展（图3-22）。

图3-20　1983年10月26日，全国高等法医学专业教育座谈会在山西太原晋祠召开

图3-21　"四部两院"联合印发《关于印发〈全国高等法医学专业教育座谈会纪要〉的通知》

图 3-22　1989 年第一届全国法医学专业教育指导委员会会议部分参会人员合影

1979 年，中山医学院开始招收法医学硕士研究生；1982 年，中国医科大学开始招收法医学硕士研究生；1983 年后，四川医学院、武汉医学院也相继招收法医学硕士研究生。1986 年，国务院学位委员会批准在中山医科大学和中国医科大学设立法医学博士点，首批批准祝家镇和贾静涛两位教授为博士研究生导师，开始招收法医学博士研究生，后增加郭景元教授为博士研究生导师。1990 年以后，又批准华西医科大学、同济医科大学为法医学博士点，吴梅筠、黄光照为博士研究生导师。1985 年，国家教委决定组织国内专家编写全国高等法医学统一教材 8 部，此外，各校也根据本校的特点编写了参考书和讲义。至 2016 年，已进行了 5 轮教材修订工作。这些教材无疑对培养学生、提高全国的法医学教育水平起了重要作用。在祝家镇、吴家驷等老一辈法医学家的努力下，通过法医学类专业目录论证，1986 年，国家教委将法医学正式纳入国家高等教育的专业目录，列为医药学中的一大类（图 3-23）。在这一基础上，法医学系或专业或授课教研室，与公检法实际法医检案单位联合办学或建立教学基地，法医学教学工作十分起色。至 20 世纪 90 年代初中期，法医系或专业培养的人才已输送到实际工作单位。我国高等教育改革后，自 1999 年高校全面扩招，有些省属医学院校也相继开始招收法医学专业学生。据不完全统计，目前全国有 20 多家医学院校招收法医学专业本科生和研究生，培养了大量法医学人才。

二、我国法医学教育形式

（一）普及教育

中华人民共和国成立后，我国教育部、卫生部等部门组织力量开展法医学普及教育。首先，组成《法医学》教材编写小组，林几任组长，陈东启、陈康颐、陈安良等任副组长、编委。其次，分别在南京大学医学院和中国医科大学培养法医学高级师资人才两期。再次，编成教学大纲，这是为医学本科生授法医学普及教育课用的，后在大学法律专业、警察专业，以及除医学专业以外的部分院校的口腔学专业、检验学专业、卫

第三章 中华人民共和国时期中国法医学（1949—2018年）

图3-23 1986年，法医学类专业通过目录论证，被列入高等医学院校专业目录

生专业授法医学课，使新中国成立初期医学生得到法医学知识的普及教育。可惜这一卓有成效的教学工作至20世纪50年代末就被取消。20世纪80年代初恢复法医学普及教育，只有中山医学院、中国医科大学、四川医学院等有授法医学课。1983年10月，教育部得到公安部、最高检、最高法、卫生部的大力支持，在山西晋祠召开全国高等法医学专业教育座谈会。1984年又在太原召开全国法医学教育工作协作会，教育部发出决定，要求各医学院校增设法医学选修课，并规定医学本科生的法医学教学时数为50学时。1984年以后，教育部、卫生部在全国高等医学院校恢复了法医学普及教育工作，并于1987年由人民卫生出版社出版了郭景元主编的医学本科生统编教材《法医学》。

（二）中等教育

20世纪五六十年代，我国法医人才匮乏，为迅速培养法医人才，曾采取速成的办法，开办了法医中等教育班。如司法部法医研究所（上海）法医培训班招收的学员中有的未经过医学专业训练，直接从高中生或实践工作中的干警中选拔，属中等教育；中国警察干部学校（沈阳）曾培养几批学员，直接从高中生或干警中招生，也属法医学中等教育。这些学员以后不少成了我国法医学专业的第一线骨干力量。有的继续深造，进入高等教育，并在法医学上作出贡献。20世纪80年代后，仍有个别高等院校招收中等专业学生，如中国医科大学法医系在培养博士研究生、硕士研究生、本科生、进修生的同时，也培养一定比例的中专生，这对迅速培养，充实基层法医队伍是有益的。

（三）转岗教育

转岗教育是中华人民共和国成立后早期最主要的法医学教育形式，司法部法医研究所培养了3期法医学员共400名，其中有的从中等或高等医学院校毕业后再学习法医学，有的由医学专业或临床专业转攻法医学。

1951年，首届全国高等医学院校高级法医师资班在南京大学医学院举办，学员来自全国各地。该高师班由教育部、卫生部主办，林几、陈康颐、汪继祖等授课，林几病逝后由南京大学医学院法医科教师完成教学任务。这些学员有：胡炳蔚、祝家镇、张其英、吴家驭、郭景元、赵经隆、刘明俊、吴梅筠、徐英含、周雪良、杨增言等。1955年，第二届全国高等医学院校高级医师资班在中国医科大学举办，陈东启、贾静涛等授课，学员从事法医工作的有：黄光照、石念秋、司寿春、王维民、肖柏坤、张文科、李家陶、赵以诚、高文琴等。

20世纪80年代后，中国医科大学又开办法医高师班一期。西安医学院于1984年开办了全国法医高级师资班，丛斌、黄瑞亭等参加了该师资班的学习。1985—1986年，卫生部委托中山医科大学法医学系举办全国法医高级师资培训班。高师班学员大多回到各自医学院校从事教学工作，为我国法医学教育、人才培养做出了很大的贡献。

（四）在职人员脱产进修

20世纪70年末后，法医学教育逐步恢复，中国医科大学、中山医学院、西安医学院、南京医学院、四川医学院以及司法部司法鉴定科学技术研究所、华东政法学院等开办法医学在职人员脱产进修班，取得良好效果。进修时间大多为1年，这些学员很快回到原单位，开展法医学检案工作，不少是法医学实践一线的骨干。

80年代中期后的十几年时间里，法医学进修工作仍在进行，大多数委托各部属、省属医学院校进行；应实际需要，各省高等医学院校也开办法医进修班。而最为典型的是最高法院委托西安医科大学和同济医科大学法医系开办法医进修班。同济医科大学在90年代还试行法医学函授教育班，也属进修班的性质。此外，各医学院举办的短期训练班也是进修教育的形式，这种进修班多为半年以内。由于进修班形式多样化且灵活，各地仍在不断举办，促进了法医人才的培养和法医素质的提高。

（五）法医学继续教育

根据专业技术人员继续教育有关规定，通过继续教育活动，促使法医专业技术人员不断进行新理论、新知识、新技术、新方法等为主要内容的知识更新，进一步完善和拓展知识结构，提升创新能力和综合素质。法医专业技术人员参加培训班、研修班或者进修班，参加学术会议、学术讲座、学术访问，到教学、科研、生产单位开展相关实践活动，以及接受远程教育都属于继续教育的方式，均可视为参加继续教育活动，如为贯彻落实1999年12月公安部"宜昌会议"精神，帮助法医工作者掌握现场勘验取证的前沿技术和最新方法，提高法医现场勘验取证业务水平，从而对各类人身伤亡案件作出准确判断，对较疑难案件能够准确地为上级法医部门进一步鉴定分析提供勘查、取证和初检的所有材料。2000年12月，公安部五局委托中国法医学会，在海南省等地举办3期法医现场勘验取证技术"两新、三化"（即法医新技术、新方法，现场勘验取证程序化、规范化、标准化）培训班。培训班聘请公安部物证鉴定中心刘耀、华西医科大学基础医学与法医学院侯一平、张林，中山医科大学法医学系胡丙杰等知名法医专家、教授讲课，学习结束时进行考试。经考试合格者，颁发中国法医学会"继续教育证书"。2002年4月，华中科技大学同济医学院法医学系陈新山教授申请的国家级继续教育项目"法医病理学继续教育讲习班"（批号：2002-01-02-008）在湖北武汉主办。

为了提高司法鉴定人的政治素质、业务素质和职业道德，加强司法鉴定人队伍建设，规范司法鉴定人教育培训工作，2007年11月1日，司法部印发《司法鉴定教育培

第三章 中华人民共和国时期中国法医学（1949—2018 年）

训规定》，明确司法鉴定教育培训包括岗位培训和继续教育，其中岗位培训分为岗前培训和转岗培训。继续教育是指司法鉴定人执业后，为进一步改善知识结构、提高执业能力而进行的学历教育和非学历教育。继续教育的内容主要是司法鉴定的新理论、新知识、新技术、新方法。继续教育实行年度学时制度。司法鉴定人参加继续教育，每年不得少于 40 学时。

（六）研究生教育

法医学研究生教育早在 20 世纪 50 年代就开始，由军事医学科学院孔禄卿、陈康颐教授培养了我国第一批法医学研究生。但我国研究生教育在 20 世纪 70 年代末后才在全国展开。1979 年，中山医学院开始招收法医学硕士研究生。1981 年，中国医科大学开始招收法医学硕士研究生。1983 年后，四川医学院、武汉医学院、西安医学院、上海医学院也相继招收法医学硕士研究生。1986 年，国务院学位委员会批准中山医科大学和中国医科大学为首批法医学博士学位授权点，祝家镇、贾静涛为首批法医学博士研究生导师，以后增加郭景元教授为博士研究生导师。1990 年后又批准华西医科大学、同济医科大学为博士点，吴梅筠、黄光照为博士研究生导师，中山医科大学还被国家教委批准为博士后流动站。2001 年，中山医科大学法医学系还招收了来自莱索托的 1 名法医学硕士研究生，由胡丙杰副教授担任导师。此外，20 世纪 90 年代开始，还有一批在职人员以同等学历申请攻读硕士学位。

根据中国研究生招生信息网 2018 年 7 月 27 日资料，全国可以招收培养法医学硕士研究生的院校有 37 所，包括中国人民公安大学、河北医科大学、山西医科大学、内蒙古医科大学、大连医科大学、中国医科大学、锦州医科大学、延边大学、吉林大学、北华大学、佳木斯大学、海军军医大学、复旦大学、苏州大学、徐州医科大学、温州医科大学、浙江大学、皖南医学院、福建医科大学、滨州医学院、郑州大学、河南科技大学、华中科技大学、南方医科大学、中山大学、汕头大学、海南医学院、重庆医科大学、四川大学、遵义医学院、贵州医科大学、大理大学、昆明医科大学、空军军医大学、西安交通大学、青海大学、新疆医科大学。可以招收法医学博士研究生的院校有近 30 所，如华中科技大学、西安交通大学、四川大学、中山大学、复旦大学、中国医科大学、河北医科大学、南方医科大学、山西医科大学、大连医科大学、苏州大学、郑州大学、重庆医科大学等。

（七）法医本科教育

中华人民共和国成立后，我国的法医教育事业有了飞跃发展，尤其是十一届三中全会以后，随着整个国民经济的发展和法制建设的加强，法医教育得到了空前的发展，目前已初步建立起具有中国特色社会主义的法医学教育体系。

1979 年，卫生部指定中山医学院（现中山大学中山医学院）、中国医科大学和四川医学院（现四川大学华西医学中心）由高考生中招收法医专业学生，学制 5 年，毕业后发给学士学位证书。以后西安医科大学（现西安交通大学医学部）、同济医科大学（现华中科技大学同济医学院）、上海医科大学（现复旦大学上海医学院）、山西医学院（现山西医科大学）、南京医学院（现南京医科大学）等院校也陆续开办了法医专业。

1983年10月，教育部联合公安部、司法部、卫生部、最高人民法院、最高人民检察院在太原召开了全国高等法医专业教育座谈会，并由"四部两院"签发了《关于加强我国高等法医学专业教育座谈会纪要》。1984年3月成立了"全国法医学专业教学教材工作协作组"，1985年更名为"全国法医学专业教育指导委员会"。1984年起，由教育部拨款在6个卫生部属院校（中山医科大学、中国医科大学、华西医科大学、西安医科大学、同济医科大学、上海医科大学）相继建立起了法医学系；之后4个省属医学院校（山西医学院、昆明医学院、皖南医学院、洛阳医学高等专科学校）也建立了法医学系。每个法医学系每年从高考生中招收15~60名学生，学制5~6年。法医专业学生所学课程同临床医学专业基本相同，但临床实习由1年减至4个月，节余的时间用以进行法医专业课的学习，主要的课程有法医学概论、法律基础、刑事技术、法医病理学、法医毒理学、法医毒物分析、法医物证学、法医临床学、法医精神病学、法医人类学、法医法学、法医现场学等；然后再到公安局进行2~3个月的临案实习；最后经考试合格发给毕业证和学士学位证书。1989年，中国刑事警察学院招收法医学第二学士学位学生，学制2年。随着高等教育改革的深入，招收法医学专业学生的院校不断增加。目前，除上述10所院校外，还有20多所院校设立法医学院、系或教研室，也先后开始招收法医学专业本科生，分别是重庆医科大学、包头医学院、川北医学院、赣南医学院、贵州医科大学、广东医科大学、河北医科大学、河北北方学院、南方医科大学、南京医科大学、内蒙古科技大学、内蒙古医科大学、苏州大学、温州医科大学、新乡医学院、新疆医科大学、中南大学、济宁医学院、遵义医科大学、哈尔滨医科大学等。

三、法医学教材建设

（一）医学本科生用《法医学》教材

中华人民共和国成立以来，我国多数大学的医学专业开设了法医学必修课或选修课。老一辈法医学教育工作者编撰了系统而规范的《法医学》教材，为普及法医学知识、在临床工作中正确处理有关法医学问题做出了卓越的贡献。早在1950年卫生部成立的医学教材编审委员会中就设有法医学教材组，林几教授任组长。此外，林几教授还被人民军医出版社聘为特约编辑、顾问。1954年，卫生部制定并颁布了我国第一部法医学课程（必修）的教学大纲。1955年，中国医科大学法医学教研组翻译，陈东启、陈康颐教授审校的苏联波波夫著的《法医学》出版，并被指定为高等医学院校的试用教材。1959年，由陈康颐教授主编的《法医学》出版，这是由我国法医学专家自行组织编写的第一部法医学教科书。在"文革"的10年间，法医学教育处于停顿期，几乎无法医学教材出版。"文革"结束后至20世纪80年代初，法医学教育逐步恢复，但全国无正式法医学教材出版，只有一些院校的自编法医学教材，如1976年中山医学院病理教研组编的《法医学》教材，及1978年中山医学院病理教研组法医组编的《法医学》教材。1984年，教育部决定各医学院校增设法医学必修课后，国家教委、卫生部指定高等医药院校教材《法医学》（供医学、儿科、口腔、卫生专业用）的第一版、第二版由郭景元任主编，分别于1987年、1992年由人民卫生出版社出版。21世纪后，我国高等医学教育既面临难得的发展机遇，又面临新的挑战。合格的卫生人才应是知识、

第三章 中华人民共和国时期中国法医学（1949—2018 年）

技能、创新等综合素质全面优秀的人才，教材建设必须适应人才培养的目标。随着我国社会主义法制建设的不断加强、各项法律制度的不断完善，法律实践对法医学提出了更高的要求；同时科学技术的飞速发展，也进一步扩展了法医学应用领域的广度和深度；要求人们的行为特别是临床各项工作必须纳入法制的轨道。作为将来要从事临床工作，并要面对各种法律、法规，面对容易引起各种医疗纠纷的生、老、病、死、伤等问题的临床医学专业学生，如何学习和掌握相关的法医学知识，是需要解决的重要问题。为此，由王保捷主编的新世纪课程教材、高等医药院校教材《法医学》第三版（供基础、预防、临床、口腔医学类专业用）于 2001 年由人民卫生出版社出版，并于 2005 年出版第四版，2008 年出版第五版。由王保捷、侯一平主编的全国高等学校教材《法医学》第六版（供基础、临床、预防、口腔医学类专业用）于 2013 年由人民卫生出版社出版，是第八轮五年制本科临床医学专业规划教材、"十二五"规划教材；其第七版于 2018 年由人民卫生出版社出版，是第九轮五年制本科临床医学专业规划教材、"十三五"规划教材。

此外，还有各院校自行组织编写正式出版的《法医学》教材，如吴家驯主编的《法医学》于 1995 年由北京医科大学、中国协和医科大学联合出版社出版，又于 2006 年由四川大学出版社出版。侯一平主编的《法医学》第一版、第二版和第三版分别于 2004、2008 和 2015 年由高等教育出版社出版，作为医学本科生教材。李生斌主编、刘耀主审的《法医学》以我国著名法医学家胡炳蔚、刘明俊教授 20 世纪 80 年代初撰写的《法医学》为蓝本，汲取了国际和我国法医学取得的新理论、新成果和新技术编写而成，第一版和第二版分别于 2009 年和 2017 年由人民卫生出版社出版，可作为基础医学、临床医学、护理学、预防医学、口腔医学类等专业，以及法学、公安、司法、保险等专业学生的教学用书。赵虎、王慧君主编的《法医学》（供基础、临床、预防、口腔医学类专业用），于 2013 年由北京大学医学出版社有限公司出版。沈忆文主编的《法医学》于 2015 年由复旦大学出版社出版，作为复旦大学法医学系为临床医学专业开设法医学必修课的教材。我国学者还编写供法律、公安等专业使用的法医学教材（见本章第八节"法医学著作"相关内容）。

（二）法医学专业本科生用系列教材

20 世纪 80 年代初，尚无供法医学专业本科生用的专门教材。为了适应法医学人才培养的需要，由郭景元主编，中山医学院、西安医学院、四川医学院、武汉医学院、中国医科大学、浙江医科大学和新疆医学院等 7 所医学院校法医学教师共同编写的《实用法医学》于 1980 年由上海科技出版社出版。由郭景元主编，吴家驯、祝家镇副主编的《中国医学百科全书·法医学》于 1982 年由上海科技出版社出版。陈世贤主编的《法医骨学》于 1980 年由群众出版社出版。这几本专著为当时法医学专业人才培养发挥了重要作用，也成为法医学研究生和进修生的重要学习读本。1983 年，"四部两院"晋祠会议之后，于 1984 年 3 月成立了"全国法医学专业教学教材工作协作组"，1985 年 4 月更名为"全国法医学专业教育指导委员会"，并于同年 11 月在辽宁沈阳召开了全国法医学专业教育指导委员会第一次会议，确定了在 3 年内编写 8 种法医学专业教材，其中《法医病理学》（祝家镇主编）、《法医毒理学》（黄光照主编）、《法医学概论》(贾静涛主编)、《临床法医学》(李德祥主编)、《法医毒物分析》(江焘主编)、《刑事科学技术》(翟建安主编)6种教材如期出版。

1994年10月,全国高等医学院校法医学专业第二轮教材编审委员会成立(图3-24),吴家驭为主任委员,组织第二轮法医学专业教材编写工作。全套教材共10种,其中6种为第二版,包括《法医病理学》(第二版)(祝家镇主编)、《法医毒理学》(第二版)(黄光照主编)、《法医学概论》(第二版)(贾静涛主编)、《临床法医学》(第二版)(宋嗣荣主编)、《法医毒物分析》(第二版)(江焘主编)、《刑事科学技术》(第二版)(贾玉文主编);新增教材4种,包括《法医物证学》(吴梅筠主编)、《法医精神病学》(刘协和主编)、《法医人类学》(陈世贤主编)、《法医法学》(王克峰主编)。

图3-24　1994年第二轮全国法医学专业教材编写专家合影

2002年8月,全国高等医学院校法医学专业第三轮教材编审委员会成立,吴家驭为主任委员,组织第三轮法医学专业教材编写工作,全套教材共10种:《法医病理学》(第三版)(赵子琴主编)、《法医毒理学》(第三版)(黄光照主编)、《法医学概论》(第三版)(丁梅主编)、《临床法医学》(第三版)(秦启生主编)、《法医毒物分析》(第三版)(贺浪冲主编)、《法医物证学》(第二版)(侯一平主编)、《法医精神病学》(第二版)(刘协和主编)、《法医法学》(第二版)(丛斌、常林主编)、《刑事科学技术》(第二版)(贾玉文主编)、《法医人类学》(陈世贤主编)。

2007年5月,全国高等医学院校法医学专业第四轮教材编审委员会成立,吴家驭为主任委员,组织第四轮法医学专业教材编写工作,2009年秋季全套共10种主教材和4种配套教材全部出齐,所有教材均为卫生部"十一五"规划教材:《法医病理学》(第四版)(赵子琴主编)、《法医毒理学》(第四版)(刘良主编)、《法医学概论》(第四版)(丁梅主编)、《法医临床学》(第四版)(刘技辉主编)、《法医毒物分析》(第四版)(廖林川主编)、《法医物证学》(第三版)(侯一平主编)、《法医精神病学》(第三版)(胡泽卿主编)、《刑事科学技术》(第三版)(李生斌、万立华主编)、《法

第三章　中华人民共和国时期中国法医学（1949—2018 年）

医人类学》（第二版）（张继宗主编）、《法医法学》（第二版）（丛斌、常林主编），《法医病理学实验指导》（竞花兰主编）、《法医物证学实验指导》（伍新尧主编）、《法医毒物分析实验指导》（廖林川主编）、《法医临床学实验指导》（刘兴本主编）。

2014 年，全国高等医学院校第五轮法医学专业教材编审委员会成立，主任委员为候一平。经全国高等医药教材建设研究会和全国高等医学院校第五轮法医学专业教材编审委员会审议，启动第五轮法医学专业教材编写工作，2016 年全套共 16 种教材全部出版，其中主教材 11 种、配套教材 5 种，所有教材均为国家卫生和计划生育委员会"十三五"规划教材：《法医病理学》（第五版）（丛斌主编）、《法医毒理学》（第五版）（刘良主编）、《法医学概论》（第五版）（丁梅主编）、《法医临床学》（第五版）（刘技辉主编）、《法医毒物分析》（第五版）（廖林川主编）、《法医物证学》（第四版）（候一平主编）、《法医精神病学》（第四版）（胡泽卿主编）、《刑事科学技术》（第四版）（李生斌主编）、《法医人类学》（第三版）（张继宗主编）、《法医法学》（第三版）（常林主编）、《法医现场学》（第一版）（万立华主编），《法医病理学实验指导》（第二版）（成建定主编）、《法医物证学实验指导》（第二版）（张林主编）、《法医毒物分析实验指导》（第二版）（沈敏主编）、《法医临床学实验指导》（第二版）（刘兴本主编）、《法医毒理学实验指导》（朱少华主编）。

（三）研究生用《高级法医学》教材

20 世纪 70 年代末至 90 年代初，因为招收的法医学专业研究生多数为临床医学、口腔医学或者其他相关专业毕业，因此在读法医学研究生期间其法医学课程的训练大多数是随法医学本科生一起听课学习，并参与辅助实验课教学等，无专门的研究生用法医学教材出版。90 年代后期招收的法医学研究生则逐步以法医学专业本科生为主，原来对法医学研究生专业课的教学模式已不能适应高层次法医学专业人才培养的要求，为此，中山医科大学等院校为研究生开设了法医学专业课程，以专题形式介绍法医学相关领域的科研成果和最新进展，并在此基础上，于 2001 年邀请部分医学院校及公安一线的法医学专家共同编写面向高层次法医学人才培养的专著《高级法医学》（伍新尧主编），作为法医学专业研究生的教材，并于 2002 年由郑州大学出版社出版。《高级法医学》出版后，受到多方面的好评，于 2003 年被教育部评为法医学研究生的第一部专业课教材，在法医学研究生教学中发挥了较好的作用。2008 年，《高级法医学》第一次修订编委会召开，2009 年，《高级法医学》第二版的审稿会召开，2011 年 9 月，《高级法医学》（第二版）出版，该书是教育部"十一五"规划教材、教育部指定高校法医学专业研究生用规划教材。

（四）外文法医学教材

1995 年，我国首次招收全英文授课医学留学生，到 2015 年接收临床医学专业 MBBS（Bachelor of Medicine & Bachelor of Surgery）留学生的院校已达 40 多家。为了满足来华留学生法医学英文教学以及国际交往的需要，2011 年 12 月，由陈新山主编、全国 8 所院校 11 位法医学专家（包括香港大学医学院 Dr. Beh）共同编写的我国第一本英文版法医学教材 *Forensic Medicine* 由华中科技大学出版社出版（图 3-25）。2014 年，人民卫生出版社出版了由李玲、侯一平主编，中美两国法医学专家共同编写的英文版法医学教材 Forensic Medicine。2015 年，人民卫生出版社召开全国高等学校临床医学专业英文版规划教材编写论证会，确定编写临床医学专业英文版规划教材 38 种，均为国家卫生和计划生育委员会"十三五"规划教材，其中法医学英文教材 Forensic Medicine 由赵虎主编，于 2017 年 8 月出版。

图 3-25　Forensic Medicine

四、我国法医学教育的特色、存在问题与未来发展思考

（一）我国高等法医学教育的特色

1983 年，在山西太原晋祠召开的全国法医学专业教育座谈会（即"晋祠会议"）提出了发展我国法医学专业教育的方针：从中国的实际情况出发，走自己的道路，努力适应社会主义现代化建设，特别是法制建设的需要，建立具有中国特色社会主义的法医学教育体系。这次会议后，我国法医学教育事业开始了较大的发展，初步形成了我国法医学博士、硕士、学士学位的培养教育体系。从各院校分布及法医学人才培养模式上，形成了我国高等法医学教育的特色：一是全国法医学院（系）合理的分布；二是我国以本科为核心的高等法医学教育体系，不仅是我国法医学教育的特色所在，更重要的在于它是我国法医学高等教育的根基；三是以公安机关为主建设教学实习基地；四是由教育部、卫生部（现国家卫生与健康委员会）和公安部等多部委联合规划建设法医学教材。

第三章 中华人民共和国时期中国法医学（1949—2018 年）

（二）我国法医学教育存在的问题

中华人民共和国成立后，我国的法医学教学及科研实现了高速发展，为我国的社会主义法制建设及和谐社会的建设均作出了重要的贡献。然而，随着我国社会主义法制建设及司法鉴定改革的不断深入，以及公民法制意识的增强，我国的法医学教育隐存的许多弊端已经逐渐凸显出来，现行法医学教育正面临着严峻的挑战。根据我国部分学者的研究，我国现行法医学教育的问题主要存在于以下几个方面。

1. 教材的编写及更新速度严重滞后

当今世界科学技术的发展日新月异，法医学的发展也不例外。然而，在我国法医学高等教育中，教材的编写更新速度远远落后于学科的发展速度，往往是一些新技术已经被成功地运用于法医学检验鉴定，但教材上还没有相关内容，而一些已经被证明是错误观点的内容，却一直停留在教材上。

2. 教学条件参差不齐，教学与实际工作严重脱节

法医学是一门应用科学，法医学教育的最终目的是为了培养高素质的法医学专业人才，在实践中解决与法律有关的医学问题。法医专业学生不仅要掌握基础医学、临床医学以及法医学的基本理论和知识，更为重要的是要掌握尸体解剖、个体识别、损伤检查、毒（药）物检测等实践技能，为其毕业后能够从事司法实践工作打下良好的基础。因此，法医学实践技能培训是法医人才培养的重要环节。但是各个院校教学条件参差不齐，部分院校虽然招收了法医学专业学生，但缺少相应的专业实验室、解剖室等，使得在学期间不能系统地进行法医学专业教育。有些高校校内实训配套资源不足，除了为学生开设常规实验教学外，不能为其提供更高层次的训练平台来进行技能的培训和锻炼，导致教学活动只能注重法医学基本理论知识的传授，而弱化了教授学生在实践中如何运用法医学的知识来解决实际问题的能力。

3. 法医学教师队伍结构不合理

我国的法医学教育清一色是由医学院校来完成，教师也都是医学院校自己培养的本科生或硕士、博士，几乎都是学校毕业后立即转变身份成为教师，一般缺乏在公安、检察机关法医职位上工作的经历和机会，与公安、检察机关的法医工作要求差距较大。很多教师缺乏实际检案的经验，教学时都是照本宣科，很难激发学生学习的兴趣。法医学是一门实践性很强的科学，如果在教学中能够加上一些实际案例，不仅可以使学生学习的兴趣大增，而且也能让枯燥的教学内容变得生动起来，从而取得良好的教学效果。

4. 继续教育机制缺乏

我国的法医学教育几乎都是以毕业为终，只要毕业了，不管其能力如何，都可以作为法医开展检验鉴定工作，而绝大多数用人单位都忽视了对在职法医进行继续学习培训的重要性和必要性，法医进入工作单位后，很少再有机会进行系统学习的提高，越是基层这个问题越严重。我国古代就有"人命关天"的说法，法医的任务是对涉及人身伤亡的刑事、民事案件进行法医学检验和鉴定，为侦破案件提供线索，为各类诉讼提供证据。在实际检案工作中，一方面，法医的工作压力非常大，责任非常重；另一方面，在职法医参加各种学习和培训的机会少得可怜。仅凭在学校 5 年的本科教育，无论如何是难以胜任这一鉴定"人命关天"的工作的。

5. 学生实践动手机会较少

在 5 年的本科学习中，仅最后 1 年学习专业知识，其中有 3 个月左右的时间用于临案实习，这是本科教育中仅有的接触案件并能够有机会亲自动手操作的机会，然而由于这一时间均安排在毕业前夕，而很多学生这一时段的重心均放在了找工作上，实习的时间根本无法保证，即使人在实习单位，心思也都放在找工作上了，常常导致这唯一的实践机会也被白白浪费掉。有的学校在学生入学后的每个假期都以社会实践的名义安排其实习，但由于前期学生尚未学习相关专业知识，导致这样的实践目的和动机均较为盲目而无法取得良好的效果。

6. 生源质量无法保证

法医目前的社会地位、经济收入相对偏低，这是我国法医体制与国外法医体制的最大不同。国外的法医资格很难取得，但其社会地位也相应较高，而在我国，法医资格的取得相对容易，但地位却较低。法医学专业属于冷门专业，许多学生都是迫不得已才选择就读法医专业，包括本科以及研究生教育均面临这一问题。由于专业被视为冷门，生源质量很难保证，这在一定程度上也成为我国法医学高等教育的一个软肋；同时，也导致法医学教育难以保持连续性，硕士研究生招生时常常难以招到法医专业的本科生，博士研究生招生时又常常难以招到法医专业的硕士生，这种状况在最近几年尤为明显，在一定程度上制约了法医学高等教育的发展。

7. 课程设置不合理

我国法医学本科教育学制为 5 年，专业基础课程主要为医学类课程，几乎涵盖了临床医学专业的全部内容，专业课程主要有法医病理学、临床法医学、法医毒物分析、法医精神病学、法医法学、刑事科学技术等。实践学习分为临床实习与临案实习两部分，时间一般为 1 年。如此庞杂的学习内容决定了法医学本科教学"全而浅"的特点。研究生教育对科研要求较高，实践技能要求因培养学校和导师而有所差异。多数法医学研究生毕业前难以确定具体工作岗位，因此，法医研究生教育也存在难以与工作岗位对接的问题。从专业的广度、深度和岗位契合度来讲，国内法医培养模式仍有待完善。随着司法鉴定体制的改革，法医鉴定的合法性、中立性与科学性日益得到社会的认同和群众的认可，法医业务量和工作范围有日益扩大的趋势。如各类伤害案件、酒驾入刑、性犯罪、医疗损害鉴定、职业病鉴定、环境污染致害、赔偿医学等，这就要求法医不仅要具备精深的法医学专业知识，还要学习一切与鉴定有关的科学知识。如从事医疗纠纷鉴定的法医必须具备较高水平的医学专业知识甚至有临床工作经验。为了保证法医的工作质量，就需要建立符合岗位要求的继续教育制度，提供系统持续的教育培训平台。

（三）我国法医学高等教育改革的思考

华中科技大学黄光照教授等曾提出开设 8 年制博士生培养和硕士生授予法医学专业学位、科学学位二种类型的设想，并提出从加强素质教育、加强能力培养教育、提倡实用性的科研、加强教材建设等方面提高我国法医学研究生培养质量的建议。

中南大学基础医学院法医学系钟鸣、蔡继峰等对新形势下我国法医学高等教育改革进行了探讨。主要内容引述如下：

随着我国法治化进程加快及司法鉴定体制改革，特别是《全国人民代表大会常务

第三章 中华人民共和国时期中国法医学（1949—2018年）

委员会关于司法鉴定管理问题的决定》（以下简称《决定》）出台后，社会法医类司法鉴定机构大量涌现，我国法医队伍的组成结构及分工发生了明显改变，形成了高校教师类、公安类、检察类、社会司法鉴定类法医鉴定机构新体系。加之各种犯罪方法和手段日益隐蔽性和智能化，对法医队伍的要求越来越高，我国法医学高等教育正面临前所未有的机遇和挑战。

广大法医工作者必须认清形势，转变观念。结合我国法医鉴定机构新体系结构实际情况，对法医学高等教育招生体制及培养模式、教材编写、教学方法、继续教育等内容有必要进行改革探索，为培养出实用型和创新型法医学人才而创造条件。

1. 加大通识教育力度，实行后期转化的招生体制及培养模式

我国传统法医学高等教育是以本科教育为核心，即通过高考从高中毕业生中招收法医学专业学生，经过5年大学本科阶段学习，毕业后直接从事法医工作。这种教育缺乏自然科学、社会人文科学方面的培养，专业面窄，明显不能适应法医学专业性强、专业面宽的客观要求。其本科高等教育应该转化为一种包括自然科学、社会人文科学和医学在内的通识教育。对以三级学科为基础的法医鉴定人专业培训原则上放在后期转化及毕业后再教育去完成。目前我国已经具备法医学教育实行后期转化培养模式改革的相应条件。国家可以考虑对具备招收法医学研究生资质的综合性院校实行后期转化的培养模式，即从兼有理、工、文、医各科的综合性重点院校，已经开展了包括自然科学、社会人文科学和医学在内的通识教育的普通医学本科毕业生中招收学生，按法医学硕士、博士要求，分阶段和层次培养法医人才。后期转化的学生经过了自然科学、社会人文科学在内的通识教育，又经过系统的普通医学学习和临床实习，特别是法医学的学习，对法医学有初步了解和认识。在此基础之上，再进行系统的法医学专业学习、实践、科研，这样培养出的学生具有知识面广、基础扎实、业务水平高的特点，是复合型、高素质的法医学人才，可以充实到各医学院校，补充法医学教学力量，或分配到法医工作一线，成为法医工作骨干。普通医学院校从高中毕业生中招收的法医学专业本科生，仅作为补充基层法医之急需，或为参加后期转化做准备。

2. 注重法医学教材的针对性和实用性

目前，我国的法医学高等教育教材主要包括法医学专业教材、非法医类医学专业与法学专业教材两类，前者主要供法医专业本科生使用，后者供非法医类医学专业与法学专业本科生所使用。以往国内各版本的法医学教材并未显示出法医学专业、非法医类医学专业、法学专业本科生法医学教学各自的侧重点，缺乏针对性。法医学专业教材应该注重启发性和实用性；非法医类医学专业教材应侧重于医疗纠纷的防范；法学专业法医学教材应侧重于司法实践涉及的相关法律知识，如在办案中发现了某项法医学问题，应如何提出鉴定要求，如何审查鉴定结论以及如何对鉴定结论进行质疑等程序法有关内容。应在对各类法医学教材重新进行定位的同时，缩短教材出版周期，增加启发性内容，切实提高教材质量。

3. 调整课程设置，改进教学方法

法医不仅是技术工作者，也是社会工作者。法医学专业学生的培养不能只重专业技术而忽视职业道德与人文素质的培养。必须认真研究现有课程体系，明确其优、缺点，在此基础上对相应课程进行适当调整,使之更加符合法医学人才培养规律和法医学人才培养目标。应当调整课程设置,强化学生综合素质培养;整合现有医学专业课程,缩短基础知识教学时间,增加法律、公安侦查等课程,延长临床实习和临案实习时间;适当增加有关公务员考试方面的就业指导课程,引导学生选择适合自身特点的就业渠道和就业岗位。

法医学是一门实践性很强的应用科学。传统的灌输式教学法往往导致理论教学与实践相脱节,造成学生分析问题和解决问题的能力较差,在实际工作中难以发挥其知识优势。这就要求我们运用现代技术手段,改革教学方法,实现以案例为引导,以问题为中心的启发式、讨论式和探究式教学即 PBL 教学模式,努力实现学与用的完美结合。在深入学习法医学专业课程的同时,直接参与法医检案,重点增加应用知识和实际动手能力的培养,实现培养实用型法医学人才的目标。针对检案实际问题,鼓励学生自己申报课题,培养学生的科研能力以及创新思维能力,实现培养具有创造性思维和创新能力的法医学人才的目标。

4. 重视和加强毕业后的继续教育和学术交流活动

我国法医队伍建设起步较晚,包括高校教师、公安、检察、社会司法鉴定等不同类别法医体制比较复杂;同时,各个机构的法医涵盖博士、硕士、本科、专科、中专,更有甚者还有一部分没有学过医学的其他专业的学生或者退伍军人,知识层次相差悬殊。加之《决定》出台后,各地有一大批从临床医生中抽调、并未系统学习过法医学知识而从事法医学工作的"法医",有的鉴定人缺乏应有的法医学知识,连一些最基本的尸体现象都不能辨别出来;有的将损伤程度鉴定与伤残等级评定混为一谈;有的不懂得委托鉴定程序;有的不能区分法医学术语与法律术语等一系列问题。在这种情况下,法医参加继续教育显得越发重要,对他们培训任务也就更加艰巨。目前,我国高校教师类的法医专业培训几乎是空白。公安、检察机关法医的继续教育,主要由不同级别的警察、检察官学院(学校)承担,培训的内容主要是法律知识,缺少法医专业内容,有待进一步完善。社会司法鉴定类的法医培训工作更是当务之急。《决定》规定国家司法鉴定人每年必须参加相应的继续教育培训。因此,要树立终身教育观念,重视和加强继续教育及学术交流活动。

国家有关部门要针对高校教师类、公安类、检察类、社会司法鉴定类等不同类别法医专业的具体情况,分级设立国家级、省级、地区级法医继续教育基地,规定上述不同类别从业法医在一定时期内,在不同级别继续教育基地培训后,取得相应的、直接与本人职称晋升挂钩的继续教育学分,落实我国法医继续教育制度。例如,高校教师类法医应该定期参加国家级继续教育基地及国外法医继续教育培训。公安、检察机关法医除参加本系统法医专业继续教育培训外,还要参加国家级法医继续教育培训。社会司法鉴定机构法医类司法鉴定人的继续教育培训,要严格按照《决定》执行,每年必须参加相应继续教育培训。此外,要鼓励各大高校、公安、检察、司法等部门,充分利用高校法医学术组织平台、法医学会、司法鉴定人协会等资源,举办各种类型法医专业相关学术活动,使我国法医学术交流活动真正落到实处。

新入职法医岗位的本科生继续教育可以借鉴临床医学生"5 + 3"培养模式,定向

第三章 中华人民共和国时期中国法医学（1949—2018 年）

增设法医学专业硕士学位，用于培养新入职法医毕业生，以实践能力培养为主。获得硕士学位者职务评聘优先，远期可考虑与法医从业资格挂钩。

五、法医学教育基地简介

中华人民共和国成立后，南京大学医学院和中国医科大学是 20 世纪 50 年代我国两个重要的法医学教育基地。但是，由于历史原因，50 年代后期至 70 年代，我国高等院校的法医学教育停滞了。1983 年，教育部、卫生部、公安部、司法部、最高人民法院、最高人民检察院在山西晋祠召开了全国法医学教育座谈会（即"晋祠会议"），并共同签署了座谈会纪要，这次会议是我国发展法医学教育事业的里程碑。此后，我国出现了 6 所部属高等法医学教育基地和各省地方法医学教育基地，目前我国的法医学教育基地有 20 多家高等院校，法医学发展进入了我国历史上最辉煌的时期。

下面简介我国部分法医学教育机构及其发展情况。

（一）中国医科大学法医学院

中国医科大学法医学院的前身是 20 世纪 20 年代建立的满洲医科大学法医学教室，于 1946 年改为国立沈阳医学院法医学科，于 1948 年 11 月并入中国医科大学病理学系法医学组。1951 年，法医学组受东北人民政府司法部委托，组织法医培训班，开设了法医学课程进行法医学教学。1952 年 9 月，法医学教研室正式成立，承担本校各专业学生的法医学课程教学。1954 年，陈东启、贾静涛教授参加了卫生部组织的高等医学院校用《法医学教学大纲》的制订工作。1955 年，受卫生部委托承办了第一期法医师资进修班，为我国医学院校新组建的法医学教研室培训师资 22 名。

1979 年，中国医科大学开始招收法医专业五年制本科生，是我国首批招收法医专业本科生的院校。1982 年和 1986 年，法医学专业先后被国务院学位委员会批准为硕士和博士学位授权学科，成为我国首批法医学专业硕士和博士学位授权学科。1985 年 3 月 18 日，学校根据国家教育指导委员会决定，正式建立法医学系。2000 年 5 月，根据法医学科发展需要，经学校批准成立法医学院。法医学专业为教育部特色专业、辽宁省示范专业及综合改革试点专业，所属法医学实验教学中心为辽宁省法医学实验教学示范中心。学院开设的法医物证学和法医病理学为国家级精品课程，法医病理学为国家级精品资源共享课。

法医学院设有法医病理学、法医物证学、法医临床学、法医人类学、法医毒物分析 5 个教研室。

法医学院先后建立了法医学多媒体解剖室、法医病理形态学多媒体互动实验室、法医电生理实验室、DNA 分析实验室、法医生化学检测室、细胞培养与分子生物学实验室、动物实验室等一批现代化教学与科研实验室，配备有现代化的教学和科研仪器设备。其中，法医病理形态学多媒体互动实验室是目前国内法医学专业领域中首个准数字化教学平台。先后承担了教育部、美国中华医学基金会、辽宁省及校级各类教学课题 16 项，获得多项省部级教学成果奖。形成了以 DNA 检验在个人识别中的应用、毒药物对中枢神经系统损害机制、皮肤与软组织损伤愈合机制及损伤时间推断、死后生化学检测技术在死因诊断中的应用以及神经电生理检测在神经功能客观评定中的应用为主的 5

个研究方向。

为进一步强化实用型法医学专业人才的培养,学院在国内建立了 22 个法医学教学实习基地,分布于东北三省、江苏省、河南省及广东省。所培养的毕业生受到公、检、法及科研院所等用人单位的好评,部分毕业生已成为我国法医学或其他医学相关领域中的知名专家和学者。法医学院在完成教学和科研工作的同时,还附设中国医科大学法医司法鉴定中心,主要接受司法机关、仲裁机构和卫生行政部门的委托,为社会提供司法鉴定服务。获得社会各界的广泛好评。

2014 年 10 月,法医学院随学校整体搬迁至辽宁沈阳市沈北新区,建筑面积 4 800 m²。随着新校区法医学院现代化教学、科研和司法鉴定设施的启用,中国医科大学法医学专业学科建设将提升至更高的水平。

(二) 中山大学中山医学院法医学系

中山大学中山医学院法医学系是中国现代法医学教育的发源地之一,其前身为 1953 年成立的华南医学院(后更名为广州医学院、中山医学院、中山医科大学)法医学小组,一直担负着为我国公检法司培养和输送法医学专业人才的重任。拥有以祝家镇、郭景元、朱小曼三位教授为代表的,在国内外享有盛誉的老一辈法医学专家,为我国法医学科及法医学教育事业的发展做出了卓越的贡献。1979 年,我国恢复了法医鉴定体系,随后在卫生部的指定下,中山医科大学开始招收法医学专业本科生和研究生;1984 年,中山医科大学法医学系成立;1985 年成为国家教育部批准的第一批博士学位授予权的专业;1999 年开始接受博士后人员。由此为我国建立了最早的法医学本科—硕士生—博士生—博士后培养体系和教育平台,形成了全国公认的学科体系齐全、科研力量雄厚、社会贡献突出、具有较好影响的高级法医人才培养基地。

2000 年,被评为"广东省重点学科";2004 年,被评为"广东省名牌专业";2007 年,法医病理学被评为"国家级精品课程";2009 年,联合中山大学法学院成功申报成为"国家级法学实验教学示范中心建设单位",同时被司法部确认为"法医临床学司法鉴定人转岗教育培训机构";2010 年,成为"法医学国家级特色专业建设点";2011 年,中山大学法医鉴定中心被评为"国家级司法鉴定机构";2013 年,被评为"广东省省级法医学实验教学示范中心"。

全国人大常委会原副委员长彭冲专为中山医科大学法医专业题词"振兴法医教育,造就杰出人才"(图 3-24)。

该系首任系主任祝家镇,副主任郭景元;第二任系主任徐小虎,副主任陈玉川,党总支书记曾绿椒(后由郑垣零接任);第三任系主任伍新尧,副主任胡丙杰(兼任党支部书记)、倪星群;第四任系主任李冠宏,副主任竞花兰(兼任党支部书记);现任系主任赵虎,副主任成建定(兼任党支部书记)、权力、孙宏钰。目前该系拥有一支高素质、专家型的教学、科研、司法鉴定团队。法医病理学、法医物证学、法医精神病学、法医临床学、法医毒物分析等科学研究成绩显著。经过几十年的学科建设,该系人才培养和科学研究的综合实力居于国内同行前列,在国内外学术界享有较高声誉。同时,该系利用中山大学法医学的学科优势和技术优势为社会提供优质的司法鉴定服务,为"依法治国"做出了应有的贡献。

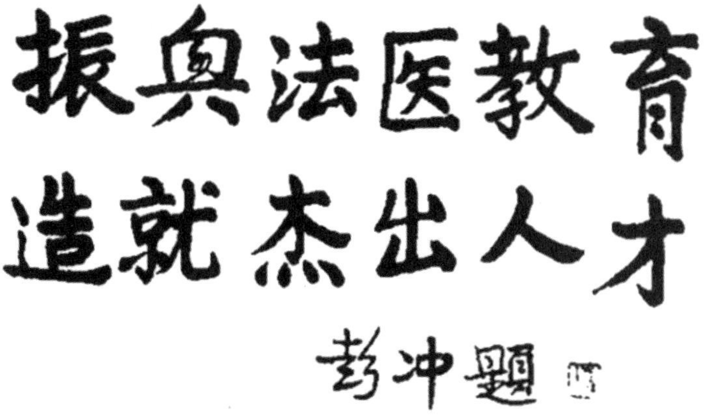

第三章　中华人民共和国时期中国法医学（1949—2018年）

振奥法医教育
造就杰出人才
彭冲题

图3-26　全国人大常委会原副委员长彭冲于1989年3月为中山医科大学法医学系题词

(三) 华中科技大学同济医学院法医学系

华中科技大学同济医学院法医学系是国内开设法医学专业最早、办学历史最悠久、办学水平最高的院校之一，最早可追溯至1924年由德国人奥本海默（H. Oppenheim）创办并主持的同济大学医学院病理学馆，是我国最早开展法医学鉴定的机构之一。1951年，同济大学医学院整体由上海内迁武汉，并与武汉大学医学院合并为中南同济医学院；1955年，更名为武汉医学院；1985年，改名为同济医科大学；2000年，与华中理工大学等学校合并为华中科技大学。

1957年，黄光照教授等在武汉医学院医学本科生中首次开展法医学教学；1958年法医学教学小组成立，并为湖北省公安厅举办首期法医学进修班；1978年开始招收病理学专业毒理病理学硕士研究生；1980年法医学教研室成立；1985年法医学系成立，是全国首批设置法医学专业招收本科生的6所卫生部部属医学院校之一，黄光照教授首任系主任；1991年获博士学位授予点；2001年9月经湖北省司法厅批准，中南地区第一家司法鉴定中心——湖北同济法医学司法鉴定中心成立；2010年1月通过"国家级实验室认证认可"，是华中地区的权威法医学司法鉴定机构，形成以同济法医学系为辐射中心的法医学实践教学与协同科研的网络平台。

现该系形成了一支老中青结合、结构合理、实力雄厚，具有高度凝聚力和团结精神，能够引领法医学科发展的师资队伍。建系以来，大量骨干教师分赴德国、美国、英国、法国等国家的世界著名大学和科研机构深造。

该系共有本科生专业1个：法医学；硕士生专业6个：法医病理学、法医毒理学、法医分子遗传学、法医毒物分析学、法医临床学、法医司法精神病；博士生专业3个：法医病理学、法医毒理学、法医分子遗传学。建系30年来，共培养近500名法医学本科生、196名硕士、50名博士，一次性就业率保持100%；主办法医学进修班共32期，为各地司法机构及院校培养近1 200名法医人才。大批毕业生成为全国公检法系统、司法鉴定系统、医学以及政法院校的领军人物及技术骨干，培养出以闫建雄、李玲及王慧君等为代表的大批海内外杰出校友。

法医学系在死亡时间推断、心血管疾病猝死及颅脑损伤等法医病理学研究方面处于国内领先水平；对有毒动植物进行长期的实验病理学系列研究，包括粗制棉籽油、雷公藤、斑蝥及鱼胆等，其中多项研究结果填补国内外空白；开展 DNA 遗传标记的群体遗传学及其在法医学个体识别与亲权鉴定中的应用研究；在男子性功能障碍的诊断方法、视觉诱发电位测定客观视力（VEP 视力）、脑损伤后智力变化等临床法医学领域的研究处于国内领先地位。

同济医学院的法医学是湖北省重点学科，学科建设合理全面，拥有完备的教学及科研设施。现有法医病理学、法医物证学与毒物分析学、法医临床与司法精神病学 3 个教研室，拥有法医毒理学、法医病理学和法医物证学 3 门湖北省精品课程，是国家规划教材《法医毒理学》所有版次主编单位；《临床法医学》《法医病理学》《法医物证学》第三版主编或副主编单位，《法医现场学》副主编单位。2005 年，《法医毒理学》《法医病理学》分别获全国高等学校医药优秀教材三等奖和一等奖。2011 年，由该校主编和出版的英文版《法医学》教材填补了法医学英文教材的空白。在全国建有 19 个校外教学实习基地，是最高人民法院法医人才培训单位、湖北省家庭暴力伤情评定指定鉴定单位、武汉市公安交管局交通事故伤残程度评定指定鉴定单位；2009 年 1 月，被湖北省司法厅授予"全省司法行政系统先进集体"；2009 年，被司法部授予"全国司法鉴定先进集体"；每年受理各类鉴定 4 000 余例，参与了大量具有重大社会影响的复杂案件的鉴定，为实践性教学与法医学创新、协作科研工作提供了宝贵而丰富的资源，为法治社会建设做出了重要贡献。

（四）四川大学华西基础医学与法医学院

四川大学法医学科源于华西医科大学的法医学科，始建于 20 世纪 50 年代。华西医科大学是 1979 年我国首次招收法医学本科生的 3 所院校之一。1985 年，教育部、公安部、卫生部、司法部、最高人民法院和最高人民检察院联合召开了创建我国法医学高等教育体系的"晋祠会议"，并在全国 6 大地区布点建设，华西医科大学即为在我国西南区设立的法医学专业人才培养与科学研究的基地。在学校及老一辈法医学家吴家驹、吴梅筠、刘世沧、江泰、刘协和等教授的领导下，经过几代人 60 多年的努力，形成了目前的规模和特色。该学科点是法医学国家重点学科。教育部普通高等学校法医学教学指导委员会、中国法医学会教育委员会、中国高等教育学会医学教育委员会法医学组、全国高等医学院校法医学专业教材编审委员会的主任委员及秘书处均设在该学科点。

四川大学的法医学科点是教育部高等学校法医学特色专业，是四川大学优势学科，具备持续自主地培养高层次法医专业人才的能力。经过 60 多年的教学与科研实践，培养了一批高素质的学术带头人和学术骨干，形成了一支具有持续发展动力的学术团队。拥有中组部"万人计划"法医学教学名师、教育部国家级法医学教学名师、教育部法医学国家级教学团队。现职教授均具有在国外学习工作的经历，包括侯一平（法医物证学，德国）、张林（法医物证学，德国）、胡泽卿（法医精神病学，加拿大）、胡峻梅（法医精神病学，英国）、邓振华（法医临床学，美国）、廖林川（法医毒物分析，英国）、官鹏（法医病理学，美国）、刘敏（法医病理学，英国）、黄飞骏（法医病理学，美国）、李英碧（法医物证学，德国）、吴谨（法医人类学，美国）、张霁（法医物证

第三章 中华人民共和国时期中国法医学（1949—2018 年）

学，美国）等。在培养博士后、博士研究生、硕士研究生、本科生方面力量雄厚。学院已培养 30 届法医专业本科生，培养硕士研究生 312 名、博士研究生 163 名。该学科点也是司法部公布的全国司法鉴定人继续教育基地，为四川、贵州、广西、福建、青海等培养了大量在职法医。出版专著和教材 80 余部。在第五轮全国高等医学院校法医学专业教材中，侯一平主编《法医物证学》、廖林川主编《法医毒物分析》、胡泽卿主编《法医精神病学》、刘敏副主编《法医病理学》、邓振华副主编《法医临床学》、张林主编《法医物证学实验指导》、黄飞骏副主编《法医毒理学实验指导》。法医物证学和法医毒物分析为国家级精品课程。开设的中国大学精品开放课程有国家级资源共享课法医物证学和法医毒物分析，国家级视频公开课法医学导论（http://www.icourses.cn）。2005 年和 2009 年分别获得国家教学成果奖。

该学科点作为法医学国家重点学科，以法医物证学、法医临床学、法医精神病学、法医病理学、法医毒物分析为 5 个主要研究方向，以获取原始创新成果和自主知识产权为主要研究目标。承担了自然科学基金重点项目、面上项目，国家"十五""973"科技攻关项目和"十一五"科技支撑项目，教育部博士点基金，卫生部基金，美国纽约中华医学会，德国洪堡基金等科研课题。科研论文发表在 *Nature Medicine*、*Genome Research*、*Forensic Sci Int Genetics*、*Int J Legal Med*、*J Forensic Sci* 等收录于 SCI 的国际学术期刊。

该学科点开展了广泛的学术交流和国际合作，是国际法医遗传学会华语区专委会（Chinese Speaking Working Group of International Society for Forensic Genetics）主席单位。教师与美国哈佛大学、耶鲁大学，英国剑桥大学，德国科隆大学、美茵茨大学、不来梅大学，美国纽约法医局及英国内务部法庭科学研究所等国外同行合作发表科研论文。在国内除高校之间的学术交流外，与司法部司法鉴定科学技术研究所、公安部物证鉴定中心、中科院北京基因组研究所等科研院所开展了广泛的科研合作。主办了系列国内外学术会议，包括每年一度的教育部普通高等学校法医学教学指导委员会会议、中国高等医学教育学会法医学教育研究会年会、国际法医遗传学会华语区专委会及中国法医学会法医物证专委会学术会议、中国法医学会法医精神病学专委会学术会议等。

四川华西法医学鉴定中心既是国家在西南地区布点解决重大疑难案件的法医学鉴定机构，也是该校法医学专业本科生、研究生的教学实习基地和创业教育实践平台。2005 年，《全国人民代表大会常务委员会关于司法鉴定管理问题的决定》颁发实施后，四川华西法医学鉴定中心依法成为国家司法鉴定机构，列编《国家司法鉴定人和司法鉴定机构名册》。经国家认证认可监督管理委员会批准通过国家级资质认定，中国合格评定国家认可中心批准通过司法鉴定机构认可。坚持以鉴定的科学性、客观性和公正性为宗旨，为北京、四川、重庆、贵州、西藏、甘肃、河南、山东、湖北、福建、广东、辽宁和海南等省市解决了不少重大疑难案件的鉴定，赢得了广大人民群众的信赖。重大自然灾害、突发公共事件中，也能看到四川华西法医学鉴定中心专家的身影。例如，"5·12"汶川特大地震发生后，四川华西法医学鉴定中心派出专家团队，冒着余震和次生地质灾害的危险深入灾区，通过检验和提取 DNA 检材，辨别遇难者遗体。在各类案件的鉴定工作中，中心的专家恪守职业道德，坚持公平、公正、科学、客观的方针，为我国的法制建设以及维护社会安定做出了贡献,该中心被司法部评为全国司法鉴定先进集体。

(五) 西安交通大学医学部法医学院

西安交通大学法医学科由我国著名法医学家胡炳蔚、刘明俊两位教授创建于1953年,是国内最早创建法医学本科专业的原卫生部直属的6所高等医学院校之一,多次在国内同类专业综合排名中名列前茅(A++专业)。1996年,成立全国首家法医学院;1997年,被批准为陕西省重点建设学科和重点实验室;1999年,被批准建立我国唯一的卫生部与公安部、最高人民法院、最高人民检察院共建法医学重点实验室;2001年,经教育部批准为首个法医学国家重点学科;2002年,被批准为西安交通大学法医学司法鉴定中心。学院下设法医病理学系、法医生物学系、法医毒理与毒物分析学系、法医临床学系、基因组与法科学研究所、全国法医干部培训中心、陕西省法医教学实验中心、陕西省尸检中心等机构。

通过培养和引进,目前已形成一支结构合理、业务素质精、具有高度凝聚力和战斗力的师资队伍,曾荣获"陕西省法医学优秀教学团队"称号。

该学院构建了理论教学、专业技术、现场教学组成的现代法医学知识结构,根据法医学"宽基础,重实践,善分析"的教学特色,将理论—技术—现场的课时比例设置为1∶1∶1,对课程的内容进行了更新和重组,更新率达50%。1994年,起相继在全国各地共建法医学现场教学基地20多家。法医学国家精品课程成功转型升级为法医学国家精品资源共享课。主编或参编了我国所有的国家高等教育法医学类的规划教材。多次获得省部级教学、教材成果奖励,其中2014年度获得国家教学成果二等奖。

该学院紧密结合国家创新体系建设计划,瞄准国家及区域法制建设重大需求,根据学科自身优势,积极开展交叉学科和新兴学科的研究,着重解决我国法医学发展和司法应用中的瓶颈问题,形成了法医基因组学、中毒与成瘾机制和法医创新技术体系3个研究方向。在中华民族基因多态性、毒品依赖的分子机制、死亡时间推断、毒物检测分析等方面的研究已形成特色。

每年招收数量稳定的本科生、硕士研究生和博士研究生,近50%的本科生保送或考取研究生,其余毕业生主要在各级公安机关、法院、检察院、司法机关、保险行业及高等院校从事相关工作。

(六) 复旦大学基础医学院法医学系

复旦大学基础医学院法医学系是我国重要的法医学教学科研基地之一、博士授予点,前身为上海医科大学法医学教研室。1984年,为落实全国高等法医学专业教育座谈会会议精神,该校成为全国首批设立法医学系的高等院校,并于同年招收法医学专业本科生及硕士研究生。在系主任张其英教授、赵子琴教授的带领下,经过30年的建设,该系在法医学教学、科研及司法鉴定各方面都取得了瞩目的成绩。

自1990年第一批法医学专业本科生毕业至今,毕业生源源不断地充实该系教师队伍,是该学科不断向前发展的新鲜血液和中坚力量。近年来,加大教师培养力度,选派优秀中青年教师赴国外进修,同时组织教师参加国内外学术交流活动,拓展视野,增强

第三章　中华人民共和国时期中国法医学（1949—2018 年）

沟通，极大提升了教师的学术水平、科研理念。

该系下设法医病理学、法医临床学、法医物证学、法医毒物分析、法医毒理学教学组，承担法医学专业本科生课程"法医病理学""法医临床学""法医毒理学""法医物证学""法医毒物分析""法医精神病学""法医人类学"等，临床医学本科生课程"法医学"、MBBS（Forensic Medicine），选修课程"简明法医学""人身伤害的法医学鉴定""法医血清学""毒物分析""医疗纠纷防范与应对"，以及"高级法医学"等多门研究生课程。

该系教学工作中重视理论与实践密切结合，通过以案例为基础的教学（case-based learning，CBL）、以问题为中心的教学（problem-based learning，PBL）及对相关知识进行整合的教学方法改革，使教学工作获得多项殊荣："法医学"获得国家级精品课程、国家级网上资源共享课程，"法医病理学"、"临床法医学"和"人身伤害的法医学鉴定"获复旦大学精品课程，前两门课程也是上海市教委重点建设课程。

1984 年起，该系每年招收硕士研究生，2004 年法医学专业被批准为博士授予点，同年开始招收博士研究生。

经过多年工作积累，并积极与国内外研究机构展开广泛合作，促进了法医学系各学科的发展和科研能力的提升，建立了相对完整的科研体系。主要研究方向为：①心源性猝死机制研究；②死亡时间推断；③周围神经损伤预后评估；④核酸多态性在法医物证学中的基础应用研究；⑤毒（药）物在体内的代谢、分布及检测；⑥毒（药）物中毒机制的研究。

复旦大学上海医学院司法鉴定中心自 1990 年起开展法医学鉴定。近年来，随着广大民众法制意识的提高，鉴定中心接受的司法鉴定案件数量逐年增多。

（七）中国刑警学院法医学系

中国刑警学院法医学专业始建于中华人民共和国成立初期的公安部中央民警干校，20 世纪 50 年代，是全国公安系统中唯一培养法医学专业人才的教学单位。1981 年，学院由干校组建为本科学院后，经国家教委批准设立了法医学专业，建立法医学系。法医学专业于 1989 年开始设立第二学士学位授予点（只招收第二学士学位学生，学制 2 年），1998 年获得硕士学位授予权，1999 年开始培养法医学专业硕士研究生（法医病理学和法医物证学研究方向）。

法医学专业确立了服务公安技术队伍建设和服务公安法医工作的宗旨，坚持教学、科研、办案三结合，以质量求生存，以特色求发展的工作思路。经过 60 多年的办学实践，建立了以法医学知识、法医学实用技术、法医学新技术新知识进展教育为核心内容的实用实战型的人才培养模式，培养具有良好职业素养、科学素养和人文素养，系统掌握本专业基础理论、基本知识与基本技能，具备开展法医工作的职业核心能力和创新精神，能够适应公安司法机关法医工作需要的应用型高级专门人才，并着力打造 DNA 检验、法医人类学检验、法医现场勘查与分析、法医病理损伤时间及死亡时间推断四大研究方向。

法医学专业现设法医病理学教研室和法医物证学教研室。现有 DNA 实验室、刑事相貌及法医人类学实验室、法医临床学实验室、法医病理学实验室等四个系属实验室。

在辽宁、吉林、广东、海南等地建立了多个专业实习基地。主要开设"法医病理学""临床法医学""命案现场勘查与分析""法医毒理学""专业外语""病理学切片技术""法医物证学""法医人类学""刑事相貌学""医疗事故鉴定""司法精神病学"等专业课程。目前承担着本科生、第二学位、硕士研究生和法医干警职业培训的教学任务，先后为国家培养了法医学本科、第二学位和硕士研究生专业人才千余人，为全国公安实战部门培训法医专业干警 6 000 多人。

法医学专业受公安部委托，定期举办"全国公安系统法医学论坛"学术研讨会，出版会议的学术论文集。"法医学"课程被评为辽宁省精品课程。法医学专业于 2008 年被评为辽宁省重点扶持学科，已成为我国公安系统最重要的法医专业人才培养基地和法医学理论与实践研究基地。

（八）山西医科大学法医学院

山西医科大学法医学专业是 1980 年由山西医学院与山西省公安厅以联合办学的形式在全国率先创建的，是教育部批准成立的全国第一批法医学本科专业，2001 年，成立法医学院和山西医科大学司法鉴定中心。1993 年，取得法医学硕士学位授权学科，2001 年，被评为山西省重点建设学科；2003 年，获法医学博士学位授予学科；2005 年，被授予山西省本科品牌专业；2007 年，被评为山西省本科高校示范实验室；2008 年，被评为山西省重点学科，同年，被财政部和教育部评为全国特色专业建设点；2010 年，被评为山西省重点实验室，同年，"法医毒物分析"和"法医病理学"被评为山西省精品课程。

法医学山西省重点实验室现有法医 DNA 实验室 1 个、法医毒物实验室 1 个、法医免疫组化实验室 1 个、法医细胞生物学实验室 1 个、法医尸体解剖室 1 个。

法医学山西省重点实验室主要研究方向为：①损伤和猝死法医病理学研究；②人类 DNA 遗传多态性和真核细胞表观遗传因素的法医学应用研究；③体内外毒物分析和法医毒物动力学研究。

（九）昆明医科大学法医学院

昆明医科大学法医学院是全国最早设置法医学专业的 9 所高等医学院校法医学院（系）之一。1984 年，成立法医学专业并于同年招收法医学本科生；1988 年，成立法医学系；1996 年，批准为法医学硕士学位授权学科；2002 年 8 月，成立法医学院；2005 年 3 月，新增法学专业（医事法学方向）。目前法医学院下设法医学和法学两个本科专业。法医学专业为国家级特色专业、省级特色专业及省重点专业，法医学科获 CNAS 国家认可实验室和检查机构，为云南省研究生教育创新联合培养基地，法医病理学为国家级精品课程。法医学院被司法部指定为全国法医临床司法鉴定转岗培训机构，作为云南省司法鉴定继续教育基地，成为云南省高等法医学和医事法学人才培养、科学研究和司法鉴定的中心。

法医学院长期坚持"以人才培养为根本，立足云南，面向全国，服务政法，保障基层"的办学思路，坚持"以培养高素质、能力强的应用型高级法医学和医事法学人才"为目标导向，始终坚持与云南省公安厅联合办学模式，法医学专业招生全面纳入

第三章　中华人民共和国时期中国法医学（1949—2018年）

公安招生计划，实行提前批录取，定向招生，定向分配。该学院和云南省内外政法机关共建专业教学基地，建立法医学专业实践教学基地9个、法学专业实践教学基地2个，形成了较完善的专业实践教学网络，创建了具有鲜明地方特色的人才培养模式。

法医学院主要为云南省和部分其他省市政法机关以及医药卫生系统培养应用型高级法医学和医事法学专业人才。法医学院具有明显的学科优势和特色，学科研究领域包括药物滥用毒理学、颅脑损伤、遗传标记、毒药物代谢、交通事故损伤机制，法学学科主要研究领域包括医患法律关系研究和司法鉴定法律制度研究。具有较好的科研资源优势和基础条件，拥有大鼠标准化行为实验室、药物滥用毒理实验室、DNA实验室、毒物分析实验室、刑事技术模拟实验室、模拟法庭实验室。法医学研究生培养涵盖法医病理学、法医物证学、法医毒理学、法医毒物分析、法医临床学5个主干学科方向，培养规模、质量不断提升。

昆明医科大学司法鉴定中心是由法医学院负责管理、具有独立法人资格的司法鉴定机构。1999年，被云南省卫生厅指定为"云南省医疗尸检中心"组成单位之一。2001年，云南省司法厅核准成立昆明医学院司法鉴定中心。

（十）河南科技大学法医学院

河南科技大学法医学院是经河南省教育厅批准、国家教育部备案的培养法医学专业人才的基地，其前身为洛阳医专法医学教研室，始建于1984年，同年招收第一届法医专业学生，1987年建立法医学专业，是全国最早从事法医专业教学的十所院系之一，招收研究生和五年制本科学生。法医学院行政机构下设办公室、学生工作办公室，教学机构下设法医病理和临床教研室、法医毒物和物证教研室、法医学实验教学中心。法医专业学生在校期间将学习基础医学、临床医学、法医学专业课程等，学生毕业后主要到公安司法机关、社会鉴定机构、保险公司、医疗卫生部门等从事司法鉴定及管理工作。法医学院集法医学教学、科研和司法鉴定为一体，是河南省医学重点学科和河南省特色学科。30多年来，为我国培养了一大批法医专业毕业生，这些毕业生已成为公安司法机关法医学司法鉴定的骨干力量，有的获取了硕士、博士学位，有的出国深造。

学院对外鉴定机构——河南科技大学司法鉴定中心对社会承担法医类司法鉴定工作和司法鉴定人培训工作。

（十一）皖南医学院法医学院

皖南医学院法医专业由安徽省卫生厅1986年3月批准设置，1987年，经安徽省教委批准招收5年制法医学本科生，授医学学士学位，并成立法医学系；2007年，学院机构调整，法医学系、口腔医学系、预防医学等5个专业组建医学三系；2013年7月，成立法医学院。法医学专业于2008年被安徽省教育厅授予省级特色专业，2010年被国家教育部、财政部授予国家级特色专业。除培养法医学专业本科生以外，尚承担法医学硕士研究生培养（1999年具有硕士学位授予权），非法医专业人员的岗前培训。

法医学院设有法医病理学、法医物证学、法医学3个教研室，1个中心实验室，2003年成立皖南医学院司法鉴定中心。目前，法医学院师资队伍雄厚，承担主要教学任务的年轻教师均具有硕士以上学历。

（十二）河北医科大学法医学院

河北医科大学法医学院成立于 2017 年，由始建于 1956 年的法医学教研室发展而来。目前设有法医病理学、法医临床学、法医物证学、法医毒物学 4 个教研室，主要从事法医学教学、科研、研究生培养、法医鉴定等工作，是法医学硕士、博士学位授权单位。2003 年开始招收法医学专业本科学生。目前为国家法医学重点培育学科、河北省重点实验室、河北省法医分子协同创新中心、河北省科技创新团队、河北省优秀教学团队、河北省特色专业、河北省法医学人才培养教育创新高地，"法医学"课程为国家精品课程及精品视频公开课，具有法医学教学基地 12 家。学科带头人丛斌教授为中国工程院院士，是我国法医学的领军人才。法医学科在全国具有法医学专业的高校中处领先地位。

学院有中国工程院院士 1 人。

学院非常重视法医专业本科生的培养，从学生入学即开始实施导师制培养，始终秉承"学生为本、教师为先"理念。

该校法医学科是在全国具有法医学专业设置的高校中唯一具有中国工程院院士、荣获过国家科技进步一等奖 1 项、二等奖 2 项的学科。

目前该学院与美国马里兰州大学、澳大利亚墨尔本大学皇家儿童医院、日本千叶和信州大学、葡萄牙科英布拉大学建立了良好的合作关系。

河北医科大学法医鉴定中心不仅是法医学专业学生的重要实训基地，还成为河北省高校服务社会的典范，是河北省首家通过国家 CNAS 和 CMA 认证认可的法医鉴定机构。近年来，为社会提供涉及死亡原因、伤残程度、医疗纠纷、毒物分析、亲子鉴定等法医鉴定 2 万余例，尤其为省内重大疑难案件提供技术支持，产生了良好的社会效益和经济效益。

（十三）新乡医学院法医学院

新乡医学院法医学院成立于 2017 年 7 月，前身为 2002 年成立的隶属于基础医学院的法医学专业，2013 年 11 月法医学系成立。设有本科教育和研究生教育两个层次，2003 年开始招收法医学专业本科生，学制 5 年，授予医学学士学位；2010 年获得法医学硕士学位授权，2012 年开始招收法医学硕士研究生，授予医学硕士学位。法医学院集法医学人才培养、科学研究、司法鉴定于一体，是"十二五""十三五"普通高等教育本科国家级规划教材《法医学》《实用法医学》和《法医临床学实验指导》参编单位。新乡医学院司法鉴定中心是河南省首家通过国家级认证认可的司法鉴定机构。

（十四）中南大学湘雅医学院法医学系

湘雅医学院早在 1920 年就开设了法医学课程，法医学教研室成立之前，有关法医学的科研和教学工作都在病理学科开展。1951 年法医学教研室成立。1958 年，迫于当时形势，法医学教研室撤销停办。1985 年 1 月，随着我国改革开放及法制建设的深入和加强，法医学教研室恢复建立。2000 年，湖南医科大学与其他两所大学合并为中南大学后，法医教研室于 2002 年 10 月改为中南大学基础医学院法医学系。2006 年，经湖南省司法厅相关部门批准，依托法医学系建立了湖南省湘雅司法鉴定中心，主要进行

第三章 中华人民共和国时期中国法医学（1949—2018年）

法医病理、法医临床和法医物证鉴定。

中南大学法医学系的主要研究方向为法医昆虫学、法医病理学、法医物证学和法医毒物分析。

（十五）南方医科大学法医学院

南方医科大学法医学院成立于2016年7月1日，其前身为2005年5月在中国人民解放军第一军医大学基础医学院病理学教研室法医组基础上成立的法医学教研室，2005年9月组建司法鉴定中心，2008成立法医学系。学院现设有法医病理、法医临床、法医生物痕迹、法医证据科学和法医毒物五个学系，建设有南方医科大学司法鉴定中心、交通司法鉴定技术研究所和环境法医学研究所，拥有广东省交通事故鉴定工程技术研究中心，学科综合影响力进入全国前八名行列。

经过10余年建设，该学院法医学科已形成从法医学专业本科—研究生（硕士、博士）—博士后的完整法医学优质人才培养体系，与广州市公安、司法机关建设有本科生实习实训基地和博士后联合培养基地。

（十六）南京医科大学法医学系

南京医科大学法医学学科始建于1953年，历经风雨，1981年，恢复教研室独立编制，2005年7月，成立法医学系。50多年来，一贯坚持理论与实践相结合、基础与应用相结合、临床与检案相结合，坚持科学、客观、独立、公正的质量方针，走产、学、研为一体的办学道路，在教学科研的同时承担了司法鉴定工作万余件，并先后举办过8期全国法医学专业进修班和研究生班，培养了大批法医专业技术骨干。2009年年底，被司法部正式批准为全国法医临床继续教育培训基地。

2003年，成为基础医学二级学科博士点；同年与南京师范大学法学院联合创办了医学法学双学位、学制为六年的"医学司法鉴定"方向；2015年转为招生五年制法医学专业。

该系学科特色：法医病理学为江苏省内领先，研究方向包括损伤时间、死因分析、心源性猝死的分子机制、百草枯中毒损害机理及标志物筛选、心血管系统疾病发生机制研究；法医临床学面向全国承接大量鉴定业务，主要涉及致伤方式、医疗损害及伤病关系等疑难复杂问题的评定及标准制定；法医物证学主要涉及亲缘关系鉴定，新型遗传标记的开发，硅藻DNA条形码研究等。2002年6月，经江苏省司法厅审批，正式成立南京医科大学司法鉴定所。面向省内外可接受单位或个人委托，主要开展法医病理学（如死亡原因、伤病关系）、法医临床等涉及民事、刑事、行政诉讼案件、法医物证检验（如亲子鉴定、个体识别）等范围鉴定工作。2009年10月，正式通过司法鉴定行业检查机构及实验室认可，成为华东地区第一家通过认可的高校鉴定机构。

（十八）汕头大学法医学教研室

汕头大学法医学教研室是汕头大学医学院病理学与病理生理学系（国家重点学科）的三个组成部分之一，1996年9月由中山医科大学法医学系主任、时任汕头大学副校长兼医学院院长徐小虎教授组建。主要从事法医学教学、科研和检案工作。主要承担医学院和法学院本科生和本硕连读生的"法医学"公共课。2003年，获得法医学硕士学位授权点，依托医学院病理学博士学位授权点和基础医学院博士后流动站招收法医学博士研究生和博士后。2003年，以法医学教研室为主，整合医学院附属医院、分子生物学中心、中心实验室等成立面向社会服务的汕头大学司法鉴定中心，鉴定服务涵盖整个粤东地区和广东省内外其他地区。2005年，被推选为广东省司法鉴定工作先进典型。在学科带头人徐小虎教授和于晓军教授主持下，紧密结合法医鉴定中普遍存在和迫切的实际问题，确定了实用法医学鉴定新技术的科研方向。

（十九）温州医科大学法医学系

温州医科大学于1985年开始法医学教学（属于病理学教研室）；2002年，成立法医学教研室；2004年，成立法医学系。2002年开始招收首届法医学专业本科生，并承担临床医学专业和法学专业本科生的"法医学"课程。2002年9月11日，经浙江省司法厅批准正式成立温州医学院司法鉴定中心；2002年11月1日，正式对社会服务，是温州首家面向社会司法服务的中立性机构。2013年8月28日，温州医学院司法鉴定中心正式更名为"温州医科大学司法鉴定中心"，经浙江省司法厅核准，中心对外受理各类民事和刑事案件的法医病理、法医临床、法医物证、法医毒物分析、法医精神病、精神障碍医学鉴定等6个领域的司法鉴定案件，是目前浙南、闽北地区法医类鉴定项目最为齐全的司法鉴定机构。

（二十）贵州医科大学法医学院

贵州医科大学法医学院前身系贵阳医学院法医学教研室，建于改革开放后的1984年，属于全国最早开展法医工作的高等院校之一。1984年，在病理学教研室设法医学小组，王恩寿教授任组长，开设法医课程，同时开展法医学检案工作。2001年，根据社会需求开办了法医学专业（本科），在贵州省内首次招收法医学专业本科生，是该省最早设置法医学专业医学高等院校。2005年10月，经贵州省司法厅审核登记注册，正式组建成立贵阳医学院法医司法鉴定中心。建有高水平的法医病理学实验室、法医物证实验室、法医临床实验室等，拥有较先进的法医病理学、法医物证学、临床法医学、药/毒物分析等实验室和相关仪器设备，教学、科研及检案设施齐全。2011年，批准为法医学硕士学位授权学科。2012年，法医学系正式成立，主要承担法医学专业和临床医学专业法医学教学任务、法医学科学研究工作，承办贵州省内最高水平的法医病理尸检、法医物证学个人识别和亲子鉴定检验、法医活体检验工作。

该学院法医学专业（系）长期坚持"以学科建设为基础、以人才培养为前提、以司法鉴定为抓手"的办学思路，坚持以"培养高素质的应用创新型高级法医学专业人才"为目标，面向全国招生。2013年，法医司法鉴定中心获批贵州省现代法医司法鉴定工程研究中心。

（二十一）重庆医科大学法医学教研室

重庆医科大学法医学教研室组建于1984年。1986年开始为医学本科生开设法医学选修课（36学时），目前共有教辅人员9人，其中高级职称5人。经过多年发展，已成为集教学、科研、检案于一体的综合机构。1988年，与重庆市中级人民法院合作成立重庆法医验伤所，对外开展法医病理检验、法医活体损伤、伤残鉴定、法医物证、法医毒化、亲子鉴定、碎尸、无名尸的人类学检验等内容，为司法实践提供了可靠的医学保证，得到了司法部门的信任及人民群众的好评；同时也锻炼培养了师资队伍。现为重庆市人民法院、重庆市医疗纠纷尸体解剖、重庆市高速公路交通事故伤残鉴定指定鉴定单位之一。

1996年，法医学教研室被国务院批准为硕士学位授权点；1999年，法医学成为医学本科生必修课目；1999年，法医学教研室成为全国高等医学会法医研究会理事单位；2000年，法医学被重庆市审批为首批市级重点学科；2006年，法医学被重庆市审批为市级重点学科，建立全国法医临床鉴定人转岗培训基地；2007年，开始招收法医学本科生；2010年，批准为基础医学（含法医学）博士学位授权点。总体建设目标是：以西部强势学科为起点，建设全国一流、在国际上有一定影响的司法鉴定中心。该教研室加强高层次人才培养基地建设，以培养创新型人才为核心，构建创新型科研团队；以原始创新科技成果为重点，加强国内外学术交流，全面提高司法医学研究和鉴定水平。

（二十二）广东医科大学法医学专业

广东医科大学法医学专业创办于2003年，并开始招收法医学专业五年制本科生，是基础医学院直接管理的专业。法医学专业依托基础医学和临床医学的学科优势及广东医科大学司法鉴定中心的专业支持，已发展成为广东省法医学人才培养的重要基地。

广东医科大学司法鉴定中心是依托基础医学院法医学学科开办的司法鉴定机构，承担法医学专业的教学科研和对外司法鉴定职能。

（二十三）济宁医学院法医学专业

济宁医学院法医学与医学检验学院是从其医学检验系发展而来的，2012年更名为法医学与医学检验学院，是山东省高校中唯一一所招收法医学本科专业的院校。设有法医病理学教研室、法医物证学教研室、法医毒物学教研室、法医临床学教研室、法医学教研室、法学教研室、法医学与医学检验实验中心。

济宁医学院司法鉴定中心成立于2011年，是经司法部核准、山东省司法厅批准的公办中立性质的司法鉴定机构，是山东省高等院校设立的唯一的法医类司法鉴定机构，机构为正处级单位，与法医学与医学检验学院合署办公，中心主任由院长担任。中心拥有法医病理、法医临床、法医物证和法医毒物4个鉴定室，鉴定仪器设备先进齐全，能很好地满足法医鉴定和法医学本科学生实习、见习工作需要，使司法鉴定中心不仅具有社会服务功能，同时也为法医学专业本科教学和科研提供了良好的平台。

（二十四）遵义医学院法医学专业

遵义医学院法医学专业于2002年获得国家教委批准；2003年，开始招收法医学专业本科生法医学专业本科生；2008年，成立法医学系。下设法医病理学教研室、法医物证学教研室，开设"法医学""法医病理学""法医物证学""法医临床学""法医人类学""法医毒理学""法医学概论"等专业课，及"刑事科学技术""司法精神病学""法医法学"等专业选修课。

（二十五）赣南医学院基础医学院法医学专业

赣南医学院基础医学院法医学专业于2007年设立，并于同年招收法医学本科学生。

本专业的目标是为培养适应现代化建设实际需要，基础扎实、素质良好，具备基础医学、临床医学理论基础，并具备系统的法医学理论及技能，能在公安队伍、政法机关、司法鉴定机构、保险公司等从事法医学鉴定工作，或在科研院所从事法医学相关工作的法医学专业人才。

法医学专业为国家控制布点专业，也是学校的首批省部共建专业，学科建设良好，具备优越的教学、科研平台。目前拥有完善的法医学实验室，包括法医病理实验室、法医毒物实验室、法医物证实验室。上述实验室设备齐全、先进，保证了法医学教学、科研的顺利、有效进行。另外，赣南医学院司法鉴定中心主要依托于法医学专业开设，该中心在社会具有良好声誉，也为法医学的实践教学提供良好平台。

（二十六）川北医学院法医学系

川北医学院法医学系成立于2002年，同年招收法医学本科生。2011年，法医学成为二级学科硕士学位授权点；2012年，开始招收硕士研究生。

法医学系设有办公室、教务科和学生科3个管理科室，法医病理、法医物证、法医毒物分析3个教研室，以及1个鉴定机构——川北医学院司法鉴定中心。承担"法医病理学""法医临床学""法医物证学""法医毒物分析""法医法学"等10余门专业课程，以及面向临床医学专业的"法医学"课程和面向外国留学生的 Forensic Medicine 课程。

（二十七）包头医学院基础医学与法医学院法医学教研室

包头医学院基础医学与法医学院法医学教研室成立于2006年。法医学专业从2006年开始招收五年制本科生。主要承担法医学、法医病理与毒物学、法医临床学、法医物证学、刑事科学技术、法医精神病学等法医专业课程的教学。

（二十八）河北北方学院基础医学院法医学系

河北北方学院基础医学院法医学系自2000年开始招收法医学专业本科生。

（二十九）湖北医药学院法医学教研室

湖北医药学院法医学教研室正式成立于1996年，1993年开始对临床医学、麻醉学、影像医学、公共事业管理等本科专业授课。依托法医学教研室成立了湖北医药学院法医司法鉴定所。鉴定所拥有鄂西北地区法医学知名教授、临床医学专家、病理诊断教授等一批专业技术鉴定人员。鉴定所力量雄厚，各项仪器设备齐全、先进，鉴定技术成熟，面向社会开展法医临床、法医病理、法医物证、法医毒物等司法鉴定工作。

（三十）广州医科大学法医学教学团队

广州医科大学法医学教学团队由广州医科大学副校长、原中山医科大学法医学系副主任、法医病理学教研室代主任、法医鉴定中心副主任胡丙杰教授负责组建。主要从事法医学教学、科研工作，承担医学系、法律系本科生、留学生和研究生的"法医学"公共选修课教学，设有广州医科大学附属第三医院法医物证司法鉴定所和广州医科大学附属脑科医院（广州市惠爱医院）司法鉴定所。

（三十一）哈尔滨医科大学法医学专业

哈尔滨医科大学法医学专业设立于2018年，招收五年制法医学专业本科生，是黑龙江省首家设立该专业的院校。

（三十二）苏州大学法医学系

苏州大学法医学系起于1984年庄君元教授设立的苏州医学院法医学教研室。2001年，卞士中主任创办了江苏省首个法医学专业并获得博士学位授予权；同年，招收法医学专业本科生和研究生；2008年，成立法医学系，陶陆阳教授任系主任。经过数十年发展，苏州大学法医学系已成为我国法医学学科发展的后起之秀和我国重要的法医学教学、科研、人才培养、司法鉴定基地。

第五节　法医学科学研究

一、法医学研究机构

（一）司法部司法鉴定科学研究院

1. 历史沿革

1929年，国民党政府司法行政部派法医学博士孙逵方在上海筹建司法行政部法医研究所。1932年8月，法医研究所在上海建立，法医学博士林几担任第一任所长，接受全国各级法院的疑难案件检验，出版《法医月刊》，招收医科大学毕业生，培训后分配到各省高等法院担任法医师，这是我国以现代法医学为基础建立起来的第一支法医师队伍。1935年，由孙逵方接任所长，直至新中国成立前夕。旧中国政府对法医学事业重视不够，法医研究所的经费不足，法医师的待遇一直很差，以致当时先后培训的3期研究生共数十人后停止了招生，而已毕业的法医师也多改行转业；加之原法医研究所的所址（上海真如）在1937年抗日战争初期被日本的飞机炸毁；此后法医研究所便徒有其名，形同虚设，至1949年时只剩下几个人和非常简陋、几乎无用的破旧设备，由上海市高级人民法院接管。1951年，法医研究所由华东军政委员会司法部接管，组建"华东军政委员会司法部法医研究所"，由法医学家张颐昌担任主管业务技术的副所长。1953年，华东军政委员会司法部撤销，法医研究所改为隶属最高人民法院华东分院，更名为"最高人民法院华东分院法医研究所"。1955年，最高人民法院华东分院撤销，又改隶属司法部主管，更名为"司法部法医研究所"。1955年，经司法部批准，增挂"司法部司法鉴定科学技术研究所"牌。1952—1956年，该所先后培养专职法医近400名，分配至全国各地公、检、法单位，初步建立省、市、县法医鉴定体系，开展法医学鉴定工作。1958年，由于我国"左"的路线的错误，随着法制不受重视，司法部撤销，该所更名为"公安部三局刑事技术研究所"，由上海市公安局代管，1960年11月因故撤销，设备和部分人员合并到公安部门，部分人员转业改行。1978年12月，中国共产党十一届三中全会结束了我国"左"的路线错误。由于法制建设的需要，1979年，司法部恢复成立，司法部委托华东政法学院在上海市筹备复建"司法部司法鉴定科学技术研究所"。1983年，经国家科委批准正式复建"司法部司法鉴定科学技术研究所"，为司法部直属的公益性科研事业单位。2017年11月，经中央机构编制委员会办公室批准，更名为"司法鉴定科学研究院"。

2. 主要职能

司法鉴定科学研究院的职能是：承担司法鉴定领域的基础研究、应用研究和高新技术研究，全国重大疑难案件的司法鉴定和技术指导，司法鉴定高端人才的培养培训，国内外学术交流等。现有职工208人，其中专业技术人员占63%左右，高级专业技术人员占专业技术人员总数的48%；享受国务院特殊津贴的有9人；仪器装备已达到国际先进水平。

该研究院设有法医病理学、法医临床学、司法精神病学、法医物证学、法医毒物化学、微量物证学、文件鉴定学、声像鉴定学、痕迹鉴定学、电子数据鉴定、道路交通事故技术鉴定、司法鉴定制度与法规等专业。

科学研究是该研究院的基础工作。该研究院长期承担国家科技部、国家自然科学基金委员会、司法部和上海市科委的重点科技攻关项目，牵头主持了"十二五"国家科技支撑计划项目，在系统毒物分析、毛发中毒药物鉴定、有毒动植物鉴定、死亡原因鉴定、伤病关系鉴定、道路交通事故综合鉴定、男性性功能鉴定、听觉视觉功能鉴定、复杂亲缘关系鉴定、文件材料鉴定、声纹鉴定、司法鉴定管理制度研究等方面处于国内领先地位，某些领域已达国际先进水平。同时还承担了司法鉴定领域国家标准和行业技术规范的研制任务，积极推进司法鉴定技术创新和司法鉴定标准化、规范化建设。2009年，被确立为"上海市法医学重点实验室"；2010年，获批设立博士后科研工作站。

司法鉴定是该研究院的主要工作。作为司法鉴定的"国家队"，主要承担全国各地公、检、法、司等机关送检的重大、疑难、复杂、敏感、涉外案件的司法鉴定。同时接受企事业单位、社会团体和个人的委托，对交通事故、民事纠纷、仲裁等活动中所涉及的专门性问题进行技术检验和技术鉴定。现每年承担刑事、民事和行政等各类案件的司法鉴定近3万例，在维护国家利益、公民合法权益以及纠正冤假错案、化解纠纷冲突、维护社会稳定和保障司法公正等方面发挥了重要作用。2009年获"全国司法鉴定先进集体"称号；2010年被遴选为"国家级司法鉴定机构"；2013年通过复评审继续被授予该称号；2015年12月通过"国家级司法鉴定服务标准化示范试点"验收。

教育培训是该研究院的基本任务。作为全国司法鉴定人继续教育基地，与复旦大学、苏州大学、华东政法大学、南方医科大学、四川大学、温州医科大学、中国刑事警察学院联合培养司法鉴定硕士研究生、博士研究生，促进了我国司法鉴定行业的队伍建设和人才储备。

技术指导是该研究院的重要职能。作为行业主管部门依托的技术平台，承担起草行业管理规章，研制技术标准和方法，组织行业能力验证活动，实施鉴定质量评估等行业技术指导任务。自2005年以来，研究院经国家认可委和司法部授权，定期提供并实施法医病理、法医临床、法医物证、法医毒物化学、司法精神病、痕迹鉴定、文件检验、微量物证、声像鉴定和电子数据鉴定专业的能力验证活动，推进了我国鉴定机构的规范

第三章 中华人民共和国时期中国法医学（1949—2018 年）

化建设以及认证认可工作。

该研究院按照 ISO/IEC 17025：2005 和 ISO/IEC 17020：1998 国际标准的要求，建立了质量管理体系，确立了"以科学捍卫公正"的核心价值理念，以及"严谨求是、科学规范、独立客观、准确公正"的质量方针，确保以公正的行为、规范的程序、科学的方法、正确的结论，为审判和仲裁等司法实践服务。研究院已率先通过了实验室认可、检查机构认可、能力验证提供者认可以及国家级实验室/检查机构资质认定，成为我国首家通过国家"五合一"评审的司法鉴定机构。在我国司法鉴定事业中发挥了重要的示范、引领和推动作用。

该研究院也是我国司法鉴定领域对外交流与合作的重要平台。根据对应对等原则，多次受命代表中国司法鉴定行业出访美国、英国、荷兰、俄罗斯、乌兹别克斯坦、澳大利亚、德国、南非、韩国、瑞士、比利时、日本等国，以及中国港、澳、台地区，并与上述国家或地区的司法鉴定官方机构建立了合作关系。创办了两年一届的"司法鉴定理论与实践研讨会"。办有中文核心期刊《中国司法鉴定》和《法医学杂志》，以及英文刊物 *Forensic Sciences Research*。

3. 各研究室

司法鉴定科学研究院现设 8 个研究室。

（1）法医病理学研究室。

法医病理学是应用医学及其他自然科学的理论及技术，研究与法律有关的人身伤亡的发生、发展规律的一门学科，目的是为涉及法律问题的伤亡案件侦查或审判提供医学证据。法医病理鉴定是指运用法医病理学的理论和技术，通过尸体外表检查、尸体解剖检验、组织切片观察、毒物分析和书证审查等，对涉及与法律有关的医学问题进行鉴定或推断，其主要内容包括：死亡原因鉴定、死亡方式鉴定、死亡时间推断、致伤方式及致伤物判断、生前伤与死后伤鉴别等。

该研究室主要承担来自全国各地具有重大影响或疑难复杂案件的鉴定工作。目前，每年受理涉及机械性损伤、机械性窒息、毒药物中毒、猝死、道路交通事故、医疗纠纷、致伤物推断、伤病关系等案例逾千例，在民事案件的调处，刑事案件的侦查、审理和判刑中起到至关重要的作用，为惩治犯罪或者消除犯罪嫌疑提供了客观、公正、科学、准确的证据。

该研究室坚持"以检案带科研，以科研促检案"的工作方针。在道路交通事故现场重建研究、交通行为方式鉴定标准研究、虚拟解剖与损伤重建、基于数字技术的损伤致伤方式及生物力学研究、基于傅里叶红外光谱技术进行电击死的诊断及死亡时间推断、电流损伤皮肤金属元素研究等方面取得了重大的研究成果。

依托相关鉴定经验及科研成果，该研究室在国内法医学领域已率先制定了一系列的行业标准并作为部颁标准进行应用及推广，包括 SJB－P－1—2009《道路交通事故涉案者交通行为方式鉴定第 1 部分：综合判断》、SJB－P－2—2009《道路交通事故涉案者交通行为方式鉴定第 2 部分：人体损伤检验》、SJB－P－3—2009《道路交通事故涉案者交通行为方式鉴定第 3 部分：车辆痕迹勘验》、SJB－P－4—2009《道路交通事故涉案者交通行为方式鉴定第 4 部分：现场勘验》、SJB－P－5—2009《道路交通事故涉案者交通行为方式鉴定第5部分：计算机模拟事故再现》、SJB - P - 6—2009《死亡原因与死亡方式鉴定方法》、SJB - P - 7—2009《死亡时间鉴定方法》、SJB - P - 8—2009《损伤时间鉴定方法》、SJB - P - 9—2009《致伤物推断鉴定方法》、SJB - P - 10—2009《伤病关系分析方法》等，对于规范、指导鉴定工作的开展具有积极的作用。

（2）法医临床学研究室。

法医临床学是法医学的重要分支，是运用法医学、临床医学以及其他相关学科的知识和技能，解决涉及人体损伤案件中有关的法律问题的重要学科。

自20世纪80年代初司法部司法鉴定科学技术研究所恢复建所以来，法医临床学专业一直是该所特色专业。由该所主持起草的《人体重伤鉴定标准（试行）》、《人体重伤鉴定标准》分别于1987年、1990年颁布实施，共同主持起草的《人体损伤程度鉴定标准》也于2014年1月1日正式实施。奠定了该专业在国内法医临床学界的重要地位。

为适应我国法制建设和司法实践日益增长的需要，以及切实、有效地解决司法实践中的热点、难点问题，也为了推动法医临床学整个学科的发展，经过近20年的不断努力，该研究室迄今已经初步建成男子性功能、听觉功能、视觉功能、平衡功能、法医影像学及肢体功能实验室等特色实验室，其学术水平在国内同行业处于领先地位。

在上述特色实验室的支撑下，该专业鉴定科研人员历年来主持完成了大量由国家有关部委、上海市以及其他渠道资助的研究课题，涌现了一大批科研成果，制定了GA/T 914—2010《听力障碍的法医学鉴定》、GA/T 1180—2014《男子性功能障碍法医学鉴定》、SF/Z JD0103003—2011《法医临床检验规范》、SF/Z JD0103004—2011《视觉功能障碍法医学鉴定指南》、SF/Z JD0103005—2014《周围神经损伤鉴定实施规范》以及SF/Z JD0103006—2014《法医临床影像学检验实施规范》等多项标准及规范，主持撰写、发表了科研论文数百篇，主持出版学术专著10余部。这些科研成果、学术论文及专著为法医临床学司法鉴定水平的提高和规范化建设提供了有力的技术支持。

（3）司法精神病学研究室。

司法精神病学是精神医学与法学的交叉学科。司法精神病鉴定是通过系统的精神状态检查、有关实验室检查和心理测试、社会调查等，运用精神医学、法学和社会学等相关知识的综合判断，进行精神状态鉴定、行为（法律）能力评定、精神损伤和伤残程度评定等。

该研究室接受全国各地送检的重大、疑难案件的鉴定，并在精神障碍犯罪嫌疑人辨认与控制能力影响因素研究、刑事责任能力评定量表的研制、民事行为能力影响因素及评定标准的研制、服刑能力影响因素及评定标准的研制、颅脑外伤后精神伤残鉴定等方面开展了卓有成效的研究。除了借助相关科室的实验设施（毒物分析、影像学检查等）外，研究室还拥有脑电图实验室、事件相关电位实验室及测谎实验室。目前，研究室致力于建立行为能力评定的专家评估系统，以提高鉴定的客观性、一致性。

（4）法医物证学研究室。

法医物证学是因法律需要和自然科学发展而产生的一门交叉学科，是法医学的重要分支之一，其目的是采用生命科学技术对案件中与人体有关的生物检材进行鉴定，为涉及法律的有关亲缘关系确认、检材身源识别等问题提供科学证据。随着学科的不断发展

第三章 中华人民共和国时期中国法医学（1949—2018 年）

与学科间的相互渗透，法医物证分析技术日臻完善，理论知识日趋丰富，解决实际问题的能力不断提高，已逐渐成为一门独立学科，在我国的法律制定和实施中发挥着重要作用。参考目前国内的有关规定，法医物证鉴定是指运用免疫学、生物学、遗传学等的理论和技术，利用遗传学标记系统的多态性对生物学检材的种类、种属及个体来源进行鉴定，其主要内容包括个体识别、亲子鉴定、种族和种属认定等。

该研究室承担来自全国各地的具有重大影响的或疑难复杂案件的鉴定工作。每年受理涉及户口申报、诉讼公证、抚养权纠纷、父权、同胞、祖孙等亲缘鉴定以及对现场生物检材、交通事故微量痕迹的种属确证试验和个体识别等案件逾 2 000 例，为惩治犯罪、维护社会和谐提供了客观、公正、科学、准确的法律证据。

该研究室坚持"鉴定与科研并举，务实与创新共进"的工作方针，在亲权鉴定的标准研究、DNA 鉴定的新技术运用、肿瘤组织的个体识别、石蜡包埋组织及染色切片的个体识别及双亲皆无或双亲皆疑的同胞鉴定、祖孙鉴定、复杂亲缘关系的鉴定研究等方面取得了重大的研究成果。

依托相关鉴定经验及科研成果，该专业在国内法医物证学领域已率先制定了一系列的行业标准并作为部颁标准进行应用及推广，包括《亲权鉴定技术规范》《生物学全同胞关系鉴定实施规范》等。

（5）法医毒物化学研究室。

法医毒物化学运用化学、物理学、生物学的原理和方法，对体内外未知毒（药）物进行定性和定量分析；并运用毒理学理论和方法，通过对毒（药）物的毒性、中毒机理、代谢动力学及卫生学等方面问题的分析，综合作出毒（药）物中毒的性质、方式、程度及危害的评定。

法医毒物化学专业主要从事法医毒物分析及毒理学方面的科学研究、检验、鉴定和教学工作。

科学研究是该研究室的重要任务，科技人员致力于新技术、新方法的开发研究，解决司法实践中的难点问题。近年来，该专业鉴定、科研人员先后主持承担了国家科技支撑计划项目、国家自然科学基金项目、国家科技基础社会公益项目、国家技术标准项目、上海市科技重点攻关项目、上海市自然基金项目等 10 多项重大课题的研究工作。在系统毒物分析、毛发中滥用药物及代谢物分析、体内有毒动植物成分检测、酒精与药物对驾驶能力的影响等方面的研究达到国际先进水平。科研成果获省部级科技进步一等奖 3 项、二等奖 4 项。

面向社会的检验、鉴定是该研究室的主要任务之一。该研究室为公检法司执法机关以及企事业单位和社会团体提供服务。其检验、鉴定业务受理范围为体内外各类毒物、药物、毒品、农药和鼠药等的定性、定量分析，包括：中毒尸体（人、动物）的毒物定性、定量分析、毒品鉴定、吸毒鉴定（体内毒品分析）及吸毒史的判断、求职人员的滥用药物检验、毒（药）物中毒的临床检验和监测、机动车驾驶员的酒驾、毒驾测定、煤气中毒者血液中一氧化碳测定及可疑物品的分析等。目前，该专业在毛发中滥用药物及其代谢物鉴定、体内有毒动植物成分鉴定、酒精代谢物鉴定、血液中酒精浓度推算等方面处于国内领先水平。

依托科研成果及相关鉴定经验，该研究室在国内法医毒物学领域已率先制定了一系列的行业标准并作为部颁标准进行应用及推广，包括 GA/T 1073—2013《生物样品中血液、尿液中乙醇、甲醇、正丙醇、乙醛、丙酮、异丙醇和正丁醇的顶空 - 气相色谱检验法》、GA/T 1074—2013《生物样品中 γ - 羟基丁酸的气相色谱 - 质谱和液相色谱 - 串联质谱检验方法》、SF/Z JD0107001—2010《血液中乙醇的测定 顶空气相色谱法》、SF/Z JD0107009—2010《生物检材中乌头碱、新乌头碱和次乌头碱的测定 液相色谱 - 串联质谱法》、SF/Z JD0107011—2011《生物检材中河豚毒素的测定 液相色谱 - 串联质谱法》、SF/Z JD0107012—2011《血液中铬、镉、砷、铊和铅的测定 电感耦合等离子体质谱法》、SF/Z JD0107006—2010《生物检材中单乙酰吗啡、吗啡、可待因的测定》、SF/Z JD0107004—2010《生物检材中苯丙胺类兴奋剂、度冷丁和氯胺酮的测定》、SF/Z JD0107007—2010《尿液中 D9 - 四氢大麻酸的测定》、SF/Z JD0107002—2010《血液中氰化物的测定 气相色谱法》、SF/Z JD0107003—2010《血液、尿液中毒鼠强的测定 气相色谱法》、SF/Z JD0107005—2010《血液、尿液中 154 种毒（药）物的检测 液相色谱 - 串联质谱法》、SF/Z JD0107008—2010《生物检材中巴比妥类药物的测定 液相色谱 - 串联质谱法》、SF/Z JD0107010—2010《血液中碳氧血红蛋白的测定 分光光度法》、SJB - T - 24—2008《血液中乙基葡萄糖醛酸苷的测定 气相色谱 - 串联质谱法》、SJB - T - 27—2011《血液中乙基葡萄糖醛酸苷的测定 液相色谱 - 串联质谱法》、SJB - T - 29—2012《血液中亚硝酸根离子的测定 离子色谱法》SJB - T - 30—2013《血液中溴敌隆和大隆的测定 液相色谱 - 串联质谱法》、SJB - T - 31—2013《生物检材中 31 种元素的测定 电感耦合等离子体质谱法》等，对于规范、指导鉴定工作的开展具有积极的作用。

（6）刑事技术研究室。

刑事技术研究室设有文书鉴定、痕迹鉴定、微量物证鉴定、声像资料鉴定和电子数据鉴定 5 个专业。①文书鉴定的主要研究和鉴定内容有：笔迹鉴定、印章印文鉴定、打印复印传真等印刷文件鉴定、篡改文件鉴定、污损文件鉴定、朱墨时序鉴定、文件材料及文件形成时间鉴定等。②痕迹鉴定的主要研究和鉴定内容有：指印鉴定、足迹鉴定、工具痕迹鉴定、分离痕迹鉴定、枪弹痕迹鉴定、交通事故痕迹鉴定、物品爆裂原因鉴定等。③微量物证鉴定的主要研究和鉴定内容有：涂料（油漆）、塑料、玻璃、纤维、纸张、墨水、油墨、墨粉、黏合剂、橡胶、化妆品、油脂、金属、木材、泥土、炸药及残留物、枪弹射击残留物等物质鉴定或比对。④声像资料鉴定的主要研究和鉴定内容有：录音真实性鉴定、图像真实性鉴定、语音同一性鉴定、人像、物像鉴定、语音降噪处理、图像增强处理、录音内容辨听、录像过程分析、声像资料同源性鉴定、声像设备分析等。⑤电子数据鉴定的主要研究和鉴定内容有：电子数据固定保全、电子数据恢复和修复、电子数据搜索和提取、密码破解、用户操作行为分析、电子文档真实性鉴定、电子邮件鉴定、电子病历鉴定、数据库鉴定、软件相似性鉴定、软件功能鉴定、网络攻击等网络行为分析等。

该研究室各专业均拥有相关专业大型鉴定仪器设备数十台，处于国内外领先水平。研究室相关专业于 2004 年在国内率先通过中国合格评定国家认可委员会实验室和国家

第三章 中华人民共和国时期中国法医学（1949—2018 年）

级资质认定认可，提供规范的高质量鉴定服务。

该研究室承担了全国各地具有重大影响或疑难复杂案件的鉴定工作，面向全国公、检、法、司、仲裁、公证、律师、纪检、工商等部门和其他社会团体、单位提供鉴定服务，同时也向国（境）外有关机构提供鉴定服务。

该研究室开展刑事技术的新技术、新方法的研究和开发，及有关鉴定规范、标准的研制，近年来承担了一系列国家级和省部级科研项目，如"十一五""十二五"国家科技支撑计划项目关于文件材料、印刷文件鉴定关键技术、录音资料关键技术的课题；上海市科委科技攻关项目关于印刷文件鉴定、声像资料鉴定的课题；国家标准化委员会和司法部司法鉴定技术标准项目关于文书鉴定、痕迹鉴定、微量物证鉴定、声像资料鉴定和电子数据鉴定的课题。研究制定了一系列司法鉴定技术规范，作为司法部部颁规范颁布，如《文书鉴定技术规范》（系列规范）、《声像资料鉴定规范》（系列规范）、《文件材料鉴定规范》、《油漆鉴定规范》、《电子邮件鉴定实施规范》、《电子数据鉴定通用实施规范》（合作）等。此外，大量自编技术方法以授权方式被多家鉴定机构使用。

作为中国合格评定国家认可委员会认可的能力验证计划提供者，刑事技术研究室每年还组织实施文书鉴定、痕迹鉴定、微量物证鉴定、声像资料鉴定和电子数据鉴定的能力验证计划及测量审核，为鉴定机构和行业行政管理部门评估鉴定机构的鉴定质量和鉴定能力提供依据。

刑事技术研究室还承担刑事技术鉴定人员的培训和进修工作，并与华东政法大学联合招收物证技术方向的研究生，与中国刑警学院联合招收文件检验方向的研究生。

（7）道路交通事故技术鉴定研究室。

道路交通事故技术鉴定运用痕迹物证学、交通工程学、道路工程学、车辆工程学和法医学等专业知识，从人、车、路、环境等方面综合分析交通要素与事故发生之间的因果关系。针对道路交通事故调查与审理工作中遇到的技术问题提供司法鉴定服务，并对相关鉴定技术进行科学研究。

该研究室主要受理全国各地公安局、检察院、法院等办案单位的委托，对道路交通事故中涉及的技术问题进行鉴定。依托研究所的多专业技术优势，综合运用痕迹物证学、汽车工程学、法医损伤学、法医物证学、交通工程学、运动学及事故再现等理论技术对道路交通事故痕迹、碰撞形态、车辆行驶速度、车辆技术状况与事故关系，以及交通参与者交通行为方式等项目进行综合鉴定，为还原、再现道路交通事故的过程提供技术依据。

近年来，该研究室围绕道路交通事故技术鉴定主要开展了以下方面的研究：交通事故痕迹鉴定规范研究、电动自动自行车交通事故鉴定的关键技术研究、车辆制动痕迹在车速鉴定中的应用研究、交通事故中车辆轮胎鉴定关键技术研究、基于视频图像的道路交通事故重建技术研究、X 射线在交通事故车辆轮胎检查中的应用。

该研究室参与起草了 GA49—2014《道路交通事故现场图绘制》、GA/T 1087—2013《道路交通事故痕迹鉴定》等相关公共安全行业标准；参与起草了《道路交通事故涉案者交通行为方式鉴定》《基于车辆 EDR 数据的道路交通事故重建》等司法鉴定技术规范。

作为中国合格评定国家认可委员会认可的能力验证计划提供者,在研究所的统一组织下负责"道路交通事故痕迹鉴定""道路交通事故车速鉴定"的能力验证计划及测量审核,为鉴定机构和行业行政管理部门评估鉴定机构的鉴定质量和鉴定能力提供依据。

(8)司法鉴定制度与法规研究室。

该研究室主要从事司法鉴定制度与有关法规的研究,参与国家和地方政府司法鉴定制度改革的研究和司法鉴定立法的起草工作。

(二)公安部物证鉴定中心

1972年12月6日,经国务院批准,在公安部原三局(治安局)技术处基础上组建而成的刑事技术专门机构,命名为"公安部一二六研究所"。1984年,公安部将其更名为"公安部第二研究所"。1996年1月11日,经公安部党委研究决定,并报中央编制委员会办公室批准,以公安部第二研究所为基础正式成立公安部物证鉴定中心。该中心是公安部直属事业单位(参照公务员法管理),中国法医学会和中国刑事科学技术协会的挂靠单位,出版刊物有《中国法医学杂志》和《刑事技术》。

公安部物证鉴定中心主要承担案件现场勘验、物证检验鉴定、刑事科学技术研究、技术交流培训等职责。主要任务是:承办中央国家机关、公安部交办的刑事案件、民事案件和行政诉讼案件的物证鉴定及其现场勘查工作;承办各省、自治区、直辖市公安机关提交的刑事案件的物证鉴定及复核,以及经最高人民法院、最高人民检察院、司法部授权,受理法院、检察院、司法行政系统的刑事案件、民事案件和行政诉讼案件的物证鉴定及复核工作;负责制定与物证鉴定相关的条例和规章制度;承担物证鉴定人员培训工作;公安部交办的其他工作。中心经过几十年的发展,已经成为我国刑事技术领域规模最大、实力最强、专业最全的综合性物证检验鉴定机构。专业领域包括法医物证、DNA、理化、视听技术等十几个专业。2010年,中心被评为全国公安机关重点司法鉴定机构和国家级司法鉴定机构。

物证鉴定中心现有中国工程院院士1名。经国家人力资源和社会保障部、全国博士后管理委员会批准设立博士后科研工作站。他们针对刑事案件现场勘察和物证鉴定中的难点进行科学研究,取得了先进实用的科技成果并推广普及,为公安业务提供了一大批新技术、新方法、新器材。

(三)中国政法大学证据科学研究院

中国政法大学证据科学研究院(Institute of Evidence Law and Forensic Science, CUPL)是中国政法大学直属的科研、教学单位,2006年5月20日正式成立。2005年12月,教育部批准"证据科学教育部重点实验室(中国政法大学)"(Key Laboratory of Evidence Science, CUPL, Ministry of Education, China)立项建设。2007年,学校在国务院学位办备案设立证据法学二级学科博士学位点和硕士学位点,下设证据法学和法庭科学两个方向。2009年,北京市教委正式批准证据科学北京市交叉重点学科立项建设。2009年,教育部批准"证据科学研究与应用创新团队"入选教育部长江学者和创新团队发展计划。2010年,中央政法委批准"法大法庭科学技术鉴定研究所"入选全国十家国家级司法鉴定机构。

第三章 中华人民共和国时期中国法医学（1949—2018年）

该研究院以"辨证据真伪 铸法治基石"为院训，以文理交叉和教学、科研、检案三位一体为主要优势和特色。研究院以法庭科学技术和证据法学为两大研究领域，以证据法学、法医学和物证技术学为三个主要研究方向，以自然科学和社会科学的交叉与综合研究为特色，以证据科学的重大理论问题、科技前沿问题和国家重大需求为主要研究内容，以获取原始创新成果和自主知识产权为主要研究目标。研究院依托证据法学（含证据法学和法庭科学两个研究方向）博士和硕士学科学位点，开设了15门证据法学和法庭科学专业课程；为吉林省法院系统定向培养的法律硕士（证据科学方向）研究生于2011年开始招生。

法大法庭科学技术鉴定研究所（Fada Institute of Forensic Medicine & Science）属于中国政法大学，作为全国十家国家级司法鉴定机构之一，每年受理全国公检法机关委托的司法鉴定案件2 500余件，在国内享有"高效、中立、公正"的良好信誉，被司法部指定为全国司法鉴定人培训基地。

该研究院首任领导班子由院长常林教授、副院长张中教授和王旭教授组成。张保生教授（副校长）、陈光中教授为证据科学研究院名誉院长，樊崇义教授为证据科学教育部重点实验室名誉主任，刘耀院士为证据科学教育部重点实验室学术委员会主任，美国西北大学法学院艾伦教授（Ronald J. Allen）为证据科学教育部重点实验室外国专家咨询委员会主席。

研究院下设证据法学研究所、法庭科学研究所（法大法庭科学技术鉴定研究所）、教学培训部、办公室和《证据科学》编辑部等机构。

研究院承办的《证据科学》杂志（原《法律与医学杂志》）是教育部主管、中国政法大学主办的学术性刊物，目前已出版发行16卷。《证据科学文库》《证据科学译丛》《证据科学资料案例丛书》《中国证据法治发展报告（蓝皮书）》为研究院的4套系列出版物。研究院还出版了《法庭科学文化论丛》一书。

研究院每年投入经费30万元面向全国组织证据科学教育部重点实验室开放课题，自2007年以来每两年主办一届"证据理论与科学国际研讨会"。研究院目前已与美国杜肯大学法庭科学研究所、韩国国立搜查研究所签订了互派访问学者和研究生的合作协议。

（四）各高等医学院校科研机构

详见本章第四节"法医学教育"相关内容。

（五）地方科学研究机构

全国各省（市、区）公安厅（局）均成立刑事技术研究所，部分省（市、区）检察院、法院也成立检察技术或法庭科学技术研究所，这些研究所为我国法医科学的发展做出了重大贡献。

二、科学研究成果

通过中国知网（www.cnki.net）检索中国科技项目创新成果鉴定意见数据库（知网版），并根据各单位提供的资料，现将国内有关法医学方面的科研成果情况概括如下。

(一) 通过鉴定并进行登记的科研成果

(1) 1976—1978年全国刑事科研主要成果（法医检验与毒物化验方面）。①微量干血MN血型检验。过去血痕物证的血型检验只能区别A、B、O、AB等4种血型，当嫌疑人与被害人的血型相同时则无法鉴别。现在研制的抗MN血清，只需微量干血检材，即可使原来的4种血型增分为12种血型。同时对毛发也可进行血型检验。②硅藻检验。硅藻是一种不易被酸碱破坏的水中浮游生物。根据600具水陆尸体的内脏硅藻研究，证明生前入水溺死的，不论是高度腐败尸体，或白骨化尸体，均可在肺、心、肝、肾中检出硅藻，这对判定生前溺死或死后落水是一个可靠依据。③毒物化验。研究了吩噻嗪类药物和氟乙酰胺、敌鼠钠盐等农药的中毒检验，以及薄层层析法的应用。目前对微量毒物不仅能定性分析，而且可以定量分析。毒物检验的范围已从30种增加到近70种；而且从某类毒物的检验，进展到对某一种毒物的检验。其中吩噻嗪类药物的中毒检验，过去需检材几十克，只能作胃内容物定性；现在只需2～5 g，即可达到各脏器的定性定量；对死亡两三年后开棺的高度腐败尸体，也可检出药物。

(2) 1979—1981年公安部刑事科研主要成果（法医检验与毒物化验方面）。①从长骨推算身高。完成单位：江西省公安厅、山东省公安厅、安徽省公安厅、云南省公安厅、河北省公安厅、吉林省公安厅、青海省公安厅、贵州省公安厅、广西壮族自治区公安厅、公安部一二六研究所。获公安部科技成果一等奖。②根据Y染色质鉴定干血性别。完成人：赵海波、李伯龄、蒯应松。完成单位：公安部一二六研究所。获公安部科技成果三等奖。③巴比妥酸类安眠药中毒检验。完成人：陈源世、封世珍、赵敬真、曹秀彭、许照金、徐婉、刘耀。完成单位：公安部一二六研究所。获公安部科技成果三等奖。④应用聚丙烯酰胺圆盘电泳法检验血痕中的HP型。完成人：倪锦堂、黄力力。完成单位：公安部一二六研究所。获公安部科技成果四等奖。

(3) 1986年，公安部第二研究所4项科研成果通过技术鉴定。1986年11月6—10日，公安部第二研究所在江苏镇江市召开了4项科研成果鉴定会：①GC/MS联用仪在常见毒物分析中的应用；②呋喃丹中毒检验的研究；③轻质矿物油的气相色谱分析法在法庭科学中的应用；④麻醉药吗啡、可待因及酸性药物新技术检验方法的研究。与会代表一致认为，这4项科研成果在毒物分析和物证检验领域内已达到国内先进水平，在一定范围内达到国际水平，具有实用价值，可在全国推广。

(4) 1987年，公安部第二研究所4项法医科研成果通过技术鉴定。1987年5月6—14日，公安部第二研究所在北京召开了4项科研成果鉴定会：①微量干血ABO血型检验方法；②精斑中PGM1及其亚型的电泳分型；③血痕Gm(2)因子检验及其分布；④应用酶联免疫法检测人免疫球蛋白进行种属鉴别。与会代表一致认为这4项科研成果经过一年以上的实际办案的验证，取得了较好的社会效益，有的成果填补了国内空白，达到国际水平；同时，建议公安部第二研究所采取有效措施，尽快推广普及这些科研成果，应用于基层公安机关的实际办案中。

(5) 公安部物证鉴定中心"八五"国家科技攻关成果（法医学部分）。①辣根过氧化物酶标记DNA探针及光谱增强法检测DNA指纹图谱在法医学中的应用研究。完成

第三章 中华人民共和国时期中国法医学（1949—2018年）

人：倪锦堂、叶健、刘健、郑秀芬、李伯龄、丁焰。获1993年国家科技进步二等奖。②系列单位点DNA探针杂交图谱在法医工作中的应用。完成人：倪锦堂、姚翔、郭红玲、高亚昆、李伯龄、叶健。③DNA扩增片段长度多态性在法医鉴定中的应用。完成人：陈松、胡兰、季安全、倪锦堂、李伯龄、叶健。获1996年国家科技进步二等奖。④复合扩增STR位点DNA分型研究及法医学应用。完成人：刘健、尤朝阳、郑秀芬、李晓斌、倪锦堂、李伯龄。获公安部科技进步一等奖。⑤数字编码小卫星MS32可变重复系列及法医学应用的研究。完成人：郑秀芬、叶健、倪锦堂、李伯龄。⑥人类重复序列DNA探针研制及其法医学应用研究。完成人：季安全、李继周、叶健、倪锦堂、李伯龄。⑦人类线粒体DNA多态区荧光标记序列分析的研究及其在法庭科学中的应用。完成人：张纯斌、周静、倪锦堂、李伯龄。⑧抗G2m（23）单克隆抗体研制及应用。完成人：蒯应松、杨元立、王香菊、吴贤柱、徐秀兰、崔家贵、李万水、谢英群。获1995年国家科技进步二等奖。

（6）4种常见毒蛇咬伤致死法医学鉴定的研究（1991年）。完成人：林金树、陈东才、黄瑞亭。完成单位：福建省南平地区行政公署公安处、福建省公安厅、福建省高级人民法院。研究起止时间：1987年5月至1990年11月。成果简介：1987年，南平地区公安处林金树、福建省公安厅陈东才、福建省高级人民法院黄瑞亭的《四种常见毒蛇咬伤致死的法医学鉴定》，研究成果居国内领先地位，获1990年度福建省科学技术进步二等奖，并获得"国家科技成果完成者证书"（证书编号025923）。该研究搜集尖吻蝮蛇、眼镜蛇、竹叶青和山烙铁头四种毒蛇咬伤（死）139例资料并进行分析，用已知毒蛇咬伤致死的14具尸体、57只家兔和24例患者的蛇咬伤处挤出液进行分组实验，探索4种常见毒蛇咬伤致死的尸体征象及其血液斑的免疫学检测法，用电子扫描电镜对皮肤上的4种毒蛇咬痕形态进行扫描显现其电镜下形态特征，为鉴定毒蛇咬伤致死案件提供比较系统、科学的检验方法。

（7）DNA检验技术在法医学鉴定中应用的研究（1994）。由江苏省公安厅刑事科学技术研究所承担的"DNA检验技术在法医学鉴定中应用的研究"课题，于1994年10月21日在江苏无锡由江苏省科委主持的课题成果专家鉴定会上通过省级鉴定。该课题应用DNA指纹图和PCR分型的分子生物学技术对案件进行检验。为基层侦察破案提供了先进技术手段，解决了一批疑难复杂案件，受到基层公安机关的欢迎。来自公安部科技司、公安部第二研究所、辽宁省公安厅刑科所及南京市公安局刑事科学技术研究所等单位的科技管理、DNA检验研究专家组成的鉴定委员会，通过对项目技术文件的审阅、民主评议和论文答辩，一致认为该项目填补省内空白，达到国内同类研究的先进水平，通过省级鉴定。

（8）脑损伤时间推断法医病理学研究（1994年）。1994年7月14日，公安部科技司组织部分法医学专家、教授，对中国刑警学院张晓东副教授承担的"脑损伤时间推断法医病理学研究"部级课题进行了鉴定。与会专家、教授一致认为该项成果填补了国内外法医学领域空白，在脑损伤经过时间鉴定上做出了重大突破，达到了国际先进水平。该成果对鉴定外伤性迟发性脑出血、确定打击时间、案件性质和死亡原因具有极为重要的法医学意义。经办案应用具有实用性。

(9）血小板黏附、聚集、血栓形成的免疫组化检测在法医学中的应用（1997年）。完成单位：南京医科大学。项目年度编号：97000282。关键词：血栓形成、血小板黏附、血小板功能试验、聚集、法医学、免疫组化检测。成果简介：研究者使用两株抗人血小板膜糖蛋白的单克隆抗体建立了免疫组化技术，并在国内首先应用于各种损伤组织中，完整、系统地揭示了损伤组织中血小板黏附、聚集、血栓形成规律，为法医学推断生前死后损伤提供了重要的理论和实践依据。本技术具有简便、快速、灵敏、特异，检材受环境因素影响较小等优点。应用该技术已成功地为沈阳、淮阴、南京、安徽等地公、检、法系统解决了多起疑难案例的鉴定，取得了明显的社会效益。本研究部分成果已被《湖南法医通讯》杂志专题论述，并在1993年由徐英含主编的《法医》教科书中列表引用。本研究成果经江苏省科学情报研究所联机检索，均未见报道。

（10）抗纤维连接蛋白抗体在早期心肌梗死死后诊断的研究（1998年）。完成人：胡丙杰、陈玉川、祝家镇。完成单位：中山医科大学法医学系。成果简介：本成果采用免疫组化法检测人尸心脏、心肌细胞内纤维连接蛋白的变化，为早期心肌梗死的死后的诊断提供了新方法，为青壮年猝死综合征的死因的研究提供了新方法和手段，并在法医实践中得到了一定的应用和推广。

（11）三个短串联重复序列位点的多态性及其法医学应用研究（2000年）。完成单位：武汉市公安局刑事科学技术研究所。成果简介：该研究应用PCR技术扩增并研究了CYP19、TH和TPL 3个四联体STR位点的多态性，建立了PCR扩增、聚丙烯酰胺凝胶电泳分离和银染色技术，调查武汉地区汉族相关个体，首次获得汉族人群CYP19、TH和LPL 3个多态STR位点的基因频率分布，分别计算出3个位点的个人识别能力（DP）、非父排除率（PE）、位点杂合度（H）和多态性信息总量（PIC），对三位点在法医学个人识别、亲子鉴定的实用价值作了全面评估，3个STR位点累积DP值达0.995 5，累积PE 0.804 1。预计在现场检材鉴定中，可以排除99%以上的无关个体，在亲子鉴定中可排除80%的假非父。说明联合检测3个STR位点在法医学个体识别、亲子鉴定中有极高的实用价值。该研究方法具有操作简单、重复性好、结果判断准确、成本较低的特征。该研究具有国内先进水平。

（12）PCR-RFLP技术鉴定ABO基因的法医学应用研究（2000年）。完成人：程新志。完成单位：广东省中山市刑事科学技术研究所。成果简介：该课题建立了PCR-RFLP技术鉴定ABO基因型的新方法，并首次调查了广东汉族人群ABO基因型的频率。该方法解决了陈旧检材、腐败尸体及混合斑中精子等血型难以鉴定的难题。

（13）PCR扩增zFYIZE基因鉴定性别及法医学的研究（2000年）。完成单位：辽宁省刑事科学技术研究所。成果简介：该项成果应用PCR技术，在一个反应体系中同时检测X、Y两条性染色体，准确地进行人类性别鉴定。本成果方法科学，无假阴性或假阳性，准确可靠，采用技术先进，方法简单，适合刑事案件鉴定需要，达到国际先进水平。

（14）STR复合扩增技术在法医学上的应用（2001年）。完成人：王立铭、王瑞恒、刘克健、张忱宏、郑白宇、冯湘萍、姜吉哲、董长生、苏重环。完成单位：辽宁省大连市公安局、澳大利亚墨尔本大学。成果简介：该课题是最先进的生物工程技术——

第三章　中华人民共和国时期中国法医学（1949—2018 年）

PCR 技术与法庭科学的完美结合。犯罪现场提取生物检材（新鲜血、血斑、精斑、组织等）后，利用生物技术抽提出检材中的 DNA，通过 PCR 复合扩增的方法，获得 9 个基因位点的基因型，通过与犯罪嫌疑人的基因型或与 DNA 数据库中的基因型比较，从而达到认定犯罪嫌疑人的目的。

（15）DNA 检验技术在法医学中的应用研究（STR"银染"及"荧光标记"两子课题）（2001 年）。完成人：刘雅诚、霍振义、唐晖、贾淑琴、严江伟、朱羽芳。完成单位：北京市刑事科学技术研究所。成果简介："9 个 STR 位点银染技术在法医学中应用的研究"课题主要使用聚合酶链反应（polymorase chain reaction，PCR）和硝酸银染色技术，建立了一种方法，对 200 例无血缘关系的汉族个体进行了检验，从而得到 9 个银染 STR 位点及各位点综合的统计学数据，并将该方法应用于 1 000 余例各类案件的检验。"荧光标记 9 个 STR 位点的法医学应用"课题应用 PCR 及引物荧光标记技术在同一体系中同时扩增 9 个 STR 位点，并将荧光物质掺入扩增产物中，再通过电泳分离、激光扫描、信号收集及分析软件数据处理即可得到检材的分型结果。该方法具有操作简单、快速、敏感度高、结果分析自动化、客观性强等特点。

（16）DNA 指纹图在法医学中应用的研究（2001 年）。完成单位：昆明医学院。成果简介：该成果建立了一套完整、便于推广应用的非同位素 DNA 指纹方法。如 DNA 的制备、保存、酶切、真空转移、探针的非同位素标记等。应用 α-GIOb IN-3HVR、MYO 和 JH12.6 探针同时进行指纹分析。该方法灵敏快速，安全可靠，可对法医学中相同个体肯定、不同个体否定提供更为可靠的方法。该方法应用于个人识别的凶杀、强奸等刑事案件中，可迅速得出准确可靠的结论，对亲子鉴定也提供更为可靠的依据，为侦察破案提供了科学证据。

（17）LE11.8 探针的研制及其在法医学上的应用（2001 年）。完成单位：北京市刑事科学技术研究所。成果简介：1985 年，DNA 指纹技术的创立使法医学中个人识别和亲子鉴定从以往采用血型、酶型只能否定排除的状况达到完全认定程度。研究团队从 1987 年开始了研究工作，在获得了国际上最权威的 Jeffreys 探针后仅用 1 年多的时间就建立了 DNA 指纹技术。但是 Jeffreys 探针是专利产品，每使用一次要花费 120 美元以上，所以长期使用不适合中国国情，而国外其他探针在性能指标上不及 Jeffreys 探针，因此，开发国产高质量的探针就成为国内 DNA 指纹研究中的关键。经过反复的失败与成功的探索，终于使采用人工合成的 DNA 片段 GAT（CCA）C 和其互补结构经过复杂的实验过程克隆成功（见研制报告），在国内首次成功地制备出 DNA 指纹探针。该探针的主要性能指标可与 Jeffreys 探针相媲美。本探针的研制成功改变了以往使用进口探针的现状，填补了国内分子生物学的一项空白。该探针除用于法医学外，也完全能用于基因突变的检测、骨髓移植的追踪以及实验动物学和肿瘤学研究等各个领域。另外，使用该探针的另一个突出的优点是可以不经过 Southern 转移和杂交时间短等，大大地降低了成本，仅为国外成套试剂的 1/8 和 1/10，而且用时缩短了 3 天以上，操作也简便，易于掌握。

（18）"法医病理学"课程多媒体系列化形象教学的探索与实践（2001 年）。完成单位：山西医科大学。成果简介：大胆改革创新，开创性地提出了"法医病理学"课程多媒体系列化形象教学方案和实施细则。制作了100多幅白布料彩图的教学挂图，使课堂教学有了一点即通、简明扼要的教学效果。先后录制完成了法医病理学尸体解剖、尸体发掘（开棺验尸）、高坠伤、缢死、电击死、碎尸检验、偏关古尸等系列教学录像片，该音像教材图像清晰、特写细腻而真实、分解说明、图文并茂、一目了然。投入教学后，得到了师生们的高度好评和极大欢迎，并填补了国内电教教材的空白。制做了120多个人体标本和2 500多张病理组织切片及300多张有价值的彩色照片，这些已成为实施多媒体系列化形象教学的重要内容。大胆试行新的"三步教学法"，特别是在教学中，使用多媒体系列化形象教学为"三步教学法"提供了直观、丰富的资料，因而，充分调动了学生学习、实践的积极性，激发了学生们的学习热情，培养了学生的动手能力和正确分析、解决问题的能力，同时避免了理论灌输和空洞讲授的枯燥、单调的感觉，教学效果令人满意。

（19）聚合酶链反应（PCR）检验ABO基因型的研究及医学应用（2002年）。完成单位：黑龙江省七六七研究所。成果简介：该研究采用分子遗传学领域中最先进的PCR分析技术，对人体基因组中ABO基因型位点进行遗传多态性分析。经过1年来的具体办案（50起）和实际应用，收到了十分显著的社会效益，证明了ABO基因型系统个体识别概率高，技术先进科学，方法简单，稳定可靠，鉴定结果准确。

（20）微卫星分型技术在法医学中的应用研究（2002年）。完成人：顾林岗、王林生、苏勇、张肃良、施建松、朱团结。完成单位：江苏省公安厅刑侦局。成果简介：建立STR分型方法，与当前通用的商业试剂盒兼容。解决MAC-PC数据交换问题。建立记分制的数据库查询方式。引入纠错机制，有利于及时发现污染、样品交换和串并案件的线索。建立了提供两种查询方式的刑事现场STR分型数据库，实现了资源共享。建立依托DNA分型软件的案件检验数据管理和结果分析系统。实现了信息管理、检测结果分析和数据计算自动化，降低了工作强度，减少了分析计算误差。方法成熟、可靠、实用价值高，具有广泛的推广前景。此系统已用于检验案件500余起，并在苏州、南通、南京三市公安局推广应用，效果显著。

（21）ELISA-人HB快速检验试剂盒（2002年）。完成人：杨智。完成单位：天津市刑事科学技术研究所。成果简介：应用酶联免疫吸附实验原理，建立改良ELISA-竞争法即抑制法，研制法医物证检验人血确证实验快速检验试剂盒。试剂盒分为抑制法和夹心法两种。抑制法可在25分钟内检出1：50 000倍稀释人血，夹心法可在35分钟内完成，可检出1：50万倍稀释人血，与国内以往使用的方法相比灵敏度高、特异性好、操作快速简便。

（22）DNA数据库及关键技术研究（2002年）。完成人：杜志淳、李莉、林源、柳燕、阙庭志、方建新、程大霖、严品华、赵珍敏、何根兰、沈敏。完成单位：司法部司法鉴定科学技术研究所。成果简介：该项目选用欧、美DNA数据库中的遗传学标志，从汉族、回族、维吾尔族无关个体的血样中抽取DNA，采用复合扩增和四色荧光技术进行基因型检测，对各遗传学标志的个体识别能力（DP）、杂合度（H）、非父排除率、多态信息含量（PIC）等进行统计学分析，获得了群体遗传学资料，探寻了最适合中国人群的DNA位点。研究结果表明，D3S1358、D2S1338等STR位点在中国汉族、维吾

第三章 中华人民共和国时期中国法医学（1949—2018 年）

尔族和回族人群中具有高度多态性，用复合扩增和四色荧光技术检测血样、唾液（斑）、尿液、精液（斑）、羊水、组织块等检材的基因型，可快速、简便、灵敏、特异地提供个体的遗传信息，用于法医学个体识别。

（23）视觉诱发电位在客观视力检测中的应用（2002 年）。完成人：夏文涛、董大安、沈彦、朱广友。完成单位：司法部司法鉴定科学技术研究所。成果简介：在法医学眼损伤的鉴定中，视力的测定被普遍认为是难点。该研究探讨了受检者视觉诱发电位的检查结果与其主观视力的相互关系，为鉴定提供一个可供参考的指标。方法：对 253 例样本按对照组与实验组分组，实验组又根据不同的损伤（或疾病）分为 4 组，分别将其视觉诱发电位的最佳刺激和阈刺激的视角与相应的主观视力进行统计学分析研究。结果：视觉诱发电位的最佳刺激视角和阈刺激视角与主观视力水平都存在显著的线性相关性，其中，阈刺激更有意义；借助上述视角还可以得出统计学方程式，进行视力的推算。结论：可以借助视觉诱发电位检查来推算受检者相应的视力水平，提高眼损伤司法鉴定的准确性。

（24）应用 ERG 和 VEP 评价视觉功能障碍的法医学研究（2002 年）。完成单位：中国医科大学法医学院。成果简介：针对不同部位视功能障碍与 ERG 和 VEP 及视敏度与 ERG 和 VEP 之间的关系，首次在医学领域进行了系统研究。研究证明，应用 ERG 和 VE，结合眼科常规检查可以判定视功能障碍的部位和程度；根据图像 VEP 的 PL 波最小空间频率与视敏度之间的相关回归方程可以准确判定视敏度水平；将眼科中的雾视诈盲检查法引入图像 VEP 检测中，解决了如何判定被试者"不注视"的问题；利用双眼视差与 ERG 和闪光 VEP 波幅差的相关回归方程也可以评定视敏度。上述成果已在近千例法医学鉴定中应用，避免和纠正了大量错案。该研究论文曾在国际法医学学术会议和相关刊物上发表，两次被评为辽宁省科协优秀论文一等奖。并被美国生物学文摘收录。

（25）应用蝇类生活史推断死亡时间的法医学研究（2002 年）。完成单位：沈阳市刑事科学技术研究所。成果简介：该课题是根据蝇类分布的广域性、其生长发育规律的恒定性和发育过程的尸生性原理，研究尸生性蝇类的生长速度与人体死亡时间的关系。根据生物学的有效积温法则，确定蝇类生长发育速度与人体死亡时间的回归方程，从而准确判断死亡时间。由于该课题是在自然条件下应用人体组织为培养基进行的研究，实验数据、资料全部应用自行设计的计算机软件处理，因而本研究成果具有较强的客观性、准确性和实用性，且方法简单，便于掌握和推广。本成果的推广应用，将极大地提高死亡时间推断的准确性，在刑事侦察中，为缩小侦察范围，揭露和证实犯罪提供科学依据。

（26）性交后活体阴道内混活斑酸性磷酸酶和精子检出时限及影响的研究（2002 年）。完成人：余家树、刘梦桃、李建霞、覃开良、李嗣忠。完成单位：湖南省吉首市公安局。项目年度编号：0400530058。关键词：刑事侦查学、混活斑检出、酸性磷酸酶、精子检出时限。成果简介：项目采用取材检验三盲法，对 600 例年龄、孕产、妇科状况、性交后处理方法、取材时间、近两次性交间隔时间各异的阴道拭子，按常规方法进行系统的酸性磷酸酶（ACP）、精子检出时限、阳性率及影响的研究，结果显示，

ACP 最长检出时限 255 小时，平均检出时限 52 小时，阳性检出率 49.7%；精子最长检出时限 132 小时，平均检出时限 29 小时，阳性检出率 11.7%；孕产及性生活后处理方法对 ACP 检出具有显著性差异；不同的取材时间段和近两次性生活间隔时间不同对精子检出的影响显著。首次获得国人活体混活斑 ACP、精子检出时限、阳性率及影响的研究结果，填补了国内该项目方面的研究空白。该成果具有科学性、先进性、创造性，对侦审性犯罪案件和混活斑的提取、检验具有前瞻性、实用性意义，得到了中国著名法医学家郭景元、朱小曼等专家学者的肯定，具有国内领先水平，在国内法庭科学领域内有大力推广应用的价值，将在侦审、打击性犯罪活动，维护人民合法权益和社会治安稳定方面作出重大贡献。近 3 年来，应用该成果成功侦破、审结刑事犯罪案件 24 起，打击处理案犯 27 人，摧毁性犯罪团伙 4 个，瓦解团伙成员 12 人，提供无罪证据 3 份，无罪解除强制措施 3 人，严厉地打击了犯罪分子的嚣张气焰，维护了人民群众的合法权益，取得了显著的社会效益。

（27）线粒体 DNA 控制区多态性在法医学中应用的研究（2003 年）。完成人：刘雅诚、唐晖、马万山、严江伟、王静。完成单位：北京市刑事科学技术研究所。成果简介：方案：摸索、建立针对骨骼、毛发、指甲、微量血迹等法医学疑难检材的 mtDNA 提取方法；为了适应高度降解的小片段 DNA 模板，设计针对 mtDNA 控制区及其周围区域的多对特异性扩增引物；将各引物对扩增循环条件优化、统一，最终在相同扩增条件、不同扩增体系中同时扩增出同一检材的不同 mtDNA 片段；对汉族 100 名无关个体进行 mtDNA 控制区及其周围区域约 1 435 bp 全序列测定，统计单倍型数；对骨骼、毛发、指甲、微量血迹等检材进行 mtDNA 同一性及各种影响因素的研究，推断其在实际案件中的应用价值，应用于案件检验。自 1999 年以来，已为北京市范围内的各类刑事案件、重大灾难事件、交通事故、失踪人员等案件中疑难检材的法医学检验提供了有力的科学技术支持。

（28）刑事案件中 DNA 检验质量控制技术的研究（2003 年）。完成人：沈月华、王庆红、杜宏、张海军。完成单位：四川省公安厅刑事侦查局。成果简介：该课题研制出一套能适合绝大多数刑事案件 DNA 检材的检验方法流程。尤其是巧妙利用 Wizard® DNA Clean-up System DNA 纯化、QIAGEN DNA 纯化试剂、Centricon TM-100 柱三种提取 DNA 方法的优缺点，对常规方法无法分析 DNA 模板进行处理，从而得到准确理想的结果，达到质控的目的。该方法既简单又实用，系国内首创。该研究研制出的刑事案件 DNA 检测方法流程和法医 DNA 检验的质量控制技术成果可广泛用于各种法医 DNA 实验室的实际办案，既能使绝大多数的检材检出 STR 基因座分型，又能严格保障结果的准确性。该项科研成果在刑事案件的侦破和起诉中，将会发挥极大的作用，并为建立规范 DNA 数据库起到前瞻性的指导作用。

（29）DNA 检验试剂国产化关键技术研究（2004 年）。经过 2 年多的科技攻关，公安部第二研究所日前成功研究出能够完全替代进口试剂的 DNA 检验试剂盒，标志着中国迈出了法医学 DNA 检验试剂国产化的关键一步。中国研制成功的这种 DNA 试剂盒与进口试剂相比处于同一鉴别水平，同时能够大幅降低 DNA 检验的成本。如果后期技术能跟上，实现产业化后成本将下降到进口的一半左右。1985 年，DNA 检验技术进入法

第三章 中华人民共和国时期中国法医学（1949—2018 年）

庭科学领域以来，在世界范围内取得了飞速发展，从案发现场生物物证中提取 DNA 信息来直接认定犯罪、侦破案件，成为最有效的刑事技术手段之一。目前，中国每年应用 DNA 技术检验的各类刑、民事案件已突破两万起。长期以来，中国 DNA 检验关键试剂一直依赖于进口，目前，全国每年仅花在 DNA 检验关键试剂经费上就需要 3 000 万元。进口试剂的高价造成 DNA 检验技术成本居高不下，提高了司法成本，成为制约中国 DNA 检验技术进一步发展和普及的瓶颈。2001 年，这一试剂研制被列入中国"十五"攻关项目"防范、打击重大刑事犯罪关键技术研究"（课题负责人：叶健研究员）。科研人员经过反复试验，自行设计基因组合方法，自行设计基因引物序列，自行研制等座基因标准对照体系，特别是通过对中国人群基因频率进行大量调查，设计出了更加适合中国人的基因检测方法。试剂盒具有完全自主知识产权，并已在全国十几个单位试用，在 440 余起案件中使用显示结果良好，尤其在内蒙古自治区包头空难事故处理中与进口试剂不相上下。在成功研制可替代进口试剂产品的同时，该课题组已经形成了一个高科技研发平台，今后将努力研发出一系列的 DNA 检验试剂应用于案件侦破和处理，并积极实施成果产业化，以扭转长期依赖进口试剂的被动局面，并为全国性 DNA 数据库项目的启动铺平道路。

（30）免疫酶组化法测定精液及阴道分泌液混合斑中精子 ABO 血型及种属鉴定（2004 年）。完成单位：华西医科大学法医学院。成果简介：研究目的：用单克隆抗人精子抗体、抗人－A、抗人－B 及抗－H 抗体做免疫组织化学试验，分别测定精斑及精液与阴道分泌液混合斑中精液是否来自人体，以及精子的 ABO 血型，进行精斑及混合斑中精液的种属来源与个人识别鉴定，旨在排除强奸案的嫌疑人及划定嫌疑范围。方法：用人精斑及混合斑浸作间接酶标抗体免疫组化法，以特异性抗人精子单克隆抗体（该室制备）作为一抗，以辣根过氧化物酶标记兔抗鼠 Ig 抗体（DAKO）作为二抗，以含 H_2O_2 的 DAB 作为底物显色。同时评价方法的特异性。以人精液、精斑、阴道分泌液斑、精子与阴道分泌液混合孵育后离心沉淀物及性交后阴道内容物涂片及睾丸与副睾组织石蜡切片，进行免疫组化染色，以抗－A、抗－B 及抗－H（上海红十字血液中心参化室）抗体（效价在 1∶128 以上）作为一抗，以辣根过氧化物酶标记兔抗人 Ig（DAKO）作为阴道脱落上皮细胞，7 种动物精子以及 PBS 阴性对照结果皆为阴性，说明该法可用于鉴定人精斑及人精液与阴道分泌物混合斑；53 例新鲜精液、5 例陈旧精斑（6～7 年）及 49 例阴道分泌型精子与分泌型阴道分泌测定结果均与供者血型一致。说明精子在体外不能从阴道分泌液获得 ABH 抗原，也未丢失抗原。13 例性交后阴道内容物中的阴道脱落上皮细胞均能正确判型。7 例精子能正确判型，6 例不能，其中 5 例 O 型精子测出阴道内容物中精子 ABO 血型测定结果不完全正确。睾丸曲精细管中部分生精细胞、精细胞、直细精管的单层柱状上皮细胞，多数睾丸网单层上皮细胞的腔缘以及各种管腔中的精液与精子均是不同程度的阳性反应。上述方法已应用于法医学院物证教研室的检案中。

（31）广西壮族、汉族人群 10 个基因座的遗传多态性及其法医学应用研究（2004 年）。完成人：朱少建、刘超、汪萍、李发贵。完成单位：广西壮族自治区区公安厅刑事科学技术研究所。成果简介：该项目采用 PCR 和 PAGE 银染技术，对广西壮、汉 2

个群体进行 10 个 DNA 基因组的遗传多态性分布调查以及对各种法医物证检材进行可测性研究，建立了一套分组扩增、同时检测、可做为个体同一认定的法医 DNA 检验系统。获得的 10 个基因组频率资料填补了国内外空白；建立的遗传标记体系识别率高，在广西壮族、汉族人群平均匹配概率达 10^{-10}；方法灵敏度高，可对纳克水平的 DNA 进行分型，对腐败、陈旧检材分型成功率高；实验方法有改进和创新，准确实用，推广应用及实际办案效果良好。经鉴定达到国际先进水平。

（32）实用法医学检验技术（2004 年）。完成人：陈昆峰。完成单位：河南省公安高等专科学校。成果简介：该书较系统地概括了法医检验技术及其操作应用的各个方面，主要涉及法医物证学、DNA 指纹、PCR 技术、法医毒化学等的原理及检验操作步骤。每节较详细地介绍了实际应用中的检材制备、实验条件、试剂调配、操作方法、结果分析、特异性与非特异性评价等。在编写中，力求检验技术的新颖、准确、理论与实践结合，同时借鉴和吸收了法医学研究的前沿成果，使其具有较高的理论性、学术性和实用性。该书可供法医学、医学遗传学、生物学等领域的科研、教学、检验和相关工作者参考使用。

（33）碱裂解法提取法医生物检材 DNA 的法医学应用研究（2004 年）。完成人：刘翠兰、胡家伟、方慧、朱传红。完成单位：武汉市公安局刑事科学技术研究所。成果简介：该研究用碱裂解法提取各种法医生物检材 DNA，对其法医学价值进行了研究。研究表明，碱裂解法提取法医生物检材 DNA 耗时短，方法灵敏，耗检材少，杂带少，所需试剂及仪器简单，能成为法医 DNA 实验室的常规方法，适合于不同的 STR 分型方法，并更有利于 PCR-STR 技术在基层单位开展。

（34）法医学 DNA 芯片技术研究（2004 年）。完成人：李莉、杜志淳、李成涛、李荣宇、柳燕、林源、阙庭志、孙美倩、康敏华、程大霖、严品华、方建新、赵珍敏、施唯娟、沈敏。完成单位：司法部司法鉴定科学技术研究所、上海博星基因芯片有限公司。成果简介：该项目选取了合适的多态性 DNA 位点用作中国人群的遗传学标志，自主设计了引物和寡核苷酸探针设计，应用和优化了微量 DNA 提取和复合扩增方法，编制了芯片分析软件，建立了 HLA-DR、ABO、SNP 位点的法医学芯片系统并完成了该法医学 DNA 芯片的群体遗传学和家系调查、具体案例应用等工作。该体系能对血样等常规生物检材进行 50 个 SNP 位点的检测，能初步用于法医学亲子鉴定，个体识别能力达到 0.999 999 999 9。该课题成果可运用于强奸案、强奸致孕案、凶杀案、盗窃案、拐卖儿童案、交通肇事案、移民案等案件的鉴定中。

（35）不典型心肌炎、心传导系统病变与猝死的法医学研究（2005 年）。完成人：林少影、云美玲、钟江华、蔡仁桑、姚青松。完成单位：海南医学院。成果简介：在心脏性猝死法医检案中，尤其是不典型心肌炎及心脏传导系统所致猝死，在形态学上难以诊断。该项目全部采用猝死尸体的心脏标本做研究。方法：应用 CD68 免疫组织化学 LSAB 法观察不典型心肌炎镜下炎症细胞分布规律，寻找可用作诊断不典型心肌炎指标。结果：不典型心肌炎，病变局限性，细胞变质不明显，渗出中性粒细胞、淋巴细胞数量较少，而吞噬细胞、组织细胞增多十分显著。两组对比观察认为：不典型心肌炎单核细胞 CD68 阳性细胞堆集、数目在每一个高倍视野有 20 个以上方有意义。当 HE 染色、光镜检查分辨不清可疑不典型心肌炎时，采用 CD68 免疫组织化学染色可以确诊。采用 HE 或 Masson 三色特殊染色、光镜检查，对非心源性死亡组和心源性猝死组进行形态学及死因对比分析，结果表明，通过对非心源性死亡组（737 例）和心源性猝死组（149 例）进行形态学及死因对比分析，划分出哪些属变异（CCS 变异对心脏功能几乎无影响），哪些属发育异常（CCS 发育异常可至心性猝死），为诊断不明原因猝死找到形态学依据。该检测方法对解决心性猝死诊断及探讨猝死机制有重要意义，且方法简单、实用，适合基层检验，在实际检案中能帮助办案单位解决阴性解剖的心性猝死的死因诊断。因此，本项目具有潜在的社会效益。

（36）颅骨相貌复原的研究（2006 年）。完成单位：重庆刑事科学技术研究所。成果简介："颅骨相貌复原"广泛运用于法医学和人类学的研究和实践中。它是以人的颅骨为基础，根据人的面部软组织厚度，鼻骨、梨状骨、眶骨、下颌骨、颧骨等各部位的个体特征，用可塑性物质在面部各标志点上粘贴相应厚度的黏塑材料，恢复尸体容貌，从而达到个人识别的一种技术。常规格化技术工艺复杂，工作效率低，复原像的相似度较低，效果不理想。为此该课题确定了新的骨性标志点，用 MRI 和针刺法测量软组织的厚度，并与现有的软组织厚度数据进行比较，完成了软组织厚度综合数据，采用新的泥塑复原工艺，简化复原工作的操作过程，研制精确测量颅骨量颅骨数据的专用仪器。同时首次提出相似度这一评价复原像与死者生前容貌相似程度的指标，以提高复原像与死者生前容貌相似的程度。该课题具有巨大的社会效益和直接的经济效益。该科研成果不但可用于侦破高度腐败的无名尸体案件和确认重大自然灾害、重大事故的群死身源，有效地缩短侦案周期，或加快重大自然灾害、重大事故事片处理，而且还可以用于考古学研究中，有效地帮助考古学家确定遗骨的身份，特别是一些有重大学术价值的遗骨的身份。随着高度腐败的无名尸体案件和自然灾害、事故的增多，考古工作的不断加深，颅骨相貌复原的工作量不断加大，该研究成果具有广泛的应用前景。

（37）云南 20 个少数民族 6 个 STR 基因座遗传多态性的研究（2006 年）。完成人：李德林、邹浪萍、褚嘉祐、李正坚、邹苹、李建京、杨燕。完成单位：昆明医学院、云南省高级人民法院司法鉴定科学技术研究所、中国医学科学院医学生物学研究所。成果简介：该项目研究建立了 CSF1PO、TPOX、TH01、F13A01、FESFPS、vWA 等 6 个基因遗传多态性复合扩增和 HIJMRAR 基因座扩增方法，获取了云南省汉族、白族、傣族、阿昌族、景颇族、德昂族、拉祜族、布朗族、哈尼族、普米族、基诺族、彝族、瑶族、壮族、回族、苗族、佤族、怒族、独龙族、傈僳族和布依族等 21 个民族的 CSF1PO、TPOX、TH01、F13A01、FESFPS、vWA 等 6 个基因座基因频率、个人识别能力和非父排除率等数据资料，以及云南白族、汉族人群 HUMRAR 基因座的数据资料，为法医学、遗传学及临床医学等学科研究和应用提供全新的快速、微量的检测手段及相关数据资料，并应用于实际检案中。课题组在《遗传学报》《中华医学遗传杂志》《中国法医学杂志》等学术刊物发表论文 23 篇，在国内外学术会议交流论文 7 篇，得到国内同行好评。

（38）河南汉族人群 DNA 多态性在法医学疑难检材检验中的应用研究（2006 年）。完成人：莫耀南、薛小琦、李凡、马锦琦、陈宝生、杨江、赵美乐、张伟娟。完成单位：河南科技大学。成果简介：该研究以河南汉族人群为对象，对 TPOX、TH01、D19S253、D12S391、D7S820、D10S1213、D8S1132、D1S549 等 8 个常染色体 STR 基因座及 mtDNA（CA）n 重复子的群体遗传学和法医学应用进行了研究，获得了基因频率、杂合度、个人识别率、非父排除率和多态性信息含量等群体遗传数据及法医学应用参数，8 个常染色体 STR 基因座联合检测，累计个人识别能力高达 0.999 999 997，三联体非父排除率 0.998 5，二联体非父排除率 0.978 2，在法医学个人识别和亲子鉴定具有很高的应用价值。建立了适合各种疑难检材核基因组 DNA 和线粒体基因组 DNA 的提取以及二氧化硅膜纯化系统，并多次在司法鉴定应用中得以证明，可以替代国外的 clean-up、Microconl00 等 DNA 纯化系统。

（39）滴落状血迹形态大小与滴落高度及速度关系的实验模拟研究（2006 年）。完成人：韩冰、李凡、杨江、沙莹涛、王星明、李伟、薛小琦、马书玲、秦豪杰、李庭玉。完成单位：河南科技大学法医学院。项目编号：豫科鉴字〔2006〕第 174 号。

（40）法庭科学 DNA 数据库的关键技术研究（2006 年）。完成单位：辽宁省公安厅刑事科学技术研究所、中国医科大学等。获 2006 年公安部科学技术一等奖。1996 年，英国、美国等发达国家警方开始研究与建立 DNA 数据库。1998 年，我国公安机关开始 DNA 数据库的研究。我国公安机关在国家"九五"科技攻关项目中，将 DNA 数据库有关关键技术进行了立项研究，并制定了一系列 DNA 分析技术应用和数据库建设的标准，建立众多规范化 DNA 实验室，采取有力措施加强专业技术队伍建设，成立了公安部的 DNA 专家组，目前已有 132 个 DNA 试验室，500 余名专业技术人员，使 DNA 分析技术在公安机关履行打击犯罪、保护人民、维护社会治安稳定和构建社会主义和谐社会职能中发挥越来越重要的作用。2001 年 12 月，在科技部、公安部的支持下，辽宁省公安厅刑事科学技术研究所承担国家"十五"科技课题——"法庭科学 DNA 数据库的关键技术研究"，北京海鑫科金信息技术有限公司与辽宁省公安厅刑事科学技术研究合作，开展了联合攻关。2004 年 8 月，该课题成果顺利通过国家验收。"十五"攻关课题"法庭科学 DNA 数据库的关键技术研究"，是将 DNA 多态性分析技术、计算机自动识别技术、网络传输技术相结合，对犯罪现场生物物证、违法犯罪人员及无名尸体等血液样本检验后的 DNA 多态性分析结果数字化后，由计算机对其自动比对分析，通过网络技术实现跨地区查询，最终实现 DNA 信息全国共享的一项攻关任务。2004 年 10 月，公安部科技局和刑侦局组织专家经过评选，选定此"十五"课题成果为全国公安机关唯一使用数据库系统。公安部刑侦局、科技局在对法庭科学 DNA 数据库系统软件进行了两次评测后，在全国公安网上搭建了国家、省、市三级模拟 DNA 数据库，连接了北京、上海、天津、重庆、江苏、浙江、河南等 19 个省级库和 28 个地市库，共计 47 个子库，对该系统软件进行大容量数据测试。DNA 数据库运行以来，在公安机关侦查破案、查找被拐卖儿童和无明尸体身源、群死案（事）件个体识别以及证实犯罪等方面发挥着越来越显著的作用。

（41）ESEM 法检验毛发损伤形态及其在法医学中的应用（2007 年）。完成人：邹友、唐敏、权养科、陶克明、李立新、刘贵明、朱永春、郭洪玲、王攀。完成单位：广西壮族自治区北海市公安局。成果简介：该成果采用的 ESEM/EDX 技术，能直接对含

第三章　中华人民共和国时期中国法医学（1949—2018年）

水的非导电样品进行表面观察分析而不破坏样品，拍摄的照片分辨率高、景深长、真实自然、清晰稳定，避免了因喷镀导电膜处理导致细节损失和形态的改变，是完全无损检验，符合法庭科学鉴定实际的要求。该项成果在国内首次将新技术应用于毛发损伤检验，获得了大量真实自然反映毛发不同损伤及美发和职业特征的高质量显微照片，并以图文结合的形式总结了毛发各类损伤的特征及规律，建立了推断致伤物种类、判断嫌疑人个体特征的新方法，为研究毛发机械性损伤提供了一个新的手段和视角。该成果可判断毛发是自然脱落还是非自然脱落，是钝器损伤、锐器损伤、燃烧损伤还是枪弹损伤，可判断毛发所属个体的美发和职业特征，从而为侦查破案提供重要线索和证据。

（42）尿液及尿斑的DNA分型研究（2007年）。完成人：陈荣华、郑会芬、董研、徐庆文、顾丽华、程莉、张晨、平原。完成单位：上海市公安局物证鉴定中心。成果简介：该项目从尿液及尿斑检材中提取人体脱落细胞中的DNA，通过PCR扩增，利用高科技的全自动核酸分析仪的荧光电泳检测技术，来实现尿液及尿斑检材中DNA的分型检测。项目成功地建立了尿液及尿斑的DNA提取方法，拓宽了法医学疑难检材的DNA检验范围；并对影响尿液及尿斑检测成功率的因素做了相关研究。实验技术步骤简单，方法可靠，结果较为稳定。该项技术成熟，适用于刑事案件现场涉及的尿液及尿斑检材，安全可靠。

（43）微测序技术检测Y-SNP在法医学中的应用（2007年）。完成人：杜宏、张林、沈月华、周斌、张海军、江继平。完成单位：四川省物证鉴定中心、四川大学基础与法医学院。成果简介：该课题对中国四川地区人群的12个Y-SNP位点进行群体遗传学研究，获得了法医学应用的基础数据，将此技术初步应用于法医学领域，有助于刑事案件中多个男性成分及父系遗传关系的鉴定。从目前法医学DNA检验的实际情况出发，建立了新型的多位点Y-SNP复合检测方法，为物证鉴定提供更加准确、可靠的科学依据。

（44）安徽地区汉族人群15个STR基因座多态性调查及法医学应用（2007年）。完成人：杨玉玲、王冬花、陈玲、侯庆唐、李季栋、方勤、吕蓉、郭晓婕。完成单位：安徽省合肥市公安局刑事警察支队、合肥市红十字会中心血站。成果简介：该项目采用美国Promega生物产品有限公司推出的STRDNA分型试剂盒Power Plex TM16系统，对安徽地区1 000名汉族无关个体进行了基因分型、统计分析，并与部分地区的群体资料进行了比较，为法医学实践中的个人识别、亲子鉴定和DNA数据库技术提供基础数据和参数。

（45）法医学活体年龄推断方法研究（2008年）。完成人：朱广友、范利华、张国桢、陆晓、夏文涛、程亦斌、董大安、沈彦、杨小萍、王亚辉、王鹏。完成单位：司法部司法鉴定科学技术研究所。成果简介：通过骨龄推断方法学研究，建立多部位、多指标联合推断活体年龄的方法，并通过数据统计分析，了解上述方法的准确性、灵敏度和适用性。重点解决14周岁、16周岁、18周岁等具有重要法律意义的年龄鉴定问题。制定利用青少年骨骼发育过程中骨化中心和骨骺的形态学变化特征推断活体年龄的法医学鉴定方法和鉴定标准，为法医学活体年龄鉴定提供科学依据和统一标准，并通过标准的应用和推广，推动法医学活体年龄鉴定工作走上科学化、规范化的轨道，进一步提高法医学活体年龄鉴定的证据价值，为司法机关揭露犯罪、打击犯罪、严惩罪犯，保护公民特别是未成年人合法权益提供新的侦察手段和定罪量刑的科学证据，促进司法公正和社会的和谐稳定。研究所获得的基础资料、研究成果，对于丰富我国法医学、法医人类学、临床医学、体育卫生事业等都具有非常重要的学术研究价值。该课题研究所确定的青少年骨化中心出现及骨骺闭合的年龄分布，青少年各年龄组骨龄标准图谱，以及建立的骨龄计算数学模型作为骨龄鉴定的基本方法，既可以指导骨龄鉴定方法学的研究，也可以指导司法鉴定实践。与现有的各种骨龄鉴定方法比较，该方法更科学、更准确、更可靠。尤其是该课题研究中所建立的几种骨龄鉴定方法的联合使用，有可能进一步提高骨龄鉴定的可靠性和准确性。

（46）法医学 DNA 检测芯片的研究与开发（2009 年）。完成人：李莉、李成涛、李荣宇、柳燕、林源、阚庭志、孙美倩。完成单位：司法部司法鉴定科学技术研究所、上海博星基因芯片有限公司。成果简介：项目组提前完成总体目标，建立了法医学 DNA 芯片体系，该体系可对血样、毛发等生物学检材进行 HLA-A、B、DR 位点的检测，能用于法医物证学鉴定，作为当前 STR 系统一个很好的补充系统。研究开发的法医学 DNA 芯片检测系统将整合 ABO、SNP、HLA-A、B、DR、DQ 位点，个体识别率达到 10。

（47）人类 Y 染色体 STR 基因多态性的法医学研究（2009 年）。完成人：王立铭、刘克健、郑白宇、杜泓、郑哲甲、李明广、梁军、张忱宏、于嘉源、王正修、姜吉喆、董长生。完成单位：辽宁省大连市公安局刑事科学技术研究所。成果简介：①人类 Y 染色体 STR 基因座的复合扩增技术，该技术设计科学合理、方法先进、操作简单、重复性好、实验周期与以往相比明显缩短。②应用这一新技术检出的所有测试考核样本的对应关系与专家组预先记录的对应关系一致，证明结论判断正确。③通过测试考核证明此项研究成果适用于男性血斑、男性唾液斑和男性肌肉组织等各种人类生物样本的检验鉴定。另外，针对男女混合生物样本检验也能够十分完美地检出男性的生物成分。④通过测试考核证明此项研究成果适合于各类刑事案件侦查的个人识别和无名尸的身源鉴定，且结果准确、稳定、可靠。⑤技术水平先进、科学，检验技术简单、快速、灵敏度高，方法成熟可靠。Y-STR 11 个基因座的复合扩增技术也是继 DNA 指纹图技术、PCR 技术、STR 复合扩增技术、mtDNA 序列分析技术之后的又一新的刑事案件检验鉴定技术。综上所述，本项研究成果能够提高法医学领域 DNA 鉴定技术的水平，同时在遗传学、人类学、考古学上以及其他相关学科上也将拥有广泛的应用前景。

（48）人类基因组 D1S80（pMCT118）及 D17S30（pYNZ22）位点 VNTR 多态性研究（2009 年）。完成单位：河北医科大学。成果简介：20 世纪 90 年代以来，法医学个人识别和亲子鉴定应用研究主要集中在利用 PCR 和 PAGE 技术检测人类基因组 VNTR 位点多态性，研究开发高多态性位点。DNA 多态性位点的基因频率是能否应用于法庭科学的主要指标，而且受到地理、种族因素的影响，研究地区性 DNA 多态性位点的基因频率及其家族中的遗传规律，可为法庭科学、遗传学等方面的研究提供理论依据。国外及国内其他人群已有这方面的报道，而河北省还没有开展这方面的研究。近年来河北省的法医学实践表明，河北省急需对该省人群基因位点多态性进行调查，以便为河北

第三章 中华人民共和国时期中国法医学（1949—2018 年）

内个人识别和亲子鉴定工作的开展提供方法和依据。同时，国家司法机关要将 DNA 检测标志法律化，也需要国内各地区的区域性数据。以往的研究表明，在人类基因组诸 VNTR 位点中，D1S80 和 D17S30 多态性良好，适用于遗传学和法医学领域应用，是国际法庭科学鉴定之中最常选择的位点。基于上述原因，该课题对河北汉族人群 D1S80 及 D17S30 位点扩增片断长度多态性进行研究分析。该研究应用聚合酶链反应（PCR）和聚丙烯酰胺凝胶电泳（PAGE）在国际上首次对河北汉族人群 D1S80 和 D17S30 两个位点的基因频率分布进行了大样本调查，达到当代国际法庭科学研究的相同水平。采用自行设计开发的 C 语言程序软件进行了结果分析，简便、准确，并且采用数据文件方式进行数据输入，既便于检查输入错误，又可存档以备日后对照比较，从而为广泛应用基因位点多态性进行个人识别、亲子鉴定及遗传学分析提供了有力的工具，为国内外同类研究首创。研究结果表明，此二位点在河北汉族人群中的分布具有良好的多态性，从而为河北省内法医学个人识别和亲子鉴定工作的开展奠定了基础，为国内法医学及遗传学研究提供了汉族人群基因频率分布的基础数据，同时对于帮助司法机关今后确定 DNA 鉴定位点的选择具有重要的法律意义。为司法机关处理各种案件提供明确的鉴定结论，取得了明显的社会效益。2000 年，该研究获河北省科技进步一等奖。

（49）SNPs 及其法医学应用研究（2009 年）。完成人：葛璐璐、刘长晖、李越、刘超、温锦锋、陈丽伟、徐曲毅、李中红、李红霞、胡慧英。完成单位：广东省广州市刑事科学技术研究所。成果简介：该项目首次建立了 47-Plex SNPs 复合检测系统，能一次完成对 47 个 SNPs 位点进行快速、准确、高通量的分型检测。通过完成对广州地区汉族人群遗传调查、家系调查、种属特异性检验，并应用于案件检验，该系统的累积偶合率和累积非负排除率均达到认定标准。这一检测系统将对腐败、降解检材、出现 STR 突变的 DNA 鉴定发挥重要作用；课题组针对中国人群特点选择 SNPs 位点，自主设计各位点 PCR 引物及单碱基延伸引物，为使 SNPs 检测试剂国产化，降低 DNA 检测成本提供了条件；建立的 47-Plex SNPs 复合检测系统所需要的仪器设备，均为目前法医 DNA 实验室进行 STR 检验普遍使用的常用设备，如 PCR 仪、AB PRISM 3130-xl/3100/310 遗传分析仪，有利于在国内法医 DNA 实验室推广使用。

（50）河北汉族人群 X、Y 染色体短串联重复序列遗传多态性及法医学应用研究（2009 年）。完成人：付丽红、丛斌、李淑瑾、姚玉霞、倪志宇、白雪、王晓丹、甄艳凤、王毅、张磊。完成单位：河北医科大学。成果简介：该研究采用 STR-PCR 扩增X-STR（DXS6800、DXS6801、DXS6809、DXS7423、DXS7424）、Y-STRDY（S385、DYS390、DYS19、DYS389、GATA C4）基因座，变性聚丙烯酰胺凝胶垂直电泳结合银染分型得到各基因座的等位基因，测序的方法验证等位基因的重复序列。获得中国河北汉族人群以上基因座的群体遗传学数据，补充中华民族 X、Y 染色体数据库资料，对解决某些特殊案件如单亲父女关系认定，父子关系认定，兄弟、姐妹间血缘关系鉴定等案件提供了实用技术。所取得的结果提示我们所检测的 STR 遗传标记在河北汉族人群与其他地区（华东、东北、华中、西北）汉族人群之间多态性存在一定的差异，所以了解 STR 遗传标记在各地区人群的遗传结构是应用的前提，建立新的 STR 检测系统对于法医学实践是非常有必要的，开发适用于中华民族的 STR 试剂盒。

(51) Y-STR 在中华民族群体遗传特征及法医学应用的系统研究（2009 年）。完成人：刘耀、朱波峰、王振原、朱军、沈春梅、杨光、李涛、党永辉、黄景锋、寻兮、闫金城。完成单位：西安交通大学、公安部物证鉴定中心。成果简介：该研究所属科学技术领域是医药卫生学的应用基础研究。该研究应用分子生物学、法医学、群体遗传学和医学遗传学的理论和技术方法，应用多色荧光物质标记 STR 基因座的引物，复合扩增、基因扫描及基因分型技术，研究了 DYS19、DYS389 Ⅰ、DYS389 Ⅱ、DYS390、YS391、DYS392、DYS393、DYS385a，b、DYS438、DYS439、DYS437、DYS448、DYS456、YS458、DYS459、DYS460、DYS461、DYS462、DYS635、Y-GATA H4 共 20 个 Y-STR 基因座，分析我国陕西省和宁夏回族自治区的汉族、回族、蒙古族，西藏自治区和青海省的藏族、维吾尔族、彝族、撒拉族、鄂温克族共 8 个民族的 1 047 个个体的等位基因频率和单倍型多态性分布资料，计算所研究的民族与其他民族及种族的遗传距离并进行聚类分析，在分子遗传水平上阐明所研究民族遗传结构及变化规律。同时将本实验方法应用于法医学实践中，以评估其在法医学亲子鉴定和个体识别中的应用价值。研究结果表明，所研究的民族与其他国家和地区的人群在多个 Y-STR 基因座的基因频率分布上存在显著性差异。41 个群体聚类分析结果显示 Y-STR 具有明显种族、民族、地域分布差异，种族的差异大于民族的差异。本次研究发现，彝族、撒拉族、维吾尔族、回族、蒙古族和马来群岛的马来西亚人遗传距离较近。研究结果进一步证实人类进入东亚始于南方，东南亚可能是早期由非洲迁来的人群进入东亚的第一站的观点。将所研究的 Y-STR 基因座应用于法医学实践中，结果显示，这些复合扩增系统的灵敏度高、特异性强、种属特异性好、扩增反应不受女性 DNA 的干扰，可以很好地应用于法医学中混合斑男性成分的个体识别和分析微量、陈旧和降解的生物检材，表明这些 Y-STR 基因座在法医学鉴定中有很好的应用价值，为科技强警提供新的技术支持。该研究为法医学中混合斑男性成分的个体识别和父系亲缘关系鉴定提供了新的技术方法，为中华民族的群体遗传学、人类学和当地少数民族进行法医学亲权鉴定和个体识别提供了基础数据。研究不仅丰富了中华民族的基因信息资源，而且为人类群体遗传学、疾病连锁和关联分析、遗传制图等领域的研究提供了原始资料，对于进一步开发、保护和利用中国各少数民族遗传信息资源具有广泛的科学意义和深远的历史意义。本研究共发表论文 26 篇，其中 SCI 收录 18 篇，Pub Med 收录 4 篇，核心期刊 4 篇。被引用共计 126 次，其中他人引用 97 次；被 SCI 源期刊引用 49 次。该研究法医学应用效果良好，已为多起案件的侦破提供强大的技术支持，为法庭审判提供了科学证据。

(52) 法医学 DNA 提取、纯化试剂与 DNA 自动提取仪的研制（2010 年）。2010 年 6 月 30 日，由公安部物证鉴定中心承担的"十一五"国家科技支撑计划"物证信息挖掘与综合应用关键技术研究"项目"法医学 DNA 提取、纯化试剂与 DNA 自动提取仪的研制"课题在北京通过公安部主持的课题验收。该课题以法医 DNA 提取试剂、法医 DNA 纯化试剂、法医 DNA 自动提取仪和法医现场检材 DNA 自动提取仪为研制目标，是我国法医学 DNA 检验技术国产化战略迈出的重要一步。经过近 3 年的努力，先后攻克了磁珠制作、试剂构成、试剂各成分溶解性、磁珠团聚、常温环境细胞多重裂解、仪器自动化设计与软件控制等关键技术，研制出了 3 种试剂盒、2 种仪器。其中，DNA 提

第三章 中华人民共和国时期中国法医学（1949—2018年）

取试剂主要应用于DNA数据库建设等工作中大批量样本的提取检验，能够与目前国内DNA实验室应用的大型提取工作站配套应用；所研制的法医DNA纯化试剂，主要应用于案件现场疑难微量检材的提取纯化，实现了与目前已有的各种现场检材DNA自动提取仪配套应用；所研制的法医DNA自动提取仪和法医现场检材DNA自动提取仪，实现了进口替代。该课题成功解决了我国法医DNA检验在DNA自动提取阶段所需试剂和仪器的国产化问题，打破了国外产品的垄断，进一步降低DNA检验成本，推动了我国法医DNA数据库建设和DNA检验工作的快速发展。

（53）脱落细胞DNA分型及法医学应用研究（2010年）。完成人：刘超、陈晓晖、李海燕、孙宏钰、刘长晖、胡慧英、李越、杨电、陈玲、王会品、朱小畴、张晓红、徐曲毅、陈玥。完成单位：广东省广州市刑事科学技术研究所、广东省公安厅刑事科学技术研究所。成果简介：随着DNA检验技术日渐普及，犯罪分子反侦察手段也日益多样，明显的生物物证（精斑、血斑、毛发、人体组织等）常被有意识地销毁和破坏。相反，许多微小的痕量生物物证，特别是来自人体的代谢脱落细胞类检材，常易被忽略。如何提高微量生物物证，特别是脱落细胞检材的有效利用率，使有限的物证材料能提供更多的有用信息，成为法医工作者一直在致力于解决的难题。该课题组通过对人体脱落细胞DNA检材从现场收集、DNA提取、扩增、电泳分型以及结果解释等一系列环节进行系统、全面的研究，揭示有价值的脱落细胞DNA物证的存在形式，建立现场物证搜索和提取的策略，系统地对不同类型脱落细胞的提取部位、提取方法、DNA纯化方法进行比较，建立不同类型脱落细胞DNA检材的DNA提取策略，建立了现场微量脱落细胞改良IPEP方法的全基因组扩增，并运用于办案。目前常用的AmpFLSTR® Identifiler® 试剂盒对低于0.1 ng的痕量DNA常无法完全检测成功，IPEP方法的应用可使灵敏度达0.05 ng。该实验建立的改良IPEP方法使STR检验的灵敏度提高至0.025 ng。建立了一套包含CSF1PO、TH01和TPOX 3个常染色体STR基因座及性染色体Amelogenin基因的mini-CTTA复合扩增体系，并建立了同步检测包括D5S818、D8S1179、D16S539、vWA、D21S11、D13S317基因座的2个miniSTR系统的新方法，其灵敏度可达0.05 ng，对微量降解检材STR成功分型有重要意义。目前，研究成果已在广东省公安厅、广西壮族自治区公安厅等15家单位推广应用，取得满意效果。预计应用该研究成果每年能检验案件2 000多宗，在指导破案，尤其是命案侦破方面可发挥突出的作用，具有显著的社会效益。

（54）STR突变及法医学应用研究（2010年）。完成人：李海燕、刘长晖、刘超、台运春、唐振亚、袁自闯、刘宏、宁忠、欧桂生、邝玉斌、余彦耿、周健、赵凯。完成单位：广东省公安厅刑事科学技术研究所、广州市刑事科学技术研究所、南方医科大学。成果简介：课题组针对STR突变基础理论研究和STR突变应用研究的不足，提出了开展STR突变及其法医学应用的研究，于2002年得到广东省科技攻关项目资助（编号2002B31003）。该项目的研究目标是基础理论结合法医实践同步研究，为办案服务。经过6年多的艰苦努力，完成了预期目标：①在多态性调查方面。完成了6 356个家系的10 123例无关个体的15个STR基因座的DNA分型，并计算出各等位基因的频率。②突变家系的调查。按照国际法医血液遗传学会的标准——父权指数（PI）值大于

10 000，确定父权关系，突变家系增加检测其他的 STR 基因座。运用 Power Plex TM 系统，对 6 356 个家系进行初步分型后，通过自行合成引物，对所有突变事件运用单基因座扩增技术进行验证。对可能假阴性家系进行了筛除，共 40 340 次等位基因传递可能存在假阴性而被排除。③突变等位基因的测序。对所有的突变等位基因进行了测序。④突变率研究。对采样群体进行 STR 基因座突变率的计算。项目组不仅对研究的 15 个 STR 基因座的突变率进行了系统研究，而且对每个基因座的每一等位基因进行了统计计算。⑤罕见等位基因研究方面。项目组观察到 15 个 STR 基因座共 32 个罕见等位基因，并获得了这些等位基因的频率和序列资料，解决了国内法医 DNA 实验室棘手的"OL"等位基因问题。⑥同胞鉴定研究方面。运用该项目的 15 个 STR 基因座进行同胞鉴定做了进一步研究，总结出了用常染色体 STR 基因座进行同胞鉴定的规律并初步建立了同胞鉴定的指导原则。该研究成果为 DNA 检验技术的法医学应用提供了群体遗传的基础数据，为各类比中事件的统计学计算和证据效力的计算提供了基础数据，并可应用于 DNA 数据库中。仅广东省利用 DNA 数据库比中案件就有 4 000 多宗。具有广阔的推广应用前景。

（55）制定法医学 14 岁青少年手腕骨发育标准的研究（2010 年）。完成人：叶龙玉、张秦初、刘志晖、叶可、李开、文晓明、刘四海、彭毓斌、张振、周志林、唐雄洲、倪俊、李屹。完成单位：湖南省娄底市湘中司法鉴定中心、西安交通大学医学院法医系、湖南省冷水江市人民医院。成果简介：有关资料显示，1998 年，法国有 15.5 万青少年犯罪，占法国所有罪案的 25%，而在美国这个比例高达 35%。在我国，有关资料显示，未成年人犯罪的平均年龄比 20 世纪七八十年代提高了至少 2 岁，以 14～18 岁为犯罪高发阶段，1994 年占全部刑事案件的 21% 左右，至 90 年代末已超过 25%，其中女性青少年犯罪约占整个刑事犯罪的 15%，接近 70 年代西方发达国家的女青年比例，在公安机关查获的 18 岁以下未成年犯罪嫌疑人中，经过刑事司法程序的"筛选"和处理，约有 20% 被起诉，经过少年法庭审理，其中 95% 以上的人被判有罪。值得提出的是，年龄问题涉及是否量刑及量刑轻重，故确证青少年犯罪嫌疑人真实年龄成为司法实践中一个重要问题。该研究成果制定 14 周岁男女青少年手腕骨（左）发育标准，根据人体测量学结果，描述 14y−、14y、14y+ 发育特征，作为 14 周岁年龄判断标准。①根据国内外认可的标准，筛选受试对象，X 线片标记规定：1 为男，2 为女；同时记录出生日期（户口簿和身份证不符者，以实际调查为准）。分成不足 14 岁和已满 14 岁两组，14 岁是指实足年龄；14−3 组：实足年龄为 14 岁差 3 个月；14+3 组：实足年龄为 14 岁零 3 个月者。共计 4 组，每组拍片 50～100 张，共需拍片 300～400 张。②方法：（a）观察并测量 15 个腕骨的出现、发育情况：桡骨、5 个掌骨、9 个指骨。（b）每一年龄组均按观察测定结果排序并编号，按最大百分比法选取发育标准。③研究结果：（a）14 岁手腕骨发育标准：共 3 个标准，即不足 14 岁、整 14 岁和已满 14 岁。（b）把该研究结果和国内外资料进行比对，重点为：骨龄发育是否有地区差异？时间对骨龄发育有无影响？④检验：选取已知年龄的 X 线片 50 张，用不同方法进行鉴定，如百分计数法、顾氏图谱、CHN 法等，同时用本研究所得标准片进行鉴定，对鉴定结果进行比对、分析，指出优缺点。

第三章　中华人民共和国时期中国法医学（1949—2018 年）

（56）高度腐败检材降解 DNA 检验技术体系的建立（2011 年）。由中国工程院院士、河北医科大学教授丛斌主持完成的"高度腐败检材降解 DNA 检验技术体系的建立"项目获 2011 年国家科学技术进步奖一等奖，实现了河北省主研项目一等奖零的突破。该项目解决了长期困扰刑事科学技术的高度腐败检材降解 DNA 分型及溯源难题，提升了我国在国际刑事科学技术领域的话语权和科技实力，对保障社会公共安全具有不可替代的作用，属法医学领域的重大突破。课题组历经 10 年，构建了可检出降解至 40 bp DNA 片段的 2 个复合分型体系，为检测片段最短、基因座数目最多的分型技术体系，成本低廉，得到国外同行专家的高度认可，具有完全自主知识产权。该成果主要用于刑事、民事案件和空难、海啸、地震等灾难事故的个体识别，成果已转让并在国内推广应用，并将继续向国际市场扩大应用范围。

（57）常用 STR 基因座在人消化系统肿瘤组织中的变异分析（2011 年）。完成人：李成涛、赵书民、张素华、李莉、柳燕、林源、赵珍敏、方建新。完成单位：司法部司法鉴定科学技术研究所。成果简介：肿瘤组织的身源认定是当前司法鉴定领域中的重要内容之一。肿瘤组织中由于 STR 基因座的变异导致采用似然率进行个体识别的方法不再适用于肿瘤组织身源鉴定，这就需要对肿瘤组织身源鉴定提出新的策略。该课题通过比较 69 例结直肠癌和 31 例胃癌组织与其身源正常组织 Identifiler 系统 15 个 STR（short tandem repeat locus）基因座及 Amelogenin 性别基因座的分型检测结果，发现在常见消化系统肿瘤组织中，存在等位基因增加（additional allele，Aadd）、出现新等位基因（new allele，Anew）、完全杂合性丢失（complete lost of heterozygosity，LOH）和部分杂合性丢失（partial lost of heterozygosity，PLOH）4 种不同的变异类型。通过比较 STR 共有基因座数（number of matched STR locus）和共有等位基因数（number of identical allele，IAn）在 2 003 对无关个体对、280 对全同胞对和先期完成的 50 对结直肠癌—身源组织对中的分布，采用 Fisher 判别分析，获得了一组可用于消化系统肿瘤组织身源鉴定的判别分析函数。根据上述研究结果，课题组提出了依据 Identifiler 系统分型结果进行消化系统肿瘤组织身源鉴定的判别准则。

（58）扫描电镜/能谱观察溺死和死后入水的法医学应用研究（2011 年）。完成人：许心舒、汪冠三、何树文、胡孙林、罗质人、范恒胜、刘超、温锦锋、戴维列、王欣、吕国丽、石河、刘永全、余礼聪、刘明。完成单位：广州市刑事科学技术研究所。成果简介：判断水中尸体是溺死还是死后入水，对案件的定性作用极大。根据统计，华南地区水中尸体在被发现时 90% 已高度腐败，仅仅依靠尸体现象判断溺死还是死后入水非常困难，很多案件难以定性，无法满足刑事办案需要。该研究首次建立了用射击残留物提取器对肺脏组织切面进行检取，用 ESEM/EDX 分析检验异物颗粒的方法，该研究方法具有操作简便、耗时短、无检材损失、防止污染、便于规范操作等优点。首次将射击残留物提取器取材法与直接肺组织取材法在异物颗粒检测率等方面进行比较，结果显示，射击残留物提取器取材法对异物颗粒的检出率（100%）高于直接肺组织取材法（90%）。首次对溺死肺组织不同部位异物颗粒分布进行全面研究，结果显示，异物颗粒随水流吸入肺后在气管、肺组织中分布均匀，无明显分布差异，有助于异物颗粒（包括硅藻）检验的溺死法医学诊断标准的建立。首次对不同时间检测肺组织切面异物颗粒进行研究，结果显示，0～48小时、48小时～240小时、大于240小时均可以检测出异物颗粒，为不同时间段，尤其是检测高度腐败溺死尸体提供了理论依据。首次统计分析生前入水组、死后入水组、陆上死亡未入水组的肺组织切面异物颗粒"数量""面积""平均灰度值""最大直径""整体密度"等指标，结果显示，生前入水组在上述指标中均高于其他两组（$P<0.05$），为鉴别生前入水溺水死亡与死后抛尸入水提供了实验数据；对尸体肺组织表面异物颗粒进行元素分析，并与水样比对推断溺水水域，在已知溺水地点情况下，肺部和溺死颗粒检出成分一致的比例为58.3%；在未知溺水地点情况下，肺部和溺死颗粒检出成分一致的比例为29.4%，对推断入水地点有指导意义。该研究已应用于实际案件，取得满意效果，已在珠江三角洲地区、广西壮族自治区公安厅等20家单位推广应用，应用研究成果检验案件200多宗，取得了显著的社会效益。课题组已在《中国法医学杂志》《刑事技术》发表了4篇论文。

（59）miniSTR复合扩增技术在法医学中应用的研究（2011年）。完成人：王立铭、刘克健、杜泓、郑白宇、郑哲甲、李明广、梁军、孙杰、常磊、姜吉喆、郝彤辉、李昭业。完成单位：辽宁省大连市公安局刑事科学技术研究所。成果简介：DNA的多态性分析技术自1985年被应用于法医学犯罪物证的个体识别中以来，法医物证鉴定领域有了新的突破，随着PCR的应用，2001年以来，STR复合扩增技术、mtDNA的序列分析、Y染色体STR复合扩增技术等检测技术在各类生物学物证鉴定中发挥了重要作用。该项研究中，miniSTR是在STR（short tandem repeats）短串联重复（由2～5个碱基对，一般平均为4个碱基对作为核心单位串联重复形成的一类DNA序列，每15 kb就有一个STR基因座）基因片段的基础上，在尽可能接近核心重复序列的侧翼序列上设计引物，从而缩短扩增片段长度以提高小片段或者降解DNA片段检测成功率的一种改良方法。miniSTR技术在法医学当中的应用主要针对重特大刑事案件中的微量生物检材、历史遗留案件中的陈旧生物检材以及发现时间延迟、尸体高度腐败、遗尸、抛尸案件、在水中长期浸泡的尸体、在泥土中掩埋一段时间的尸体等疑难生物检材的检验鉴定，尤其针对严重降解的DNA具有重要的意义。在该项研究中，课题组着重使用美国ABI公司生产的Amp FℓSTR® Mini Filer™复合扩增系统（以下简称miniFiler系统），将其应用于大连本地所发生的各种不同性质的疑难案件中，通过实践而总结出该检验鉴定系统在实际案件应用当中的优点和特点以及其必需条件，从而总结该系统的使用规律。Mini Filer系统的8个位点基因座的名称分别是：D13S317、D7S820、D2S1338、D21S11、D16S539、D18S51、CSF1PO、FGA。其超短片段长度范围均在75～242 bp之间，其中D16S539为其最短片段位点，片段长度在76～115 bp之间；D21S11为其最长片段位点，片段长度在188～242 bp之间。STR扩增片段一般在200 bp以上。miniFiler系统的应用大大提高了DNA生物检材的灵敏度，克服了以往降解生物样本检验失败的困难，使以往无法利用的腐败生物检材、陈旧生物检材的成功检验成为可能，使各类案件中获取犯罪分子遗留在现场的生物检材成功率得到有效提高，甚至使以往视之无用的无效检材成为有效数据，为许多希望渺茫的重特大案件、疑难案件取得有效的证据，与以往常规法医DNA检验技术相比，具备了更大的侦查优势，有着广泛的推广前景，具有巨大的社会效益。

第三章　中华人民共和国时期中国法医学（1949—2018年）

（60）7个Y-STR荧光复合扩增体系的建立及法医学应用研究（2011年）。完成人：黄艳梅、杨捷、王洁、朱运良、祁英杰、梁秋冬、吴强、王克杰、张林、毛泽善、郭利伟、武红艳、伍新尧、杨保胜。完成单位：新乡医学院。成果简介：Y染色体短串联重复序列（STR）遗传标记具有分型简单、易于扩增、重复性好、易于推广等特点，成为法医遗传学研究的热点和法医学实践的重要手段，以及分析混合斑和父系男性成员间的亲权鉴定的重要手段。①根据文献报道和Genbank数据库，查阅最新报道的7个Y-STR基因座，根据片段的不同大小，建立了一套检测7个Y-STR基因座的双色荧光PCR复合扩增体系，根据7个Y-STR基因座片段的不同大小，分别将DYS456、DYS464a/b/c/d和DYS527a/b作为一组，采用FAM标记（蓝色荧光），DYS531、DYS709、DYS448和DYS522作为一组采用JOE标记（绿色荧光）进行复合扩增，其中DYS464基因座在Y染色体上有4个拷贝，DYS527基因座有2个拷贝，因此7个Y-STR基因座组成的单体型，实际相当于11个位点的单体型。结合扩增片段长度多态性（amplified fragment length polymorphism，Amp-FLP）和DNA序列分析方法，采用ABI377/3100电泳分析和聚丙烯酰胺凝胶电泳—银染的方法，得到7个Y-STR基因座的等位基因图谱。②对7个Y-STR基因座进行序列分析，发现DYS456、DYS464、DYS531、DYS522和DYS709基因座表现为简单的串联重复序列；DYS448、DYS527基因座表现为复杂的串联重复序列，包括2个变异和固定的核心序列模块。其中变异的核心序列模块不仅表现在核心序列的组成不同，而且人群中具有相同长度的等位基因其变异模块核心序列串联重复的次数不同。提出对该基因座的命名方法。另外，在广东汉族群体中发现DYS522基因座侧翼序列存在单核苷酸多态性位点。③本研究对收集的广东汉族，河南汉族，云南白族、藏族、纳西族、傣族，内蒙古蒙古族，湖南土家族，四川彝族，广西壮族和新疆维吾尔族11个民族群体血样本共计915例无关男性个体进行群体遗传学分析，共观察到891种，其中872种类型仅出现1次，占95.30%，单倍型多样性（haplotype diversity）为0.9999，个体识别力（DP）可达0.9988，偶合率为0.0012。这种单体型分布在11个群体有统计学意义（K-W检验：$P<0.001$）。④本研究采用建立的双色荧光multi-PCR-STR技术，方法可靠，灵敏度高，对混合斑和微量检材中男性DNA的分析具有较高的应用价值，从多个方面证实了7个Y-STR基因座的双色荧光PCR复合扩增体系在法医学实际检案具有很好的应用前景，可在法医学物证检验等领域中推广。7个Y-STR基因座构成的单体型具有较高的遗传多态性，为法医学、人类学和医学遗传学等的应用和研究提供了有用的技术和基础数据，其发展前景广阔，社会、经济效益巨大。

（61）病理性近视眼球结构和功能相关性的研究（2011年）。完成人：夏文涛、刘瑞珏、范利华、朱广友、翁春红、刘夷嫦、陈捷敏。完成单位：司法部司法鉴定科学技术研究所。成果简介：通过选取不同程度的近视志愿者作为实验对象，记录其年龄，行眼底照相后按眼底变化分为0～4级，并测定弧盘比值，分别检测其屈光度、角膜曲率半径、前房深度、眼轴长度、矫正视力及静态视野（平均缺失敏感度），采用相关性分析、多元回归分析等方法，探讨眼球结构与视觉功能，包括（矫正）视力、视野（平均缺失敏感度）的关系，筛选出与视觉功能关系密切的眼球结构指标，建立依据眼球结构指标参数推导客观视觉功能的数学模型。经实验研究及数据分析发现，年龄、近视弧盘比、眼轴长度、屈光度与矫正视力呈中度相关，黄斑容积、黄斑厚度与视力呈低度相关，角膜曲率半径和前房形态与视力无显著相关性；高度近视组黄斑区视网膜平均厚度及容积均明显低于对照组，高度近视组中心视野缺损与黄斑区视网膜平均厚度呈低度相关；在一定范围内，近视眼球结构改变对视力没有显著影响，当屈光度增加到一定程度时，视力会随着眼球结构改变严重而下降。建立了高度近视眼球结构和视力的数学模型；回代试验表明，其误差在±0.1时，准确率达到75%以上，误差在±0.15时，准确率高达90%。通过本研究明确了：运用眼底分级与近视弧盘比值可以估计受检眼的视觉功能。高度近视者黄斑区视网膜整体厚度及容积均减低；高度近视视野缺损与视网膜萎缩存在相关性。高度近视眼矫正视力随年龄增长、眼轴延长、屈光度加深、眼底病变程度加重而降低，眼球后极部尤其是黄斑区改变为影响矫正视力的主要因素。该研究成果的意义在于：在眼外伤鉴定中，尤其是在高度近视（病理性近视）者眼外伤后，可以应用眼球结构检查多个相关参数来推断客观视力，并验证主观视力检查结果，从技术上为高度近视者眼外伤的鉴定提供支持和理论依据。根据法医临床学实践的要求，提出了近视程度的法医学分级标准及其近视者眼部外伤后伤病关系分析原则和评价方法。

（62）应用单细胞凝胶电泳技术推断死亡时间的法医学研究（2011年）。完成人：郑吉龙、张晓东、林子清、牛青山、黎宇飞、依伟力、杨敏、张艳苓、牛文有、辛阳、杜宇。完成单位：中国刑事警察学院。成果简介：该研究项目为法医学应用技术项目。在法医学实际工作中，寻求一种客观而准确的推断死亡时间的方法，一直是法医病理学研究的重要课题。在长期实践中，法医工作者日益认识到确定死亡时间需要一个客观指标，这个指标必须随着死亡时间的持续进展具有线形关系，且不受外界或尽量少受外界因素影响。细胞核中的DNA变化规律正可提供这样一类客观指标。目前据细胞核DNA在机体死亡后的降解规律推断死亡时间，有用显微分光光度计、流式细胞术、图像分析系统等的研究报道。但上述方法均是通过测量死后细胞内DNA含量变化间接推测细胞核DNA降解过程，并不能直接并实时反映死后DNA降解的规律。该研究课题采用的单细胞凝胶电泳技术（single cell gel electrophoresis，SCGE），能够直接监测死后DNA的降解，建立法医学死亡时间研究的新方法、新技术，在分子水平和单细胞水平对死亡时间推断进行动态研究、定量分析。①技术水平方面。该研究主要成果是将单细胞凝胶电泳技术应用于死亡时间推断，并结合荧光显微镜及计算机图像分析技术，简便、快速、灵敏、客观反映死后DNA降解与死亡时间的关系。该方法的建立，弥补了在单细胞及分子水平推断死亡时间的空白，在法医学鉴定实践中具有重要的现实意义。提高了法医病理学死亡时间推断的准确性、客观性，建立法医学死亡时间研究的新方法、新技术，在分子水平和单细胞水平对死亡时间进行动态研究、定量分析，具有国内（际）先进水平。②主要成果方面。首次应用该技术获得了72小时内不同时间点人血痕淋巴细胞核DNA的九项参数的变化值、荧光图像、DNA降解变化的趋势图及回归方程。并应用于实际案件中，为案件的快速侦破提供了有利线索。首次应用该技术获得了个体死后72小时内不同时间点骨骼肌、心肌、肝脏、肾脏、脑组织细胞核DNA的九项参数的变化值、荧光图像、DNA降解变化趋势图及回归方程，并通过聚类和判别分析筛选

第三章 中华人民共和国时期中国法医学（1949—2018 年）

合适参数，进而建立多参数、多脏器、多项式回归方程，应用于实际案例中，应用 DNA 降解规律准确推断死后经过时间对侦查起到关键作用。

（63）法医学 DNA 提取、纯化试剂与 DNA 自动提取仪（2011 年）。完成人：周云彪、叶健、赵兴春、姜先华、姜成涛、顾明波、张建、赵蕾、欧元、孙敬、白雪、刘锋、徐曲毅、郭燕霞、亢斌、姜伯玮、焦志、王剑、赵会安、王林生、陈晓汀、栾国彦、刘开会、周毅、严红、徐秀兰、裴黎、涂政、李晓平、侯光伟、于蛟、杨百泉、曾晓冠。完成单位：公安部物证鉴定中心、辽宁省刑事科学技术研究所、厦门欧达科仪发展有限公司、厦门百维信生物科技有限公司、黑龙江省公安科学技术研究所。成果简介：法医学 DNA 提取试剂盒专门针对数据库样本的 DNA 提取研制而成，试剂盒基于磁性微球的使用，能够适用于大多数 DNA 自动提取仪和大型自动化工作站，具有较高的 DNA 提取成功率。法医学 DNA 纯化试剂盒专门针对案件样本的 DNA 提取研制而成，试剂盒以纳米级磁性微球为 DNA 吸附载体，通过优化的试剂系统，能够从大多数生物样本中获得能够满足下游实时荧光定量和 STR 分型条件的高质量 DNA，特别是能够显著提高疑难检材的检出率。法医现场检材 DNA 自动提取试剂盒集裂解、结合、洗涤、洗脱体系于一体，通过与法医现场检材 DNA 自动提取仪配套使用，进行法医常规及疑难检材的 DNA 提取。该试剂极大降低了基层法医工作者的工作强度，从根本上提高了办案效率。法医学 DNA 自动提取仪专门针对数据库样本的自动化提取而设计。自动提取仪通过与相应的磁珠提取试剂配套使用，可实现数据库样本的自动化提取。法医现场检材 DNA 自动提取仪器专门针对法医现场检材的自动化提取而设计。通过与法医现场检材 DNA 自动提取试剂盒的配套使用，能够实现法医现场检材的全自动化提取。法医学 DNA 自动提取系统操作软件是法医学 DNA 自动提取仪的控制软件，通过与仪器的连通，能够根据不同试剂盒的使用要求设定仪器的运行程序。软件可操作性强，人性化程度高。

（64）纳米磁珠定量 DNA 提取试剂及试剂盒的研制（2011 年）。完成人：姜先华、侯光伟、沈红缨、刘锋、白丽萍、黄斌、赵金玲、于蛟、贾菲、李秋阳、赵贺群、孙学科、李来、金萍、田怀洲。完成单位：辽宁省刑事科学技术研究所、基点认知技术（北京）有限公司。成果简介：该项成果属于法医分子生物学领域，研究主要内容包括超顺磁性纳米磁珠的研制，配套试剂研制包括裂解缓冲液、洗涤液及洗脱液的研制，产品化纳米磁珠定量试剂盒研制，对 5 000 份无关个体血痕样本进行测试应用等。该研究成果关键技术有：①超顺磁性纳米磁珠的研制，包括纳米磁珠的设计、制备。该研究设计、制备了一种具有强磁场响应能力的磁性铁氧体 - 二氧化硅核壳微粒，解决了普通磁珠磁性低、吸附 DNA 量少的问题。磁性铁氧体纳米粒子成分为 Fe_3O_4 纳米粒子、$\gamma\text{-}Fe_2O_3$ 纳米等，粒径为 3～12 nm。微粒具有多核结构，粒径为 0.2～10 nm，每个微粒中包有 20～1 000 个磁性铁氧体纳米粒子，具有强磁性特点。②与纳米磁珠配套提取试剂的研制，包括裂解液、缓冲液、洗涤液及洗脱液各组分、浓度的确定。③超顺磁性纳米磁珠种类筛选和裂解液浓度的优化。该研究研制的纳米磁珠试剂盒在磁珠磁性、DNA 结合能力、DNA 提取效果等方面大大优于普通磁珠试剂，完全能够替代国外进口磁珠试剂。该研究创新点：①设计、研制、制备了一种新型超顺磁性纳米磁珠。本课题项目研制的纳米磁珠是一种具有强磁场响应能力的磁性铁氧体-二氧化硅核壳微粒，具有多核结构，磁性物质含量高，具有很强的外磁场响应能力，在较低的磁场强度下不需专用的磁分离柱就能实现微粒的快速富集，同时二氧化硅包覆致密、化学稳定性好、无裸露磁粒子、表面易功能化，适合大分子 DNA 的吸附；制备方法中不需对磁性铁氧体纳米粒子进行胶溶处理，工艺过程更简单，所需设备由于微粒磁性强也变得简单。②研制出与纳米磁珠配套的 DNA 提取试剂。配套试剂包括裂解缓冲液、洗涤液及洗脱液，具有裂解细胞充分，缓冲能力强，适合纳米磁珠对大分子 DNA 的吸附，去除杂质、PCR 抑制因素能力强等特点。③研制的纳米磁珠定量 DNA 提取试剂盒提取效率高，适合于微量检材纳米材料具有小尺寸效应和表面效应，能够用于高 DNA 提取，满足微量生物样本 DNA 提取的要求，提取效率高，大于 95%。④研制的纳米磁珠定量 DNA 提取试剂盒可实现定量提取，纳米粒子表面功能团数量可以控制，实现定量的要求。用 10 μL 磁珠液对 15~20 μL 新鲜血液进行 DNA 提取，用 20 μL 洗脱液回收，获得的 DNA 提取液浓度约为 4.59 ng/μL。⑤研制的纳米磁珠定量 DNA 提取试剂盒提取纯度高，去除杂质高效。该研究对纳米材料表面进行了化学修饰，从而与 DNA 进行特异性吸附，去除样品 DNA 溶液中的抑制物质，如血色素、腐殖酸等。⑥研制的纳米磁珠定量 DNA 提取试剂盒操作简单、用时少，适合手工和自动化操作，满足建库批量血痕样品 DNA 提取需求。本课题研制的纳米磁珠试剂盒，自 2009 年开始已在辽宁省公安厅及沈阳市、连云港市、盐城市、宿迁市、南昌市、昆明市等的 10 多家 DNA 实验室推广应用，提取违法犯罪前科人员血样 20 万余份，节省了大量试剂经费，取得了显著的经济效益和社会效益。随着推广规模的不断扩大，取得的效益会越来越突出。

（65）枪弹伤后 MMP-1 和 MMP-3 时间表达变化的法医学研究（2012 年）。完成人：马智华、李红卫、王晓阳、晏珩、何锐、喻永敏。完成单位：重庆市公安局刑警总队。成果简介：以 Wistar 大白鼠为实验动物，用小口径手枪近距离（距射击部位 5 cm 处）射击实验大鼠右后肢，分别于伤后 0 h、1 h、3 h、6 h、12 h、18 h、24 h、48 h、72 h 处死动物（每时间点 5 只动物），沿创缘切去宽 0.5 cm 全层皮肤，质量 100 mg，置于液氮中冷藏保存，后用 Northern Blot 法和 Western Blot 法对 MMP-1 和 MMP-3 的 mRNA 进行半定量检测。研究大鼠皮肤 MMP-1 和 MMP-3 随时间变化的表达情况，并在此基础上建立相应的统计学回归方程。

（66）尸温测量用于判定死亡时间的研究（2012 年）。完成人：喻永敏、李红卫、代国新、梁黎、杨永强、李奎、张静、夏鹏、黄亮、常红发、周洋、卢涌、邓少云、薛海斌、马智华、黄伟、赵庆、刘明树、赵文彬、代亨乾、杜德春、邓贵菁、聂世昌、王正军、谭贵东、孙健、魏泽红、刘子军、崔华荣、叶飞宇、梁光强、夏泽沛、周平、郑经、邓明成。完成单位：重庆市公安局刑警总队。成果简介：死亡时间推断是法医学鉴定中首先要解决的问题。我国公安机关大多使用的标准是 1984 年八省市公安厅（局）尸温研究组的研究结论。此标准主要是针对北方地区，存在地域影响性较大，计算方法烦琐，不利于实战工作等情况，且近年来气候变化显著。该研究针对重庆地区进行尸温研究，建立重庆地区尸温变化规律回归方程。该研究通过收集选择基本明确死亡时间的案（事）件中 540 例人体尸体温度测量直肠温度，并考虑了环境温度、发育营养情况

第三章 中华人民共和国时期中国法医学（1949—2018 年）

（胖瘦）、海拔高度、年龄、性别、死因、衣着、媒介传导物、区域、民族等 10 个指标，经统计学方法建立了重庆地区尸温变化推断死亡时间的回归方程式。

（67）分子遗传标记多样性在免疫遗传学及法医学中的系统研究（2012 年）。完成人：朱波峰、沈春梅、王红丹、袁国莲、王振原、樊栓良、郭建新、张平、方杰。完成单位：西安交通大学。成果简介：该研究所属科学技术领域是医药卫生学类基础研究，属于免疫遗传学、群体遗传学和法医学学科范畴。围绕 KIR、HLA 和 STR 等分子遗传标记多态性在免疫遗传学、群体遗传学和法医学中的系统应用展开研究。建立了稳定的、标准的 PCR-SSP KIR 基因分型的技术。应用该技术对汉族、藏族、白族、维吾尔族、蒙古族、哈萨克族和土家族的 17 个 KIR 基因的多态性进行系列研究。研究率先获得国内多民族的 KIR 基因多态性分布信息，发现了部分民族特有的新基因组合型，连锁分析又进一步揭示了民族特征性基因连锁板块。这些研究结果均表明，KIR 基因的多态性可以反映民族的特异性遗传结构，极大地丰富了 KIR 基因数据库。研究 KIR 基因的多态性和进行单倍型分析，对于民族演绎的研究具有重要意义，也为进一步研究 KIR 基因多态性与白血病发病机制及 KIR 与其他疾病的相关性研究奠定基础。研究率先运用 PCR-SBT 方法获得新疆维吾尔族和云南彝族 HLA-A、B、DRB1 基因座高分辨的等位基因频率信息及其单倍型结构；应用液体芯片技术获得陕西汉族 HLA-A、B、DRB1 基因座的等位基因频率信息及单倍型遗传结构。结果显示所研究民族的 HLA 等位基因、基因型、单倍型分布存在明显差异。研究率先关注 KIR 基因与 HLA 基因之间的相互作用，通过研究 KIR 基因多态性并分析 KIR 基因和 HLA 等位基因的匹配关系在器官移植预后中的作用，以降低移植后移植物抗宿主病的发生率以及降低病情的严重程度。研究获得多民族大量的 HLA、KIR 基因数据，发现某些人群中存在 KIR-HLA 表型分离现象。采用多色荧光标记引物复合扩增 STR 基因扫描技术，率先系统地报道了我国汉族、白族、蒙古族、彝族、撒拉族、俄罗斯族、土家族、哈萨克族和藏族的 21 个新 STR 基因座的频率分布信息，并评估了其在法医学中的应用价值；为法医亲权鉴定和骨髓移植植活诊断提供新遗传标记，同时也丰富了我国西北、西南地区少数民族群体遗传学资料。该研究从多角度、多层次系统地开展了多种分子遗传标记的甄选、验证和应用价值评估工作；研究不仅保护、开发和利用了民族遗传信息资源，同时在分子遗传水平上揭示了所研究民族遗传结构和变化规律，进一步明晰了民族的起源、迁移和进化。高分辨HLA 分型方法的建立，有助于更好地选择匹配、适宜的供者，提高器官移植患者的存活率。KIR/HLA 复合基因型研究为器官移植配型和相关疾病的免疫学机制研究提供了新的方法和思路。研究结果显示，这些分子遗传标记在遗传学、法医学和临床实践中均具有很高的应用价值。该研究共发表 SCI 收录论文 16 篇，累计影响因子达 37.2 分，累计被引用 31 篇次（被 SCI 引用 22 篇次）。

（68）使用全基因组扩增和 miniSTR 分型技术检测低拷贝及降解 DNA（2012 年）。完成人：林源、阙庭志、柳燕、赵珍敏。完成单位：司法部司法鉴定科学技术研究所。成果简介：全基因组扩增技术理论上能够高保真地对 LCN DNA 和陈旧性检材中未完全降解的 DNA（常规 STR 检测极限下）进行高倍放大，但后续 STR 检验结果出现基因丢失和非特异性扩增产物。通过对极微量检材和陈旧性检材 DNA 提取方法的摸索和改进，结合高灵敏度的 miniSTR 的检验，可以有效提高相关基因座的检出率。

（69）法庭科学硅藻检验新技术及其应用（2012年）。完成人：温锦锋、胡孙林、刘超、戴维列、王松才、张小婷、黎乾、赖文彬、黄炜、杜晖玲、孙立敏、刁中文、石河、王欣、何树文。完成单位：广州市刑事科学技术研究所。成果简介：该成果为"广州法庭科学实验关键技术研究——法庭科学中硅藻检验新技术"项目研究成果，该项目是广州市刑事科学技术研究所承担的广州市科技攻关计划——科技攻关重大项目，于2007年立项，项目编号为2007Z1-E0064。水中腐败尸体的溺死诊断是世界公认的法医学难题之一，硅藻检验被认为是最佳诊断方法。该研究针对传统硅藻方法存在灵敏度低、样品处理烦琐、检验效率低等不足，建立了微波消解、真空抽滤、自动化扫描电镜联用的法医学硅藻检验新技术并建立了珠江流域广州段硅藻分布数据库。所取得成果具体如下：①创建了一种将微波消解、真空抽滤、自动化扫描电镜三者联用的法医学硅藻检验新技术，其具有灵敏度高、定性定量分析准确、操作简便、高效、环保等特点；并设计出法医学硅藻检验自动化技术方案，为建立我国主要水系硅藻数据库查询与自动比对系统、实现硅藻检验自动化打下了基础。②首次对传统硅藻检验方法中由离心处理导致的硅藻损失进行了量化研究，显示离心处理一次即可导致10%以上的硅藻损失，并设计了一种可满足样品高效处理要求、经济实用的多联真空抽滤装置，以真空抽滤处理方式替代了传统的离心处理方式，有效避免了硅藻损失。③建立了珠江流域广州段硅藻分布数据库，系统收集了珠江流域广州段硅藻和鱼鳞藻（金藻门）扫描电镜图谱。④通过对动物实验及溺死尸体肺、肝、肾、骨髓等封闭器官的比对研究，获得了该硅藻检验技术硅藻检验阳性比例高、特异性强的结论。研究表明，该技术对水中尸体死因鉴定具有重要价值。该成果已推广应用至12个单位，仅研究单位就应用水中尸体疑难案例63例，推广应用前景良好。综上所述，该项目研究具先进性、实用性和一定的创新性，成果居国际先进水平。

（70）应用DNA检验技术进行犬类个体识别和亲权鉴定的研究（2012年）。完成人：林子清、张璐、辛阳、李树、郑吉龙、依伟力、牛青山。完成单位：中国刑事警察学院。成果简介：该研究主要是通过对犬类不同染色体STR基因座的研究，确立用于犬类个体识别和亲权鉴定的方法，为各类刑事和民事案件的犬类鉴定提供科学依据，并为开发国产犬类DNA检验试剂盒提供科学依据。取得了如下成果：①首次对中国东北地区家犬的FH2054等14个STR基因座联合进行遗传多态性研究。②对纯种德国牧羊犬的STR基因座联合进行遗传多态性研究。③通过对家犬和纯种犬STR基因座的遗传多态性研究，比较两犬群等位基因分布特征，各个STR基因座等位基因的频率、个体识别率、多态性信息含量、非父排除率、杂合度，分析其是否存在显著性差异。④探索上述14个STR基因座应用于我国东北地区家犬和纯种犬类个体识别和亲权鉴定的可能性。⑤该研究在国内首次验证了犬类STR基因座复合扩增的可能性，建立了两个复合扩增体系。研究的主要成果包括学术论文和科研成果，最终以新产品的形式推向市场。如果最终能够形成产品，在公安、司法领域和社会上会有较大需求，必将在产生巨大社会效益的同时产生经济效益。

（71）镁离子在支气管哮喘豚鼠气道重塑中的作用研究（2012年）。完成单位：河

第三章 中华人民共和国时期中国法医学（1949—2018 年）

南科技大学法医学院。成果编号：豫科鉴委字〔2012〕第 442 号。

（72）5-羟色胺在支气管哮喘豚鼠气道重塑中的作用机制研究（2012 年）。完成人：陈宝生、王向红、张文斗、艾红伟、吴文澜、秦豪杰、万学东、王勇、莫耀南、刘声远。完成单位：河南科技大学法医学院。成果编号：豫科鉴委字〔2012〕第 443 号。

（73）单细胞捕获及接触生物检材检验关键技术（2013 年）。完成单位：公安部物证鉴定中心等单位。该项目获 2013 年国家科学技术进步二等奖。关键技术及主要创新点：①国内首次建立法医检材中各种细胞的标记识别、分离捕获和富集技术体系：该项目系统研究了各种检材中细胞的特点，建立了布片、卫生纸、棉签等载体上细胞的浸泡获取方法。脱落细胞提取装置 EZ-tape 制作成本低，方便实用，便于携带，且能防止污染，实现了对接触类检材的层次化、定向化提取和对污染的有效控制。②国际首创单细胞分离与低体积扩增联用的技术体系：在国际上首次将显微操作平台用于案件检验，灵敏度大幅提高。③国内首次建立微量 DNA 结果综合与分析方法：该项目建立了基于多次平行扩增进行 STR 结果的综合与分析方法，以及杂合子、纯合子等位基因的判定标准，为特殊、微量、降解、疑难生物检材 STR 图谱分析建立了理论基础。

（74）线立体 SNP 检测技术的法医学研究（2013 年）。完成人：杜宏、王庆红、张海军、江继平、凌光昀、周宇驰、魏伟、沈月华。完成单位：四川省公安厅刑侦局。成果简介：该研究中所使用的微测序检测方法借助现有法庭科学 DNA 检测设备和成熟的荧光检测技术，自主研究，对多个线粒体 SNP 位点进行同步检测，有明显的优势，具有快速、准确、自动化程度高的特点。在大型灾难性事故的身份确定中也会发挥其较大的优势，因此对社会稳定将起到很大作用，社会价值较大，具有较好的推广和应用前景。

（75）周围神经损伤法医学鉴定指南（2013 年）。完成人：范利华、朱广友、高东。完成单位：司法部司法鉴定科学技术研究所。成果简介："周围神经损伤法医学鉴定指南"是上海市科学技术委员会标准专项资助完成的课题。当前国内周围神经损伤仍缺乏统一、规范的鉴定指南或标准，在相关损伤案件的鉴定中常常引发争议，从而导致重复鉴定，不仅增加了司法、执法成本，还一定程度上影响了司法鉴定的公信力。该研究成果设计科学，结构严谨，内容翔实，内容涵盖周围神经损伤鉴定的全过程，集骨科学、临床电生理学以及法医学为一体，体现这三方面新理论、新技术。具有实用性和可操作性，对这一领域的标准化起到推动作用。目前国内外均未见有类似的鉴定规范，该研究成果具有新颖性和创新性。

（76）锁骨胸骨端骨骺发育 CT 图像重组与骨龄鉴定技术研究（2014 年）。完成人：王亚辉、朱广友、范利华、夏文涛、程亦斌、应充亮、万雷。完成单位：司法部司法鉴定科学技术研究所。成果简介：课题背景：2002 年 2 月 21 日，最高人民检察院在《关于"骨龄鉴定"能否作为确定刑事责任年龄证据使用的批复》中做出了肯定性的答复。传统的骨龄研究方法主要基于 X 线摄片进行，但由于锁骨胸骨端与其邻近的肺脏、胸骨、肋骨、支气管及胸椎横突等影像结构相互重叠，不利于清晰观察骨骺发育情况，影响骨龄鉴定结论的科学性及准确性。2000 年，欧洲成立了"法医学骨龄评估研究组"（Study Group on Forensic Age Diagnostics，SGFAD），开始致力于运用 CT 扫描技术研究锁骨胸骨端骨骺发育状况。近5年来，该所共受理600余例骨龄鉴定案件，案件年增长率约5%，其中约300例被鉴定人的骨龄鉴定意见在18周岁以上，由此可见，大龄（18周岁以上）青少年犯罪人数占整个青少年犯罪案件的比例之高。该方法所依据的研究数据主要源于20世纪的全国高等医学院校统编教材《法医人类学》，该教材中所列举的躯体各大关节（含锁骨胸骨端）骨骺发育时间顺序表是20世纪五六十年代相关资料的研究结果。研究目的与意义：弥补青少年X线骨龄研究成果的不足之处，丰富骨龄研究方法与技术，为制定一套青少年骨龄鉴定标准奠定基础，并对以往的研究成果进行数据更新。主要论点与论据：①收集男、女性青少年锁骨胸骨端CT薄层扫描图像共400例。②制定青少年锁骨胸骨端骨骺发育CT分级方法及骨骺发育分型图谱。③推导青少年锁骨胸骨端骨骺发育统计学描述性研究结果。④制定锁骨胸骨端骨龄图谱。⑤拟发表科研学术论文2～3篇，其中SCI论文1篇。创见与创新：①该研究探讨如何将"多层螺旋CT薄层扫描并图像重组技术"运用于法医学骨龄研究中，实现了X线及CT检测技术的优势互补作用，体现了多学科交叉解决法医学骨龄鉴定实践的新思路。②制定一套青少年锁骨胸骨端骨骺发育CT分级方法以及骨骺发育分型，为今后的法医学骨龄鉴定读片工作奠定基础。社会经济效益：该课题的研究成果经检验后可应用于今后法医学活体骨龄鉴定实践中，为打击刑事犯罪，保护未成年人，维护社会稳定和司法公正提供科学依据。因此，体现的主要是社会效益。存在的问题：目前锁骨胸骨端CT薄层图像重组及后处理全部通过人工操作完成，其中可能存在一些人为误差，而且每一个锁骨胸骨端图像重组后处理以及阅片工作耗时较长。历年获奖情况：鉴于课题刚刚结题，尚无参与评价。研究成果：①完成男、女性青少年锁骨胸骨端CT薄层扫描并重组图像共795例。②制定青少年锁骨胸骨端骨骺发育CT分级方法及骨骺发育分型图谱。③推导青少年锁骨胸骨端骨骺发育统计学描述性研究结果。④制定青少年锁骨胸骨端骨龄图谱。⑤发表科研学术论文5篇，其中SCI论文1篇。⑥参加2012年7月在伊斯坦布尔举办的第22届国际法医学大会，并在大会发言。⑦培养1名法医学硕士研究生。

（77）颈段脊髓神经元细胞成分死后变化与死亡时间的关系（2014年）。完成人：何冠英、张国华、张维东、吴旭、郑吉龙、胡更奕、于淼、毛瑞明、曹喆、刘东来、许飞。完成单位：辽宁省刑事科学技术研究所、中国医科大学法医学院。成果简介："颈段脊髓神经元细胞成分死后变化与死亡时间的关系"课题是由辽宁省刑事科学技术研究所和中国医科大学法医学院共同承担的公安部应用创新项目（项目编号：2006YYCXLNST097）。该研究建立了一种推断死亡时间的新方法。该研究对实验性大鼠不同死亡时间段提取动物的颈段脊髓快速固定，通过免疫组织化学染色方法，对神经元分别进行NADPH（尼克酰胺腺嘌呤二核苷酸黄递酶）免疫组化染色、NOS（一氧化氮合成酶）免疫组化、c-jun（一种转录调节因子，属亮氨酸拉链家族成员）免疫组化及HE染色等，观察神经元的形态，计数脊髓阳性神经元的灰度值、光密度值、阳性面积等。经病理组织学图像分析，应用计算机图像分析系统得出相关曲线，最后将所得的数据进行统计学分析。新方法的确立，可大大提高死亡时间检验的准确率。此方法的开发为基层实际办案提供了一条简单、准确、安全、科学的新方法。从2010年1月起，对来自省内的十几起命案案件进行颈段脊髓神经元细胞成分死后变化与死亡时间的关系分

第三章 中华人民共和国时期中国法医学（1949—2018 年）

析来推测死亡时间，均获得了明确的结果和鉴定结论，破案证实结论准确，为案件的侦破和审理提供了科学依据，同时节省了大量的人力和财力，取得了显著的社会效益和经济效益。该项成果的特点及创新之处在于：在国内外首次采用颈段脊髓神经元细胞成分死后变化与死亡时间的关系来推断死亡时间，为推断死亡时间提供一种十分有效的方法和科学依据，对法医学的实际应用有重大的作用。脊髓位于脊髓腔内，周围绕有较厚的骨质，且在大多损伤致死的刑事案件中不易被伤及，受外界影响非常小，是目前研究死亡时间推断所选择的最佳部位。该研究选择颈段脊髓，系因颈段脊髓可通过寰椎后弓切除术（是法医解剖中较为常用的方法）较为方便、快捷地取出，故该方法的大范围推广使用，对法医学的实际应用有重大的作用。在法庭科学中，该方法具有操作简便、快捷，安全性高、灵敏度高等特点，为基层实际办案提供了一条简单、准确、安全、科学的新途径。该研究设计科学，方法先进，结果准确可靠，解决了法医推断死亡时间的问题，可在全国省、市、县级公安机关推广应用，有着广泛的应用前景；同时，该方法方便快捷，成本低，在法庭科学鉴定中必将发挥更大的作用。

（78）利用牙齿推断死后间隔时间的法医学研究（2014 年）。完成人：何冠英、郑吉龙、于淼、毛瑞明、张山含、张维东、张晓东、许飞、刘东来、曹喆、辛阳、依伟力。完成单位：辽宁省刑事科学技术研究所、中国刑事警察学院法医系。成果简介：利用牙齿推断死后间隔时间的法医学研究课题是由辽宁省刑事科学技术研究所和中国刑事警察学院法医系共同承担的自选科研项目。该研究采用单细胞凝胶电泳技术结合专业的计算机图像分析技术，在兔死后 72 h 内，于单细胞水平监测兔牙髓细胞核 DNA 含量的变化，对降解发生过程中的细微改变进行动态研究，并在单细胞水平对死亡时间推断进行探索，使死亡时间的推断更加客观、准确。该法具有操作简便、灵敏度高等特点，为基层实际办案提供了一条简单、准确、安全、科学的新方法。实际工作中，应用该研究方法，对来自省内的六起案件提取了死者牙髓进行彗星实验（comet assay），均获得了明确的结果和鉴定结论，破案证实结论准确，为案件的侦破和审理提供了科学依据，取得了显著的社会效益。实验采用的单细胞凝胶电泳技术（Single Cell Gel Electrophoresis，SCGE），又称彗星试验，是由 Ostling 和 Johanson 于 1984 年建立起来的一种检测单个细胞 DNA 损伤的定量方法，该方法简单、迅速，而且敏感，是目前遗传毒理学中检测DNA 损伤的经典方法。在法医学领域应用此方法检查死后机体组织细胞 DNA 的降解情况从而推断死亡时间的报道很少，SCGE 技术操作简单，费用相对较低，测量细胞数目多，速度快，灵敏度高，计算机数据处理可靠、可信。与传统方法相比，单细胞凝胶电泳技术具有以下特点：①可检测单个细胞 DNA 损伤，辅以图像分析、计算机处理，可实现定性及定量检测；②无须用同位素标记 DNA；③电泳时间、裂解细胞时间可在半小时内完成，因此它是一种更快速、灵敏的检测方法；④更适应细胞量极少的检材，只要现场残留有不足 2 g 的组织就可用以检测。正是因其具有敏感、简便、快速、低耗、重复性好等独特优点，近年来迅速成为最流行的 DNA 损伤检测方法，应用于遗传毒理学、辐射生物学、肿瘤学、老年学、环境生态学等领域。目前国内外法医界尚未见应用SCGE 技术进行图像定量分析并系统研究的报道。我们利用不同处死方法处死家兔后，对不同死后间隔时间的牙髓细胞在碱性环境下电泳，并结合专业的图像分析软件，对兔死后不同时间段的牙髓细胞 DNA 降解进行了检测。结果表明，该检测方法能定量反映兔牙髓细胞在不同死亡时间间隔所发生的不同程度的核 DNA 降解，其降解程度与死亡间隔时间呈良好的相关性。为死亡时间（postmortem interval，PMI）的推断提供新思路和新方法，具有较高的应用价值和重要的法医学意义。

（79）基于波谱分析技术推断死亡时间的新方法研究（2014 年）。完成人：王振原、黄平、柯咏、毛士伟、樊栓良、马丽霞、张宏星、何海军、方杰、张平。完成单位：西安交通大学。成果简介：法庭科学的研究方法日益更新，但国内外法医学工作者仍面临诸多悬而未决的难题，其中，死亡时间推断当属最为重要的内容之一。我国作为世界第一人口大国，并将长期处于剧烈的变革进步之中，难以避免的结果是刑事与治安案件的较高发生率，涉案死亡人数多，警方工作量居高不下。在案件的调查、侦破过程中，如能准确判断死者的死亡时间，具有几乎确证案发时间的功效，则可节约大量人力、物力和时间，也可对犯罪嫌疑人进行有效锁定或排除，证据的价值很大。法医学所说的死亡时间（PMI）通常是指死后经历时间，即发现或检查尸体时距死亡发生时的时间间隔，而非某一个具体的点，因为除了有目击者的死亡发生（如在医院内）可以明确死亡时间点外，法医学工作者仅凭尸体的改变尚无法确切判断时间点，只是尽量缩小判断死亡时间的"间隔范围"。多年来，利用传统的尸体现象做出 PMI 的判断一直是法医学工作者最为常用的手段与方法，但其局限性多，误差大，在实际工作中的作用受到明显制约。许多学者尝试运用现代物理学、化学、生物物理学、生物化学、组织细胞化学、昆虫学及分子生物学等学科的技术、方法来观察、研究死后变化，提出了不少推断 PMI 的思路，其中不乏一些有建设性的想法。虽然研究者们在实验室内的稳定条件下获得了许多数据与方程，然而，由于尸体受到很多自身以及外界因素的干扰，如环境温度、湿度、风速、死亡原因、衣着厚度、身体条件、尸体放置载体等，在可变环境中的死亡时间变化规律仍难觅真相。该研究组近几年尝试运用傅立叶变换光谱（fourier transform infrared spectroscopy）和电阻抗频谱技术（electric impedance spectroscopy，EIS）推断死亡时间，获得国内外同行的认可。生物光学技术的发展，给其研究开辟了新的思路。该研究紧密结合实际工作需求，瞄准法医学实践面临的重大课题进行了大量卓有成效的工作，以现代波谱技术为手段，通过系统分析生物体内大分子及化学基团随不同死亡时间阶段所表现出的差异逆向推断死亡时间，并建立了大样本数据库及多元回归方程，为传统法医学领域的研究注入了新的有效方法。该研究思路新颖、学术观点明确、理论和技术方法均有明显的学科交叉创新性，已先后获得 5 项国家自然科学基金面上及青年项目资助，在国内外相关学术期刊发表论文 20 篇，其中 SCI 收录 12 篇，其余文章基本上为 Pub Med 收录，在该研究领域处于国内领先水平。

（80）天津市法医伤情鉴定规范化的研究（2015 年）。完成人：王春龙、李军、刘津中、程詹京、张颖、张颂、王凤珍、杨岳。完成单位：天津市刑事科学技术研究所。成果简介：根据国家有关法律和法规的规定，法医伤情鉴定意见作为刑事、治安案件定性的重要证据之一，对确定案件性质起着决定性作用，与人民群众的权益保障密切相关。法医伤情鉴定工作面临着专业技术复杂、鉴定标准争议大、缺乏规范性司法解释和操作指南的问题；同时，我国颁布的鉴定标准和有关法律法规没有统一的专门针对法医

第三章 中华人民共和国时期中国法医学（1949—2018 年）

伤情鉴定专业的鉴定工作程序和管理制度的文件。上述问题直接困扰着各级司法鉴定机构正常开展鉴定工作，迫切需要地方司法鉴定管理部门制定一部适合本地区工作的规章制度和技术规范，指导各级鉴定机构开展鉴定业务。该课题对天津市公安局物证鉴定中心和其他鉴定机构既往制定的法医伤情鉴定的工作制度进行了梳理、总结，按照公安部、司法部制定的有关鉴定管理规定、规章制度，结合天津市司法鉴定工作的实际情况进行修订和完善，制定出天津市法医伤情鉴定规范化工作管理制度和技术操作规范。课题研究内容贯穿整个法医伤情鉴定全部过程，从委托单位前期处理、委托单位送检要求、鉴定机构鉴定受理、检验鉴定、鉴定书的制作、档案材料管理、疑难案件会诊制度、鉴定告知制度、外部信息引用制度、鉴定材料保全制度、补充鉴定制定、重新鉴定制度以及鉴定人出庭等工作规章制度等方面制定出一整套规范化的管理制度和操作规程，对检验鉴定全部过程进行了细化，形成完善的质量管理体系文件。该课题规范了鉴定机构鉴定工作流程，约束了鉴定人随意的行为，有助于法医伤情鉴定工作的规范化、标准化建设，达到鉴定标准、鉴定方法和鉴定过程的统一，从而保证鉴定结论的科学、准确和公正。课题科研成果在天津市公安局河西分局、武清分局和西青分局物证鉴定所应用，取得了良好的效果，统一了鉴定人员的思想，解决了鉴定机构工作程序不统一的现实问题，尤其适用于疑难案件、复杂案件，减少了鉴定差错。通过应用该项科研成果，减少了因鉴定问题引发投诉和信访案件，赢得了当事人的理解和信任，增强了公安机关的威望，体现了警务公开制度的透明性。该科研成果主要应用于天津市公安局物证鉴定中心和各分局法医物证鉴定所法医伤情鉴定专业使用，同时也可以向社会司法鉴定机构进行推广，有助于法医伤情鉴定的工作程序规范化和技术理论方法的统一，保证鉴定工作流程、鉴定标准、鉴定方法和鉴定结果的统一，保证鉴定结论的科学、准确和公正，将有力地提高天津市法医伤情鉴定工作的质量和减少争议鉴定的发生。课题从工作实际出发，通过研究我国现行法律、法规，各级司法行政部门制定的行业标准和管理规定，结合当前各级鉴定机构需要通过国家实验室认可工作的要求，通过研究基础医学、临床医学、法医学、法医临床学等多学科理论知识和方法，在司法实践基础上全面分析和阐明了法医伤情鉴定规范化管理模式和操作检验方法，建立起适合天津市法医伤情鉴定工作管理制度的规范化文件和技术操作规范模式，其内容涵盖了法医伤情鉴定的全部过程，可以作为法医伤情鉴定机构的工作方法、工作程序、鉴定规则和管理制度，使日常检验鉴定工作有章可循，避免了鉴定工作的盲目性，并可以在解决疑难案件、控制信访案件，和出庭质证方面发挥出显著作用。该研究成果应用性强、推广成本低，有利于向各级鉴定机构进行推广和应用。

（81）利用模式识别技术构建青少年躯体七大关节骨龄评估计算机系统（2016年）。完成人：王亚辉、朱广友、应充亮、万雷、史格非。完成单位：司法部司法鉴定科学技术研究所。成果简介：以往的骨骼年龄评估主要是采取人工读片的方法进行，再分别采用百分位计数法、图谱法或计分法算出骨龄。由于不同读片者的水平及能力不尽相同，人工读片的准确性通常受读片误差影响，致使读片的一致性和可靠性近年来备受质疑，直接影响骨龄鉴定意见的准确性。因此，寻求新的骨龄评估方法成为该课题需重点解决的科学问题。该研究样本源自我国东部、中部以及南部地区 1 897 名 11.0～

20.0 周岁男、女性青少年躯体 7 大关节（胸锁关节、肩、肘、腕、髋、膝及踝关节）13 279 张正侧位 X 线片。运用支持向量机（support vector machine，SVM）基于图像黑、白、灰不同亮度的图像识别特点，对骨骺图像进行分类、识别。首先，对 140 例（男、女性各 70 例）11.0～20.0 周岁青少年尺、桡骨远端骨骺运用 SVM 进行图像识别，分别选取尺、桡骨远端骨骺的 5 个发育分级作为研究指标，其中尺、桡骨远端骨骺的每个分级均包含 28 例样本，构建尺、桡骨远端骨骺 5 个发育分级的 SVM 分类模型，分别采用留一法（leave one out cross validation，LOOCV）进行模型的内部交叉验证以及 35 例独立校验样本 SVM 模型的外部验证，分别计算其准确率（PA）。研究结果表明，桡骨远端骨骺分级 SVM 建模、留一法以及独立校验样本验证的 PA 分别为 100%、78.6% 和 82.8%；尺骨远端骨骺 SVM 建模、留一法和独立检验的 PA 分别为 100%，80.0% 和 88.6%。由此可见，运用 SVM 构建尺、桡骨远端骨骺发育分级的自动化模型具有一定的可行性。其次，基于上述研究结果，我们运用 SVM 对上述躯体七大关节中其余 22 个研究指标的不同发育分级实现图像预处理、骨骼特征的提取、图像分割以及图像分类等操作的计算机化过程，从而实现躯体七大关节骨骺发育分级的自动化评估，再利用 SVM 构建上述躯体七大关节 22 个骨骺发育分级的 SVM 分类模型，用 LOOCV 以及独立校验样本进行验证，分别计算出模型的 PA。最后，将以往研究成果"骨龄鉴定数学模型"与"骨龄标准图谱"的内容软件化，研发出一套法医学骨龄推断计算机自动评估软件。经实践检验，运用该软件评估骨骼年龄，总耗时 3～4 分钟即可完成 1 例法医学骨龄案件的鉴定，大大提高了以往人工评估骨龄的工作效率。

（82）个体身份鉴定关键技术研究（2016 年）。完成人：李成涛、张素华、侯一平、沈敏、边英男、李莉、林源、柳燕、阚庭志、赵珍敏。完成单位：司法部司法鉴定科学技术研究所、四川大学。成果简介：该研究紧紧围绕个体身份鉴定技术在司法鉴定应用中的瓶颈问题，通过对生物学全同胞关系鉴定技术、同卵双生子的个体甄别技术、基于新一代遗传标记开发新型法医学 DNA 分型试剂盒以及对中国汉族、藏族、维吾尔族青少年骨龄鉴定技术的深入系统的研究，建立复杂血缘关系鉴定的技术规范，研制一批具有自主知识产权的新型法医学 DNA 分型试剂盒和建立青少年骨龄鉴定技术规范，并推动相关新产品、新技术和技术规范在司法鉴定中的成功应用，提升个体身份鉴定在相关案件中的证据价值和公信力。在复杂血缘关系鉴定技术研究方面，该研究通过生物信息学分析，筛选了 57 个常染色体 STR 基因座用于全同胞关系鉴定，随后通过多项式展开的方法，分别获得了无关个体对人群中和全同胞对人群中依据 STR 基因座等位基因频率计算 A2、A1、A0 和 IBS 二项分布特征参数的计算公式，并依据 57 个 STR 基因座在华东汉族人群中的等位基因频率，对不同 STR 基因座组合情形下 A2、A1、A0 和 IBS 四种指标在无关个体对人群和全同胞对人群中的二项分布概率进行了无偏估计，获得了相应的二项分布概率曲线，进而筛选出双亲皆无情形下全同胞鉴定的理想判定指标为 IBS，最终形成了生物学全同胞关系鉴定技术规范。在同卵双生子的个体甄别研究方面，该研究收集了 10 对同卵双生子的全血样本以及 8 位个体在 4 个不同时间点（0、3、6 和 9 个月）采集的全血样本，利用高通量甲基化检测芯片全基因组扫描 DNA 甲基化修饰水平。借助一个能有效摒除系统偏好同时高效捕捉甲基化差异修饰位点的数据分

第三章 中华人民共和国时期中国法医学（1949—2018 年）

析流程，研究发现同卵双生子间的甲基化差异修饰位点数目介于 0.087%～1.530%；同时，在 9 个月的时间梯度内，并未发现显著的个体内甲基化漂变。在新型法医学 DNA 分型试剂盒的研制方面，共计研制了 4 种新的试剂盒，可用来分析三等位基因 SNP、Y-SNP、mtSNP 和 Multi-In Del 遗传标记。3 个 SNP 试剂盒（三等位基因 SNP，Y-SNP，mt SNP）基于相同科学原理和技术流程，采用焦磷酸测序结合 DNA 样本池技术分析候选 SNP 的等位基因频率，从而筛选可用于法医 DNA 检测的 SNP。利用单碱基延伸反应技术，根据筛选到的 SNP 的序列信息，设计复合扩增引物和单核苷酸延伸引物，建立荧光复合检测系统和等位基因分型标准物，并在法医 DNA 实验室常规毛细管电泳系统中分型。三等位基因 SNP 分型试剂盒含有 20 个三等位基因 SNP 基因座，累计个人识别率为 0.999 999 999 975。Y-SNP 分型试剂盒含有 20 个 Y-SNP 位点，单倍型变异度为 0.953 9。mtSNP 分型试剂盒含有 26 个线粒体 SNP 位点，单倍型变异度为 0.962 6。本研究探索设计了一种具有更多信息量的多重插入缺失新遗传标记并构建了复合扩增体系含有 20 个多重插入缺失基因座，累计个人识别率为 0.999 999 999 999 4。在青少年骨龄鉴定技术方面，通过大样本量的数据分析，已经形成汉族、藏族和维吾尔族青少年骨化中心出现及骨骺闭合分级标准，形成了汉族、藏族和维吾尔族青少年骨龄鉴定标准图谱，确立了汉族、藏族和维吾尔族骨龄推断的连续型数学模型，形成了一套汉族、藏族和维吾尔族青少年骨龄鉴定的技术规范。

（83）人体功能障碍客观评定技术研究（2016 年）。完成人：朱广友、范利华、赵虎、王旭、吕德坚、王小广、时燕薇、刘秋玲、梁春雨、薛丽、陈子翔、李泽东、罗霞、仲夏、梁国强、郭兆明、项剑、刘会、于丽丽、杨英恺、狄胜利、夏文涛、刘瑞珏、郑拓、王永飞、李孝鹏、陈首旭、周晓蓉、杨小萍、陈芳、程冬梅、高东、夏晴、黄婷婷、彭书雅。完成单位：司法部司法鉴定科学技术研究所、中山大学中山医学院基础医学院法医学系、中国政法大学证据科学研究院。成果简介：该研究探讨人体肢体功能、平衡功能、视觉功能和认知功能等客观评定技术。对 416 例肢体功能正常者和 99 例骨关节损伤者进行等速肌力检测，对 138 例无神经损伤者和 155 例周围神经损伤者进行肌电图检测，应用三维运动捕捉和分析系统对 18 例正常人进行检测，应用统计学软件对正常者和损伤者的相关检测数据进行比较分析，对 100 例眼底损伤者进行视敏度、固视稳定性及微视野检测，对 40 例正常眼进行行为视力及扫描视觉诱发电位视力（SPVER-A）检查，对 100 例正常眼进行多焦视觉诱发电位（mfVEP）检查，对 792 例进行传统 VEP 检查，对 200 例前庭功能障碍者进行计算机姿势图检查，对 62 例正常人进行姿势诱发反射下姿势图检测以及姿势诱发下的表面肌电检测，对 258 例下肢骨关节损伤者进行姿势诱发下姿势图检测，对 92 例下肢损伤者进行姿势诱发下的表面肌电检测并将检查结果与正常参考值比较，采用支持向量机技术对 15 例模拟伪装被试进行核磁共振数据分析。发现应用等速肌力系统进行检测时必须建立标准化的检测条件和测试体位，不同的测试体位对膝、踝关节以及足趾的肌力测试结果有明显差异；在标准化测试条件下得出的双下肢膝、踝关节、足趾各检测指标在左、右侧之间无统计学差异；等速肌力测试系统可以有效识别伪装肌力障碍；神经肌电图检测的准确性受到多种因素的影响，需要建立标准化、规范化的检测条件，同时为提高周围神经损伤判断的准确性和客观性,应当选择组合式的测试手段并依据适合的正常参考值加以判断;神经肌电图各检测指标中,MUP 波幅、CMAP 波幅、CMAP 潜伏期和 MNCV 具有良好的重测信度,而 MUP 计数和募集反应类型的重测信度较差;募集反应类型和 MUP 波幅与被检测肌肉的肌力具有较好的相关性;骨关节及其邻近部位的损伤可以对肌力造成一定程度的影响,然而并非最主要的因素,骨关节损伤后关节活动丧失度以及是否保留肌肉的最佳收缩长度才是影响骨性损伤后肌力大小的关键因素;人体膝关节在一下肢功能中的比重为 36.25%~40.88%,明显高于国内现有标准规定的 28%;视敏度与 2°、4°范围固视百分率之间均有线性关系(R 分别为 0.670、0.665);SPVER-A(Visus 值)与主观视力值存在相关性($R=0.7097$);图形翻转视觉诱发电位(PRVEP)P100 波空间频率阈值(X)与视敏度(Y)具有良好相关性,回归方程 $Y = -0.427\ln X + 5.8306$($R^2 = 0.6375$);单侧前庭功能障碍者的感觉整合试验结果与正常参考值间比较无差异;双侧前庭功能障碍者感觉整合试验(SOT)总分低于正常参考值;两组前庭功能障碍者的运动控制试验的潜伏期与正常值的差异无统计学意义;下肢骨关节损伤者静、动态姿势图中的感觉整合测试平衡分、动态本体感觉比例分降低,适应性测试曲线与正常参考值之间存在明显差异性;下肢损伤者姿势诱发反射下的表面肌电与正常人比较,胫前肌潜伏期均延长,波幅均降低,存在明显的差异;发现四种应答策略激活的脑区不同,利用 fMRI 技术可以加以分类,SVM 模拟训练发现大脑 fMRI 伪装记忆损害识别技术敏感性 >75%,特异性 >80%。通过上述课题研究可以得出如下结论:①等速肌力及神经电生理有助于肢体肌力的客观评定,三维动态分析有助于确定肢体各大关节功能在整个肢体功能中的权重指数。②微视野检查中的"固视稳定性"、SPVER-A 及 PRVEP 等均可以作为视敏度的客观评定的有效方法,mfVEP 振幅密度可以客观评价眼损伤后视野损害。③外周性前庭功能障碍者均能维持静态平衡,但双侧前庭功能障碍者的动态姿势平衡功能较正常人降低。下肢损伤后静态平衡无明显损害,但动态平衡能力有一定程度减弱。④伪装记忆损害存在额-顶-皮质下神经回路,大脑 fMRI 个体识别技术可以对不同回答模式进行分类和识别,具有很好的敏感性和特异性。该研究的过程实际上也是新技术和新方法的验证过程,通过对传统方法的系统研究,建立了符合司法鉴定特点和需求的技术方法或者技术规范,确保了鉴定活动的规范性和鉴定结果的一致性。通过对新技术和新方法的研究和探讨,建立了一批新的技术和新的方法,丰富了人体功能客观评定技术和方法,提高了司法鉴定的能力和水平。其中有些技术和方法已被司法鉴定领域的国家技术标准或者行业技术规范所采纳。此外,依托全国司法鉴定人继续教育基地已开展相关的技术培训和教育工作,大大提高了疑难案件司法鉴定的能力和水平,不但具有重要的社会效益,也具有显著的经济效益。

(84)建立 SNaPshot 技术研究 mtDNA 编码区 SNP 多态性及其在法医学中的应用项目(2016 年)。完成人:朱波峰、刘耀、沈春梅、樊栓良、寻兮、闫金成、井航、邓亚军。完成单位:西安交通大学。成果简介:本研究所属科学技术领域是医药卫生学类的基础研究。本研究围绕建立 SNapshot 技术用于 mtDNA 编码区 SNP 多态性及其在法医学中的应用展开。建立了 12 个 mtDNA-SNP 位点复合扩增体系,应用多色荧光标记了 ddNTP,建立了 SNaPshot 微测序检测 SNP 的技术平台,为 mtDNA 与疾病相关性的研究

第三章 中华人民共和国时期中国法医学（1949—2018年）

提供了技术基础。获得我国白族、彝族和陕西地区汉族等人群 12 个 mtDNA 编码区的 SNP 位点的单倍型频率分布资料。采用 4 色荧光标记 ddNTP 和 SNaPshot 微测序技术检测 mtDNA-SNP 的技术平台运行良好，12 个 mtDNA-SNP 位点的第一次扩增的引物和 SNaPshot 微测序的引物设计合理、合成准确，建立的两组共 12 个 mtDNA-SNP 位点的复合扩增的体系实验条件良好，扩增产物得率高，产物微测序峰高且均衡。检测结果准确可靠。研究获得了我国白族、彝族和陕西地区汉族等人群 12 个 mtDNA 编码区的 SNP 位点的等位基因和单倍型频率分布资料，保护和丰富了中华民族基因信息资源，为法医学个体识别提供概率计算依据；研究解决了特殊情况下的母系亲缘关系鉴定；成功应用 mtDNA-SNP 对微量、陈旧、降解的法医学物证检材进行个体识别，提高了对微量检材的灵敏度和对降解检材检测的准确性。SNaPshot 微测序实现了 SNP 检测的复合扩增，实验结果准确，检测技术快速，并降低了实验成本。研究应用于法医学实践有潜在、巨大的应用前景，可使案件的侦破更加准确快速，为科技强警提供强大的技术支持。研究解决了进行单亲的母子对亲子鉴定，并对同母的兄弟亲缘关系、姐弟亲缘关系、姥姥和外孙亲缘关系，舅舅或姨姨与外甥、外甥女的亲缘关系进行鉴定，甚至相隔几代以上的母系亲缘关系鉴定。目前尚需结合案情，对于犯罪嫌疑人在逃，无法获得嫌疑人 DNA 检材与犯罪现场检材进行同一认定，而在其他证据排除他人作案可能的情况下，可利用嫌疑人母系血亲，如兄弟、姐妹、外甥、姥姥等人的 mtDNA 进行对比看是否相同，以此来排除嫌疑人。成功应用 SNaPshot 微测序技术检测 mtDNA-SNP 对微量、陈旧、降解的法医学物证检材进行个体识别，提高了对微量检材检测的灵敏度和对降解检材检测的准确性。该研究共发表 SCI 收录论文 2 篇，相关论文 29 篇。

（85）多位点 Y-SNPs 复合扩增检测技术及法医学应用（2017 年）。完成人：王龙、龙冠男、许飞、汪岩、刘则、张彪、喻少波。完成单位：沈阳市公安局刑事警察支队。成果简介：根据公安在实际案件鉴定中经常遇到的技术难题，结合国际法庭科学 DNA 鉴定领域最新的发展信息，确定研究开发多个 Y-SNP 位点荧光标记复合检测技术。确定了解决关键问题采用的方法，筛选出扩增片段长度适合进行复合扩增检测的、在中国汉族人群中多态性好的 Y-SNP 位点作为检测的目的基因，在人类 Y 染色体上选择 40 个单碱基多态性基因座作为研究目标，最终建立 12 个 Y-SNP 位点复合扩增体系，完成对汉族男性无关个体在所选 12 个 Y-SNP 基因座等位基因频率调查。筛选出一组与法医学相关的 Y-SNP 位点，并建立一个多位点 Y-SNP 复合扩增检测技术，根据刑事案件现场生物物证的 DNA 信息获得犯罪嫌疑人的家系相关信息，进一步完善 DNA 分析技术在侦查破案方面的精确制导能力，积极发挥其主动侦查、锁定罪犯的作用。

（86）应用现代影像学技术推断死亡时间（2017 年）。完成人：何冠英、郑吉龙、毛瑞明、张山含、于淼、张晓东、张维东、依伟力、辛阳。完成单位：辽宁省刑事科学技术研究所、中国刑事警察学院法医学系。成果简介：该成果是由辽宁省刑事科学技术研究所和中国刑事警察学院法医系共同研究完成的公安部应用创新计划科研项目。该成果是采用现代影像学技术来推断死亡时间的新方法，在不侵入个体的情况下，动态观察成年家兔不同死因（缢死、失血性休克死亡和空气栓塞）死后、不同死后间隔时间内不同组织器官的影像学变化。实验表明，Neu Viz 双层螺旋 CT 机能快速而准确地对个体进行持续大范围的高速螺旋扫描，可以获得兔死后不同间隔时间连续的 CT 影像，从而动态地观察兔死后各脏器形态学变化。结合专业的 Max Viewer 影像分析软件得出多参数指标的变化规律。结合尸体不同死亡时间的影像学数据，与结果相对比、验证，进行理论和实际操作的分析研究，从而进一步对比研究 CT 影像学技术用于 PMI 推断的检验指标。选用脑组织面积/颅腔面积比、脑组织平均 CT 值、颅脑整体平均 CT 值、心脏面积/胸椎面积比、心脏平均 CT 值、肺脏组织面积/胸椎面积比、肺组织平均 CT 值、肝脏面积/腰椎面积比和肝脏组织平均 CT 值等多参数，分别建立趋势图及二元回归方程，以便更全面地体现各脏器死后随死后间隔时间的变化规律，以有效地推断死亡时间。该方法操作简便、快捷、灵敏度高，可在省市公安机关法医检验中推广应用，在法庭科学鉴定中必将发挥更大的作用。

（87）血痕经过时间法医学推断的关键技术研究（2017 年）。完成人：郑吉龙、温洪洋、孙文平、张巍、贾旭东、王伟、辛阳、梁克伟、冯清枝、李军、黎宇飞、杜宇、徐孪、王玖琳、张家鑫。完成单位：中国刑事警察学院、泰山医学院。成果简介：该课题在建立不同室内环境条件下不同经过时间的大样本血痕模型的基础上，采用红外热成像技术结合计算机图像分析、血痕数码成像及显微成像结合计算机图像分析技术、单细胞凝胶电泳技术结合计算机图像分析、RT-PCR 技术、酶学检测技术、基于手机移动终端的现场血痕经过时间智能推断系统等，对血痕颜色、色度、色调的时间变化规律，血痕形态、显微结构的时间变化、血痕核酸降解变化、酶活性变化等的时间规律进行了系统性研究，获得了可用于推断血痕经过时间的回归方程，建立了可适用于不同环境条件下不同血痕经过时间的综合推断技术方法。课题成果的主要创新点有：①设计了基于手机移动终端的血痕经过时间推断智能软件，并设计制作了与该软件配套的便携式血痕图像采集装置，开发出基于手机移动终端的现场血痕经过时间智能推断系统，实现利用手机快速、智能分析推断室内现场血痕经过时间。②通过对不同环境、不同载体上遗留的不同时间的人血痕全血细胞核 DNA 和淋巴细胞核 DNA 彗星图像分析、18Sr RNA 与 ACTB m RNA 变化的时间规律、血痕中相关酶活性变化研究，建立了血痕经过时间推断的分子生物学检测技术。③通过血痕红外热成像变化、血痕显微结构变化、血痕色度色调变化检验，建立了不同环境条件下血痕经过时间无损检验技术。该课题应用分子生物学、计算机图像分析技术、MVC 设计模式、红外热成像技术等，建立了不同环境条件下血痕经过时间综合推断的技术方法，使室内现场血痕经过时间推断更加准确、高效。

（二）科研成果获奖情况

1. 国家级科技奖励项目

国家级科技奖励项目见表 3-3。

表 3-3 国家级科技奖励项目（不完全统计）

序号	项目名称	获奖名称	负责人	单位
1	马王堆一号汉墓古尸研究	1978 年全国科学大会奖	郭景元、朱小曼等	中山医学院

第三章　中华人民共和国时期中国法医学（1949—2018年）

续表 3-3

序号	项目名称	获奖名称	负责人	单位
2	粗制棉籽油中毒研究	1985年国家科技进步二等奖	黄光照等	同济医科大学
3	血斑酶型分型方法研究及中国20个民族7种酶型的表型分布和基因频率的调查	1989年国家科技进步三等奖	李伯龄、黄力力、周静、邱宁	公安部第二研究所
4	两种探针（α和μ）DNA指纹图法医应用研究	1991年国家科技进步二等奖	李伯龄、姜先华、倪锦堂、吕世惠、叶健、王国林、丁焰、朱郁文、储晓兰	公安部第二研究所、辽宁省刑事科学技术研究所
5	人精液特异蛋白P30多克隆抗体及单克隆抗体的研制以及纯化、标记和应用	1992年国家科技进步三等奖	张琦、陈东风、严红、孙云清、王香菊	公安部第二研究所
6	常见动物血中的ABH血型物质及对混合血斑中人血ABH物质检验干扰的研究	1992年国家科技进步三等奖	张惠芹等	公安部第二研究所
7	辣根过氧化物酶标记DNA探针及光谱增强法检测DNA指纹图谱在法医学中的应用研究	1993年国家科技进步二等奖	倪锦堂、叶健、刘健、郑秀芬、李伯龄、丁焰	公安部第二研究所
8	抗G2m（23）单克隆抗体研制及应用	1995年国家科技进步二等奖	蒯应松、杨元立、王香菊、吴贤柱、徐秀兰、崔家贵、李万水、谢英群	公安部第二研究所
9	排除陈旧、腐败人-动物混合及腐败人血斑中类A、B物干扰的研究	1995年国家科技进步三等奖	张惠芹等	公安部第二研究所
10	Pmct118和apoB两个位点扩增片段长度多态性法医应用的研究	1996年国家科技进步二等奖	李伯龄、丁焰、倪锦堂、陈松、胡兰、叶健	公安部物证鉴定中心
11	人类线粒体DNA序列分析技术及其在法庭科学中应用的研究	1997年国家科技进步二等奖	姜先华、张纯斌、刘锋、周静、崔迎大、倪锦堂、沈红缨、李伯龄、于姣	辽宁省刑事科学技术研究所、公安部物证鉴定中心

续表 3-3

序号	项目名称	获奖名称	负责人	单位
12	猪囊尾蚴 cDNA 文库的构建及人、猪囊虫病诊断用抗原的合成	1998 年国家科技进步二等奖	孙树汉、王俊霞、丛斌、彭玉葱、王朝霞等	河北医科大学
13	DNA 分型技术在法庭科学中的应用	2001 年国家科技进步二等奖	郑秀芬、季安全、李继周、叶健、刘健、倪锦堂、李伯龄、尤朝阳、李晓斌	公安部物证鉴定中心
14	陈旧腐败检材 DNA 检验的法医学应用研究	2002 年国家科技进步二等奖	刘超、王穗保、李越、胡慧英、李红霞、杨电、罗质人、梁赏猷、孙宏钰	广州市刑事科学技术研究所
15	人类基因组五种 DNA 遗传标记多态性研究及其法医学应用	2005 年国家科技进步二等奖	丛斌、闫玉仙、裴黎、姚玉霞、马春玲等	河北医科大学、公安部物证鉴定中心
16	陈旧性骨骼线粒体 DNA 测序及 STR 复合扩增分析技术	2006 年国家科技进步二等奖	姜先华、叶健、季安全、刘锋、侯光伟、姜成涛、李军、赵兴春、于姣、郑秀芬	辽宁省刑事科学技术研究所、公安部物证鉴定中心
17	人血红蛋白和精液蛋白 P30 现场金标快速检测试剂条的研制	2006 年国家发明二等奖	王俭、李兆隆、张英兰、徐秀兰、常彩琴、郭红玲	公安部物证鉴定中心
18	法医学 DNA 检验试剂的研制与产业化	2009 年国家科技进步二等奖	叶健、姜成涛、季安全、赵兴春、涂政、徐秀兰、裴黎、严红、刘冰、胡兰	公安部物证鉴定中心
19	人类基因组多态性和特殊微量物证个体识别关键技术及应用	2009 年国家科技进步二等奖	李生斌等	西安交通大学
20	STR 法医学应用基础信息及关键技术	2010 年国家科技进步二等奖	刘超、朱少建、刘长晖、杨电、李越、李海燕、陈晓晖、刘宏、胡慧英、汪萍	广州市刑事科学技术研究所、广东省公安厅刑事科学技术中心、广西壮族自治区公安厅刑事科学技术研究所

第三章　中华人民共和国时期中国法医学（1949—2018年）

续表3-3

序号	项目名称	获奖名称	负责人	单位
21	高度腐败检材降解DNA检验技术体系的建立	2011年国家科技进步一等奖	丛斌、李淑瑾、马春玲、白雪、娄春光、付丽红、宋金平、何路军、樊鹏、裴黎	河北医科大学
22	单细胞捕获及接触性检材检验关键技术	2013年国家科技进步二等奖	胡兰、李万水、刘开会、刘冰、李彩霞、季安全、刘超、孙辉、姜先华、王坚	公安部物证鉴定中心、广州市刑事科学技术研究所、辽宁省刑事科学技术研究所等单位
23	创建中国特色法医学教学新体系，培养国家亟需法医专门人才	2014年国家级教学成果二等奖	李生斌等	西安交通大学
24	法医硅藻检验关键技术及设备研发	2017年国家科技进步二等奖	刘超、胡孙林、温锦锋、赵建、余彦耿、石河、何树文、王松才、张小婷	广州市刑事科学技术研究所

2. 省部级及其他科技奖励项目（含教学成果奖）

省部级及其他科技奖励项目见表3-4。

表3-4　省部级及其他科技奖励项目（含教学成果奖，不完全统计）

序号	项目名称	获奖名称	负责人	单位
1	微量血痕与毛发的血型鉴定	1978年全国医药卫生科学大会奖	郭景元、朱小曼等	中山医学院
2	《法医学》（中山医学院自编教材，1976年）	1978年广东省高教厅卫生厅联合三等奖	郭景元等	中山医学院
3	《实用法医学》（上海科学技术出版社，1980年）	1982年广东省高教局科技进步二等奖	郭景元等	中山医学院
4	《法医学入门》（人民卫生出版社，1981年）	1982年《中级医刊》优秀论文奖	郭景元、祝家镇等	中山医学院

续表 3-4

序号	项目名称	获奖名称	负责人	单位
5	低血钾软病的研究	1982年获卫生部甲等优秀科技成果奖、优秀发明成果	黄光照等	同济医科大学
6	矽肺与矽肺结核病理研究	1982年浙江省科技成果二等奖	徐英含等	浙江医科大学
7	家兔实验性冠状动脉粥样硬化病变的形态学定量评价方法	1982年浙江省科技成果三等奖	徐英含等	浙江医科大学
8	《中国医学百科全书·法医学分卷》（上海科学技术出版社，1982年）	1983年广东省高教局卫生厅科技进步三等奖	郭景元等	中山医学院
9	法医病理学组织学系列幻灯片制作及教学实践	1984年陕西省教学成果一等奖	刘明俊等	西安医学院
10	血痕 HLA-AB 抗原测定	1986年广东省高教局二等奖	郭景元等	中山医科大学
11	大气污染物对肺泡巨噬细胞的作用	1987年浙江省科技成果四等奖、1988年卫生部科技进步二等奖	徐英含等	浙江医科大学
12	《实用法医学》（上海科学技术出版社，1980年）	1988年卫生部优秀教材奖	郭景元等	中山医科大学
13	提高肾移植存活率综合研究	1988年四川省科技进步一等奖	吴梅筠、饶文裕、孟宪钦、刘世沧等	华西医科大学
14	人类精浆特异性抗原 P30 的分离纯化、抗血清制备及其应用	1989年四川省科技进步三等奖、卫生部医药部门科技进步三等奖	候一平、吴梅筠	华西医科大学
15	医药卫生科技成果定性定量管理研究及其推广应用	1989年广东省科技进步三等奖	祝家镇等	中山医科大学
16	单克隆抗体免疫酶技术测定血型的研究和应用	1990年广东省科技进步一等奖	周斌、郭景元等	中山医科大学
17	四种常见毒蛇致人死亡的法医学鉴定	1991年福建省科学进步二等奖	黄瑞亭等	福建省高级人民法院

第三章 中华人民共和国时期中国法医学（1949—2018 年）

续表 3-4

序号	项目名称	获奖名称	负责人	单位
18	GC 蛋白的分离纯化、抗血清制备及亚型检测与频率调查	1991 年四川省科技进步二等奖	候一平、吴梅筠	华西医科大学
19	《法医病理学》（人民卫生出版社，1989 年）	1992 年国家教委第二届普通高校优秀教材一等奖、卫生部优秀教材奖	祝家镇等	中山医科大学
20	人精浆 P30 单克隆抗体制备及在生殖与受孕中的作用	1992 年四川省科技进步三等奖	候一平、吴梅筠	华西医科大学
21	乌头碱法医毒理研究	1992 年陕西省科技进步二等奖	胡炳蔚等	西安医科大学
22	固定组织亚硝酸盐的检出方法及法医学应用	1993 年陕西省科技进步三等奖	张文科、胡炳蔚等	西安医科大学
23	人类精斑中 GC 亚型的检测	1993 年四川省科技进步二等奖	金泽明、吴梅筠	华西医科大学
24	《法医学》（第一版、第二版）（人民卫生出版社，1987 年、1992 年）	1994 年卫生部第二届优秀教材奖	郭景元等	中山医科大学
25	心脏传导系统的检查法、年龄变化及其与猝死关系	1995 年卫生部科技进步二等奖、广东省科技进步二等奖	宋一璇、姚青松、梁赏猷、傅晨钟、祝家镇、罗斌等	中山医科大学、广州市刑事科学技术研究所
26	血清类粘蛋白的遗传多态性及其应用	1995 年卫生部科技进步三等奖	侯一平、吴梅筠、苟清等	华西医科大学
27	创伤组织中纤维蛋白的研究	1995 年四川省科技进步三等奖、1996 年成都市科技进步三等奖	吴家馼等	华西医科大学
28	损伤蜡塑模型制作与法医学教学实践	1995 年陕西省教学成果二等奖	唐承汉等	西安医科大学
29	大气污染物与肺癌发病的研究	1995 年浙江省卫生厅二等奖、浙江省科技进步优秀奖	徐英含等	浙江医科大学

续表 3-4

序号	项目名称	获奖名称	负责人	单位
30	《实用法医手册》（第一版、第二版）（上海科技教育出版社，1993年、1995年）	1996年卫生部医药卫生杰出科技著作科技进步奖	郭景元等	中山医科大学
31	生活反应微环境改变在生前、死后伤鉴别与溺死诊断中的应用	1996年国家教委科技进步二等奖	陈玉川、祝家镇、胡丙杰、竞花兰	中山医科大学
32	人体组织中ABH物质的分布及应用	1997年四川省科技进步一等奖、成都市科技进步二等奖	李荣华、张林、吴梅筠	华西医科大学
33	法医学计算机多媒体辅助教学的研究与实践	1997年广东省教学成果一等奖	徐小虎、祝家镇等	中山医科大学
34	第二代法医DNA指纹的研究	1997年卫生部科技进步三等奖	侯一平、吴梅筠等	华西医科大学
35	《血型血清学及物证检验》（云南民族学院出版社，1990年）	1998年教育部科技进步三等奖	吴梅筠等	华西医科大学
36	《法医临床学》（暨南大学出版社，1995年）	1999年教育部科技进步三等奖	朱小曼等	中山医科大学
37	《法医病理学理论与实践》，（湖北科技出版社，1996）	1999年湖北省科技进步二等奖	张益鹄等	同济医科大学
38	《DNA在法庭科学中的应用》（中国人民公安大学出版社，1994年）	1999年公安部科学技术进步三等奖	杨庆恩等	同济医科大学
39	抗纤维连接蛋白抗体在早期心肌梗死死后诊断的研究	1999年广东省科学技术进步三等奖、广东省医药卫生科学技术进步二等奖	胡丙杰、陈玉川、祝家镇	中山医科大学
40	《法医物证学》（人民卫生出版社，1999年）	1999年四川省优秀教学成果三等奖	吴梅筠等	华西医科大学
41	急性实验性心肌缺血的氨基酸代谢及超微病理学研究	1999年武警部队科学技术进步三等奖	张永亮、吴家馼等	武警医学院、华西医科大学

续表 3-4

序号	项目名称	获奖名称	负责人	单位
42	人类基因组 D1S80（pMCT118）及 D17S30（pYNZ22）位点 VNTR 多态性研究	2000 河北省科学技术进步一等奖	丛斌、彭玉葱、谷振勇等	河北医科大学
43	脑干损伤致死机理及法医学鉴定新方法的研究	2000 年广东省科学技术进步二等奖	徐小虎、祝家镇、周伟、邓平、彭兴平、姜忠华、姚青松、赵连旭、宋一璇、许锦阶	汕头大学医学院、中山医科大学
44	心脏传导系统解剖学、组织学、病理学系列研究及推广应用	2002 年广东省科学技术进步三等奖	宋一璇、姚青松、祝家镇、罗斌、邓平、徐小虎、黄少敏	汕头大学、广州市刑事科学技术研究所、中山大学中山医学院
45	人类基因组 4 个 STR 及 D1S8、D7S21 遗传多态性研究及其法医学应用	2003 年河北省科学技术进步二等奖	丛斌、闫玉仙、姚玉霞等	河北医科大学
46	CCK 抗内毒素休克时肺动脉高压作用的研究	2003 年河北省科学技术进步二等奖	凌亦凌、丛斌、谷振勇等	河北医科大学
47	人白骨 mtDNA 测序技术及法医学应用研究	2003 年广东省科学技术进步三等奖	王穗保、刘超、李红霞、李越、刘宏、罗质人、胡慧英	广州市刑事科学技术研究所
48	建立 DNA 数据库及其应用的研究	2004 年广东省科学技术进步三等奖	欧桂生、刘超、万建刚、陈晓晖、宁忠、李海燕、李越	广东省公安厅刑事科学技术研究所、广州市刑事科学技术研究所、珠海黑马医学仪器有限公司、广东省东莞刑事科学技术研究所、中山市刑事科学技术研究所

续表 3-4

序号	项目名称	获奖名称	负责人	单位
49	"摇头丸"——亚甲基双氧甲基苯丙胺中毒检验方法及体内分布规律的研究	2004年广东省科学技术进步三等奖	裴茂清、桑向玲、赵楚云、陈鸿义、刘卫国、施文兵、陈先勤	广东省公安厅刑事科学技术研究所
50	《法医毒理学》（第三版）（人民卫生出版社，2004年）	2005年全国高校医药优秀教材三等奖	黄光照等	同济医科大学
51	《法医病理学》（第三版）（人民卫生出版社，2004年）	2005年全国高校医药优秀教材一等奖	赵子琴等	复旦大学上海医学院
52	河南汉族人群DNA多态性在法医学疑难检材检验中的应用研究	2006年河南省科学技术进步奖二等奖	莫耀南、薛小琦、李凡、马锦琦、陈宝生、杨江、赵美乐、张伟娟	河南科技大学
53	气相色谱-质谱联用技术应用于药毒物分析	2006年河南省科学技术进步三等奖	周海梅、莫耀南、李朴、马锦琦、秦豪杰、郑喜俊、李威	河南科技大学
54	法庭科学DNA数据库关键技术研究	2006年公安部科学技术一等奖	姜先华等	辽宁省公安厅刑事科学技术研究所、中国医科大学等
55	CCK-8抗内毒素致炎症反应的受体及信号转导机制研究	2007年河北省科技进步一等奖	丛斌、凌亦凌、李淑瑾等	河北医科大学
56	脑干损伤的定量与应用研究	2007年公安部科技进步一等奖	姚青松等	广州市刑事科学技术研究所等单位
57	南方红豆杉和东北红豆杉化学活性成分抗肿瘤细胞增殖实验研究	2008年河北省自然科学二等奖	史清文、丛斌、霍长虹等	河北医科大学
58	中华民族群体基因组多态性与个体识别基础研究	2008年陕西省科学技术进步一等奖	李生斌等	西安交通大学
59	Y染色体STR群体遗传多态性及其法医学应用研究	2008年陕西省科学技术进步三等奖	朱波峰等	西安交通大学

第三章 中华人民共和国时期中国法医学（1949—2018 年）

续表 3-4

序号	项目名称	获奖名称	负责人	单位
60	《法医精神病学》（第二版）（人民卫生出版社，2004 年）	2009 年教育部国家级教学成果二等奖	刘协和等	四川大学
61	miniSTR 荧光复合分型体系在法医腐败降解检材检验中的应用	2010 年河北省科技进步一等奖	丛斌、李淑瑾、马春玲等	河北医科大学等单位
62	西藏门巴僜人基因组多态性研究	2010 年教育部自然科学二等奖	李生斌等	西安交通大学
63	生物器官体积和组织密度检测及其体积密度仪的研发应用	2011 年广东省科学技术三等奖	于晓军、樊瑜波、徐小虎、李晋川、刘淑波、梁英、于文	汕头大学、四川大学
64	脱落细胞 DNA 分型及法医学应用研究	2012 年广东省科学技术二等奖	刘超、陈晓晖、李海燕、孙宏钰、刘长晖、胡慧英、李越、杨电、陈玲、王会品	广州市刑事科学技术研究所、广东省公安厅
65	分子遗传标记多样性在免疫遗传学及法医学中的系统研究	2012 年陕西省科学技术奖	朱波峰等	西安交通大学
66	线立体 SNP 检测技术的法医学研究	2012 年四川省科技进步三等奖	杜宏、王庆红、张海军、江继平、凌光昀	四川省公安厅刑侦局
67	法庭科学硅藻检验新技术及其应用	2013 年广东省科学技术进步三等奖	温锦锋、胡孙林、刘超、戴维列、王松才、张小婷、黎乾	广州市刑事科学技术研究所
68	以本科生为基础的创新型高技能法医培养模式研究与实践	2013 年河北省教学成果一等奖	倪志宇、丛斌、马春玲、董玫、张国忠	河北医科大学
69	毒品滥用神经毒性机制及在禁毒领域的应用	2014 年云南省科学技术进步三等奖	李桢、李利华等	昆明医科大学等单位
70	基于波谱分析技术推断死亡时间的新方法研究	2014 年陕西省科学技术进步二等奖	王振原等	西安交通大学
71	十种药用植物抗癌活性研究	2016 河北省自然科学二等奖	史清文、丛斌、董玫等	河北医科大学

续表 3-4

序号	项目名称	获奖名称	负责人	单位
72	毒品成瘾的关键分子机制及干预策略研究	2016 年陕西省科学技术进步二等奖	李涛等	西安交通大学
73	酗酒促发外伤性蛛网膜下腔出血发生和死亡机制及其量化法医病理学鉴定	2016 年广东省科学技术三等奖	于晓军、徐小虎、骆健明、王海鹏、赖小平、汪家文、徐广涛	汕头大学
74	群体遗传多样性及复杂疑难亲缘关系鉴识研究	2018 年陕西省科学技术进步一等奖	朱波峰等	西安交通大学

三、科学研究项目

山西医科大学法医学院苏红亮、贠克明[1]，司法部司法鉴定科学研究院何晓丹、沈敏[2]分别对 1997—2016 年及 2010—2016 年法医学领域获国家自然科学基金资助情况进行了分析，探讨法医学科学研究面临的问题以及发展的趋势，以增强法医学科源头创新能力。主要内容引述如下：

> 1997—2016 年，法医学科获国家自然科学基金资助项目共计 267 项，1997 年获资助 4 项，2016 年已达到 36 项。从总体趋势上看，法医学科每年获资助项目数量逐渐增多。2009 年以前获资助项目数量较少（<10 项），从 2010 年开始迅速增长，到 2011 年以后进入相对稳定期，每年获资助项目数量保持在 30 项以上。在这 20 年间获资助的 267 项中，从依托单位分析，四川大学获资助项目数量最多，累计达 31 项（11.6%），西安交通大学累计 26 项（9.7%），司法鉴定科学研究院（原司法部司法鉴定科学技术研究所）累计 25 项（9.4%），中山大学累计 22 项（8.2%）。另有 6 个依托单位获资助项目数量超过 10 项：河北医科大学 17 项（6.4%），南方医科大学 15 项（5.6%），中国医科大学 13 项（4.9%）华中科技大学 13 项（4.9%），昆明医科大学 12 项（4.5%），中国政法大学 11 项（4.1%）。其他单位合计 82 项（30.7%）。这 10 个依托单位获资助项目数量累计达到了 185 项，占法医学科获资助项目总数的 69.3%。从总体趋势上来看，法医学科每年获资助经费逐渐增多，1997 年获资助 38 万元，2016 年已达到 1 861 万元。在这 20 年法医学科获资助的 267 项中，面上项目 139 项（52.1%），青年科学基金项目 88 项（33.0%），地区科学基金项目 20 项（7.5%），重点项目 8 项（3.0%，其中 2013 年 1 项，2014 年 4 项，2015 年 2 项，2016 年 1 项），其他项目 12 项［其中主任基金项目 9 项，国家杰出青年科学基金项目 2 项（2015 年，2016 年），优秀青年科学基金项目 1 项（2012 年）］。从各资助类别所占的比例看，以面上项目和青年科学基金项目为主，达到了 227 项，占法医学科获资助总数的 85.0%。

---

[1] 参见苏红亮、贠克明《1997—2016 年法医学领域获国家自然科学基金资助情况分析》，载《法医学杂志》2017 年第 33 卷第 6 期，第 657—661 页。

[2] 参见何晓丹、沈敏《全国高等院校和科研院所法医学科竞争力分析和对策——基于国际自然科学基金委 2010—2016 资助情况》，载《中国司法鉴定》2017 年第 1 卷第 90 期，第 80—84 页。

第三章　中华人民共和国时期中国法医学（1949—2018年）

从具体的研究方向分析，获国家自然科学基金资助项目的研究方向涉及法医学科的各个领域。

（1）法医病理学。①死亡时间推断，其研究方法主要涉及 RNA（mRNA、microRNA）、DNA、色谱检测技术、光谱检测技术（光子衰减）、Mapping 图像及生物力学构效关系时序性变化等技术。②损伤时间的推断，主要包括基于 RNA（mRNA、microRNA）、基因表达、蛋白及光谱检测等的研究。③各种损伤的机制及其标志物研究，涉及的损伤主要有脑损伤、脑干损伤、蛛网膜下腔出血、心肌缺血、心肌梗死、病毒性心肌炎、深静脉血栓、骨骼肌挫伤、皮肤损伤、弥漫性轴索损伤、交通伤、钝力性损伤、剪切力损伤。④各种死亡原因的机制研究，主要涉及电击死亡、高低温死亡、窒息死亡、药物过敏性死亡、各类猝死综合征（心脏性猝死、青壮年猝死）。⑤硅（蓝）藻检验的法医学应用研究。

（2）法医毒理学、法医毒物分析。①中毒机制及其中毒生物标志物研究，涉及的药（毒）物主要有乙醇、氯胺酮、硫化氢、百草枯、乌头碱、3,4-亚甲二氧基甲基苯丙胺（3,4-methylenedioxymethamphetamine，MDMA）、一氧化碳、1-甲基海因。②药（毒）物代谢组学研究，涉及的药（毒）物主要有海洛因、氯胺酮、乙醇、利多卡因、溴敌隆。③毒品滥用（成瘾）研究，涉及的内容主要有药物成瘾的神经生物学机制研究（主要集中于细胞信号转导通路）、神经毒性研究、对机体的损伤及其机制研究，涉及的药（毒）物主要有甲基苯丙胺、氯胺酮、可卡因、海洛因、吗啡、二乙酰吗啡、乙醇、卡西酮类（甲卡西酮）。④药（毒）物检测技术方法研究。

（3）法医物证学。①各种遗传标记及表观遗传在法医学中的应用及分析技术研究，涉及的内容主要有全基因组、常染色体、X染色体、Y染色体、mtDNA、STR、SNP、DNA甲基化、microRNA、circRNA、转录组、核小体的研究，涉及的应用范围主要有疑难检材的检验、个体识别、亲子关系鉴定、族源推断、同卵双生甄别、人体组织来源推断、母体循环中胎儿遗传信息的检测。②基因组插入/缺失多态性及其突变的法医学应用研究。

（4）法医人类学和法医临床学。①年龄推断（DNA甲基化）、骨龄推断、身高特征的遗传学研究和人牙咬痕分析研究。②视力、视野及视敏度评价研究，尺神经损伤评价研究，认知功能障碍评价。

（5）法医精神病学。①精神分裂症的分子调控机制及标志物研究。②恐惧记忆的调控机制研究。③各种障碍的机制研究，包括精神障碍、品行障碍、认知障碍、间歇性爆发性障碍、应激功能障碍、学习记忆。

（6）法医昆虫学。涉及的昆虫主要有丝光绿蝇、大头金蝇、食尸性麻蝇、食尸性蚤蝇，主要涉及死亡时间推断和死亡地点的判断。

从2010—2016年法医学领域获资助的学科类别来看，法医毒理、病理和毒物分析学科（H2301）的立项数最多，占法医学科的54.3%，其次是法医物证学和法医人类学（H2302），占法医学科的29.3%，表明目前上述学科的科研能力相对突出，法医临床和精神病学科（H2303）在鉴定实践中经验型占据主导，而基础研究的能力相对薄弱。从各学科获资助的项目研究方向分析，法医病理学研究主要集中在死亡原因、损伤方式、致伤物与死亡时间推断以及道路交通事故重建等，特别是结合有限元分析技术、多刚体建模技术、生物力学、图像分析、3D扫描以及计算机等交叉学科的综合应用；法医毒物与毒理学研究则以毒理学研究为主，毒物分析为辅，毒理学研究集中在毒物的毒理作用、毒性机制以及组学技术，毒物分析则重在建立准确有效的分析方法和评价体系，H2301中，目前法医病理和毒理学方向获资助优势明显；法医物证学偏重于复杂亲缘关系的研究，个体生物特征鉴识，如同卵双生子甄别、疑难降解检材鉴定等，近年来结合新一代测序技术的应用，成果涌现；法医临床学研究主要集中在损伤机制、损伤时间、功能检查和评价以及活体的年龄评价技术;法医精神病学研究集中在法律能力评定、精神损伤发生机制与评定技术等方面,特别是综合神经生物学、大脑功能影像学、电生理学、心理测量学等进行基础研发,从资助的数量上比较,H2303 中法医精神病的学科优势强于法医临床。综合各学科的资助数量、资助重点和方向,法医学领域目前在法医物证学、法医病理学、法医毒物与毒理学等方面的部分研究成果达到或接近国际先进水平,人体损伤机制及其鉴定新技术研发或作为未来法医学基础研究的重大核心科学问题。面上项目从 2010—2016 年共资助 94 项,其中获资助前三的高校和院所分别是西安交通大学、四川大学和司法部司法鉴定科学技术研究所,其中西安交通大学获面上资助项目最多,表明该院校法医学科基础研究和原始创新能力强,领军人物多,成熟度高。从该校获资助学科分析,法医病理和毒理学科具有传统优势,约占该校所有资助项目的 50%。复旦大学、河北医科大学、中山大学和中国医科大学获资助数相同,总体实力相当,其中又以中国医科大学在 2016 年获资助数最多。青年科学基金资助项目从 2010—2016 年共资助 76 项,其中获资助排在前列的分别是司法部司法鉴定科学技术研究所、南方医科大学、中山大学、四川大学等。这表明上述高校和科研院所未来科技竞争力强,后续的人才储备完善,具备长远发展优势。综合面上和青年项目资助情况,司法部司法鉴定科学技术研究所获资助数居于首位,同时排名靠前的有西安交通大学、四川大学、中山大学、南方医科大学、复旦大学和中国医科大学。这几所院所又各具特色,西安交通大学的面上项目资助数量领先,与之对比,获资助青年项目反差明显;司法部司法鉴定科学技术研究所的青年项目资助优势明显;河北医科大学、中山大学和南方医科大学三所高校在面上和青年资金项目资助上资助实力相当,获资助项目数基本相同。由此,也可从侧面反映这些高校和院所在法医学科基础研究上的科研实力。重点项目支持从事基础研究的科学技术人员针对已有较好基础的研究方向或学科生长点开展深入、系统的创新性研究,促进学科发展,推动若干重要领域或科学前沿取得突破。法医学科重点项目从 2013 年首获资助以来,共有 6 所院校累积获资助 8 项。获重点项目资助的院校其面上项目和青年项目排名大多相对靠前,具备较好的研究基础;但也有科研院所和高校其面上项目和青年基金实力雄厚,却未获重点项目资助。2010—2016 年,法医学 16 项地区基金项目全部集中在云南、新疆、海南和贵州四个特定地区,符合地区项目支持特定地区的科学技术人员开展创新性的科学研究,培养和扶植特定地区的科学技术人员,稳定和凝聚优秀人才的资助特点。获地区项目资助力度最大的是昆明医科大学,该高校法医学科几乎每年均获地区项目资助,且该校法医学科获资助的项目也均是地区项目;与此情况类似的是海南医学院,其获资助的 2 个项目也全部是地区项目。

四、我国法医学研究展望

丛斌院士在《中国法医学杂志》2015 年第 6 期发表《法医转化医学模式——法医学发展的新契机》一文,指出法医学是应用医学、生物学及其他自然科学的理论与技术,研究并解决司法实践中遇到的相关问题的一门医学学科。法医学的科学技术是从基础医学、临床医学、生物学、法科学、法学等多个学科"综合转化"而来的实用性医学技术体系。但如何将转化医学科研模式应用到法医学技术创新的研究中,并未引起法医界的重视。因此借鉴"转化医学"思维模式,提出"法医转化医学模式"(forensic translational medicine model)。"法医转化医学模式"是指以证据法学为指导,将基础医学、临床医学、生物学等其他学科的研究成果及法医学的基础研究成果进行转化,研发成法医学检案技术的过程,即从实验室、临床到法庭,可以称之为 "bench and bedside

第三章 中华人民共和国时期中国法医学（1949—2018 年）

to court"，简称 "BB to C"。而法庭对法医鉴定意见的质证结果也可以指导实验室，指导检案，指导临床。法医转化医学研究体系包括：法医转化医学技术体系证据链要素的研究、法医各学科转化医学科研技术规范制定、法医转化医学科研方法学研究、法医转化医学科研成果证据学属性评价标准等。法医转化医学模式将为法医学发展带来新的契机，对当代法医学发展具有重要的战略意义。

四川大学华西基础医学与法医学院侯一平教授对死因法医学在"十三五"期间优先发展的研究领域曾做出建议[①]。主要内容引述如下：

（一）法医学主要分支学科的战略地位

1. 法医病理学（forensic pathology）

法医病理学是一门研究涉及与法律有关的伤、残、病、死及死后变化的发生发展规律的学科。运用法医学及相关学科的知识解决暴力性和非暴力性死亡原因、死亡方式、死亡机制、死亡时间、损伤及损伤机制以及致伤物推断等问题。

法医病理学研究涉及暴力性死亡和非暴力性死亡，直接关系罪与非罪的认定和司法裁判量刑，这决定了其复杂性和社会敏感性。法医病理学建立在广泛应用医学及其他交叉学科，如病理学、生物化学、免疫学等的理论与技术基础之上，有自己独特的理论和核心技术。

我国绝大多数尸体解剖由法医完成，包括刑事案件、涉及赔偿的民事案件、重大灾害事故、医疗纠纷、职业病相关的死亡、吸毒相关的死亡及不明原因的死亡等。如我国 SARS 暴发期间，法医的尸检为世界提供了第一手病理学资料。这些尸检材料为临床医学和其他医学研究提供了基础。

2. 法医物证学（forensic genetics）

法医物证学是以法医物证为研究对象，以提供科学证据为目的，研究应用生命科学技术解决与人体有关的生物检材鉴定的一门学科，主要研究现场检材来源的个人识别和判断个体之间的亲缘关系。

法医物证学是发展最迅速的学科之一，具有以下特点：①研究对象的广泛性。法医物证学的研究对象是指犯罪嫌疑人、受害人或民事行为当事人在现场遗留的人体检材（如血液、毛发、牙齿、骨骼、各种组织、各种分泌物及排泄物等）、动物相应的各类检材和部分植物检材（植物纤维、种子、花粉等）。②研究对象的特殊性。与医学实验室使用的样本不同，由于各类案件或事件均在未知和复杂的情况下发生，提供给法医物证鉴定的生物检材常常是微量甚至是痕量的干枯的斑迹，混有其他污染物，或已经受了高温、腐败而使蛋白质变性、降解，并有可能是几十年甚至是几百年、上千年的陈旧检材，因此，法医物证学研究的重点是如何实现对法医物证检材的鉴定。③研究手段的多样性。法医物证鉴定对科学技术有很强的依赖性。法医物证的发现、提取和分析需要运用科学技术来完成，法医物证鉴定结果与案件事实之间是否具有相关性必须用严格的逻辑推理和科学理论来解读。这决定了法医物证学研究涉及多个学科及其技术，如分子生物学、遗传学、基因组学、生物信息学等。但作为证据科学，法医物证学的研究方法又不同于其他学科，必须具有更高的灵敏度、更好的特异性和更稳定的重复性。在长期的研究和实践中，形成了法医物证学独特的研究理论。

---

① 参见侯一平《"十三五"法医学科学研究发展战略思考》，载《中国司法鉴定》2016 年第 2 期，第 57-63 页。

3. 法医毒物与毒理学（forensic toxicology）

法医毒物与毒理学是综合应用化学、药学和医学及其他自然科学的理论和方法研究毒物的来源、性质、体内变化、毒理机制、毒性作用的定性和定量评价及其与生物体、外界环境之间的相互关系，并为相关领域的实践提供科学依据及解决相关法律问题的一门学科。

法医毒物与毒理学研究的对象主要是毒物、药物以及可导致急性中毒或慢性中毒的乃至影响人类生存和繁衍的化学物质。其研究的范围主要涉及毒物及其代谢物的定性和定量检测研究、毒物的毒性和作用机制研究等诸多方面。随着经济建设与社会的发展，人类面临着需要认识诸多的毒物，尤其需要认识各种毒物与人类生存、生活和不断进步的关系。毒物的品种和内涵在不断扩大，每年都有成千上万的新化学物质不断涌现，这些化学物包括各种新的药物、农药、滥用物质、工业废物、环境污染物、食品添加剂等。

近年来，涉及中毒的案件或事件时有发生，食品安全问题突显，环境污染问题严重，酒驾毒驾等危害公共安全的行为屡禁不止，这些问题的日益突出，为法医毒物与毒理学学科发展带来了机遇和挑战。法医毒物与毒理学对探索和揭示毒物性质及其作用规律、推动社会发展和人类进步发挥了十分重要的作用。其研究成果已广泛应用到法医学鉴定、环境污染、食品安全、打击制毒贩毒、临床急救、药物毒性个性化评价、相关法律法规制定等方面。法医毒物与毒理学在自身发展和经济社会发展的需求中成为极其活跃的学科。

4. 法医临床学（forensic clinical medicine）

法医临床学是应用法医学和临床医学，或者其他自然科学的理论和技术，研究并解决与法律有关的个体受外界因素作用后所导致的损害后果等情况，以及确定个体的生理、病理状态的一门学科。法医临床学紧紧围绕司法鉴定需求，研究法律、法规中需要解决的人身伤害问题，从为刑事审判服务的损伤程度鉴定，逐步发展到为民事审判服务的各种伤残程度评定、致伤方式判定、医疗过错鉴定、活体年龄判定等，已经成为司法鉴定实践中不可或缺的组成部分。

随着交通事故、工伤事故、医疗纠纷等各种侵权纠纷的剧增，针对活体的法医临床学成为与百姓生活相关、备受关注的法医学门类，其社会影响力巨大。尤其是伤残程度评定及医疗纠纷鉴定，鉴定案件数量巨大，鉴定意见应用广泛，已成为社会关注的焦点问题，也是学科亮点之一。法医临床学依赖于临床医学的理论和技术，而临床医学涵盖范围广泛，决定了法医临床学所涉及的范围相当广泛。涉及法医临床学的案件或事件与法律有关，如人身损害案件的赔偿，人身伤害案件中对犯罪嫌疑人侵害行为的定性和量刑等，部分被鉴定人存在隐瞒损伤史、夸大损伤程度甚至伪装损伤等情形。因此，法医临床学涉及鉴别受害人损伤的真伪和损伤的形成时间等问题，这要求法医临床学具有独特的理论和技术。经过多年的科学研究，本学科已经逐步形成自身独特的核心技术、理论以及思维方式，主要表现为各种司法鉴定规范及技术，例如判定客观听阈的技术、判定客观真实视力的眼电生理检查技术等。

5. 法医精神病学（forensic psychiatry）

法医精神病学是应用现代精神医学理论和技术，对涉及法律问题的当事人的精神状态、法定能力、精神损伤及精神伤残等问题进行评定的一门学科。作为法学和精神医学的交叉学科，法医精神病学应法律的需要而产生，并为法律服务，利用现代精神病学的最新研究成果与检查诊断技术，回答与法律有关的精神医学问题，具有很强的实践性和跨学科特点。

学科的发展要求法医精神病学在服务于我国法律制度与司法鉴定制度的前提下，及时跟踪国际法医精神病学的学科前沿理论与技术，加强与临床精神病学、神经科学、神经病学、行为科学、心理学、大脑功能影像学等的学科交叉，建立和提高法医精神病学鉴定理论与评定技术。随着我国法制的完善与公众法律意识的提高，经济社会发展对法医精神病学提出了更高的学科要求，要求法医精神病学能够提供更加客观、科学、可靠的专业鉴定意见，作为诉讼活动中重

第三章 中华人民共和国时期中国法医学（1949—2018年）

要的科学证据。

（二）法医学发展规律与发展态势

法医学发展规律是原创与转化的统一与协调。原创是指以假说驱动的科学研究；转化是指在大科学背景条件下，以解决案件遇到的科学问题为目的，以多学科交叉的理论与方法作为技术支撑，产生符合法律需求的法医学专门技术为特点的科学活动。原创与转化相结合达到统一，这是法医学发展的大趋势。

原创是法医学基础研究，主要成果是提供涉及人体结构与功能的信息，阐明在法医学研究范围内的转归机制，明确代谢途径或信号转导途径，揭示分子间及途径间相互作用的生物学含义。这类研究对法医学的最大贡献是建立起以机制为依据的法医学鉴定理论。转化是法医学应用基础研究，主要成果形式是围绕解决案件遇到的科学问题，重点是通过寻找鉴定标记，检测疑难检材，分析海量数据建立符合法律需求的鉴定技术。这样的工作必须在大科学背景条件下多学科参与，促进不同学科、不同技术方法的结合和创新。在法医学领域，转化绝非把其他学科的技术与方法拿来就用，而是需要获得科学公认，法律认同，实验认可。这类研究对法医学的最大贡献是建立起以高新技术为支撑的法医学鉴定方法。

在法医学科学研究中，原创和转化需要相互结合。新的技术平台不断建立起来，由不同技术平台与分析方法组成的支撑体系不断形成，为推动法医学基础研究和应用基础研究提供了重要的保证。为确保法医学未来5～10年战略目标的顺利实现，需要把握好以下研究特点。

1. 促进法医学研究模式的转变

多年来反复提及的医学科学研究的"生物医学模式"向"生物—心理—社会"模式的转变最符合法医学问题的多层次、多因素、多学科交叉研究的内在规律，对于提高我国法医学领域的整体研究水平、创新能力和国际竞争力具有重要的意义。

2. 促进法医学的转化性研究

转化性研究是加速前沿研究与解决实际问题相结合的重要战略目标，是法医学领域理论储备、技术储备和可持续发展的重要支撑。把握前沿方向，促进法医学的转化研究是法医学科研的重要内容。转化性研究强调从司法鉴定实际中提出科学问题，经过基础性研究，提出解决司法鉴定实际问题的指导意见和技术方法，形成良性循环。转化性研究的核心是产生符合法律需求的法医学核心技术。

3. 促进法医学新方法、新技术和新概念研究

法医学领域面临的科学问题大多是重大、疑难案件的鉴定问题。研究的对象是人与环境的相互关系，影响的因素十分复杂而且不易控制。成功的法医学鉴定依赖于方法学，以及技术的创新和概念的创新。方法学是法医学科研的基础，也是法医学发展的动力。我国法医学研究领域采用的方法、技术和概念基本上依从于国外，主要研究方法来源于文献报道，关键技术依赖于国外供应，一些新的研究思路和概念难以实现。因此，法医鉴定所需的新方法、新技术、新概念研究是法医学能否取得突破的关键。

（三）法医学发展现状与发展布局

从我国法医学近10年在国际期刊上发表论文的统计分析可以看出，我国法医学整体上在国际期刊发表研究论文数量偏少。这与我国法医学的发展进程较慢以及在相当长的一段时期法医科学研究受到的扶持力度较弱有关。2008年后，随着国家对法医学科研支持力度的加大，法医学的基础科学研究才真正步入快速发展时期。我国法医学者在国际法医类杂志上发表研究型论文的数量逐年增多，被引用人数大幅提高，学术影响力日渐增长。一些领域的研究如法医病理学、法医物证学、法医毒物与毒理学研究接近或达到国外同类水平，还有一部分研究领域达到世界先进水平。

1. 法医病理学研究领域

法医病理学研究着眼于法医学鉴定实践的难点问题,如死亡时间推断、损伤时间推断、致伤方式和致伤物的推断、继发性损伤机制研究、猝死性疾病的死因鉴定和死亡机制的研究、药物过敏性休克的死因鉴定和死亡机制研究、伤病共存时损伤与疾病之间的关系研究等。

我国法医病理学在死亡原因、心脏性猝死机制、损伤方式、脑损伤的死亡机制、昆虫在死亡时间推断中的作用等研究方面获得了突出成绩,成功地运用交叉学科的理论和技术,如虚拟解剖技术、有限元分析技术、多刚体建模技术、生物力学技术等,在死亡原因和交通事故人体损伤方式及行为方式的研究方面获得令人瞩目的成绩,其中对膝关节损伤的多刚体建模技术及事故重建技术、肝钝性损伤的生物力学分析及事故重建等研究达到国际先进水平。

我国法医病理学的研究优势集中在猝死机制及损伤机制方面。随着有限元分析、多刚体建模、生物力学、图像分析、3D扫描、计算机等交叉学科技术的引入,分子病理学、分子生物学、医学和生物学技术、分子可视化交叉学科技术等在法医学研究中的应用,以上两个方面的研究有望获得原创性突破。

2. 法医物证学研究领域

我国法医物证学是发展迅速的学科之一,在学术方向、研究内容和人才队伍等诸多方面呈现出日渐繁荣的趋势,并在多个研究领域取得了重要进展。特别是经过十余年的努力,我国法医物证研究已经从较为分散和重复的发展转变到相对集中于国际发展的方向和前沿,从单纯的跟踪、模拟发展到了有一定程度的原始创新。

我国原创性的工作已受到国际瞩目,在多次具有影响力的国际大会上被邀请作大会报告。在 SCI 论文方面,法医物证在法医学所有专业发表的论文数量中名列第一。我国大学和法医研究所的学者偏重于法医物证学基础科学研究,公安系统法医学者在现场疑难检材 DNA 分型和国产试剂盒的研制方面更具优势。我国在以下几个方面成绩显著:① STR 遗传标记在法医物证学中的研究获得突出成绩,多家单位已经研发了 STR 分型试剂盒,多次获得了国家科技进步奖。② SNP 遗传标记在法医物证学中的研究取得了较好的成绩,如 SNP 遗传标记的筛选及其依托的分型技术平台研究方面。③ RNA 遗传标记在法医物证学中的研究得到有效开展,如对外周血、月经血、精液、阴道分泌物以及唾液等体液鉴定的特异性 microRNA 研究方面获得突破进展,达到国际先进水平,相关论文发表在 Forensic Sci Int: Genetics 等本专业最重要的国际杂志上。④表观遗传标记在法医物证学中的研究方面,如 DNA 甲基化在同卵双生子甄别中的探索研究取得了一定进展,而 DNA 甲基化在活体年龄推断中的研究还处于起步阶段。⑤新一代测序技术在法医物证学中的研究,如复杂亲缘关系鉴定研究等在国家自然科学基金的支持下已经起步。

3. 法医毒物与毒理学研究领域

我国法医毒物与毒理学的研究包括:①法医毒物分析:毒物、代谢物及内源性物质简便、快速、准确的检测方法和检测技术,同时创新分析检测技术以满足食品安全、环境污染、药物毒性个性化评价,并制定系列技术标准。②毒物在体内的过程:研究毒物的吸收、分布、代谢、排泄、死后再分布、死后降解等,为毒效评价、指导法医鉴定的检材采集和检测结果的解释等提供科学依据。③毒物的毒理作用及毒性机制:研究毒物进入生物体后产生毒性反应、严重程度、发生频率和毒性作用,引起生物体中毒、损伤及死亡的毒理机制和规律。④法医毒物组学:通过各种组学技术对代谢物质的变化进行研究,探索代谢物质变化的规律,寻找与中毒相关的生物标志物;研究人体毒物代谢酶的基因多态性与毒物代谢规律之间的联系。

这些研究已经取得系列成果,例如,建立了复杂生物样品中成瘾药物、杀鼠药、精神药物等多种毒物的分析方法;揭示了滥用物质特殊代谢动力学规律,阐明了影响代谢的关键因素;建立了毛发中 80 余种精神活性物质原体及代谢物的鉴定及评价体系。上述研究成果得到了国际

第三章 中华人民共和国时期中国法医学（1949—2018年）

同行的高度关注和认可，论文在国际著名刊物上发表；研究论文数和被引用数已进入世界前列。

我国还制定了多项法庭科学领域的行业标准和国家标准，为处理疑难重大案件和事件提供了准确可靠的技术方法和科学依据，在法医毒物毒品鉴定，环境因素、药品、食品、健康相关的毒性、安全性评价，以及风险管理等方面发挥了巨大作用。

4. 法医临床学研究领域

法医临床学研究主要分为两大方向：一是利用自然科学的理论和技术，研究法医临床学所涉及的关于活体损伤问题（如损伤机制、损伤时间等）、机体器官功能的客观检查（如视功能、听功能的客观检查）方法，以及活体的个体识别问题（如活体的年龄判定、活体容貌认定的基础研究），这也是我国法医临床学发展的主要研究方向。二是利用社会科学的理论和方法，建立各种人身损害的规范等，以解决法医临床学司法鉴定中存在的问题，如损伤程度、伤残等级鉴定的标准以及规范，医疗过错的司法鉴定等。

法医临床学相对活跃的研究方向有：①人体功能的客观评定研究，相关技术手段成为法医临床学的核心技术。由于被检当事人特殊的诉讼心理，同时须满足证据法学对司法鉴定的要求，法医临床学借助临床医学突飞猛进的新技术，广泛开展了人体功能的客观评定研究。临床医学新型辅助检查技术在鉴定中发挥越来越重要的作用，如多层螺旋CT、MRI、CR、彩超等；ERP、MRI技术与智力的相关性研究，如以ERP作为评价颅脑外伤患者认知状况评价指标等。②对法医临床学涉及的活体年龄推断问题，应用放射影像技术进行牙龄推断及活体骨骼年龄推断取得实质性研究成果。③国外的赔偿医学、国际残疾分类、美国"永久残损评定指南"（GEPI）标准等研究，与我国的法医临床学研究内容有相似之处。为适应法制建设的需求，法医临床学对鉴定标准的研讨异常活跃，如涉及肢体功能评定、手功能评定、基于GEPI标准的四肢功能评定以及交通事故受伤人员伤残评定等，为司法鉴定提供了科学依据。此外，医疗纠纷司法鉴定研究也成为我国法医临床学的研究热点。

5. 法医精神病学研究领域

法医精神病学涉及法定能力与法律关系鉴定，均与精神疾病的发病机制、伤病关系与因果关系的影响、诈病伪装的神经发生机制与鉴别诊断技术密切相关，离不开基础研究成果的支撑。近年来获得的研究基金与在国际刊物上论文发表数量均有显著的增长。特别是在法定能力、精神损伤发生机制与评定技术方面，我国的法医精神病学已取得了一些研究成果，产生了学术影响。

我国法医精神病学家多以实验室基础与心理学测量技术研究领域见长，具有较强的基础应用能力。西方国家从事法医精神病学鉴定的同行主要研究兴趣更多地针对精神病人的法律问题与临床流行病学资料进行研究，在诊断与鉴定技术方法上有更多的研究。因此，我国法医精神病学具有不同的学科优势。我国的法医精神病学家在以神经生物学、大脑功能影像学、大脑电生理学、心理测量学技术为基础的研发能力，对精神疾病发病机制的阐明与客观鉴定技术的建立，凝练与解决基础科学问题的能力等方面，具有较强的科研优势。

（四）建议优先发展的研究领域

未来5～10年以及更长的时间，应通过持续稳定地增加科研投入，提高我国法医学研究水平，改变长期以来的"跟跑"角色，向实现原始创新和跨越式发展转变，使我国法医学研究整体出现在国际前沿，部分研究方向实现领跑。

1. 损伤机制与死亡机制的研究

（1）机械性损伤机制的研究。机械性损伤是法医病理学最基本和最重要的内容之一。研究涉及交叉学科技术。随着计算机技术的发展和医学影像水平的提高，有限元方法与CT三维重建技术及其他虚拟现实技术相结合，成为生物力学领域仿真人体结构力学功能研究的一个重要手段，为法医学提供了良好的研究前景，对深入法医学损伤机制研究具有积极的作用。

科学问题：机械性损伤机制研究、致伤工具的推断、损伤后全身及局部应激反应病理生理学机制研究。

（2）毒品的毒性损伤机制研究。毒品损伤研究在中枢神经损伤及成瘾机制方面热点较多，并已取得了一定的成绩。毒品对心脏的毒性损伤乃至死亡涉及一系列法医病理学和毒理学问题，我国法医学者将基础动物实验与实践中的尸体解剖样本有机结合，发挥学科特长，形成研究毒品作用下各重要器官从分子病理形态变化到功能以及网络调节的整体研究态势，预期能形成引领性的研究方向。

科学问题：新型毒品对脑的毒性损伤作用及其分子病理学机制、新型毒品对心脏毒性损伤作用及其机制、毒品致脑神经退行性变的分子病理学机制等。

（3）精神损伤的机制研究。我国司法鉴定实践中，精神创伤或颅脑损伤所致的精神损伤鉴定案件日益增多。精神损伤的机制研究内容包括：①精神损伤的易感性机制研究。在类似的致伤因素作用下，为什么仅当事人出现了精神损伤，即精神损伤的易感性个体差异问题。②精神损伤的慢性化机制研究。按照精神损伤的发生发展规律，为什么当事人出现了精神损伤后久治不愈，表现为永久的精神伤残。③精神损伤诈病的鉴定技术研究。由于迄今为止有关的精神损伤司法鉴定仍然依赖于传统的精神检查、神经影像学、心理测验等技术，精神损伤诈病的神经发生机制仍有待阐明，需要建立一套科学、客观、可靠的诈病鉴定技术。

科学问题：精神损伤的易感性与慢性化机制研究、精神损伤诈病的神经发生机制与鉴定技术研究。

（4）不明原因猝死的病因及猝死机制研究。不明原因猝死的死亡案例因缺乏病理学客观改变或病理学的改变不足以论死而成为法医学工作的难点问题，某些基因突变、蛋白质病变、激素水平改变、代谢改变、功能性死亡等往往因缺乏组织病理学特征性的改变，常常引发争议。我国在不明原因猝死的病因及猝死机制研究已有相当基础，可望在一些方面获得突破性进展。

科学问题：心脏性猝死的分子遗传学研究、离子通道病相关的猝死基因研究、青壮年猝死综合征的死因机制、毒品相关的猝死机制研究。

2. 法医生物检材溯源与分子表型研究

法医生物检材分析包括两个内容：一个是检材身源者的个人识别。无论在刑事案件、民事案件、重大灾害或事故中，需要查明嫌疑人、当事人或受害者。现场检材DNA部分降解或混合以及受检家系成员缺失是造成检材个人识别和亲缘关系鉴定复杂性的重要原因。采用新的思路、新的技术和方法是解决这一难题的关键。另一个是检材含有的个体身体特征，如肤色、身高、毛发、面部特征、种族及地域等信息。人的身体表面性状是多基因遗传形状，而基因—基因、基因—环境之间的相互作用，以及遗传异质性的存在和较低的外显率、有限的统计学能力，使得表面性状的遗传分析非常复杂。该类研究对于提高犯罪现场生物检材的信息含量、指出侦查方向具有重要意义。以现场检材为研究对象，结合其他学科的最新技术和研究成果，研究实现检材溯源和获得分子表型具有重要的科学意义和社会意义。

科学问题：复杂亲缘关系推断方法研究、人体各类分子表型的遗传机制、混合斑痕及其组织来源分析的关键技术、同卵双生子的甄别技术等。

3. 法医毒物与毒理学创新技术研究

法医毒物与毒理学研究包括：各种复杂检材中微量甚至痕量毒物的分离净化，检测方法的灵敏度、准确度、精密度、适用性，毒物吸收、分布、代谢、排泄、死后再分布规律，毒物引起中毒、损伤及致死的机制，与中毒相关的生物标志物的筛查与鉴定，针对个体合理评价药效和毒性，等等。

建议以下为重点发展方向：

（1）法医毒物分析方法及质量控制评价体系研究。科学问题：操作简便、高回收率、无杂质干扰的复杂生物样品（血、尿、毛发及组织等）前处理技术研究，生物样品（血、尿、毛发及组织等）中痕量毒（药）物原体及代谢物的分析方法及质量控制评价体系。

（2）毒物毒品在体内的过程、中毒、致死作用机制研究。科学问题：毒物毒品，尤其是精神活性物质、有毒动植物、重要化学毒物等的吸收、分布、代谢、排泄、死后再分布规律的研究；毒物引起中毒、损伤及致死的机制；与生物体相互作用的机制和规律，包括滥用物质的成瘾机制、生物体的成瘾行为研究。

（3）法医毒物组学研究。科学问题：中毒相关的生物标志物的筛选和确定，寻找与毒性相关的能成为生物标记的特征物及其变化，建立评价其药效、副反应、毒性、毒理作用的新技术。

总之，法医学的科学研究和学科发展关乎国计民生和社会稳定，特别是在促进国家全面建设小康社会，落实《国家中长期科学和技术发展规划纲要》中"公共安全"重点领域的"解决重大公益性科技问题，提高公共服务能力"的优先主题等方面具有重要意义。

第六节　法医学术团体及学术交流

中国法医学会成立于1985年，是我国的国家级法医学术团体。中国法医学会与其他自然科学和医学科学的学会组织不同之处是部分省市的地方法医学会的成立早于中国法医学会，如沈阳、武汉、广州的法医学会。我国早期的法医学术团体组织应首推我国法医学先驱林几教授于1932年在上海司法行政部法医研究所成立的法医研究会，以及孙逵方于1936年成立的中国法医学审议会。法医先驱的努力使法医学术在我国形成风气，吸引了不少有志于法医事业的人为之努力，但终因日军侵华致法医学术团体解体。中华人民共和国成立后，张颐昌曾组织专业人员开展法医学术研究，办有《法医工作简报》，但尚未组织全国性法医团体组织。我国全国性法医学术团体组织直至20世纪80年代中期才告成立，这是我国法医史上的一件大事。中国法医学术团体的出现标志着中国法医界将在有组织、有领导、有计划之下发展法医学事业。

一、中国法医学会的成立

1985年10月，由公安部、最高人民法院、最高人民检察院、司法部、教育部等组织共同发起，公、检、法、司、卫、教等系统的法医及毒物分析工作者在河南省洛阳市召开了中国法医学会第一次会议，成立了中国法医学会。

二、中国法医学会历次全国代表大会

中国法医学会从1985年成立至2018年，举行过5次全国代表大会、9次全国性大型学术会议。现将代表大会和学术交流会介绍如下。

（一）中国法医学会第一次全国代表大会

1985年10月，中国法医学会第一次代表大会在河南省洛阳市召开。会前，由公安部第二研究所发起于1984年11月在中国古代伟大法医学家宋慈的故乡福建省建阳召开中国法医学会筹备会，并在宋慈墓前建碑留念。第一次代表会议到会人数300多人。大会宣布中国法医学会正式成立，作为中国法医学会的会刊《中国法医学杂志》也应运而生。会议还通过了中国法医学会会章，讨论有关大会代表的提案，并产生中国法医学会领导机构、学术机构及组成人员。

1. 中国法医学会第一次全国代表大会产生理事会名单（按姓氏笔划为序）

名誉理事长：王文同、冯锦文、林准、蔡诚

名誉理事：王亮、孔禄卿、李福海、李鸿秀、陈东启、陈安良、陈康颐、黄鸣驹

理事长：李伯龄

副理事长：王连义、郑钟璇、祝家镇、黄环英、瞿建安

秘书长：赵海波

常务理事：王连义、田寿彰、刘耀、刘承海、庄雄、李延吉、李伯龄、李贤俊、李谦宜、吴维蓉、吴家驳、张继森、陈之清、陈世贤、陈佩璋、和中年、林维新、郑钟璇、祝家镇、赵海波、赵经隆、胡炳蔚、徐婉、贾静涛、郭景元、黄环英、瞿建安

理事：丁涛、王宏、王登云、王镭、王雄文、邓复华、艾英文、叶炯华、兰中贤、司寿春、刘世沧、刘自瑞、刘玉芬、次成阿旺、孙永兴、关信、吕瑞鑫、李士义、李道泉、李家驹、李德详、张其英、宋士俊、何蔚云、陈仲芝、陈东才、杨增言、范锡云、庞士凤、周玉凡、周学之、赵以诚、候甘云、贺贻谋、徐英含、徐榴园、贾仲道、黄本欢、黄文衡、黄昆华、麻永昌、高随捷、梁鸿义、潘文、潘冠民、潘良胜、温鸿亮、韩绍奎、蒋玉民、董恩宝、蒲芝谷、颜零

2. 中国法医学会第一次全国代表大会产生学术机构、工作机构及负责人

（1）学术委员会：

1）法医病理学术委员会：

主任委员：黄光照

副主任委员：李德祥、赵经隆、刘世沧、麻永昌

2）法医物证学术委员会：

主任委员：郭景元

副主任委员：吴梅筠、崔家贵

3）法医毒物分析学术委员会：

主任委员：徐婉

副主任委员：胡炳蔚、江涛、范锡云、潘冠民

4）法医临床学术委员会：

主任委员：林维新

副主任委员：徐榴园、朱小曼

5）法医损伤学委员会

主任委员：陈世贤

第三章 中华人民共和国时期中国法医学（1949—2018年）

副主任委员：董恩宝、黎纯学、高随捷

（2）《中国法医学杂志》编辑委员会：

主编：吴家驭

副主编：祝家镇　贾静涛　陈世贤

（3）工作机构：

1）学会秘书处：

主任：崔效义

2）《中国法医学杂志》编辑部：

主任：麻永昌

会议决定，今后每五年召开下一次全国法医代表大会，每2年召开下一次全国法医学术交流会。

（二）中国法医学会第二次全国代表大会

1991年5月，中国法医学会第二次代表大会在江苏省无锡市召开。1990年4月10日，在北京召开了中国法医学会常务理事会"二大"筹备会议，组长李伯龄。筹备会部署了无锡会议的组织、人员和征文等事宜。第二次代表大会参加人员有来自全国各地公、检、法、司、卫、教等系统的专家、学者500多人。本届全国代表大会是在第一次代表大会以来发展会员2981人的基础上召开的。其间，组织了第三次全国法医学术交流会、纪念宋慈诞辰800周年学术交流会。会上，修改了会章，讨论了提案，并产生了新一届法医学会领导机构、学术机构和组成人员。

1. 中国法医学会第二次全国代表大会产生理事会名单（按姓氏笔划为序）

名誉理事长：王文同、林准、冯锦文、鲁坚、顾英奇

名誉理事：王亮、孔禄卿、李鸿秀、陈东启、陈安良、陈康颐、刘承海、刘贤俊、吴维蓉、陈之清、和中年、林维新

理事长：李伯龄

副理事长：于宗河、王镭、刘耀、刑同舟、吴军、张力理、陈佩璋、赵海波、祝家镇、黄环英、翟建安

秘书长：刘耀（兼）

副秘书长：王雪梅、李瑞兰、陈世贤、阎欣

常务理事：于宗河、万金华、王镭、王连义、王雄文、邓浩、叶炯华、田寿彰、刑同舟、朱郁文、刘耀、孙永兴、李延吉、李伯龄、李道泉、李谦宜、李瑞兰、吴军、吴家驭、何蔚云、宋士俊、余仁俊、张力理、张继森、陈东才、陈世贤、陈佩璋、林蕙菁、赵经隆、赵海波、胡炳蔚、贾静涛、徐婉、阎欣、祝家镇、郭景元、麻永昌、黄东森、黄光照、黄环英、梁赏猷、韩绍奎、董恩宝、翟建安

理事：万立华、王仁、王军、王宏、王建国、王锡庆、王增良、车德仁、艾英文、卢国泰、叶辉、叶挺蔚、白宗礼、兰炯采、吕世惠、任福福、刘坚、刘世沧、刘协和、刘明俊、刘金祥、关信、孙涛、孙宗义、孙桂民、次成阿旺、安文献、庄明洁、毕金城、阎兴锐、许彦文、李从培、李长青、李家陶、李济斌、杨明光、吴宝琛、吴梅筠、何志美、邹多旭、沈敏、宋士俊、宋亿光、宋宏伟、余永胜、肖冬根、时承发、季少

岩、张凯、张兴满、张良金、张其英、张国义、张南山、林岩、林罗坚、周玑、周学之、屈剑平、范锡云、萧景佳、武国栋、庞士凤、郑钟璇、郑瞻培、赵守明、赵绪文、姚凤升、姚季生、贺贻谋、贾仲道、顾林岗、倪锦堂、徐菲、徐英含、徐俊杰、徐榴园、高英华、高富愿、高随捷、党志忠、崔家贵、郭福、黄文衡、蒋玉民、曾宪斌、温鸿亮、莆芝谷、黎纯学、潘文、潘良胜、潘冠民、潭国贤、潭家谊、薛义旗

2. 中国法医学会第二次全国代表大会产生分支学术机构及负责人

（1）法医病理专业委员会：

主任委员：黄光照

副主任委员：刘世沦、李德祥、吴宝琛、赵经隆、麻永昌、韩绍奎

（2）法医物证专业委员会：

主任委员：郭景元

副主任委员：王志贤、吴梅筠、徐俊杰、崔家贵

（3）法医毒物学专业委员会：

主任委员：徐婉

副主任委员：封士珍、范锡云、胡炳蔚、潘冠民

（4）法医临床学专业委员会：

主任委员：叶炯华

副主任委员：万金华、朱小曼、孙永兴、宋嗣荣、贾仲道、贾明春、徐榴园

（5）法医损伤学专业委员会：

主任委员：陈世贤

副主任委员：张继森、高随捷、董恩宝、黎纯学

（6）司法精神病专业委员会（待协商）。

（7）《中国法医学杂志》编辑部委员会：

主编：吴家驭

副主编：刘明俊、吴梅筠、张其英、陈世贤、祝家镇、贾静涛、麻永昌

编辑部主任：麻永昌

同时，大会进行了全国第四次法医学术交流会。会上，为纪念中国现代法医学奠基人林几逝世40周年，黄瑞亭在会上宣读《林几传》，以先驱无私奉献精神，鼓舞法医界同仁奋发向上，振兴中国法医事业。大会决定，各专业委员会每年或两年组织举行本专业学术交流会。

（三）中国法医学会第三次全国代表大会

1997年3月，中国法医学会第三次全国代表大会在北京中国科技大会堂召开。1995年7月、1995年11月、1996年9月开了3次"三大"筹备会议。1996年10月，中国法医学会第五次法医学术会在北京召开，来自全国各地的法医工作者211人出席了会议。1997年2月，筹备组再次召开会议，确定第三次全国代表大会理事人选和修改《中国法医学会章程》。1997年3月13—14日，中国法医学会第三次全国代表大会如期在北京召开，全国各地代表180名，共选举理事147名，其中常务理事43名，具体见表。

续表3-3

表3-3 中国法医学会第三次全国代表大会产生理事、常务理事分布情况

系统	理事	常委理事	系统	理事	常务理事
公安	67	19	杂志协办	5	—
法院	21	6	教委	3	2
检察院	20	6	军队	1	1
卫生部	10	5	其他	1	1
地方学会	14	3			
司法部	5	2			

1. 中国法医学会第三届理事会名单（按姓氏笔划为序）

名誉理事长：王陇德、刘文、刘扬、赵登举、谢安山

顾问：于宗河、刑同舟、李伯龄、吴军、赵海波、祝家镇、黄环英、瞿建安

理事长：刘耀

副理事长：王镭、刘长春、孙爱明、陈世贤、张力理、霍宪丹

秘书长：白燕平

副秘书长：王雪梅、左芷津、石鹏健、李瑞兰、李禹、衣梅、蒯应松

常务理事：万立华、万金华、王镭、王金国、王明鑫、王家昱、王雪梅、车德仁、左芷津、白燕平、石鹏建、孙永兴、孙爱明、衣梅、刘耀、刘久华、刘长春、任洪福、任嘉诚李禹、李生斌、李晓钟、李瑞兰、吴家驳、宋忆光、陈玉川、陈世贤、陈连康、余伯建、闫建雄、张力理、张传厚、张新威、林民诚、林罗坚、姜先华、高金才、顾林岗、傅森、曾宪斌、蒯应松、黎纯学、潘良胜、霍宪丹

理事：才东升、万立华、万金华、方冰、王镭、王大利、王兆敏、王克峰、王经才、王英元、王金国、王明鑫、王俊汉、王保捷、王能义、王家昱、王雪梅、王增良、王德明、邓瑞予、车德仁、叶键、左芷津、白宗礼、白宗智、白燕平、冯格远、石鹏建、孙涛、孙永兴、孙玉显、孙言文、孙爱明、衣梅、刘耀、刘久华、刘长春、刘长城、刘世沧、刘军训、刘金照、刘雅诚、朱少建、安玉泉、次成阿旺、江进伟、毕金城、任洪福、任嘉诚、刑豫明、时凯、张凯、张力理、张立予、张传厚、张国义、张良金、张南山、张晓东、张继宗、张新威、李禹、李士义、李长青、李生斌、李印樟、李泽斌、李晓钟、李瑞兰、沈敏、汪跃、吴铭、吴家驳、吴梅筠、宋忆光、陈东才、陈世贤、陈玉川、陈连康、陈建新、陈胜利、陈鲁军、邹多旭、余永胜、余伯建、肖冬根、杜立新、闫建雄、闫银龙、闫嗣强、杨清玉、欧拉、欧桂生、庞世凤、罗世广、林民诚、林罗坚、屈剑平、金振羽、范维钧、赵子琴、赵守明、赵武生、赵承华、姚仲义、姜先华、党志忠、贺贻谋、胡炳蔚、胡智斌、骆盘根、郭景元、秦启生、秦洪志、夏怀然、高金才、高洪金、高照勤、顾林岗、钱治航、聂绍禄、陶晓岚、阎光、常林、常彩琴、黄长彬、黄瑞亭、戚正坤、崔国兴、梁赏猷、彭华、景强、傅森、蒋庆明、喻晓光、谢细仁、曾宪斌、蒯应松、廖进、潘良胜、潘冠民、谭国贤、黎纯学、霍宪丹、魏松滨、藏建华

2. 中国法医学会第三次全国代表大会产生中国法医学会专业委员会委员名单（以姓氏笔划为序）

（1）法医病理学专业委员会：

顾问：刘世沧、刘明俊、李德祥、祝家镇、赵经隆、黄光照、麻永昌

主任委员：陈玉川

副主任委员：王英元、王雪梅、王明鑫、杨清玉、赵子琴、黄瑞亭

委员：王坚、王俊汉、刘良、李永宏、李晓钟、朴京哲、汪宏、吴铭、肖冬根、肖柏坤、杜建芳、何颂耀、官大威、张凯、张晓尔、郑永光、金振羽、徐华、唐承汉、廖志刚

秘书：王坚（兼）、胡丙杰（增补）

（2）法医损伤学专业委员会：

顾问：吴家驭、张继森、赵海波、翟建安、黎纯学

主任委员：陈世贤

副主任委员：万立华、车德仁、任嘉诚、闵建雄、张益鹄、毕金城、曾宪斌

委员：丁宏、王金国、王德明、冯振月、阎光、朱广友、刘敏、安玉泉、任洪福、宋忆光、沈月华、张传厚、欧桂生、赵守明、胡家伟、顾林岗、高金才、曹水金、谢和平、常林、梁赏猷

秘书：田雪梅

（3）法医临床学专业委员会：

顾问：白宗礼、朱小曼、吴宝琛、贾仲道、贾明春、徐榴园、董恩宝

主任委员：秦启生

副主任委员：万金华、孙永兴、孙洪涛、许赛英、宋嗣荣、林民诚

委员：白宗智、邢占军、刘兴本、刘建生、刘欣武、刘爱阳、杜立新、杜新增、李印樟、李慕洁、吕俊包、肖明松、张良金、张秦初、陈昌基、陈胜利、金姬善、胡志斌、徐文龙、高照勤、温书贤、潘永久、潘良胜

秘书：张玲莉、孟祥志

（4）法医物证学专业委员会：

顾问：吕世惠、李伯龄、吴梅筠、张兴满、郭景元、崔家贵

主任委员：蒯应松

副主任委员：王保捷、刘雅诚、李生斌、杨庆恩、周高举、侯一平、韩绍奎、黄力力

委员：王仁、王经才、邓瑞予、达健、陈连康、陈围娣、陆惠玲、余永胜、崔国兴、程大霖、景强、蒋庆明、赖淑萍、蔡胜利

秘书：刘克林

（5）司法精神病学专业委员会（待定）。

（四）中国法医学会第四次全国代表大会

2004年2月25—27日，中国法医学会第四次全国会员代表大会在北京中国科技大会堂隆重举行。刘耀院士代表中国法医学会第三届理事会向大会做了工作报告。会议审

第三章 中华人民共和国时期中国法医学（1949—2018年）

议修改了《中国法医学会章程》，并选举产生了中国法医学会第四届全国委员会。

中国法医学会第四届全委会委员、常委会委员、名誉常委及学会领导人名单：

中国法医学会顾问（以姓氏笔划为序）：于宗河、孙爱明、邢同舟、吴军、李伯龄、陈世贤、祝家镇、黄环英、翟建安、霍宪丹

中国法医学会名誉会长：罗锋、赵登举、姜兴长、张军、马晓玮、丛斌

中国法医学会名誉常委（以姓氏笔划为序）：万金华、王能义、车德仁、冯格远、左芷津、白宗礼、白宗智、刘长城、刘世沧、刘金照、孙玉显、孙言文、次成阿旺、毕金城、江进伟、衣梅、邢豫明、闫光、余伯建、吴家、马文、吴梅筠、吴铭、张传厚、张凯、张国义、张南山、张继宗、时凯、李士义、李长青、李印樟、杜立新、肖冬根、陈东才、陈鲁军、庞世凤、林民诚、林罗坚、范维钧、金振羽、姚仲义、胡丙蔚、赵承华、闽银龙、骆盘根、党志忠、夏怀然、秦启生、郭景元、钱治航、高洪金、常彩琴、戚正坤、梁赏猷、景强、傅森、喻晓光、彭华、蒋庆明、谢细仁、谭国贤、潘良胜、潘冠民、黎纯学、藏建华

会长：刘耀

副会长：王羽、王雪梅、王镭、安卫星、吴少军、杜春、翟恒利

秘书长：翟恒利（兼）

副秘书长：石鹏建、李禹、周伟、赵明钢、常林、黄力力、葛百川

常委会委员（69人，以姓氏笔划为序）：丁宏、万立华、方德明、王羽、王镭、王兆敏、王明鑫、王金国、王保捷、王彦吉、王家昱、王雪梅、王增良、白燕平、石鹏建、任洪福、任嘉诚、刘久华、刘长春、刘雅诚、刘耀、孙永兴、安卫星、扬泉根、朱少建、吴少军、宋忆光、张力理、张晓东、张新威、李生斌、李禹、李晓平、李晓钟、李瑞兰、杜春、邹浪平、闵建雄、陈力、陈玉川、陈连康、周伟、屈剑平、欧拉、欧桂生、侯一平、姚桂法、姜先华、贺贻谋、赵守明、赵芳芳、赵明钢、徐文龙、秦洪志、聂绍禄、顾林岗、高金才、高照勤、崔国兴、常林、梁时中、黄力力、黄长彬、曾宪斌、葛百川、蒯应松、路凡、廖进、翟恒利

全委会委员（181人，以姓氏笔划为序）：丁宏、万立华、于忠山、乌信梓、卞晶晶、尹建华、方冰、方德明、王大利、王友成、王兆敏、王羽、王自强、王克峰、王季中、王明彪、王明鑫、王英元、王金国、王俊汉、王保捷、王彦吉、王彦庆、王树发、王家昱、王振原、王雪梅、王增良、王德明、王镭、冯嘉璋、卢英强、叶健、白燕平、石鹏建、邝荣辉、任洪福、任嘉诚、刘力、刘久华、刘卫国、刘长春、刘光明、刘军训、刘良、刘俊熙、刘莹、刘超、刘雅诚、刘德友、刘耀、吕桂平、孙介如、孙永兴、孙涛、安卫星、安玉泉、朱少建、邢占军、齐守文、余彦耿、利焕祥、吴少军、吴汉源、宋忆光、宋金平、宋俊康、宋铭、张力理、张大明、张立予、张先国、张良金、张经伟、张金贵、张晓东、张继锋、张维东、张新威、张嘉陵、李力宏、李永宏、李玉祥、李生斌、李克安、李利华、李宏森、李禹、李晓平、李晓钟、李新枝、李瑞兰、李燕军、杜春、杨明德、扬泉根、杨清玉、汪军、汪宏、汪跃、沈月华、沈敏、沙征凯、邹多旭、邹浪平、闵建雄、闵嗣强、陈力、陈玉川、陈仲芝、陈宇星、陈连康、陈和军、陈国弟、陈建新、陈松、陈胜利、陈德春、周伟、周高举、周盛斌、屈剑平、林金

树、欧拉、欧桂生、罗世广、罗质人、金姬善、侯一平、姚桂法、姜先华、施昆、胡世澄、胡兰、胡家伟、胡振凯、胡智斌、贺贻谋、赵子琴、赵会安、赵守明、赵芳芳、赵明钢、赵武生、饶文军、徐文龙、徐春法、浦晓光、秦洪志、聂绍禄、莫耀南、陶晓岚、顾林岗、高宏、高金才、高照勤、崔国兴、崔建华、常林、曹水金、梁时中、黄力力、黄长彬、黄瑞亭、曾发明、曾宪斌、温承茂、葛百川、董宏旺、蒯应松、赖跃、路凡、廖志钢、廖进、廖敬、翟恒利、裴相、潘闽生、魏立青、魏松滨、魏绍

(五) 中国法医学会第五次全国代表大会

2012年2月9—10日，中国法医学会第五次全国会员代表大会在北京隆重举行。来自全国31个省、自治区、直辖市的公安、检察、法院、司法、教育、卫生、部队等系统的会员代表及香港的会员代表239人出席了会议。

大会的主题是"团结奋进，改革创新，积极推动法医事业繁荣与发展"。会议通过了中国法医学会第四届全委会工作报告、学会章程和学会事业中长期发展规划纲要，产生了新一届理事会。

1. 中国法医学会章程（2012年2月10日中国法医学会第五次全国会员代表大会通过）

第一章　总则

第一条　本会名称为中国法医学会，其英译名为 Chinese Forensic Medicine Association（CFMA）。

第二条　中国法医学会（以下简称"本会"）是中国共产党领导下，由全国法医工作者及相关单位和人员自愿组成的全国性、学术性、非营利性社会组织。

第三条　本会的宗旨是：遵守国家宪法、法律、法规和政策，遵守社会公德，贯彻"百花齐放、百家争鸣"和"自主创新、重点跨越、支撑发展、引领未来"的方针，提倡辩证唯物主义，坚持解放思想、实事求是、与时俱进、改革创新、科学发展的理念，弘扬"尊重劳动、尊重知识、尊重人才、尊重创造"的风尚，倡导"献身、创新、求实、协作"的精神，坚持"独立自主、民主办会"的原则，团结全国法医学界从事法医学检验鉴定、科研、教学、管理的人员及其他有志于法医学研究的人士，深入进行法医学理论与实践研究，积极开展国内外学术交流与合作，推进法医事业的繁荣和发展。为落实科学发展观、依法治国、构建和谐社会、维护社会稳定、促进经济社会又好又快的发展做出贡献。

第四条　本会接受业务主管单位中国科学技术协会（简称"中国科协"）和社团登记管理机关中华人民共和国民政部（简称"民政部"）的业务指导和监督管理，同时接受中华人民共和国公安部（简称"公安部"）、最高人民检察院、最高人民法院、司法部、教育部、卫生部和解放军总政保卫部的业务指导。

第五条　本会的住所在北京市。

第二章　业务范围

第六条　本会的业务范围：主要是围绕法医学和与法医学相关的领域开展以下业务活动：

（一）开展国内外学术交流，召开学术会议和组织学术讨论，发展与国外科技团体之间的交往，活跃学术思想，推动自主创新，促进法医学的繁荣和发展；

（二）运用多种方式，向广大政法、保卫干部普及法医学知识，向广大人民群众宣传法医学

第三章 中华人民共和国时期中国法医学（1949—2018年）

在法制建设中的地位和作用；

（三）在制定法律法规的决策中，为立法机关和执法机关提供有关法医学方面的科学论证、决策咨询及政策建议；

（四）接受政法部门的委托，组织会员对重大案件、疑难案件进行咨询和鉴定；

（五）积极开展科技咨询、成果转化、技术服务，开展司法鉴定与咨询，促进"科学技术是第一生产力"的贯彻落实；

（六）接受委托，参与并承担专业技术资格评审和认证等工作；

（七）接受委托进行科技项目论证、科技成果评价；

（八）接受委托进行有关标准的制定；

（九）开展对法医学教育指导、法医科技人员的继续教育的研究，做好培训工作，培养、发现并推荐人才；

（十）编辑、出版、发行学术与科普书籍、报刊和科技资料；

（十一）维护科技人员的合法权益，反映会员的呼声，促进科学道德和学风建设；依照有关规定经批准，评选表彰优秀学术论文和科普作品及其作者，表彰鼓励在科技活动中取得优秀成绩的会员和非会员法医工作者。

第三章 会员

第七条 本会会员的种类有：个人会员、单位会员。

全国学会对个人会员可授予荣誉会员、名誉会员、外籍会员等称号。

第八条 凡拥护本会章程，自愿申请加入本会，且具备下列条件之一者，经过一定程序可成为本会个人会员：

（一）高等学校毕业，从事法医工作一年以上以及具有同等学历和学术水平的有关科学技术工作者；

（二）从事法医或相关专业工作多年，在法医学或相关专业领域内有一定成就者；

（三）在法医学鉴定、科研、教学等部门，热心和积极支持学会工作的领导干部；

（四）高等院校在校已读法医专业一年以上的学生。

对本学科或专业科学技术发展和学会工作有重大贡献的专家、学者，经本会常务理事会推荐、理事会通过，可授予荣誉会员称号；对本学科或专业的发展有重要贡献，具有较高学术威望，热心参加或协助组织与我国法医学技术交流的外籍专家、学者，经本会常务理事会推荐、理事会通过，可授予名誉会员称号。

在相关学术领域有较高造诣，对我国友好，愿意与我会联系、交流和合作的外籍法医学科技工作者，经本人申请，本会会员或分支机构推荐，经理事会或常务理事会通过，报业务主管单位备案，可成为外籍会员。

港、澳、台有关人员申请入会者，参照外籍会员办理。

第九条 与本会有关，具有一定数量科技人员，支持学会工作的鉴定、科研、教学等机构及有关科技团体或生产、销售法庭科学类仪器设备的企业、事业单位以及社会团体，拥护本会章程，自愿申请加入本会，可申请为本会单位会员。

第十条 会员入会程序是：

（一）提交入会申请书；

（二）经理事会或常务理事会讨论通过；

（三）由理事会授权的机构发放会员证。

第十一条　会员享有下列权利：
（一）有本会的选举权、被选举权和表决权（不含荣誉会员、名誉会员、外籍会员）；
（二）有参加本会所举办的各种学术活动的权利；
（三）优先参加本会组织的活动，遇收费项目，可享受不低于收费标准的15%优惠；
（四）有优先在本会刊物上发表著作、评论、学术论文的权利；
（五）可优先取得与本身业务有关的刊物和学术资料；
（六）有获得奖励和推荐的机会；
（七）有对学会工作提出建议、进行批评和监督的权利；
（八）入会自愿，退会自由。

第十二条　会员履行以下义务：
（一）遵守本会章程，执行本会决议；
（二）维护本会的合法权益；
（三）积极参加本会组织的活动；
（四）完成本会交办的任务；
（五）遵守中国科技人员道德规范，保守国家机密；
（六）按期缴纳会费。

第十三条　会员退会应书面向本会提出并交回会员证。
被剥夺政治权利的会员其会籍自动取消。单位注销或撤销登记的，会籍自动取消。
会员不按时缴纳会费，停止享受会员权利；不缴纳会费超过一年者，视为自动退会。

第十四条　会员如有严重违反本章程的行为，经理事会或常务理事会表决通过，予以除名。

第四章　组织机构和负责人的产生、罢免

第十五条　本会的最高权力机构是全国会员代表大会。每届任期五年。全国会员代表大会的职权是：
（一）制定和修改章程；
（二）选举和罢免理事；
（三）审议理事会工作报告和财务报告；
（四）制定和修改会费标准；
（五）决定名誉职务的设立和人选；
（六）决定终止事宜；
（七）决定其他重大事项。

第十六条　全国会员代表大会须有2/3以上会员代表出席方能召开，其决议须经到会会员代表半数以上表决通过方能生效。制定和修改章程，须经到会会员代表2/3以上表决通过。

第十七条　全国会员代表大会每五年召开一次，完成理事会换届工作。因特殊情况须提前或延期换届的，须由理事会作出决议，报公安部和中国科协审查，并经民政部批准。延期换届最长不超过一年。

第十八条　理事会是全国会员代表大会选举产生的执行机构，在代表大会闭会期间领导本会开展日常工作，对全国会员代表大会负责。

第十九条　理事会的职权是：
（一）执行全国会员代表大会的决议；
（二）选举和罢免会长、副会长、秘书长、常务理事；
（三）筹备召开全国会员代表大会；

第三章　中华人民共和国时期中国法医学（1949—2018 年）

（四）向全国会员代表大会报告工作和财务状况；

（五）决定会员的吸收和除名；

（六）决定办事机构、分支机构、代表机构和实体机构的设立、变更和注销；

（七）决定副秘书长、各机构主要负责人的聘任；

（八）领导本会各机构开展工作；

（九）制定内部管理制度；

（十）决定其他重大事项。

第二十条　理事会须 2/3 以上理事出席方能召开，其决议须到会理事 2/3 以上通过方能生效。

第二十一条　理事会每年至少召开一次，情况特殊时可以通过通讯形式召开。

第二十二条　本会设立常务理事会，常务理事会由理事会选举产生，人数不超过理事的 1/3。在理事会闭会期间，常务理事会行使第十九条第一、三、五、六、七、八、九项的职权，对理事会负责。

第二十三条　常务理事会须有 2/3 以上常务理事出席方能召开，其决议须经到会常务理事 2/3 以上表决通过方能生效。

第二十四条　常务理事会至少每半年召开一次会议，情况特殊时可以采用通讯形式召开。

第二十五条　本会会长、副会长、秘书长必须具备下列条件：

（一）热爱祖国，坚持党的路线、方针、政策，政治素质好；

（二）在本会业务领域内有较大的影响；

（三）会长、副会长最高任职年龄不超过 70 周岁，秘书长最高任职年龄不超过 62 周岁且为专职；

（四）热心学会工作，身体健康，能坚持正常工作；

（五）未受过剥夺政治权利的刑事处罚的；

（六）具有完全民事行为能力。

第二十六条　拟任本会会长、副会长、秘书长如超过最高任职年龄的，须经理事会表决通过，报业务主管单位审查，经民政部批准后方可任职。

第二十七条　本会会长、副会长、秘书长每届任期五年，连任不超过两届。如情况特殊须延长任期的，须经全国会员代表大会 2/3 以上会员代表表决通过，报业务主管单位审查，经民政部批准后方可任职。

第二十八条　会长为本会法定代表人。本会法定代表人不兼任其他社团的法定代表人。

第二十九条　本会会长行使以下职权：

（一）召集和主持理事会、常务理事会、会长办公会议和会长扩大会议；

（二）检查全国会员代表大会、理事会、常务理事会决议执行情况；

（三）代表本会签署重要文件。

第三十条　本会秘书长行使下列职权：

（一）主持办事机构开展日常工作，组织实施年度工作计划；

（二）协调各分支机构、代表机构、实体机构开展工作；

（三）提名副秘书长和各机构主要负责人，交理事会或常务理事会决定；

（四）决定办事机构、代表机构、实体机构工作人员的聘用；

（五）处理其他日常事务。

第五章　资产管理、使用原则

第三十一条　本会经费来源：

（一）会费；

（二）社会捐赠和资助；

（三）有关部门资助；

（四）在核准的业务范围内开展活动和服务的收入；

（五）利息；

（六）其他合法收入。

第三十二条　本会参照国家有关规定收取会员会费。

本会开展表彰奖励活动，不收取任何费用。

第三十三条　本会经费须用于本章程的业务范围和事业发展，不得在会员中分配。

第三十四条　本会设立严格的财务制度，保证会计资料合法、真实、准确、完整。

第三十五条　本会配备有专业资格的会计人员。会计不得兼任出纳。会计人员必须进行会计核算，实行会计监督。会计人员调动工作或离职时，必须与接管人员办清交接手续。

第三十六条　本会的资产管理必须执行国家规定的财务管理制度，接受全国会员代表大会和财政部门的监督。资产来源属于国家拨款或者社会捐赠、资助的，必须接受审计机关的监督，并将有关情况以适当的方式向社会公布。

第三十七条　本会换届或更换法人代表之前必须接受社团登记管理机关和业务主管单位认可的审计机构组织的财务审计。

第三十八条　本会的资产，任何单位和个人不得侵占、私分和挪用。

第三十九条　本会专职工作人员的工资和保险、福利待遇，参照国家对事业单位的有关规定执行。

第六章　章程的修改程序

第四十条　对本章程的修改，须经理事会表决通过后报全国会员代表大会审议。

第四十一条　本会修改的章程，须在全国会员代表大会通过后15日内，报业务主管单位审查，经同意，报社团登记管理机关核准后生效。

第七章　终止程序及终止后的财产处理

第四十二条　本会因特殊原因或自行解体或由于分立、合并等原因需要注销的，由理事会或常务理事会提出终止动议。

第四十三条　本会终止动议须经全国会员代表大会表决通过，并报业务主管单位审查同意。

第四十四条　本会终止前，须在业务主管单位及有关机关指导下成立清算组织，清理债权债务，处理善后事宜。清算期间，不开展清算以外的活动。

第四十五条　本会经社团登记管理机关办理注销登记手续后即为终止。

第四十六条　本会终止后的剩余财产，在业务主管单位和社团登记管理机关的监督下，按照国家有关规定，用于发展与本会宗旨相关的事业。

第八章　附则

第四十七条　本章程经2012年2月10日第五次全国会员代表大会表决通过。

第四十八条　本章程的解释权属本会理事会。

第四十九条　本章程自民政部核准之日起生效。

2. 大会选举产生新一届理事会领导成员名单

会长：刘耀

副会长：王羽、王雪梅、丛斌、石鹏建、吴少军、胡占山、翟恒利

秘书长：翟恒利（兼）

副秘书长：付悦余、田雪梅、张桂勇、李禹、汪宏、高斌、焦亚辉

（2013 年增选赵丽娜为副秘书长）

三、地方法医学会

（1）沈阳法医学会。创立于 1980 年 3 月 14 日，陈东启任第一届理事长，会刊为《法医通讯》。

（2）广州法医学会。创立于 1981 年 12 月 16 日。陈安良为首任理事长，后由郭景元继任理事长。

（3）武汉市法医学会。创立于 1981 年。

（4）广西壮族自治区法医学会。1987 年 7 月 19 日成立。

（5）黑龙江省法医学会。1987 年 9 月 23 日成立。

（6）四川省法医学会。1987 年成立。当时含重庆市。四川省内还有乐山市法医学会、内江市法医学会、凉山州法医学会和涪陵地区法医学会等。

（7）上海法医学会。创立于 1987 年 12 月 10 日。

（8）吉林省法医学会。1987 年 12 月 10 日成立。

（9）四川省成立法医学技术鉴定委员会。1988 年 12 月四川省成立省最高法医技术鉴定机构——四川省法医学技术鉴定委员会。

（10）辽宁省法医学会。创立于 1989 年 9 月。

（11）海南省法医学会。创立于 1990 年 4 月 25 日。

（12）安徽省法医学会。创立于 1990 年 12 月 24 日。

（13）大连法医学会。创立于 1990 年。

（14）宁夏回族自治区法医学会。创立于 1992 年 3 月 27 日。

（15）陕西省法医学会。创立于 1992 年 10 月 22 日。

（16）南通市法医学会。创立于 1992 年 10 月。

（17）南京市法医学会。创立于 1992 年 11 月。

（18）广东省法医学会。成立于 2002 年 12 月 18 日。

（19）湖北省法医学会。成立于 2003 年 11 月 7 日。

各地方法医学会定期召开法医年会，总结本地区法医学术研究和法医实践，并在中国法医学会的指导下开展工作。沈阳、广州、武汉等地法医学术气氛浓厚，使本地区法医水平不断提高，为法医学发展做出了贡献。

四、学会学术交流活动

我国在 20 世纪五六十年代末召开大型学术交流会，70 年代末法医学受重视，公检法、教育系统逐渐恢复法医机构，中国法医学会及各专业委员会、地方法医学会举行各

种学术交流会。我国学者多次参加国际学术交流（见本章第九节相关内容）。

（一）全国性学术交流会

1. 第一届全国法医学术交流会

1979年12月1日，第一届全国法医学术交流会在陕西省西安市召开。出席会议的有各省、市、自治区公、检、法、医学院校100多个单位146名代表。会上共交流99篇学术论文，反映了中华人民共和国成立后我国法医工作者在法医学各个领域所取得的部分新成就。

2. 第二次全国法医学术交流会

1985年10月27—31日，第二次全国法医学术交流会在河南省洛阳市召开。出席会议的有来自全国公、检、法、司、卫生、教育、军队共300多人。会上交流300多篇论文。第二届法医学术交流会与中国法医学会第一次全国代表大会同时召开。

3. 第三次全国法医学术交流会

1987年11月14—16日，第三次全国法医学术交流会在重庆市召开。出席会议的代表有600余名。大会收到论文700余篇，其中400余篇在会上交流，反映了中国法医学会成立以来法医学领域在法医病理、法医损伤、法医物证、法医毒化、法医临床等方面的新进展、新技术。论文中，法医病理学在一般尸解基础上，已应用组织化学、免疫酶标组化、电镜、图像分析等新技术；法医损伤学开始采用生物力学技术研究损伤形成机制；法医物证学已普遍开展血痕酶型检验、精子P30和精子单克隆抗体的制备，而DNA纹印技术研究已开始用于个别检案之中；法医毒物化验从定性到定量，从常量到超微量，先进的技术、仪器被普遍使用；法医临床学已在全国各地开展了起来，已出现部分法医门诊，法医活体检验工作开始开展起来，丰富了法医学。

4. 第四次全国法医学术交流会

1991年5月25—28日，第四次全国法医学术交流会在江苏省无锡市召开。参加会议的代表有550名。大会共收到论文1 436篇，经专家评审选出大会宣读10篇、专业组交流290篇、书面交流446篇。大会主会场对"法医尸解存在问题""法医活体检验鉴定""DNA指纹技术应用""毛发电泳蛋白模式分析""毒物分析质量管理"等作深入交流。黄瑞亭的《林几传》在大会上宣读。这次会议是中国法医学会成立以来，法医科学发展的大检阅。

5. 第五次全国法医学术交流会

1996年10月29日，第五次全国法医学术交流会在北京市召开。共收到稿件950篇。经过对征稿评审，选出大会宣读143篇、书面交流367篇，共计510篇，编辑成册。这次交流会由李伯龄任组委会主任，分法医病理损伤组、法医临床组、法医物证组、法医毒化组4个专业交流组，其中法医病理组246篇、法医临床组125篇、法医物证组54篇、法医毒化54篇、其他20篇。倪星群的《C3转化率和尸温推断死亡时间》、祝家镇的《制定我国法医法的建议》、贾静涛的《我国法医体制及发展现状和未来》、黄瑞亭的《论儿童概念及其年龄界定》、姜先华的《中国人群（汉族）线粒体DNA碱基序列多态性及其频率的分布》、潘冠民的《在刑事毒物分析中专家管理系统的设想》等在大会上宣读。这次会议还宣布第三次全国法医代表大会延迟到1997年召开。

第三章 中华人民共和国时期中国法医学（1949—2018年）

6. 全国第六次法医学术交流会

2000年11月，中国法医学会在陕西省西安市召开全国第六次法医学术交流会。这次会议共收到稿件1052篇。其中法医病理损伤学479篇、法医临床学265篇、法医物证学127篇、法医毒物学分析29篇、法医人类学34篇、司法精神病学23篇、法医体制管理等其他方面95篇。论文内容不仅有最新法医科研成果、办案经验总结，还有法医工作管理，包括改革的设想，有的也提出加强法制建设的建议。出版《中国法医学最新科研与实践（一）——全国第六次法医学术交流会论文精选》，共收集优秀论文87篇；出版《全国第六次法医学术交流会论文摘要》，共收集939篇论文，内容涉及法医病理损伤学、法医临床学、法医物证鉴定学以及法医毒物学等多方面的内容及近年来的研究成果、办案经验总结、法医工作管理，也有涉及法制建设的许多建议与设想等。

7. 全国第七次法医学术交流会

2004年12月，中国法医学会在湖南省长沙市召开全国第七次法医学术会议。这次会议共收到稿件1012篇，其中法医病理学267篇、法医损伤学213篇、法医临床学275篇、法医物证学87篇、法医毒物学40篇、法医人类学6篇、司法精神病学31篇、法医体制管理等其他方面93篇。论文内容不仅有最新法医学专题研究成果、办案经验总结，还有法医工作管理、鉴定体制的设置，包括改革的设想和加强法制建设的建议。中国法医学会组织法医各学科专家对所有稿件进行了认真审评，参照国际惯例，结合本次会议稿件的具体情况，从来稿中选出651篇，以文集摘要形式发表，有14篇以题录形式发表，出版了《中国法医学最新科研究与实践（二）——全国第七次法医学术交流会论文精选》。

8. 全国第八次法医学术交流会

2010年3月上旬，中国法医学会在海南省万宁市召开全国第八次法医学术交流会。这是近10年来中国法医学领域最大规模的全国学术交流活动。会议交流内容涵盖法医病理学、法医损伤学、法医临床学、法医物证学、法医毒物学、法医人类学、司法精神病学以及其他相关或交叉学科。会议以大会演讲、分会场发言以及分组讨论等形式，展示和交流近年来法医学在科学研究、教学实践、现场勘验、司法鉴定、标准化建设、继续教育等领域中的成果、经验和体会。这次会议是中国法医学会为广大法庭科学工作者相互沟通与交流搭建的平台，也是促进学科发展建言献策的渠道。

9. 全国第九次法医学术交流会

2013年10月20—23日，由中国法医学会和公安部物证鉴定中心联合举办的全国第九次法医学术交流会、中外法庭科学学术交流会暨中国法医学会五届二次理事会议在北京隆重召开。出席会议的领导和外国专家有：中国法医学会副会长、司法部司法鉴定管理局副局长胡占山，教育部高教司副司长石鹏建，英国格拉斯哥大学毒物学专家罗伯特·A.安德森（Robert Arthur Anderson）教授，英国北爱尔兰法医病理学家阿伦斯达尔·本特莱博士（Dr. Alastair Bentley），英国从事爆炸研究工作的专家肖恩·道尔（Dr Sean Doyle），加拿大多伦多大学从事芯片技术研究的迈克尔·汤普森（Michael Thompson）教授，加拿大微量物证技术专家布伦达·伯顿（Brenda Burton）教授。中国法医学会常务理事、理事和部分论文作者等200余人出席了会议，交流论文400余篇。《全国第九次法医学术交流会论文集》收录了中国法医学会为此次大会征集的论文，全书分为上、下两册。内容涉及法医现场勘验、司法鉴定、科学研究、教学实践、标准化建设、继续教育等领域中的研究成果、经验和体会，由全国公、检、法、司、大专院校及相关部门从事法医学工作的专家、学者、技术人员撰写，涵盖法医病理学、法医损伤学、法医临床学、法医物证学、法医毒物学、法医人类学、法医精神病学以及其他相关或交叉学科。论文集反映了当时国内在法医学领域科研和实践中的热点和难点问题，除了基础理论研究外，也包含各学科新技术的研发及应用，论文所涉及的研究课题中有许多为国家或省部级重大科技攻关、国家自然科学基金、国家人才基金、留学生基金以及作者所在系统专项科技基金的项目成果或在研项目报告。本书内容的突出特点是它的实用性。法医学是一门应用学科，书中论文多为在法医学各分支学科实践中的理论思考和经验介绍，也包括实用技术的探索及应用经验、典型案例分析、实验室的标准化实施经验、DNA 数据库的建设及应用、法医学教育模式的选择以及对当前与法医学发展相关问题的论述等。这些基层法医学工作者的经验与体会对广大一线从事相关工作的法医技术人员以及大专院校学生是最好的帮助和借鉴。

（二）其他在全国有影响的学术交流会、讲座、培训

（1）刑事化验技术交流会。1982 年，由公安部主办的第一次全国刑事化验技术交流会在浙江省杭州市召开。

（2）纪念宋慈诞辰 800 周年学术交流会。1986 年 12 月，中国法医学会在宋慈故乡福建省建阳举行宋慈诞辰 800 周年学术交流会及拜谒宋慈墓、宋慈塑像揭幕仪式、宋慈亭落成仪式、纪念宋慈书画展等纪念活动。

（3）神经病理学习班。1986 年 7 月，公安部第二研究所与北京医科大学联合举办神经病理学习班。

（4）中山医科大学举办法医病理学习班。1987 年和 1990 年，中山医科大学受卫生部委托举办法医病理和法医病理学进展学习班。

（5）法医损伤学学习班。1988 年 7 月，中国法医学会法医损伤专业委员会在黑龙江省伊春市举办法医损伤学学习班。

（6）法医病理讲习班。1990 年 5 月 21 日至 6 月 2 日，中国法医学会法医病理学专业委员会在武汉同济医科大学举办第一期法医病理讲习班。1992 年 4 月 13—25 日，中国法医学会法医病理学专业委员会在武汉同济医科大学举办第二期法医病理讲习班。1994 年 8 月 15—18 日，中国法医学会法医病理学专业委员会与同济医科大学联合在山东省烟台市举办法医病理学继续教育学习班。

（7）全国首届中青年法医学论文研讨会。1989 年，全国中青年法医学者论文研讨会在四川省成都市召开。

（8）卫生部/世界卫生组织精神卫生立法研讨班。1990 年 10 月，在四川省成都市举办精神卫生立法研讨班，由世界卫生组织和我国卫生部联合主办，对我国学者刘协和主持起草的《中华人民共和国精神卫生法（草案）》第五稿进行了讨论。

（9）法医临床交流会。1990 年，法医临床专业委员会和最高人民法院联合主办的第一届法医临床交流会在山东省威海市召开。以后分别于 1992 年（九江市）、1994 年

第三章　中华人民共和国时期中国法医学（1949—2018年）

（杭州市）、1996年（武汉市）、1997年（海口市）、1998年（吉林市）、1999年（昆明市）、2000年（哈尔滨市）、2003年（西宁市）、2006年（乌鲁木齐市）等召开。

2012年8月20—22日，全国第十五次法医临床学学术研讨会暨中国法医学会第五届法医临床学专业委员会第一次工作会议在辽宁省大连市召开。

2015年8月19日—22日，中国法医学会法医临床专业委员会在广东省珠海市举办了全国第十八届法医临床学学术研讨会和中国法医学会法医临床专业委员会第五届第六次工作会议。来自全国公、检、法、司、全国知名院校和全国司法鉴定所的150余名法医学专家、学者参加了此次会议。

2016年8月16—19日，中国法医学会法医临床学专业委员会在内蒙古自治区赤峰市召开了全国第十九届法医临床学学术研讨会暨中国法医学会法医临床专业委员会第五届第七次工作会议。来自全国20多个省自治区、直辖市的公、检、法、司、知名院校和全国司法鉴定所的200余名法医学专家、学者参加了此次会议。

2017年8月8—11日，由中国法医学会法医临床专业委员会和大连高岚信息科技有限公司联合在新疆维吾尔自治区乌鲁木齐市举办了中国法医临床学高峰论坛暨全国第二十届法医临床学学术研讨会。来自20多个省、自治区、直辖市的公、检、法、司、全国知名院校和社会司法鉴定机构的200余名法医学专家、学者参加了此次会议。会议在令人鼓舞的氛围中开幕，中国法医学会第五届法医临床专业委员会主任张继宗主持了开幕式并致辞。

（10）中国法医学会损伤专业委员会学术交流会。1988年7月，在黑龙江省伊春市举办了损伤学高级进修班。1992年5月，中国法医学会在河北省保定法医医院设立法医损伤专业委员会保定鉴定所。1992年10月，首届全国法医损伤学术研讨会在湖北省京山县召开。1994年11月，第二届全国法医损伤学术交流会在海南省海口市召开。1998年7月，第三届全国法医损伤学术交流会在吉林省召开。

（11）中国法医学会法医病理学术交流会。中国法医学会法医病理学专业委员会分别在1992年（吉林抚松）、1993年（内蒙古呼和浩特）、1995年（安徽黄山）、1998年（福建武夷山）、2002年（江西井冈山）召开第一至第五次全国法医病理学术交流会。

（12）全国首届青年法医学术交流会。1992年11月20—25日，中国法医学会在广西桂林召开全国首届青年法医学术交流会。

（13）中国法医学会毒物分析学术交流会。1993年10月，中国法医学会、公安部五局在江西庐山召开全国第二届毒物分析学术交流会。1997年11月，首届全国毒品检验技术交流会在广西北海召开。

（14）中国法医学会法医物证学术交流会。1993年10月，中国法医学会法医物证专业委员会和公安部五局在湖南大庸召开全国首届法医物证学术交流会。1997年10月，全国首届法医物证学新技术、新进展研讨会在陕西西安市召开。1999年3月，第二次法医物证学术交流会在重庆市召开。

（15）中国法医学会举办法医门诊研讨班。1994年，中国法医学会举办第二届法医门诊研讨班。

（16）全国法医门诊工作会议。1995年5月，中国法医学会在云南省召开全国法医门诊工作会议。

（17）中国法医学会举办首届法医人类学训练班。1995年，中国法医学会在北京市举办首届法医人类学训练班。

（18）全国司法精神病学会议。1987年6月16—20日，中华医学会第一届全国司法精神病学会议在浙江杭州召开。出席会议的全国各地正式与列席代表约150名。大会收到论文近百篇，在大会上进行报告的有16篇，其余则在小组内进行交流。

1989年10月24—29日，中华医学会第二届全国司法精神病学会议在湖北宜昌市召开，出席会议的代表有约340名，交流论文210篇。

2005年5月11—13日，中华医学会第九届全国司法精神病学会议在河南郑州市召开，出席会议的代表有约220名，交流论文110篇。

2009年5月20—22日，中华医学会第十一届全国司法精神病学会议在四川成都市召开，出席会议的代表有约200名，交流论文152篇。

（19）2001年1月，中国法医学会司法精神病学专业委员会成立。2002年6月，第一次全国司法精神病学学术会议在四川成都召开。会议共收到学术论文88篇。

（20）医疗损害法医鉴定专题研讨会。2015年9月22日，中国法医学会医疗损害鉴定专业委员会在成都市举办医疗损害法医鉴定专题研讨会，会期1天。

（21）2015年10月27—30日，中国法医学会法医精神病学专业委员会五届一次学术交流会在江苏南京市成功举行，共有来自全国各地40多家鉴定机构共计117名代表参加了会议。

（22）2017年8月25—28日，在广东广州市召开中国法医学会五届二次法医精神病学学术交流会。会议由中国法医学会法医精神病学专业委员会主办，中山大学法医鉴定中心承办。

各地方法医学术活动还有：武汉、沈阳、广州、黑龙江、沈阳、上海、四川等地方法医学会定期或不定期召开法医学术交流会，对活跃地方法医学会的学术活动起到了良好的作用。

第七节　法医学类杂志

一、我国法医学期刊出版概述

为了发展我国法医学事业，交流学术成果，早在20世纪30年代，法医先驱林几就创办了全国公开发行的《法医月刊》，孙逵方续办《法医学季刊》。后抗日战争爆发，法医期刊被迫停刊。中华人民共和国成立后，虽然张颐昌曾办《法医工作简报》，但其影响也只限于当时的法医研究所（内部参考）。我国在20世纪80年代初恢复法医机构

第三章　中华人民共和国时期中国法医学（1949—2018年）

后首先创刊的法医期刊是沈阳法医学会主办的《法医通讯》（内部期刊）。之后是司法部司法鉴定科学技术研究所在上海创刊的《法医学杂志》（国内外公开发行）。继之，中国法医学会的《中国法医学杂志》创刊（国内外公开发行）。2001年，《中国司法鉴定》杂志创刊。2015年，国内唯一一本面向国际的以法医学专业为主的法庭科学领域的英文季刊 Forensic Sciences Research 创刊。有的地方法医学会或法院内部也发行非正式杂志，如《湖南法医通讯》《吉林法医》《武汉法医通讯》《实用法医学杂志》等。法医期刊的发行，使我国法医能在自己的刊物上介绍工作经验、体会和研究成果，大大促进了法医学的发展，也促进了国际间的交流，标志着我国法医学发展进入了新的阶段。

二、我国主要的法医学期刊简介

（一）《中国法医学杂志》

《中国法医学杂志》（ISSN1001－5728，CN11－1721/R）于1986年创刊（图3－25），主管单位为中华人民共和国公安部，主办单位为中国法医学会、公安部物证鉴定中心，属北大核心期刊（2008）。

《中国法医学杂志》是国内法医科学技术领域国家级国内外发行的综合性学术性期刊（双月刊）。率先报道国内法医学科各领域国家重点科技攻关项目的研究成果。主要刊载具有国内先进水平、有相当学术价值或创新性的科研成果论文（包括阶段性成果），及新技术、新方法、新进展等。所刊载信息反映了我国法医学科领域的科研、检案技术水平和现状，反映了国际法医学科领域成果和新动向。

《中国法医学杂志》为荷兰国际科学文献数据库（ELSEVIER）收录期刊、荷兰医学文摘（EMBASE）收录期刊、万方数据库、中国核心期刊（遴选）数据库等国内5个数据库检索机构收录期刊，《CAJ—CD规范》执行优秀期刊。

图3－25　《中国法医学杂志》

1995年创刊10周年之际，中共中央书记处书记、中央政法委书记、最高人民法院院长任建新，中共中央政法委秘书长束怀德，公安部原副部长俞雷，最高人民检察院原副检察长、中国法医学会名誉理事长冯锦汶分别为该杂志题词（图3－26、图3－27）。该杂志首任主编吴家驭，现任主编刘耀院士。

图 3-26　任建新为中国法医学会成立 10 周年题词
束怀德为《中国法医学杂志》创刊 10 周年题词

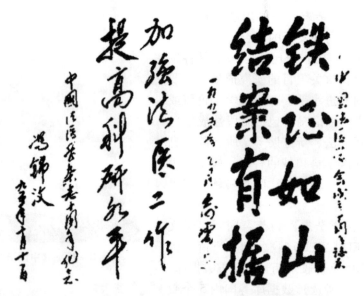

图 3-27　俞雷为中国法医学会成立 10 周年题词、
冯锦文为《中国法医学杂志》创刊 10 周年题词

（二）《法医学杂志》

1985 年 7 月，我国第一本公开发行的法医学术期刊——《法医学杂志》（ISSN1004—5619，CN311-1472）在上海创刊（季刊）（图 3-28），主办单位是司法部司法鉴定科学技术研究院，为国家级刊物，国内外发行。内容涉及所有法医学领域，反映我国法医学发展水平，及时报道新科研成果和检验方法，对我国法医学发展做出了

第三章 中华人民共和国时期中国法医学（1949—2018 年）

贡献。历任主编有郑钟璇、吴军、朱广友等，现任主编为陈忆九。

该刊自 1997 年起被美国生物医学文献资料数据库 MEDLINE 收录，是中国第一本也是目前唯一一本进入该数据库的法医学类期刊。自 1999 年起陆续被万方数据库、中国学术期刊（光盘版）、中国学术期刊综合评价数据库统计源期刊、中国期刊全文数据库、中国核心期刊（遴选）数据库等全文收录；被中国科学引文数据库（CSCD）、全国医学综合性检索工具《中文科技资料目录－医药卫生》、中国《全国报刊索引》列为核心期刊收录；获首届《CAJ－CD 规范》执行优秀期刊奖；2008 年起被确定为荷兰医学文摘（EMBASE）数据库、Elsevier 公司二次文献数据库（Scopus）收录期刊；2009 年被中国科技论文统计源期刊（中国科技核心期刊）收录。

图 3－28　《法医学杂志》

根据《中国科技期刊影响因子年报》最新统计，《法医学杂志》在同类期刊中影响因子名列前茅，并连续多年被评为上海市编校质量优秀期刊。

（三）《中国司法鉴定》

《中国司法鉴定》（ISSN1671－2072，CN31－1863/N）是由中华人民共和国司法部主管、司法部司法鉴定科学技术研究院主办，我国唯一一份全面反映司法鉴定领域科学技术和制度建设等综合内容的国家级期刊（图 3－29）。创刊于 2001 年。首任编委会主任为刘一杰，主编陈鹏生。现任编委会主任为沈敏。

《中国司法鉴定》是融社会科学和自然科学于一体的学术期刊。在办刊近 20 年中形成了独特的工作模式和发展方式，具有"人无我有，人有我优，人优我特"的独特个性，所发表的文章学术含量高，理论创新凸显。尤其是在 2008 年入选中文核心期刊之后，无论在基金论文比还是引用因子上每年都在提升，并都达到总体优良的等级。目前，发行量 6 000 余册，逐步打造成为司法领域中的精品期刊，成为服务于诉讼活动的中国司法鉴定行业的一流传媒。

图 3－29　《中国司法鉴定》杂志

《中国司法鉴定》得到了全国司法鉴定专家、学者和科研人员的大力支持，形成了共同办刊的一体化格局。该杂志作为引领全国司法鉴定体制改革与鉴定科学技术重要的学术理论平台和传播途径，处于司法鉴定事业飞速发展的最前沿，以丰富、严谨的科学知识为支撑,特别是在专业性方面,使业界同行的研究成果和新的科技知识及时、准确而有效地传播给目标受众,使新的科技成果在我国司法鉴定事业中得到推广和应用,推动司法鉴定事业向前发展,促进了司法的进步。

(四)《法律与医学杂志》与《证据科学》

1994年,北京市高级人民法院法医室创办《法律与医学杂志》(季刊)(图3-30),开始为内部刊物,1998年,正式对外公开出版发行;2006年,更名为《证据科学》(ISSN1674-1226,CN11-4653/D)(图3-31)。该杂志是由教育部主管、中国政法大学主办、中国政法大学证据科学研究院承办的学术性期刊,2007年由国家新闻出版署批准出版,为国内外公开发行刊物。由我国证据法学专家张保生教授担任主编。自2013年起入选中文社会科学引文索引核心期刊(cssci)扩展版。该刊立足于证据法学、法庭科学、医事法学理论与实务领域,以建设社会主义法治国家为宗旨,结合我国立法、司法实践,广泛参考发达国家和地区证据法学、法庭科学、医事法学以及相关边缘

图3-30 《法律与医学杂志》

图3-31 《证据科学》杂志

交叉学科领域的前沿理论、判例学说、研究成果,研究证据科学领域的基本理论问题和重大法律问题,为我国证据科学、医疗纠纷诉讼立法和司法提供理论指导和科学根据,提升我国证据科学、医事法学的学术水准。《证据科学》主要刊登国内外研究人员的理论研究、实务实证研究成果,注重前沿性、学术性、实用性,对热点问题、典型案例进行剖析;对现实热点问题组织专家进行分析论证。《证据科学》杂志目前设"证据法学""法庭科学""医事法学"三个板块,开辟"专论/述评""学术前沿""学术研究""案例评介""实证研究""法官说法""学术争鸣""科学证据""域外法学""学位论文"等栏目。

(五)《刑事技术》

《刑事技术》杂志(ISSN1008-3650,CN11-1347/D)(图3-32)是由公安部主

第三章 中华人民共和国时期中国法医学（1949—2018 年）

管、公安部物证鉴定中心主办的国内外公开发行的综合性学术期刊。曾任主编李伯龄，现任主编刘耀。

该刊自 1976 年 2 月创刊以来，广泛报道了法庭科学领域的新理论、新技术、新动态，读者范围遍及相关高校，科研机构，公、检、法、司等机构，已成为目前中国历史最悠久、影响面最广的法庭科学类学术期刊之一。栏目主要设有"论著"、"综述"、"专题研究"、"技术与应用"、"论坛"、"前沿动态"等，涉及的学科包括法医病理损伤、法医遗传学、毒物（品）检验、微量物证检验、痕迹检验、指纹检验、文件检验、视听资料检验、电子物证检验、枪弹爆炸物检验、书写材料和时间检验等。

该刊是《CAJ - CD 规范》执行优秀期刊，中国学术期刊综合评价数据库（CAJCED）统计源期刊，是万方数据库、中国核心期刊（遴选）数据库、中国期刊网、中国学术期刊（光盘版）、中国期刊全文数据库（CJFD）、中文科技期刊数据库》的收录期刊。

图 3 - 32 《刑事技术》杂志

自 2015 年以来，为了进一步提高期刊的学术质量，推进期刊的网络化和信息化建设，该刊积极跟踪国际法庭科学发展的前沿，集中报道国内外法庭科学研究的最新进展和重大技术突破，刊载以中文或英文撰写的具有创新性的基础及应用基础原创性研究论文、报道国内外法庭科学领域前沿或热门领域的综述性文章，以及具有技术应用类新理论、新技术、新动态的论文，旨在为国内外法庭科学领域的科研人员提供更畅通、便捷的学术交流平台，为广大读者、作者提供更优质的服务。

（六） *Forensic Sciences Research*

Forensic Sciences Research（《法庭科学研究》）[ISSN 2096 - 1790（Print），ISSN 2471 - 1411（Online），CN 31 - 2116/D]（图 3 - 33），是中华人民共和国司法部主管、司法鉴定科学研究院主办的官方英文杂志，2015 年正式建刊，是一本面向国际的以法医学专业为主的法庭科学领域的英文季刊。主编为司法部司法鉴定科学技术研究所原所长沈敏研究员，执行主编为国际法医学会原主席、国际法庭科学学会主席 Duarte Nuno Vieira 教授。

Forensic Sciences Research 与泰勒 - 弗朗西斯出版集团（Taylor & Francis Group）合作，采取完全开放获取（open access，OA）的办刊模式，所有刊载的内容均可免费浏览下载。该刊

图 3 - 33 *Forensic Sciences Research*

致力于实时跟进、全面展示国内外法庭科学研究领域的高水平原创性科技成果和理论研究成果，引领和促进学科的发展，立足国内，面向国际，建设国内外法庭科学领域的学术交流平台。

作为一本同行评议期刊，*Forensic Sciences Research* 发表法庭科学内不同领域研究成果，包括法医学（病理学、临床学、精神病学、毒理学、物证学、人类学、毒物分析等）、刑事技术、文检鉴定、微量物证鉴定、交通事故鉴定，与法庭科学相关的理化检查、生物学、生物医学、电子证据、司法会计、教育研究、司法鉴定体制研究等。栏目包括论著、综述、短篇报道、技术报道、案例报道等。

（七）*Journal of Forensic Science and Medicine*

Journal of Forensic Science and Medicine（JFSM，《法庭科学与法医学杂志》）（图3 - 34）（ISSN：2349 - 5014，E - ISSN：2455 - 0094）。由中国政法大学证据科学研究院于2015年5月创刊，2016年改为季刊。期刊的在线全球开放获取及印刷版发行均与国际出版商威科集团合作。编委会由50余位国际国内相关领域知名专家学者构成，包括刘耀院士和丛斌院士。主编为美籍华人李玲博士（Dr. Ling Li）。

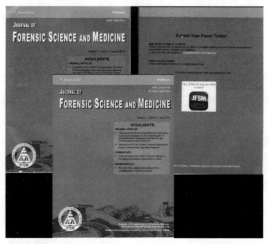

图3 - 34　Journal of Forensic Science and Medicine

（八）《法医通讯》

1980年9月25日创刊（图3 - 35），由沈阳法医学会主办。1984年12月停刊（图3 - 36），共出版五卷19期。

中国医科大学法医系贾静涛教授对沈阳法医学会创立及《法医通讯》停刊作了回忆。以下是1993年黄瑞亭采访贾静涛教授时所做的记录：

> 1979年12月1—7日，第一届全国法医学术讨论会在西安召开，这次会议给我的重要启示就是要建立学会组织，便于学术交流，提高学术水平。会议期间，与中年法医师初步商谈，一致认为有必要首先建立地方的学术组织。1980年初又与瞿建安、李贤俊等同志进一步磋商，达成一致意见。经沈阳市科协批准，遂于1980年3月14日正式建立了沈阳法医学会，选举陈东启

第三章　中华人民共和国时期中国法医学（1949—2018 年）

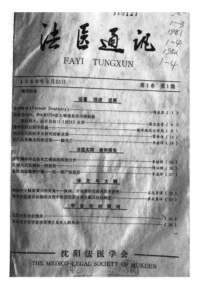

图 3-35　《法医通讯》创刊号

图 3-36　《法医通讯》停刊

教授为理事长，贾静涛为秘书长，理事 10 名，会员 37 名。学会挂靠在中国医科大学。在第一届理事会上决定在年内创刊学术性刊物《法医通讯》（季刊），由理事李贤俊和李德祥任主编。由于李贤俊工作繁忙，实际的主编是李德祥。由学会秘书吕兴权负责发行。经市科委登记为内部刊物。规定内容主要报道学会科技动态、国内外法医学进展、实践经验、科研成果、鉴定案例讨论以及文献综述等，供国内教学、科研和法医鉴定参考。刊物经费主要来源是市科协发给的学会活动经费。《法医通讯》于当年 9 月创刊，年内即出版 3 期。由于《法医通讯》是当时国内法医学术的主要刊物，受到法医学界的欢迎，最高发行 2 000 余份。学会成立后，学术活动频繁，仅 1981 年便进行了 11 次学术活动，做了 21 个题目的学术报告，参加者有 400 余人次。

但是，中国医科大学与市财政局不是财务对口单位，根据市科协的要求，必须将学会挂靠在市公安局才有可能继续获得财政的支持。1982 年 3 月 5 日，在市科学馆召开了全体会员大会，会议通过将挂靠单位改为市公安局。同时改选第二届理事会，由陈东启教授任理事长，李贤俊为秘书长，贾静涛为副秘书长，理事 7 名，理事兼《法医通讯》主编李德祥。

1983 年 10 月 6—8 日，在市科学馆召开了沈阳法医学会 1983 年年会。会议有全国 94 个单位 151 人参加。收到学术报告 93 篇，其中有 71 篇来自各省市公、检、法部门的法医人员。在贾静涛建议并主持下，会议专门抽出一天时间召开了"伤害程度标准"的专题讨论会。各部门的法医人员结合刑法第 85 条的重伤规定进行了热烈的讨论和争论。对这一问题的讨论在国内是第一次。会议建议有关部门应对轻重伤害程度的划分标准及早做出规定。这次会议成为制订我国轻重伤害鉴定标准的先声。

《法医通讯》在主编李德祥教授的努力下，共出版 5 卷 19 期。1984 年 12 月停刊，理由是司法鉴定技术研究所即将刊行《法医学杂志》，但真实的原因是市科协早就要求学会活动经费要用在学会活动上，反对把经费消耗在刊物上，由于经费来源断绝，不得不宣布停刊。否则《法医通讯》不仅会继续刊行，更可能会进一步发展为正式杂志。

从贾静涛教授的回忆可以看出，《法医通讯》在当时对我国法医学发展起了重要的推动作用。值得一提的是，很多杂志由于期刊质量、稿源、销路等问题而停，《法医通讯》的唯一问题是经费来源，实为可惜。此外，《法医通讯》除登载沈阳法医学会会员文章外，主要还刊登全国各地的专家、学者的文章。《法医通讯》也登载了不少有影响的文章，如贾静涛的《辛亥革命以后我国法医学》、李德祥的《论脑死亡》等。陈康颐、孔禄卿、陈东启、祝家镇、胡炳蔚、黄光照等都在该杂志上发表过文章。虽然《法医通讯》在当时是非正式刊物，但在20世纪80年代初，在全国还是唯一一家有影响的法医学杂志。

（九）《湖南法医通讯》与《法庭科学杂志》

《湖南法医通讯》于1988年创刊，由湖南省高级人民法院主办，季刊，内部刊物（图3-37）。1995年更名为《法庭科学杂志》（图3-38），1998年停刊。

图3-37 《湖南法医通讯》
1990年第3卷第1期

图3-38 《法庭科学杂志》
1995年第1卷第1期

（十）《实用法医学杂志》

《实用法医学杂志》于1989年创刊，内部刊物，季刊，由四川省法医学会主办，1997年11月停刊。

（十一）《吉林法医》

《吉林法医》于1990年创刊，内部刊物，季刊，由吉林法医学会主办，1993年停刊。

（十二）《武汉法医通讯》

《武汉法医通讯》于1987年创刊，内部刊物，不定期出刊，由武汉法医学会主办，2002年停刊。

（十三）《法医学译刊》与《国外法医学》

《法医学译刊》于1982年创刊，内部刊物，季刊（图3-39、图3-40），由司法部司法鉴定科学技术研究所主办。以介绍国外优秀法医学论文、专著、文摘、新成就新技术的最新信息为目的。主编为李士亨副译审。1985年更名为《国外法医学》（图3-

第三章 中华人民共和国时期中国法医学（1949—2018年）

41）。后根据司法部通知，部属院校（所）办的期刊要进行必要的整顿和适当的压缩，因此，《国外法医学》于1990年停刊（图3-42）。

图3-39 《法医学译刊》
1982年第1期

图3-40 《法医学译刊》
1984年第2期

图3-41 《国外法医学》
1985年第1期

图3-42 《国外法医学》
1989年第4期

（十四）《法医天地》

《法医天地》于1989年创刊，国内外公开发行，双月刊。由中国法医学会、最高人民检察院主办，王雪梅主编。1998年停刊。

（十五）《法医工作简报》

《法医工作简报》于1954年5月创刊，不定期出刊，内部刊物，由司法部法医研究所主办，张颐昌主编。1957年中断，1958年复刊，1959年停刊，总共出版13期。

第八节 法医学著作

中华人民共和国成立后,我国法医学发展迅速,法医学专著也大量出版,下面仅就有代表性的著作列书目介绍。

一、公开出版发行的法医学类著作

表 3-5 介绍了新中国成立后我国公开出版发行的有代表性的法医学类著作。

表 3-5 部分公开出版发行的法医学类著作

书名	作者	出版社	出版地	出版年份
《食物中毒》	林几	人民军医出版社华东分社	北京	1951
《毒物分析化学》	黄鸣驹	新医书局	杭州	1951
《法医学》	仲许	新医书局	杭州	1951
《法医学》(图3-43)	张崇熙编,仲许修订	新医书局	杭州	1952
《简明法医学》	呼义民根据日本藤原教悦郎《新法医学》、高田义一郎《法医学》编译	华东医务生活社	上海	1952
《法医学》	[苏]波波夫著,中国医科大学法医学教研组译(王者风校,陈东启、陈康颐审校)	人民卫生出版社	北京	1955
《法医化学(化学毒理学分析)及职业性中毒之判定》	[苏]斯切潘诺夫著,什瓦依科娃修订,胡廷熹等译	人民卫生出版社	北京	1955
《食品中的化学毒物系统检查法》	高鹤娟	人民卫生出版社	北京	1955
《法医毒物学》	徐英含编著,陈履告校阅	新医书局	杭州	1955

第三章　中华人民共和国时期中国法医学（1949—2018年）

续表 3-5

书名	作者	出版社	出版地	出版年份
《法医毒物学》	徐英含编著，陈履告校阅	上海卫生出版社	上海	1956
《法医病理解剖学》	陈履告，徐英含	上海卫生出版社	上海	1956
《法医学》	［苏］阿夫捷也夫著，王增润、赵涵舆译	法律出版社	北京	1956
《从颅骨复原面貌的原理》	［苏］格拉西莫夫著，吴新智等译	科学出版社	北京	1957
《毒物分析化学》	黄鸣驹	人民卫生出版社	北京	1957
《农药杀虫杀菌剂与无机肥料的鉴定》	［苏］波波夫、特鲁什金娜著，肖刚柔、陈敏仁译	化学工业出版社	北京	1957
《司法精神病学》	［苏］布涅耶夫主编，王之湘译	法律出版社	北京	1957
《人体劳动力丧失鉴定原则》	［德］J. Brinkmann 等著，邱贤镔译	上海卫生出版社	上海	1958
《洗冤集录点校本》	（宋）宋慈	法律出版社	北京	1958
《法化学》	［苏］斯切潘诺夫著，什瓦依科娃修订，胡廷熹重译，李炳鲁审阅	人民卫生出版社	北京	1958
《法医毒物学》（第二版）	徐英含	上海卫生出版社	上海	1958
《急死的法医学鉴定》	［苏］卡西扬诺夫著，王维民、梁希增、韩永业译	人民卫生出版社	北京	1958
《法医学》（图3-44）	陈康颐	人民卫生出版社	北京	1959
《毒物分析》	刘立群	上海科学技术出版社	上海	1960
《十种常见毒物检验方法》	公安部三局	群众出版社	北京	1961
《牙齿痕迹鉴定》	［苏］米罗诺夫著，公安部三局译	群众出版社	北京	1962
《法医毒物学》	徐英含	上海科学技术出版社	上海	1962

续表 3-5

书名	作者	出版社	出版地	出版年份
《法医检验学》（图3-45）	陈安良、郭景元编著，祝家镇、朱小曼合写	群众出版社	北京	1964
《法医学》（第二版）	陈康颐	人民卫生出版社	北京	1964
《常见中毒的法医学鉴定》	胡炳蔚、刘明俊	人民卫生出版社	北京	1964
《血型工作手册》	中国医学科学院本书编写组	人民卫生出版社	北京	1973
《农药分析》	王君奎等	石油化学工业出版社	北京	1976
《农药残留量薄层层析法》	商检群	中国财经经济出版社	北京	1976
《血型与血库》	上海生物制品研究所血型组	上海人民出版社	上海	1977
《血型血清学》	勃尔曼等著，陈拱诒、刘国哲等译	第四军医大学出版社	西安	1977
《微量干血MN血型检验》	李伯龄、蒯应松、倪锦堂	群众出版社	北京	1978
《刑事毒物分析》	公安部人民警察干部学校	群众出版社	北京	1979
《死亡时间的法医鉴定》	[苏]梅列尼科夫、札洛夫著，冯真华译	群众出版社	北京	1979
《法医学颅脑损伤》	赵经隆	群众出版社	北京	1980
《机械性窒息》	仲许编	群众出版社	北京	1980
《洗冤集录校译》	（宋）宋慈编，杨奉琨校译	群众出版社	北京	1980
《机体分泌物的法医鉴定》	[苏]巴尔西冈茨、列弗钦科夫著，冯真华译	群众出版社	北京	1980
《洗冤集录今译》	（宋）宋慈编，罗时润、田一民译释	福建科学技术出版社	福州	1980
《实用法医学》（图3-46）	郭景元	上海科学技术出版社	上海	1980
《法医骨学》	陈世贤	群众出版社	北京	1980

第三章　中华人民共和国时期中国法医学（1949—2018年）

续表 3-5

书名	作者	出版社	出版地	出版年份
《法医学机械性损伤图谱》	四川省公安局、湖北省公安局	群众出版社	北京	1980
《洗冤集录》	（宋）宋慈编，贾静涛点校	上海科学技术出版社	上海	1981
《法医学入门》	郭景元、祝家镇	人民卫生出版社	北京	1981
《钝器伤的法医鉴定》	［苏］阿科波夫（В. И. Аколов）著，李鹏译	群众出版社	北京	1982
《中国医学百科全书·法医学》	郭景元	上海科学技术出版社	上海	1982
《法医学》	郑仲璇、李德祥、李谦宜等	法律出版社	北京	1982
《常见毒物的微量分析》	徐婉、陈源世	群众出版社	北京	1982
《农药残留量分析与检测》	樊德方	上海科学技术出版社	上海	1982
《法医学基础知识问答》	孙占茂	法律出版社	北京	1982
《法医学》	法学教材编辑部审定	法律出版社	北京	1982
《法医生涯四十年》	［英］K. 辛普逊著，伍新尧、郭朱明译	上海科学技术出版社	上海	1983
《机械性损伤》	仲许	江苏科学技术出版社	南京	1983
《法医学》	公安部人民警察干部学校	群众出版社	北京	1983
《司法精神病学基础知识》	刘安求	群众出版社	北京	1983
《现代毒物分析大全》	申健、腾利明编译	吉林教育出版社	长春	1983
《人类染色体的分子结构》	［美］J. J. 尤尼斯主编，蔡良婉、王汝宽等译	科学出版社	北京	1983
《中国大百科全书·法医学》	陈东启	中国大百科全书出版社	北京，上海	1984
《法医与破案》	祝家镇、朱小曼、郭景元	广东科技出版社	广州	1984
《国外血型检验新技术》	邹彬、冯真华编译	群众出版社	北京	1984

续表 3-5

书名	作者	出版社	出版地	出版年份
《实用法医病理学》	徐英含	群众出版社	北京	1984
《中国古代法医学史》	贾静涛	群众出版社	北京	1984
《头部钝器损伤与凶器》	董恩宝、陈世贤、翟建安等	群众出版社	北京	1984
《新指纹学》	刘少聪	安徽人民出版社	合肥	1984
《法医学讲义》	郑仲旋等编	法律出版社	北京	1984
《最新法医学》	叶昭渠	南山堂出版社	台湾	1984
《HLA 分型原理和应用》	赵桐茂	上海科学技术出版社	上海	1984
《现代实用毒物分析》	刘志民	人民卫生出版社	北京	1984
《法医显微病理学诊断》	[美] J.A. 珀泊、C.H. 韦其特编，吴家驳主译	人民卫生出版社	北京	1985
《法医学彩色图谱》	陈军、王奇刚等	陕西科学技术出版社	西安	1985
《急死的法医学鉴定》	杨清玉	群众出版社	北京	1985
《法医学彩色图谱》	陈军等	陕西科学技术出版社	西安	1985
《法医学》	孙占茂	吉林大学出版社	长春	1985
《法医学基础知识》	李宝珍等	光明日报出版社	北京	1985
《法医病理学手册》	[美] 费希尔（E. Fisher）、佩蒂（C. Petty）编著，赵经隆等译	群众出版社	北京	1986
《毒物分析方法学》	[美] 艾文·森夏因著，隋松遐译	群众出版社	北京	1986
《毒物分析》	吴维蓉等	群众出版社	北京	1986
《中国古代法医案例选》	张宝昌、胡益仁选注	甘肃人民出版社	兰州	1986
《法医学（修订本）》	翟建安等	群众出版社	北京	1986
《简明法医学》	李宝珍	北京大学出版社	北京	1986
《新编毒物分析化学》	胡乃钊、严济祥	群众出版社	北京	1986
《毒物快速系列分析手册》	王涨富	安徽科学技术出版社	合肥	1986
《法医学图谱》	杨玉璞	群众出版社	北京	1986

第三章　中华人民共和国时期中国法医学（1949—2018年）

续表 3-5

书名	作者	出版社	出版地	出版年份
《法医学颅脑损伤》（第二版）	赵经隆	群众出版社	北京	1986
《法医学》	郭景元	人民卫生出版社	北京	1987
《法医学》	贾静涛	中央广播电视大学出版社	北京	1987
《法医学：学习指导书》	贾静涛	中央广播电视大学出版社	北京	1987
《实用法医学手册》	贾静涛	辽宁教育出版社	沈阳	1987
《法医学》	李德祥	辽宁科学技术出版社	沈阳	1987
《法医学在司法工作中的应用》	王仁	辽宁科学技术出版社	沈阳	1987
《单克隆抗体在法医学上的应用》	章谷生、容秉培	上海科学技术出版社	上海	1987
《人类血型遗传学》	赵桐茂	科学出版社	北京	1987
《法医学》	［英］基思·辛普逊（K. Simpson）著，王永年译	法律出版社	北京	1987
《犯罪实验室：法医学》	［美］约翰·沃斯特著，杨永磴译	法律出版社	北京	1987
《犯罪现场勘查技术》	［瑞典］阿恩·斯文森、奥托·温德尔，［美］A. J. 巴里·费希尔著；冯真华等译	法律出版社	北京	1987
《法医学鉴定在侦查中的应用》	［苏］B. B. 托米林等，冯树梁、李膳合译	中国人民公安大学出版社	北京	1988
《人类血液和血斑的法医个人识别手册》	［美］W. B. 格鲁米鲍姆著，李伯龄译	群众出版社	北京	1988
《现代毒物分析新技术》	刘耀	群众出版社	北京	1988
《血型血清学》	孔禄卿	群众出版社	北京	1988
《法医血型血清学》	贾静涛	辽宁科学技术出版社	沈阳	1988
《法医物证检验》	吴亚标、张兴满、张纯禄	群众出版社	北京	1988
《法医学奥秘题解》	孔令义	华艺出版社	北京	1988

续表 3-5

书名	作者	出版社	出版地	出版年份
《法医牙科学》	宋彤	陕西科学技术出版社	西安	1988
《实用司法精神病学》	贾谊诚等	安徽人民出版社	合肥	1988
《应用司法精神病学》	陈忠保	上海科学技术出版社	上海	1988
《司法化学》	胡世澄	四川科学技术出版社	成都	1988
《法医毒理学》	黄光照	人民卫生出版社	北京	1988
《法医毒物分析》	徐婉	人民卫生出版社	北京	1988
《刑事科学技术》	翟建安	人民卫生出版社	北京	1988
《法医学概论》	贾静涛	人民卫生出版社	北京	1988
《法医毒物分析》	江焘	人民卫生出版社	北京	1988
《法医学》	谢仁福	四川科学技术出版社	成都	1988
《法医学》（第二版）	郑仲璇等	法律出版社	北京	1988
《药物和化学物质中毒的处置》	[美] R. C. Baselt 著，李伯龄、刘耀、雷观光译	群众出版社	北京	1988
《法医病理学》	祝家镇	人民卫生出版社	北京	1989
《体貌特征》	冯锁柱	中国人民公安大学出版社	北京	1989
《毒物的毒理与毒物分析》	李树森	人民卫生出版社	北京	1989
《化学性食物中毒与检验》	叶世柏	北京大学出版社	北京	1989
《法医鉴别》	李建樑、李英	河北科学技术出版社	石家庄	1989
《法医学》	刘宝城	哈尔滨船舶工程学院出版社	哈尔滨	1989
《现代仪器联用分析》	张志荣	四川科技大学出版社	成都	1989
《实用法医学知识问答》	彭文	群众出版社	北京	1989
《司法精神病学》	李从培	中国人民公安大学出版社	北京	1989
《法律精神病学》	沈政等	中国政法大学出版社	北京	1989
《司法精神病学》	李运午	南开大学出版社	天津	1989
《基础司法精神病学》	纪宗宜、张小宁	陕西人民教育出版社	西安	1989
《精神疾病司法鉴定及案例分析》	郑瞻培等	上海科学技术出版社	上海	1990

续表 3-5

书名	作者	出版社	出版地	出版年份
《司法精神病学》	田寿彰	法律出版社	北京	1990
《法医学活体损伤图谱》	孙永兴等	上海科学技术出版社	上海	1990
《法医学》	刘革新	蓝天出版社	北京	1990
《法医学》	刘瑞予	辽宁人民出版社	沈阳	1990
《法医学》	李谦宜	群众出版社	北京	1990
《法医学简明教程》	张兴满	中国人民公安大学出版社	北京	1990
《血型血清学及物证检验》	吴梅筠	云南民族学院出版社	昆明	1990
《DNA重组技术——实验室操作手册》	徐洵、刘震乾	科学出版社	北京	1990
《西藏硅藻图集》	迟若文	西藏人民出版社	拉萨	1990
《基因合成及其应用》	王美玲、韩金祥	山东大学出版社	济南	1991
《临床法医学》	李德祥	人民卫生出版社	北京	1991
《应用法医临床学》	吴军	中国医药科技出版社	北京	1991
《人体重伤鉴定标准释义》	陈佩璋	中国检察出版社	北京	1991
《警用法医学》	翟建安	警官教育出版社	北京	1991
《外貌特征与鉴别》	石长有	警官教育出版社	北京	1991
《医疗纠纷法医学鉴定及案例分析》	徐榴园	警官教育出版社	北京	1991
《法医学》	张宝昌	北京大学出版社	北京	1991
《法医学》	赵经隆	中国人民大学出版社	北京	1991
《实用法医学名词解释》	最高人民法院司法行政厅	人民法院出版社	北京	1991
《刑事化验实验指导》	刑事化验实验指导编写组，吴华嵩、魏玉芝统稿	群众出版社		1991
《法医学》（第二版）	郭景元主编	人民卫生出版社	北京	1992
《法齿学概论》	陈世贤	北京大学出版社	北京	1992
《毛发检验与个体识别》	徐文龙	安徽科学技术出版社	合肥	1992
《实用猝死病理学》	杨清玉、彭绍华	群众出版社	北京	1992

续表 3-5

书名	作者	出版社	出版地	出版年份
《法医学研究与应用》	栗红林、纪宗宜	陕西人民出版社	西安	1992
《法医放射诊断学》	臧大鹏	香港特别行政区中华科技出版社	香港	1992
《法医精神病学》	陈弘道	安徽科学技术出版社	合肥	1992
《司法精神病学》	李玉珊	山东大学出版社	济南	1992
《司法精神病学》	李从培	人民卫生出版社	北京	1992
《精神病人的法律能力》	孙东东	现代出版社	北京	1992
《精神障碍与犯罪》	慕庆华等	青岛海洋大学出版社	青岛	1992
《实用荧光分析法》	夏锦尧	中国人民公安大学出版社	北京	1992
《药毒物检验手册》	［日］何川凉等著，范垂昌，刘俊彦译	群众出版社	北京	1992
《毒物检验实验指导》	夏锦尧	中国人民公安大学出版社	北京	1993
《司法精神病学研究与应用》	栗红林、纪宗宜、张小宁	陕西人民出版社	西安	1993
《英汉对照法医学词汇》	吴梅筠	北京医科大学中国协和医科大学联合出版社	北京	1993
《法医学》	徐英含	世界图书出版公司	北京	1993
《司法鉴定概论》	最高人民法院技术局法医处	人民法院出版社	北京	1993
《实用法医临床学》	刘世沧	北京医科大学中国协和医科大学联合出版社	北京	1993
《法医人类学》	贾静涛	辽宁科技出版社	沈阳	1993
《法医学》（第二版）》	郭景元	人民卫生出版社	北京	1993
《实用法医手册》	郭景元	上海科技教育出版社	上海	1993
《法医学》	谢仁福	中国政法大学出版社	北京	1993
《颅脑外伤临床法医学》	袁尚贤	湖北科学技术出版社	武汉	1993

第三章　中华人民共和国时期中国法医学（1949—2018 年）

续表 3-5

书名	作者	出版社	出版地	出版年份
《中国法医实践》	翟建安	警官教育出版社	北京	1993
《计算机图像分析等技术在法医学的应用》	徐小虎、祝家镇	群众出版社	北京	1993
《实用法医学词典》	翟建安	人民卫生出版社	北京	1994
《法医学》	张宝昌	杭州大学出版社	杭州	1994
《法医学（维吾尔文）》	特来提·赛依提	新疆人民出版社	乌鲁木齐	1994
《新编法医学》	杨明志	中国政法大学出版社	北京	1994
《基础法医学》	陈霆宇、李延阁	济南出版社	济南	1994
《生物检材中有毒物质分析方法手册》	线引林	人民卫生出版社	北京	1994
《法医检骨与颅像重合》	胡炳蔚	陕西科学技术出版社	西安	1994
《人身伤残鉴定与赔偿指南》	庄洪胜、刘志新著	人民法院出版社	北京	1994
《DNA 在法庭科学中的应用》	杨庆恩	中国人民公安大学出版社	北京	1994
《应用法医学总论》	陈康颐著	群众出版社	北京	1995
《道路交通法医学》	翟建安主编，才东升等撰稿	警官教育出版社	北京	1995
《毒物分析》	陆惠民	警官教育出版社	北京	1995
《法医临床学》	朱小曼主编，邹丽华副主编	暨南大学出版社	广州	1995
《法医学》	吴家驭	北京医科大学中国协和医科大学联合出版社	北京	1995
《法医学》	杨绿君	中国政法大学出版社	北京	1995
《法医学（日文版）》	丁梅	中国医科大学中日医学教育出版社	沈阳	1995
《实用法医手册》（第二版）	郭景元	上海科技教育出版社	上海	1995
《法医学应用与研究》	徐小虎、陈玉川	群众出版社	北京	1995
《法医青天——林几法医生涯录》	黄瑞亭	世界图书出版公司	北京	1995
《法医学》	杨绿君	中国政法大学出版社	北京	1995

续表3-5

书名	作者	出版社	出版地	出版年份
《实用法医人类学简明读本》	高生发	中国检察出版社	北京	1995
《生物物证技术》	孙言文	中国人民大学出版社	北京	1995
《法医学数据手册》	陈禄仕	贵州科学技术出版社	贵阳	1995
《临床法医学与案例分析》	张秦初	北京医科大学中国协和医科大学联合出版社	北京	1996
《最新法医病理学》	徐英含主编，石秋念等编著	世界图书出版公司	北京	1996
《法医学》（第二版）	徐英含	世界图书出版公司	北京	1996
《性法医学》	骆世勋、宋书功	世界图书出版公司	北京	1996
《法医学鉴定差错案例分析》	吴宝琛	人民法院出版社	北京	1996
《法医病理学理论与实践》	张益鹄	湖北科技出版社	武汉	1996
《律师业务与法医学》	刘革新	中国政法大学出版社	北京	1996
《实用眼损伤法医学鉴定》	曲振武	大连出版社	大连	1996
《精神疾病患者刑事责任能力和医疗监护措施》	林准	人民法院出版社	北京	1996
《法医物证学》	张兴满	警官教育出版社	北京	1996
《司法精神鉴定的疑难问题及案例》	郑瞻培	上海医科大学出版社	上海	1996
《毒物分析》	中国刑警学院毒物分析教研室	群众出版社	北京	1996
《法医物证学》	郭景元	中国人民公安大学出版社	北京	1997
《法医精神病学》	刘协和	人民卫生出版社	北京	1997
《司法精神病学基础》	郑瞻培	上海医科大学出版社	上海	1997
《司法精神病学》	纪宗宜	暨南大学出版社	广州	1997
《法医学道路交通事故鉴定》	郭万里	甘肃人民出版社	兰州	1997
《中国近现代法医学发展史》	黄瑞亭	福建教育出版社	福州	1997
《法医学》	陈世贤	法律出版社	北京	1997
《法医学》	李玉珊、丛斌	山东大学出版社	济南	1997

第三章　中华人民共和国时期中国法医学（1949—2018年）

续表 3-5

书名	作者	出版社	出版地	出版年份
《实用法医学》	彭晓辉	中国地质大学出版社	武汉	1997
《DNA在法庭科学中的应用》	杨庆恩	中国人民公安大学出版社	北京	1997
《脑干诱发电位在法医学中的应用》	曾泽民	厦门大学出版社	厦门	1997
《法医学进展与实践·第一卷》	侯一平、刘世沧	成都科技大学出版社	成都	1997
《法医学鉴定书指南》	王振原主编，史希健副主编	北京医科大学中国协和医科大学联合出版社	北京	1997
《法医学研究与应用》	郭万里等	甘肃人民出版社	兰州	1997
《法医物证检验技术及应用》	公安部第二研究所	人民法院出版社	北京	1997
《精神疾病的司法鉴定》	马世民	上海医科大学出版社	上海	1998
《法医学概论》（第二版）	贾静涛	人民卫生出版社	北京	1998
《法医人类学》	陈世贤	人民卫生出版社	北京	1998
《刑事科学技术》	贾玉文	人民卫生出版社	北京	1998
《法医毒物分析》（第二版）	江焘	人民卫生出版社	北京	1998
《血型血清学及物证检验》	吴梅筠	云南民族出版社	昆明	1998
《法医学手册》	陈世贤等	上海科学技术出版社	上海	1998
《病理与法医：徐英含教授论文集》	徐英含著，来茂德编	杭州大学出版社	杭州	1998
《应用法医学》	刘瑛、王天平、闫红涛	中国公安大学出版社	北京	1998
《法医学》	王保捷等	吉林科学技术出版社	长春	1998
《司法鉴定常规与技术操作规程》	吴军、凌敬昆、沈渭忠	上海科技教育出版社	上海	1998
《法医弹道学——枪弹损伤的法医学鉴定》	闵建雄、陈世贤	警官教育出版社	北京	1998
《实用法医男性科学》	朱广友、吴军	法律出版社	北京	1998
《应用法医学各论》	陈康颐	上海医科大学出版社	上海	1999
《法医临床指南》	朱小曼	科学出版社	北京	1999

续表3-5

书名	作者	出版社	出版地	出版年份
《临床法医学》（第二版）	宋嗣荣	人民卫生出版社	北京	1999
《法医病理学》（第二版）	祝家镇	人民卫生出版社	北京	1999
《法医毒理学》（第二版）	黄光照	人民卫生出版社	北京	1999
《法医物证学》	吴梅筠	人民卫生出版社	北京	1999
《简明实用法医学》	张益鹄	人民军医出版社	北京	1999
《伤残鉴定与医疗事故》	庄洪胜等	人民法院出版社	北京	1999
《法医学进展与实践·第二卷》	侯一平、刘世沧	成都科技大学出版社	成都	1999
《损伤与疾病的法医学鉴定》	范利华、吴军、李伟新	法律出版社	北京	1999
《性变态犯罪及其对策》	庞兴华	警官教育出版社	北京	1999
《法医人类骨学》	依伟力	中国人民公安大学出版社	北京	1999
《颅像重合法研究与应用》	兰玉文	群众出版社	北京	1999
《鼠药检验与中毒物急救》	王涨富	安徽科学技术出版社	合肥	1999
《毒品学》	韩玉兰	群众出版社	北京	1999
《世界法医学与法科学史》	贾静涛	科学出版社	北京	2000
《现代法医学》	郭景元	科学出版社	北京	2000
《法科学》	李生斌、李昌钰	中国人民公安大学出版社	北京	2000
《心脏传导系统解剖与组织病理学彩色图谱》	宋一璇、姚青松	广东科技出版社	广州	2000
《法医昆虫学》	胡萃	重庆出版社	重庆	2000
《法医精神病学》	李云午	天津人民出版社	天津	2000
《新编法医学》	高随捷	中国法制出版社	北京	2000
《法医学》	吴家驭	中国协和医科大学出版社	北京	2000
《司法精神病学鉴定的实践与理论》	李从培	北京大学医学出版社	北京	2000
《精神障碍与犯罪》	刘伯驹	社会科学文献出版社	北京	2000
《法医学》	叶元熙	法律出版社	北京	2000

第三章　中华人民共和国时期中国法医学（1949—2018年）

续表 3-5

书名	作者	出版社	出版地	出版年份
《法医学实验指导》	王成祥	群众出版社	北京	2000
《实用法医 DNA 检验学》	刘开会、李宗亮	西安出版社	西安	2000
《保险法医学》	周伟等	中国检察出版社	北京	2000
《人的耻骨年龄》	张忠尧	辽宁科学技术出版社	沈阳	2000
《法医学》（第三版）	王保捷	人民卫生出版社	北京	2001
《法医学进展与实践·第三卷》	侯一平、刘世沧	四川大学出版社	成都	2001
《法医学案例教程》	郭万里等	兰州大学出版社	兰州	2001
《现代颅脑损伤学与法医学》	卢良高等	科学出版社	北京	2001
《法医损伤学》	闵建雄	中国人民公安大学出版社	北京	2001
《法医颅脑损伤学》	石秋念	浙江大学出版社	杭州	2001
《毒（药）物中毒鉴定理论与实践—典型案例分析》	卓先义	中国检察出版社	北京	2001
《毛发毒品分析》	孟品桂等	中国人民公安大学出版社	北京	2001
《化学源性猝死》	任引津、倪为民	上海第二军医大学出版社	上海	2001
《个人识别和亲子鉴定理论与实践》	程大霖、李莉	中国检察出版社	北京	2001
《法医临床学鉴定理论与实践》	朱广友	中国检察出版社	北京	2001
《人体损伤程度司法鉴定指南》	吴军	中国检察出版社	北京	2001
《精神疾病司法鉴定理论与实践》	高保林	中国检察出版社	北京	2001
《实用道路交通事故伤残评定及其物证检验》	王明鑫	吉林人民出版社	长春	2001
《伤残鉴定实用手册》	王连智等	吉林科学技术出版社	长春	2001
《法医鉴定实用全书》	郭景元	科学技术文献出版社		2002
《中国刑事科学技术大全·法医病理学》	黄光照、麻永昌主编	中国人民公安大学出版社	北京	2002
《中国刑事科学技术大全·法医物证学》	郭景元、李伯龄	中国人民公安大学出版社	北京	2002

续表 3-5

书名	作者	出版社	出版地	出版年份
《中国刑事科学技术大全·法医临床学》	刘世沧、吴军	中国人民公安大学出版社	北京	2002
《高级法医学》	伍新尧	郑州大学出版社	郑州	2002
《法医临床学》	刘世沧、吴军	中国人民公安大学出版社	北京	2002
《法医法学》	王克峰	中国人民公安大学出版社	北京	2002
《司法精神病学》	曾绪承	群众出版社	北京	2002
《现代DNA分析技术理论与方法》	裴黎	中国人民公安大学出版社	北京	2002
《法医DNA分析》	郑秀芬	中国人民公安大学出版社	北京	2002
《法医物证》	陈景丰、申金	中国人民公安大学出版社	北京	2002
《法医学》	张晓东	中国人民公安大学出版社	北京	2002
《真相大揭秘：走进法医学》	甘建一、朱金生	海南出版社	海口	2002
《临床法医学鉴定问答》	张秦初主编，顾珊智等编著	人民卫生出版社	北京	2002
《法医学司法鉴定》	莫耀南	郑州大学出版社	郑州	2003
《法医学》	张益鹄	科学出版社	北京	2003
《法医学》	马丽琴	人民军医出版社	北京	2003
《变色的银针》	褚建新等	科学出版社	北京	2003
《法医探案》	王雪梅	科学出版社	北京	2003
《警惕你身边的毒物》	王玉瑾等	科学出版社	北京	2003
《人体损伤鉴定标准条款释义与司法操作实务全书》	庄洪胜	中国人民公安大学出版社	北京	2003
《中国刑事科学技术大全·毒品和毒物检验》	张新威	中国人民公安大学出版社	北京	2003
《体内滥用药物分析》	沈敏	法律出版社	北京	2003

第三章 中华人民共和国时期中国法医学（1949—2018年）

续表 3-5

书名	作者	出版社	出版地	出版年份
《生物物证技术》	叶元熙	法律出版社	北京	2003
《中国首席大法医：陈世贤》	石丽珊	群众出版社	北京	2003
《命案现场分析》	陈世贤	群众出版社	北京	2003
《法医学进展与实践·第四卷》	侯一平、廖志钢	四川大学出版社	成都	2003
《法医学铁道损伤图谱》	肖发民	郑州大学出版社	郑州	2003
《法医学伤残评定》	赵新才	四川大学出版社	成都	2003
《司法精神病学——刑事法学与精神医学之整合》	张丽卿	中国政法大学出版社	北京	2003
《现代法医学》	陈康颐	复旦大学出版社	上海	2004
《法医临床学理论与实践》	邓振华、陈国弟	四川大学出版社	成都	2004
《法医学》	侯一平	高等教育出版社	北京	2004
《微生物法医学：理论与技术》	杨瑞馥、宋亚军	化学工业出版社	北京	2004
《法医学》（第四版）	王保捷	人民卫生出版社	北京	2004
《法医学》	俞树毅	人民法院出版社	北京	2004
《法医学概论》（第三版）	丁梅	人民卫生出版社	北京	2004
《法医学概论教程》	周云龙	群众出版社	北京	2004
《法医病理学》（第三版）	赵子琴	人民卫生出版社	北京	2004
《实用法医弹道学》	任嘉诚、徐华	群众出版社	北京	2004
《铁路接触网电损伤的法医学勘验与研究》	王萍、肖发民	河北科学技术出版社	石家庄	2004
《现代法医学研究进展》	江斌	湖南科学技术出版社	长沙	2004
《临床法医学》（第三版）	秦启生	人民卫生出版社	北京	2004
《法医学教程》	孙启富、张淑华	中国人民公安大学出版社	北京	2004
《法医学》	俞树毅	人民法院出版社	北京	2004
《人身伤残司法鉴定实务》	庄洪胜等	人民法院出版社	北京	2004
《法医物证学》（第二版）	侯一平	人民卫生出版社	北京	2004
《法医精神病学》（第二版）	刘协和	人民卫生出版社	北京	2004
《法医毒物分析》（第三版）	贺浪冲	人民卫生出版社	北京	2004
《法医毒理学》（第三版）	黄光照	人民卫生出版社	北京	2004

续表 3-5

书名	作者	出版社	出版地	出版年份
《法医学科研与临案：纪念中山大学基础医学院法医学系建系 20 周年论文》	李冠宏	暨南大学出版社	广州	2004
《道路交通事故受伤人员伤残评定》	朱广友等	中国检察出版社	北京	2004
《道路交通事故伤残评定操作指南与实务研究》	常林	中国人民公安大学出版社	北京	2004
《法医活体损伤鉴定 CT 诊断学》	伊伟力等	辽宁大学出版社	沈阳	2004
《法医学进展与实践·第五卷》	侯一平、廖志钢	四川大学出版社	成都	2005
《法医精神病学》	袁尚贤、高北陵	华中科技大学出版社	武汉	2005
《法医学鉴定文书常用词语及其运用》	孙亚娟、吴军	中国检察出版社	北京	2005
《临床法医学》	张秦初	西安交通大学出版社	西安	2005
《道路交通事故受伤人员伤残评定实用手册》	朱广友等	中国检察出版社	北京	2005
《人体损伤程度司法鉴定指南》（修订版）	吴军	中国检察出版社	北京	2005
《法医探索》	黄瑞亭	福建教育出版社	福州	2005
《颅脑损伤彩色图谱》	姚青松	广东科学技术出版社	广州	2005
《法医学》（第二版）	陈世贤	法律出版社	北京	2005
《法医学》	石恩林	中国民主法制出版社	北京	2005
《司法物证鉴定技术》	李琼瑶	中国民主法制出版社	北京	2005
《DNA 亲权鉴定》	吕德坚、陆惠玲	暨南大学出版社	广州	2005
《毒物与微量物证分析学》	刘景宁、周亚红	南京大学出版社	南京	2005
《法医学》	乔世明、张惠芹	清华大学出版社	北京	2005
《法医痕迹学》	郑德滋	中国海洋大学出版社	青岛	2005
《微生物法医学：理论与技术》	杨瑞馥、宋亚军	化学工业出版社	北京	2005
《法医学》（第三版）	吴家驭	四川大学出版社	成都	2006
《法庭生物学》	吴梅筠	四川大学出版社	成都	2006
《法医毒物分析》（第三版）	贺浪冲	人民卫生出版社	北京	2006

第三章　中华人民共和国时期中国法医学（1949—2018年）

续表3-5

书名	作者	出版社	出版地	出版年份
《法医解读典型命案》	马建民、王斌、马莉	群众出版社	北京	2006
《性暴力受害者法医学监护指南》	世界卫生组织编著，李旭译	人民卫生出版社	北京	2006
《伤残鉴定指南》	葛泉宝、陈德锋	中国法制出版社	北京	2006
《DNA鉴定：亲子关系争端之解决》	邓学仁、严祖照、高一书	北京大学出版社	北京	2006
《法医妇幼学导论》	林元益	军事医学科学出版社	北京	2006
《怎样破解一桩谋杀案：物证勘验手册》	［美］迈克尔·克兰（Michael Kurland）著，李兆隆译	群众出版社	北京	2006
《法医病理学立体化教材》	竞花兰、欧桂生	吉林科学技术出版社	长春	2006
《法医人类学经典之一·法医人类学基础（骨骼的法医学鉴定）》	张继宗、舒永康	科学出版社	北京	2007
《法医人类学经典之二·人类骨骼学测量方法图谱》	张继宗、舒永康	科学出版社	北京	2007
《法医人类学经典之三·骨龄鉴定—中国青少年骨骼X线片图库》	张继宗、舒永康	科学出版社	北京	2007
《法医个人识别与亲子鉴定》	闫立强、李金光	群众出版社	北京	2007
《法医实务教程》	王有民	陕西人民出版社	西安	2007
《法医学进展与实践·第六卷》	侯一平、廖志钢	四川大学出版社	成都	2007
《医学神探》	李小涛编著，北京大陆文化传媒编译	黑龙江科学技术出版社	哈尔滨	2007
《法医物证案例疑难解析——法医物证学理论与实践丛书之四》	裴黎，王海生编著	中国人民公安大学出版社	北京	2007
《法医物证实验手册——法医物证学理论与实践丛书之三》	裴黎、赵兴春	中国人民公安大学出版社	北京	2007
《法医疑案》	徐英含	北京大学医学出版社	北京	2007
《法医学》	陈玉川、张晓东	中国人民公安大学出版社	北京	2007
《法医学》	闵银龙	中国法制出版社	北京	2007

续表 3-5

书名	作者	出版社	出版地	出版年份
《法医学》	刘迎春	中国民主法制出版社	北京	2007
《法医学实验指导》	刘瑛、张惠琴	中国人民公安大学出版社	北京	2007
《身体罪证：走进法医学》	[英]布赖恩·英尼斯著，黄婷译	上海科学技术文献出版社	上海	2007
《漫游法医世界》	王雪梅	科学出版社	北京	2007
《法医分子生物学基础理论问答》	叶健、丛斌	中国人民公安大学出版社	北京	2007
《法医血型血清学问答》	丛斌、申成斌	中国人民公安大学出版社	北京	2007
《法医DNA分型：STR遗传标记的生物学、方法学及遗传学》	[美] J. M. Butler 著；侯一平、刘雅诚主译	科学出版社	北京	2007
《继往开来：振兴中国法医教育事业 纪念中国现代高等法医学专业教育创建二十五周年》	王镭	四川大学出版社	成都	2008
《法医物证学实验指导》	伍新尧	人民卫生出版社	北京	2008
《法医精神病学》（第二版）	刘协和	人民卫生出版社	北京	2008
《法医物证学实验指导》	张林	人民卫生出版社	北京	2008
《实用法医学司法鉴定》	莫耀南	科学出版社	北京	2008
《洗冤集录今释》	（宋）宋慈编，黄瑞亭、陈新山主编	军事医学科学出版社	北京	2008
《洗冤集录译注》	（宋）宋慈编，高随捷、祝林森译注	上海古籍出版社	上海	2008
《临床法医学鉴定指南》	张玲莉	华中科技大学出版社	武汉	2008
《眼外伤的法医学鉴定》	夏文涛、邓振华	中国检察出版社	北京	2008
《法医学》（第二版）	侯一平	高等教育出版社	北京	2008
《法医学》（第五版）	王保捷	人民卫生出版社	北京	2008
《法医学》	常林	中国人民大学出版社	北京	2008
《法医学》	陈龙	复旦大学出版社	上海	2008
《人身伤害的法医学鉴定》	沈忆文	复旦大学出版社	上海	2008

第三章　中华人民共和国时期中国法医学（1949—2018年）

续表3-5

书名	作者	出版社	出版地	出版年份
《法医临床学实验指导》	刘兴本	人民卫生出版社	北京	2008
《法医病理学实验指导》	竞花兰	人民卫生出版社	北京	2008
《法医物证学实验指导》	伍新尧	人民卫生出版社	北京	2008
《法医毒物分析实验指导》	廖林川	人民卫生出版社	北京	2008
《法医学：从纤维到指纹》	［美］丽莎·扬特著，顾琳等译	上海科学技术文献出版社	上海	2008
《法医化学》	［美］大卫	上海科学技术文献出版社	上海	2008
《法医物证学》（第三版）	侯一平	人民卫生出版社	北京	2009
《法医临床学》（第四版）	刘技辉	人民卫生出版社	北京	2009
《法医毒理学》（第四版）	刘良	人民卫生出版社	北京	2009
《法医法学》（第二版）	丛斌、常林	人民卫生出版社	北京	2009
《法医人类学》（第二版）	张继宗	人民卫生出版社	北京	2009
《法医学概论》（第四版）	丁梅	人民卫生出版社	北京	2009
《刑事科学技术》（第三版）	李生斌、万立华	人民卫生出版社	北京	2009
《法医精神病学》（第三版）	胡泽卿	人民卫生出版社	北京	2009
《法医学》	李生斌	人民卫生出版社	北京	2009
《法医学辞典》	官大威	化学工业出版社	北京	2009
《法医鉴定证据研究》	纪宗宜、姚澜	中国人民公安大学出版社	北京	2009
《法医活体损伤鉴定影像学》	依伟力、刘大荒	中国人民公安大学出版社	北京	2009
《法医学之父：伯纳德·斯皮尔斯伯里爵士具有开创性的案例以及现代犯罪现场调查的开始》	［美］科林·埃文斯著，毕小青译	山东人民出版社	济南	2009
《法医病理学图鉴》	竞花兰、利焕祥	人民卫生出版社	北京	2009
《法医病理学》（第四版）	赵子琴	人民卫生出版社	北京	2010
《法医毒物分析》（第四版）	廖林川	人民卫生出版社	北京	2010
《法医创伤学教程》	翟建安	中国人民公安大学出版社	北京	2010

续表 3-5

书名	作者	出版社	出版地	出版年份
《法医损伤学》（第二版）	闵建雄	中国人民公安大学出版社	北京	2010
《毛发分析基础及应用》	沈敏、向平	科学出版社	北京	2010
《法医学实验教程》	纪宗宜、姚澜、刘洛娜	经济科学出版社	北京	2010
《法医学进展与实践·第七卷》	侯一平	四川大学出版社	成都	2010
《法医学实验指导》	黄飞骏	四川大学出版社	成都	2010
《现代实用法医学》	李生斌	西安交通大学出版社	西安	2010
《法医学》	闵银龙	中国法制出版社	北京	2010
《司法鉴定概论》	杜志淳	法律出版社	北京	2010
《骷髅说话：洗冤集录与奇案侦查》	王大伟	中央编译出版社	北京	2010
《法医临床学》（第四版）	刘技辉	人民卫生出版社	北京	2011
《高级法医学》（第二版）	伍新尧	郑州大学出版社	郑州	2011
《话说大宋提刑官》	黄瑞亭、陈新山	军事医学科学出版社	北京	2011
《法医学》（Forensic medicine）（英文版）	陈新山	华中科技大学出版社	武汉	2011
《法医毒物司法鉴定实务》	沈敏	法律出版社	北京	2011
《现代法医昆虫学》	蔡继峰	人民卫生出版社	北京	2011
《血痕形态证据——取证与分析》	［美］A. Y. Wonder；蔡继峰主译	人民卫生出版	北京	2011
《爆炸与冲击相关损伤》	［美］N. M. Elsayed, J. L. Atkins 著，蔡继峰主译	人民卫生出版社	北京	2011
《法医活体损伤鉴定头面部影像学》	刘大荒、董洪旺、依伟力	中国人民公安大学出版社	北京	2011
《法医学》	李连宏	高等教育出版社	北京	2011
《心脏传导系统病理图谱》	宋一璇、姚青松	广东科技出版社	广州	2012
《中国法医学人物志》	黄瑞亭	军事医学科学出版社	北京	2012
《法医组织病理彩色图谱》	夏胜海、宋旭东	人民卫生出版社	北京	2012

第三章 中华人民共和国时期中国法医学（1949—2018 年）

续表 3-5

书名	作者	出版社	出版地	出版年份
《英汉法医遗传学词典》	李成涛、侯一平	科学出版社	北京	2012
《法医学》	王旭东	法律出版社	北京	2012
《与骸骨交谈：我希望每一个案件都有答案》（第二版）	［美］威廉姆·R. 美普斯，［美］C. 麦克·布朗宁著，尚晓蕾译	法律出版社	北京	2012
《续增洗冤录辨证参考》	（清）李璋煜原编，韦以宗主校	北京科学技术出版社	北京	2012
《法医 DNA 证据相关问题研究》	鲁涤	中国政法大学出版社	北京	2012
《法医活体损伤鉴定脊柱影像学》	依伟力、刘大荒、陈德良	中国人民公安大学出版社	北京	2012
《法医病理学司法鉴定实践》	侯碧海	广西科学技术出版社	南宁	2012
《法医学》（第六版）	王保捷、侯一平	人民卫生出版社	北京	2013
《法医学》	邓世雄	江苏科学技术出版社	南京	2013
《法医学》（第四版）	刘敏	四川大学出版社	成都	2013
《法医学》	赵虎、王慧君	北京大学医学出版社	北京	2013
《法医学进展与实践》（第 8 卷）	侯一平	四川大学出版社	成都	2013
《医疗纠纷和医疗事故的防范与处理》	杨捷、樊爱英	河南科技出版社	郑州	2013
《法医硅藻学扫描电镜图谱》	胡孙林、刘超、温锦锋	中山大学出版社	广州	2013
《新编法医物证检验技术》	童大跃、刘超	中国医药科技出版社	沈阳	2013
《法医影像诊断与鉴定》	王云钊	人民卫生出版社	北京	2013
《实用法医学》	刘耀、丛斌、侯一平	科学出版社	北京	2014
《法医学》（Forensic medicine）（英文版）	李玲、侯一平	人民卫生出版社	北京	2014
《法医临床学鉴定指南》（第二版）	张玲莉	华中科技大学出版社	武汉	2014
《当代法医显微病理图谱》	余言耿	群众出版社	北京	2014
《当代法医临床学图谱》	朱虹辉	群众出版社	北京	2014
《当代法医学图谱》	刘力	群众出版社	北京	2014
《警务实用法医学》	张幼芳	中国人民公安大学出版社	北京	2014

续表 3-5

书名	作者	出版社	出版地	出版年份
《法医物证学实验手册》	童大跃	中山大学出版社	广州	2014
《不知死，焉知生：法医的故事》	（日）上野正彦著，王雯婷译	北京大学出版社	北京	2014
《法医学》（第二版）	乔世明主编	清华大学出版社	北京	2014
《林几》	黄瑞亭著	鹭江出版社	厦门	2015
《法医学》（第三版）	侯一平	高等教育出版社	北京	2015
《法医学》	郝树勇	法律出版社	北京	2015
《法医学》	林子清、陈霆宇	中国人民公安大学出版社	北京	2015
《法医学》	闵银龙	法律出版社	北京	2015
《法医学》	沈忆文	复旦大学出版社	上海	2015
《法医精神病司法鉴定理论与实践》	赵虎、蔡伟雄	人民卫生出版社	北京	2015
《猝死法医病理学》	成建定、刘超	中山大学出版社	广州	2015
《法医病理数字化新技术理论与实践》	刘宁国、陈忆九	上海科技教育出版社	上海	2015
《法医昆虫学》	蔡继峰	人民卫生出版社	北京	2015
《视觉功能检查及客观评定的法医学原则与方法》	王萌、夏文涛、王旭主编	科学出版社	北京	2015
《中国法医学史》	黄瑞亭、陈新山	华中科技大学出版社	武汉	2016
《法医病理学》（第五版）	丛斌	人民卫生出版社	北京	2016
《法医物证学》（第四版）	侯一平	人民卫生出版社	北京	2016
《法医临床学》（第五版）	刘技辉	人民卫生出版社	北京	2016
《法医毒理学》（第五版）	刘良	人民卫生出版社	北京	2016
《法医精神病学》（第四版）	胡泽卿	人民卫生出版社	北京	2016
《刑事科学技术》（第四版）	李生斌	人民卫生出版社	北京	2016
《法医人类学》（第三版）	张继宗	人民卫生出版社	北京	2016
《法医学概论》（第五版）	丁梅	人民卫生出版社	北京	2016
《法医毒物分析》（第五版）	廖林川	人民卫生出版社	北京	2016
《法医法学》（第三版）	常林	人民卫生出版社	北京	2016

第三章 中华人民共和国时期中国法医学（1949—2018年）

续表 3-5

书名	作者	出版社	出版地	出版年份
《法医现场学》	万立华	人民卫生出版社	北京	2016
《法医病理学综述》（第5卷）	［德］米歇尔·仇克斯著，于天水译	中国政法大学出版社	北京	2016
《法医物证学实验指导》（第二版）	张林	人民卫生出版社	北京	2016
《法医病理学实验指导》（第二版）	成建定	人民卫生出版社	北京	2016
《法医临床学实验指导》（第二版）	刘兴本	人民卫生出版社	北京	2016
《法医毒理学实验指导》（第一版）	朱少华	人民卫生出版	北京	2016
《法医毒物分析实验指导》（第二版）	沈敏	人民卫生出版社	北京	2016
《法医学进展与实践·第九卷》	侯一平	四川大学出版社	成都	2016
《刑事理化检验、法医学和生物物证学实训教程》	徐晓玲	中国人民公安大学出版社	北京	2016
《人体损伤程度鉴定标准：法医影像学实用指南》	刘大荒、依伟力	中国人民公安大学出版社	北京	2016
《证据：历史上最具争议的法医学案例》（第二版）	［美］科林·埃文斯著，毕小青译	生活·读书·新知三联书店	北京	2016
《贵州法医学理论与实践》	屈剑平	贵州大学出版社	贵阳	2016
《宋慈大传：法医学之父》	王宏甲	中译出版社	北京	2016
《法医学实验指导》	武彦、陈丽琴	北京大学医学出版社	北京	2016
《医疗损害司法鉴定实务及防范措施》	蔡继峰	人民卫生出版社	北京	2016
《基层医疗机构医疗损害防范知识及案例解析》	蔡继峰	人民卫生出版社	北京	2016
《县级医院医生手册·医疗损害的预防与处理》	蔡继峰	人民卫生出版社	北京	
《医疗损害鉴定与防范新进展》	蔡继峰	人民卫生出版社	北京	2016
《法医临床学实用眼外伤检查诊断方法》	王元兴、陆士恒	科学出版社	北京	2016
《法医说案》	黄瑞亭	福建科学技术出版社	福州	2017
《宋慈说案》	黄瑞亭、陈新山	科学出版社	北京	2017

续表 3-5

书名	作者	出版社	出版地	出版年份
《洗冤集录注评》	（宋）宋慈著，罗时润、关信注评	浙江古籍出版社	杭州	2017
The History of Chinese Forensic Medicine and Science//History of Forensic Medicine	陈新山，黄瑞亭	Burkhard Medea. Lehmanns Media GmbH	德国柏林	2017
《法医学》(Forensic medicine)（英文版）	［英］Jason Payne-James、赵虎	人民卫生出版社	北京	2017
《法医学》（第二版）	李生斌	人民卫生出版社	北京	2017
《增修无冤录大全》（影印本）	［朝鲜］具允明、［朝鲜］金就夏增修	北京科学技术出版社	北京	2017
《让一部分人先法医起来》	果壳著	浙江大学出版社	杭州	2017
《溺死法医诊断》	刘超	中山大学出版社	广州	2018
《全球司法鉴定实践》	［美］Douglas H. Ubelaker著，何晓丹、李成涛主译	科学出版社	北京	2019
《中国法医学70年理论与实践》	刘耀、丛斌、胡丙杰	科学出版社	北京	2019
《中国近现代法医学史》	黄瑞亭、胡丙杰	中山大学出版社	广州	2019

图 3-43 张崇熙、仲许《法医学》(1952)

图 3-44 陈康颐《法医学》(1959)

第三章 中华人民共和国时期中国法医学（1949—2018 年）

图 3-45 陈安良《法医检验学》（1964）

图 3-46 郭景元《实用法医学》

二、法医学内部资料或内部教材

2000 年之后，大量法医学著作出版，故本部分重点收集了 2000 年以前印刷的法医学内部资料或教材，见表 3-6。

表 3-6 2000 年以前印刷的法医学内部资料或教材

书名	作者	印刷单位/印刷地	时间
《法医学讲义》	林几著，吴幼霖整理，胡炳蔚付印	南京大学法医室	1951
《法医物证》	司法部法医训练班	上海民主誊印社刻印	1955
《法医学》	［苏］哈夫捷耶夫 M И 著，中国人民大学刑法教研室译		1955
《法医学讲义》	张颐昌、徐宝彝、任惠嘉等	上海民主誊印社刻印	1955—1956
《法医学实习手册》	中国医科大学法医学教研室	沈阳	1956
《濒死与临床死亡的病理生理学与治疗》	［苏］涅果夫斯基 B A 著，柯成标译		1957
《法医学讲义》	湖南医学院法医学教研组	长沙	1958

续表3-6

书名	作者	印刷单位/印刷地	时间
《法医学：物证检验》	贺美琴主编，武汉医学院病理解剖教研室法医教学小组编	武汉	1959
《法医学讲义（一）》	公安部第一人民警察干部学校	沈阳	1960
《法医学讲义（二）：物证检验》	公安部第一人民警察干部学校	沈阳	1960
《法医学讲义》	湖北大学法律系司法鉴定教研室王万成等	武汉	1961
《斧锤凶器损伤的鉴定》	公安部三局刑事科学技术处、刑事科学技术研究所	北京	1962
《棍棒凶器损伤的鉴定》	公安部三局刑事科学技术处、刑事科学技术研究所	北京	1963
《法医物证实习指导》	公安部第一人民警察干部学校	沈阳	1974
《法医学》	中山医学院病理教研组	广州	1976
《砖击头颅损伤》	山西长治市公安局钝器伤研究小组	长治	1976
《法医学》	中山医学院病理教研组法医组	广州	1978
《基础法医学》	［日］朱田昭一等著，胡炳蔚译	西北政法学院科研处	1980
《法医遗传学基础》	黄文衡、车德仁	黑龙江省科普创作协会	1980
《法医学讲义》	湖北财经学院法律系	武汉	1980
《法医学讲义》	谢仁福	西南政法学院刑事侦察教研室	1981
《法医学实习教材》	陈绍容、孟勤	西南政法学院刑事侦察教研室	1981
《法医学讲义》	北京大学法律系刑法教研室	北京	1981

第三章 中华人民共和国时期中国法医学（1949—2018年）

续表3-6

书名	作者	印刷单位/印刷地	时间
《法医学》	中国医科大学法医学教学研究室	沈阳	1981
《法医学与司法鉴定学讲义》	湖北财经学院法律系	武汉	1982
《基础法医学》	［日］矢田昭一等著，杨明志译	西北政法学院科研处	1983
《国外刑事科学技术论文集》	公安部刑事科学技术研究所编译	北京	1984
《法医病理学手册》	［美］拉塞尔·S.费希尔等编著，刘明俊主译	西安：西安医科大学法医系、兵器工业部二〇四厂	1985
《法医学》	张其英	上海医学院法医学教学研究室	1985
《法医物证学科研资料选编》	郭景元	中山医科大学法医物证学教研室	1986
《法医人类学基础》	公安部第二研究所情报资料室	北京	1987
《精斑检验的现状和展望》	公安部第二研究所法医室	北京	1987
《法医物证学讲义》	伍新尧编写，昆明医学院法医物证室校	昆明	1987
《法医物证学》	中山医科大学法医物证学教研室郭景元	广州	1989
《法医临床学》	中山医科大学法医临床学教研室朱小曼	广州	1989
《钝器损伤》	公安部第二研究所法医室	北京	1989
《法医病理组织学图谱》	陈玉川等	中山医科大学法医病理学教研室	1994
《法医病理学及其进展》	秦其生	同济医科大学法医病理学教研室	1995
《法医毒理学及其进展》	刘世沧	华西医科大学法医病理学教研室	1995

续表 3-6

书名	作者	印刷单位/印刷地	时间
《法医病理学实验指导》	罗斌	中山医科大学法医病理学教研室	1997
《法医毒理学实验指导》	胡丙杰	中山医科大学法医病理学教研室	1997

第九节 国 际 交 流

在我国对外开放日益扩大的形势下，我国法医学工作者同国外法医学界的交往日益增多。近年来，我国学者参加国际学术会议的机会逐年增加，并在国内成功地主办了数次国际性的学术会议。国外法医学的知名学者、学术团体的负责人应邀多次来我国讲学，参观或联合开展科研项目和人才培养。我国也多渠道地选派多名学者到国外考察、攻读学位、进修学习、合作科研和讲学，并在国外的国际公认的核心期刊上发表多篇高水平的科研论著。根据各单位提供的资料及通过文献检索收集到的部分资料整理如下。

一、举办、参加国际学术会议情况

（一）我国举办的国际学术会议

1987 年

10 月 10—16 日，由中国医科大学法医学系主持召开的我国首届国际法医学术研讨会在辽宁沈阳召开。贾静涛教授为大会主席，郝丕业教授为秘书长。来自全国 27 个省市公、检、法系统 96 名法医工作者，及华西医科大学、中山医科大学、上海医科大学、同济医科大学等 20 所医学院校的 48 名专家学者参加了大会，同时邀请了来自英国、日本、新加坡的 10 名外国法医学专家及 1 名中国香港地区的法医学专家做大会发言。

1988 年

9 月 4—7 日，由中国法医学会主办的国际法医学术讨论会在北京召开。由李伯龄任大会主席，祝家镇任学术委员会主任，刘云起任组织委员会主任。来自 20 多个国家和地区的近 200 位法医学工作者参加了会议。大会宣读论文 150 多篇，展示论文 27 篇。中国有 53 篇论文在大会宣读。

1992 年

5 月 19—21 日，由中国刑警学院主办国际法医学术研讨会在辽宁沈阳召开。张兴满任大会主席。来自中国（包括香港地区）、英国、俄罗斯、日本、美国、丹麦、澳大利亚、新加坡的 50 多位法医工作者参加了会议。大会共接收论文 61 篇（中国 33 篇），其中大会报告19篇（中国11篇）。

1994年

10月25—27日，由公安部、中国社会发展科学技术学会组织的中国国际法科学与技术学研讨会在北京召开。

2000年

11月3—7日，中国法医学会邀请3名美国法医和法庭科学技术管理专家，在北京举办首次中美法庭科学技术交流暨研讨班。

2001年

4月，中国法医学会在安徽省黄山举办了"中美法庭科学技术交流会"。

2002年

2月，中国法医学会在河南省洛阳市举办了"内地与香港法庭科学技术标准化、规范化研讨会"。香港政府化验所代所长梁时中先生率4名香港法医专家出席并主讲。

10月，中国法医学会在湖北省武汉市举办了"中外著名专家法庭科学技术研计、培训班"。

11月，中国法医学会在广西桂林市举办了"中外法医科学技术研讨、培训班"。

2004年

7月，在吉林省延吉市召开中韩法医临床学学术交流会。

11月，西安交通大学法医学院与中国科学院基因组研究所联合举办"国际法庭DNA证据研讨会"。

2005年

4月，西安交通大学法医学院举办国际基因组与医学、法科学研讨会。

8月21—26日，第17届国际法庭科学大会（17th Meeting of the International Association of Forensic Science，IAFS2005）在中国香港召开。本届大会主要承办机构是中国香港特别行政区政府化验所和香港警务处。会议在香港会议展览中心举行。公安部物证鉴定中心的周云彪、季安全、胡兰、叶健、黄文林、李万水等作为本届大会的国家顾问委员会成员出席了会议。来自世界57个国家和地区的1 228名代表参加了会议，其中全会代表826名、只参加一天会议代表98名、发展中国家特惠代表14名、学生89名、参展商103名及陪同人员98名。征集论文1 094篇，录用论文799篇，其中，主题演讲37篇、口述发言416篇、墙报383篇。本届阿德雷德奖章被颁授给A. J. Jeffreys，以表彰他在DNA检验技术领域对法庭科学的重大贡献。本届大会的主题是"循科学、伸正义"，大会有两个专题议程，分别为"DNA纹印：现状与前瞻"和"全球滥用药物透视"。为了特别介绍中国在法庭科学方面的发展，筹委会还专设了"中国法庭科学论坛"。同时，会议还举办了多个工作坊，研讨交流当前流行的专题和一些香港专长的课题。大会设有展览会，全球各大厂商向与会代表展示了各种高新技术设备和仪器、试剂。除了学术交流之外，本届大会还组织召开了国际法庭科学峰会，重点探讨如何加强世界各国之间的合作问题，这是国际法庭科学协会在其每三年一次的大会中首次举办此类峰会。

2006 年

11 月，中国法医学会在浙江省杭州市举办"法庭科学最新技术培训班"，来自美国、日本等国家的法医学专家有：Thomas T. Noguchi、Christopher Rogers、Lakshmanan Sathyavagiswaran、Marcella F. Fierro、Robert J. Fierro、Roscoe Atkinson、大野曜吉、Sanford A. Angelos 等。讲授内容有：《美国法医在重大灾难事件和预备工作中的作用——恐怖主义对医疗卫生系统和法医鉴定人的影响》《法医鉴定人/验尸官（法医学专家）的作用与患者医疗质量改善——法医学检验鉴定的新领域》《猝死的调查研究》《法医流行病学》《枪口印痕》《强奸和性骚扰》《美国的医疗事故》《法医学与病理学中图像分析及病理信息学的潜能》《法医鉴定案例介绍》《美国地下甲基安非他明实验室法律目标和分析程序》等。

2010 年

司法部司法鉴定科学技术研究所与荷兰国立司法鉴定研究所联合举办"CSI 海牙"国际研讨会。

2012 年

9 月 10—14 日，由公安部刑侦局和中国法医学会主办，广东省公安厅、广州市公安局和法医病理学公安部重点实验室承办的中外法庭科学新技术研讨培训班在广州举办并取得了圆满成功。中国法医学会会长、中国工程院院士刘耀，公安部刑侦局副局长温道军，公安部科信局副局长谭晓准，广东省公安厅副厅长郭少波、刑侦局局长杨江华，广州市公安局副局长陈永球、刑侦支队支队长崔然等出席开幕式并讲话。研讨培训班举办期间，以色列和俄罗斯专家分别讲授了爆炸现场的处置、勘验，爆炸物以及化学成分的分析，从爆炸装置、成分分析爆炸案事件的性质，爆炸案件侦查和法医技术人员对现场的处置程序和技术方法，爆炸案件中罹难者的个体识别，爆炸损伤的检验与分析。

2013 年

10 月，中国法医学会在北京举办中外法庭科学学术交流会议。

2017 年

5 月 9—11 日，由公安部物证鉴定中心和现场物证溯源技术国家工程实验室共同主办的中外刑事技术发展论坛暨《刑事技术》编委会会议在北京召开。公安部物证鉴定中心赵启明主任出席开幕式并致辞。中国工程院刘耀院士，公安部物证鉴定中心副主任王桂强、温道军、叶健出席开幕式。应邀出席会议的还有英国 Robert Anderson、以色列 Joseph Almog、韩国 Heesun Chung、澳大利亚 David Ranson 四位外籍学术顾问，以及《刑事技术》编委会委员、审稿专家、学科编辑和现场物证溯源技术国家工程实验室的专家，共计 100 余人。公安部物证鉴定中心温道军副主任主持开幕式。赵启明主任在致辞中指出，刑事技术是打击违法犯罪、维护社会治安稳定不可或缺的科技利剑，在挖掘物证信息、证实犯罪事实、提供诉讼证据方面发挥着不可替代的作用。《刑事技术》是公安部主管、公安部物证鉴定中心主办的国内外公开发行的综合性学术期刊，多年来始终秉持"引领发展、推动应用、服务实战"的办刊宗旨，着力打造专业、开放、共享的学术交流平台，目前已成为我国刑事技术领域覆盖面最全、影响最广的专业期刊。赵启明强调，一要积极适应新形势新要求，加快推动刑事技术发展；二要充分发挥桥梁和

第三章 中华人民共和国时期中国法医学（1949—2018 年）

纽带作用，不断强化刑事技术的深度应用；三要坚持办好《刑事技术》杂志，争创国际一流法庭科学学术期刊。会议期间，国内外专家齐聚一堂，为参会代表呈现了一场场精彩纷呈的报告。报告内容包括中国法医 DNA 30 年、死亡调查中的尸体影像分析、法医毒理学概述、生物物证刻画技术研究进展、安非他明类兴奋剂的分析与解读、基于膜富集技术的硅藻检验方法的建立及应用、物证刻画技术在法庭科学中的应用、预防型法庭科学概述等，涵盖了目前法庭科学领域的多个研究热点和难点。5 月 11 日下午，刘耀院士代表《刑事技术》编委会作了工作报告，简要回顾了《刑事技术》创刊 41 年来的发展历程，介绍了刑事技术在服务实战、科研创新、培养专业人才、科普专业知识等方面的重要作用，对《刑事技术》和国内外同类法庭科学学术期刊进行了比较，并对《刑事技术》编委会的下一步工作进行了展望。权养科研究员对《刑事技术》审稿中常见的问题进行了分析。最后，与会代表各抒己见，热烈讨论，对期刊发展献计献策，提出了很多宝贵意见和建议。在筹备组的精心组织和与会代表的大力配合下，大会取得圆满成功。本次会议将对刑事技术的发展和《刑事技术》杂志迈向更高水平起到积极的促进作用。

9 月，2017 年国际法医科学理论与技术高峰论坛暨河北医科大学法医学院成立大会在河北石家庄召开。

（二）我国学者参加国际学术会议情况

1984 年

2 月 20—25 日，中山医科大学祝家镇参加在美国加州橙县举行的美国法科学年会（American Association of Forcnsic Sciences，AAFS）及同时举行的全国法医学年会（National Association of Medical Examiners，NAME）。

华西医科大学汪秉康在美国参加罗马林达大学医学院校庆学术交流会。

1985 年

2 月，中山医科大学祝家镇参加在拉斯维加斯（Las Vegas）举行的美国法科学年会（AAFS），会上报告 2 篇论文：《受虐待死亡儿童眼内改变》《损伤皮肤的扫描电镜观察》，开创了中国人在美国法科学年会上报告 2 篇论文的先例，受到与会者的高度评价。

9 月 7—11 日，同济医科大学秦启生在德国汉堡参加德国第 64 届法医学年会。

华西医科大学汪秉康在美国圣地亚哥参加全美神经病理学年会。

1986 年

2 月 12—15 日，应美国法庭科学学会（American Academy of Forensic Sciences，AAFs）的邀请，公安部第二研究所刘耀、张玉洁、麻永昌、董慧琦 4 人在美国新奥尔良市参加了美国法庭科学学会第 38 届年会，并到华盛顿和加拿大多伦多等城市，参观访问美国联邦调查局的法庭科学实验室与培训中心和加拿大安大略省法庭科学中心。美国法庭科学学会创建于 1948 年，现有会员 2 700 多人，均为美国各州和加拿大以及世界上其他 30 多个国家的法庭科学专家、学者和工作者。学会下设病理学与生物学、齿科学、精神病学、毒物学、刑事技术、文件检验、人类学等 10 个分支学科。学会的会刊《法庭科学杂志》是世界上有影响的学术性刊物。学会每年 2 月召开一次年会，总结工作，表彰有贡献的专家、学者；改选理事会；举行学术报告会和学术讨论会，交流一年来法庭科学的新成就、新技术和工作经验。这次年会约有 300 名代表参加，加拿大、德国、日本等国也有代表参加。大会共交流学术论文 400 篇，内容涉及法庭科学的各个领域。中国代表分别参加了病理与生物学、毒物和刑事技术 3 个分科会场的学术活动。会议期间，学会还专门开辟了一个展览大厅，由世界著名的厂家展销它们生产的最先进的法庭科学技术专用分析仪器、通用设备、药品、试剂以及最新的图书、杂志等。大会还开辟了科技成果、优秀案例展览区，作者当场向代表们介绍自己的成就和经验。

8 月，第二届印度太平洋法医学和法庭科学大会在斯里兰卡首都科伦坡召开，我国林维新、刘耀等 4 人受最高人民法院和公安部委派应邀参加大会。

9 月 9—13 日，同济医科大学秦启生在瑞士 St. Gallen 市参加德国第 65 届法医学年会，宣读论文《脂肪心的形态测量及脂肪含量测定》。

10 月 13—17 日，第一届世界法医大会和第三届拉美法医与医德大会在墨西哥墨西哥城召开。应墨西哥法医学会邀请，公安部第二研究所所长李伯龄参加大会。这次会议由拉丁美洲法医协会和墨西哥法医、刑事技术协会发起组织，中国、美国、苏联、南斯拉夫、意大利、加拿大、巴西、阿根廷等 22 个国家 300 多人应邀出席。李伯龄在大会上宣读《中国法医发展概况》和《中国 16 个少数民族两种酶型的分布》两篇论文，并回答了代表们提出的问题，受到与会者欢迎，很多人纷纷索要论文。为进一步促进国际法医学术交流，会议决定成立世界法医学会。意大利的 Machiarelli 当选为理事长，美国的 Spitz、苏联的 ГроMoB 和我国李伯龄三人当选为副理事长，阿根廷的 Kvitko 为秘书长。墨西哥法医、刑事技术学会和刑法学会，拉美法医和医德协会还分别授予李伯龄为荣誉会员。

中山医科大学徐小虎参加了在美国圣地亚哥举行的美国法科学年会。

1987 年

华西医科大学刘世沧在美国佛罗里达参加美国法医鉴定人委员会学术年会，会议主题是"法医病理与 AIDS 病理"，书面交流论文为《二尖瓣黏液变性综合征》。

2 月 16—21 日，第 39 届美国法庭科学年会在美国加里福尼亚州圣地亚哥市召开。此次年会的主题是关于环境中的生物危害。大会共有 400 余篇论文并开展了讲座等。论文主要在各分会场报告，其中刑事犯罪学方面 61 篇、生物工程学 44 篇、综合类 37 篇、司法学 9 篇、法医牙科学 61 篇、病理/生物学 79 篇、人类学 38 篇、精神和行为科学 13 篇、文证检验学 23 篇、毒理学 45 篇。南加州大学医学院临床教授米尔斯在会上作了题为《中国法庭科学的过去、现在和将来》的报告。该教授是 1986—1987 年度美国法庭科学学会的主席，曾应我国公安部第二研究所的邀请，于 1986 年 6 月率领美国人民交流协会法医代表团对我国进行了为期 3 周的参观访问。他的报告结合幻灯的形式，直观地反映了我国的法庭科学犯罪司法审判制度及"文化大革命"后人民生活等方面的情况，促进了两国法庭科学界之间的相互了解。鉴于米尔斯教授所做出的贡献，大会向他颁发了套印有中华人民共和国地图的奖状。年会还同时举办了为期 3 天的展览会，会上展出了各种最先进的应用于法庭科学方面的仪器设备。目前，美国法庭科学学会有成员近 3 000 人。主要的人员构成是法医、律师、牙科学家、毒化学家、人类学家、文证检

第三章 中华人民共和国时期中国法医学（1949—2018 年）

查专家、工程师、犯罪学专家、法医教育家等。他们来自美国 50 个州和加拿大以及世界上的其他 30 个国家。美国法庭科学学会定于每年 2 月举行年会，对促进法庭科学的发展有重要作用。

8 月 2—7 日，第 11 届国际法庭科学会议在加拿大温哥华召开。国际法庭科学会议由国际法庭科学学会（International Association of Forensic Sciences）主办，每三年召开一次。1987 年召开的本届会议有近 70 个国家的 1 700 余名学者到会。38 个国家和地区的约 600 名学者在大会上宣读或书面展示了论文。其中，法医学各学科发表论文最多，约 300 篇，占全部论文的一半，其次为药品和毒物分析等。会议分 21 个专业或专题组进行学术交流和讨论，其中包括法医病理学、法医物证学、法医人类学、法齿学、临床法医学、法医精神病学、药物和毒物分析、文件检验、爆炸和火灾、枪弹和工具痕迹、毛发、纤维、现场勘查、现场试验、交通事故及其损伤、统计学、教育学、人权等。会上有 6 个国家的学者发表 13 篇有关 DNA 纹印术的论文。DNA 纹印术在英国已用于检案，并得到法庭承认；在美国、加拿大也取得很大进展，除能用于血液（斑）、精液（斑）外，还进行了唾液、混合斑、毛发、指甲以及各种人体组织中的 DNA 研究。血液检材用量减少到 25 μL，有的论文报道，陈旧四年的血痕仍可检出；在检测方法（如非同位素标记法）、试剂和探针选择的研究中也取得了进展。在展览会上还推出了多种 DNA 专用器材。与会专家一致认为 DNA 纹印技术将使法医生物学产生革命性的飞跃。我国公安部、最高法院、中国人民大学、复旦大学、山东临沂医专派代表参加会议并发表了论文。

8 月 10—25 日，应泛美法庭科学会秘书长 William G. Eckert 博士邀请，以公安部第二研究所高级工程师、亚太地区法医学会理事刘耀为团长，高级法医师陈世贤、工程师林忠、汪振栋为团员的刑事技术代表团，出席了在美国堪萨斯州 Wichita 市举行的泛美法庭科学会第三届年会。泛美法庭科学会（Pan American Association of Forensic Sciences，PAAFS）是 1975 年由美国 Wichita 市大学法庭科学中心主任 Millton Helapol 博士发起组织并成立的，成员包括南、北美州各个国家。这个学会是很有威望和成就的国际性法庭科学组织，设有法医学、精神病学、人类学、解剖学、血清学、生物学、毒物学、文件检验、刑事犯罪学等学科。1981 年召开第一届年会，1984 年召开第二届年会，1987 年召开第三届年会。出席本届年会的有美国、加拿大、英国、法国、德国、日本、澳大利亚、新加坡、印度、泰国等 37 个国家和地区的代表 200 多人。会议交流学术论文 95 篇，内容涉及刑事技术各个领域，大多数论文具有较高的学术水平和实用价值。代表们从会上了解到当前世界主要国家刑事技术发展的新信息，收集了一些新技术资料，结识了不少同行专家、学者，为发展我国刑事技术，开展对外学术交流创造了条业。代表们还参观了洛杉矶市法医局和警察局技术实验室，这两个单位的工作效率高，技术人员专业素质好，重视业务资料建设和检验方法规范化，以及科学管理方法，给代表们留下了深刻的印象。

1988 年

中山医科大学吕俊苞参加在澳大利亚墨尔本举行的澳大利亚法医学学术会议。

6 月，中国医科大学丁梅参加日本法医学谈话会第 74 次会议。11 月，丁梅参加日本法医学谈话会第75次会议。

1989年

印度太平洋法医学和法庭科学国际会议在印度马德拉斯召开，我国最高法院派叶炯华、吴宝琛等4人参加。

1990年

4月，中国医科大学贾静涛、李德祥参加日本法医学会第74次大会及京都日本酒精中毒学会年会。

10月9—17日，日本法医学会与德国法医学会在日本金泽市共同主办了法医学进展第一次国际研讨会（图3-50）。其间还分别在东京和京都两地举行了"卫星会议"。26个国家的300多位法医学工作者参加了会议。中国法医界及教育界共派祝家镇、郭景元、贾静涛、李德祥、吴梅筠、胡炳蔚、黄光照、刘技辉等16人出席。中国有8篇论文被接纳在会上报告，12篇被接纳展示。主要参会论文有：

祝家镇：①The current system of forensic medicine in the P. R. China；②Estimation of time of injuries by microscopic localization and quantification of nonspecific esterase.

郭景元：Determination of phenotypes of salivary amylase in saliva and saliva stains by IEF and silver staining.

贾静涛：①On the historical development of forensic medicine in China；②On the medicolegal education in China.

李德祥：Pathology of brain death.

吴梅筠：①Sex determination of hairs by analysis of amplified DNA sequences；②ApplIcation of the PCR in forensic science practice；③Phenotyping of GC in human semen stains using IEF followed by enzyme immunoassay.

胡炳蔚：①Studies on aconitine toxicology；②Toxicokinetic studies of cantharidin in rabbits.

黄光照：Toxicological pathological study of Lei Gong Teng.

刘技辉：A preliminary study on the application of visual evoked potential in forensic practice.

刘兴本：Evaluation of ABR applied in forensic practice.

王保捷：On the species discrmination of animal blood stains by polyacrylamide gel isoelectrofocusing.

华西医科大学刘世沧在广州参加国际组织化学与细胞化学会，大会交流论文为《睾丸、副睾的组织化学反应》。

10月24—30日，澳大利亚法医学会在阿得雷德市主办第十二届国际法医学和法庭科学大会。共有41个国家和地区的880人参加。应该次会议主席W. J. 泰尔斯通的邀请，最高人民法院和公安部联合组成法医代表团参加了会议。

1991年

华西医科大学吴家驭、吴梅筠在日本京都参加了第75届日本法医学会，大会交流论文为《华西医科大学的法医学史》《中国法医物证检测的现状》。

第三章　中华人民共和国时期中国法医学（1949—2018 年）

1992 年

贵阳医学院王恩寿、屈剑平应邀参加加拿大法医学年会。

华西医科大学胡泽卿在加拿大温哥华参加第十八次国际精神卫生与法律会议，大会交流论文为《中国精神病人受审能力研究》。

11 月 2—6 日，司法部司法鉴定研究所法医物证研究室沈渭忠和严品华参加了在泰国首都曼谷召开的第四届亚太地区国际法科学大会。会上交流了《颅像重合计算机识别系统》和《人毛发角蛋白多态性的研究》的学术论文。

1993 年

2 月，中国医科大学刘利民参加澳大利亚遗传学会议。

华西医科大学侯一平在德国参加国际法庭科学会第 13 届国际会议，张贴论文《VNTR 多态性 COL2A1 的群体遗传学》和《同时检测 ORM，PI，GC，AHSG》。同年，侯一平参加在意大利举行的国际法医血液遗传学会第 15 届国际会议，张贴论文《中国群体 3 个 STR 多态性的遗传调查》和《AMPELP 群体资料 H－W 平衡定律偏差的两种实验比较》。

9 月，同济医科大学李玲参加在美国德克萨斯州召开的美国法医病理学年会，报告论文 Unusual homicides of poisoning by intravenous injection of metallic mercury.

9 月，中国医科大学贾静涛、李德祥在辽宁沈阳参加国际颅像重合研讨会。

司法部司法鉴定科学技术研究所吴军副所长和王蓓洁参加了在德国举行的第 27 届交通医学年会。

1994 年

2 月，同济医科大学李玲参加在美国圣安东尼奥召开的第 46 届全美法科学年会，报告论文 The unusual fatal air embolism; a report of two cases.

华西医科大学廖志钢、刘敏和吴家驳参加了在法国举行的第 16 届国际法医学和社会医学会议，参会论文：①廖志钢《根据骨骼磷酸化酶活性推断死亡时间》（大会交流）；②刘敏、吴家驳《枪弹创纤维蛋白形成能力的免疫组化研究》（张贴）。

华西医科大学张林在瑞士参加第 5 届欧洲人类疾病与补体会议，大会交流论文：Molecular basis of C&A polymorphyism.

9 月，中国医科大学刘技辉参加在日本举行的第 19 届国际东西方医学史——法律与医学比较研讨会。

11 月，中国医科大学丁梅参加日本法医学谈话会第 81 次会议。刘玉华、王岜参加日本九州地方法医学研讨会。

12 月，中国医科大学丁梅参加日本 DNA 多型研究会第 3 次会议。

1995 年

5 月，中国医科大学铁坚、刘玉华、林子清、李加波、李剑平、刘春燕、王秀玲参加日本法医学会第 79 次大会。

华西医科大学侯一平在西班牙参加国际法医血液遗传学会第 15 届国际会议，参会论文：《中国汉族 HUMTH01 和 HUMVWA 两个 STR 位点的遗传基础》（大会交流）、《中国群体 CIR 群体基础的初步研究》（张贴）、《中国群体 AT Ⅲ 多态性水平研究》（张贴)。

10月,中国医科大学丁梅参加日本法医学会第79次大会及日本DNA多型研究会第4次会议。11月,丁梅参加日本法医学谈话会第82次会议。

1996年

4月,中国医科大学丁梅、王保捷、王崴、铁坚、林子清、朱宝利参加日本法医学会第80次大会。

华西医科大学侯一平在德国参加德国人类遗传学第8届年会,张贴论文《中国和德国群体HUMTH01和HUMVWA的STR位点的遗传变异》。

6月,中山医科大学祝家镇在芬兰土尔库大学参加了死因不明及法医病理鉴定质量保证国际研讨会。应土尔库大学邀请,作为第二次Raekallio教授纪念演讲会的唯一报告人作了学术报告,报告题目是《损伤时间的研究进展》。

8月,司法部司法鉴定科学技术研究所张鹏,中国医科大学丁梅、刘利民在日本参加第14届国际法医学研讨会,张鹏被授予"青年学者奖"。

1999年

8月,中国法医学会组团分别参加在美国召开的第15届国际法庭科学系术交流会和第18届国际法庭遗传学学术交流会。

2000年

5月2—5日,以中国法医学会秘书长翟恒利为团长的中国法医代表团一行8人,应爱尔兰都柏林国际法庭科学会议秘书长T. 哈里根(T. Hannigan)的邀请,赴都柏林参加了国际法庭科学会议。该会议由爱尔兰警察总署法庭科学实验室主办,来自中国、英国、德国、法国、瑞士等50多个国家的近400名法庭科学专家和学者参加了会议。与会者就法庭科学涉及的领域,围绕会议的主题——"从犯罪现场到法庭"(From crime scene to court room),以大会演讲讨论和张贴会的形式进行了广泛的交流和比较深入的研讨。大会演讲讨论论文20多篇,张贴论文27篇。内容涉及法庭科学的各个方面,包括21世纪法庭科学的发展方向、法庭科学专家的培养、犯罪调查取证的管理、法医病理学家对犯罪现场勘查和分析、DNA数据库的建立在减少犯罪上的作用,以及法庭科学在庭审中的应用等。中国代表团成员本着学习、交流的目的,结合我国法庭科学实践的情况,了解到了不少国外在法庭科学领域的研究和应用情况,其中有些内容对我国的法庭科学实践有借鉴作用。例如:①法医技术专家要研究现场,注意犯罪现场的任何蛛丝马迹,为证实犯罪找出足够的物证材料,为侦察破案和司法审判提供充分的证据。②犯罪现场物证的技术鉴定要科学,鉴定结论经得起任何质证,不管是在侦察,还是在庭审阶段,都要经得起推敲、琢磨、令人信服。③取证要合法,方法要规范、标准,依法办案。在这次会议上,德国、英国和爱尔兰国家的专家、学者介绍了建立犯罪DNA数据库的问题。他们就如何建立犯罪DNA数据库及其建库后在侦察破案中发挥作用等问题进行了比较广泛的探讨。据已建立犯罪DNA数据库国家的专家介绍,他们在建库前特别注意两点:①国家立法。几乎所有建立"犯罪DNA数据库"的国家,均立法授权有关机构,收集罪犯样本、嫌疑人样本、犯罪现场样本,建立相应的"犯罪DNA数据库",为证实犯罪提供准确的比对资料。②统一建库标准。如检测的基因座的

第三章 中华人民共和国时期中国法医学（1949—2018 年）

种类、个数等，以保证本国内的各有关机构，或国家之间将来联网。爱尔兰警察部门及其会议组织者对中国代表团表现的热情友好。会议期间，爱尔兰警察总署及其法庭科学实验室领导、专家、法庭科学学院教授、爱尔兰大法官单独与中国代表团成员进行座谈与交流，相互加深了解与友谊。会议结束之后，在大会秘书长的陪同下，中国代表团参观了爱尔兰警察总署法庭科学实验室，代表团成员结合自己专业上感兴趣的问题，和实验室的法庭科学技术专家进行了交流。爱尔兰警察总署法庭科学实验室建立时间比较短，仅有 25 年历史，其实验室的装备与我国同类实验室的装备相差不大，但其工作人员的执法态度，按标准、原则办事的精神和工作效率值得我们学习。

2001 年

8 月，中国法医代表团一行 10 人参加在德国明斯特市召开的第 19 届国际法庭遗传学会议，候一平教授做了发言。

9 月，中国法医学会组织 10 名会员参加在澳大利亚举办的第七届印度·太平洋地区法庭科学会议。刘耀被选为副理事长。

2002 年

3 月 16—24 日，第六届国际临床法医学研讨会在澳大利亚悉尼市召开，与会正式代表共 132 人，我国安部物证鉴定中心张继宗、北京市公安局刑事技术科学研究所陈建华和朱翔，以及澳门 1 人、香港 5 人参加了会议。学术交流分两个会场进行，学术交流活跃，地方媒体对大会做了详细报道。

10 月，中国法医学会代表团赴日本参加第五届德国、日本法医新进展国际研讨会。

12 月，中国法医学会刘耀理事长和翟恒利秘书长参加中、日、韩三国三国毒品"甲基安非他明"杂质科研课题组，并参加在韩国汉城召开的第一次会议。

2005 年

5 月 9 日，刘耀会长率团赴英国参加了在杜布兰（Dunblane）召开的世界警官第七届国际法医临床学学术交流会暨法医临床学会年会。

8 月，中国法医学会组团参加在韩国汉城召开的"世界毒物学家学会第 43 届会议"。

9 月，中国法医学会代表团参加在葡萄牙召开的"第 21 届国际法庭遗传学学术会议"。

2006 年

10 月，中国法医学会代表团参加俄罗斯联邦法医鉴定中心成立 75 周年庆祝活动和学术交流会议。

2007 年

司法部司法鉴定科学技术研究所的有关专家和学者参加国际法庭毒理学家协会（The International Association of Forensic Toxicologists，TIAFT）学术会议。

2008 年

9 月 1—5 日，第 7 届国际法医学进展研讨会（7th International Symposium Advances in Legal Medicine，ISALM）在日本大阪市中央公会堂隆重召开，中国医科大学法医学院王保捷、官大威、庞灏、朱宝利，四川大学侯一平，以及中山大学、昆明医学院、山西医科大学、西安交通大学等院校及哈尔滨市公安局共 30 名学者、专家出席会议。本届研讨会共收集了 470 篇学术论文，其中大会交流 200 篇、展示 270 篇。参加此次会议的中国代表共带来 43 篇论文（大会交流 22 篇、展示 21 篇）。大会分法医病理、DNA 技术、毒物分析与诊断等主题进行一般发表及交流，四川大学侯一平，中国医科大学官大威、李如波，西安交通大学李生斌受邀分别担当了各专题会议的主持人。德国 Ludwig-Maximilians 大学的 Eisenmenger 教授在开幕式后作了题为《法医学的未来与展望》（Perspectives on legal medicine for the future）的主题讲演，讲演中对 CT、MRI 等高新技术在法医实际鉴定工作的应用前景寄予厚望。除主题发言和大会交流外，大会还设立了 13 个专题研讨会，其中包括：法医学实践的社会责任，大型灾害的国际间合作，自杀的社会问题，安乐死与尊严死，涉及老年人犯罪，法医毒物学的社会责任，DNA 技术在法医学实践中的应用，猝死预防，病理学、生化学与分子生物学综合性研究，颅脑损伤，影像诊断，临床医学的危险因素，医疗相关法律与医学伦理学的全球趋势。

司法部司法鉴定科学技术研究所的有关专家和学者参加美国 IAFS 国际会议。

司法部司法鉴定科学技术研究所的有关专家和学者参加哈萨克斯坦国际会议。

2009 年

司法部司法鉴定科学技术研究所的有关专家和学者参加第 23 届国际法庭遗传学大会（阿根廷布宜诺斯艾利斯）。

司法部司法鉴定科学技术研究所的有关专家和学者参加第 47 届法医毒物学家年会（瑞士日内瓦）。

司法部司法鉴定科学技术研究所的有关专家和学者参加第 21 届国际法医协会会议（葡萄牙里斯本）。

司法部司法鉴定科学技术研究所与韩国国立搜查研究所签署合作协议。

2010 年

6 月 1—3 日，在文莱首都斯里巴加湾召开了亚洲法庭科学网（Asian Forensic Sciences Network，AFSN）第 2 届年会。来自文莱、中国、新加坡、韩国、日本、越南、印度尼西亚、马来西亚、泰国、菲律宾等 20 个国家的 55 个实验室的 186 名代表参加了此次会议。我国公安部物证鉴定中心周云彪、黄星、权养科、胡兰、艾康云等参加了会议，香港特别行政区政府化验所、澳门特别行政区司法警察局刑事技术厅也派代表团参加了会议。有 11 位特邀专家进行了专题培训，32 位进行了各工作组的口头报告，33 份张贴论文。开幕式由组委会主席、文莱科学服务局钟宝圆局长主持，亚洲法庭科学网主席、新加坡卫生科学局应用科学司崔炳新司长致开幕辞，文莱卫生部部长致欢迎辞。本届会议邀请了美国刑事技术专家李昌钰博士做了题为《从科学到正义，法庭科学的新进展》和《积案调查》的大会报告，他以亲身经历的案件为例讲述了法庭科学对实现司法公正起到的重要作用。大会还邀请了西班牙 Jose Lorente 教授/博士进行《能力验证：法庭科学走向质量》的大会报告；同时还邀请了来自美国德克萨斯大学的 DNA 专家 Bruce Budowle 博士、波兰的 Grzegorz Zadora 先生分别为 DNA 和微量物证工作组进行了专题培训。

司法部司法鉴定科学技术研究所的有关专家和学者参加第 48 届法医毒物学年会

第三章 中华人民共和国时期中国法医学（1949—2018 年）

（德国）。

司法部司法鉴定科学技术研究所的有关专家和学者参加第 20 届法医学国际研讨会。

2011 年

9 月 12—17 日，第 19 届国际法庭科学大会（19th Triennial Meeting of International Association of Forensic Sciences）在葡萄牙丰沙尔召开，该大会由国际法庭科学协会（International Association of Forensic Sciences，IAFS）举办。作为唯一涵盖法庭科学各专业的世界性学术团体组织，该协会每 3 年举办一次的国际性会议在法庭科学领域享有极高声誉。本届大会共有 109 个国家 1 700 余名代表出席，参加交流的学术论文共 1 001 篇，其中口述交流论文 482 篇、墙报展示论文 519 篇，所涉及领域包括法医学、指纹技术、理化检验、实验室管理与质量保证、法庭科学伦理道德、医学法学、法庭科学教育、法庭科学国际合作等。大会开幕式上，国际法庭科学协会将法庭科学领域最重要的奖项——Adelaide 奖颁给了西班牙的 Angel Carracedo 教授，以表彰他在法医遗传学领域所作出的重大贡献；同时，瑞士的 Pierre Margot 以其在指纹研究领域的开拓性工作获得了美国法庭科学学会颁发的 Douglas M. Lucas 奖。中国出席本届大会的人数近 100 人，所来自的机构共 12 个，其中以司法部司法鉴定科学技术研究所派出的阵容最为强大，共 38 人。来自中国学者的大会论文共 90 篇，其中一半以上的文章（47 篇）来自于司法部司法鉴定科学技术研究所研究人员，表明该所在国际法庭科学交流方面的活跃程度远超国内其他单位。与司法部司法鉴定科学技术研究所相比，公安系统物证鉴定部门参加会议人员 8 人，分别来自于公安部物证鉴定中心（3 人）、辽宁省公安厅物证鉴定中心（1 人）、福建省公安厅物证鉴定中心（1 人）、山东省公安厅物证鉴定中心（1 人）、广州市刑事科学技术研究所（2 人），参加大会交流的论文共 4 篇。另一方面，尽管来自中国的论文数量相对较多（接近总数的 1/10），然而在组委会安排的开幕演讲、主旨演讲、专题会议的 85 场大会重要报告中，除了来自香港的梁时中先生（第 17 届国际法庭科学大会主席）之外，没能见到第二位中国学者站到演讲台上，表明中国在国际法庭科学领域的地位仍然不容乐观。相比而言，同处亚洲的韩国却已在与巴西的竞争中胜出，赢得了下一届国际法庭科学大会的主办权。鉴此，建议我国今后应加大宣传，号召法庭科学领域专家学者提升科研水平和交流能力，积极参与国际交流，对外展示高水平的科研成果，努力争取我国在国际法庭科学界的地位，为我国在国际合作事务中赢得话语权。

司法部司法鉴定科学技术研究所的有关专家和学者参加第 63 届美国法庭科学会议。

司法部司法鉴定科学技术研究所的有关专家和学者参加第 3 届亚洲法庭科学研讨会。

司法部司法鉴定科学技术研究所的有关专家和学者参加第 24 届国际法医遗传学大会。

2012 年

司法部司法鉴定科学技术研究所的有关专家和学者参加第 6 届欧洲司法鉴定联盟会议。

司法部司法鉴定科学技术研究所的有关专家和学者参加第 22 届国际法医学大会。

司法部司法鉴定科学技术研究所的有关专家和学者参加第 36 届韩国秋季法医学年会。

司法部司法鉴定科学技术研究所的有关专家和学者参加第 4 届亚洲司法鉴定联盟会议

司法部司法鉴定科学技术研究所的有关专家和学者参加第 50 届国际法医毒物学家年会。

2013 年

2 月 18—23 日，第 65 届美国法庭科学年会（the Annual Meeting of American Academy of Forensic Science）在美国首都华盛顿哥伦比亚特区召开。此次大会共有 63 个国家和地区的代表参与，参会人数逾 4 000 人。大会收录论文 945 篇，包含法庭科学的各主要领域：法医病理学、法医毒物化学、法医人类学、法医精神病学、法医免疫学、法医齿学、法理学、刑事技术（犯罪侦察学）、文件鉴定、数字证据以及法医工程学。其中刑事技术（犯罪侦察学）224 篇，占 23.7%；法医病理学 169 篇，占 17.9%；法医人类学 131 篇，占 13.9%。我国华中科技大学同济医学院法医学系刘良教授及博士研究生卓荦、陈新山教授，中国政法大学证据科学研究院杨天潼博士，河南科技大学法医学院莫耀南教授等 7 人参加了会议。

司法部司法鉴定科学技术研究所的有关专家和学者参加第 51 届国际法医毒物学家年会。

司法部司法鉴定科学技术研究所的有关专家和学者参加第 25 届国际法医遗传学大会。

2014 年

司法部司法鉴定科学技术研究所选派人员参加国际法医遗传学大会英语工作组会议。

司法部司法鉴定科学技术研究所选派人员参加第四届圣彼得堡国际法律论坛。

2015 年

1 月 19—21 日，司法部司法鉴定科学技术研究所选派人员参加在阿联酋迪拜召开第 23 届国际法医学大会。此次会议由国际法医学会（International Academy of Legal Medicine，IALM）主办，由阿联酋迪拜政府及警察局承办，吸引了来自欧洲、亚洲、北美洲以及非洲等近 60 个国家或地区的 600 余名专家与学者参会。会议共接收 1 000 余份论文摘要，经评选后，约 500 份摘要获得大会邀请。司法部司法鉴定科学技术研究所组团参与了相关专业的学术研讨，主要涉及法医病理学、法医临床学、法医人类学及法医影像学等专业领域，其中刘宁国研究员、黄平副研究员及王亚辉助理研究员应大会之邀作口头报告，邹冬华与沈寒坚助理研究员应邀进行海报展示。与会期间，司法部司法鉴定科学技术研究所代表团成员还分别与德国骨龄研究专家 Schmeling 教授及意大利法医病理学专家 Ferrara 教授进行了深入交流。

9 月 26 日，中南大学湘雅医学院法医学系郭亚东、蔡继峰参加在波兰举办的国际法医遗传学会议（Congress of the International Society for Forensic Genetics）。参会论文：*Bacterial diversity in bercaea cruentata gut described using next generation sequencing*。

第三章 中华人民共和国时期中国法医学（1949—2018 年）

司法部司法鉴定科学技术研究所选派人员参加欧洲临床精神病暴力行为研究会议。

司法部司法鉴定科学技术研究所选派人员参加第 26 届国际法医遗传学大会。

2016 年

司法部司法鉴定科学技术研究所选派人员参加第 54 届国际毒理学大会。

司法部司法鉴定科学技术研究所选派人员参加第 22 届暴力行为研究国际研讨会。

司法部司法鉴定科学技术研究所选派人员参加第 10 届国际肿瘤学会会议。

司法部司法鉴定科学技术研究所选派人员参加 2016 年国际法医学大会。

司法部司法鉴定科学技术研究所选派人员参加第 10 届国际 Y 染色体研讨会。

司法部司法鉴定科学技术研究所选派人员参加第 68 届美国法庭科学年会。

司法部司法鉴定科学技术研究所选派人员参加国际标准化组织司法鉴定工作组会议。

2017 年

司法部司法鉴定科学技术研究所选派人员参加第 9 届国际法庭科学标准化技术委员会会议。

司法部司法鉴定科学技术研究所选派人员参加第 21 届国际法庭科学大会。

二、国际人才交流

（一）国外（境外）学者来访情况

1957 年

司法部司法鉴定科学技术研究所聘请柯尔马阔夫等两位苏联专家举办了 1 期刑事技术专业研究生班。

1980 年

4 月 20—23 日，德国慕尼黑大学医学院院长、法医研究所所长 Spann 教授率领访华医学代表团访问同济医科大学并作学术报告，讲题是"复苏病人的死亡鉴定问题""法医学的尸体处理"。

6 月，美国牙科学者、美国法牙科学会前任主席、美国法医科学院及国际牙科－口腔科学会会员莫茨博士（Curtis A. Mertz）访问中国，陈东启、贾静涛、李德祥等在辽宁沈阳与之进行了交谈。

1983 年

香港法医高级顾问王阳坤、蒙海强访问广东公、检、法单位及中山医科大学法医学系。

1986 年

英国法科学会会长、*Medicine, Science and the Law* 主编、伦敦大学医院医学院法医学教授 J. M. Cameron 应邀到中国医科大学法医学系讲学，并与贾静涛教授达成协议，于 1987 年秋在辽宁沈阳联合召开国际法医学研讨会。

日本赔偿法医学代表团来访司法部司法鉴定科学技术研究所。

6 月 16 日至 7 月 1 日，应公安部第二研究所的邀请，由美国法庭科学学会主席、南加州医学院临床教授米尔斯和美国法庭科学学会前任主席、加拿大安大略省法庭科学中心主任卢卡斯率领的美国国际人民交流协会法医代表团一行 65 人来我国参观访问。代表团的成员大多数是从事法医和刑事技术工作多年的专家和学者，他们在我国期间，先后参观了公安部第二研究所、北京市刑科所、中国刑警学院、辽宁省刑科所、上海市刑科所、杭州市公安局技术科以及中山医科大学法医学系，并与各地的法医和刑事侦查技术工作者进行了学术交流。在学术交流中，专家们对某些专题做了报告，其内容比较广泛，涉及法医病理损伤、法医物证检验、飞机失事的死亡鉴定、工具痕迹检验、笔迹检验、计算机指纹自动识别系统，以及法庭科学设计和建设等方面，通过交流座谈，代表团对我国的法医和刑技科学技术水平有较深印象，我国学者、工作者也对此得到启发和收获。这个代表团的来访，是我国刑事科学部门迄今接待的规模最大、专业最多的国外同行代表团。

日本筑波大学社会医学院法医学教室三泽章吾教授首次来中山医科大学法医学系进行访问。

夏，加拿大国际法科学会副主席 F. Lindsay Sturrock 到华西医科大学法医学系进行为期 1 个月的访问，并做了有关法医学的演讲，听众 100 多人。

9 月 22 日，日本民法、法医学者访华团一行 17 人在日本赔偿医学学会会长、昭和大学医学部法医学教授渡边富雄团长的带领下，访问了中国医科大学法医学系。26 日下午，该团在中国科学院外事局曹章祺和孙新同志的陪同下到上海参观了司法部司法鉴定科学技术研究所，并在华东政法学院外宾接待室进行了友好座谈，会上双方互赠著作并题词留念。

10 月 3 日，在上海市中心血站讲学的日本法医学家松本秀雄教授在孔禄卿教授和上海市中心血站赵桐茂副研究员的陪同下参观了司法部司法鉴定科学技术研究所，并进行了座谈。

1987 年

澳大利亚 Adelaide Flinders Medical Center 的 Warreu Jones 和 Raymond N. Y. Ing 访问华西医科大学法医学系，做有关生殖免疫主题的学术报告。同年，英国伦敦医院医学院的 J. M. Cameron 访问华西医科大学法医学系，并作法医学进展的专题报告。

10 月 28 日，以法医学教授渡边富雄为首的日本法医学、赔偿医学学者访华闭的 13 名代表访问了西安医科大学法医学系。

10 月 31 日至 11 月 2 日，司法部司法鉴定科学技术研究所接待了以法医学教授渡边富雄为首的日本法医学、赔偿医学学者访华团的 13 名代表，双方进行了为期 2 天的学术交流。随后，代表团访问了中山医科大学法医学系。

1988 年

日本筑波大学社会医学院法医学教室三泽章吾教授第二次来中山医科大学法医学系访问，并指导开办法医物证学培训班。

美国佛罗里达州迈阿密法医局的 Joseph H. Dauies 访问华西医科大学法医学系，作题为"法医病理学进展"的报告。

德国慕尼黑大学医学院院长、法医研究所所长 Spann 教授第二次访问同济医科大学并作脑死亡等报告。

第三章 中华人民共和国时期中国法医学（1949—2018年）

6月27日，由特多勒布郎教授率领的美国药政法访华团一行32人访问司法部司法鉴定科学技术研究所。

10月，美国迈阿密法医局Charles S. Petty访问西安医科大学法医学系，作有关溺死的报告。

1989年

7月，日本东京顺天堂大学松尺茂隆来华西医科大学法医学系访问，作"法医血清学（胶乳凝集试验）"的学术报告。

9—10月，由渡边富雄教授带队的日本赔偿医学学者访华团一行13人访问司法部司法鉴定研究所、中山医科大学法医学系、同济医科大学和华西医科大学法医学系，作有关赔偿医学的学术报告。

9月2—21日，新西兰奥克兰大学Sims教授到同济医科大学访问讲学，于9月14日作专题报告《动脉壁在动脉粥样硬化中的作用》。

日本东京大学石山昱夫首次访问华西医科大学法医学系，作法医学进展的学术报告。

日本4名法医专家访问上海医科大学法医学系。

1990年

3月，英国威尔士大学医学院教授、威尔士法医学研究所所长、国际法庭科学杂志主编伯纳德·纳埃特（Bernard Knight）到香港考察和讲学，中山医科大学祝家镇教授也应邀到香港参与讨论香港法医事业的发展。之后B. Knight教授应邀首次来广州访问中山医科大学法医学系，作题为"英国的法医学概况"的报告，并被聘为中山医科大学法医学系客座教授。

4月，美国生命密码公司的Ivan Balazs对西安医科大学法医学系进行为期10天的访问，并举办全国DNA指纹学习班。

10月，德国慕尼黑大学法医研究所所长Eisenmenger等4位教授访问同济医科大学并作学术报告：《免疫组织化学在法医学的应用》《损伤生物力学的基本概念》《自杀者的生化状况及药物滥用的毒理学》。

日本东京大学石山昱夫第二次访问华西医科大学法医学系，作法医学进展的学术报告。

英国伦敦大学医院医学院法医学教授J. M. Cameron应邀到中国医科大学法医学系讲学，并被聘为该校名誉法医学教授。

1991年

10月上旬，新加坡科学与法医学院院长、国务委员会副主席、印太地区法医学与法科学学会主席赵自成教授访问同济医科大学并作学术报告：《面向未来的挑战》《法医学的作用在不断变化》。又于10月15日参加了庆祝武汉法医学会成立10周年暨第四次学术交流会，作了专题讲演。

11月，英国威尔士大学医学院教授、威尔士法医学研究所所长B. Knight再次访问中山医科大学，作题为"早期心肌梗死死后诊断方法"的学术报告，双方开始合作进行心传导系统的研究，该项目由英国文化委员会（British Council）资助。

12月,日本熊本大学医学部法医学教室主任恒成茂行教授及其助手东朋子到中国医科大学法医学系血清学教研室进行科研合作,工作20天。

1992年

5月11—15日,日本大坂大学法医学教室若杉长英教授应邀到司法部司法鉴定科学技术研究所讲学。讲学题目:《日本法医学鉴定体制的状况》《脑死亡》《损伤与疾病的关系》。

5月18日,日本金尺大学医学部法医学教室主任永野耐造教授应邀到中国医科大学法医学系讲学。

5月22日,英国威尔士大学医学院教授、威尔士法医学研究所所长B. Knight教授,新加坡科学与法医学院院长赵自成教授和日本东京女子医科大学法医学教室泽口彰子教授参加在辽宁沈阳召开的国际法医学研讨会后,访问了中国医科大学法医学系,并作学术报告。之后B. Knight教授和赵自成教授赴武汉和西安访问了同济医科大学法医学系和西安医科大学法医学系,B. Knight教授作《虐待儿童综合征》及《医疗事故处理》的报告,赵自成教授作《新加坡的杀人案研究》的报告。

6月,国际法庭科学代表团访问广东省,到中山医科大学法医学系进行学术交流。

6月2日,日本京都大学医学部法医学教室主任福井有公教授应邀到中国医科大学法医学系讲学。

6月7—14日,日本金尺大学医学部法医学教室大岛彻教授应邀到中国医科大学法医学系访问,并进行学术报告及交流。

6月14—22日,澳大利亚新南威尔士大学社区医学系赖玉池·罗伦博士应邀到中国医科大学法医学系讲学。

7月5—11日,联邦德国海德堡大学法医研究所毒物学研究室主任鲁夫·埃德简(Rolf Aderjan)教授应邀到司法部司法鉴定研究所讲学,讲学题目为:《联邦德国法医毒物学概况》《血醇含量分析与法律关系》《血、尿中滥用药物及其代谢物分析》《法医毒物学的药、毒物筛选分析方法》。

8月,日本法医学者永盛肇教授访问中山医科大学法医学系,作题为《冻死的法医学鉴定》的报告。

1992年8月至1993年1月,美国伊利诺伊州警察局史蒂文·麦卡森到司法部司法鉴定研究所讲学、指导工作。

1993年

日本帝京大学石山昱夫再次访问华西医科大学法医学系,作《DNA进展,脑干损伤及中毒病理》的学术报告。

9月,日本庆应大学医学部法医学教室柳田纯一教授应邀到中国医科大学法医学系讲学,并参加该校日文医学班《法医学》教材的编写工作。

11月,英国威尔士大学法医学研究所高级讲师S. Leadbeatter和芬兰土尔库大学法医学研究所教授、国际法庭科学杂志主编P. Saukko访问中山医科大学法医学系,分别作题为《死亡的哲学》和《早期心肌梗死死后诊断方法》的学术报告,开始三方合作进行心传导系统的研究。

第三章　中华人民共和国时期中国法医学（1949—2018 年）

美国白细胞血型研究中心李政道访问西安医科大学法医学系，作有关白细胞抗原血清学分型等报告，并指导实验。

1994 年

10 月，英国威尔士大学 B. Knight 教授再次访问中山医科大学法医学系，就双方进一步合作交换意见。

美国私人律师事务所 K. Battuello 访问华西医科大学法医学系，作有关"安乐死"的学术报告。日本的山田房弘、武田茂树、若林孝一访问华西医科大学法医学系，双方就多发性硬化的病因、病理及发病机理进行了交流。

美国白细胞血型研究中心李政道再次访问西安医科大学法医学系，作有关白细胞抗原 DNA 分型等报告，并指导实验。

1995 年

日本帝京大学石山昱夫第四次访问华西医科大学法医学系，作《DNA 分析、毒物分析》的学术报告。

WHO 专家 Dr. Bertolel 访问华西医科大学法医学系，了解我国精神卫生立法情况。

5 月 18 日，乌克兰司法部鉴定管理局代表团以局长帕利·瓦莲金娜·米哈伊洛夫娜女士为团长的 3 人，在上海市刑事侦察总队副总队长周学之、中国刑事警察学院四系主任朱宝礼同志的陪同下到司法部司法鉴定科学技术研究所访问。吴军副所长和部分科研人员与代表团进行了座谈，会后参观了中心仪器室、刑事技术研究室和所史陈列室。

11 月，英国威尔士大学客人 B. Knight 教授和香港大学法医学高级讲师 P. Dickens 访问中山医科大学法医学系，香港开始加入心传导系统的合作研究。

美国白细胞血型研究中心李政道再次访问西安医科大学法医学系，作有关白细胞抗原分型的系列报告，并指导实验。澳门法医毒化专家访问上海医科大学法医学系。

2000 年

香港政府化验所代表团来访中山医科大学法医学系和广东省公安厅。

2001 年

10—12 月初，公安部物证鉴定中心先后请来自加拿大、澳大利亚和美国的 5 位专家，就微量物证检验、物证鉴定管理和质量控制、数字图像处理以及毒品分析等问题，在京进行了为期一周的交流、咨询。

2003 年

美国 Denver 大学的 Philip B. Danielson 教授参观中山大学中山医学院法医物证学教研室，并就 DHPLC 在法医物证学上的应用进行交流。

2004 年

5 月，中国法医学会邀请世界法庭科学会主席托马斯·诺古奇、日本鉴识学会理事长永野耐造等 4 位世界著名专家在北京举办了最新法庭科学技术培训班。

2005 年

香港政府化验所代表团来访司法部司法鉴定科学技术研究所，双方就互派科研人员进行学习、交流签定了合作意向书。

美国马里兰大学代表团来访问司法部司法鉴定科学技术研究所，双方签署合作备忘录。

2006 年

英国兰开夏中央大学代表团来访司法部司法鉴定科学技术研究所，双方签署了合作协议。

荷兰司法鉴定代表团来访司法部司法鉴定科学技术研究所。

乌兹别克斯坦司法代表团来访司法部司法鉴定科学技术研究所；司法部司法鉴定科学技术研究所与乌兹别克斯坦司法部苏雷曼犯罪侦查中心签署合作协议。

2007 年

美国司法鉴定管理与技术考察团来司法部司法鉴定科学技术研究所考察。

2008 年

3 月，中国法医学会邀请法国、美国、德国、比利时、爱尔兰、澳大利亚、韩国包括国际法庭毒物学家学会主席 9 位国际著名毒物学家在北京举办了中外法庭毒物学技术高级培训研讨班。

2010 年

6 月 24 日，美国马里兰大学医学院、马里兰州司法局李玲、张翔到河南科技大学法医学院进行学术交流，讲座题目为《如何成为一名合格的法医》。

美国马里兰健康和心理卫生法医中心代表团来访司法部司法鉴定科学技术研究所。

香港法科学会代表团来访司法部司法鉴定科学技术研究所。

联合国亚洲及远东预防犯罪和罪犯待遇研究所代表团来访司法部司法鉴定科学技术研究所。

德国机动车监督协会代表团来访司法部司法鉴定科学技术研究所。

荷兰国家基金委代表团来访司法部司法鉴定科学技术研究所。

美国南加州大学精神科杨承忻教授访问中山大学中山医学院法医学系。

2011 年

10 月，中国法医学会邀请英国、澳大利亚 4 位著名法庭科学专家，在杭州举办了中、英、澳法庭科学新技术研讨培训班。

古巴哈瓦那大学校长 Prof. Jarge González Pérez 访问中山大学中山医学院法医学系。

国际民航组织公钥簿委员会代表团来访司法部司法鉴定科学技术研究所。

荷兰国立司法鉴定研究所代表团来访司法部司法鉴定科学技术研究所。

瑞士洛桑大学法庭科学研究院代表来访司法部司法鉴定科学技术研究所。

2012 年

爱沙利亚司法鉴定代表团来访司法部司法鉴定科学技术研究所。

2013 年

10 月 31 日，美国纽约市法医局高级法医 Dr. Monica Smiddy 和哈佛大学医学院附属儿童医院 Dr. Gary Gosselin 受聘为华中科技大学同济医学院法医学系兼职教授。

12 月 6 日，美国康涅狄格州科学咨询中心名誉主席、纽黑文大学法医学全职教授"华人神探"李昌钰教授携夫人李宋妙娟一行莅临华中科技大学同济法医学系访问讲学。

第三章　中华人民共和国时期中国法医学（1949—2018 年）

12 月 18 日，美国康涅狄格州科学咨询中心名誉主席、纽黑文大学法医学全职教授"华人神探"李昌钰教授携夫人李宋妙娟一行莅临河南科技大学法医学院访问讲学，讲座题目为《不可能的可能》。

司法部司法鉴定科学技术研究所与葡萄牙国家司法鉴定科学技术研究所签署合作协议。

司法部司法鉴定科学技术研究所与俄罗斯司法部司法鉴定中心续签合作协议。

美国法庭科学学会代表团来访司法部司法鉴定科学技术研究所。

2014 年

6 月 18 日，山西医科大学法医学山西省重点实验室承办 2014 年法医学高峰学术论坛，美国马里兰州法医局局长 Dr. David Fowler、马里兰州法医局医学检验官 Dr. Ling Li、马里兰州法医局毒物化学专家 Dr. Xiang Zhang 和马里兰大学研究生院常务副院长 Dr. Erin Golembewski 4 位专家来校进行了学术交流活动。学术论坛中，4 位专家做了分别题为 Gunshot wounds、Master of science in forensic medicine University of Maryland, Baltimore、Medico-legal death investigation system in the United States、Forensic toxicology in medico-legal death investigation 的学术讲座，吸引了山西省以及太原市公检法等相关单位法医人士和学校近 200 名师生参加。

10 月 22 日，美国德克萨斯大学医学院神经学专家房祥博士受聘担任华中科技大学同济医学院兼职教授，并在学校作了题为《大麻与中枢神经系统疾病：治疗误区》和《酒精中毒所致线粒体功能障碍及神经退行性变：PGC-1a 的作用》的学术报告。

2015 年

7 月 1—2 日，美国马里兰州法医局局长 David Fowler 教授、美国马里兰州医学检验官李玲教授、美国马里兰州法医局法医毒物分析与毒理学专家张翔教授及美国马里兰大学研究生院常务副院长 Erin Golembewski 博士一行 4 人来中国医科大学法医学院参观访问。法医学院院长官大威教授、党总支书记兼副院长吴旭教授、副院长张国华教授及学院教研室主任、副主任等与来访专家就法医学专业教育、科研、鉴定及研究生培养等方面进行了深入、广泛的探讨并达成了合作共识。

10 月 10—11 日，英国著名神经病理学家、伦敦国王学院医院神经病理室主任、英国人脑库主任 Safa Al-Sarraj 教授应邀到华中科技大学同济医学院讲学，并被聘为同济医学院兼职教授。

2016 年

10 月 19—20 日，德国科学院院士、芬兰图尔库大学法医学教授、《国际法庭科学杂志》（Forensic Science International）主编、欧洲法医学会（ECLM）创始人及前主席、国际法医学会（IALM）前主席 Pekka Saukko 教授应邀前来华中科技大学同济医学院讲学并被聘为同济医学院兼职教授。Saukko 教授为法医学系师生作了题为 Understanding the publishing process（了解出版流程）、Introduction to medico-legal systems and specialist education in forensic pathology and medicine in Europe（欧洲法医学及法医病理学制度及专业教育体制）和 The importance of microscopy in forensic pathology（显微病理在法医病理学中的重要性）的学术报告。

10月28日，美国洛杉矶郡法医局资深法医官、美国南加州华人医师学会会长王玉来博士应邀到中国医科大学做题为《美国法医学鉴定体制及典型案例分析》的学术报告。

吉尔吉斯斯坦司法部代表团来访司法部司法鉴定科学技术研究所。

2017年

6月6日，美国加利福尼亚州立大学王政到河南科技大学法医学院进行学术交流，讲座题目为《加州法医解剖与鉴定的标准与要点：疑难案分析》。

9月27日，中国医科大学法医学院邀请美国杜克大学李强博士做了题为 Interactions of Ethanol with Voltage-Gated Ion Channels in the Hippocampal and Amygdaloidal Neurons 的学术报告会。会议由法医学院院长官大威教授主持。

美国西弗吉尼亚大学代表团来访司法部司法鉴定科学技术研究所。

（二）我国学者出国（境）访问、学习、合作科研情况

1980年

1980—1982年，华西医科大学吴梅筠在美国芝加哥 Mount Sinai Medical Center 进修，合作进行红细胞血型及血清血型的研究。

1980年，华西医科大学刘协和赴英国伦敦大学精神病研究所和牛津大学精神科进修，并到美国、法国、比利时、瑞士等国考察精神病学。

1981年

1981—1982年，公安部第二研究所李伯龄在美国洛杉矶法医局和加州大学伯克利分校进修。

1984年

华西医科大学吴梅筠在澳大利亚阿德莱德福林德斯医学中心进修，合作进行"生殖免疫（不孕夫妇丈夫精斑中抗精子抗体的检测）"的研究。

1984年1月至1985年3月，中山医科大学祝家镇在美国南加利福尼亚大学医学院和洛杉矶法医局任访问学者，合作进行"受虐待死亡儿童眼内改变"的研究。其间在纽约参加了美国法医学会举办的法医进修班，并对洛杉矶、纽约、华盛顿、芝加哥、迈阿密、达拉斯、橙县、旧金山、圣安塔里奥、圣地亚哥等10个城市的法医局进行了考察。出访和回国途中，两次到香港法医局进行了考察。

1984年9月至1987年4月，同济医科大学秦启生在德国慕尼黑大学法医研究所学习并获法医学博士学位。

1985年

1月29日至2月12日，由国家教委组织的我国第一个法医专业考察团访问了美国，考察团由翟建安、郭景元、贾静涛、吴家驭、吴梅筠、王镭、王克峰等组成，由翟建安任团长，祝家镇、吴梅筠任翻译。考察团先后考察了纽约法医局、华盛顿美军病理研究所法医组、迈阿密法医局、芝加哥法医局、洛杉矶法医局和橙县警察法医局。这是中美两国法医界的第一次官方联系，由美国中美关系全国委员会提供经费。通过这次考察，成员们了解了美国的法医鉴定制度和法医教育制度，认识到我国法医工作的差距。这对进一步搞好我国的法医体制改革和办好法医教育具有十分重要的意义。

第三章 中华人民共和国时期中国法医学（1949—2018年）

3月，中山医科大学祝家镇访问了日本东京都法医鉴定局、日本大学法医学教室、筑波大学法医学教室。

1985—1986年，上海第二医科大学姚季生在法国里昂第一大学医学系法医研究所进修学习。

1986年

5月9日，司法部司法鉴定科学技术研究所赵台安公费出国赴英国爱丁堡大学进修；9月19日，毒物分析专业杨美华、司法化学专业姚中栋、法医病理专业江善龙分别赴美国、日本、瑞典进修。

6月至1987年7月，中山医科大学徐小虎在美国洛杉矶法医局和南加利福尼亚大学医学院继续进行"受虐待死亡儿童眼内改变"的研究，并获南加利福尼亚大学医学院法医病理学博士后证书。

1987年

刘世沧到美国佛罗里达法医鉴定部门和马里兰州法医局学术访问。

3月至1988年3月，中国医科大学王岿赴英国伦敦大学医学院法医学研究所进修学习。

3月至1992年3月，中国医科大学吴博韬在日本北海道大学医学部法医学教室攻读博士学位。

11月3日，司法部司法鉴定科学技术研究所派遣张之出国攻读硕士学位。

上海医科大学翁南平赴美国攻读博士学位，孙伟劲赴美国攻读硕士学位，沈美瑜、张耳赴美国工作。

1988年

1—3月，中国医科大学法医化学教研室范垂昌、法医人类学教研室孙尔玉赴日本东北大学法医学教室进行学术交流。

6月14—23日，中国司法部代表团以司法部副部长金鉴为团长的一行5人访问了波兰人民共和国，考察司法鉴定、法学教育和司法协助的执行情况。司法部司法鉴定科学技术研究所郑钟璇所长作为代表团成员参加了考察。

同济医科大学孙小蓉赴澳大利亚后转美国进修学习；上海医科大学陈玲妹赴美国工作。

5—11月，西安医科大学刘明俊以访问学者身份赴美国访问学习。其先在匹兹堡大学、匹兹堡市死因裁判官事务所及法科学实验室考察3个月，后至纽约生命密码公司（Life Code Corperation）学习DNA指纹技术。

1989年

贾静涛到日本久留米大学医学院学术访问。

2月至1990年2月，中山医科大学吕俊苞赴澳大利亚悉尼法医学研究所和柏斯法医学研究所进修，合作进行幼儿急死综合征的研究。

2月，中国医科大学郝丕业随该校访问团赴日本滨松医科大学法医学教室及东京、大阪等地进行学术访问。

3—8月，中国医科大学法医人类学教研室宋宏伟赴英国伦敦大学进修学习。

3月至1990年2月，中国医科大学法医血清学教研室丁梅获日本世川奖学金，在日本山形大学医学部法医学教室研修。

5—11月，中山医科大学陆惠玲与香港政府化验所合作进行血痕检验的研究。

9—12月，同济医科大学黄光照在德国慕尼黑大学法医研究所访问学习。

10月至1990年9月，中国医科大学法医病理学教研室朱宝利获日本世川奖学金，在日本金尺大学医学部法医学教室进修学习。

同济医科大学李玲赴美国巴尔的摩马里兰州法医局工作；华西医科大学黄薇赴德国攻读硕士学位，吴家驭、吴梅筠访问美国；上海医科大学张爱琴赴英国攻读博士学位，李瑜赴美国攻读硕士学位，卢笛赴美国攻读博士学位，黄雅琴赴比利时工作。

1990年

3月，应香港大学邀请，中山医科大学祝家镇赴香港同香港大学病理系主任，及英国法医学会主席伯纳德·纳埃特（Bernard Knight）教授交流法医学情况，探讨在香港大学成立法医组的必要性。

3—5月，中国医科大学贾静涛应邀赴日本对久留米大学医学部、熊本大学、北海道大学、九州大学、山形大学、自治医科大学、日本大学医学部、东京齿科大学和东京都监察医务院进行为期3个月的学术访问，并被久留米大学聘为客座教授。

5—11月，中山医科大学徐小虎与香港大学牙科学系合作进行牙齿推断年龄的研究，由北京香港学术交流中心等资助。

11月至1992年5月，中国医科大学铁坚赴日本大学医学部法医学教室进修学习。

同济医科大学吴莹赴荷兰学习进修攻读学位，张翔、狄唯梅赴美国进修学习。

1990—1992年，上海医科大学丁伟奇赴日本工作。

1991年

2—7月，中山医科大学陈玉川赴香港与香港中文大学合作进行化学病理方面的研究。

3月至1992年9月，中国医科大学王保捷赴日本久留米大学医学部法医学教室进修学习。

10月至1994年4月，中国医科大学刘利民赴瑞典乌普萨拉大学医学遗传学系及法医学系进修学习。

11月至1992年1月，中国医科大学汪德文赴日本札幌医科大学法医学教室进修学习。

华西医科大学廖志钢赴法国进修、科研合作；中山医科大学秦明生赴美国进修；上海医科大学杨展涛、郭福花赴美国工作。

1992年

1—4月，中国医科大学贾静涛应英国法科学会会长、*Medicine, Science and the Law* 主编 J. M. Cameron 邀请赴英国进行学术交流，并对伦敦大学医学院、威尔士大学法医学研究所、谢菲尔德法医学中心与验尸官办事处、爱丁堡大学法医学科、邓迪大学法医学科、格拉斯哥大学法医学科等机构进行了访问，并被 London 大学医学院聘为客座教授。

第三章　中华人民共和国时期中国法医学（1949—2018年）

1月至1993年10月，中山医科大学郭景元在美国水牛城大学医学院合作进行物证学研究。

4—10月，朱小曼赴美国水牛城法医局访问。其间，郭景元、朱小曼考察了美国的纽约法医局、洛杉矶法医局和加拿大多伦多法医中心。

6月至1993年6月，华西医科大学胡泽卿赴加拿大西蒙弗雷泽大学心理卫生与法律政策研究所学习。

7月至1993年3月，中山医科大学付晨钟赴英国威尔士大学法医学研究所进行"婴幼儿猝死综合征心传导系统"的研究。

1992—1993年，华西医科大学侯一平赴德国科隆大学法医研究所合作进行法医DNA分析的研究，继而赴德国明斯特大学法医研究所进行COLZA1在中国和德国群体的基因分析研究，又赴英国法庭科学研究中心进行STR的研究。

司法部司法鉴定科学技术研究所法医毒物化学研究室卓先义和法医临床学研究室朱广友从德国进修回国。

10月至1996年10月，中国医科大学林子清赴日本金尺大学医学部法医学教室攻读博士学位。

同济医科大学喻玉珍赴新西兰进修学习；华西医科大学张林、谭明分别赴德国、美国攻读博士学位；上海医科大学戴蔚蔚赴美国攻读硕士学位，张若楠、冯晓君、褚秋眠赴美国工作。

1993年

3—9月，中国医科大学崔巍赴澳大利亚新南威尔大学社会医学系进修学习。

4—11月，同济医科大学张益鹄赴德国慕尼黑大学法医研究所进修学习。

7—8月，中山医科大学祝家镇出访加拿大，访问了多伦多刑事科学技术研究所、多伦多法医局、多伦多死因裁判官办事处、多伦多市警察局及安大略省警察局个人识别研究室。9月到英国威尔士大学法医学研究所进行学术交流，与B. Knight教授商讨进一步合作计划。

11月，中国医科大学铁坚赴日本大学医学部法医学教室进修学习。

司法部司法鉴定科学技术研究所吴军副所长和王蓓洁参加了在德国举行的第27届交通医学年会之后，参观和访问了海德堡大学法医研究所。

中山医科大学周斌、华西医科大学许永亮赴美国进修学习。

3月至1994年12月，上海医科大学赵子琴赴美国从事肾脏钠离子通道的研究。

上海医科大学李建华赴美国攻读硕士学位；吴刚赴日本工作。

1994年

河北医科大学丛斌赴日本信州大学从事法医分子生物学的研究。

4月至1996年4月，中国医科大学丁梅赴日本山形大学医学部法医学教室以世川奖学金特别研究员身份进行研究工作。

7月，司法部司法鉴定科学技术研究所吴侔天获得德国海德堡大学法医研究所授予的博士学位回所工作。

9月至1996年1月，中国医科大学刘玉华赴日本久留米大学医学部法医学教室进行科研合作。

10月至1995年4月，同济医科大学陈新山赴德国慕尼黑大学法医研究所进修学习。

10月至1996年10月，中国医科大学李剑平赴日本自治医科大学法医学教室攻读博士学位；姜景涛赴日本医科大学医学部攻读博士学位。

华西医科大学廖志钢在法国尼斯大学医学院和文学院合作进行"不同温度焚骨断面的SEM研究"和"颅骨头面复原"的研究；苟清赴美国攻读博士学位。

1994—1995年，华西医科大学张林赴德国美茵茨（Mainz）大学法医学研究所合作进行"中国群体补体末端成份多态性研究"。

12月至1995年7月，中山医科大学胡丙杰到英国威尔士大学法医学研究所进行心传导系统的合作研究。

1995年

1—6月，中国医科大学张喜轩赴日本九州大学医学部法医学教室进修学习。

1月，同济医科大学黄秋菊在荷兰学习进修攻读学位。

3月20日至5月20日，应芬兰土尔库大学法医科Pekka Saukko教授的邀请，中山医科大学祝家镇和宋一璇出访芬兰进行心传导系统的合作研究。

3月，中国医科大学朱宝利赴日本大阪府立医科大学法医学教室攻读博士学位。

4月—10月，中国医科大学李如波赴日本久留米大学医学部法医学教室进行科研合作及进修学习。

4月，同济医科大学王佐飞赴法兰克福大学法医研究所进修攻读学位。

5—11月，同济医科大学秦启生赴奥地利因斯布鲁克大学法医研究所进修学习。

10月，司法部司法鉴定科学技术研究所刑事技术研究室施少培赴英国雷丁大学进修。

1995—1996年，华西医科大学侯一平赴德国不来梅人类遗传研究所进行STR的合作研究。

1996年

2月至1997年2月，中国医科大学王保捷赴日本久留米大学医学部法医学教室进行科研合作。

4月，中国医科大学刘春燕赴日本信州医科大学法医学教室攻读博士学位。

5月14日至7月11日，中山医科大学祝家镇和宋一璇再次出访芬兰土尔库大学进行心传导系统的合作研究，同时举办了心传导系统的讲习班，有来自芬兰、瑞典、挪威、丹麦、匈牙利、德国、英国和日本等国家的20多位法医学工作者参加。在作纪念Raekallio教授演讲后在名牌上钉上自己的姓名铜牌。其间又访问了芬兰奥卢大学，并作学术报告。

7月1日至8月31日，中山医科大学罗斌赴香港大学进修。

1996—1998年，华西医科大学张林在德国美茵茨大学法医学研究所合作进行"人类补体第四成份基因结构与功能进化的分子遗传学及细胞生物学研究"。

8月，上海医科大学涂彬赴美国攻读博士学位。

第三章 中华人民共和国时期中国法医学（1949—2018 年）

9 月至 1997 年 9 月，华西医科大学胡泽卿赴加拿大不列颠哥伦比亚大学精神医学系司法精神病学研究所学习，获博士后证书。

1999 年

6 月 18 日至 7 月 3 日，中国法医学会代表团应美国法庭科学协会主席 Barry A. J. Fisher 和美国康涅狄格州警察局局长李昌钰邀请，出访美国。

9 月，华中科技大学同济医学院法医学系黄光照教授参观美国马里兰州法医局。

2000 年

12 月 2—9 日，公安部法庭科学技术考察团周云彪、权养科、田保中、马新和等考察了以色列国家警察总局法庭科学鉴定部、以色列公共安全部爆炸品处置部、Jaffa 市警察局的现场勘查队、重大案件机动刑事技术实验室和耶路撒冷市老城警察分局的指挥中心等部门。以色列国家公共安全部常务副部长 Arie Ramote 先生、科技局局长兼公安部首席科学家 L. Barak 教授以及以色列国家安全部亚洲处负责人先后会见了代表团一行。

司法部司法鉴定科学技术研究所的相关专家和学者随司法部代表团访问美国并进行学术交流。

公安部物证鉴定中心叶健以高级访问学者的身份应邀赴美国宾夕法尼亚州州立大学学习。

2001 年

司法部司法鉴定科学技术研究所的相关专家和学者随司法部代表团访问英国。

司法部司法鉴定科学技术研究所司法鉴定制度考察团访问澳大利亚。

2002 年

司法部司法鉴定科学技术研究所司法鉴定技术与管理学习交流团访问日本。

10 月 23 日至 11 月 1 日，公安部物证鉴定中心技术代表团一行 8 人（其中上海市公安局、山西省公安厅各 1 名刑事技术处领导）应香港政府化验所和新加坡警察部队邀请，赴香港特别行政区和新加坡对其法庭科学鉴定机构进行了全面考察。在考察期间，代表团先后访问了香港政府化验所、香港警务处，以及新加坡警察部队刑侦局、新加坡卫生科学局等部门，重点了解了上述机构在法庭科学鉴定方面的机构设置、人员情况以及其主要的工作运行机制，并重点考察了其严格、规范、科学的检材流程和实验室质量控制体系。访问期间，代表团一行受到了香港政府化验所、香港警务处，以及新加坡警察部队刑事侦查局、新加坡卫生科学局与我国驻新加坡使馆人员热情、友好的接待，考察获得了圆满成功。

2003 年

司法部司法鉴定科学技术研究所司法鉴定技术与管理学习考察团赴香港特别行政区、澳门特别行政区考察。

2005 年

2005—2006 年，华中科技大学同济医学院法医学系周亦武赴法国巴黎第六大学及国家健康研究院（INSERM）从事神经再生与操作的研究。

2006 年

司法部司法鉴定科学技术研究所选派人员赴英国、法国、德国进行了考察访问。

2007 年

司法部司法鉴定科学技术研究所领导随司法部司法鉴定考察团访问芬兰、荷兰。

司法部司法鉴定科学技术研究所选派人员去英国进修。

2009 年

司法部司法鉴定科学技术研究所选派人员赴俄罗斯考察。

司法部司法鉴定科学技术研究所选派人员赴南非考察。

2010 年

司法部司法鉴定科学技术研究所与美国马里兰健康和心理卫生法医中心签订合作备忘录。

司法部司法鉴定科学技术研究所选派人员赴荷兰进修。

司法部司法鉴定科学技术研究所选派人员赴英国、荷兰考察。

2011 年

司法部司法鉴定科学技术研究所选派人员赴台湾地区考察。

司法部司法鉴定科学技术研究所选派人员赴美国考察。

司法部司法鉴定科学技术研究所选派人员赴荷兰、美国进修。

2012 年

司法部司法鉴定科学技术研究所选派人员随团赴南非、土耳其考察。

司法部司法鉴定科学技术研究所选派人员赴德国培训。

司法部司法鉴定科学技术研究所选派人员赴荷兰培训。

司法部司法鉴定科学技术研究所选派人员赴澳大利亚考察。

2013 年

司法部司法鉴定科学技术研究所选派人员随团赴俄罗斯、印度考察。

司法部司法鉴定科学技术研究所赴俄罗斯考察。

司法部司法鉴定科学技术研究所选派人员赴美国培训。

2014 年

司法部司法鉴定科学技术研究所选派人员赴瑞士考察。

司法部司法鉴定科学技术研究所选派人员赴美国、加拿大考察。

2015 年

1 月至 2016 年 2 月，河南科技大学法医学院翟仙敦赴美国宾夕法尼亚大学 CHOP 研究所进行线粒体与表面遗传学研究。

司法部司法鉴定科学技术研究所选派人员随中国合格评定国家认可委员会团赴澳大利亚考察认证认可工作。

司法部司法鉴定科学技术研究所选派人员应邀赴匈牙利出席裴多菲遗骨安置及技术研讨活动。

司法部司法鉴定科学技术研究所选派人员赴丹麦、比利时考察访问。

司法部司法鉴定科学技术研究所选派人员应邀赴匈牙利参加裴多菲遗骨 DNA 鉴定

案件研讨。

司法部司法鉴定科学技术研究所选派人员赴日本考察访问。

2016 年

司法部司法鉴定科学技术研究所选派人员赴香港政府化验所、香港大学考察交流。

司法部司法鉴定科学技术研究所选派人员随上海市司法鉴定协会代表团赴美国、加拿大考察访问。

2017 年

9 月—2017 年 9 月，新乡医学院黄艳梅赴爱尔兰进行遗传学研究。

司法部司法鉴定科学技术研究所选派人员赴澳大利亚考察访问。

三、国际级杂志发表的论文

（一）1998 年之前在国际杂志发表论文情况

1. 法医学概论

（1）JIA J T. A brief history of forensic medicine in China. Crimmol，1988，12：67.（中国医科大学）

（2）JIA J T. On the medicolegal education in China. Ibid，1990：93.（中国医科大学）

（3）HUANG R T. History of Chinese modern forensic medicine. Forensic Sci Int，1992，53：121.（福建高级人民法院）

2. 法医病理学

（1）LIU S C. Sperm autoimmunity in vasectomized men and its relationship to atherosclerosis coronary artery disease. Clinical Reproduction and Fertility，1985，3：343.（华西医科大学）

（2）WANG E S，WANG JIE. An autopsy case of sudden unexpected death due to atherosclerotic coronary heart disease associated with simple right outflow tract stenosis. Forensic Sci Int，1987，34：307.（贵阳医科大学）

（3）QIN Q S. Herzhypertrophie und plotzlicher tod bei einzelner. Rechter Koronararterie，1987，7：58.（同济医科大学）

（4）CHEN Y C，DENG Z K，ZHU J Z. The significance of detecting serum fluorine level in the diagnosis of drowning. Forensic Sci Int，1990，46：289.（中山医科大学）

（5）CHEN Y C，DENG Z K ZHU J Z. The significance of detemiriing K/Na ionic ratio for timing of wounds. Indian J Forensic Sci，1991（5）：69.（中山医科大学）

（6）ZUO Z J，ZHU J Z. Study on the microstructure of skull fracture. Forensic Sci Int，1991，50：1.（中山医科大学）

（7）NIU W Y，HU J Z，ZHANG X M. A new staining method for constriction marks in skin. Forensic Sci Int，1991，50：147.（中国刑警学院）

（8）FU C Z，ZHU J Z. Localization and quantification of histamine in injured skin as parameter for the timing of wounds. Forensic Sci Int，1991，51：163.（中山医科大学）

（9）QU J P，WANG E S. A study on the diagnosis of drowning by examination of lung chlorophyll (a) of planktons with a spectrofluorophotometer. Forensic Sci Int, 1992, 53: 149. (贵阳医学院)

(10) WANG D C, ZHU J Z. Localization and quantification of NSE in injured skin for timing of wounds. Forensic Sci Int, 1992, 53: 203. (中山医科大学)

(11) CHEN X S, HUANG G Z. A pathological study of sudden coronary death in China: report of 89 autopsy cases. Forensic Sci Int, 1992, 57: 129. (同济医科大学)

(12) ZHANG X D, NIU W Y, ZHANG X. A study of enzymohistochemistry of cerebral cortical injury. Forensic Sci Int, 1992, 53: 19. (中国刑警学院)

(13) FU C Z, SONG Y X, ZHU J Z. Immunocytochemical study with anti-muscle actin antibody (HHF35) on myocardial ischaemia and reperfusion injury in rats. Forensic Sci Int, 1993, 59: 25. (中山医科大学)

(14) SIMS F H, CHEN X S, ZHANG Y G. Comparison of intimal thicking of Chinese and New Zealand coronary arteries. Am Heart J, 1993, 126: 863. (同济医科大学)

(15) SIMS F H, CHEN X S, GAVIN J B. The importance of a substantial eIastic lamina subjacent to the endothelium in limiting the progression of atherosclerotic changes. Histopathology, 1993, 23: 307. (同济医科大学)

(16) FU C Z, JASANI B, VUJANIC G M, et al. The immunocytocbemical demonstration of a relative lack of nerve fibers in the atrioventricular node and bundle of His in the sudden infant death syndrome (SIDS). Forensic SCi Int, 1994, 66: 175. (中山医科大学)

(17) ZHU B L, GUAN D W, LI D X, et al. Changes of myocardial myglobin, myosin, creatine kinase in cases of sudden nocturnal death syndrome. Chn Med J, 1994, 107: 36. (中国医科大学)

(18) XU X H, XU H Q, ZHU J Z, et al. A preliminary study of skin electrical injury with computerized image analysis. Forensic Sci Int, 1995, 73: 197. (中山医科大学)

(19) LUO B, SONG Y X, ZHU J Z, et al. Computerized microimage analysis of age—related changes of the human sinoatrial node. Forensic Sci Int, 1995, 75: 149. (中山医科大学)

(20) CHEN Y C, HU B J, Zhu J Z. Diagnostic value of ions as markers for differentiating antemortem from postmortem wounds. Forensic sci Int, 1995, 75: 157. (中山医科大学)

(21) HU B J, CHEN Y C, ZHU J Z. ImmunohisTocemical study of fibronectin for postmortem diagnosis of early myocardial infarction. Forensic Sci Int, 1996, 78: 209. (中山医科大学)

(22) ZHANG P, CAI S. Study on electrocution death by low-voltage. Forensic Sci Int, 1995, 76: 115 - 119. (司法部司法鉴定科学技术研究所)

(23) JING H L, HU B J. Sudden death caused by stricture of sinus node artery. Am J Forensic Med Pathol, 1997, 18 (4): 360 - 362. (中山医科大学)

(24) SONG Y, ZHU J, LAAKSONEN H, et al. A modified method for examining the

cardiac conduction system. Forensic Sci Int, 1997, 86 (1-2): 135-138. (中山医科大学)

(25) LI R, FUJITANI N, JIA J T, et al. Immunohistochemical indicators of early bram mjury: am experimertal study using the fluid-percussim model in cats. Am J Forensie Med Pathol, 1998, 19 (2): 129.

3. 法医物证学

(1) WANG W, JIA J T. Phenotyping of phosphoglucomutase-1 (PGM1) subtypes in Chinese with special reference to new variant. Med Sci Law, 1987, 27: 280. (中国医科大学)

(2) SONG S J. Examinations of ABO bloodgroupings of human hair. Forensic Sci Int, 1988, 36: 173. (黑龙江医科大学)

(3) YANG Q. An improved method for semen a-L-fucosidase typing — distribution in the Wuhan population of China. Z Rechlsmed, 1989, 103: 121. (同济医科大学)

(4) YANG Q, HUANG Q, YANG R, et al. Typing study of human semen DIA3 by isoelectric focusing — distribution in the Wuhan population, China. Forensic Sci Int, 1990, 44: 203. (同济医科大学)

(5) DING M, UMETSU K, NAKAYSHIKI N, et al. Distribution of human Zn-alpha-Z-glycoprotein types in Chinese and Korean populations. Hum Hered, 1990, 40: 311. (中国医科大学)

(6) ZHOU B, GUO J Y, WANG C X, et al. The rapid determination of the ABO group from body fluids or stains by Dot-ELISA using enzyme-labeled McAb. J Forensic Sci, 1990, (3): 1125. (中山医科大学)

(7) DING M, UMETSU K, YUASA I, et al. Polymorphism of complement component I in Mongoloid populations: A new genetic variant IF A2. Hum Hered, 1991; 41: 206 (中国医科大学)

(8) HOU Y P, GOU Q, WU M Y. Genetic polymorphisms of alpha-2-HS-glycoprotein, group-specific component and orosomucoid in the Han population Chengdu, China. Hum Hered, 1992, 42: 380. (华西医科大学)

(9) HOU Y P, GOU Q, WU M Y. A study of the genetic polymorphism of human inter-alpha-trypsin-inhibitor (ITI) in the Han population Chengdu, China. Human Genetics, 1993, 90: 661. (华西医科大学)

(10) HOU Y P, QING G, WU M Y. Genetic polymorphism of human plasminogen (PLG) in a Chinese population. Eur J Immunogenetic, 1993, 20: 91. (华西医科大学)

(11) LU H L, WANG C X, WU F Q, et al. Paternity ideniifcation in twins with different fathers. J Forensic Sci, 1994, 30: 1100. (中山医科大学)

(12) WANG B J, AKIYAMA K, JIA J T, et al. Measuring H type 1 and H type 2 antigens in human saliva by immunoassay using artificial antigens as standard substances. Forensic Sci Int, 1994, 67: 1. (中国医科大学)

(13) ALLEN M, LIN L M, GYLLEMSTEN U. A comprehensive PCR-oligonucleotide typing system for HLA class I A locus. Hum Immunol, 1994, 40: 25. （中国医科大学）

(14) DING M, UMETSU K, YUASA I, et al. Molecular basis of inter-alpha-trypsin inhibitor heavy chain H1 (ITIH1) polymorphism. Hum Genet, 1995, 95: 435. （中国医科大学）

(15) HOU Y P, SCHMITT C, STUAK N, et al. Genetic varition of the amplified VNTR polymorphism COL2A1 in Chinese and German population. Hum Hered, 1994, 44: 114. （华西医科大学）

(16) ZHANG L, STRADMANNN - BELLINGHAUSEN B, RITTNER C, et al. Genetic polymorphyism of the A and B subunits of coagulation factor XIII in the Chinese population. Exp Clin lmmunogenet, 1993, 10: 137. （华西医科大学）

(17) ZHANG L, WÜRZNER R, STRADMANN - BELLINGHAUSEN B, et al. A combined study of human complement C7 IEF and C7 M/N polymorphyisms in the Chinese Han population. Exp Clin lmmunogenet, 1994, 11: 17 （华西医科大学）

(18) LEE J C, CHANG J G. Random amplified polymorphic DNA polymerase chain reaction (RAPD PCR) fingerprints in forensic species identification. Foresic Sci lnt, 1994, 67: 103. （台湾桃园中央警察学院）

(19) HUANG N E SCHUMM J, BUDOWLE B. Chinese population data on three tetrameric short tandem repeat loci-HUMTHO1, TPOX, and CSF1PO-derived using multiplex PCR and Manual typing. Forensic Sci Int, 1995, 71: 131. （台湾台北犯罪调查局DNA实验室）

(20) ZHANG L, RITTNER C, SODETZ J M, et al. The eighth component of human complement: molecular basis of C8A (C81) polymorphyisms. Hum Genetic, 1995, 96: 281. （华西医科大学）

(21) PAI C Y, CHOU S L, YANG C H, et al. Flow chart HLA – DQA1 genotyping and its application to a forensic case. J Forensic Sci, 1995, 40: 228. （台湾桃园中央警察大学）

(22) LIU M J, XIN Z, BALAZS I. Application of DNA profiling lo paternity testing during early pregnancy. Hum Hered, 1993, 43: 357. （西安医科大学）

(23) YUN W M, YUN S G. Analysis of the VNTR locus DXS52 by the Amp – FLP technique. J Forensic Sci. 1996, 41 (5): 859 – 61. （华西医科大学）

(24) MAO X, WERTZ D C. China's genetic services providers' attitudes towards several ethical issues: a cross – cultural survey. Clin Genet. 1997, 52 (2): 100 – 9. （华西医科大学）

(25) HOU Y, SCHMITT C, STAAK M, et al. Genetic variation of the amplified VNTR polymorphism COL2A1 in Chinese and German populations. Hum Hered, 1994, 44 (2): 114 – 119. （华西医科大学）

第三章 中华人民共和国时期中国法医学（1949—2018 年）

4. 法医人类学

（1）SONG H W, JIA J T. The estimation of teeth age from attrition of the occlusal surface. Med Sci Law, 1989, 29：69.（中国医科大学）

（2）SONG H W, JIA J T, CAMERON J M. Age determination of the molars. Med Sci Law, 1991, 31：65.（中国医科大学）

（3）XU X H, PHILIPSEN H P, JABLONSKI N G, et al. Preliminary report on a new method of human age estimation fron single aduh teeth. Forensic Sci Int, 1991, 51：281.（中山医科大学）

（4）XU X H, PHILIPSEN H P, JABLONSKI N G, et al. Age estimation from the structure of adult human teeth: review of the literature. Forensic Sci Int, 1992, 54：23.（中山医科大学）

（5）SONG H W, LIN Z Q, JIA J T. Sex diagnosis of Chinese skulls using multiple stepwise discriminant function analysis. Forensic Sci Int, 1992, 54：135.（中国医科大学）

（6）XU X H, ZHU J Z, PHILIPSEN H P, et al. Age estimation by Chinese permanent teeth with image analysis. Med Sci Law, 1994, 34：284.（中山医科大学）

（7）SUN Y X, ZHAO G C, YAN W. Age estimation on the female sternum by quantification theory I and stepwise regression analysis. Forensic Sci Int, 1995, 74：57.（辽宁刑事科学技术研究所）

（8）LUO Y C. Sex determination from the pubis by discriminant function analysis. Forensic Sci Int, 1995, 74：89.（湖南医科大学）

（9）LAN Y W. A study on national differences in identification standards for Chinese skull image superimposition. Forensic Sci Int, 1995, 74：135.（辽宁省铁岭 213 研究所）

5. 法医毒理学和毒物分析

（1）HUANG G Z. An autopsy case report of chronic poisoning by intravenous injection of metallic mercury. Acta Acad Med Wuhan, 1981, 1：21.（同济医科大学）

（2）HUANG G Z, WANG D X, CHEN Z C, et al. An etiological investigation of burning sensation disease. Acta Acad Med Wuhan, 1983, 3：161.（同济医科大学）

（3）ZHANG Y G, HUANG G Z, WANG H J et al. An experimental pathological study of acute Lei Gong Teng intoxication in rats. Acta Acad Med Wuhan, 1984, 4：75.（同济医科大学）

（4）KUO T L. Determination of paraquat in tissue using ion pair chromatography in connection with spectrophotometry. Forensic Sci Int, 1987, 33：177.（台湾大学）

（5）KUO T L, KUO C Y. Determination of paraquat from formalin – fixed tissue. Forensic Sci Int, 1988, 38：243.（台湾大学）

（6）ZHANG Y G, HUANG G Z. Poisoning by toxic plants in China：report of 19 autopsy cases. Am J Forensic Med Pathol, 1988, 9：313.（同济医科大学）

（7）KUO T L. Release of tissue paraquat into formalin solution druing fixatim. J Forensic Sci, 1990, 35：668.（台湾大学）

(8) JUNTING L, CHUI CHANG F. Solid phase extraction method for rapid isolation and clear-up of some synthetic pyrethroid insecticides from human urine and plasma. Forensic Sci Int, 1991, 51: 89. (中国医科大学)

(9) HUANG W, ANDOLLOW, HEARN W L. A solid phase extraction technique for isolation and identification of opiates in urine. J Anal Toxicol, 1992, 16: 307. (华西医科大学)

(10) QUATREHOMME G, BOURRET F, LIAO Z G, et al. An experimental methodology for the study of postmortem changes in toxic concentrations of drugs using secobarbital as an example. J Forensic Sci, 1994, 39: 1300. (华西医科大学)

(11) CHEN X S. Autopsy case report of a rare acute iatrogenic water intoxication with a review of the literature. Forensic Sci Int, 1995, 74: 27. (同济医科大学))

(12) ZHANG X X, KUDO K, IMAMURA T, et al. Sensitive determination of bromazepam in human tissues using capillary gas chromatography-mass spectrometry. J Chromat B: Biomedical Applications, 1996, 677: 111. (中国医科大学)

6. 临床法医学

(1) CHEN X S. An analysis of clinical forensic medical expertise in 156 cases of road traffic accident. J Traffic Med, 1994, 22: 165. (同济医科大学)

7. 法医精神病学

(1) LIU X. Preparation and draft of mental health law in China. Psychiatry Clin Neurosci, 1998, 52 (Suppl): S250-251. (四川大学华西基础与法医学院)

8. 其他

(1) ZHANG J, GONG D A. A modified cyanoacrylate technique utilizing treated neutral filter paper for developing latent finger prints. Forensic Sci Int, 1991, 52: 31. (湖北省威宁地区公安处)

(2) 吴军. 在赔偿医学中判定伤、病及其他的因果关系问题. (日本) 赔偿医学, 1990, 12: 108. (司法部司法鉴定科学技术研究所)

(3) 陈昌基. 人体损伤治疗期间参考基准. (日本) 赔偿医学, 1993, 17: 70. (司法部司法鉴定科学技术研究所)

(4) 吴军. 伤害びよつ劳动能力丧失の鉴定びおけづ参考基准. (日本) 赔偿医学, 1993, 17: 79. (司法部司法鉴定科学技术研究所)

(二) 1999 年之后在国际杂志发表论文情况

用"forensic medicine"和"China"在中山大学图书馆 Web of Science 核心合集 (SCI-Expanded 1999 年至 2018 年 5 月 30 日) 搜索中国学者在 1999 年之后所发表的法医学方面的被 SCI 收录的论文，有关情况分析如下。

1. 各国法医学 SCI 论文占比

世界各国在 1999 年至 2018 年 5 月 30 日共发表法医学 SCI 收录论文 3 978 篇。其中，德国 467 篇，占 11.740%，排名第一。余下依次为：美国 408 篇，占 10.256%；土耳其 373 篇，占 9.377%；意大利 268 篇，占 6.737%；印度 244 篇，占 6.134%；澳

第三章 中华人民共和国时期中国法医学（1949—2018 年）

大利亚 232 篇，占 5.832%；英国 210 篇，占 5.279%；法国 194 篇，占 4.877%；瑞士 166 篇，占 4.173%；中国 160 篇，占 4.022%，排名第十；日本 133 篇，占 3.343%；西班牙 103 篇，占 2.589%；巴西 99 篇，占 2.489%；丹麦 91 篇，占 2.288%；瑞典 91 篇，占 2.288%；葡萄牙 83 篇，占 2.086%；等等。

2. 我国法医学 160 篇 SCI 收录论文的情况分析

我国法医学 160 篇 SCI 收录论文中，华中科技大学 20 篇，占 12.500%，排名第一。余下依次为：司法部 15 篇，占 9.375%；四川大学 13 篇，占 8.125%；中国政法大学 12 篇，占 7.500%；复旦大学 11 篇，占 6.875%；西安交通大学 10 篇，占 6.250%；苏州大学 8 篇，占 5.000%；中国医科大学 7 篇，占 4.375%；公安部 6 篇，占 3.750%；北京师范大学 5 篇，占 3.125%；重庆医科大学 5 篇，占 3.125%；南方医科大学 5 篇，占 3.125%；中山大学 5 篇，占 3.125%；武汉大学 5 篇，占 3.125%；中南大学 4 篇，占 2.500%；香港中文大学 4 篇，占 2.500%；吉林大学 4 篇，占 2.500%；上海交通大学 4 篇，占 2.500%；上海市公安局 4 篇，占 2.500%；广州市刑事科学技术研究所 3 篇，占 1.875%；河北医科大学 3 篇，占 1.875%；山西医科大学 3 篇，占 1.875%；中国科学院大学 3 篇，占 1.875%；香港大学 3 篇，占 1.875%；华西医科大学 3 篇，占 1.875%；浙江大学 3 篇，占 1.875%；等等。如果将四川大学与华西医科大学合并计算，则共 16 篇，占 10%，排名第二。

我国法医学 160 篇 SCI 收录论文中，2018 年（5 月前）发表 10 篇，占 6.250%；2017 年 18 篇，占 11.250%；2016 年 25 篇，占 15.625%；2015 年 21 篇，占 13.125%；2014 年 19 篇，占 11.875%；2013 年 17 篇，占 10.625%；2012 年 7 篇，占 4.375%；2011 年 13 篇，占 8.125%；2010 年 9 篇，占 5.625%；2009 年 7 篇，占 4.375%；2008 年 3 篇，占 1.875%；2007 年 2 篇，占 1.250%；2006 年 3 篇，占 1.875%；2005 年 3 篇，占 1.875%；2004 年 1 篇，占 0.625%；2002 年 1 篇，占 0.625%；2001 年 1 篇，占 0.625%。

3. 我国学者 1999 年后在国外杂志发表的部分代表性论文（不完全统计，根据 PUBMED 检索及各单位提供资料整理）

（1）CONG B, LI S J, YAO Y X, et al. Effect of cholecystokinin octapeptide on tumor necrosis factor alpha transcription and nuclear factor-kappa B activity induced by lipopolysaccharide in rat pulmonary interstitial macrophages. World J Gastroenterol, 2002, 8 (4): 718 – 723. （河北医科大学）

（2）CONG B, LI S J, LING Y L, et al. Expression and cell-specific localization of cholecystokinin receptors in rat lung. World J Gastroenterol, 2003, 9 (6): 1273 – 1277. （河北医科大学）

（3）LOU C, CONG B, LI S, et al. A SNaPshot assay for genotyping 44 individual identification single nucleotide polymorphisms. Electrophoresis, 2011, 32 (3 – 4): 368 – 378. doi: 10.1002/elps. 201000426. Epub 2010 Dec 30. （河北医科大学）

（4）HU N, CONG B, GAO T, et al. Evaluation of parameters in mixed male DNA profiles for the Identifiler® multiplex system. Int J Mol Med, 2014, 34 (1): 43 – 52. doi:

10.3892/ijmm. 2014.1779. Epub 2014 May 12. （河北医科大学）

（5）DONG C, FU L, ZHANG X, et al. Development of three X-linked tetrameric microsatellite markers for forensic purposes. Mol Biol Rep, 2014, 41（10）：6429-6432. doi：10.1007/s11033-014-3523-9. Epub 2014 Jul 1. （河北医科大学）

（6）LEI L, XU J, DU Q, et al. Genetic polymorphism of the 26 short tandem repeat loci in the Chinese Hebei Han population using two commercial forensic kits. Mol Biol Rep, 2015, 42（1）：217-225. doi：10.1007/s11033-014-3761-x. Epub 2014 Sep 28. （河北医科大学）

（7）HU N, CONG B, GAO T, et al. Application of mixsep software package：Performance verification of male-mixed DNA analysis. Mol Med Rep, 2015, 12（2）：2431-2442. doi：10.3892/mmr. 2015.3710. Epub 2015 Apr 30. （河北医科大学）

（8）XU J, FU G, YAN L, et al. LINE-1 DNA methylation：A potential forensic marker for discriminating monozygotic twins. Forensic Sci Int Genet, 2015, 19：136-145. doi：10.1016/j. fsigen. 2015.07.014. Epub 2015 Jul 23. （河北医科大学）

（9）WANG Q, FU L, ZHANG X, et al. Expansion of a SNaPshot assay to a 55-SNP multiplex：Assay enhancements, validation, and power in forensic science. Electrophoresis, 2016, 37（10）：1310-1317. doi：10.1002/elps. 201500353. Epub 2016 Mar 9. （河北医科大学）

（10）DONG C N, YANG Y D, LI S J, et al. Whole genome nucleosome sequencing identifies novel types of forensic markers in degraded DNA samples. Sci Rep, 2016, 6：26101. doi：10.1038/srep26101. （河北医科大学）

（11）HU N, CONG B, LI S, et al. Current developments in forensic interpretation of mixed DNA samples（Review）. Biomed Rep, 2014, 2（3）：309-316. Epub 2014 Jan 28. （河北医科大学）

（12）BI H, YANG Y, HUANG J, et al. Immunohistochemical detection of S100A1 in the postmortem diagnosis of acute myocardial infarction. Diagn Pathol, 2013, 17（8）：84. doi：10.1186/1746-1596-8-84. （河北医科大学）

（13）BAI X, LI S, CONG B, et al. Construction of two fluorescence-labeled non-combined DNA index system miniSTR multiplex systems to analyze degraded DNA samples in the Chinese Han population. Electrophoresis, 2010, 31（17）：2944-2948. doi：10.1002/elps. 201000163. （河北医科大学）

（14）BAI X, CONG B, LI S, et al. Allele frequencies for six miniSTR loci of Northwestern Chinese Han populations. J Forensic Leg Med, 2009, 16（8）：469-471. doi：10.1016/j. jflm. 2009.05.004. Epub 2009 Jun 25. （河北医科大学）

（15）YUAN L, XU X, ZHAO D, et al. Study of autosomal STR loci with IBS method in full sibling identification. Leg Med（Tokyo）, 2017, 26：14-17. doi：10.1016/j. legalmed. 2017.01.010. Epub 2017 Feb 2. （四川大学华西基础与法医学院）

（16）LI J, LUO H, SONG F, et al. Validation of the Microreader^{TM} 23sp ID system：

第三章 中华人民共和国时期中国法医学（1949—2018 年）

a new STR 23-plex system for forensic application. Forensic Sci Int Genet, 2017, 27: 67 - 73. doi: 10. 1016/j. fsigen. 2016. 12. 005. Epub 2016 Dec 12. （四川大学华西基础与法医学院）

（17）LI G, GUTHEIL T G, HU Z. Comparative study of forensic psychiatric system between China and America. Int J Law Psychiatry, 2016, 47: 164 - 170. doi: 1016/j. ijlp. 2016. 04. 002. Epub 2016 Jun 9. （四川大学华西基础与法医学院）

（18）SOUNDARARAJAN U, YUN L, SHI M, et al. Minimal SNP overlap among multiple panels of ancestry informative markers argues for more international collaboration. Forensic Sci Int Genet, 2016, 23: 25 - 32. doi: 10. 1016/j. fsigen. 2016. 01. 013. Epub 2016 Jan 22. （四川大学华西基础与法医学院）

（19）GOU H, ZHOU J, ZHANG Y, et al. Allele frequency distribution of 21 forensic autosomal STR loci of Goldeneye^{TM} DNA ID 22NC Kit in Chinese Tibetan group. Forensic Sci Int Genet, 2016, 22: e21 - e24. doi: 10. 1016/j. fsigen. 2016. 02. 008. Epub 2016 Feb 18. No abstract available. （四川大学华西基础与法医学院）

（20）WANG L, LV M, ZAUMSEGEL D, et al. A comparative study of insertion/deletion polymorphisms applied among Southwest, South and Northwest Chinese populations using Investigator® DIPplex. Forensic Sci Int Genet, 2016, 21: 10 - 14. doi: 10. 1016/j. fsigen. 2015. 08. 005. Epub 2015 Aug 21. （四川大学华西基础与法医学院）

（21）WANG Z, ZHOU D, CAO Y, et al. Characterization of microRNA expression profiles in blood and saliva using the Ion Personal Genome Machine® System (Ion PGM^{TM} System). Forensic Sci Int Genet, 2016, 20: 140 - 146. doi: 10. 1016/j. fsigen. 2015. 10. 008. Epub 2015 Nov 1. （四川大学华西基础与法医学院）

（22）SONG F, LUO H, HOU Y. Developed and evaluated a multiplex mRNA profiling system for body fluid identification in Chinese Han population. J Forensic Leg Med, 2015, 35: 73 - 80. doi: 10. 1016/j. jflm. 2015. 08. 006. Epub 2015 Aug 13. （四川大学华西基础与法医学院）

（23）GAO T, YUN L, GU Y, et al. Phylogenetic analysis and forensic characteristics of 12 populations using 23 Y - STR loci. Forensic Sci Int Genet, 2015, 19: 130 - 133. doi: 10. 1016/j. fsigen. 2015. 07. 006. Epub 2015 Jul 17. PMID. （四川大学华西基础与法医学院）

（24）HUANG Y, YAN J, HOU J, et al. Developing a DNA methylation assay for human age prediction in blood and bloodstain. Forensic Sci Int Genet, 2015, 17: 129 - 136. doi: 10. 1016/j. fsigen. 2015. 05. 007. Epub 2015 May 8. （四川大学华西基础与法医学院）

（25）WANG Z, ZHANG J, WEI W, et al. Identification of Saliva Using MicroRNA Biomarkers for Forensic Purpose. J Forensic Sci, 2015, 60: 702 - 706. doi: 10. 1111/1556 - 4029. 12730. （四川大学华西基础与法医学院）

（26）MAO Y Y, LIANG Y D, HU Z Q. Accuracy rate of lie-detection in China: estimate the validity of CQT on field cases. Physiol Behav, 2015, 140: 104 – 110. doi: 10.1016/j. physbeh. 2014.11.063. Epub 2014 Nov 28. （四川大学华西基础与法医学院）

(27) LIU Y, LIAO L, GU M, et al. Population genetics for 17 Y-STR loci in a Chinese Han population sample from Mudanjiang city, Northeast China. Forensic Sci Int Genet, 2014, 13: e16 – 7. doi: 10.1016/j. fsigen. 2014.05.009. Epub 2014 May 29. No abstract available. （四川大学华西基础与法医学院）

(28) SONG F, LUO H B, HOU Y P. Population data of 21 non-CODIS STR loci in the Chinese Uygur ethnic minority. Forensic Sci Int Genet, 2014, 13: e1 – e2. doi: 10.1016/j. fsigen. 2014.04.007. Epub 2014 Apr 30. No abstract （四川大学华西基础与法医学院）

(29) XU C, ZHOU R, HE W, et al. Fast imaging of eccrine latent fingerprints with nontoxic Mn-doped ZnS QDs. Anal Chem, 2014, 86 (7): 3279 – 3283. doi: 10.1021/ac404244v. Epub 2014 Mar 14. （四川大学华西基础与法医学院）

(30) YE Y, LUO H, LIAO L, et al. A case study of SNPSTR efficiency in paternity testing with locus incompatibility. Forensic Sci Int Genet, 2014, 9: 72 – 75. doi: 10.1016/j. fsigen. 2013.11.004. Epub 2013 Dec 4. （四川大学华西基础与法医学院）

(31) HUANG J, LUO H, WEI W, et al. A novel method for the analysis of 20 multi-Indel polymorphisms and its forensic application. Electrophoresis, 2014, 35 (4): 487 – 493. doi: 10.1002/elps. 201300346. Epub 2013 Dec 20. （四川大学华西基础与法医学院）

(32) WANG Z, ZHANG J, LUO H, et al. Screening and confirmation of microRNA markers for forensic body fluid identification. Forensic Sci Int Genet, 2013, 7 (1): 116 – 123. doi: 10.1016/j. fsigen. 2012.07.006. Epub 2012 Aug 19. PMID. （四川大学华西基础与法医学院）

(33) WEI W, LUO H B, YAN J, et al. Exploring of new Y-chromosome SNP loci using Pyrosequencing and the SNaPshot methods. Int J Legal Med, 2012, 126 (6): 825 – 833. doi: 10.1007/s00414 – 011 – 0603 – 4. Epub 2011 Jul 21. （四川大学华西基础与法医学院）

(34) HU J, YANG M, HUANG X, et al. Forensic psychiatry in China. Int J Law Psychiatry, 2011, 34 (1): 7 – 12. doi: 10.1016/j. ijlp. 2010.11.002. Epub 2010 Dec 14. （四川大学华西基础与法医学院）

(35) ZHOU Y, LI S, ZHOU J, et al. DNA profiling in blood, buccal swabs and hair follicles of patients after allogeneic peripheral blood stem cells transplantation. Leg Med (Tokyo), 2011, 13 (1): 47 – 51. doi: 10.1016/j. legalmed. 2010.09.005. Epub 2010 Oct 28. （四川大学华西基础与法医学院）

(36) ZHANG H, ZHANG R, RAN Y, et al. Genetic polymorphism of Malassezia furfur isolates from Han and Tibetan ethnic groups in China using DNA fingerprinting. Med My-

col, 2010, 48 (8): 1034-1038. doi: 10.3109/13693786.2010.490568. Epub 2010 May 28. (四川大学华西基础与法医学院)

(37) HOU Y P. Forensic DNA typing in China. Leg Med (Tokyo), 2009, 11 Suppl 1: S103-S105. doi: 10.1016/j. legalmed. 2009.02.019. Epub 2009 Mar 17 (四川大学华西基础与法医学院)

(38) ZHENG L, JIA D, FEI X, et al. An assessment of the genetic diversity within Ganoderma strains with AFLP and ITS PCR-RFLP. Microbiol Res, 2009, 164 (3): 312-321. Epub 2007 Jul 16. (四川大学华西基础与法医学院)

(39) YUN L B, YING B W, FANG Y Q, et al. Polymorphism of three STR loci in Chinese population. J Forensic Sci, 2005, 50 (1): 235. (四川大学华西基础与法医学院)

(40) ZHANG W J, YAN J, XU J J, et al. Polymorphism data at AY639919 and AY639922 loci in Chinese population. J Forensic Sci, 2005, 50 (1): 234. (四川大学华西基础与法医学院)

(41) LIANG W, LV M, XU Y, et al. Allele frequency distribution of STR loci D5S814 in four populations. J Forensic Sci, 2005, 50 (1): 226-227. (四川大学华西基础与法医学院)

(42) TANG J P, HOU Y P, LI Y B, et al. Characterization of eight Y-STR loci and haplotypes in a Chinese Han population. Int J Legal Med, 2003, 117 (5): 263-270. Epub 2003 Jul 30. (四川大学华西基础与法医学院)

(43) YING B W, TANG J P, GAO Y Z, et al. Haplotype frequencies of three Y-chromosome STR loci in Tibetan ethnic group of Chinese population. J Forensic Sci, 2003, 48 (2): 449-450. (四川大学华西基础与法医学院)

(44) HOU Y P, TANG J P, DONG J G, et al. Further characterization and population data for the pentanucleotide STR polymorphism D10S2325. Forensic Sci Int, 2001; 123 (2-3): 107-110. (四川大学华西基础与法医学院)

(45) WU M Y, SUN G Y, HUANG D X, et al. Allele frequency distribution for four VNTR loci in the Chinese Han population. J Forensic Sci, 2001, 46 (2): 416. (四川大学华西基础与法医学院)

(46) HOU Y P, ZHANG J, LI Y B, et al. Allele sequences of six new Y-STR loci and haplotypes in the Chinese Han population. Forensic Sci Int, 2001, 118 (2-3): 147-152. (四川大学华西基础与法医学院)

(47) HUANG D X, ZHANG L, WU M Y. Allele frequency distributions for three STR loci in the Han and Thai populations. J Forensic Sci, 2000, 45 (6): 1352. (四川大学华西基础与法医学院)

(48) MENG H Y, HOU Y P, CHEN G D, et al. Frequencies of D8S384 alleles and genotypes in European, African-American, Chinese, and Japanese populations. J Forensic Sci. 1999; 44 (6): 1273-1276. (四川大学华西基础与法医学院)

(49) HOU Y P, JIN Z M, LI Y B, et al. D20S161 data for three ethnic populations and forensic validation. Int J Legal Med, 1999, 112 (6): 400 - 402. (四川大学华西基础与法医学院)

(50) WU M Y, ZOU L P, SHEN B et al. STR HUMARA locus gene and genotype frequencies in Han and Bei populations in China. J Forensic Sci, 1999, 44 (5): 1039 - 1041. (四川大学华西基础与法医学院)

(51) TANG J P, HOU Y P, LI Y B, et al. Allele frequencies for three STR loci D1S1612, D2S1391, and D17S2196 in Chinese population. J Forensic Sci, 2001, 46 (5): 1255. (四川大学华西基础与法医学院)

(52) HOU Y, TANG J, LI Y, et al. Allele frequencies of pentanucleotide STR D6S957 in Chinese and German populations. J Forensic Sci, 2001, 46 (5): 1254. (四川大学华西基础与法医学院)

(53) SONG Y, YAO Q, ZHU J, et al. Age-related variation in the interstitial tissues of the cardiac conduction system; and autopsy study of 230 Han Chinese. Forensic Sci Int, 1999, 104 (2 - 3): 133 - 142. (中山医科大学)

(54) SONG Y, LAAKSONEN H, SAUKKO P, et al. Histopathological findings of cardiac conduction system of 150 Finns. Forensic Sci Int. 2001; 119 (3): 310 - 317. (中山医科大学)

(55) HU B J, CHEN Y C, ZHU J Z. Study on the specificity of fibronectin for postmortem diagnosis of early myocardial infarction. Medicine Science and the Law, 2002, 42 (3): 195 - 199. (中山医科大学)

(56) LIU Q L, XUE L, WU W W, et al. Potential of 13 linked autosomal short tandem repeat loci in pairwise kinship analysis. Electrophoresis, 2016, 37 (21): 2800 - 2806. doi: 10.1002/elps. 201600238. Epub 2016 Oct 4. (中山医科大学)

(57) CHEN W, CHENG J, TONG D, et al. Identification of a rare off - ladder allele of the D13S325 locus during paternity testing. Leg Med (Tokyo), 2014, 16 (1): 48 - 51. doi: 10.1016/j. legalmed. 2013.09.005. Epub 2013 Sep 29. (中山医科大学)

(58) OU X, LIU C, CHEN S, et al. Complete paternal uniparental isodisomy for Chromosome 2 revealed in a parentage testing case. Transfusion, 2013, 53 (6): 1266 - 9. doi: 10.1111/j. 1537 - 2995.2012.03863. x. Epub 2012 Aug 23. (中山医科大学)

(59) ZHAO J, LIU C, HU S, et al. Microwave digestion—vacuum filtration—automated scanning electron Microscopy as a sensitive method for forensic diatom test. Int J Legal Med, 2013, 127 (2): 459 - 463. doi: 10.1007/s00414 - 012 - 0756 - 9. Epub 2012 Aug 12. (中山医科大学)

(60) OU X L, GAO J, WANG H, et al. Predicting human age with bloodstains by sjTREC quantification. PLoS One, 2012, 7 (8): e42412. doi: 10.1371/journal. pone. 0042412. Epub 2012 Aug 3. (中山医科大学)

(61) LIU Q L, ZHAO H, CHEN J D, et al. Development and population study of the

第三章 中华人民共和国时期中国法医学（1949—2018 年）

12 X-STR loci multiplexes PCR systems. Int J Legal Med, 2012, 126 (4): 665 – 670. doi: 10.1007/s00414 – 012 – 0676 – 8. Epub 2012 Feb 16. （中山医科大学）

（62）LIU Q L, LU D J, LI X G, et al. Development of the nine X-STR loci typing system and genetic analysis in three nationality populations from China. Int J Legal Med, 2011, 125 (1): 51 – 58. doi: 10.1007/s00414 – 010 – 0520 – y. Epub 2010 Oct 22. （中山医科大学）

（63）HUANG E W, PENG L Y, ZHENG J X, et al. Common Variants in Promoter of ADTRP Associate with Early-Onset Coronary Artery Disease in a Southern Han Chinese Population. PLoS One, 2015, 10 (9): e0137547. doi: 10.1371/journal. pone. 0137547. eCollection 2015. （中山医科大学）

（64）MM J, JIN C, CHEN Z, et al. Fatal unexpected death due to familial hemophagocytic lymphohistiocytosis type 3. Forensic Sci Med Pathol, 2018, 14 (3): 372 – 376. doi: 10.1007/s12024 – 018 – 9986 – 6. Epub ahead of print （河北北方学院）

（65）ZHANG Y, ZHOU X, ZHANG J, et al. Cantharides poisoning: a retrospective analysis from 1996 to 2016 in China. Regul Toxicol Pharmacol, 2018, 96: 142 – 145. doi: 10.1016/j. yrtph. 2018.05.007. Epub 2018 May 16. （华中科技大学同济医学院）

（66）SHEN G, LI S, CUI W, et al. Stabilization of warfarin-binding pocket of VKORC1 and VKORL1 by a peripheral region determines their different sensitivity to warfarin inhibition. J Thromb Haemost, 2018, 16 (6): 1164 – 1175. doi: 10.1111/jth. 14127. Epub 2018 May. （河南科技大学）

（67）ZHAN G, HAN L, LI Z, et al. Identification and Documentation of Auricle Defects using Three-dimensional Optical Measurements. Sci Rep, 2018, 8 (1): 2869. doi: 10.1038/s41598 – 018 – 21289 – x. （华中科技大学同济医学院）

（68）YAO J, YANG F, SUN X, et al. Mechanism of inhibition of retromer transport by the bacterial effector RidL. Proc Natl Acad Sci U S A, 2018, 115 (7): E1446 – E1454. doi: 10.1073/pnas. 1717383115. Epub 2018 Jan 31. （华中科技大学同济医学院）

（69）SONG A, ZHU L, GORANTLA G, et al. Salient type 1 interleukin 1 receptor expression in peripheral non-immune cells. Sci Rep, 2018, 8 (1): 723. doi: 10.1038/s41598 – 018 – 19248 – 7. （华中科技大学同济医学院）

（70）YI S, LONG F, CHENG J, et al. An optimized rapid bisulfite conversion method with high recovery of cell-free DNA.

（71）BMC Mol Biol, 2017, 18 (1): 24. doi: 10.1186/s12867 – 017 – 0101 – 4. （华中科技大学同济医学院）

（72）LI W, ZHANG L, LIANG Y, et al. Sudden death due to malignant hyperthermia with a mutation of RYR1: autopsy, morphology and genetic analysis. Forensic Sci Med Pathol, 2017, 13 (4): 444 – 449. doi: 10.1007/s12024 – 017 – 9925 – y. Epub 2017 Nov 4. （华中科技大学同济医学院）

（73）NING Y J, KANG Z, XING J, et al. Ebola virus mucin-like glycoprotein

（Emuc）induces remarkable acute inflammation and tissue injury: evidence for Emuc pathogenicity in vivo. Protein Cell, 2018, 9 (4): 389 – 393. doi: 10.1007/s13238 – 017 – 0471 – x. No abstract available. （华中科技大学同济医学院）

（74）XIA Y, CAI P C, YU F, et al. IL-4-induced caveolin-1-containing lipid rafts aggregation contributes to MUC5AC synthesis in bronchial epithelial cells. Respir Res, 2017, 18 (1): 174. doi: 10.1186/s12931 – 017 – 0657 – z. （华中科技大学同济医学院）

（75）LIU Y, HE H, YI S, et al. Comparison of different methods for repairing damaged DNA from buffered and unbuffered formalin-fixed tissues. Int J Legal Med, 2018, 132 (3): 675 – 681. doi: 10.1007/s00414 – 017 – 1666 – 7. Epub 2017 Aug 30. （华中科技大学同济医学院）

（76）YANG M, LI H, YANG T, et al. A Study on the Estimation of Postmortem Interval Based on Environmental Temperature and Concentrations of Substance in Vitreous Humor. J Forensic Sci, 2018, 63 (3): 745 – 751. doi: 10.1111/1556 – 4029.13615. Epub 2017 Aug 17. （华中科技大学同济医学院）

（77）TONG F, WU R, HUANG W, et al. Forensic aspects of homicides by insulin overdose. Forensic Sci Int, 2017, 278: 9 – 15. doi: 10.1016/j.forsciint.2017.06.015. Epub 2017 Jun 20. （华中科技大学同济医学院）

（78）LIANG Y, TONG F, ZHANG L, et al. Fatal poisoning by terbufos following occupational exposure. Clin Toxicol (Phila), 2018, 56 (2): 140 – 142. doi: 10.1080/15563650.2017.1340647. Epub 2017 Jul 6. （华中科技大学同济医学院）

（79）ZHANG J, HUANG P, WANG Z, et al. Application of FTIR spectroscopy for traumatic axonal injury: a possible tool for estimating injury interval. Biosci Rep, 2017, 37 (4). pii: BSR20170720. doi: 10.1042/BSR20170720. Print 2017 Aug 31. （司法部司法鉴定科学研究院）

（80）LIANG M, ZHANG J, ZHENG N, et al. How Postmortem Redistribution of MDMA in Acute Alcohol-MDMA Combined-Use Rats Change under Effects of Alcohol. Sci Rep, 2017, 7 (1): 4038. doi: 10.1038/s41598 – 017 – 04416 – y. （华中科技大学同济医学院）

（81）CHEN X, CHEN L, CHEN Z, et al. Remodelling of myocardial intercalated disc protein connexin 43 causes increased susceptibility to malignant arrhythmias in ARVC/D patients. Forensic Sci Int, 2017, 275: 14 – 22. doi: 10.1016/j.forsciint.2017.02.020. Epub 2017 Feb 27. （华中科技大学同济医学院）

（82）ZHANG J, LIN W, LIN H, et al. Identification of Skin Electrical Injury Using Infrared Imaging: a Possible Complementary Tool for Histological Examination. PLoS One, 2017, 12 (1): e0. （华中科技大学同济医学院）

（83）ZHANG W, XIAO C, YU J, et al. Multiplex assay development and mutation rate analysis for 13 RM Y-STRs in Chinese Han population. Int J Legal Med, 2017, 131 (2): 345 – 350. doi: 10.1007/s00414 – 016 – 1489 – y. Epub 2016 Nov 9. （华中科技大

学同济医学院)

(84) WANG R, ZHUO L, WANG Y, et al. Lessons learned from poisoning cases caused by 2 illegal rodenticides: Tetramine and fluoroacetamide. Medicine (Baltimore), 2016, 95 (41): e5103. (华中科技大学同济医学院)

(85) TONG F, LIANG Y, KHAN M F, et al. A fatal case of severe neck abscess due to a third branchial cleft fistula: morphologic and immunohistochemical analyses. Diagn Pathol, 2016, 11 (1): 87. doi: 10.1186/s13000-016-0540-0. (华中科技大学同济医学院)

(86) LIANG Y, TONG F, ZHANG L, et al. Sudden death due to rupture of the right internal carotid artery in neurofibromatosis type 1: a case report. Leg Med (Tokyo), 2016, 21: 33-37. doi: 10.1016/j.legalmed.2016.05.004. Epub 2016 May 18. (华中科技大学同济医学院)

(87) XING J, LIU D, SHEN S, et al. Pathologic Studies of Fatal Encephalomyelitis in Children Caused by Enterovirus 71. Am J Clin Pathol, 2016, 146 (1): 95-106. doi: 10.1093/ajcp/aqw089. Epub 2016 Jun 29. (华中科技大学同济医学院)

(88) ZHANG W, XIAO C, WEI T, et al. Haplotype diversity of 13 RM Y-STRs in Chinese Han population and an update on the allele designation of DYF403S1. Forensic Sci Int Genet, 2016, 23: e1-e9. doi: 10.1016/j.fsigen.2016.04.013. Epub 2016 Apr 29. (华中科技大学同济医学院)

(89) XING J, LI W, TONG F, et al. Three homicides with darts tainted with succinylcholine: autopsy and toxicology. Int J Legal Med, 2016, 130 (6): 1541-1545. Epub 2016 May 14. (华中科技大学同济医学院)

(90) YU J, XIAO C, WEI T, et al. Allele dropout at the STR loci TH01 and vWA and identification of two new point mutations upstream of the repeat region at the vWA locus. Forensic Sci Int Genet, 2016, 23: e14-e17. doi: 10.1016/j.fsigen.2016.04.006. Epub 2016 Apr 8. (华中科技大学同济医学院)

(91) TONG F, LIANG Y, ZHANG L, et al. Fatal liver cyst rupture in polycystic liver disease complicated with autosomal dominant polycystic kidney disease: A case report. Forensic Sci Int, 2016, 262: e5-8. doi: 10.1016/j.forsciint.2016.03.045. Epub 2016 Mar 30. (华中科技大学同济医学院)

(92) CHEN Z, MU J, CHEN X, et al. Sudden Unexplained Nocturnal Death Syndrome in Central China (Hubei): a 16-Year Retrospective Study of Autopsy Cases. Medicine (Baltimore), 2016, 95 (9): e2882. doi: 10.1097/MD.0000000000002882. (华中科技大学同济医学院)

(93) BAI R, LIU Y, ZHANG J, et al. Analysis of 27 Y-chromosomal STR haplotypes in a Han population of Henan province, Central China. Int J Legal Med, 2016, 130 (5): 1191-1194. doi: 10.1007/s00414-016-1326-3. Epub 2016 Mar 1. Review. (华中科技大学同济医学院)

（94）LI W, LIU D, GALLINA K, et al. Delayed death caused by haematoma after manual strangulation: a rare case. Br J Oral Maxillofac Surg, 2016, 54 (9): 1049 – 1050. doi: 10. 1016/j. bjoms. 2016. 02. 004. Epub 2016 Feb 24. （华中科技大学同济医学院）

（95）WANG Y, CHEN S, WANG R, et al. Postmortem diagnosis of Marfan syndrome in a case of sudden death due to aortic rupture: Detection of a novel FBN1 frameshift mutation. Forensic Sci Int, 2016, 261: e1 – e4. doi: 10. 1016/j. forsciint. 2016. 02. 013. （华中科技大学同济医学院）

（96）XIAO C, ZHANG W, WEI T, et al. Population data of 21 autosomal STR loci in Chinese Han population from Hubei province in Central China. Forensic Sci Int Genet, 2016, 20: e13 – e14. doi: 10. 1016/j. fsigen. 2015. 11. 002. No abstract available. （华中科技大学同济医学院）

（97）MU J, CHEN Z, CHEN X, et al. Commotio Cordis Caused by Violence in China: Epidemiological Characteristics Detected at the Tongji Forensic Medical Center. Medicine (Baltimore), 2015, 94 (51): e2315. doi: 10. 1097/MD. 0000000000002315. （华中科技大学同济医学院）

（98）HE F, LO L, BYNUM J, et al. Medical Malpractice in Wuhan, China: A 10-Year Autopsy-Based Single-Center Study. Medicine (Baltimore), 2015, 94 (45): e2026. doi: 10. 1097/MD. 0000000000002026. （华中科技大学同济医学院）

（99）ZHANG L, MA J, LI S, et al. Fatal diphenidol poisoning: a case report and a retrospective study of 16 cases. Forensic Sci Med Pathol, 2015, 11 (4): 570 – 576. doi: 10. 1007/s12024 – 015 – 9709 – 1. Epub 2015 Oct 19. （华中科技大学同济医学院）

（100）ZHANG W, XIAO C, YU J, et al. Allele repeat structure and designation update for the Y-STR loci DYF399S1, DYS526b and DYS626. Forensic Sci Int Genet, 2016, 20: 147 – 148. doi: 10. 1016/j. fsigen. 2015. 09. 005. Epub 2015 Sep 15. No abstract. （华中科技大学同济医学院）

（101）ZHANG H, LIU Q, DUAN Y, et al. Chronic occupational N, N-dimethylformamide poisoning induced death: a case report. Forensic Sci Med Pathol, 2015, 11 (4): 584 – 8. doi: 10. 1007/s12024 – 015 – 9705 – 5. Epub 2015 Sep 3. （华中科技大学同济医学院）

（102）MU J, SONG Y, ZHANG J, et al. Calcium signaling is implicated in the diffuse axonal injury of brain stem. Int J Clin Exp Pathol, 2015, 8 (5): 4388 – 4397. eCollection 2015. （华中科技大学同济医学院）

（103）ZHANG L, ZHOU Y. Massive Pulmonary Calculi Embolism: a Novel Complication of Pneumatic Lithotripsy: A Case Report. Medicine (Baltimore), 2015, 94 (30): e1262. doi: 10. 1097/MD. 0000000000001262. （华中科技大学同济医学院）

（104）ZHANG L, YANG Y, ZHANG J, et al. Barium sulfate aspiration: Severe chemical pneumonia induced by a massive reflux of contrast medium during small bowel barium enema. Forensic Sci Int, 2015, 253: e16 – 199. doi: 10. 1016/j. forsciint. 2015. 05. 016.

第三章 中华人民共和国时期中国法医学（1949—2018 年）

Epub 2015 May 27. （华中科技大学同济医学院）

（105）JIA Y S, ZHANG L, QI L Y, et al. Multistep microsatellite mutation leading to father-child mismatch of FGA locus in a case of non-exclusion parentage. Leg Med（Tokyo）, 2015, 17（5）: 364 - 365. doi: 10.1016/j. legalmed. 2015.05.001. Epub 2015 May 8. （华中科技大学同济医学院）

（106）SHEN C, CHEN Z, MAHMOODURRAHMAN M, et al. Single nucleotide polymorphisms of ERβ and coronary atherosclerotic disease in Chinese Han women. Int J Clin Exp Pathol, 2015, 8（2）: 2044 - 2050. eCollection 2015. （华中科技大学同济医学院）

（107）HE S, CHEN X, ZHOU X, et al. Sudden death due to traumatic ascending aortic pseudoaneurysms ruptured into the esophagus: 2 case reports. Medicine（Baltimore）, 2015, 94（15）: e716. doi: 10.1097/MD.0000000000000716. （华中科技大学同济医学院）

（108）HU Q, LIU Y, YI S, et al. A comparison of four methods for PCR inhibitor removal. Forensic Sci Int Genet, 2015, 16: 94 - 97. doi: 10.1016/j. fsigen. 2014.12.001. Epub 2014 Dec 12. （华中科技大学同济医学院）

（109）LI S, HUANG W, DUAN Y, et al. Human fatality due to thallium poisoning: autopsy, microscopy, and mass spectrometry assays. J Forensic Sci, 2015, 60（1）: 247 - 251. doi: 10.1111/1556 - 4029.12623. Epub 2014 Nov 18. （华中科技大学同济医学院）

（110）YI S H, JIA Y S, MEI K, et al. Age-related DNA methylation changes for forensic age-prediction. Int J Legal Med, 2015, 129（2）: 237 - 244. doi: 10.1007/s00414 - 014 - 1100 - 3. Epub 2014 Nov 16. （华中科技大学同济医学院）

（111）MU J, ZHANG J, DONG H, et al. A rare type of drowning with a latent period following surviving an episode of immersion. Forensic Sci Med Pathol, 2015, 11（1）: 74 - 77. doi: 10.1007/s12024 - 014 - 9625 - 9. Epub 2014 Nov 12. （华中科技大学同济医学院）

（112）DUAN Y, ZHANG L, LI S, et al. Polyacrylamide hydrogel pulmonary embolism—A fatal consequence of an illegal cosmetic vaginal tightening procedure: a case report. Forensic Sci Int, 2014, 238: e6 - e10. doi: 10.1016/j. forsciint. 2014.02.021. Epub 2014 Mar 5. （华中科技大学同济医学院）

（113）DONG H, ZHANG J, REN L, et al. Unexpected death due to cefuroxime—induced disulfiram—like reaction. Indian J Pharmacol, 2013, 45（4）: 399 - 400. doi: 10.4103/0253 - 7613.114991. （华中科技大学同济医学院）

（114）ZHUO L, LIU Q, LIU L, et al. Roles of 3, 4-methylenedioxymethamphetamine（MDMA）-induced alteration of connexin43 and intracellular Ca^{2+} oscillation in its cardiotoxicity. Toxicology, 2013, 310: 61 - 72. doi: 10.1016/j. tox. 2013.05.013. Epub 2013 Jun 6. （华中科技大学同济医学院）

（115）ANANDA S, SHAOHUA Z, LIANG L. Fatal barium chloride poisoning: four cases report and literature review. Am J Forensic Med Pathol, 2013, 34（2）: 115 - 118.

doi: 10. 1097/PAF. 0b013e31828a2626. Review. （华中科技大学同济医学院）

（116）LIANG M, LIU Y, ZHENG N, et al. Distribution of methamphetamine and its metabolite amphetamine in acute and subacute ethanol-methamphetamine combination abuse model rats. J Anal Toxicol, 2012, 36（1）: 30 – 35. doi: 10. 1093/jat/bkr007. （华中科技大学同济医学院）

（117）YAN J, CHEN Y, HE C, et al. Andrographolide induces cell cycle arrest and apoptosis in human rheumatoid arthritis fibroblast-like synoviocytes. Cell Biol Toxicol, 2012, 28（1）: 47 – 56. doi: 10. 1007/s10565 – 011 – 9204 – 8. Epub 2011 Oct 20. （华中科技大学同济医学院）

（118）HUANG D, SHI S, ZHU C, et al. Y – haplotype screening of local patrilineages followed by autosomal STR typing can detect likely perpetrators in some populations. J Forensic Sci, 2011, 56（5）: 1340 – 1342. doi: 10. 1111/j. 1556 – 4029. 2011. 01830. x. Epub 2011 Jul 21. （华中科技大学同济医学院）

（119）YANG F, REN L, ZHUO L, et al. Involvement of oxidative stress in the mechanism of triptolide-induced acute nephrotoxicity in rats. Exp Toxicol Pathol, 2012, 64（7 – 8）: 905 – 911. doi: 10. 1016/j. etp. 2011. 03. 013. Epub 2011 May 6. （华中科技大学同济医学院）

（120）ANANDA S, SHAOHUA Z, FAN Y, et al. HIV-negative drug addict diagnosed with AIDS and tuberculosis at autopsy: a case report and brief review of literature. J Forensic Leg Med, 2011, 18（3）: 136 – 138. doi: 10. 1016/j. jflm. 2011. 01. 010. Review. （华中科技大学同济医学院）

（121）SUNNASSEE A, SHAOHUA Z, LIANG R, et al. Unexpected death of a young woman: is myocardial bridging significant? —A case report and review of literature. Forensic Sci Med Pathol, 2011, 7（1）: 42 – 46. doi: 10. 1007/s12024 – 010 – 9175 – 8. Epub 2010 Aug 10. Review. （华中科技大学同济医学院）

（122）SHAOHUA Z, ANANDA S, RUXIA Y, et al. Fatal renal failure due to the Chinese herb "GuanMu Tong"（Aristolochia manshuriensis）: autopsy findings and review of literature. Forensic Sci Int, 2010, 199（1 – 3）: e5 – e7. doi: 10. 1016/j. forsciint. 2010. 02. 003. Epub 2010 Mar 2. （华中科技大学同济医学院）

（123）ZHUO L, REN L, LIU Q, et al. Death from bilateral pulmonary congenital cystic adenomatoid malformation: a rare case report. Am J Forensic Med Pathol, 2011, 32（1）: 25 – 27. doi: 10. 1097/PAF. 0b013e3181c21c51. （华中科技大学同济医学院）

（124）HUA Y S, LIANG R, LIANG L, et al. Contraction band necrosis in two ecstasy abusers: a latent lethal lesion associated with ecstasy. Am J Forensic Med Pathol, 2009, 30（3）: 295 – 297. doi: 10. 1097/PAF. 0b013e318187e756. （华中科技大学同济医学院）

（125）HUANG D, LIN X, CHEN H, et al. Parentally imprinted allele（PIA）typing in the differentially methylated region upstream of the human H19 gene. Forensic Sci Int Genet, 2008, 2（4）: 286 – 291. doi: 10. 1016/j. fsigen. 2008. 03. 008. Epub 2008 May 8.

第三章　中华人民共和国时期中国法医学（1949—2018 年）

（华中科技大学同济医学院）

（126）HE F, HUANG D, LIU L, et al. A novel PCR-DGGE-based method for identifying plankton 16S rDNA for the diagnosis of drowning. Forensic Sci Int, 2008, 176 (2-3): 152-156. Epub 2007 Oct 4. （华中科技大学同济医学院）

（127）CHEN X, ZHANG Y. Myocardial Cx43 expression in the cases of sudden death due to dilated cardiomyopathy. Forensic Sci Int, 2006, 162 (1-3): 170-173. Epub 2006 Aug 2. （华中科技大学同济医学院）

（128）HUANG D, YANG Q, ZHAI X, et al. Allele frequencies and statistic parameters for penta D and penta E loci in Chinese Han population. J Forensic Sci, 2005, 50 (6): 1515-1516. （华中科技大学同济医学院）

（129）HUANG D, YANG Q, YU C. Allele frequencies of six STR loci (D3S4536, D4S2633, D5S2500, D9S925, D9S1118 and D20S481) in Chinese Han population. J Forensic Sci, 2004, 49 (2): 413-414. （华中科技大学同济医学院）

（130）HUANG D, YANG Q, YU C. Allele frequencies of four short tandem repeat loci in Chinese Han population. J Forensic Sci, 2003, 48 (6): 1433-1434. （华中科技大学同济医学院）

（131）HUANG D, YANG Q, YU C, et al. Development of the X-linked tetrameric microsatellite markers HumDXS6803 and HumDXS9895 for forensic purpose. Forensic Sci Int, 2003, 133 (3): 246-249. （华中科技大学同济医学院）

（132）MAO S, FU F, DONG X, et al. Supplementary pathway for vitality of wounds and wound age estimation in bruises using the electric impedance spectroscopy technique. J Forensic Sci, 2011, 56 (4): 925-929. doi: 10.1111/j.1556-4029.2011.01756.x. Epub 2011 Mar 21. （西安交通大学法医学院）

（133）ZHANG J, LIU L, MU J, et al. Chemical analysis in the corpus callosum following traumatic axonal injury using fourier transform infrared microspectroscopy: A pilot study. J Forensic Sci, 2015, 60 (6): 1488-1494. doi: 10.1111/1556-4029.12871. Epub 2015 Aug 14. （西安交通大学法医学院）

（134）TIAN Y F, ZHAO J H, ZHANG H B, et al. Genetic profile of five STR loci D2S1338, D8S1179, D14S306, D19S253 and D18S535 in a Chinese population. J Forensic Sci, 2005, 50 (1): 245. （西安交通大学法医学院）

（135）ZHANG Y, WANG Q, LI B, et al. Changes in attenuated total reflection fourier transform infrared spectra as blood dries out. J Forensic Sci, 2017, 62 (3): 761-767. doi: 10.1111/1556-4029.13324. Epub 2016 Dec 16. （西安交通大学法医学院）

（136）WEI Y L, LI C X, JIA J, et al. Forensic identification using a multiplex assay of 47 SNPs. J Forensic Sci, 2012, 57 (6): 1448-1456. doi: 10.1111/j.1556-4029.2012.02154.x. Epub 2012 Apr 26. （西安交通大学法医学院）

（137）LI W, ZHANG L, LIANG Y, et al. Sudden death due to the atrioventricular node contusion: three cases report. Medicine (Baltimore), 2017, 96 (1): e5688. doi:

10. 1097/MD. 0000000000005688. 170844. doi：10. 1371/journal. pone. 0170844. eCollection 2017.（西安交通大学法医学院）

（138）ZHAO M, ZHENG C, ZHAO C. A new approach for concealed information identification based on ERP assessment. J Med Syst, 2012, 36（4）：2401 – 2409. doi：10. 1007/s10916 – 011 – 9707 – 0. Epub 2011 Apr 16.（西安交通大学法医学院）

（139）WEI Y L, WEI L, ZHAO L, et al. A single-tube 27-plex SNP assay for estimating individual ancestry and admixture from three continents. Int J Legal Med, 2016, 130（1）：27 – 37. doi：10. 1007/s00414 – 015 – 1183 – 5. Epub 2015 Apr 2.（公安部物证鉴定中心）

（140）DU W, CHEN L, LIU H, et al. Developmental validation of the HomyGene19 + 14Y System. International journal of legal medicine, 2017, 131（3）：605 – 620. doi：10. 1007/s00414 – 016 – 1505 – 2（广州刑事科学技术研究所）

（141）LI S, CHEN L, WANG Y, et al. Developmental validation of a 6-dye STR kit with 27 loci. International journal of legal medicine. 2017, doi：10. 1007/s00414 – 017 – 1586 – 62（广州刑事科学技术研究所）

（142）YANG XI YI, ZHANG X F, ZHU J Y, et al. Genetic analysis of 19 X chromosome STR loci for forensic purposes in four Chinese ethnic groups. Genetic analysis of 19 X chromosome STR loci for forensic purposes in four Chinese ethnic groups. Sci, Rep, 2017, 7：42782. doi：10. 1038/srep42782.（广州刑事科学技术研究所）

（143）YANG X, WU W, CHEN L, et al. Development of the 19 x – str loci multiplex system and genetic analysis of a zhejiang han population in china. Electrophoresis, 2016, 37（15 – 16）, 2260.（广州刑事科学技术研究所）

（144）HUANG E W, PENG L Y, ZHENG J X, et al. Investigation of associations between ten polymorphisms and the risk of coronary artery disease in Southern Han Chinese. Journal of Human Genetics, 2016, 61（5）：569 – 584.（广州刑事科学技术研究所）

（145）LI S, LIU C, LIU H, et al. Developmental Validation of the EX20 + 4 System. Forensic Science International：genetics. Forensic Science International：Genetics, 2014, 11：207 – 213.（广州刑事科学技术研究所）

（146）LIU C, ZHAO Q, SU T, et al. Postmortem molecular analysis of KCNQ1, KCNH2, KCNE1 and KCNE2 genes in sudden unexplained nocturnal death syndrome in the Chinese Han population. Forensic Science International, 2013, 231（1）：82 – 87.（广州刑事科学技术研究所）

（147）WENG W, LIU H, LI S, et al. Mutation rates at 16 Y – chromosome STRs in the South China Han population. International journal of legal medicine, 2013, 127（2）：369 – 372.（广州刑事科学技术研究所）

（148）ZHAO J, LIU C, HU S, et al. Microwave Digestion-Vacuum Filtration-Automated Scanning Electron Microscopy as a sensitive method for forensic diatom test. International journal of legal medicine, 2013, 13：1 – 5.（广州刑事科学技术研究所）

第三章 中华人民共和国时期中国法医学（1949—2018 年）

（149）LIU C, LIU C, WANG H. STR data for the 15 loci from three minority populations in Guangxi municipality in South China. Forensic science international, 2006, 162 (1), 49-52. （广州刑事科学技术研究所）

（150）LV P, MA J Q, LI P, et al. Determination of carnosic acid and carnosol in Rosmarinus officinalis L. by high-performance capillary electrophoresis. Instrum Sci Technol, 2017, 45 (3): 268-275. （河南医科大学法医学院）

（151）CHEN J, FENG W, ZHAO Y, et al. Expression, purification, and refolding of Human lipocalin 6 and production of a monoclonal antibody against this protein. Monoclon Antib Immunodiagn Immunother, 2017, 36 (4): 185-191. （河南医科大学法医学院）

（152）ZHENG Z, ZHAI X D, XIA Z Y, et al. Determining the Electrical conductivity of rat cadaveric Liver, spleen, and kidney to estimate early postmortem interval. J Forensic Sci Med, 2017, 3 (3): 111-114. （河南医科大学法医学院）

（153）CHEN J, FENG W, ZHAO Y. Secretory expression, purification and functional characterization of 17beta-hydroxysteroid dehydrogenase type 1 from mammalian HEK293T cells, Protein Expr. Purif, 2017, 137: 52-57. （河南医科大学法医学院）

（154）XIA Z Y, ZHAI X D, LIU B B, et al. Conductometric titration to determine total volatile basic nitrogen (TVB-N) for post-mortem interval (PMI). J Forensic Leg Med, 2016, 44 (1): 133-137. （河南医科大学法医学院）

（155）ZHOU H M, SHEN Y Y, LV P, et al. Degradation pathway and kinetics of 1-alkyl-3-methylimidazolium bromides oxidation in an ultrasonic nanoscale zero-valent iron/hydrogen peroxide system. J Hazard Mater, 2015, 284: 241-252. （河南医科大学法医学院）

（156）JIA Y, QIN H J, ZHANG J X, et al. Association of the tumour necrosis factor-a polymorphisms rs361525 and rs1800629 with susceptibility to psoriasis: a meta-analysis. Clin Exp Dermatol, 2013, 38 (8): 836-844. （河南医科大学法医学院）

（157）PAN X M, SUN R F, LI Z H, et al. Pri-miR-34b/c rs4938723 polymorphism is associated with a decreased risk of gastric cancer. Genet Test Mol Biomarkers, 2015, 19 (4): 198-202. （河南医科大学法医学院）

（158）XIA Z Y, ZHAI X D, LIU B B, et al. Determination of Electrical Conductivity of Cadaver Skeletal Muscle: A Promising Method for the Estimation of Late Postmortem Interval. J Forensic Med, 2015, 1 (1): 16-20. （河南医科大学法医学院）

（159）LÜ Z, ZHAI X D, ZHOU H M, et al. Effects of Ketamine on the Development of forensically important Blowfly Chrysomya megacephala (F.) (Diptera: Calliphoridae) and its Forensic Relevance, J Forensic Sci, 2014, 59 (4): 991-996. （河南医科大学法医学院）

（160）PAN X M, SUN R F, LI Z H, et al. A let-7 KRAS rs712 polymorphism increases colorectal cancer risk. Tumour Biol, 2014, 35 (1): 831-835. （河南医科大学法医学院）

(161) PAN X M, JIA J, GUO X M, et al. Lack of association between let-7 binding site polymorphism rs712 and risk of nasopharyngeal carcinoma. Fam Cancer, 2014, 13 (1): 93 – 97. (河南医科大学法医学院)

(162) ZHOU H M, LV P, SHEN Y Y, et al. Identification of degradation products of ionic liquids in an ultrasound assisted zero-valent iron activated carbon micro-electrolysis system and their degradation mechanism. Water Res, 2013, 47 (10): 3514 – 3522. (河南医科大学法医学院)

(163) ZHOU H M, SHEN Y Y, LV P, et al. Degradation of 1-butyl-3-methylimidazolium chloride ionic liquid by ultrasound and zero-valent iron/activated carbon. Separation and Purification Technology, 2013, 104: 208 – 213. (河南医科大学法医学院)

(164) QIN H J, ZHANG L S, XU G H, et al. Lack of association between TNFα rs1800629 polymorphism and schizophrenia risk: a meta-analysis. Psychiatry Res, 2013, 209 (3): 314 – 319.

(165) ZHANG L S, QIN H J, GUAN X, et al. The TLR9 gene polymorphisms and the risk of cancer: evidence from a meta-analysis. PLoS One, 2013, 8 (8): e71785. (河南医科大学法医学院)

(166) QIN H J, ZHANG L S, XU G H, et al. Association of angiotensin-converting enzyme insertion/deletion polymorphism (rs4646994) with the risk of primary intracerebral hemorrhage. Neurol Res, 2013, 35 (6): 545 – 552. (河南医科大学法医学院)

(167) LI Z H, PAN X M, HAN B W, et al. A let-7 binding site polymorphism rs712 in the KRAS 3' UTR is associated with an increased risk of gastric cancer. Tumour Biol, 2013, 34 (5): 3159 – 3163. (河南医科大学法医学院)

(168) LI L J, PAN X M, LI Z H, et al. Association between polymorphisms in the promoter region of miR-143/145 and risk of colorectal cancer. Hum Immunol, 2013, 74 (8): 993 – 997. (河南医科大学法医学院)

(169) GAO L B, LI L J, PAN X M, et al. A genetic variant in the promoter region of miR-34b/c is associated with a reduced risk of colorectal cancer. Biol Chem, 2013, 394 (3): 415 – 420. (河南医科大学法医学院)

(170) PAN X M, YANG W Z, XU G H, et al. The association between MLH1-93 G > A polymorphism of DNA mismatch repair and cancer susceptibility: a meta-analysis. Mutagenesis, 2011, 26 (5): 667 – 673. (河南医科大学法医学院)

(171) QIN H J, GUO Y D, ZHANG C Q, et al. The expression of neuroglobin in astrocytoma. Brain Tumor Pathol, 2012, 29 (1): 10 – 16. (河南医科大学法医学院)

(172) LI L J, PAN X M, SIMA X, et al. Interactions of interleukin-12A and interleukin-12B polymorphisms on the risk of intracranial aneurysm. Mol Biol Rep, 2012, 39 (12): 11217 – 11223. (河南医科大学法医学院)

(173) LI Z H, PAN X M, HAN B W. No association between ACE polymorphism and risk of nasopharyngeal carcinoma. J Renin Angiotensin Aldosterone Syst, 2012, 13 (1):

第三章　中华人民共和国时期中国法医学（1949—2018年）

210-215.（河南医科大学法医学院）

（174）ZHANG Z, WANG B J, GUAN H Y, et al. A LDR – PCR approach for multiplex polymorphisms genotyping of severely degraded DNA with fragment sizes <100 bp. J Forensic Sci, 2009, 54（6）：1304-1309.（河南医科大学法医学院）

（175）ZHAI X D, YE Y, YANG Y, et al. No association between estrogen receptor beta polymorphisms and uterine leiomyoma. DNA Cell Biol, 2009, 28（12）：633-636.（河南医科大学法医学院）

（176）ZHAI X D, MO Y N, XUE X Q, et al. XRCC1 codon 280 and ERCC2 codon 751 polymorphisms and risk of esophageal squamous cell carcinoma in a Chinese population. Bull Cancer, 2009, 96（10）：E61-E65.（河南医科大学法医学院）

（177）HE G, LIU X, XU J, et al. Synthesis and application of a highly selective copper ions fluorescent probe based on the coumarin group. Spectrochimica Acta Part A：Molecular and Biomolecular Spectroscopy, 2018, 190：116-120.（新乡医学院）

（178）HE G J, YANG L, QIAN X, et al. A Coumarin-based Fluorescence Resonance Energy Transfer Probe Targeting Matrix Metalloproteinase-2 for the Detection of Cervical Cancer. International Journal of Molecular Medicine, 2017, 39（6）：1571-1579.（新乡医学院）

（179）HE G J, LI J, WANG Z, et al. Synthesis of a fluorogenic probe for thiols based on a coumarin schiff base copper complex and its use for the detection of glutathione. Tetrahedron, 2017, 73（3）：272-277.（新乡医学院）

（180）HE G J, LI J, YANG L, et al. The Synthesis of a Coumarin Carbohydrazide Dinuclear Copper Complex Based Fluorescence Probe and Its Detection of Thiols. Plos One, 2016, 11（2）：e0148026.（新乡医学院）

（181）HE G J, MENG Q, ZHAO X, et al. A new copper（Ⅱ）selective fluorescence probe based on naphthalimide：synthesis, mechanism and application in living cells. Inorganic Chemistry Communications, 2016, 65：28-31.（新乡医学院）

（182）HE G J, NI T J, YANG Z J,. Crystal structure of triaqua-（1, 10-phenanthroline）-（dihydrogen-3, 3', 3"-（2, 4, 6-trioxo-1, 3, 5-triazinane-1, 3, 5-triyl）tripropanoato）cobalt（Ⅱ）dihydrogen-3, 3', 3"-（2, 4, 6-trioxo-1, 3, 5-triazinane-1, 3, 5-triyl）tripropanoate, $C_{72}H_{82}Co_2N_{16}O_{42}$. Zeitschrift für Kristallographie – New Crystal Structures, 2016, 231（1）：185-189.（新乡医学院）

（183）WU P, JIANG M, WANG J, et al. Amide-containing Luminescent Metal-organic Complexes as Bifunctional Materials for Selective Sensing of Amino Acid and Reaction Prompting, RSC Advances, 2016, 6（33），27944-27951（新乡医学院）

（184）YANG Z J, NI T J, HE G J. Crystal structure of catena-poly［tetraaqua-（μ_2-4, 4'-bipyridine-k^2N：N'）-zinc（Ⅱ）］fumarate tetrahydrate, $C_{14}H_{26}N_2O_{12}Zn$. Zeitschrift für Kristallographie-New Crystal Structures, 2016, 231（1）：183-184.（新乡医学院）

（185）YANG Z J, NI T J, HE G J. Crystal structure of catena［diaqua-bis（μ_2-1, 3-bis（（1H-tetrazol-1-yl）methyl）benzene-k^2N：N'）copper（Ⅱ）］dinitrate, $C_{20}H_{24}CuN_{18}$

O_8. Zeitschrift für Kristallographie-New Crystal Structures, 2016, 231 (2): 419-421. (新乡医学院)

(186) XUE F, LI C G, et al. A Practical and Scalable Process for the Preparation of 4-Aminophenylboronic Acid Pinacol Ester. Heterocycles, 2014, 89 (12): 2739 – 2744. (新乡医学院)

(187) YANG Z J, NI T J, et al. Structure and Characterization of 1D Double Chain Copper (Ⅱ) Complex [Cu (BTZX)$_2$ (CH$_3$OH)^2] n. Asian Journal of Chemistry, 2015, 27 (11): 4103 – 4105. (新乡医学院)

(188) NI T J, YANG Z J, HE G J, et al. Synthesis, Crystal Structure and Fluorescent Properties of 1D New Double Chain Silver (Ⅰ) Complex. Asian Journal of Chemistry, 2015, 27 (8): 3117 – 3120. (新乡医学院)

(189) GUO L, LI D, DONG S, et al. Mutation analysis of COL4A3 and COL4A4 genes in a Chinese autosomal-dominant Alport syndrome family. J Genet, 2017, 96 (2): 389 – 392. (新乡医学院)

(190) GUO L W, HUANG Y, LI D, et al. Variant in GALNT3 Gene Linked with Reduced Coronary Artery Disease Risk in Chinese Population. DNA Cell Biol, 2017, 36 (7): 529 – 534 (新乡医学院)

(191) HUANG Y M, YANG L, LI D, et al. Assessment of application value of 19 autosomal short tandem repeat loci of GoldenEyeTM 20A kit in forensic paternity testing. Int J Legal Med, 2013, 127 (3): 587 – 590. (新乡医学院)

(192) GUO J J, FU X L, LIAO H D, et al. Potential use of bacterial community succession for estimating postmortem interval as revealed by high-throughput sequencing. Scientific Reports, 2016, 6: 24197. (中南大学湘雅医学院法医学系)

(193) LIAO H D, YANG X, LI H D, et al. The complete mitochondria genome of Parasarcophaga albiceps (Diptera: Sarcophagidae). Mitochondrial DNA, 2015, 1 – 3. doi: 10.3109/19401736.2015.1106507. (中南大学湘雅医学院法医学系)

(194) GUO J J, LIAO H D, FU X L, et al. Bacterial community succession analysis by next generation sequencing in Changsha city, China. Forensic Science International: Genetics Supplement Series, 2015, 5: e107 – e108. (中南大学湘雅医学院法医学系)

(195) GUO J J, LIU Y L, PENG Y L, et al. Genetic polymorphism of 21 non – CODIS STR loci for Han population in Hunan Province, China. Forensic Science International: Genetics, 2015, (17): 81 – 82. (中南大学湘雅医学院法医学系)

(196) FU X L, GUO J J, ZHU Z Y, et al. The potential use of fungi community in postmortem interval estimation in China. Forensic Science International: Genetics Supplement Series, 2015, 5: e476 – e478. (中南大学湘雅医学院法医学系)

(197) LIAO H D, YAN J, ZHA L, et al. Investigation of the controversial deaths in incarcerated population in Hunan province of ChinaRom J Leg Med, doi: 10.4323/rjlm. 2014.181. 2014, 22: 181 – 186. (中南大学湘雅医学院法医学系)

第三章　中华人民共和国时期中国法医学（1949—2018 年）

（198）YAN J，ZHU Y R，LIAO H D，et al. A case of umbilical cord hemangioma Rom J Leg Med，2014，22：177－180. doi：10.4323/rjlm. 2014.177.（中南大学湘雅医学院法医学系）

（199）YAN J，LIAO H D，XIE K，et al. The complete mitochondria genome of Chrysomya pinguis（Diptera：Calliphoridae）. Mitochondrial DNA：1－3.（中南大学湘雅医学院法医学系）

（200）YAN J，LIAO H D，ZHU Z Y，et al. The complete mitochondria genome of Parasarcophaga similis（Diptera：Sarcophagidae）. Mitochondrial DNA：1－2.（中南大学湘雅医学院法医学系）

（201）ZHA，LIU C Y，GUO Y D，et al. Genetic polymorphism of 21 non-CODIS STR loci in the Chinese Mongolian ethnic minority. Forensic Science International：Genetics，2014：e32－e33.（中南大学湘雅医学院法医学系）

（202）SU R，GUO Y D，XIE D，et al. Identification of the forensically important beetles Nicrophorus japonicus，Ptomascopus plagiatus and Silpha carinata（Coleoptera：Silphidae）based on 16SrRNA gene in China. Tropical Biomedicine，2013，30（3），375－387.（中南大学湘雅医学院法医学系）

（203）GUO Y D，XIE D，YAN Y，et al. The utility of Mitochondrial DNA fragments for genetic identification of forensically important sarcophagid flies（Diptera：Sarcophagidae）in China. Journal of forensic and legal medicine，2013，29（2），720－723.（中南大学湘雅医学院法医学系）

（204）ZHANG L，GUO Y D，CHEN S J，et al. Custody suicide with washrag：A case report with clinical and custodial Consideration. Journal of Forensic and Legal Medicine，2013，20（4）：343－344.（中南大学湘雅医学院法医学系）

（205）TANG Z C，GUO Y D，ZHANG X W，et al. Identification of the forensically important beetles Nicrophorus japonicus，Ptomascopus plagiatus and Silpha carinata（Coleoptera：Silphidae）based on 16SrRNA gene in China. Tropical Biomedicine，2012，29（3）：493－498.（中南大学湘雅医学院法医学系）

（206）XIONG F，GUO Y D，LUO B H，et al. Identification of the forensically important flies（Diptera：Muscidae）based on cytochrome oxidase subunit I（COI）gene in China. African Journal of Biotechnology，2012，11（48）：10912－10918.（中南大学湘雅医学院法医学系）

（207）GUO Y D，CAI J F，XIONG F，et al. The utility of Mitochondrial DNA fragments for genetic identification of forensically important sarcophagid flies（Diptera：Sarcophagidae）in China. Tropical Biomedicine，2012，29（1）：51－60.（中南大学湘雅医学院法医学系）

（208）LAGZHA L，DUAN W C，WEN D，et al. Rapid Determination of H_2S poisoning in a forensic study using a novel fluorescence assay based on Zn/Cu@ BSA nanoclusters. Australian Journal of Chemistry，2018，71：142－148.（中南大学湘雅医学院法医学系）

(209) DING Y, LI X M, GUO Y D, et al. Rapid and sensitive detection of ketamine in blood using novel fluorescence genosensor. Analytical and Bioanalytical Chemistry, 2017, 409 (30): 7027-7034. （中南大学湘雅医学院法医学系）

(210) DING Y J, LI X M; CHEN C, et al. A rapid evaluation of acute hydrogen sulfide poisoning in blood based on DNA – Cu/Ag nanocluster fluorescence probe. Scientific Reports, 2017, 7: 9638. doi: 10.1038/s41598-0. （中南大学湘雅医学院法医学系）

(211) DING Y J, LI X M, GUO Y D, et al. Estimation of postmortem interval by vitreous potassium evaluation with a novel fluorescence aptasensor. Scientific Reports, 2017, 7: 1868. doi: 10.1038/s41. （中南大学湘雅医学院法医学系）

(212) WANG S P, WANG X, ZHONG J F, et al. Determination of As^{3+} based on nanoporous gold by square wave anodic stripping voltammetry. International Journal of Electrochemical Science, 2017, 12: 8345-8356. （中南大学湘雅医学院法医学系）

(213) DING Y J, LING J, QIAO Y C, et al. A high-throughput fluorimetric microarray with enhanced fluorescence and suppressed "coffee-ring" effects for the detection of calcium ions in blood. Scientific Reports, 2016, 6: 38602. doi: 10.1038/srep386. （中南大学湘雅医学院法医学系）

(214) DING J J, LING J, CAI J F, et al. A carbon dot-based hybrid fluorescent sensor for detecting free chlorine in water medium. Anal Methods, 2016, 8: 1157-1161. （中南大学湘雅医学院法医学系）

(215) JIANG W B, GONG Z, RONG H B, et al. Population genetics of 26 Y – STR loci for the Han ethnic in Hunan Province, China. Int J Legal Med, 2016, 6: 27. doi: 10.1007/s00414-016-1. （中南大学湘雅医学院法医学系）

(216) ZHU Z Y, LIAO H D, LING J L, et al. The complete mitochondriagenome of Aldrichina grahami (Diptera: Calliphoridae). Mitochondria DNA Part B: Resources, 2016, 1 (1): 107-109. （中南大学湘雅医学院法医学系）

(217) REN L P, GUO Q Y, YAN W T, et al. The complete mitochondria genome of Calliphora vomitoria (Diptera: Calliphoridae). Mitochondria DNA Part B: Resource, 2016, 1 (1): 378-379. （中南大学湘雅医学院法医学系）

(218) DING Y J, LING J, WANG H, et al. Fluorescent detection of Mucin 1 protein based on aptamer functionalized biocompatible carbon dots and graphene oxide. Analytical Methods, 2015, 7 (18): 7792-7798. （中南大学湘雅医学院法医学系）

(219) DING Y J, KANG W J, XIAO X Z, et al. Using carbon quantum dots as selective photoluminescent probes for protein kinase assay. Australian Journal of Chemistry, 2015, 68 (8): 1249-1254. （中南大学湘雅医学院法医学系）

(220) DING Y J, RAJ M. Highly sensitive and rapid detection of microcystin – LR in source and finished water samples using cantilever sensors. Environ Sci Technol, 2011, 45 (4): 1490-1496. （中南大学湘雅医学院法医学系）

(221) DING Y J, RAJ M. A novel piezoelectric immunosensor for CA125 using a

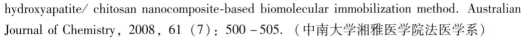

第三章　中华人民共和国时期中国法医学（1949—2018年）

hydroxyapatite/ chitosan nanocomposite-based biomolecular immobilization method. Australian Journal of Chemistry, 2008, 61 (7): 500 – 505. （中南大学湘雅医学院法医学系）

(222) DING Y J, LU H X, SHI G R, et al. Cell-based immobilization strategy for sensitive piezoelectric immunoassay of total prostate specific antigen. Biosensors and Bioelectronics, 2008, 24 (2): 228 – 232. （中南大学湘雅医学院法医学系）

(223) DING Y J, LIU J, JIN X Y, et al. Poly-L-lysine/hydroxyapatite/carbon nanotube hybrid nanocomposite applied for piezoelectric immunoassay of carbohydrate antigen 19 – 9. Analyst, 2008, 133 (2): 184 – 190. （中南大学湘雅医学院法医学系）

(224) DING Y J, WANG H, JIANG J H, et al. Iridium oxide film-enhanced impedance immunosensor for rapid detection of carcinoembyronic antigen. Chinese Journal of Chemistry, 2007.9, 25 (9): 1288 – 1293. （中南大学湘雅医学院法医学系）

(225) DING Y J, JIA L, HUA W, et al. A piezoelectric immunosensor for the detection of α – fetoprotein using an interface of gold/hydroxyapatite hybrid nanomaterial. Biomaterials, 2007, 28 (12): 2147 – 2154. （中南大学湘雅医学院法医学系）

(226) DING Y J, WANG H, SHEN G L, et al. Enzyme-catalyzed amplified immunoassay for the detection of Toxoplasma gondii-specific IgG using Faradaic impedance spectroscopy, CV and QCM. Analytical and Bioanalytical Chemistry, 2005.7, 382 (7): 1491 – 1499. （中南大学湘雅医学院法医学系）

(227) XIONG K, LIAO H, LONG L L, et al. Necroptosis contributes to methamphetamine-induced cytotoxicity in rat cortical neurons. Toxicol In Vitro, 2016, 35: 163 – 168. （中南大学湘雅医学院法医学系）

(228) YONG J X, FANG J X, JUN D Y, et al. A piezoelectric immunosensor based on agglutination reaction with amplification of silica nanoparticles. Chinese Journal of Chemistry, 2008.12, 26 (12): 2191 – 2196. （中南大学湘雅医学院法医学系）

(229) WANG H, WU J, LI J H, et al. Nanogold particle-enhanced oriented adsorption of antibody fragments for immunosensing platforms. Biosensors and Bioelectronics, 2005, 20 (11): 2210 – 2217. （中南大学湘雅医学院法医学系）

(230) WANG H, LI J, DING Y J, et al. Novel immunoassay for Toxoplasma gondii-specific immunoglobulin G using a silica nanoparticle-based biomolecular immobilization method. Analytica Chimica Acta, 2004, 501 (1): 37 – 43. （中南大学湘雅医学院法医学系）

(231) MENG F M, REN L P, WANG Z Y, et al. Identification of forensically important blow flies (Diptera: Calliphoridae) in China based on COI. Journal of Medical Entomology, 2017, 54 (5): 1193 – 1200. （中南大学湘雅医学院法医学系）

(232) REN L P, DENG H X, DONG S Z, et al. Survey of indoor sarcosaphagous insects. Tropical Biomedicine, 2017, 34 (2): 284 – 294. （中南大学湘雅医学院法医学系）

(233) GUO J J, XIE K, CHE K X, et al. The complete mitochondria genomeof Ravinia pernx (Diptera: Sarcophagidae). Mitochondrial DNA Part A, 2016, 27 (3): 2069 –

2070. （中南大学湘雅医学院法医学系）

（234）FU X L, CHE K X, ZHU Z Y, et al. The complete mitochondria genome of Sarcophaga africa (Diptera：Sarcophagidae). Mitochondrial DNA Part A, 2016, 27 (3)：2115 – 2116. （中南大学湘雅医学院法医学系）

（235）ZHANG C Q, FU X L, ZHU Z Y, et al. The complete mitochondrial genome sequence of Helicophagella melanura (Diptera：Sarcophagidae). Mitochondrial DNA Part A, 2016, 27：6, 3905 – 3906. （中南大学湘雅医学院法医学系）

（236）LIAO H D, YANG X, LI Z, et al. The complete mitochondria genome of Parasarcophaga albiceps (Diptera：Sarcophagidae). Mitochondrial DNA Part A, 2016, 27：6, 4696 – 4698. （中南大学湘雅医学院法医学系）

（237）ZHANG C Q, FU X L, YANG X, et al. Application of MtSNP marker for genetic identification of forensically important sarcophagid flies (Diptera：Sarcophagidae) in China. Forensic Science International：Genetics Supplement Series, 2015, 5：e240 – e242. （中南大学湘雅医学院法医学系）

（238）LONG L L, GUO J J, LI P, et al. Bacterial diversity in Bercaea Cruentata gut described using high-throughput sequencing. Forensic Science International：Genetics Supplement Series, 2015, 5：e479 – e481. （中南大学湘雅医学院法医学系）

（239）FU X L, FU Y, LIU Y, et al. Genetic polymorphisms of 26 Y-STR loci in the Mongolian minority from Horqin district, China. Int J Legal Med, 130 (4)：941 – 946, 2016. （中南大学湘雅医学院法医学系）

（240）SHI J, GUO Y, ZHANG C, et al. The complete mitochondrial genome of the flesh fly, Parasarcophaga portschinskyi (Diptera：Sarcophagidae). Mitochondrial DNA A DNA Mapp Seq Anal, 2016, 27 (3)：1910 – 1911. （中南大学湘雅医学院法医学系）

（241）LAN LM, LIU Y, YAN J, et al. The complete mitochondrial genome of the flesh fly, Muscina stabulans (Diptera：muscidae). Mitochondrial DNA, 2015, 28：1 – 2. （中南大学湘雅医学院法医学系）

（242）LIU Y, LI B, LI L J, et al. Angioleiomyomas in the head and neck：A retrospective clinical and immunohistochemical analysis. Oncol Lett, 2014, 8：241 – 247. （中南大学湘雅医学院法医学系）

（243）ZHA L, YUN L B, CHEN P Y, et al. Exploring of tri-allelic SNPs using pyrosequencing and the SNaPshot methods for forensic application. Electrophoresis, 2012, 33：841 – 848. （中南大学湘雅医学院法医学系）

（244）ZHA L, YUN L B, LUO H B, et al. Analysis of tri-allelic SNPs for forensic purpose in Chinese Han population. Forensic Sci Int：Gen supplementary, 2011, 3 (1)：e107 – e108. （中南大学湘雅医学院法医学系）

（245）ZHA L, HOU N, WANG J, et al. Collagen1a1 promoter drives the expression of Cre recombinase in osteoblasts of transgenic mice. Journal of Genetics and Genomics, 2008, 35 (9), 525 – 530. （中南大学湘雅医学院法医学系）

第三章　中华人民共和国时期中国法医学（1949—2018 年）

（246）XIONG K, LIAO H D, LONG L L, et al. Necroptosis contributes to methamphetamine-induced cytotoxicity in rat cortical neurons. Toxicology in Vitro, 2016, 35：163 - 168. （中南大学湘雅医学院法医学系）

（247）XIONG K, LONG L L, WANG S C, et al. Overview of long non-coding RNA and mRNA expression in response to methamphetamine treatment in vitro. Toxicology in Vitro. 2017, 44：1 - 10. （中南大学湘雅医学院法医学系）

（248）SHUANG C, JIE Y, DENG H X, et al. Inhibition of calpain on oxygen glucose deprivation-induced RGC-5 necroptosis. J Huazhong Univ Sci Technolog Med Sci, 2016, 36 (5)：639 - 645. （中南大学湘雅医学院法医学系）

（249）JIE Y, CHEN Y, HE C, et al. Andrographolide induces cell cycle arrest and apoptosis in human rheumatoid arthritis fibroblast-like synoviocytes. Cell Biol Toxicol, 2012, 28 (1)：47 - 56. （中南大学湘雅医学院法医学系）

（250）YAN J, LIAO H D, ZHU Z Y, et al. The complete mitochondria genome of Parasarcophaga similis (Diptera：Sarcophagidae). Mitochondrial DNA PART A, 2016, 27 (3)：1642 - 1643. （中南大学湘雅医学院法医学系）

（251）YAN J, LIAO H D, XIE K, et al. The complete mitochondria genome of Chrysomya pinguis (Diptera：Calliphoridae). Mitochondrial DNA PART A, 2016, 27 (6)：3852 - 3854. （中南大学湘雅医学院法医学系）

（252）LONG L L, YAN J, LI Q Y, et al. Intrauterine fetal death in triplet gestation caused by feto-fetal transfusion syndrome—A case report. Forensic Sciences Research, 2016, (1)：1 - 5. （中南大学湘雅医学院法医学系）

（253）YU P, ZHU Q, CHEN C, et al. Association between MIC gene polymorphisms and susceptibility of Systemic Lupus Erythematosus. Am J Med Sci, 2017, 354 (4)：430 - 435. （中南大学湘雅医学院法医学系）

（254）WANG Y, LIU Q, CHEN D, et al. Chlamydial lipoproteins stimulate Toll-like receptors 1/2 mediated inflammatory responses through MyD88 - dependent pathway. Front Microbiol, 2017, 8：78. （中南大学湘雅医学院法医学系）

（255）REN L, SHANG Y, CHEN W, et al. A brief review of forensically important flesh flies (Diptera：Sarcophagidae). Forensic Sciences Research, 2018, 3 (1)：16 - 26. doi：10. 1080/20961790. 2018. 1432099. （中南大学湘雅医学院法医学系）

（256）WANG Y, LIU Z, BRUNZELLE J S, et al. The higher barrier of darunavir and tipranavir resistance for HIV-1 protease. Biochem Biophys Res Commun, 2011, 412 (4)：737 - 742. （中南大学湘雅医学院法医学系）

（257）WANG Y, DEWDNEY T G, LIU Z, et al. X-ray crystal structure and dynamics reveal HIV - 1 protease drug interactions. Studia Chemia, 2011, 56 (3)：221 - 230 （中南大学湘雅医学院法医学系）

（258）WANG Y, DEWDNEY T G, LIU Z, et al. Higher desolvation energy reduces molecular recognition in multi-drug resistant HIV - 1 protease. Biology, 2012, 1 (1)：81 -

93. （中南大学湘雅医学院法医学系）

(259) WANG Y, YANG Y, WANG J, et al. Molecular characterization of Leishamania isolates from China by inter-simple sequence repeat polymerase chain reaction. Parasitol Res, 2010, 106 (6): 1385 – 1394 （中南大学湘雅医学院法医学系）

(260) LIU Z, WANG Y, YEDIDI R S, et al. Conserved hydrogen bonds and water molecules in MDR HIV-1 protease substrate complexes. Biochem Biophys Res Commun, 2013, 430 (3): 1022 – 1027. （中南大学湘雅医学院法医学系）

(261) GUAN D W, ZHANG X G, ZHAO R, et al. Diverse morphologicallesions and serious arrhythmias with hemodynamic insults occur in the early myocardial contusion due to blunt impact in dogs. Forensic Sci Int, 2007, 166 (1): 49 – 57. （中国医科大学）

(262) WANG R, LIU L, ZHAO J, et al. Genetic distribution on 15 STR loci from a populationof Southern Liaoning in northeast of China. Forensic Sci Int Genet, 2008, 2 (2): e25 – e6. （中国医科大学）

(263) LI R B, GUAN D W, ZHU B L, et al. Death from accidental poisoning ofmethamphetamine by leaking into alimentary tract in drug traffic: a casereport. Leg Med (Tokyo). 2009, Suppl 1: S491 – S493. （中国医科大学）

(264) LI R B, GUO X C, LIANG H X, et al. Study on changes of MMP-3 expressionafter brain contusion in rats. Leg Med (Tokyo), 2009, Suppl 1: S176 – S179. （中国医科大学）

(265) ZHAO R, ZHU B L, GUAN D W, et al. Diagnostic aspects forepidemic hemorrhagic fever in legal medical autopsy: report of 2 cases andreview. Leg Med (Tokyo), 2009, Suppl 1: S541 – S543. （中国医科大学）

(266) ZHU B L, ZHAO R, LI R B, et al. Fatal acute compartment syndrome inpatients after surgical treatment: 2 case reports. Leg Med (Tokyo), 2009, Suppl 1: S544 – S545. （中国医科大学）

(267) ZHANG G, WANG B, WU X, et al. Pethidine-induced neuronal apoptosis in ratbrain. Leg Med (Tokyo), 2009, Suppl 1: S426 – S428. （中国医科大学）

(268) ZHAO R, GUAN D W, ZHANG W, et al. Increased expressionsand activations of apoptosis-related factors in cell signaling during incisedskin wound healing in mice: a preliminary study for forensic wound ageestimation. Leg Med (Tokyo), 2009, Suppl 1: S155 – S160. （中国医科大学）

(269) ZHANG Z, WANG B J, GUAN H Y, et al. A LDR-PCR approach for multiplexpolymorphisms genotyping of severely degraded DNA with fragment sizes < 100 bp. J Forensic Sci, 2009, 54 (6): 1304 – 1309. （中国医科大学）

(270) YU T S, CHENG Z H, LI L Q, et al. The cannabinoidreceptor type 2 is time-dependently expressed during skeletal muscle woundhealing in rats. Int J Legal Med, 2010, 124 (5): 397 – 404. （中国医科大学）

(271) PANG H, LI Z, WANG B, et al. Polymorphic analysis of the human phospho-

第三章　中华人民共和国时期中国法医学（1949—2018 年）

glucomutase-3 gene based on mismatched PCR – RFLP technique. Biochem Genet, 2010, 48 (3 – 4)：218 – 214（中国医科大学）

（272）PANG H, DING Y, LI Y, et al. Mismatched multiplex PCR amplification and subsequent RFLP analysis to simultaneously identify polymorphisms of erythrocytic ESD, GLO1, and GPT genes. J Forensic Sci, 2011, Suppl 1：S176 – S178（中国医科大学）

（273）XING J, XUAN J, WANG B, et al. Genetic polymorphism of 15 STR loci in a Manchu population in Northeast China. Forensic Sci Int Genet, 2011, 5 (3)：e93 – e95（中国医科大学）

（274）ZHAO R, HOU Y, XUE P, et al. Long isoforms of NRF1 contribute to arsenic-induced antioxidant response in human keratinocytes. Environ Health Perspect, 2011, 119 (1)：56 – 62（中国医科大学）

（275）FAN Y Y, YU T S, WANG T, et al. Nicotinic acetylcholine receptor α7 subunit is time-dependently expressed in distinct cell types during skin wound healing in mice. Histochem Cell Biol, 2011, 135 (4)：375 – 387.（中国医科大学）

（276）MA W X, YU T S, FAN Y Y, et al. Time-dependent expression and distribution of monoacylglycerol lipase during the skin-incised wound healing in mice. Int J Legal Med, 2011, 125 (4)：549 – 558.（中国医科大学）

（277）ZHENG J L, YU T S, LI X N. Cannabinoid receptor type 2 is time – dependently expressed during skin wound healing in mice. Int J Legal Med, 2012, 126 (5)：807.（中国医科大学）

（278）ZHENG J L, LI X N, SHAN D. DNA degradation within mouse brain and dental pulp cells 72 hours postmortem. Neural Regeneration Research, 2012, 7 (4)：290.（中国医科大学）

（279）ZHAO R, HOU Y Y, ZHANG Q. Cross-regulations among NRFs and KEAP1 and effects of their silencing on arsenic-induced antioxidant response and cytotoxicity in human keratinocytes. Environ Health Perspect, 2012, 120 (4)：583（中国医科大学）

（280）ZHAO R, YANG B, WANG L L. Curcumin protects human keratinocytes against inorganic arsenite-induced acute cytotoxicity through an NRF2-dependent mechanism. Oxidative medicine and cellular longevity, 2013：412576（中国医科大学）

（281）ZHANG S T, ZHAO R, MA W X. Nrf1 is time-dependently expressed and distributed in the distinct cell types after trauma to skeletal muscles in rats. Histology & Histopathology, 2013, 28：725 – 735.（中国医科大学）

（282）ZHOU Y, LI F, TIAN X. Changes in phosphatidylinositol 3-kinase 55 kDa gamma expression and subcellular localization may be caspase 6 dependent in paraquat-induced SH-SY5Y apoptosis. Human & Experimental Toxicology, 2013, 33 (7)：761.（中国医科大学）

（283）ZHOU X, DING M, DING C L. Relationship between genetic polymorphisms in the HTR1A gene and paranoid schizophrenia in a northern Han Chinese population. J Mol Neurosci, 2013, 49 (3): 625. (中国医科大学)

(284) YAO J, PAN Y Q, DING, M. Meta-analysis shows dopamine receptor D1 gene polymorphism isassociated with bipolar disorder but not with schizophrenia. Psychiat Res, 2013, 210 (3): 1324 (中国医科大学)

(285) LI X N, WANG B J. Population data of 12 X-chromosome STR loci in YanbianKorean samples from China. Forensic Sci Int Genet, 2014, 13: 143 – 144. (中国医科大学)

(286) PAN Y Q, WANG B J. Association ofdopamine D1 receptor gene polymorphism with schizophrenia: a meta-analysis. Neuropsychiatr Dis Treat, 2014, 10: 1133 – 1139. (中国医科大学)

(287) YAO J, WANG B J. Genetic association between thedopamine D1-receptor gene and paranoid schizophrenia in a northern Han Chinesepopulation. Neuropsychiatr Dis Treat. 2014, 10: 645 – 652 (中国医科大学)

(288) ZHAO Y, WANG B J. Relationship between geneticpolymorphisms in the DRD5 gene and paranoid schizophrenia in northern Han Chinese. Genet Mol Res, 2014, 13: 1609 – 1618. (中国医科大学)

(289) JIANG E Z, PANG H. High-Resolution Melting Analysis as aDeveloped Method for Genotyping the PD Susceptibility Loci in LRRK2 Gene. J Clin Lab Anal, 2014, 29: 299 – 304. (中国医科大学)

(290) LI F R, PANG H. Identification of newprimer binding site mutations at TH01 and D13S317 loci and determination oftheir corresponding STR alleles by allele-specific PCR. Forensic Sci Int Genet, 2014, 8: 143 – 146. (中国医科大学)

(291) PANG H, LI C M, LI P, et al. A B101-O16hybrid sequence is responsible for a Bweak phenotype in the ABO blood group. Int J Legal Med, 2014, 129: 469 – 470. (中国医科大学)

(292) GUO F, JIANG X H. Development of a 24-locus multiplexsystem to incorporate the core loci in the Combined DNA Index System (CODIS) and the European Standard Set (ESS). Forensic Sci Int Genet, 2014, 8: 44 – 54. (中国医科大学)

(293) XU E, JIANG W, XU Y, et al. Pullulan-modified spray-dried powders for pulmonary drug delivery. J Control Release, 2015, 213: e30 – e31. (中国医科大学)

(294) CHU Q, LUO X, ZHAN X, et al. Female genetic distribution bias in mitochondrial genome observed in Parkinson's Disease patients in northern China. Sci Rep, 2015, 5: 17170. (中国医科大学)

(295) ZHANG L, ZHAO Y, GUO F, et al. Population data for 15 autosomal STR loci in the Miao ethnic minority from Guizhou Province, Southwest China. Forensic Sci Int Genet, 2015, 16: e3 – e4. (中国医科大学)

(296) YAO J, PAN Y Q, DING M, et al. Association between DRD2 (rs1799732 and rs1801028) and ANKK1 (rs1800497) polymorphisms and schizophrenia: a meta-analy-

sis. Am J Med Genet B Neuropsychiatr Genet, 2015, 168B, (1): 1 – 13. （中国医科大学）

(297) YAO J, WANG B J. Response to "DRD2 Ser311Cys polymorphism and risk of schizophrenia". Am J Med Genet B Neuropsychiatr Genet, 2015, 168B, (3): 223. （中国医科大学）

(298) JIANG S K, ZHANG M, TIAN Z L, et al. The monoacylglycerol lipase inhibitor JZL184 decreases inflammatory response in skeletal muscle contusion in rats. Eur J Pharmacol, 2015, 761: 1 – 10. （中国医科大学）

(299) PANG H, LI C, LI P, et al. A B101 – O16 hybrid sequence is responsible for a B weak phenotype in the ABO blood group. Int J Legal Med, 2015, 129 (3): 469 – 470. （中国医科大学）

(300) TIAN Z L, JIANG S K, ZHANG M, et al. Alpha 7nAChR is expressed in satellite cells at different myogenic status during skeletal muscle wound healing in rats. J Mol Histol, 2015, 46 (6): 499 – 509. （中国医科大学）

(301) YAO J, DING M, PANG H, et al. Dopamine D1 receptor (DRD1) 5' region haplotypes significantly affect transcriptional activity in vitro. Neurosci Lett, 2015, 609: 120 – 123. （中国医科大学）

(302) YU T, WANG X, ZHAO R, et al. Beneficial effects of cannabinoid receptor type 2 (CB2R) in injured skeletal muscle post-contusion. Histol Histopathol, 2015, 30 (6): 737 – 749. （中国医科大学）

(303) JIANG S K, ZHANG M, TIAN Z L, et al. The distribution and time-dependent expression of MAGL during skeletal muscle wound healing in rats. Histol Histopathol 2015, 30 (10): 1243 – 1254. （中国医科大学）

(304) ZHANG M, JIANG S K, TIAN Z L, et al. CB2R orchestrates fibrogenesis through regulation of inflammatory response during the repair of skeletal muscle contusion. Int J Clin Exp Pathol, 2015, 8 (4): 3491 – 3502. （中国医科大学）

(305) JIANG E, LI F, JING C, et al. High-Resolution Melting Analysis as a Developed Method for Genotyping the PD Susceptibility Loci in LRRK2 Gene. J Clin Lab Anal, 2015, 29 (4): 299 – 304. （中国医科大学）

(306) GAO L, LIU J, YUAN H, et al. Solid-phase microextraction combined with GC-MS for determination of diquat and paraquat residues in water. Chromatographia, 2015, 78 (1 – 2): 125 – 130. （中国医科大学）

(307) GAO L, LIU J, ZHU J, et al. Solid phase microextraction combined with gas chromatography-mass spectrometry for the determination of diquat residues in water. Journal of Analytical Chemistry, 2015, 75 (5): 552 – 557. （中国医科大学）

(308) JING C C, LUO X G, CUI H G, et al. Screening of polymorphisms located in the FGF20 and TMEM175 genes in North Chinese Parkinson's disease patients. Genet Mol Res, 2015, 14 (4): 13679 – 13687. （中国医科大学）

(309) DING R, LI Y, DU A, et al. Changes in hippocampal AMPA receptors and cognitive impairments in chronic ketamine addiction models: another understanding of ketamine CNS toxicity. Sci Rep, 2016, 6: 38771. （中国医科大学）

(310) ZHOU Y, GUO F, YU J, et al. Strategies for complete mitochondrial genome sequencing on Ion Torrent PGM platform in forensic sciences. Forensic Sci Int Genet, 2016, 22: 11 – 21. （中国医科大学）

(311) YAO J, WANG L M, GUI J, et al. Population data of 15 autosomal STR loci in Chinese Han population from Liaoning Province, Northeast China. Forensic Sci Int Genet, 2016, 23: e20 – e21. （中国医科大学）

(312) YAO J, XING J X, XUAN J F, et al. Population data of 15 autosomal STR loci in Chinese Han population from Jiangsu Province, Eastern China. Forensic Sci Int Genet, 2016, 24: 112 – 113. （中国医科大学）

(313) WANG L L, ZHAO R, LI J Y, et al. Pharmacological activation of cannabinoid 2 receptor attenuates inflammation, fibrogenesis, and promotes re-epithelialization during skin wound healing. Eur J Pharmacol, 2016, 786: 128 – 136. （中国医科大学）

(314) YAO J, WANG B J, Genetic Variation of 25 Y-Chromosomal and 15 Autosomal STR Loci in the Han Chinese Population of Liaoning Province, Northeast China. PLoS One, 2016, 11 (8): e160415. （中国医科大学）

(315) ZHANG L, DING M. PANG H, et al. Mitochondrial DNA typing of laser-captured single sperm cells to differentiate individuals in a mixed semen stain. Electrophoresis, 2016, 37 (15 – 16): 2273 – 2277. （中国医科大学）

(316) TIAN Z L, JIANG S K, ZHANG M, et al. Detection of satellite cells during skeletal muscle wound healing in rats: time – dependent expressions of Pax7 and MyoD in relation to wound age. Int J Legal Med, 2016, 130 (1): 163 – 172. （中国医科大学）

(317) LI S S, WANG L L, LIU M, et al. Cannabinoid CB (2) receptors are involved in the regulation of fibrogenesis during skin wound repair in mice. Mol Med Rep, 2016, 13 (4): 3441 – 3450. （中国医科大学）

(318) GAO L, YUAN H, ZHU J, et al. Determination of Tyramine in Hair Samples by GC-MS. Chromatographia, 2016, 79 (1 – 2): 103 – 108. （中国医科大学）

(319) WANG L L, ZHAO R, LIU C S, et al. A fundamental study on the dynamics of multiple biomarkers in mouse excisional wounds for wound age estimation. J Forensic Leg Med, 2016, 39: 138 – 146. （中国医科大学）

(320) YU T S, LI Z, ZHAO R, et al. Time-dependent expression of MMP-2 and TIMP-2 after rats skeletal muscle contusion and their application to determine wound age. J Forensic Sci, 2016, 61 (2): 527 – 533. （中国医科大学）

(321) LIU G, LIU J T, GAO L. An analysis of a suicide case by ingestion of carbofuran. Australian Journal of Forensic Sciences, 2017, 49 (6): 699 – 703. （中国医科大学）

(322) CAO Z P, ZHANG Y, MI L, et al. The expression of B-Type natriuretic peptide

after cacl2-Induced arrhythmias in rats. Am J Forensic Med Pathol, 2016, 37 (3): 133 - 140. (中国医科大学)

(323) DU Y, JIN H N, ZHAO R, et al. Molecular pathology of pulmonary edema in forensic autopsy cases with special regard to fatal methamphetamine intoxication. J Forensic Sci, 2016, 61 (6): 1531 - 1537. doi: 10.1111/1556 - 4029.13199. Epub 2016 Sep 21. (中国刑警学院)

(324) LIN C W, CHIOU C S, CHANG Y C, et al. Comparison of pulsed-field gel electrophoresis and three rep-PCR methods for evaluating the genetic relatedness of Stenotrophomonas maltophilia isolates. Lett Appl Microbiol, 2008, 47 (5): 393 - 398. doi: 10.1111/j.1472 - 765X.2008.02443.x. (中国医科大学)

(325) HWA H L, CHUNG W C, CHEN P L, et al. A 1204-single nucleotide polymorphism and insertion-deletion polymorphism panel for massively parallel sequencing analysis of DNA mixtures. Forensic Sci Int Genet, 2018, 32: 94 - 101. doi: 10.1016/j.fsigen.2017.11.002. Epub 2017 Nov 6. (台湾大学)

(326) CHIU C H, KUO T L, CHEN Y C, et al. A new system for forensic physicians in Taiwan. Leg Med (Tokyo), 2009, 11 (Suppl 1): S194 - S195. doi: 10.1016/j.legalmed.2009.01.013. Epub 2009 Mar 6. (台湾大学)

(327) LI H, ZHAO X, MA K, et al. Applying massively parallel sequencing to paternity testing on the ion torrent personal genome machine. Forensic Sci Int Genet, 2017, 31: 155 - 159. doi: 10.1016/j.fsigen.2017.09.007. Epub 2017 Sep 12. (上海市刑事科学技术研究所)

(328) XU Y, XIE J, CHEN R, et al. Fluorescence—and magnetic—activated cell sorting strategies to separate spermatozoa involving plural contributors from biological mixtures for human identification. Sci Rep, 2016, 6: 36515. doi: 10.1038/srep36515. (上海市公安局)

(329) ZHAO X, MA K, LI H, et al. Multiplex Y-STRs analysis using the ion torrent personal genome machine (PGM). Forensic Sci Int Genet, 2015, 19: 192 - 196. doi: 10.1016/j.fsigen.2015.06.012. Epub 2015 Jul 16. (上海市刑事科学技术研究所)

(330) WANG Z, ZHOU D, ZHANG S, et al. Logical framework of forensic identification: Ability to Resist Fabricated DNA. Mol Biotechnol, 2015, 57 (11 - 12): 1030 - 1037. doi: 10.1007/s12033 - 015 - 9893 - y. (司法鉴定科学研究院)

(331) WANG Z, ZHU R, ZHANG S, et al. Differentiating between monozygotic twins through next-generation mitochondrial genome sequencing. Anal Biochem, 2015, 490: 1 - 6. doi: 10.1016/j.ab.2015.08.024. Epub 2015 Aug 29. (司法鉴定科学研究院)

(332) ZHANG S, BIAN Y, TIAN H, et al. Development and validation of a new STR 25-plex typing system. Forensic Sci Int Genet, 2015, 17: 61 - 69. doi: 10.1016/j.fsigen.2015.03.008. Epub 2015 Mar 14. (司法鉴定科学研究院)

(333) ZHANG S, TIAN H, WANG Z, et al. Development of a new 26plex Y-STRs

typing system for forensic application. Forensic Sci Int Genet, 2014, 13: 112 – 120. doi: 10. 1016/j. fsigen. 2014. 06. 015. Epub 2014 Jul 8. (司法鉴定科学研究院)

(334) SHEN M, CHEN H, XIANG P. Determination of opiates in human fingernail-Comparison to hair. Journal of Chromatography B, 2014, 967: 84 – 89 (司法鉴定科学研究院)

(335) SHEN M, XIANG P, SHI Y, et al. Mass imaging of ketamine in a single scalp hair by MALDI-FTMS. Analytical and Bioanalytical Chemistry, 2014, 406 (19): 4611 – 4616. (司法鉴定科学研究院)

(336) CHEN H, XIANG P, SHEN M. Determination of clozapine in hair and nail: the role of keratinous biological materials in the identification of a bloated cadaver case. Journal of Forensic and Legal Medicine, 2014, 22: 62 – 67. (司法鉴定科学研究院)

(337) ZHANG J S, XIANG P, ZHUO X, et al. Acute Poisoning Types and Prevalence in Shanghai, China, from January 2010 to August 2011. Journal of Forensic Sciences, 2014, 59 (2): 441 – 446. (司法鉴定科学研究院)

(338) HE M, FANG Y X, LIN J Y, et al. Unnatural deaths in Shanghai from 2000 to 2009: a retrospective study of forensic autopsy cases at the Shanghai Public Security Bureau. PLoS One, 2015, 10 (6): e0131309. doi: 10. 1371/journal. pone. 0131309. eCollection 2015. (复旦大学法医学系)

(339) RAO Y L, MCCOOEYE M, WINDUST A, et al. Mapping of selenium metabolic pathway in yeast by liquid chromatography-Orbitrap mass spectrometry. Analytical Chemistry, 2010 (82): 8121 – 8130. (复旦大学法医学系)

(340) RAO Y L, XIANG B R, BRAMANTI E, et al. Determination of thiols in yeast by HPLC coupled with LTQ – Orbitrap mass spectrometry after derivatization with p-(hydroxymercuri) benzoate. Journal of Agricultral and Food Chemistry, 2010 (58): 1462 – 1468. (复旦大学法医学系)

(341) ANGELI V, CHEN H L, MESTER Z, et al. Derivatization of GSSG by pHMB in alkaline media. Determination of oxidized glutathione in blood. Talanta, 2010 (82): 815 – 820. (复旦大学法医学系)

(342) ZOU W, YANG Y, WU Y, et al. Negative role of trihydrophobin 1 in breast cancer growth and migration. Cancer Sci, 2010, 101: 2156 – 2162. (复旦大学法医学系)

(343) XIE J, ZHU H, GUO, L, et al. Lectin-like oxidized low-density lipoprotein receptor-1 delivers heat shock protein 60-fused antigen into the MHC class I presentation pathway. J Immunol, 2010, 185: 2306 – 2313. (复旦大学法医学系)

(344) SHEN Y W, LI L, GRANT G, et al. Anaphylactic Deaths in Maryland (United States) and Shanghai (China): A review of forensic autopsy cases from 2004 to 2006. Forensic Science International, 2009, 186: 1 – 5 (复旦大学法医学系)

(345) LUO C L, LI B X, LI Q Q, et al. Autophagy is involved in traumatic brain injury – induced cell death and contributes to functional outcome deficits in mice. Neuro-

science,2011,184:54-63.（复旦大学法医学系）

（346）LI B X, ZHANG M C, LUO C L, et al. Effects of RNA interference-mediated gene silencing of JMJD2A on human breast cancer cell line MDA-MB-231 in vitro. J Exp Clin Cancer Res, 2011, 30: 90.（复旦大学法医学系）

（347）HE H, XU C, ZHAO Z, et al. Low expression of SLC22A18 predicts poor survival outcome in patients with breast cancer after surgery. Cancer Epidemiol, 2011, 35（3）: 279-285.（复旦大学法医学系）

（348）XU H M, ZHAO Y, ZHANG X M, et al. Polymorphisms in MMP-9 and TIMP-2 in Chinese patients with varicose veins. J Surg Res, 2011, 168（1）: e143-e187.（复旦大学法医学系）

（349）XU H F, DING Y J, SHEN Y W, et al. MicroRNA-1 represses Cx43 expression in viral myocarditis. Mol Cell Biochem, 2012, 362（1-2）: 141-148.（复旦大学法医学系）

（350）ZHANG M, TAVORA F, OLIVEIRA J B, et al. PKP2 mutations in sudden death from arrhythmogenic right ventricular cardiomyopathy（ARVC）and sudden unexpected death with negative autopsy（SUDNA）. Circ J, 2012, 76（1）: 189-194.（复旦大学法医学系）

（351）TAVORA F, ZHANG M, FRANCO M, et al. Distribution of biventricular disease in arrhythmogenic cardiomyopathy: An autopsy study. Hum Pathol, 2012, 43（4）: 592-6.（复旦大学法医学系）

（352）LI B X, LUO C L, LI H, et al. Effects of siRNA-mediated knockdown of jumonji domain containing 2A on proliferation, migration and invasion of the human breast cancer cell line MCF-7. Exp Ther Med, 2012, 4（4）: 755-761.（复旦大学法医学系）

（353）RAO Y L, MCCOOEYE M, MESTER Z. Mapping of sulfur metabolic pathway by LC Orbitrap mass spectrometry. Analytica Chimica Acta, 2012, 721: 129-136.（复旦大学法医学系）

（354）WANG X, WANG R, ZHANG Y R, et al. Extending the detection window of diazepam by directly analyzing its glucuronide metabolites in human urine using liquid chromatography-tandem mass spectrometry. Journal of Chromatography A, 2012, 1268: 29-34.（复旦大学法医学系）

（355）XU H, ZHAO Y, LIU Z, et al. Bisulfite genomic sequencing of DNA from dried blood spot microvolume samples. Forensic Sci Int Genet, 2012, 6（3）: 306-309.（复旦大学法医学系）

（356）WANG L, REN S, ZHU H, et al. Structural and functional conservation of CLEC-2 with the species-specific regulation of transcript expression in evolution. Glycoconj J, 2012, 29: 335-345.（复旦大学法医学系）

（357）FANG X, LANG Y, WANG Y, et al. Shp2 activates fyn and ras to regulate RBL-2H3 mast cell activation following fcepsilonRI aggregation. PLoS One, 2012, 7:

e40566. （复旦大学法医学系）

（358）ZHANG M, TAVORA F, ZHANG Y, et al. The role of focal myocardial inflammation in sudden unexpected cardiac and noncardiac deaths-A clinicopathological study. Int J Legal Med, 2013, 127（1）: 131 – 138. （复旦大学法医学系）

（359）LUO C L, CHEN X P, LI L L, et al. Poloxamer 188 attenuates in vitro traumatic brain injury-induced mitochondrial and lysosomal membrane permeabilization damage in cultured primary neurons. Journal of Neurotrauma, 2013, 30（7）: 597 – 607. （复旦大学法医学系）

（360）LI B X, LI J, LUO C L, et al. Expression of JMJD2A in infiltrating duct carcinoma was markedly higher than fibroadenoma, and associated with expression of ARHI, p53 and ER in infiltrating duct carcinoma. Indian J Exp Biol, 2013, 51（3）: 208 – 217. （复旦大学法医学系）

（361）CHEN L, HUANG G Z. Poisoning by toxic animals in China – 18 autopsy case studies and a comprehensive literature review. Forensic Science International, 2013, 232: e12 – e23. （复旦大学法医学系）

（362）ZHANG H, ZHANG P, MA K J, et al. The selection of endogenous genes in human postmortem tissues. Science & Justice, 2013, 53（2）: 115 – 120. （复旦大学法医学系）

（363）XIONG L J, WANG R, LIANG C, et al. Determination of ecgonine and seven other cocaine metabolites in human urine and whole blood by ultra-high pressure liquid chromatography quadrupole time-of-flight mass spectrometry. Analytical and Bioanalytical Chemistry, 2013, 405: 9805 – 9816. （复旦大学法医学系）

（364）WANG R, WANG X, LIANG C, et al. Direct determination of diazepam and its glucuronide metabolites in human whole blood by μ Elution solid-phase extraction and liquid chromatography – tandem mass spectrometry. Forensic Science International, 2013, 233: 304 – 311. （复旦大学法医学系）

（365）RAO Y L, ZHAO Z Q, ZHANG Y R, et al. Prevalence of blood alcohol in fatal traffic crashes in Shanghai. Forensic Science International, 2013, 224: 117 – 122. （复旦大学法医学系）

（366）HE M, LI W C, SUN D M, et al. Epitome of China's unnatural deaths: a historically retrospective study of forensic autopsy cases in Shanghai Public Security Bureau from 1990 to 1999. Am J Forensic Med Pathol, 2014, 35（3）: 218 – 221. （复旦大学法医学系）

（367）XU Y, XIE J, CAO Y, et al. Development of highly sensitive and specific mRNA multiplex system（XCYR1）for forensic human body fluids and tissues identification. PLoS One, 2014, 9（7）: e100123. （复旦大学法医学系）

（368）JIANG Y, GUO L, XIE L Q, et al. Proteome profiling of mitotic clonal expansion during adipocyte differentiation using iTRAQ-2DLC-MS/MS. J Proteome Res, 2014, 13

(3)：1307-1314. （复旦大学法医学系）

(369) LI L L, XUE A M, LI B X, et al. JMJD2A contributes to breast cancer progression through transcriptional repression of the tumor suppressor ARHI. Breast Cancer Res, 2014, 16 (3)：R56. （复旦大学法医学系）

(370) LI L, GAO P, LI Y, et al. JMJD2A-dependent silencing of Sp1 in advanced breast cancer promotes metastasis by downregulation of DIRAS3. Breast Cancer Res Treat, 2014, 147 (3)：487-500. （复旦大学法医学系）

(371) PAN H, LV Y H, ZHANG H, et al. Death from a special mechanical asphyxia during suspect restraint：a case report. Romanian Journal of Legal Medicine, 2014, 22 (2)：81-84 （复旦大学法医学系）

(372) SHENG W, QIAN Y Y, ZHANG P, et al. Association of promoter methylation statuses of congenital heart defect candidate genes with Tetralogy of Fallot. Journal of Translational Medicine, 2014, 12 (31)： （复旦大学法医学系）

(373) LI W C, MA K J, LV Y H, et al. Postmortem interval determination using 18S-rRNA and microRNA. Science & Justice, 2014, 54 (4)：307-310. （复旦大学法医学系）

(374) LV Y H, MA K J, ZHANG H, et al. A time course study demonstrating mRNA, microRNA, 18S rRNA and U6 snRNA changes to estimate PMI in deseased rat's spleen. Journal of Forensic Sciences, 2014, 59 (5)：1286-1289. （复旦大学法医学系）

(375) SUN Y Y, HUANG Z B, ZHAO Z Q, et al. Characteristics of 1226 alcohol-positive drivers involved in non-fatal traffic crashes in Shanghai, China. Traffic Injury Prevention, 2014, 15：532-536. （复旦大学法医学系）

(376) XIE J, ZHU W, ZHOU Y, et al. Identification of mammalian species using the short and highly variable regions of mitochondrial DNA. Mitochondrial DNA, 2014, Epub. （复旦大学法医学系）

(377) XIE J, SHAO C, ZHOU Y, et al. Genetic distribution on 20 STR loci from the Han population in Shanghai, China. Forensic Science International Genetics, 2014, 9：e30-e31. （复旦大学法医学系）

四、小结

本节简要记叙了我国法医学界同国际法医学交往的基本状况，从一个侧面反映了我国法医工作者为了振兴我国的法医事业，努力拼搏、积极进取所取得的进展和成就，表明我国现代法医学已跨出国门，走向世界，并对国际法医学的发展产生积极影响，且在某些方面的研究已居世界领先水平。我们相信，只要全国法医同仁齐心协力，积极引进、学习国外先进技术和经验，并同我国的法医实践结合起来，我国的法医事业一定能够赶上和超过世界先进水平，我国的法医学一定能够在世界上再次绽放绚丽的光彩！

第四章 我国台湾、香港、澳门地区近现代法医学

第一节 台湾地区近现代法医学

一、概述

1624年，我国台湾被荷兰人武力征服并被统治38年（1624—1662年）。1894年，中日甲午海战后，中国清政府被迫和日本于1895年4月17日签署《马关条约》，日本开始在台湾统治50年（1895—1945年）。1945年，台湾光复回归（简称"光复时期"，1945—1949年）。台湾古代法医制度与大陆一致。在荷兰侵占台湾的38年间，荷兰对台湾进行殖民统治，设立"司法评议会"（Council of Justice），其司法来自欧陆的前近代式检察官制度。日本殖民统治时期，1918年，台湾总督府医学专门学校（台大医学院前身）由久保信之担任法医学教授。1936年，东京帝国大学法医学教授三田定则（系日本片山国嘉教授的学生）受派前来担任台北帝国大学（台湾大学的前身）医学部部长（院长）兼法医学科主任，后由于三田定则教授于1937年升任为该校总长（校长），由台湾总督府技师镰仓正雄转任台北帝国大学助教授，共同负责法医学之授课。1938年6月再由日本北海道大学久保忠夫助教授担任法医学教室教授。因此，在1938—1946年间，先后由日本派遣久保忠夫、田代欢一、镰仓正雄、小片重南等法医学教授担任该校法医学科主任，并将日本的法医师资及法医师培育制度带到台湾，培养了台湾本土的叶昭渠、萧道应、黄泯川、凌有德、杨日松等法医。"光复时期"，国民党当局将南京国民政府制定的《六法全书》带到台湾。其间，叶昭渠、萧道应、黄泯川、凌有德、杨日松等法医留在台湾大学医学院法医学科，其中叶昭渠于1955年获东京大学法医学博士，也是台湾地区第一位法医学博士，后杨日松亦于1959年获东京大学法医学博士。台湾地区实行法医师和检验员的鉴定人制度，台湾刑事诉讼法有关规定第213、第216条规定，因调查证据及犯罪情形，需要法医相验及法医解剖时，应命医师行之。台湾光复后不久，除台湾大学医学院外，其他大学医学院没有法医学科，虽然

第四章　我国台湾、香港、澳门地区近现代法医学

当时法医学是台湾当局所谓"教育部"规定的医学系必修科，但台湾当局未加重视，将其改为选修或免修。

台湾地区法医体系目前有三个鉴定机构：一是台湾大学医学院法医学研究所，着重教学研究和人才培养。二是台湾当局所谓"法务部"（以下简称"法务部"）法医研究所，"法务部"直接管理法医研究所，台湾地区尸体解剖、死亡原因鉴定均由法医研究所承担。以上两个研究所承担了整个台湾地区的法医检验鉴定和教学科研工作。三是台湾当局所谓"内政部"（以下简称"内政部"）警政署刑事警察局刑事鉴识中心，警政署刑事警察局刑事鉴识中心不设法医病理鉴定业务，其主要服务对象为台湾地区警察系统。在台湾，还有一部分在各地检察署从事法医工作的地检员，他们主要承担尸体的尸表检验，需要解剖检验时即送到上述法医研究所进行。

二、台湾大学法医科与法医学研究所

台湾大学法医科前身源于1936年台北帝国大学医学部的法医学教室，当时由东京帝国大学三田定则教授出任首任法医学主任教授；1937年台湾总督府技师镰仓正雄转任台北帝国大学助教授，共同负责法医学之授课；1938年6月北海道帝国大学的久保忠夫助教授前来担任法医学教室教授。

1945年，台北帝国大学医学部改制为台湾大学医学院，由小片重男教授担任法医学科主任；1946年聘请萧道应医师为讲师，叶昭渠医师为助教；其后，杨日松医师亦加入法医学科阵容。叶昭渠医师于1955年在世界卫生组织（WHO）资助下，以Fellow（领取奖学金的研究生）之身份前往东京大学医学部法医学教室，在上野正吉教授指导下，完成论文《骨组织之血液型物质之研究》，成为台湾第一位法医学博士。当时许多医师慕名追随叶昭渠博士从事法医研究及实务工作，为台湾法医学科最辉煌的时期。后来因故导致师资大量流失，1960—1984年，台湾法医学科沉潜了一段时期；直至1984年恢复法医学科。

1984年12月1日，台湾大学正式发布设立法医学科，聘请方中民、郭宗礼两位教授担任教学及研究的工作，并由方中民教授兼法医学科代主任。1987年8月，借聘吴木荣医师为专任讲师，并与公共卫生学系、牙医学系合聘邱清华博士为副教授。1991年，方中民主任任满，由郭宗礼教授接任，除了原兼任教授史锡恩之外，陆续增聘兼任教授林妈利、兼任教授陈乔琪、林栋梁等，以加强有关司法血清学、司法精神学及司法毒物学的教学与研究阵容。

1997年7月，郭宗礼主任教授任满，由陈耀昌教授接任。除增聘兼任教授萧开平外，另于1999年8月增聘孙家栋医师为专任讲师，强化法医病理学的师资阵容。2001年2—7月，陈耀昌主任教授年休，由邱清华医师代理主任。2002年8月，陈耀昌主任教授借调至台湾地区卫生研究院干细胞研究中心服务，由郭宗礼教授代理主任一职。2003年3月15日成立法医学研究所。2004年8月，陈耀昌教授借调期满归建，接任法医学科主任及法医学研究所首任所长。2005年2月，聘任李俊亿教授加入师资阵容，李俊亿教授的专长为亲子鉴定，其在法医分子生物学方面的研究居于台湾的领导地位。2006年8月，聘华筱玲教授负责临床法医学方面有关性侵害、怀孕与流产之教学、研

究与鉴定服务工作。

台湾大学法医学研究所于 2004 年开始招生，是台湾唯一的法医学专业研究人才培养机构，主要以招收硕士研究生（修业年限为 2～4 年）的方式专门培养法医学专业人才。招生分甲、乙两组，甲组开放给医学系、牙医学系；乙组开放给医学及生物相关科系，如护理、医技、药学、物理治疗、职能治疗、公卫、营养学系等。

法医学研究所积极推动台湾地区法医师有关规定及法医师专业证照制度的建立。

三、台湾当局所谓"法务部"法医研究所

（一）台湾当局所谓"法务部"法医研究所简介

台湾当局所谓"法务部"（以下简称"法务部"）法医研究所于 1987 年 7 月成立。自其成立之日起，原属临时编组的台湾"高等法院检察署"法医中心一并裁撤，所有尸体解剖、死因鉴定业务由法医研究所承担。研究所下设法医病理组、毒物化学组和血清证物组 3 个业务组。法医研究所为台湾地区最高专责法医鉴定机构，执掌台湾地区法医解剖案件、法医教育培训、法医研究发展与实务鉴定工作。法医研究所专职鉴定人数量不多，仅 13 人，另有鉴定辅助人 18 人。由于人数所限，其几乎所有精力均投入于检察机关委托办理的尸体检验、死因鉴定业务，每年承担台湾地区的尸体解剖数量达 2 300 余例。而法医疑难检验的解释及研究和法医人员培训工作则开展较少。法医研究所各专业组职责为：法医病理组完成台湾地区由地方检察署委托的尸体解剖、死因鉴定工作；毒物化学组则完成法医病理组尸体解剖所送的毒物、药物检验鉴定和各地方检察署送检的毒物、药物检验鉴定工作，每年承担案例达 3 000 余件；血清证物组除受理本研究所涉及的刑事案件 DNA 检验、鉴定外，还受理法院、地方警察署委托的身份鉴定、无名尸体及寻亲家属 DNA 鉴定，溺死尸体及水样品中硅藻 DNA 鉴定，每年案件量达 900 余件。

（二）台湾当局《"法务部"法医研究所办事细则》（1998 年 9 月 20 日颁布）

第 1 条　本细则依（台湾当局所谓）"法务部"法医研究所（以下简称"本所"）组织条例第十一条规定订定之。

第 2 条　本所处理事务，除法令另有规定外，依本细则办理。

第 3 条　本所所长综理所务，副所长襄理之，并设下列各组、室：

1. 法医病理组。
2. 毒物化学组。
3. 血清证物组。
4. 秘书室。

第 4 条　法医病理组职责如下：

1. 法医制度之拟议事项。
2. 生理之检验、鉴定及研究事项。
3. 病理之检验、鉴定及研究事项。
4. 死因之检验、鉴定及研究事项。

第四章 我国台湾、香港、澳门地区近现代法医学

5. 法医病理法医学上疑难鉴验之解释及研究事项。
6. 法医人员之培训事项。
7. 其他法医病理法医学之研究及发展事项。

第 5 条　毒物化学组职掌如下：

1. 毒物化学之检验、鉴定及研究事项。
2. 生物化学之检验、鉴定及研究事项。
3. 药物化学之检验、鉴定及研究事项。
4. 毒物化学法医学之研究及发展事项。
5. 其他毒物化学法医学之研究及发展事项。

第 6 条　血清证物组职掌如下：

1. 血清及其相关证物之检验、鉴定及研究事项。
2. 血型及基因纹在区域人口重现频率、资料库之建立、分析之检验及研究事项。
3. 血清证物法医学上疑难鉴验之解释及研究事项。
4. 其他血清证物法医学之研究及发展事项。

第 7 条　秘书室职掌如下：

1. 本所之研考事项。
2. 施政计划及工作报告之编拟事项。
3. 公共关系及新闻发布之连系事项。
4. 印信典守事项。
5. 现金、票据、有价证券之出纳及保管事项。
6. 文书之收发、公文查催、缮校及档案管理事项。
7. 财物购置、修缮、管理及相关总务事项。
8. 技工及工友之管理事项。
9. 各种会议会场管理及所务会议之议事管理事项。
10. 法医教育宣导事项。
11. 各单位工作之联系事项。
12. 电子仪器维修及资讯业务处理事项。
13. 上级交办及不属其他各单位事项。

第 8 条　人事管理员职掌如下：

1. 人事规章之研拟事项。
2. 本所组织编制、职务归系之研拟及审核事项。
3. 本所职员任免、核薪、迁调、考试分发、铨审案件之拟议及核转事项。
4. 平时考核、奖惩、考绩之拟议及核转事项。
5. 本所职员训练、进修及出国考察之拟办事项。
6. 本所职员差假及勤惰之管理事项。
7. 庆典集会之筹办事项。
8. 本所职员保险、福利及文康活动之规划事项。
9. 退休、资遣、抚恤案件之审议及核转事项。
10. 上级交办事项。

第 9 条　会计员职掌如下：

1. 主计规章之研拟及建议事项。
2. 岁入、岁出预（概）算、决算之编制事项。

3. 岁入、岁出分配预算之拟编（修正）事项。
4. 经费之流用、岁出权责保留及预备金动支申请事项。
5. 岁入、岁出预算之控制与执行、收支凭证之审核及各项记帐凭证之制作、登记、结算、会计报告、绩效报告之编制及各项原始凭证之保管及送审事项。
6. 暂收、暂付、代收、代付款项之登记及整理事项。
7. 营缮工程、购置、定制、变卖、财物之招标议价、订约及验收等之会同监办事项。
8. 现金有价证券、公库存款及公款支付时限之查核事项。
9. 统计资料之建立、管理、分析、运用、汇编、发布及提供事项。
10. 上级交办事项。

第 10 条　本所兼任法医学顾问、特约法医师、荣誉法医师职掌如下：
1. 法医制度之咨询事项。
2. 法医学理之研究及咨询事项。
3. 法医人才之培训、检验、研究事项之指导或参与事项。
4. 法医专业鉴识工作之指导或参与鉴定事项。

第 11 条　各组、室主管权责如下：
1. 主管业务之策划监督及考核事项。
2. 主管业务之核定或核转事项。
3. 授权范围内主管业务文稿之判行事项。
4. 所属人员任免、考核、奖惩之建议及核转事项。

第 12 条　本所处理公务实施分层负责制度，逐级授权决定；其分层负责明细表另定之。
第 13 条　本所每月得召开所务会议一次，必要时得召开临时会议，由所长担任主席。
第 14 条　各单位主管应出席所务会议，并就其主管业务定时提报；所长并得指定业务相关人员出、列席。
第 15 条　本所事务管理，依事务管理规则及有关规定办理之。
第 16 条　本所政风业务依政风机构人员设置条例及其他相关法规办理之。
第 17 条　本细则自发布日施行。

四、台湾当局所谓"内政部"警政署刑事警察局刑事鉴识中心

台湾当局所谓"内政部"（以下简称"内政部"）警政署刑事警察局刑事鉴识中心是台湾地区建筑面积最大、实验设备最先进、学科门类最齐全、鉴定人员最多的鉴定机构。鉴识中心下设鉴识科、法医室、指纹室。警政署刑事警察局刑事鉴识中心不设法医病理鉴定业务。每年受理案件达 26 000 余件，检材量达 16 万件。其案源 90% 来自警察系统。

五、台湾当局法医学有关规定

（一）法医师有关规定（修正版）

台湾当局法医师有关规定于 2005 年 12 月 28 日公布，2006 年 12 月 28 日正式实施，并于 2009 年、2012 年、2013 年、2015 年几经修正。其中 2015 年 12 月 11 日修正的版

第四章 我国台湾、香港、澳门地区近现代法医学

本于 2015 年 12 月 23 日公布并施行。其内容如下。

第一章 总则

第 1 条 为健全法医师制度，提升鉴验水准、落实人权保障、维护社会正义及促进民主法治，特制定本规定。

第 2 条 本规定之主管机关为（台湾当局所谓）"法务部"。

第 3 条 （台湾当局所谓）"中华民国"人民经法医师考试及格，并经主管机关核发证书者，得充任法医师。

第 4 条 具有下列各款资格之一者，得应法医师考试：

一、公立或立案之私立大学、独立学院或符合（台湾当局所谓）"教育部"采认规定之国外大学、独立学院法医学研究所毕业，并经实习期满成绩及格，领有毕业证书。

二、公立或立案之私立大学、独立学院或符合"教育部"采认规定之国外大学、独立学院医学、牙医学、中医学系、科毕业，经医师、牙医师、中医师考试及格，领有医师、牙医师、中医师证书，且修习法医学程，并经法医实习期满成绩及格，或经（台湾当局所谓）"国内外"法医部门一年以上之法医专业训练，领有证明文件。

前项第一款法医学研究所应修课程，另以细则定之。

第 5 条 有下列情事之一者，不得充任法医师：

一、曾受一年有期徒刑以上刑之裁判确定。但受缓刑之宣告，缓刑期满而未经撤销，或因过失犯罪者，不在此限。

二、曾犯毒品危害防制条例之罪，经裁定观察勒戒、强制戒治或判刑确定。

三、依法受废止法医师证书处分。

四、曾任公务人员而受撤职处分，其停止任用期间尚未届满，或现任公务人员而受休职、停职处分，其休职、停职期间尚未届满。

五、罹患精神疾病或身心状况违常，经主管机关委请二位以上相关专科医师咨询，并经主管机关认定不能执行业务。

六、受监护或辅助宣告，尚未撤销。

有前项第一款至第三款情事，其已充任法医师者，撤销或废止其法医师资格，并追缴其证书；

有前项第四款至第六款情事，其已充任法医师者，于各该款原因消灭前，停止其业务之执行。

第 6 条 法医师经完成专科法医师训练，并经主管机关甄审合格者，得请领专科法医师证书。

专科法医师之分科及甄审办法，由主管机关会同（台湾当局所谓）"中央"卫生主管机关定之。

第 7 条 非领有法医师证者，不得使用法医师名称。非领有专科法医师证者，不得使用专科法医师名称。

第 8 条 请领法医师证书，应填具申请书及检具资格证明文件，送请主管机关核发。

第二章 检验及解剖尸体

第 9 条 依刑事诉讼法规定所为之检验尸体，除另有规定外，由法医师、检验员为之。

解剖尸体，除另有规定外，由法医师为之。

第 10 条 尸体经检验后，有下列情形之一者，法医师应以书面建请检察官为解剖尸体之

处分：

一、死者之配偶或直系血亲请求解剖。

二、可疑为暴力犯罪致死。

三、死因有危害社会公益或公共卫生之虞。

四、送达医疗院所已死亡，且死因不明。

五、于执行讯问、留置、拘提、逮捕、解送、收容、羁押、管收、保安处分、服刑等过程中死亡。

六、军人死亡，且死因不明。

七、意外事件中之关键性死亡者。

八、未经认领显可疑为死因不明之尸体。

九、其他非解剖无法查明死因。

第11条 法医师检验尸体后，应制作检验报告书；解剖尸体后，应制作解剖报告书；鉴定死因后，应制作鉴定报告书。

前项文书制作之格式，由主管机关定之。

第三章 执业

第12条 未具有医师、牙医师、中医师资格而领有法医师证书者，依聘用人员聘用条例或公务人员任用法规定，在司（军）法、行政机关担任法医师职务连续满二年且成绩优良者，始得申请执行法医师鉴定业务。

具有医师、牙医师、中医师资格而领有法医师证书者，在司（军）法、行政机关担任特约法医师或荣誉法医师职务连续满二年且成绩优良者，始得申请执行法医师鉴定业务。

前二项申请，由主管机关审查；其审查办法，由主管机关定之。

第13条 法医师之执业项目如下：

一、人身法医鉴定。

二、创伤法医鉴定。

专科法医师之执业项目如下：

一、性侵害法医鉴定。

二、儿童虐待法医鉴定。

三、怀孕、流产之法医鉴定。

四、牙科法医鉴定。

五、精神法医鉴定。

六、亲子血缘法医鉴定。

七、其他经主管机关指定之法医鉴定业务。

第14条 法医师应向主管机关申请执业登记，领有执业执照，始得执业。

法医师执业，应接受继续教育，并每六年提出完成继续教育证明文件，办理执业执照更新。

第一项申请执业登记之资格、条件、应检附文件、执业执照发给、换发、补发与前项执业执照更新及其他应遵行事项之办法，由主管机关定之。

第二项法医师接受继续教育之课程内容、积分、实施方式、完成继续教育证明文件及其他应遵行事项之办法，由主管机关定之。

第15条 有下列情形之一者，不得发给执业执照；已领照者，废止之：

一、经撤销或废止法医师证书。

二、经撤销或废止法医师执业执照未满二年。

第16条 法医师执业，应加入法医师公会。

第四章 我国台湾、香港、澳门地区近现代法医学

法医师公会不得拒绝有法医师资格者入会。

第17条 法医师歇业或停业时，应自事实发生之日起三十日内，报请主管机关备查。

法医师复业者，准用关于执业之规定。

法医师死亡者，由主管机关注销其执业执照。

第18条 法医师应亲自执行业务，并制作纪录，载明执业内容。

前项纪录应亲自签名或盖章，并加注执行年、月、日。

前项纪录应保存二十年。

第四章 义务

第19条 法医师应本于医学专业知能，诚实公正态度执行职务，发现医学真相及保障司法审判品质。

第20条 法医师执行职务或业务受有关机关询问、咨询或委托鉴定时，不得为虚伪之陈述或报告。

第21条 法医师除依前条规定外，对于因业务知悉或持有他人之秘密，不得无故泄漏。

第22条 法医师对于灾害之相关事项，有配合灾害防救法执行之义务；违反者，依该法各该条规定处罚之。

第23条 法医师执行职务或业务，应遵守诚实信用之原则，不得有不正当行为或违反、废弛其职务或业务上应尽之义务。

第24条 法医师不得以自己或他人名义，刊登招摇之启事或广告，或以其他不正当方式为宣传。

第25条 法医师执行职务或业务，发现罹患传染病或疑似罹患传染病者，应依传染病防治法规定办理。

第五章 公会

第26条 法医师公会由法医师十五人以上之发起组织之。

法医师公会应设于（台湾当局所谓）"中央政府"所在地。

第27条 法医师公会由人民团体主管机关主管。但其目的事业，应受主管机关之指导、监督。

第28条 法医师公会置理事、监事，于召开会员大会时，由会员大会选举之，并成立理事会、监事会，其名额如下：

一、理事三人至九人。

二、监事一人至三人。

理事、监事任期均为三年，其连选连任者，不得超过二分之一；理事应分别互选常务理事，其名额不得超过理事总额三分之一，并应由理事就常务理事中选举一人为理事长。但监事仅有一人者，其连任以一次为限。

第29条 法医师公会应订定章程，造具会员名册及选任职员简历名册，送请人民团体主管机关立案，并送主管机关备查。

法医师公会应订定伦理规范，送主管机关备查。

第30条 法医师公会之章程，应载明下列事项：

一、名称及会所所在地。

二、宗旨、组织任务或事业。

三、会员之入会及出会。

四、会员应纳之会费及缴纳期限。

五、理事、监事名额、权限、任期及其选任、解任。

六、会员大会及理事会、监事会会议之规定。

七、会员应遵守之公约。

八、经费及会计。

九、章程之修改。

十、其他处理会务之必要事项。

第31条 法医师公会有违反法令、章程者，人民团体主管机关得为下列之处分：

一、警告。

二、撤销其决议。

三、撤免其理事、监事。

四、限期整理。

前项第一款、第二款处分，亦得由主管机关为之。

第六章 奖惩

第32条 法医师对法医学研究或业务发展有重大贡献者，主管机关应予表扬或奖励。

第33条 法医师有下列情事之一者，由主管机关或法医师公会移付惩戒：

一、犯罪之行为，经判刑确定。但因过失犯罪者，不在此限。

二、业务上重大或重复发生过失行为。

三、执行业务违背法医师伦理规范或法医师公会章程之行为，情节重大。

四、其他业务上不正当行为。

法医师公会对于应付惩戒之法医师，得经会员大会或理事、监事联席会议之决议，送请法医师惩戒委员会处理。

第34条 法医师惩戒之方式如下：

一、警告。

二、申诫。

三、限制执业范围或停止执行业务二个月以上二年以下。

四、废止执业执照。

五、废止法医师证书。

第35条 法医师移付惩戒事件，由法医师惩戒委员会处理之。

法医师惩戒委员会应将移付惩戒事件，通知被付惩戒之法医师，并限其于通知送达之翌日起二十日内提出答辩或于指定期日到会陈述；未依限提出答辩或到会陈述者，法医师惩戒委员会得迳行决议。

被惩戒人对于法医师惩戒委员会之决议有不服者，得于决议书送达之翌日起二十日内，向法医师惩戒复审委员会请求复审。

法医师惩戒委员会、法医师惩戒复审委员会之惩戒决议，应送由主管机关执行之。

第36条 法医师惩戒委员会、法医师惩戒复审委员会之委员，应就不具民意代表身分之法医学、法学专家、学者及社会人士遴聘之，其中法学专家、学者及社会人士之比例不得少于三分之一。

法医师惩戒委员会及法医师惩戒复审委员会之设置、组织、会议召开、惩戒与复审处理程序、决议方式及其他应遵行事项之办法，由主管机关定之。

第37条 未具法医师资格，擅自执行本法规定之法医师业务者，处六月以上五年以下有期徒刑，得并科新台币三十万元以上一百五十万元以下罚金，其所使用之器械没收之。但有下列情形之一者，不适用之：

第四章 我国台湾、香港、澳门地区近现代法医学

一、合于第四条规定之实习。

二、医师、医事检验师或其他专门职业及技术人员，依其专门职业法律执行业务，而涉及本法所定业务。

三、行政机关及学校从事鉴定之人员，依相关法律、组织法令规定执行职务或业务，而涉及本法所定业务。

第 38 条　违反第七条规定者，处新台币三万元以上十五万元以下罚锾。

第 39 条　违反第十四条第一项、第二项、第十六条、第十七条第一项或第二项规定者，处新台币二万元以上十万元以下罚锾，并令限期改善；届期未改善者，按次连续处罚。

第 40 条　违反第十八条第一项规定，或将法医师证书、专科法医师证书租借他人使用者，处新台币五万元以上二十五万元以下罚锾，并处限制执业范围、停业处分一个月以上六个月以下或废止其执业执照；情节重大者，并废止其法医师证书。

第 41 条　违反第十八条第二项、第三项、第二十条或第二十一条规定者，处新台币二万元以上十万元以下罚锾。

第 42 条　法医师受停业处分仍执行业务者，废止其执业执照；受废止执业执照处分仍执行业务者，得废止其法医师证书。

第 43 条　本法所定之罚锾、限制执业范围、停业、废止执业执照及废止法医师证书，由主管机关处罚之。

第七章　附则

第 44 条　医学院或其附设医院、一定规模以上之教学医院，应设置法医部门；其设置办法，由（台湾当局所谓）"中央"卫生主管机关会同相关机关定之。

第 45 条　司（军）法、行政机关法医师之任用、俸给、考绩、奖惩、退休、抚卹、资遣等，适用公务人员有关规定。

第 46 条　本法施行前，依医事人员人事条例规定任用之现职法医师，经改依公务人员任用法任用后，其以相当医事级别参加考绩等次，准予比照原铨叙审定合格实授职等考绩等次合并计算，依公务人员考绩法第十一条第一项规定，按年核算取得高一职等任用资格；于取得荐任第九职等资格后，所馀考绩及年资，得比照合并计算为公务人员任用法第十七条第二项规定之考绩及年资；未具公务人员任用资格者，适用原有关法律规定。

第 47 条　本法施行前，经公务人员高等考试或相当之特种考试法医师考试及格者，得请领法医师证书。

本法施行前，曾任（台湾当局所谓）"法务部"所属机关之法医师，经依法铨叙审定有案者，得请领法医师证书。

本法施行前，具有下列资格之一者，得于本法施行后三年内，申请取得法医师证书，执行第十三条所列之业务：

一、具有医师资格，经司（军）法机关委托，于国内各公私立医学校院或教学医院实际执行检验及解剖尸体业务或法医鉴定业务，连续五年以上。

二、具有医师资格，经（台湾当局所谓）"国防部"或"法务部"所属机关聘为法医顾问、荣誉法医师、兼任法医师及特约法医师，实际执行检验及解剖尸体业务或法医鉴定业务，连续五年以上。

前项申请办法，由主管机关定之。

第 48 条　医师自本法施行届满九年起，不得执行刑事诉讼法规定之检验、解剖尸体业务。但重大灾难事故，或离岛、偏远地区遴用特约法医师或荣誉法医师后人力仍有不足时，不在此限。

第 49 条　（删除）

第 50 条　本法于军事检察机关执行检验及解剖尸体时，除军事审判法另有规定外，准用之。

第 51 条　主管机关依本法核发证书或执业执照时，应收取证书费、审查费及执照费；其收费标准，由主管机关定之。

第 52 条　本法施行细则，由主管机关定之。

第 53 条　本法自公布后一年施行。

本法（所谓）"中华民国"九十八年十二月十五日修正之条文，自九十八年十一月二十三日施行。

本法（所谓）"中华民国"一百零一年十二月五日修正公布之条文，自一百零一年十二月二十八日施行。

本法（所谓）"中华民国"一百零四年十二月十一日修正之条文，自公布日施行。

（二）台湾当局"《法医师法施行细则》"

2006年12月26日颁布《法医师法施行细则》，于2006年12月28日施行。

第一条　本细则依"法医师法"（以下简称"本法"）第五十二条规定订定之。

第二条　依本法第六条第一项规定，请领专科法医师证书，应填具申请书一式二份，缴交证书费并检具下列文件，向"法务部"申请核发之：

一、法医师证书原本（验毕后发还）及其影本一份。

二、身份证影本一份。

三、"法务部"甄审专科法医师合格之证明文件影本。

四、最近三个月内二寸正面脱帽半身彩色相片二张。

前项文件应以双挂号邮寄"法务部"，"法务部"收受后应发给证明；其不符前项规定而得补正者，"法务部"得定二十日以上之期限通知其补正。

第三条　依本法第八条、第四十七条第一项或第二项规定，请领法医师证书，应填具申请书一式二份，缴交证书费并检具下列文件，向"法务部"申请核发之：

一、身份证影本一份。

二、考试院颁发之法医师考试及格证书或铨叙部审定有案之证明文件。

三、最近三个月内二寸正面脱帽半身彩色相片二张。

前项文件应以双挂号邮寄"法务部"，"法务部"收受后应发给证明；其不符前项规定而得补正者，"法务部"得定二十日以上之期限通知其补正。

第四条　法医师证书、专科法医师证书灭失或遗失者，准用前二条规定申请补发；损坏者，准用前二条规定申请换发，但应缴还原证书。

第五条　法医师歇业、停业，依本法第十七条第一项规定报请备查时，应填具申请书，并检具执业执照及有关文件，送由"法务部"依下列规定办理：

一、歇业：注销其执业登记及执业执照。

二、停业：登记其停业日期及理由后，发还其执业执照。

第六条　本细则自（台湾当局所谓）"中华民国"九十五年十二月二十八日施行。

第四章 我国台湾、香港、澳门地区近现代法医学

（三）台湾当局 DNA 鉴定有关规定

我国台湾地区于1999年制定并颁布了《去氧核糖核酸采样条例》及相关施行细则和管理办法，如《去氧核糖核酸采样条例施行细则》《去氧核糖核酸样本与纪录监督管理办法》《去氧核糖核酸样本采集准则》《去氧核糖核酸采样通知书》《去氧核糖核酸采样证明书》等。

六、台湾地区法医学会、法医学杂志及学术交流

（一）台湾地区法医学会——台湾法医学会

台湾法医学会成立于2000年。该学会的章程和组织机构如下：

《台湾法医学会章程》

（2000年6月3日第一次会员大会通过，2015年4月24日第五届第三次会员大会修正）

第一章　总则

第一条　本会名称为"台湾法医学会"。

第二条　本会为依有关规定设立，系非政治性、非营利性之社会团体，以研发法医科学、提升法医鉴识技术、维护人权法治、伸张社会正义为宗旨。

第三条　本会以（台湾当局所谓）"全国"行政区域为组织区域。

第四条　本会会址设于主管机关所在地区，并得报经主管机关核准设分支机构。

前项分支机构组织简则由理事会拟订，报请主管机关核准后行之。

会址及分支机构之地址于设置及变更时应报请主管机关核备。

第五条　本会之任务如下：

一、培育法医科学技术人才。

二、促进法医科学技能训练。

三、举办法医科学研讨会议。

四、设置法医科学奖助学金。

五、办理法医科学鉴定辨识。

六、处理法医科学鉴识申诉。

七、促进国际法医科学交流。

八、发行法医科学技术刊物。

九、其他法医科学发展事宜。

十、其他与章程所订宗旨及任务相关事项。

第六条　本会之主管机关为（台湾当局所谓）"内政部"。目的事业主管机关依章程所订宗旨、任务主要为（台湾当局所谓）"法务部"及"行政院"卫生署，目的事业应受各该事业主管机关之指导、监督。

第二章　会员

第七条　本会会员申请资格如下：

一、基本会员：赞同本会宗旨，年满二十岁，具有大专以上医学、卫生、鉴识相关背景毕业，且与法医学业务相关之人员，经本会审核通过者，得为本会基本会员。

二、准会员：赞同本会宗旨，年满二十岁，具有大专以上医学、卫生、鉴识或法律相关背景毕业，经本会审核通过者，得为本会准会员。

三、团体会员：凡赞同本会宗旨之公私机构或团体，经本会审核通过者，得为本会团体会员。

四、赞助会员：赞助本会工作之团体或个人，经本会审核通过者，得为本会赞助会员。申请时应填具入会申请书，经理事会通过，并缴纳会费。

团体会员及赞助会员属团体者，应推派代表一人以行使权利。

第八条　基本会员（会员代表）有表决权、选举权、被选举权与罢免权，每一会员（会员代表）各具有一权。

但准会员、团体会员及赞助会员无前项权利。

第九条　会员有遵守本会章程、决议及缴纳会费之义务。

第十条　会员（会员代表）有违反法令、章程或不遵守会员大会决议时，得经理事会决议，予以警告或停权处分，其危害团体情节重大者，得经会员（会员代表）大会决议予以除名。

第十一条　会员丧失会员资格或经会员大会决议除名者，即为出会。

第十二条　会员得以书面叙明理由向本会声明退会。连续两年未依照章程规定缴纳会费者，视为自动退会。

第三章　组织及职权

第十三条　本会以会员大会为最高权力机构。

会员人数超过三百人以上时得分区比例选出会员代表，再召开会员代表大会，行使会员大会职权。会员代表任期三年，其名额及选举办法由理事会拟订，报请主管机关核备后行之。

第十四条　会员大会之职权如下：

一、订定与变更章程。

二、选举及罢免理事、监事。

三、议决入会费、常年会费、事业费及会员捐款之数额及方式。

四、议决年度工作计划、报告及预算、决算。

五、议决会员（会员代表）之除名处分。

六、议决财产之处分。

七、议决本会之解散。

八、议决与会员权利义务有关之其他重大事项。

前项第八款重大事项之范围由理事会定之。

第十五条　本会置理事十五人，监事五人，由会员（会员代表）选举之，分别成立理事会、监事会。

选举前项理事、监事，依计票情形得同时选出候补理事五人，候补监事一人，遇理事、监事出缺时，分别依序递补之。

本届理事会得提出下届理事、监事候选人参考名单。

理事、监事得采用通讯选举，但不得连续办理。通讯选举办法由理事会通过报请主管机关核备后行之。

第十六条　理事会之职权如下：

一、审定会员（会员代表）之资格。

二、选举及罢免常务理事、副理事长、理事长。

三、议决理事、常务理事及理事长之辞职。

四、聘免工作人员。

五、拟订年度工作计划、报告及预算、决算。

六、其他应执行事项。

第四章 我国台湾、香港、澳门地区近现代法医学

第十七条 理事会置常务理事五人,由理事互选之,并由理事就常务理事中选举一人为理事长,一人为副理事长。

理事长对内综理督导会务,对外代表本会,并担任会员大会、理事会主席。

理事长因事不能执行职务时,由副理事长代理之,不能代理时,由常务理事互推一人代理之。

理事长、副理事长、常务理事出缺时,应于一个月内补选之。

第十八条 监事会之职权如下:

一、监察理事会工作之执行。

二、审核年度决算。

三、选举及罢免常务监事。

四、议决监事及常务监事之辞职。

五、其他应监察事项。

第十九条 监事会置常务监事一人,由监事互选之,监察日常会务,并担任监事会主席。

常务监事因事不能执行职务时,应指定监事一人代理之,未指定或不能指定时,由监事互推一人代理之。

监事会主席(常务监事)出缺时,应于一个月内补选之。

第 二十 条 理事、监事均为无给职,任期三年,连选得连任。理事长、副理事长之连任以一次为限。

第二十一条 理事、监事有下列情事之一者,应即解任:

一、丧失会员(会员代表)资格者。

二、因故辞职经理事会或监事会决议通过者。

三、被罢免或撤免者。

四、受停权处分期间逾任期二分之一者。

第二十二条 本会置秘书长一人,副秘书长一人,承理事长之命处理本会事务,其他工作人员若干人,由理事长提名经理事会通过后聘免之,并报主管机关备查。但秘书长之解聘应先报主管机关核备。

前项工作人员不得由选任之职员担任。

工作人员权责及分层负责事项由理事会另定之。

第二十三条 本会得设各种委员会、小组或其他内部作业组织,其组织简则由理事会拟订后施行,变更时亦同。

第二十四条 本会得由理事会聘请名誉理事长一人,名誉理事、顾问各若干人,其聘期与当届理事、监事之任期同。

第四章 会议

第二十五条 会员大会分定期会议与临时会议二种,由理事长召集,召集时除紧急事故之临时会议外应于十五日前以书面通知之。

定期会议每年召开一次,临时会议于理事会认为必要,或经会员(会员代表)五分之一以上之请求,或监事会函请召集时召开之。本会办理法人登记后,临时会员大会由会员十分之一以上请求时召开之。

第二十六条 会员(会员代表)不能亲自出席会员大会时,得以书面委托其他会员(会员代表)代理,每一会员(会员代表)以代理一人为限。

第二十七条 会员大会之决议,以会员(会员代表)过半数之出席,出席人数较多数之同意行之。但章程之订定与变更、会员(会员代表)之除名、理事及监事之罢免、财产之处分、

本会之解散及其他与会员权利义务有关之重大事项应有出席人数三分之二以上同意。

本会办理法人登记后，章程之变更以出席人数四分之三以上之同意或全体会员三分之二以上书面之同意行之。本会之解散，得随时以全体会员三分之二以上之表决解散之。

第二十八条　理事会、监事会至少每六个月各举行会议一次，必要时得召开联席会议或临时会议。

前项会议召集时除临时会议外，应于七日前书面通知，会议之决议各以理事、监事过半数之出席，出席人数较多数之同意行之。

第二十九条　理事应出席理事会议，监事应出席监事会议，不得委托出席；理事、监事连续二次无故缺席理事会、监事会者，视同辞职。

第五章　经费及会计

第三十条　本会经费来源如下：

一、入会费：基本会员新台币一仟元，准会员新台币捌佰元，团体会员新台币一万元，于会员入会时缴纳。

二、常年会费：基本会员新台币一仟元，准会员新台币捌佰元，团体会员新台币一万元。

三、事业费。

四、会员捐款。

五、委托收益。

六、基金及其孳息。

七、其他收入。

第三十一条　本会会计年度以历年为准，自每年一月一日起至十二月三十一日止。

第三十二条　本会每年于会计年度开始前二个月由理事会编造年度工作计画、收支预算表、员工待遇表，提会员大会通过（会员大会因故未能如期召开者，先提理监事联席会议通过），于会计年度开始前报主管机关核备。并于会计年度终了后二个月内由理事会编造年度工作报告、收支决算表、现金出纳表、资产负债表、财产目录及基金收支表，送监事会审核后，造具审核意见书送还理事会，提会员大会通过，于三月底前报主管机关核备（会员大会未能如期召开者，先报主管机关）。

第三十三条　本会解散后，剩余财产归属所在地之（所谓）"地方自治团体"或"主管机关指定之机关团体"所有。

第六章　附　则

第三十四条　本章程未规定事项，悉依有关规定办理。

第三十五条　本章程经会员（会员代表）大会通过，报经主管机关核备后施行，变更时亦同。

第三十六条　本章程经本会二〇〇〇年六月三日第一届会员大会通过，并报（台湾当局所谓）"内政部"二〇〇〇年七月一日，台（八九）内社字第八九一八六〇二号函。

台湾地区法医学会组织机构：
（1）台湾法医学会第一届组织
理事长：方中民　副理事长：陈耀昌
（2）台湾法医学会第二届组织
理事长：陈耀昌　副理事长：邱清华

（3）台湾法医学会第三届组织

理事长：邱清华　副理事长：郭宗礼

（4）台湾法医学会第四届组织

理事长：郭宗礼　副理事长：李俊亿

（5）台湾法医学会第五届组织（2013年4月至2016年4月）

理事长：李俊亿　副理事长：蔡崇弘

常务理事：郭宗礼、邱清华、林彦仰

理事：洪志冈、林栋梁、屈保庆、陈乔琪、黄天祥、谢松善、徐伟雅、孙家栋、颜文倩、庄杰仰。

常务监事：华筱玲

监事：张瀞云、阮正雄、陈耀昌、陈珮珊

秘书长：翁德怡

（6）台湾法医学会第六届组织（2016年5月至2019年5月）

理事长：邱清华　副理事长：蔡崇弘

常务理事：郭宗礼、翁德怡、张瀞云

理事：廖书纬、郑兆峰、徐伟雅、颜文倩、卢韦岑、陈耀昌、李俊亿、许伯豪、洪志冈、谢松善

常务监事：华筱玲

监事：林彦仰、林俊彦、林宝顺、杨诏凯

秘书长/学志主编：陈珮珊

（二）台湾地区法医学杂志——《台湾法医学志》

该杂志创刊于2009年6月，由台湾地区法医学会及华艺出版社（Airiti Press）共同出版发行，法医学会邱清华理事长为发行人，该会副理事长郭宗礼担任主编，并延揽医界、法界相关实务人士与专业学者组成编辑委员会，经过严格的同行评阅制度，为期刊品质把关。所收录的重要内容包括：①重要的法医相关议题；②最新法医学研究之论文；③医事法学相关研究之论文；④介绍法医学研究的最新发展。该刊为台湾地区第一本也是唯一一本法医学期刊。

（三）台湾地区与大陆法医学交流

20世纪八九十年代，我国台湾地区与大陆法医学的交流开始增加。1999年8月，中国法医学会邀请以台湾大学医学院法医学科主任陈昌耀教授为团长的台湾地区法医代表团一行7人来大陆参观访问。中山医科大学法医学系和华西医科大学法医学系曾接待过台湾法医学方面的专家来访。

2009年12月4—10日，由台湾法医学会主办的第一届两岸法医学术交流论坛在台北举行。本次论坛由"青杏医学文教基金会"赞助，及法医师公会、台湾大学法医学研究所等各方协助，大陆地区有西安交通大学法医系、中山大学法医学系、中国医科大学法医学院、南方医科大学基础医学院、复旦大学上海医学院法医系、苏州大学医学部法医系及四川省人民检察院等单位合计50人参加。双方就法医制度、法医病理、法医

DNA 及分子生物学、法医精神、法医毒物等方面进行了广泛深入的交流。

2010 年，台湾大学法医学研究所 4 名研究生到南方医科大学进行为期 3 个月的实习。由于法医是一门需要实践与经验的科学，相较于台湾地区，大陆人口多，各种案例都会出现，因此吸引了台湾地区的法医学研究生踊跃到大陆实习。

第二节　香港特别行政区近现代法医学

1840 年鸦片战争后，因清政府战败，香港于 1841 年开始采用英国的普通法，死因裁判官一职便成为香港法律制度的一部分。英国强迫清政府于 1842 年签订了《中英南京条约》，香港被割让给英国，被英国殖民统治。因此在法律适用上，香港属于英美法系司法体制，实行的是"死因裁判官"制度（coroner's system，过去曾将"coroner"译为"验尸官"）。法律规定所有死亡需报告死因裁判官（coroner），并由其决定是否需要警察部门对该死者的死因做出调查，以及是否需要进行尸体解剖。目前香港的绝大部分法医学检验鉴定工作均由香港卫生署（Department of Health）所属的法医科（Forensic Pathology Service）承担，少数案例由院校病理学系或医院的病理科进行，而毒物化验、DNA 检验及其他法科学检验鉴定项目均在政府化验所进行。

一、香港法医学及法科学发展简史

香港法医学及法科学的发展大致分为五个时期：1841—1879 年初期转变阶段，1880—1919 年实验室诞生后阶段，1920—1940 年医学和法科学的发展阶段，1941—1997 年迅速发展阶段，1997 年香港回归祖国后的发展阶段。

（一）1841—1879 年初期转变阶段

香港被英国殖民统治后，受英国的影响，给香港带来了西方医学和尸体解剖的概念，以及对死亡调查的死因裁判官体制。1843 年，来自英国的律师担任香港第一任死因裁判官。

起初人们对于开展化验服务并不知晓。1879 年，Mr. Hugh McCallum 被任命为政府化验师，并开始实验室的化验工作，从这一年开始，香港法医检验工作才由有医学知识的官员进行，政府化验报告才写进当年的医学年度报告中，分为病理学和毒理学两个部分。1883 年，Hugh McCallum 调到新成立的卫生委员会工作，香港又从英国招募另一名化验师和分析员——William Crowe。

（二）1880—1919 年化验实验室诞生后阶段

1887 年，英国开始实施《死因裁判官法案》（Coroners Act）。但香港于 1888 年通过了《废除死因裁判官条例》（the Coroners' Abolition Ordinance），死因裁判官办公室被撤销，其职责由裁判司（magistrates）承担。资料显示，早期当地的人们是抵制尸体解

第四章 我国台湾、香港、澳门地区近现代法医学

剖的,因此外科医生年度报告中描述"缺乏解剖"。1892—1895 年香港发生了严重的瘟疫大流行,这场瘟疫夺走了大约 3 500 人的生命。当时预防瘟疫流行的一项公共卫生措施就是将死于瘟疫的人的所属物品一同埋葬,这会使本已贫困的家庭更加贫困,而尸体解剖有助于确定一个人是否因瘟疫而死,对于并非死于瘟疫的人其所属物品不必一同埋葬,从而使尸体解剖得到了人们的认可。香港的第一个公共验尸房——维多利亚公众殓房建于 1904 年,九龙公众殓房建于 1907 年。

香港的化验实验室建立后,1880 年进行了 45 例化验,主要有三种类型:怀疑中毒的毒物分析、掺假牛奶的化验、水质检验;1881 年进行了 57 例化验;1882 年 71 例。19 世纪 90 年代,法科学被用来帮助解决谋杀、纵火等刑事案件问题。1906 年,化验师被改称为"政府化验师"。1913 年,香港政府化验所(Government Laboratory of Hong Kong)成立,隶属卫生署化验科。但是当时仍没有设立专门的法医学鉴定机构。

(三)1920—1940 年医学和法科学的发展阶段

随着社会的发展和科学的进步,香港政府化验所的各项工作不断发展,化验条件有所改善,化验技术也得到提高。1926 年,香港新建了政府化验所,化验工作量显著增加。1920 年为 1 281 例,1939 年达 2 220 例。

(四)1941—1997 年迅速发展阶段

1941 年日本入侵香港后,香港政府化验所的工作遭到破坏,当时在职编制人员 8 名。1945 年香港政府化验所搬到 Oil 街,由于工作人员、设备和化学试剂不足,政府化验所经历很长一面时间才恢复正常运作。1955 年后,工作人员持续增加,至 1969 年已达 14 人。服务项目也逐渐扩大,主要有血痕检验、火灾调查、毒物化验、麻醉药物分析和文证审查等。20 世纪 50 年代后期,毒品检验工作大量增加。

1950 年,香港通过《裁判司(死因裁判官权力)条例》。1950—1967 年,中区和南九龙区裁判司署的总裁判司都各委派一名裁判司,兼负裁判司和死因裁判官两方面的职务。1967 年,香港颁布《死因裁判官条例》(香港法例第十四章),规定总督可委任一名或多名死因裁判官。1971 年,香港修订了该条例,规定首席按察司可委任一名裁判司为死因裁判官。1980 年,该条例又修订,扩大了有资格成为死因裁判官的人士的类别,并确定死因裁判官办公室为单独的司法机构类别。

庞腾祥(Pang Teng-Cheung)是香港现代法医学的元老。他于 1941 年毕业于香港大学,第二次世界大战期间他在中国军队医院工作,后返回香港,在九龙医院任灾害事故处理官员(casualty officer),期间他接触了各种法医学实践案例。1948 年,他被派往英国接受医学研究生教育,这期间他有机会同早期法医学的先驱一起工作,先后在爱丁堡大学 Sydney Smith 教授、伦敦 Guy 医院的 Keith Simpson 博士指导下学习法医学,还在格拉斯哥大学 J. Glaister 教授指导下工作,在那里他收获颇丰,不仅访问了该市实验室,也在格拉斯哥完成了学习警务方法的苏格兰警官训练课程。

1949 年,庞腾祥博士回到香港,奉调到警察署工作,成为香港的首位法医。也就是在那时,毕业于美国哥伦比亚大学的警察巡官(police inspector)C. L. Hood 成立了香港首个法医实验室。1950 年,C. L. Hood 成为香港大学的兼职法医学讲师,1951 年,被

任命为警察署首席化验师（chief chemist）。在庞腾祥的领导下，法医检验鉴定工作逐渐发展，其工作包括现场勘查、血痕检验及分型、死因不明者的尸体解剖、伤者的活体检查，以及他杀和强奸。第一年的法医学工作包括：法医解剖 84 例、血痕检验 327 例、强奸和猥亵行为界定 40 例、活体检验 52 例、骨骼检验 12 例、头发检验 4 例和笔迹检验 1 例。在庞腾祥博士的领导下，香港建立了 2 个公共验尸房。由于庞腾祥与英国伦敦的 Guy 医院建立起了长期的学术合作关系，所有热爱法医学和有工作能力的新职员被送到 Guy 医院进行为期 1 年的毕业后培训。庞腾祥的继承人继续扩大和发展了香港法医科，1987 年，香港建立了 3 个公共验尸房。香港法医在 Guy 医院的毕业后培训一直持续到 20 世纪 90 年代。

60 年代末，Ron Edgeley 博士来到香港政府化验所工作，是香港现代法科学实践开始的标志。Ron Edgeley 带来了他在毒理学、纤维检验和火灾调查等方面的丰富经验。政府化验所的法科学检验能力迅速提高。随后 Ab Nutten 和 Sheilah Hamilton 也与他一起工作，扩大了服务范围，包括检验假冒物品、鞋印、轮胎印痕和玻璃比较等。Jones 和 Vagg（2009）认为，70 年代是刑事司法制度和香港整体管治的关键 10 年，也是香港法庭科学发展的关键 10 年。暴力犯罪不断升级，杀人案件也越来越多。

60 年代，香港政府化验所和法医科同隶属于卫生署，但由于缺乏远见，二者未能被整合为统一的法科学机构。

1978 年，香港政府化验所成为一个独立的政府机构，法科学作为一个正式部门而存在，不隶属于卫生署、警方、法院等政府部门。分为两个检验小组：一是化验咨询组，主要开展他杀、纵火、强奸、性侵犯、入室盗劫、武装抢劫、交通逃逸、商业欺诈、制造和贩运毒品等方面的检验工作；二是法科学科，分别进行生化、化学、物理、DNA 检验、毒品和毒物化验以及文证审查等检验工作。工作人员从 1978 年的 26 人增加到 1991 年的 85 人。仪器设备也得到更新，1987 年引进了半自动分析仪，1989 年开始进行 DNA 图谱分析。其后几乎所有不同分支学科的技术都可被用于刑事侦查工作，如分子生物学、工程学、计算机科学和生物工程学等。

（五）1997 年香港回归祖国后的发展阶段

1997 年 7 月 1 日，香港特别行政区成立。根据《中华人民共和国香港特别行政区基本法》（以下简称《基本法》）的规定，香港原有的法律，除同《基本法》相抵触或者经香港特别行政区立法机关作出修改的以外，均予以保留。司法机构中，除设立独立的终审法院外，整个法院体系也没有大的变化。因此，死因裁判法庭（The Coroner's Court）作为香港基层法院中的一个专责法庭被保留下来。《死因裁判官条例》经修订后于 1997 年公布，之后经过多次修订，目前最新版本是 2019 年 6 月 29 日修订的《死因裁判官条例》（香港法例第 504 章）。与法医学相关的机构，如政府化验所、卫生署法医科等均被保留。通过立法后，香港 DNA 数据库于 2000 年 6 月设立，政府化验所代表警务处设立和维持以 DNA 资料记录犯严重罪行可逮捕之人。

二、香港的死因裁判官制度

香港沿袭英国的死因裁判官制度。根据 2019 年 6 月 29 日修订的《死因裁判官條例》（2019 年第 2 号编辑修订纪录）及香港司法机构官方网站，（https://www.judiciary.hk/zh_cn/court_services_facilities/cor.html），对香港死因裁判官有关情况作以下介绍。

（一）死因裁判官的职权范围

死因裁判官为司法人员，有权：①发出埋葬命令；②发出火葬命令；③批准免将尸体剖验；④发出尸体剖验命令；⑤发出检掘遗骸命令；⑥发出命令将尸体运离香港；⑦命令警方调查死亡个案；⑧命令进行研讯；⑨批准切除及使用其死者部份器官；⑩签发死亡事实证明书。

（二）死因裁判官的专业资格

任何人如符合以下条件，即有资格获委任为死因裁判官：

（1）该人有资格在香港或任何其他普通法适用地区的任何法院执业为大律师、律师或讼辩人，而该法院是在民事或刑事事宜上具有无限司法管辖权的。

（2）自具有上述资格后，该人已在一段不少于 5 年的期间或在不同期间而合共不少于 5 年的期间是——①在任何上述法院执业为大律师、律师或讼辩人；②《律政人员条例》（第 87 章）第 2 条所界定的律政人员；③按照《法律援助条例》（第 91 章）第 3 条委任的法律援助署署长、法律援助署副署长、法律援助署助理署长或法律援助主任；④按照《破产条例》（第 6 章）第 75 条委任的破产管理署署长、助理破产管理署署长（法律）、助理首席律师、高级律师或律师；或⑤按照《知识产权署署长（设立）条例》（第 412 章）第 3 条委任的知识产权署署长、知识产权署副署长、知识产权署助理署长、助理首席律师、高级律师或律师。

为计算上述第（2）条提述的 5 年期间——①在该款任何节范围以内各段不足 5 年的期间可合并计算；②尽管《注册总署署长（人事编制）条例》（第 100 章）已被废除，担任该已被废除条例附表 1 第Ⅰ部所指明的职位的期间仍可计算在内。

（三）死因裁判官的委任

（1）香港特别行政区行政长官可委任任何人为死因裁判官。所作的委任须在宪报公布。

（2）暂委死因裁判官（deputy coroner）的委任。

1）终审法院首席法官可委任任何有资格获委任为死因裁判官的人为暂委死因裁判官，任期及委任条款按终审法院首席法官认为适当者而定。此等委任须在宪报公布。

2）在有关的委任条款的规限下，暂委死因裁判官在其任期内具有死因裁判官的一切司法管辖权、权力及特权，并须执行死因裁判官的一切职责；而在任何法例中凡提述死因裁判官之处，均须据此解释。

3）终审法院首席法官可在任何时间终止任何按照本条作出的委任。

4）如在任何暂委死因裁判官席前进行的研讯被押后，或裁断经予保留，而在该研讯恢复前或上述裁断作出前，该暂委死因裁判官的委任已届满或已被终止，则该暂委死因裁判官仍具有权力恢复研讯，或作出他所保留的裁断。

（四）须向死因裁判官报告的死亡个案

依照《死因裁判官条例》，共有 20 类死亡个案须向死因裁判官报告：

(1) 某人的死亡，而在医学上的死亡原因是注册医生不能在死因证明书上准确地陈述的。

(2) 某人（不包括在其死亡前被诊断为已患末期疾病的人）的死亡，而该人在其死亡前的 14 日内的最后患病期间并无得到注册医生的诊治。

(3) 意外或受伤（不论在何时受伤）所导致的死亡。

(4) 罪行或怀疑罪行所导致的死亡。

(5) 某人的死亡，而该宗死亡个案是——①麻醉药所导致的；②在他受全身麻醉药影响时发生的；或③在施用全身麻醉药后 24 小时内发生的。

(6) 某人的死亡，而该宗死亡个案是——①手术（不论合法与否）所导致的；或②在大型手术（按照当时医学常规而界定的，并且不论合法与否）后 48 小时内发生的。

(7) 某人的死亡，而——①该宗死亡个案是以下疾病所导致的——（a）《雇员补偿条例》（第 282 章）第 3 条所指的职业病；或（b）《肺尘埃沉着病及间皮瘤（补偿）条例》（第 360 章）第 2（1）条所指的肺尘埃沉着病或间皮瘤，或该两种疾病；或②在顾及该人死前最后患病的性质、医学上的死因以及该人为人所知的任何职业或雇用或以前的职业或

雇用的性质后，可合理地相信该宗死亡个案可能是与任何该等职业或雇用有直接或间接关连的。

(8) 死于胎中的个案，而——①对非活产胎儿在出生时是尚生存或已死亡存有疑问；或②怀疑若非因为任何人的故意作为或疏忽，则该宗死于胎中个案可能不会发生。

(9) 某女性在以下事项发生后 30 日内死亡——①产下婴儿；②堕胎手术（不论合法与否）；或③流产。

(10) 某人的死亡，而该宗死亡个案——①是败血症所导致的；而②所涉的败血症的主因不明。

(11) 某人的死亡，而怀疑该宗死亡个案是自杀所导致的。

(12) 某人在受官方看管时死亡。

(13) 某人在具有逮捕或拘留的法定权力的人履行其职责的过程中死亡。

(14) 某人在政府部门的处所内死亡，而该部门的任何公职人员有法定的逮捕或羁留权力。

(15) 某人的死亡，而该人——①属《精神健康条例》（第 136 章）第 2 条所指的病人，且该宗死亡个案是在该条所指的精神病院内发生的；或②属根据该条例第 31 或 36 条作出的命令的标的之病人，且该宗死亡个案是在医院（上述的精神病院除外）内发生的。

(16) 某人的死亡，而该宗死亡个案是在为赚取报酬或其他金钱代价而对人作出照料的处所内发生的，但如该处所是已根据《医院、护养院及留产院注册条例》（第 165 章）登记的医院、疗养院或留产院的一部分则除外。

(17) 某人的死亡，而该宗死亡个案是杀人罪行所导致的。

(18) 某人的死亡，而该宗死亡个案是他人施用药物或毒药所导致的。

第四章　我国台湾、香港、澳门地区近现代法医学

（19）某人的死亡，而该宗死亡个案是受虐待、饥饿或疏忽所导致的。

（20）某人在香港境外死亡，而其尸体被运入香港。

（五）有责任向死因裁判官报告死亡个案的人员

（1）就须予报告的死亡个案而言，任何以下注册医生——①签署死因证明书的注册医生；②若没有人签署该证明书，则在死者死前最后患病期间诊治死者的注册医生。（向死因裁判官被告，须同时向警务处处长呈交一份副本。）

（2）就发生在医院内的任何须予报告的死亡个案而言，主管该医院的人或获他以书面授权的其他人。（向死因裁判官被告，须同时向警务处处长呈交一份副本。）

（3）就死者是在某人所执行的官方看管下时发生的须予报告的死亡个案而言，该负责看管的人（警务人员除外）。（向死因裁判官报告，须经警务处处长。）

（4）就死者是在某警务人员所执行的官方看管下时发生的须予报告的死亡个案而言，该负责看管的警务人员。（向死因裁判官报告。）

（5）就发生在由政府的任何部门（警务处除外）所拥有、占用或管有的处所内的须予报告的死亡个案而言，任何在当其时管理或以其他方式主管该处所的人。（向死因裁判官报告，须经警务处处长。）

（6）就发生在由警务处所拥有、占用或管有的处所内的须予报告的死亡个案而言，任何在当其时管理或以其他方式主管该处所的人。（向死因裁判官报告。）

（7）就任何须予报告的死亡个案接到法定通知的政府部门的首长。（向死因裁判官报告。）

（8）任何警务人员。（向死因裁判官报告。）

（9）生死登记官。（向死因裁判官报告。）

（10）就任何须予报告的死亡个案而言，如就死者的尸体正根据《医学（治疗、教育及研究）条例》（第278章）第4（4）（a）或（b）条寻求死因裁判官的同意，指任何注册医生。（向死因裁判官报告。）

（六）死因裁判官对呈报死亡个案的处理

（1）当有死亡个案须向死因裁判官报告，尸体将被送往医院或公众殓房，并由病理学家展开以下程序：进行尸体外部检验；向死因裁判官提交检验结果及死因；若死因已确定，可建议豁免尸体剖验，并要求发出埋葬或火葬命令；若未能确定死因，则要求发出尸体剖验命令；向死因裁判官简述死亡情况，例如临床病征、背景等。

（2）死因裁判官仔细考虑病理学家提出的报告后，按个别情况发出以下命令：尸体剖验命令；批准免将尸体剖验的命令；埋葬命令；火葬命令。

（3）倘若死因裁判官不能断定死因或有其他原因，则会：命令剖验尸体；研究病理学家提交的尸体剖验报告；考虑是否须要进行调查。

（4）倘若病理学家建议剖验尸体，而死者家属申请豁免，并想亲身向死因裁判官作出陈述，死因裁判官将于内庭会见家属，以便决定是否发出尸体剖验命令或批准豁免尸体剖验。在医学上的死因不详的情况下，豁免尸体剖验的申请将不获批准。

（5）倘若死因裁判官决定调查一宗须呈报的死亡个案，则由警方进行调查，然后

向死因裁判官提交死亡调查报告。死因裁判官研究报告后，便决定应否开庭研讯，或征求专家的意见。

（6）死因裁判官亦可发出手令，授权有关人员进入任何处所和地方，搜查与死亡个案有关的证据。

（7）倘若死因裁判官决定无须进行研讯，有适当利害关系人士可致函死因裁判官，索取死亡调查报告的副本。

（七）研讯（request）

死因裁判法庭负责为若干类死亡个案展开研讯，确定死因及肇事情况。

（1）需要开展研讯的情况：并非所有须呈报的死亡个案都须要进行研讯，只有某些类别除外。

1）每当有人在下列情况中死亡，死因裁判官可会同五人陪审团或在没有陪审团参与的情况下进行研讯：突然死亡；因意外或暴力而死亡；在可疑情况下死亡。

2）尸体在香港被发现或被运入香港如发生下列情况，必须进行研讯：有人在受官方看管时死亡，例如在狱中或羁留中心死亡（研讯必须有陪审团参与）；因应律政司司长的要求，死因裁判官可进行研讯前检讨，以决定如何以公正和迅速的方式完成研讯。研讯前检讨不会在法庭公开处理；但研讯则须在公开法庭进行。

3）死因裁判官会向证人发出传票，传召他们出庭作证及呈交文件。有适当利害关系人士可由律师代表出庭。有适当利害关系人士可付费索取证人陈述书，医学或技术报告。

4）当值律师服务计划会向在研讯中可能作出可导致自己入罪的证供而有被刑事检控之虞的证人提供法律代表。

5）处理较为复杂的个案时，死因裁判官可要求律政司司长委派政府律师协助进行研讯。

（2）如何开展研讯？

1）研讯时，死因裁判官或陪审团须确定：死者的身份；死者是如何，何时和在何处死亡；根据《生死登记条例》须就该宗死亡个案登记的详情；对该宗死亡个案的结论。

2）研讯程序以下列方式进行：死因裁判官展开研讯；传召证人出庭作证，由死因研讯主任或政府律师、陪审团、死者家属、其他有适当利害关系人士及死因裁判官分别讯问；死因裁判官总结案情；死因裁判官或陪审团宣读裁断。

3）根据法例，死因裁判官或陪审团作出裁断时，不得作令人觉得是对民事法律责任问题的决定。所有民事法律责任及赔偿的申索，应向处理民事诉讼的法庭提出，并在该法庭聆讯。

4）为防止类似死亡事件发生，死因裁判官或陪审团可作出建议。以工业意外为例，裁判官可提醒主事者采取适当行动，堵塞工作流程的漏洞，或改善操作方法，避免再发生如研讯证供中提及的致命意外。

5）研讯中死因裁判官如觉得某人可能已犯谋杀、误杀、杀婴或危险驾驶引致他人死亡的刑事罪行，须将研讯押后，并将此事宜转介律政司司长处理。在刑事诉讼程序终结前,有关的研讯不得重新展开。

(3)可否要求死因裁判官进行研讯?有适当利害关系人士或律政司司长可向高等法院原讼法庭申请进行死因研讯。倘若研讯已完结,亦可要求就同一个案重新研讯。曾担任首次研讯的陪审团,亦须再度出任重开研讯的陪审员。

三、香港法医学与法科学工作机构

由于香港实行的是死因裁判制度,目前绝大部分法医检验鉴定由卫生署法医科承担,医学院校病理学系或医院的病理科的检案仅占少数,而毒物化验、DNA 检验和其他法科学检验鉴定项目均在政府化验所进行。法医齿科学则由一支专业的齿科医生团队提供服务,包括咬痕、牙齿比较和群体性灾难中的受害者鉴定等,形成由独立的政府化验所、卫生署法医科和院校病理科室进行法医学和法科学检验鉴定工作的格局。

(一)香港政府化验所

香港政府化验所(Government Laboratory of Hong Kong)是法定的独立检验鉴定机构。截至 2016 年年底,政府化验所的员工编制共有 487 人,包括 7 位首长级人员、145 位专业职系人员、278 位技术职系人员和 57 位行政及支援职系人员。政府化验所的工作由政府化验师负责管理,内部随工作性质而划分为分析及咨询事务部和法证事务部。分析及咨询事务部的主要职责是提供检测服务及专业意见,作为调查、分析和评估用途。所涉及的项目包括食物安全、环境污染和废物排放的监察、中西药物的规格、玩具和消费品的安全性,以及保障消费者权益、应课税商品的验证等。法证事务部为香港的刑事司法制度提供广泛的科学鉴证服务,其范围包括一系列专业检测工作,并就化验结果的含义做出诠释,及提供专业意见,务求做到不偏不倚、准确和有效率。法证事务部的主要服务对象是维持法纪的政府部门,而医院管理局等政府资助的机构则需提交化验服务的费用。除为各部门送检的物证在实验室内进行检测外,该部亦提供 24 小时全日运作的罪案现场勘查服务,从专业角度协助鉴辨及搜集科学物证。所处理的现场种类繁多,从较简单的盗窃案至严重的如凶杀、强奸案等。另外,就某些现场需要作专门的调查,如火警的成因、严重交通事故的重组、血溅图像分析及勘查、涉嫌制毒工场/栽植场等,香港政府化验所亦会到场提供协助。香港政府化验所的法证事务部是一个具有科学背景、能直接进行实验室操作的刑事现场勘查的专业团队,在很多领域已通过美国罪证化验所所长协会/实验室认可委员会(ASCLD/LAB)资质认可,包括管制物品、毒物分析、痕迹检验、血清学、DNA、文书检验和工具标记等,同时也是联合国国际毒品管制方案的培训中心。

《政府化验所年报 2016》统计显示:2016 年,香港政府化验所人员就罪案现场勘查服务一共出勤了 407 次,其中 180 次属于一般罪案现场、6 次涉及血溅分析、30 次属于火场调查、175 次为交通意外/车辆相关的现场、16 次为毒品相关的现场。与 2015 年相比,整体的现场勘查出勤次数增加约 18%。2016 年,香港政府化验所为香港执法部门共提供了 18 次 24 小时紧急化验分析服务。法证 DNA 检验服务方面,香港政府化验所生化组在 2016 年完成检验个案 1 653 宗,共检验 8 551 件罪案现场生物物证,与 2015 年相比,检验物证数目下降约 3%,检验个案数目下降约 8.7%,截止 2016 年年底,该组尚有523宗未完成个案，较2015年同期显著上升。该组为执法部队共提供了8次24小时紧急服务。DNA资料库组在2016年完成检验个案2 891宗，与2015年的检验个案量和达标率相仿。截至2016年年底，在数据库中储存相关的DNA数据量已增至51 670个，资料库已配对了210项现场证物与罪犯/疑犯的数据，而现场证物之间的配对则有25项。这些配对结果为执法机构进一步调查未侦破的罪案提供了重要的线索。亲子鉴证组在2016年就有关按《2001年入境（修订）条例》（第115章）列明的居留权证明书的申请共完成2 264份报告，与2015年相比，下跌约4%。2016年，亲子关系个案成功配对率约为97%，与2015年相仿。此外，2016年紧急案件数目显著上升，较2015年上升约4倍。除了居留权证明书的申请之外，香港政府化验所亦为入境处的其他组别如居留权组和生死登记总处提供基因化验服务，于2016年完成75宗此类个案的基因化验。接触证据和物理测试方面，2016年，香港政府化验所完成657宗案件检验，涉及3 377件从犯罪现场捡获的物证。其中，22宗（159件）、320宗（2 027件）和315宗（1 191件）分别属于火灾调查、微量物证和杂项化学调查。与2015年相比，完成个案的总数减少低于1%，而检验证物的总数减少约8%。截至2016年年底，仍有137宗涉及火灾调查、微量物证和杂项化学调查的个案检验在进行中，与2015年相比增加约36%。2016年，政府化验所完成检验共634宗关于物理测试的个案，涉及1 168件有关痕迹和印痕证据、交通事故调查及杂项物理调查的物证。其中138宗（212件）、180宗（581件）和316宗（375件）分别属于交通意外重组、痕迹和印痕证据及杂项物理调查。与2015年相比，完成个案的总数及检验证物的总数分别减少约5%和20%。截至2016年年底，仍有128宗涉及痕迹和印痕证据检验及交通事故调查仍在进行中，较2015年升高。2016年，政府化验所共处理4 745宗药物化验个案，涉及19 642个样本，较2015年处理个案数量的5 060宗略低，但样本数量却略高于2015年的19 556个。分析毒理服务方面，2016年，共处理2 355宗毒理分析个案，涉及9 143个样本的化验，有关处理个案数目及样本数量均较2015年微跌3%和2%。毒理分析个案主要来自法医科，有1 883宗合7 843个样本，分别占全年80%个案总数及86%样本总数。而来自警务处的个案则为286宗，涉及样本数量为883个，相当于分别占全年个案及样本总数的12%和10%。2016年，政府化验所共处理384宗文件鉴辨个案和184宗特快证件验证服务的个案。2016年处理的分析毒理个案中，样本内检出含有药物或毒物的个案比例约为60%。尿液检测服务方面，2016年，检测了20 549宗司法确认个案及7 899宗美沙酮诊所个案，较2015年分别减少约8%和19%。酒后驾驶分析服务方面，2016年，共处理67宗个案，包括62宗血液酒精含量检测和5宗就血液酒精含量的药物动力学提供专家意见，处理个案数目较2015年增加8%。药后驾驶分析服务方面，2016年，共处理22宗个案，较2015年减少29%。头发验毒服务方面，2016年，为"健康校园计划"检测了900个头发样本，与2015年相比，完成个案的总数增加了6%。2016年，香港政府化验所共处理384宗文件鉴辨个案和184宗特快证件验证服务的个案。

（二）法医病理检验

香港的法医病理学家主要分布在卫生署法医科、医学院校病理系和医院病理科。

第四章　我国台湾、香港、澳门地区近现代法医学

1. 香港卫生署法医科

香港卫生署法医科（Forensic Pathology Service）是独立于司法和执法层面的技术鉴定机构，由香港岛、九龙和新界的三个鉴定机构组成，总部设在九龙。卫生署法医病理学家的办公室分设在各区警署内，其职位由卫生署聘任，不属于警务人员，而隶属于卫生署。法医科为政府部门在医学鉴证问题上提供病理学和临床医学意见。法医科与警务处紧密合作，就刑事案件中涉及法医学的问题提供专业意见。服务范围包括：经管公众殓房的运作、协助罪案现场的调查工作、替受害者及疑犯进行法医学检验、在法庭上就医学问题提供专家意见。2005 年，在九龙区新建的葵涌公众验尸房（Kwai Chung Public Mortuary）是 3 个验尸房中最大的一个，也是香港的尸体检验中心。为一栋两层楼房，其中一楼设有接待室、停尸间和 4 个解剖间，二楼为办公室、实验室、档案室、图书室、会议室和尸检观察室。该中心目前有职员 70 余人，其中具有法医学鉴定资格的法医病理学家（forensic pathologist）17 人、各种技术员 31 人、文秘 7 人、后勤及其他工作人员 15 人。另有不属于卫生署和法医科的警察 12 人协助法医科开展现场及其他有关事务的协调工作。现任首席法医病理学家（chief forensic pathologist）是侯港龙（Frank K. L Hau）医生。法医科的所有检验鉴定工作均不收取任何费用，职员工资及鉴定机构的日常开支均由政府承担。法医病理学家的资格是在医学院毕业后再经过 6 年的法医病理学培训，并经过考试合格后才能获得，除在香港本地培训外，主要到英国和澳大利亚等国进行培训。

法医科的工作范围：①尸检：包括尸表检验、尸体解剖和组织病理学检查；②临床法医学鉴定；③警察咨询；④其他各种咨询服务；⑤出庭作证。涉及毒物和 DNA 等的检验鉴定工作则在香港政府化验所进行。法医工作人员除在三个简单机构有办公室和实验室外，还在各区警察总部设有办公室和实验室，工作与信息均由内部网联系，随时可以查阅和交流。多数法医病理学家既做尸体解剖又同时从事临床法医学活体检验鉴定工作，后者主要是对强奸、损伤、家庭暴力案例和其他需要检验的案例进行活体检验。香港卫生署公布的 1999—2000 年度报告显示，法医科的工作量是：尸体检验 5 500 例、临床法医检验 1 200 例、实验室检查 18 000 例。2008 年香港地区共进行尸体检验 7 000 余例（其中尸体解剖 3 000 多例）、临床法医检验 1 000 余例、实验室检验 2.5 万例、现场勘查 200 余例、出庭作证 70 余例、相关咨询 100 余例、开展讲座 60 余次。《2013—2014 年度卫生署年报》公布法医科在 2013 年进行了约 7 450 宗验尸、700 宗临床法医学检验及 28 970 项化验。

2. 医疗系统的病理科

香港医疗系统的病理科医师获得法医资格证书（Diploma in Medical Jurisprudence, DMJ）后，才能从事法医案件的尸解。目前香港具有此证书的病理科医师主要分布在香港大学、香港中文大学医学院病理学系、公立大医院病理科（玛丽医院、威尔士亲王医院、伊丽莎白医院、玛嘉烈医院等）。香港大学病理学系高级讲师 Paul Dickens 和 Philip. S. L. Beh 被聘为高级法医病理学家，可直接去法医科参与办案。病理科医师（兼职法医病理学家）所做的尸解主要是在医院死亡的一般法医案件，怀疑他杀者则须移交法医科。香港大学病理学系设在玛丽医院（Queen Mary Hospital），目前主要由马宣

立副教授（Dr. Phillip S. L. Beh）从事法医学的教学、科研和检验鉴定工作。Dr. Beh 是目前香港法科学学会的会长，第 17 次国际法科学大会的副主席。多年来，国内外有不少著名的法医学专家、学者到香港参观、访问、讲学或曾在这里进修和学习过。其中有后来成为印太法科学协会（The Indo-Pacific Association of Law, Medicine and Science, INPALMS）第一任主席的新加坡赵自诚（T. C. Chao）教授，是香港地区当时法医学元老王阳坤（Frederick Y. K. Ong）的学生。

（三）其他法科学

指纹、火器及弹道检验不包括在香港政府化验所的法证事务部，而是被设置在警察署。香港尚未设置单独的法医牙科学部门或小组，这类服务由从事私人牙科执业的专门人员提供。如 20 世纪 80 年代，香港大学牙科系 Ron Fernhead 教授提供法医齿科学服务，并且培养了一支法医人类学和法医放射学的专业队伍。香港大学牙科系毕业生 Dr. Carl Leung 到墨尔本大学在 John Clement 教授指导下学习法医齿科学，回港后为香港警察署提供服务。2015 年，香港卫生署派遣 Dr. Kit Cheng 学习法医齿科学。香港没有受过专业训练的法医人类学专家。在案件调查中有相关需求时，由法医病理学专家负责人体遗骸的调查。此外，香港还有为律师、法律援助机构等提供调查和咨询的私人法科学服务。

四、香港的法医学会及学术活动、法医学教育

香港法医学界目前分别有香港法科学学会（The Hong Kong Forensic Science Society）和香港新法医学会（The New Medicolegal Society of Hong Kong）两个组织。学会采取定期或不定期的形式开展各种学术活动，包括交流自己的研究成果和请国外专家来香港做讲座。现任法科学学会的会长是香港大学的马宣立博士（Dr. Philip Beh）。

2005 年 8 月 21—26 日，第 17 次国际法科学大会（17th Meeting of International Conference of Forensic Science）在香港国际会议展览中心成功举行，大会主题是"循科学，伸正义"（Justice Through Science），这是香港法医学和法科学领域的一件大事。来自世界各国的 1 200 多名与会代表参加了这次盛会，中国内地约有 150 余名代表参加了大会，也是历年参加国际法科学大会人数最多的一次。国际法科学大会每 3 年召开一次，这是首次在中国、第二次在亚洲召开。

国际法科学协会（International Conference of Forensic Science，IAFS）成立于 1957 年，是世界上唯一涵盖法科学各专业工作者的组织，包括法医学各学科专业、刑事科学技术和有关法科学的其他专业，如医学法学、生物伦理学、计算机学等。IAFS 的目标和宗旨是促进法科学的发展，协助从事法科学和其他专业人士交流科技资讯和举办学术会议。IAFS 章程规定每 3 年举办一次学术会议。协会的领导机构是常务委员会，由现届会长担任大会主席。

香港的法医学教育方面，1887 年香港西医书院（The Hong Kong College of Medicine for Chinese）成立，按照英国医学院校设置课程，五年制，其中第四学年开设法医学。1910 年，香港大学成立，香港西医书院并入该校成为香港大学医学院，在医学课程设置中仍保留法医学。香港的医学教育体制和法医学教育与内地不同。大学既不招收五年

制法医学专业本科生，也没有很多的在校研究生。尽管法医学课在最早的本科医学课程中存在，但法医学及法科学的教学课时很少，是非核心课程，而且不需要进行考试和评价。在研究生阶段，也只是为急诊科医生和律师做法医学学术讲座。在香港大学，法学院的课程设置中也无法医学，唯一列入硕士研究生课程的是 Dr. K. P. Chow 负责的法庭计算科学（forensic computing）。

香港大学的第一位法医学教师是 Francis Clarke 博士，其于 1914 年被任命为法医学教授，是香港大学历史上有记载的第一任也是最后一任法医学主任。尽管 Francis Clarke 教授个人进行了努力，但仍然没有获得法医学专职岗位。所以在 1995 年以前，香港的任何一所大专院校都没有设置法医学方面的专职岗位。

1990 年 3 月，中山医科大学副校长祝家镇教授应香港大学邀请，与香港大学病理系主任 Faith Ho 教授及英国法医学会主席、*Forensic Science International* 主编、威尔士法医学研究所所长伯纳德·纳埃特（Bernard Knight）教授进行法医学情况交流，探讨在香港大学成立法医组的必要性。1995 年，在香港大学病理学系 Faith Ho 教授的努力下，香港大学任命了第一位专职的法医病理学职员。1997 年以前，香港大学的医学生必须学习 16 学时的法医学课程，1997 年进行医学教育改革，实行以问题为中心（problem-based learning，PBL）的教学方法后，法医学课程从 16 学时的必修课变为选修课。选修法医学课的同学主要是跟随病理学系的马宣立副教授学习，包括理论课、案例讨论和尸检实习或见习等。

香港法医病理学培训现由香港医学会负责，培训包括 3 年的基本培训（basic training），并进行入会考试（membership examination），随后进行 3 年的高级培训（advanced）和学会会员资格考试（fellowship examination）。法医病理学的会员资格考试由外来考官进行，以确保其国际标准。曾经担任考官的专家有来自英国的 Bernard Knight 教授、Peter Vanezis 教授和 Anthony Busuttil 教授。受训学员还被送到英国各个不同部门进行法医学毕业后培训，并鼓励他们获取由伦敦药剂师协会（Worshipful Society of the Apothecaries of London）颁发的法医文凭（Diploma in Medical Jurisprudence，DMJ）。要获得 DMJ 文凭，需要在医学院毕业后在英国某法医病理学专家指导下进行法医学实践，并从亲自解剖的几百例法医案件（每例都有详细的案情调查、现场勘验、尸表检查、尸体解剖、组织病理学检查、文献复习、深入的讨论、结论，并附照片）中，选出二三十例各种不同死亡方式的案例汇集成册，经 5~7 位英国著名的法医学家审查，通过后可获得 DMJ 文凭。

第三节　澳门特别行政区近现代法医学

澳门在明代是葡萄牙与中国贸易的主要补给港口，后逐渐被葡萄牙占领。1553 年，葡萄牙人登陆澳门。1557 年，葡萄牙人向当时明朝政府取得居住权，成为首批进入中国"暂住"的欧洲人。1583年成立了澳门议事会，集行政与司法职能于一体，具有一定的司法审理权，但杀人等重大案件，仍由中国司法机关审理。1623年，葡萄牙政府委任马士加路也为首任澳门总督。第一次鸦片战争以后，1844年9月20日，葡萄牙女王玛丽亚二世宣布澳门为自由港；1849年，葡萄牙停止向中国交澳门地租，拒绝清政府对澳门的管理。1849—1999年澳门纳入葡萄牙司法体制。

澳门法医制度单方面采取在警察部门设专职法医和在澳门卫生署委任法医的鉴定人制度（Medical Examiner）。该制度在1976年《澳门组织章程》第十三条第一款与1994年颁发的《澳门总督韦奇立法会》（第9/94/M号法令）的"设立法医学检验制度"中有明确规定。1999年11月15日，澳门总督根据《澳门组织章程》第十三条第一款规定，颁布第81/99/M号法令，重组澳门卫生司组织结构及撤销卫生委员会，第三条第一款规定提供法医服务为厦门卫生司之七项职责之一；第三十四条第三款规定法医科为综合医院设有的医疗辅助部门之一，如仁伯爵综合医院设有法医科。1999年12月13日，第9/94/M号法令被废止，代之以第100/99/M号法令，该制度延伸至澳门特别行政区继续有效。

澳门总督韦奇立法令（第9/94/M号法令）

一九九四年一月三十一日

鉴于在某些情况下，法院须借助医学知识，尤其是须借助法医学鉴定知识，以审理归其判断之事实状况，因此，法医学鉴定人负有在司法方面辅助法院之任务，进行被要求之法医学鉴定之检验。虽然《刑事诉讼法典》载有有关规定，但仍缺乏相关之法律规定，故有需要就法医工作作出规范，以提供法院行使职能所需之资源。基于此，经听取咨询会意见后，总督根据《澳门组织章程》第十三条第一款之规定，命令制定在澳门地区具有法律效力之条文如下：

第一条　法医工作由法医学鉴定人执行。

第二条　有权限当局要求之法医学鉴定之检验，由法医学鉴定人进行。

第三条

一、如医学检验特别复杂，或特别需要专科医学知识，而法医学鉴定人不具备必需之医学知识或无物质条件进行该医学检验时，有权限当局得指定专科医生或有关专科诊疗所进行法医学检验。

二、性器官检验及司法精神病检验，应由持续从事法医工作之法医学鉴定人进行；如无该等法医学鉴定人，则由具名誉及有资格之有关专科医生进行。

第四条

一、如检验对进行任何诉讼程序为必需者，且经有关司法当局发出命令，任何人不得拒绝接受检验。

二、可能使人在性方面感到羞辱之检验，仅得在对进行诉讼程序为必需之情况下为之。

三、受检验者得由其信任之人陪同。

第五条　死亡之证实由医生依法作出。

第六条

一、属暴力死亡或死因不明之情况者，应进行法医学尸体剖验。

二、如怀疑死亡系因罪行所引致，或死亡系因受雇工作时发生意外或因交通意外所引致者，亦应进行法医学尸体剖验。

第四章 我国台湾、香港、澳门地区近现代法医学

三、如有需要进行法医学尸体剖验，司法当局应通知所获悉之死者之配偶、尊亲属或卑亲属。

第七条 如死亡属上条所指之情况且于公立医院发生，公立医院之领导层应促使将尸体连同有关之临床诊断报告移送至陈尸所，而报告应载有为准确调查死因及死亡情节所需之重要资料。

第八条

一、如死亡属第六条所指之情况，且于公立医院以外之其他地方发生或尸体被发现，而司法当局对鉴别诊断属自杀、意外或被杀之死因有疑问，法医学鉴定人未到场前不得移动尸体。

二、负责处理上款所指事件之当局，应采取所有能使法医学鉴定人到达现场之必要措施。

第九条 命令实行或免除实行尸体剖验，属负责调查死因之司法当局之权限。

第十条

一、法医学鉴定人之人数由总督以训令订定。

二、截至每年九月十五日，澳门卫生司应向司法事务司提供一份列明具备执行法医学鉴定人职务之最佳条件而隶属于卫生司之医生之名单。

三、法医学鉴定人之委任，应以具有法医学高等课程学历为优先条件。

四、法医学鉴定人之委任，由总督就司法事务司从澳门卫生司列出之医生中建议之人选，以批示为之，并将该批示公布于《政府公报》。

五、法医学鉴定人之任期为一年，并得以相同期间续任；如为配合工作之需要，得随时终止委任。

第十一条

一、根据上条规定而获委任之法医学鉴定人，保持其于澳门卫生司原有职务上之法律状况。

二、医生执行其原官职或职级之职务时，以兼职制度之方式执行法医学鉴定人之职务，但专职负责执行法医学职务者除外。

第十二条 如根据第十条第四款获委任之医生因故不能视事，鉴定之检验经有权限当局之要求，由澳门卫生司所指定之医生进行。

第十三条 为第三条规定之效力，澳门卫生司应每年向司法事务司及法院提供一份列明本地区之医生及诊疗所名单；如有权限之实体要求，亦须于名单内列明外地之医生及诊疗所。

第十四条

一、根据第十条第四款规定获委任且以兼职制度之方式执行法医学鉴定人职务之医生，有权收取相当于公职薪俸表100点之金额作为每月之附带报酬。

二、上款规定之报酬系实际执行职务之补助。

三、根据第十二条规定被指定之医生有权收取相当于第一款所指数量之份额作为每日之附带报酬。

四、由第三条所指之在本地区从事私人业务之医生及诊疗所进行法医学检验之报酬，由总督以训令订定。

第十五条

一、法医工作应于澳门卫生司设施内进行。

二、如司法当局发出命令，法医工作得于澳门卫生司设施以外之其他地方进行，尤其是得于法院之设施内进行。

三、为第一款规定之效力，澳门卫生司应向法医学鉴定人提供进行法医工作所需之物料及人力资源。

四、如属第二款规定之情况，司法事务司有权限提供进行法医工作所需之设施、物料及人

力资源。

第十六条 在不影响诉讼费用方面之法例之规定，因执行法医职务之报酬及其他补助而引致之负担，以及人员交通费及物料运输费，或于澳门卫生司设施以外之其他地方进行法医工作而引致之开支，均由司法、登记暨公证公库承担及支付。

澳门总督韦奇立法令（第100/99/M号法令）

一九九九年十二月十三日

随着新《刑事诉讼法典》及新《民事诉讼法典》之施行，一月三十一日第9/94/M号法令中规范法医鉴定之进行而涉及民事及刑事审判范畴之若干规定已不合时宜，尤其是程序方面之规定、官方法医鉴定人不能或不应介入时可被要求进行法医鉴定之实体方面之规定、许可司法当局及获有关授权之刑事警察机关要求进行法医鉴定方面之规定。

鉴于必须修改上述第9/94/M号法令，故藉此机会订定法医鉴定之目的及范围，重新建立进行具法医价值之死因查验所体现之基本精神，并重新规定官方法医鉴定人之通则。

由于对现行制度作出颇多及显著之修改，因此有必要对有关制度之条文作重新编排。

基于此，经听取咨询会意见后，总督根据《澳门组织章程》第十三条第一款之规定，命令制定在澳门地区具有法律效力之条文如下：

第一章 标的

第一条 （标的）本法规订定进行法医鉴定之目的、范围及规则，订定何人为官方法医鉴定人，并定出知悉其他法医鉴定人之途径及定出其报酬。

第二章 法医鉴定

第二条 （目的及范围）

一、法医鉴定之目的一般为在民事审判、劳动审判及刑事审判上对损害予以确定及作出评估。

二、法医鉴定尤其包括：

a）死因查验或尸体剖验；

b）对交通意外、工作意外、职业病、侵犯子宫内生命罪、侵犯身体完整性罪以及侵犯性自由及性自决罪中之受害人之检验；

c）精神病检验；

d）用作辅助a项及b项所指检验之化验及毒物检验；

e）用作辅助a项及b项所指检验之细菌检验、血液检验及其他器官残留物之检验，以及对亲子关系作生物学调查之检验；

f）主要用作辅助a项所指检验之病理解剖检验及病理组织检验。

第三条 （法医尸体剖验）

一、如死亡系因交通意外或为他人工作时发生之意外而引致，应进行法医尸体剖验；如不能完全排除死亡系因犯罪引致者，尤其属暴力死亡或不能立即找出任何自然死因之死亡时，亦应进行法医尸体剖验。

二、调查死因之司法当局或刑事警察机关有权免除在上款所指情况下应进行之尸体剖验。

三、尸体剖验在证实有肯定死亡之征象后尽快进行。

四、如进行法医尸体剖验，司法当局或刑事警察机关须通知所知悉之死者之配偶、直系血亲尊亲属或直系血亲卑亲属。

第四条 （于公立医院发生之死亡）如应进行法医尸体剖验，且死亡发生于公立医院，公立医院之领导层须促使将尸体连同有关之临床报告移送至陈尸所，而报告须载有为准确调查死因

第四章 我国台湾、香港、澳门地区近现代法医学

及死亡情节所需之重要资料。

第五条 （于公立医院以外发生之死亡）

一、如死亡发生于公立医院以外或属发现尸体之情况，而司法当局或刑事警察机关对于是否应免除进行法医尸体剖验存有疑问者，在法医鉴定人未到场前不得移动尸体。

二、负责处理上款所指事件之当局，须采取使法医鉴定人到达现场之必要措施。

第六条 （进行之地点）

一、法医鉴定须在有权限进行法医鉴定之公共部门之设施内进行。

二、如司法当局或刑事警察机关发出命令，法医鉴定得于上款所指之设施以外之其他地方进行，尤其得于法院或刑事警察机关之适当设施内进行。

三、为适用上款最后部分之规定，按情况由司法事务司或有权限之刑事警察机关向法医鉴定人提供必需之设施、物料及人力资源。

第三章 法医鉴定人

第七条 （官方法医鉴定人）

一、司法当局或刑事警察机关得要求在澳门卫生司有权限部门内担任职务之法医鉴定人进行法医鉴定。

二、上款之规定并不妨碍要求本地区其他有权限公共部门之法医鉴定人进行法医鉴定，尤其是要求司法警察司之司法鉴定化验所根据有关组织法之规定进行法医鉴定。

第八条 （其他法医鉴定人）

一、根据诉讼法之规定，如官方法医鉴定人不可能或因故不得进行法医鉴定，则由从事私人业务之医生或诊所进行法医鉴定。

二、为适用上款之规定，澳门卫生司须每年向各法院、检察院及刑事警察机关提供一份列明从事私人业务之本地区医生及诊所之名单。

三、如有权限之司法当局或刑事警察机关提出要求，澳门卫生司亦须提供一份列明外地之医生及诊所之名单。

四、第二款所指之医生及诊所在进行法医鉴定时，收取本法规附表所定之报酬，该附表为本法规之组成部分。

第四章 最后规定

第九条 （澳门卫生司法医科之法医鉴定人之附带报酬）

一、在澳门卫生司法医科担任职务之法医鉴定人在实际执行该职务期间，得每月收取金额相当于公共行政工作人员薪俸点一百点之附带报酬。

二、上款所指之报酬自本法规开始生效起计最多支付五年，并由司法、登记暨公证公库承担。

三、在上款所指之期间终结后或如有可能，则在该期间终结前，由澳门卫生司按照法医鉴定人实际提供服务之时间，依法给予全部报酬。

第十条 （废止）废止一月三十一日第9/94/M号法令及一月三十一日第12/94/M号训令。

第十一条 （产生效力）

一、本法规第二章之规定适用于自本法规公布之翌月首日起所提起之诉讼程序。

二、本法规第三章之规定自本法规公布之翌月首日起产生效力。

附表 第八条第四款所指者

法医鉴定	金额（按 UC 计算）
死因查验或尸体剖验	1.2
法医临床检验	0.2
精神病检验	0.8
其他检验	1

第五章 近现代法医学人物介绍

第一节 清末对中国法医学有重要影响和贡献的人物

19世纪初叶至辛亥革命前100年间（即清末）是我国历史上封建社会向半封建、半殖民地社会演变时期。由于西方资产阶级文化东来，国内新学萌起，清末在政治、经济、文化、法律等各个领域都发生了前所未有的变化。法医学也不例外，正慢慢地向现代法医学过渡。本节介绍在这个历史阶段对中国法医学有重要影响和贡献的人物。

1. 许梿

许梿（1787—1862年），字叔夏，号珊林，浙江海宁人，清道光十三年（1833）进士。曾编《洗冤录详义》四卷、《检骨补遗考证》等法医学著作。《洗冤录详义》四卷是许梿在咸丰四年（1854）所著，许梿在该书首页上指出："事莫重于人命，罪莫大于死刑。杀人者抵，法面无怨。施刑失当，心则难安。故，成招定狱，全凭尸伤。检验为真，伤真招服。"该书绘有较正确的人体正面、背面全身骨骼图和说明文字。他在图注中说："梿历官山左江南，凡遇会检人命重要案件，必带画匠，将所检骨殖详细摹图，时加修改，务求十分尽善而止，及今二十余年，方敢定准此图，自分可无遗憾。"从这一段记载可见，作者在长期尸体检验和收集标本中对于人体骨骼进行了严谨的研究，因此，对于人体骨骼解剖学有了许多新的发现。许梿还对《洗冤集录》中男女骨互不相同等记载失实加以纠正。许梿的《洗冤录详义》是这一时期最有代表性的著作。他根据自己多年检案体会，考查300余幅枯骨，参考30余种书籍和自画230余幅枯骨，绘成"现拟尸图"正背面各1幅，全身骨图2幅，单独的骨图10余幅。所有的尸骨图格都有解说和论证，大胆而科学地指出了刑部所颁图格的许多谬误之处。《洗冤录详义》是清末最受欢迎的法医学著作之一，是《洗冤集录》以后的中国又一法医学代表作，已具有现代法医学、解剖学研究的雏形（图5-1）。1886年，许梿又将有关骨骼检验的内容汇为专集刊出，名为《检骨补遗考证》，是清末最受欢迎的法医学书之一。许梿不仅在法医骨学研究方面有独到之处，在保存型尸体研究方面也有研究。他介绍僵

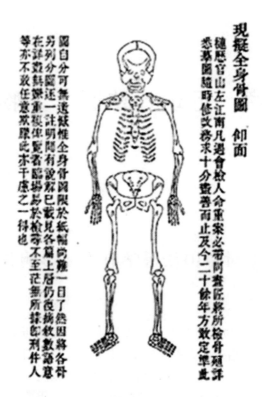

图 5-1 许梿《洗冤录详义》全身骨图（仰面）

尸时指出："红僵面色如生，皮肉红活，有无伤痕一览即知；黑僵周身灰黯，皮肉干枯贴骨，肚腹低陷，伤难辨认；白僵色白带黄，皮肉干枯而不贴骨，往往有沿身上长白毛者，其伤痕不显；更有一种左半僵结而右半消化者，亦有上半僵结而下半消化者。"现在看来，红僵可能是鞣尸，黑僵可能是木乃伊化尸，白僵可能是霉尸，半身僵结半身消化可能是部分尸蜡化。在对鸡奸检验方面，许梿认为"男子被人鸡奸，视粪门有无褶痕"。在现场勘验方面，许梿也很有经验，他强调了血痕在他杀现场的重要意义："被杀之人，伤重且多，四处跟寻，并无遗血在地，必是遗尸无疑。"许梿的著作在清末有较大的影响。美国历史学者马克奈特（Brian E. Mcknight）于 1981 年翻译中国元刻本《洗冤集录》，取名《洗除错误：13 世纪的中国法医学》（*The washing away of wrongs: Forensic medicine in thirteenth century China*），书中插入了许梿的骨图，这是对清末学者许梿检验水平的肯定。

2. 祝庆祺

祝庆祺，浙江会稽（今浙江绍兴）人，《刑案汇览》的主要编纂者，另一作者是鲍书芸（安徽歙县人）。《刑案汇览》是与《唐律疏议》齐名的中国法律古籍，前者代表案例编纂的最高成就，成于清；后者代表制定法的最高成就，成于唐。祝庆祺在道光初任职刑部时开始编辑此书，后因转任闽浙而暂停编务。祝庆祺在清道光十二年（1832）任职到扬州，与同样长期任官刑部的鲍书芸商定，共同完成本书的定稿与出版工作。鲍书芸赞祝庆祺"花费气力最久最多",还称其"殚精疲神者阅十余载"。《刑案汇览》收入乾隆元年至道光十四年(1736—1834年)98年间大清刑部5 640余件刑案。《刑案汇览》分别于1834年、1840年、1886年分期出版。《刑案汇览》的相当一部分是与检验有关的案件,其中还有精神病案件,如"焦登科殴死患疯之荆黑儿"一案。嘉庆二十五年(182年)七月初六日奉旨:"刑部具题河南灵宝县役焦登科踢毙荆黑儿一案,朕详加披阅,荆黑儿疯病复发,赤身持棍跑入县堂击鼓跳舞,焦登科、卫万林二人因系值堂皂役,若不行拦阻,或被闯入署内殴伤本官,应得守卫不严之罪。该役等向前拦阻,因被荆黑儿持棍乱殴,一同捕御,焦登科举脚踢荆黑儿,适伤荆黑儿心坎右乳,伤重殒命。焦登科与荆黑儿素不认识,并非有心致死,照共殴下手伤重律拟以绞监候,似觉过重,着刑部详查律例,量为轻减,另行核议具奏。钦此。"经部议将焦登科量减一等,拟杖一百,流三千里。卫万林依手足殴人成伤律笞三十。法医检验对案件性质认定起决定的作用,《刑案汇览》记载"向童养妻图奸抠破阴户身死"一案:"陕西人焦灵娃乘醉向童养未婚之妻张氏图奸不允,用手抠其阴户,张氏往前挣扎,不期该犯酒后指力过猛,致将张氏阴户拉透谷道,倒地流血不止,气息渐微,昏晕欲绝。该犯心慌,虑张氏身死畏罪,起意装缢掩饰。即将捆禁皮条挽成活套将张氏悬挂房顶横木上,装作自缢。"后经检验,发现"咽喉缢痕深入一分,色至紫红,其被缢之时气尚未绝,惟缢痕深入一分,色止紫红,是张氏被晕之时,虽明知必死而气穷尚未绝,即与故毙妻命无异,将该犯照故杀妻律拟绞等因具题"。①

3. 张锡蕃

张锡蕃(生卒年不详),江苏元和县(今苏州市吴县)人,监生,道光十二年至十三年(1832 – 1833)任广东番禺县丞,道光十四年至十五年(1834 – 1835)和道光十七年(1837)两度任番禺知县。道光十七年(1837),时任广东番禺知县的张锡蕃将多位官员对《洗冤集录》的辑补增订之作汇为一书,并用多色套印技术将各家批语辑入书中,刊版于禹山官舍,成为三色套印本《补注洗冤录》六卷。在法医学史研究方面,张锡蕃认为,元代的《结案式》是重要的法医学书籍。张锡蕃于1837年指出:"检验之言始自宋代,曰内恕录,曰结案式等书,今皆亡佚失传。"实际上,《结案式》就是元代的《儒吏考试程式》,存在于《元典章》中,它不是书籍,而是元朝政府规定上报民刑案件结论包括检验结论的通式。②

4. 阮其新

阮其新,会稽(今绍兴)人。道光癸酉年(1813年),阮其新任南城指挥。按照惯例,指挥专司相验。阮其新对宋慈《洗冤集录》"复展是书,详加研究""每遇检验,必反复而谛审之,以为是书证凡向之所不甚解者,均了然于心目,而疑难之谳,亦无不释矣"。后来,阮其新出任横州道台,过汉江相遇裘恕斋,因"论及检验事,恕斋津津不已,且出其手批《洗冤集录》一册见示,并举录内所云相验当互证参合、不可执一而论以为秘要,恕斋固深得此中三味者",让阮其新尤其佩服,因而将裘恕斋手批《洗

---

① 参见〔清〕祝庆琪《刑案汇览全编》,法律出版社2007年版。
② 参见贾静涛《中国法医学史研究60年》,载《中华医史杂志》,1996第26卷第4期,第231 – 238页。

冤集录》"手录数条携以自随"。后来，阮其新"权守泗城政"，从政闲暇，在明代王肯堂的《洗冤录笺释》和王又槐的《洗冤录集证》的基础上对《律例馆校正洗冤录》进行了整理，"於坊刻本之讹错者，逐一更正各条之后，附以经验成案，并将所习《宝鉴编》亦附于篇末，以备参览"。经过两年的写作，1832年始大功告成，取名《补注洗冤录集证》（图5-2）。在序中阮其新自谓"非敢标并翻新，自矜圭臬，然于检验之法，不为无补"。阮其新在《补注洗冤录集证》中介绍了吞食鸦片中毒和导致假死的实例，提出急性鸦片中毒容易陷入假死状态，应以尸僵、尸斑为真死的指征。此外，该书还记载煤气中毒的症状："受熏时头晕，而心口作呕者即是。"

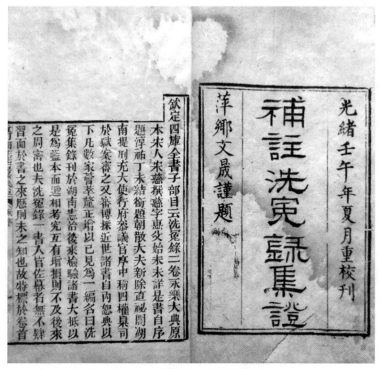

图5-2 《补注洗冤录集证》

（引自306网络：http://www.360doc.com）

5. 文晟

文晟（生年不详—1859年），字叔来。谥号壮烈。清代江西萍乡县人。曾任广东番禺县知县和惠州知府。撰有《内科摘录》、《外科摘录》、《慈幼便览》、《增订达生编》、《偏方补遗》、《药性摘录》（上述六书合称《六种新编》，又名《萍乡文延庆堂六种新编》）、《妇科杂证》、《本草饮食谱》等书，皆刊于世。道光甲辰年（1844年），文晟刊印《重刊补注洗冤录集证》，每章之末增以"续辑"介绍个人检验经验和成案，并附瞿中溶的《洗冤录辨正》（1827年）作为校正《律例馆校正洗冤录》（1694年）中谬误的参考。以后该书至少4次重刊，另还有一些删减本。

文晟对机械性窒息死亡有较深研究，他曾记载1例当众自勒死案例（1844年）：过去有个海陵民工，因身患绝症意欲轻生，便用绳子自勒颈部，然后将笔杆插到勒套中绞紧，又将笔管置于下颌部位压紧后死亡。幸好死在民工的工棚里，大家供词一致，没有疑窦而结案。当时的情况为：一晚，同室6人围坐在一起，这个想死的民工说："我患这样不治之症，不如早点死去的好。"于是就用绳子缠自己颈部。当时，他还笑着问大家说："这样会死吗？"随即用笔管插到绳套内，又说："这样该可以了吧！"大家以为他在开玩笑，没有人向前阻止他。不一会儿，没听见声音，一看人已死去了！这是个罕见自勒致死的案例，这种少见的自勒死亡方式仅见于少数现代法医学书籍，出自清末法医学者之手很不容易，可见文晟对法医学有较深入的研究。自勒死历来受怀疑，当绳套压闭颈部时，因缺氧而使人不能继续完成勒颈过程。所以自勒多不能完成。但在特殊情况下，如本例用笔管插入套用下颌压紧则可致窒息死亡，故清末法医学者文晟没有怀疑而定案。

20世纪40年代，英国法医学者辛普逊（Keith Simpson）也报道了一个妇女因患严重空洞型肺结核长期不愈后，用长筒丝袜（长筒丝袜有弹性）在颈部自勒打结后自杀的案例。1941年夏，辛普逊教授和另一位法医学家埃利克·加德纳教授对一个叫马乔里·费若斯的妇女之死产生怀疑。马乔里死于勒颈所致窒息，现场安静，身上无任何损伤，用一条长筒尼龙袜勒颈而死。这条尼龙袜在颈部绕了2周，又打了结。埃利克·加德纳教授认为被人勒死无疑。但辛普逊教授认为本例还是可能自勒的。理由是尼龙袜和其他绳子不同，它有弹性且柔软。为了说服埃利克·加德纳教授，也为能让陪审团相信，辛普逊教授决定在自己身上做自勒试验。他们找到一个地方，把门闩上。辛普逊教授把同样型号的长筒尼龙袜迅速在自己脖子上缠绕2周扣紧，在失去知觉前打了结！加德纳教授发现辛普逊教授脸发青，便迅速松开袜子，当时辛普逊教授已感到视力模糊不清了。最后，陪审团采纳了辛普逊教授和加德纳教授的意见，该例被认为是一种例外，因有科学试验，以自勒致死定案，排除谋杀。[①]

文晟对尸斑及其形成和辨认有专门研究，对尸斑的认识符合现代法医学理论。他提出尸斑的发生机制、部位和外界影响因素（1844年）："死人皆有血障，病死者亦间有之，不独缢死者为然。盖平时血因气行，周流无滞。及其死也，气渐微以至于绝，血渐缓以至于寂，其坠下及着物处血滞而现为赤色，即所谓血障也。故仰卧死者，血障在合面；左侧卧者，血障在左边，余可类推。"又说："腰系裤带，两膝系袜处，俱有红痕。两臂红痕更多，其状或如枫叶，或如鱼翅，皆衣褶所垫而成。"他还提出了"尸斑与皮下出血的初步鉴别法"（1844年）。

文晟反对《洗冤集录》中验处女"用指尖入阴门内，有黯血出是处女，无黯血出为非处女"的说法，认为这种用阴门内有否"黯血"来确定处女与否不可靠。他说："人死血寂，安得有黯血？唯探以指头，处女窍尖，妇人窍圆较为准确。"这一观点已接近现代根据处女膜完整与否确定处女的理论。文晟还介绍了保存型尸体，尤其是泥沙地掩埋保存型尸体和人工盐渍保存型尸体。

文晟还报告了5例尸体长时期保存并未腐烂的实例（1844年），指出其原因多是由

---

① 参见［英］辛普逊（Keith Simpson）著，伍新光、郭朱明译《法医生涯四十年》，上海科学技术出版社，1983年版。

于"用泥沙掩埋,尸沾地气,经久不坏",其中一例尸体用沙土掩埋经 189 天,发现时尸体仍然完好。文晟在《重刊补注洗冤录集证·辨四时尸变续辑》中还介绍了潮州的一种方法:"每用盐数斗淹尸,可经一两年不坏。"文晟在药物学方面也有造诣,曾于 1850 年著有《本草饮食谱》一卷,在当时颇受欢迎。

6. 童濂

童濂对刑部颁发的《律例馆校正洗冤录》与宋慈原本《洗冤集录》进行比较,认为需加删补。童濂时任两淮、淮北监制同知,得到王又槐的《洗冤录集证》和阮其新的《补注洗冤录集证》,因而想"详加校订,重付剞劂"。童濂将"原书第五卷之汇纂补辑,皆《集证》、《补注》中所有者,又附刊之《宝鉴编》及《石香秘录》,杂以歌诀,词多俚俗,无资考证,故一并删去",又将叶玉屏《作吏要言》一卷、朱性斋为之所做的阐述以及童濂自己的见解十二则,附刻于《律例馆校正洗冤录》后,于清道光二十三年(1843)著《删补洗冤录集证》,又名《童氏洗冤录集证》。

7. 郎锦麒

郎锦麒,雁门(今山西代县)人,嘉庆、道光时期一直任地方官员。"历官三十余年矣,由闽而燕而豫,旋来桂,决狱不下千百案。"郎锦麒抱着"慎之又慎,不敢掉以轻心"的态度,将临检所见与《律例馆校正洗冤录》悉心比较考究。郎锦麒感到:"检验之法,虽已载于《律例馆校正洗冤录》中,但其说散见错出,讲求非易。"因此,"凡狱涉疑难,不能尽信于书。郎锦麒还认为:"蒸检骸骨,事非恒有。其周身筋络部位既未铸有成式,仅按图以稽,恐易淆混,且尸格与骨格,详略亦殊,莫为注释明晰,临事者或多歧误。"因此,郎锦麒一直想尝试用木偶制成人体骨格标本,以资考证。最终"按人身三百六十五节分别尸骨,镂为木偶二具,一一标识,废置库中,俾他日检骨,得以依形论辨,或不致蹈谬误","且与僚属及幕中诸君子共相商榷,将《律例馆校正洗冤录》注解各条,于尸格内附入骨格,依此分析"。在尸格之外,创出了骨格,使内外伤可相互比较。郎锦麒先后完成了《检验集证》《检验合参》两部著作。郎锦麒的《检验集证、检验合参合刻》曾得到林则徐的极力推荐,完成于清道光九年(1829),为清代历年检验成案和经验汇编,类似鉴定案例汇编和析疑。其中有郎锦麒个人的心得体会及其亲检的个案记载。其最大的特点就是能在前人司法检验知识的基础上,多有创新,"诚足以补《律例馆校正洗冤录》之逮",这也是他对传统司法检验的贡献。在中毒方面,郎锦麒认为急性鸦片中毒可致假死状态,并作个案介绍。性犯罪方面,他认为,强奸例可见到阴户有皮破、血肿等。对鸡奸检验,他描述"谷道开,内见红肿"或"谷道破损、血出","久被鸡奸者,其粪门宽松,并不紧凑"。堕胎检验方面,他着重介绍服红花、麝香打胎未下身死(中毒)和堕胎感染身死的实例。在枪弹伤研究方面,郎锦麒指出,枪弹伤射入口与射出口孰大孰小是不一定的,应具体分析。他举例:"验得致命额颅右边一枪子伤,穿透内,由合面致命脑后左边出。额颅右边进枪子处周围九分,脑后左边枪子处周围一寸八分,俱皮口展,骨破,有血污。亦有进枪子处大,出枪子处小者。"该研究比苏联学者皮罗果夫最早指出的"射入口可大于出口或小于出口"的现代枪创研究早 20 余年。在机械性窒息方面,郎锦麒研究报告了许多扼死鉴定实例,认为扼死例可在颈部发现甲伤、指头伤和（虎口）叉伤三种损伤，并具体描述了扼痕的各种特征。以上都显示了郎锦麒在鸦片中毒、性犯罪、枪弹伤、堕胎、机械性损伤、机械性窒息等法医学检验方面的贡献，其研究结论已接近现代法医学理论与实践。

8. 姚德豫

姚德豫，襄平（今辽宁辽阳）人。他在《洗冤录解》自序中曾说："作吏卅年，承乏九邑。"在长期仕宦生涯中，他"深恐人命之狱，死者含冤，生者诬枉，瞻伤察创之不明"，因此，对司法检验的方法和书籍非常重视。但康熙时律例馆荟萃而成的《律例馆校正洗冤录》系集体编撰，"作者既非一手，各有师承，故间有异同，又言近旨远，读者每多误解，故习刑名者查阅是编，非深通儒学医理之奥，未易得其仁恕之心，使斯民登仁寿之域也"。因此，姚德豫撰《洗冤录解》（1832 年）一卷，自谓："仅就一得之愚，管见所及，为近世所习误者解数十篇，就正有道"。他对尸体及活体检查有许多独到见解，在骨骼和眼部肌肉方面也有所发现，最可贵的是他能对官订尸（骨）图格提出驳难，指出部颁图格的错误。姚德豫在《洗冤录解》中提出了根据损伤的深浅、参差、排连等性状对自刎与他杀切颈进行鉴别："自残（自刎）数伤者必有深浅，与人杀者迥异。盖自残初下手时必畏痛缩手而轻，终于忿不欲生，故连砍而重。若凶杀心狠手辣，无轻划之理矣。至自残，刀必排连，一定之理。若被人杀，强者抵招，弱者遁逃，即倒地叠殴，亦必转侧挣命，刀痕不能排连。"这一研究对自（他）杀心理、致伤方式、损伤特征及发生机制方面作了较深入的剖析，与现代法医学研究相符。但他对仵作的鄙视态度是不可取的。

9. 乐理莹

乐理莹，字燮臣，清光绪二年（1876）进士。曾任山东昌邑知县。乐理莹由浙江臬司升任云南总督以后，察觉到"谙熟刑名家言者所在乏人"，尤其是"刑件一项，平日于《律例馆校正洗冤录》未能精心体究，以致检验伤痕，辨认不清，喝报含混"，认为"案情之不真，谳狱之翻异，实阶于此，诚不可不亟讲也"，因此，他将《洗冤录详义》附刻的《宝鉴编》加以补充，"引伸辨类于尸伤，定其部位，辨其器物，察其颜色，析其分寸围圆，验其肌肤，检其骸骼。务使条分类聚，触目了然，叶韵谐声，便口易记"，成稿后，命名曰《宝鉴编补注》。

10. 国拙斋

国拙斋曾任清代乾隆年间中丞等职务，清乾隆四十二年（1777）著《洗冤录备考》一书。他发现缢死时有舌骨骨折（1777 年）。这是 18 世纪我国法医学的一项十分重要的发现。国拙斋还指出了枪创的射入口和射出口大小以及霰弹创与射击距离的关系（1796 年）："围圆肿胀，焦黑色（烟灰及火药粉）或红赤不等。"在欧洲，最早指出射入口可能大于出口也可能小于出口的是苏联学者皮罗果夫，是 19 世纪 40—60 年代发现的。

11. 丁柔克

丁柔克，号燮甫，江苏泰州人。清光绪七年（1881），丁柔克得到主持湖北沔阳厘局的差事。"公事之馀，因取生平见见闻闻，奇奇怪怪，与夫一切一知半解拉杂笔之于书。"丁柔克的《柳弧》是一部笔记稿本，今存六卷。书中所记大多是发生在作者身边的真人真事或奇闻逸事。其中某些篇章具有较高的史料性。《柳弧》记载了一起雷击死:"甲戌秋七月,余居通州,忽闻雷震,窗扉动摇。顷之,满街传某妇被击。余趋视之,见茅屋三椽,地下死者三人,一男二女。问之邻里,佥云:此妇素美,绰号'陈小姐'。是日,天雨降,入户,与母妹同坐一凳上,而雷霆下击矣。击时,邻家惟见飞火一团,并不闻声。顷之,女两乳下有火字,如画蚓然,竟死矣。予视死者,仰面朝天,面色灰黑,鼻大如拳,毛发焦灼。"① 丁柔克记载人体雷击纹与黄六鸿《福惠全书》卷十六介绍一致:"雷乃阳火,击人则身尸焦黑,须发焦捲,身软拳散,口开目皱,头发披乱。经火之处,皮肉坚硬而捲黑,伤痕多在脑后,脑缝多开,有手掌大片紫赤浮皮,胸头肩膊或有似篆字文者。"②

12. 潘蔚

潘蔚(1816—1894年),字伟如,号韡园居士,江苏吴县人。清代医家。初习儒,因科场失意而改习医,后因治愈咸丰孝成后之疾而名噪一时,门庭若市,并官至贵州巡抚。曾辑有《韡园医学六种》。他对中国法医学史有深入研究,潘蔚明确指出和凝父子《疑狱集》(1877年)并非检验专书,应以宋慈《洗冤集录》为最先。他的观点与同年代的梅启照观点不同。梅启照指出(1879年):"三代以下,刑法有志,而检验之有专书,则石晋鲁公及其子宋太子和凝父子所著之《疑狱集》为最先。"

13. 沈葆桢

沈葆桢(1820—1879年),字幼丹,又字翰宇,福建侯官(今福州)人。其妻林普晴为清代民族英雄林则徐之次女。清道光二十七年(1847)中进士,选庶吉士,授编修,升监察御史。咸丰五年(1855)出任江西九江知府,第二年又署广信知府(今上饶市)。咸丰七年(1857)擢升为广饶九南道道台。咸丰十一年(1861)出任江西巡抚。同治六年(1867)任福建船政大臣,主办福州船政局。同治十三年(1874),沈葆桢以钦差大臣身份赴台办理海防,兼理各国事务大臣。光绪元年(1875)任两江总督兼南洋大臣。曾多次派学生到国外学习科学技术,在"修河堤、行海运、禁种罂粟、禁烟等方面有贡献",并曾数次上疏论国事,为朝廷所重视。在中国历史上,仵作是官府的雇员,不入流。沈葆桢对法医学的贡献主要是他任九江知府、江西巡抚时接触到刑事案件后深感法医检案的重要性,认为此重任委托"没文化且世袭相传的仵作行事",不利"断狱"。担任此重任者必须要精通《洗冤集录》,要专门训练。沈葆桢被提升两江总督时,便上书朝廷,要"解除仵作禁锢",让其学文化、掌握检验知识,为清律断案服务。同时,还奏请批准"仵作子孙应试",但"格于例不行"。虽然沈葆桢力行奏请解除仵作禁锢给全椽吏出身,后经部议没能实现,但是,从历史角度看,沈葆桢的"解禁议"是为了改革检政与重视检案而提出的,体现了他的远见、对科学的尊重和对旧检验体制的批评,这也是我国法医近代史上很重要的事件。沈葆桢的建议对以后清廷改仵作为检验吏出身以及建立检验学习所都有很大影响,是清末法医制度改革的先声。

---

① 〔清〕丁柔克:《柳弧》,中华书局 2002 年版,第 363 页。
② 〔清〕黄六鸿:《福惠全书·卷十六》,清刻本。

第五章　近现代法医学人物介绍

14. 刚毅

刚毅（1837—1900年），字子良，满洲镶蓝旗人，刑部郎中、按察使、布政使。清光绪十一年（1885）年任山西巡抚。光绪十四年（1888）调任江苏巡抚。光绪二十年（1894）任礼部侍郎。光绪二十四年（1898）任兵部尚书、协办大学士。据《清史稿》记载："刚毅，谙悉例案，承审浙江余杭县葛毕氏案（注：即"杨乃武与小白菜"案），获平反，按律定拟，得旨嘉奖。"刚毅对法医学的贡献是，他在任期间重视检验，大胆认识到当时检验不足。他于光绪十七年（1891）编辑出版了《洗冤录义证》一书，该书汇集了文晟《重刊补注洗冤录集证》和许槤《洗冤录详义》等著作中的重要内容，同时以近代西方部分解剖学的骨骼图谱代替《洗冤录详义》的尸骨图，是第一部吸收欧洲解剖学成就的中国近代法医学书籍。

15. John Dudgeon

John Dudgeon（1837—1901年），中文名德贞，字子固，英国苏格兰格拉斯哥人。1862年获英国格拉斯哥大学外科学硕士，1863年受伦敦教会派遣来华行医传教。1865年，德贞在北京创办医院——双旗杆医院，即今天协和医院的前身。德贞留下的"施医十余年间，而绝不受一钱"崇高医德与人格精神依然是今人的典范。德贞对法医学贡献是他在北京同文馆引进了现代法医学教材。1866年，北京同文馆设科学系，开始对法医学知识进行研究，德贞被聘为教习。德贞发现《洗冤集录》所截骨骼部位次叙名目中西迥异，因此，他翻译英国《法医学》作为教材，命名为《洗冤新说》，并在《中西闻录》连载。这是外国法医学向我国输入之始。德贞给同文馆学生讲课的解剖学教材《全体通考》附有近400幅精美的人体解剖图谱。

16. John Fryer

John Fryer（1839—1928年），中文名傅兰雅，英国肯特郡海斯镇人。毕业于伦敦海布莱师范学院，于清咸丰十一年（1861）到香港，就任圣保国书院院长。两年后受聘北京同文书馆任英语教习。同治四年（1865）转任上海英华学堂校长，并任《上海新报》主编。同治七年（1868）起任上海江南制造局翻译馆译员，达28年，编译《西国近书汇编》等书籍。光绪二年（1876）创办格致书院，创办科学杂志《格致汇编》。光绪二十二年（1896）去美国担任加利福尼亚大学东方文学语言教授，后加入美国籍。清政府曾授予他三品官衔和勋章。傅兰雅对法医学的贡献是他于1899年和赵元益合译《法律医学》，该书被认为是我国最早的法医学译著。据薛思研究，1888年傅兰雅还译有 Forensic Medicine 一书，取名《英国洗冤录二卷》。

17. 沈家本

沈家本（1840—1913年），字子淳，别号寄簃，浙江吴兴（今湖州人）。清光绪九年（1883年）中进士，历任天津、保定知府，刑部右侍郎、修订法律大臣、大理院正卿、法部右侍郎、资政院副总裁等。沈家本还主持制定了《大清民律》《大清商律草案》《刑事诉讼律草案》《民事诉讼律草案》等一系列法典。由于长期莅职刑部，得以研究历代法典与刑狱档案，是谙熟中国法律发展沿革与得失的著名法学家。在他主持修订法律期间，既删改了原有《大清律例》，又制订了西方特征的法典法规。他认为杀人有谋杀、戏杀、误杀和擅杀四种情况，谋杀用重刑，戏杀、误杀和擅杀为虚拟死罪改流刑。他奏请废除凌迟、枭首、戮尸、缘坐和刺字等酷刑。死刑一般用绞，只有谋反、大逆谋杀祖父母等重罪用斩刑。在他主持制定的《刑事、民事诉讼法》中，确认罪刑法定原则。在司法体制上他提出司法独立，制订了《法院编制法》。在中国历史上，检验由官吏行使，现场喝报死伤由仵作进行。直至清光绪三十三年（1907）清政府才颁布修律大臣沈家本修订的《大清刑律》，才有"鉴定人"的法律提法，以示重视检验工作。如他修订的《刑事诉讼律》规定："鉴定人，以自己的学识或特技为审判厅鉴别事物，评判者也。例如医师、理化学者、判定加害者之健康状态或有无血痕之类。凡审判官于法学行动所不能及处，必须有特别之学识或技术之人为补助，即命名之为鉴定人。"这是中国历史上第一次提到检验人员为鉴定人，并以法律形式规定其地位和资格。《大清新刑律》涉及精神病鉴定、血痕鉴定等现代法医学鉴定部分，但对尸体检验却仍责成仵作按规定的尸格尸图进行检验，对外表检查的检验制度无触动。沈家本还于宣统元年（1909）对日本东京上野图书馆得到的朝鲜本《无冤录》作校订，重新在国内刊行（《无冤录》二卷，清刻，收藏刊发于《枕碧楼丛书》）。1909年冬，沈家本对王佑从日本录回中国的（王与撰写）朝鲜本《新注无冤录》，重新审定，取名《无冤录辑注》。《沈寄簃先生遗书·寄簃文存》卷五《补洗冤录四则》记述了沈家本在天津任上审理的奸杀案的详情：天津县郑国锦在行医中认识了在天津县城寄住的刘明和王氏夫妇。郑因给王氏看病两人渐生奸情。后郑与王氏商定，乘刘明患病，假以针治为名致其死。刘被针刺致命穴位而殒命后，郑即将刘的尸体棺殓，谎称病故，通知刘的兄弟来津将尸棺运至原籍埋葬。事发后，"经天津县访拿审供""委天津府检验"。为了弄清刘明的死因，沈家本率同静海县知县和候补知县亲赴静海杨官店村刘明的坟冢开棺验尸。经检验，发现刘的牙根及头顶骨为红赤色，囟门骨浮出，证明死者为针刺而亡（此法为旧籍《洗冤录》所未载）。并特意从京师调来有经验的仵作，一起查勘和讨论，最终不但使案情水落石出，使罪犯得到应有的惩处，还弥补了《洗冤录》的不详尽之处。由此可见，沈家本不仅对法学，而且对法医学都有很大的贡献。

18. 赵元益

赵元益（1840—1902年），字静涵，江苏新阳人，光绪举人。清同治八年（1869）入江南制造局翻译馆任职，与英国传教士傅兰雅翻译西学。光绪十三年（1887）在上海格致书院就学。光绪十五年（1889）曾出使英国、法国、比利时、意大利4国，归国后重返江南制造局翻译馆任职。光绪二十三年（1897），与董康等人创立上海"译书公会"，同年与吴仲韬创立"医学善会"。赵元益在外交、文学、法律、生物、化学等科学，尤其是在医学方面有较丰富的知识，其所译著作侧重于西方医药、卫生保健方面，有《儒门医学》《光学》《西药大成》《西药大成药品中西名目录》（1897年译），后两部书在当时被称为"西药之书，此为最备"，为我国医药学发展作出了贡献。赵元益对我国法医学的贡献是他于1899年在江南制造局翻译馆出版了他与傅兰雅共同翻译的《法律医学》。《法律医学》是我国最早翻译西方法医学的著作之一，由于传播了西方现代法医学知识，使我国各界人士认识到传统法医学的缺陷和尸体剖验的重要性，为现代法医学在中国早期引进有较大影响，可谓传播现代法医学的先声。

19. 伍廷芳

伍廷芳（1842—1922 年），本名叙，字文爵，又名伍才，号秩庸，广东新会人。同治十三年（1874）留学英国，于伦敦林肯法律学院攻读法学，获博士学位及大律师资格，成为中国近代第一个法学博士，后回香港任律师。光绪十三年（1887），他被香港政府聘为法官兼立法局议员，是第一位中国籍的香港议员。1902 年，伍廷芳被清政府授四品候补京堂衔，先后任修订法律大臣、刑部右侍郎等职，与沈家本共同主持修订法律，拟订了民、刑律草案。他重视法医检验和证据制度，提出了包括删除酷刑、禁止刑讯、改良狱政等主张。在修律过程中，他引进西方各国包括检验制度在内的法律制度。他的主张得到沈家本的支持，对鉴定人的定义和医师、理化学者参与检验等在法律中作了专门规定。辛亥革命后，伍廷芳继续致力于中国法律的修改。1912 年，伍廷芳被任命为司法总长。

20. 魏息圆

魏息圆，清末人，曾编《不用刑审判书》一书，清光绪三十三年（1907）由商务印书馆印刷出版。该书公开宣传在审判过程中可以将法律（刑）置之度外。虽然他在书中强调了推理在判案中的作用，但其更多地仍然是坚守道德在判案中的至上作用。强调案件要办到超越法律达到"情理交融"程度。所谓"情理交融"，就是法官要有多面知识，包括法医学、心理学、史学以及其他自然科学，使案件"后人不疑"。《不用刑审判书》里记载了检验致命伤痕判断真凶的案件，说明科学办案的重要性：直隶（今河北）某县发生了一件重案，一个 50 多岁盲人来县衙门自首，说是把自己的父亲给打死了，请求按律判处。该县的胡知县前往检验，只见死者是个 70 多岁的老翁，全身上下只有脑后勺上有三处硬物砸击造成的圆形伤痕，显然是致命的原因。奇怪的是那三处伤痕由左上至右下排列整齐，毫不错乱。那盲人已年过 50 岁，供称是因为老父亲脾气暴戾，平时无故打骂子孙，自己实在忍无可忍，一怒之下，从地上拾了块砖头，朝老父亲头部猛击。胡知县也不多问，就说这个案子很清楚，不过一定要解送到省里按察使衙门复审。然后说："你这一去恐怕就是有去无回了，应该把你的儿子叫来最后告一次别。"随后立即派人把这盲人的儿子叫到了衙门里与父亲诀别，知县发现其儿子显得特别的慌张，对着父亲也说不出什么话。胡知县故意催促说："有话就快说，以后就见不着面了。"盲人流着眼泪说："以后好好做人，不要挂念你父亲，你父亲反正是个瞎子，不足挂念。"儿子还是紧张万分的样子，仍然说不出诀别的话。胡知县就先让二人退下，过了一会又单独审问盲人的儿子，突然严厉喝问："你打死了祖父，还要自己的父亲来替你顶罪。你父亲已经招供了，你要是再不承认，立刻就打死你！"儿子下跪叩头说："确实是我讨厌祖父一直责骂父亲，偏爱叔父，因此下手打死祖父。顶罪的主意是父亲出的，实在不是我的意思。"有人问胡知县是怎么察觉这个案子的真情的。胡知县说："盲人乘怒打人，手里拿上砖头乱打，怎么可能打得这样准，在死者后脑勺上形成这样规则的三个伤痕？检验时心里就已经很怀疑了，因此有意要盲人和儿子告别，想看看父子相会的情景，果然发现儿子神色有异。再乘其慌乱突然发问，自然就可以获得真实口供。"

21. 徐珂

徐珂（1869—1928年），原名昌，字仲可，浙江杭县（今杭州）人。清光绪十五年（1889）参加乡试，中举人。曾在商务印书馆编译所任职、主持《东方杂志》杂纂部。《清稗类钞》是他留给后人的一部笔记集。全书48册，分时令、地理、外交、风俗、工艺、文学等92类，约13 500余条。录自数百种清人笔记，并参考报章记载而成，范围广泛，检查便利。《清稗类钞》设有《狱讼类》（下）专门介绍诉讼案件检验和断案，书中记载的法医检验案例有些广为传颂，如"徐次舟治狱"："光绪初，乌程（注：秦改"菰城"为"乌程"，以乌巾、程林两氏善酿酒而得名，属会稽郡，今为绍兴）徐次舟观察庚陛为粤东陆丰县，以折狱称。有姬来告其子媳忤逆者，讯之，姬备言媳之不孝：'今值我生日，故以恶草具进，而自於房中啖酒肉，我不能复忍矣。'讯媳，则涕泣不作一语。徐疑之，语姬曰：'媳不孝，可恶，本县为民父母，而不能教之，殊而恶。今为汝上寿，和尔姑媳，何如？'姬叩谢。徐乃令人设长案于堂，使姑媳就坐，各予面一碗，面中有他物也。食毕，徐故问他案，不即发落，俄而姑媳皆大吐，众视之，则姬所吐皆鱼肉，媳所吐为青菜也。徐乃责姬曰：'今何如？汝敢于公庭为谰言，则平日可知。姑念今为汝生日，且控媳无反坐理，姑去，幸勿谓本官易欺也。'姬大惭而退。"这是徐次舟用催吐药（注：清代沿用催吐药如藜芦等）对呕吐内容物进行检验，以判明案件真相的实例。[①]

22. 刘体智

刘体智（1879—1962年），字晦之，晚号善斋老人，安徽庐江人，晚清重臣四川总督刘秉璋之子。刘体智的文物收藏堪称海内一流，尤其是龟甲骨片和青铜器的收藏，世间罕有其比。其甲骨文的收藏达28 000余片，1953年全部捐给故宫博物院。据文物部门统计，我国现存大陆的龟甲骨片总共90 000余片，分布在95个机关单位和44位私人收藏家手里，而刘体智的28 000片差不多就占了三分之一，是私人收藏甲骨最大的一宗。1951年9月，刘体智还捐献了上古三代及秦汉时期的兵器130件，分装20个箱子里，后由上海市文管会转交上海博物馆保存。刘体智在《异辞录》中记载了"酖死而使无迹之法"：彭刚直谈葛毕氏案，任筱沅中丞时为江西提刑按察使，适同在座。先文庄曰："葛品莲复验无毒。苟酖死而使无迹之法，有诸？"中丞曰："有之。吾为县令时，遇一谋害亲夫案，查无实据。既判无罪，行将释之矣，夫弟上诉不已，省署发县复鞫。吾百思无术，乃呼犯妇入内室，屏人，会夫人密语之，曰：'兹县令与汝为同舟之人矣，果得其情，汝判罪，县令随之落职，汝曷以实告，俾共图之。汝夫为汝与奸夫毒死，确乎？'犯妇良久乃曰：'确也。奸夫市砒八两，令每日于食物中下一分，不及半年而毒发。'药性由渐而入，故验之不得云。"中丞又曰："至此，吾亦无如之何，不得不为之秘密矣。"

23. 吴有如

吴有如，初名嘉猷，别署猷，元和（今江苏吴县）人，清末画家，清光绪二十年（1894）逝世。自幼喜欢绘画，勤奋好学，能融合清代名画家钱杜、任熊等人的画法，

---

① 参见〔清〕徐珂《清稗类钞》，中华书局1996年版。

第五章 近现代法医学人物介绍

自成一家。擅长人物肖像画。吴有如的绘画以描绘市井风俗、时事新闻为主,大则如中法战争、中日台湾之战,小则有邻里斗殴、怪闻趣事,还有不少反映西方科技新事物的画幅。为适合石印制版,所画均以线条描绘,黑白分明,画风工整,构图繁复。仕女形象消瘦柔弱,面部画法受同时代画家沙馥影响,称为"沙相";建筑物、舟车的描画吸收了欧洲焦点透视的方法。他于光绪十年(1884)在上海出版了一本以画册为主的画报,是随《申报》赠送的。吴有如的《风俗志图说》中记载了宁波的一场洞房悲剧画面:宁波某男子潜伏洞房之中,闻新郎解衣声、新娘脱履声,禁不住暗笑,被新人发现,新郎一气之下用剪刀将听房者扎出血,剪刀"八"字创口清晰可辨。吴有如对法医学的贡献是用他的绘画艺术生动地记载了"合血法"验亲场面。我国明代以前是"滴骨验亲法",明代之后又有合血法的出现。明末的《检验尸伤指南》、清初的《福惠全书》和《校正本洗冤集录》都有完全相同的记载:"亲子兄弟或自幼分离,欲相识认,难辨真伪,令各刺出血,滴一器之内,真则共凝为一,否则不凝也。但生血见盐醋无不凝者,故有以盐醋先擦器皿,作奸蒙混。"滴骨法是以活人血滴在死人骨上;合血法却是在双方都是活体时应用。清光绪十年(1894年),吴有如画的一幅《谋产滴血图》附有一段说明:"山西人某甲,行商于外。所集资财,寄于其弟乙,俾掌握而出纳之。甲在客中取有妻,生一子,越十余寒暑矣。近来妻已病故,己亦年老作客他乡,自知非计,携子经归。乙虑赀产之必复于兄也,诬其子为抱养,授异性不乱宗之义,鸣于官。官召亲族问之,则皆以嫡子对。而乙力辩非己出,案不能决。官无如何,命依古法滴血验之,而血凝合无间。欲答乙,乙不服,请以己子效法兄,而血又不合。乃嚣然谓官断有公,欲上控。亲族恶其贪娼,无人理,因言其子本非乙种,盖其妇私于丙而怀孕者。众口分明,具证奸状。富提两鞫之,办俯首引罪无异词,而案遂定。"这是我国古代以"合血法"确定亲子关系的一个法医检验实例。合血法较之滴骨法更接近于现代的血型检验,但从现代法医学角度来看,这也是不科学的方法。

24. 王佑、杨鸿通

王佑、杨鸿通均为留日学者。1908年,王佑、杨鸿通二人合译了日本警视厅第三部医员兼保养院长石川贞吉所著的《实用法医学》(又说系根据日本东京帝国大学校医科讲师法医学博士石川清忠所著《实用法医学》),原名为《东西各国刑事民事检验鉴定最新讲义》,后改名《东西各国刑事民事检验鉴定讲义》,1909年该书再版发行。该书也是清末由国外引进的法医学书籍,是我国早期现代法医的专业书籍,对我国影响较大。王佑、杨鸿通留日回国后,还给沈家本抄录带回我国古代法医学传播到日本的法医学书籍。沈家本对王佑、杨鸿通从日本抄录带回中国(王与撰写)的朝鲜本《新注无冤录》重新审定,取名《无冤录辑注》。

25. Edward Hume

Edward Hume(1876—1956年)(爱德华·休姆),中文名胡美,耶鲁大学医学博士,美国康乃狄格州人。1905年,胡美受美国雅礼协会派遣到湖南长沙兴学办医。1906年,他在长沙创办了中国最早的西医医院之一"雅礼医院",胡美为首任院长。1914年,胡美把医院正式命名为"湘雅医院",1915年,国内第一所西医高等学府湘雅医学院成立,首任校长为颜福庆博士,胡美为首任教务长。湘雅医学院培养了汤飞凡等一大批我国知名医学家。胡美在中国行医 25 年，赢得了崇高的威望。1927 年胡美离开长沙回到美国。胡美对我国法医学有过重大贡献，他创办的湘雅医学院是我国最早开设法医学课程的学校之一。湘雅医学院是实行医预科 2 年、医本科 5 年的七年制学校，全英文教学，在医本科第三年开设法医学课，由 G. 哈登教授主讲。民国初年，国内只有浙江医学专门学校和国立北京医学专门学校开设裁判医学或裁判化学课程，湘雅医学院开设法医学课程对当时传播现代法医学和开展法医学检验无疑有重大意义。

26. 丁福保

丁福保（1874—1952 年），字仲祜，号畴隐居士，又号济阳破衲，江苏无锡人。毕业于东吴大学化学系，曾赴日本进修医学。丁福保是我国近代著名的医学家。丁福保在传播解剖学、药物化学方面有重要贡献。他出版了《中药浅说》，还翻译编辑合成《丁氏医学丛学》，对近代西医学知识作了全面系统的介绍。到了民国初年，许多地方设立了医学专门学校，丁福保的《丁氏医学丛学》为我国医学教育作出贡献。丁福保对法医学的贡献是他于 1926 年和徐蕴宣合译日本《近世法医学》（图 5-3），较为系统地介绍了现代法医学，该书成为当时国人了解法医学的重要书籍。由于丁福保在医学方面的成就和医学丛书的影响，《近世法医学》作为现代医学的一部著作，影响较大。

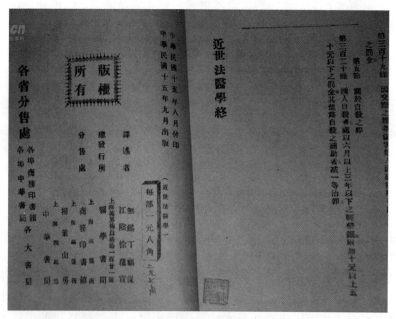

图 5-3　丁福保和徐蕴宣合译《近世法医学》

27. 王清任

王清任（1768—1831 年），字勋臣，河北玉田人。他强调行医得"先明脏腑"，要了解脏腑的尸体剖视。于是，他冲破封建礼教束缚，克服困难，亲自到荒郊野岭的坟冢观察小儿残尸，还去刑场检视尸体脏器，精神可嘉。因此，他积累了不少人体内脏资料。王清任根据行医经验和尸体解剖材料，著书《医林改错》，纠正了古代医书记载脏器结构和功能上的某些错误，但也有不少错改之处。王清任的解剖尸体以便明确人体内部结构为医学服务的思想和行动,开创了我国解剖学的先河,极为可贵,在清末医界和检验界都有影响。可惜,他的实践并未得到政府重视,反受到种种限制和非难,这是中国医学发展史上的不幸。(图5-4)

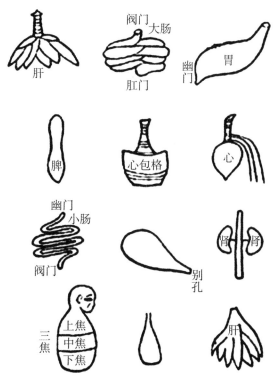

图5-4 清代王清任绘制人体脏腑构造图形

第二节 民国时期对法医学有影响与贡献的人物(1912—1949年)

1. 卢朋著

卢朋著(1876—1939年),名雄飞,广东新会人。1912年在广州开设卢仁术堂医馆。1924年受聘于广东中医药专门学校任教师,主编教材讲义,著有《医学通论讲义》《医学史讲义》《医学源流讲义》《医学常识讲义》《方剂学讲义》《药物学讲义》《本草学讲义》《法医学讲义》等书。1929年7月,卢朋著出席了我国中医药界在上海召开的第二次教材编辑委员会会议,其编撰的《医学通论讲义》《医学史讲义》《医学源流讲义》《法医学讲义》等被该会议收录。此次会议是近代中医教育史上的重要事件。卢朋著所编撰的讲义中尤以《医学史讲义》最为有名，针对当时"中国无医学史"的说法，他在绪言中说："论者谓中国无医学史，夫中国何尝无医学史也。"该书论述了远古医学、法医学的起源，商、周、两汉、晋、南北朝、隋、唐、宋、金、元、明、清时的医学，西洋医学的输入，以及各代的名医、医籍史、医政史、检验史，为中国医学史的系统研究提供了学习的门径，成为中医基础学科的重要课程之一。其所发表的论著如《中国医学源流》等，对中国古代法医学研究具有一定的学术价值。卢朋著是早期研究古代法医学史的著名学者之一。

2. 程树德

程树德（1877—1944 年），字郁庭，福建闽侯（今福州市）人。日本法政大学毕业，归国后历任北洋政府参政院参政，北京大学、北平大学法学院、清华大学教授等职。关于中国古代法律的起源问题，他主张"黄帝李法"说。他根据《管子·任法》载"故黄帝之治也，置法而不变，使民安其法者也"，《淮南子·主术训》载"黄帝治天下，法令明而不暗"，《北堂书钞》引太史公《素王妙论》载"黄帝设五法，布之天下"，《汉书·胡建传》引《黄帝李法》载"壁垒已定，穿窬不繇路，是谓奸人，奸人者杀"等，论证黄帝时已有法律。他又根据《路史》《左传》《通鉴前篇外纪》《群辅录》等书都记载黄帝时有刑官，论证有官必有法，有法必有检验，不过古代法令简单质朴，而且多半是习惯法。程树德著有《中国法制史》《汉律考》《论语集释》《九朝律考》等书。《九朝律考》一书在整理古代法律资料方面影响很大，并对法医学有贡献。据程树德《九朝律考·汉律令杂考》记载："汉时河内太守曾上奏当地有个叫张大的人，患有狂病。因病发而杀了自己的亲弟弟，是否要斩首。恰好遇到大赦，但仍批复上奏不当，除之，按旧例处置。"该案与《元典章》记载的"康留住因患心疯举发杀人案"（元朝中书省"议得康留住所犯，既与身死乔老，生前别无仇嫌，因旧患心疯病症举发，昏迷不省，不知怎生将乔老打死，不合偿命"）两例案件同样是精神病人发病杀人，但判决迥然不同，最后都取决于当时的帝王，并无法规可循。一直到了 1925 年，我国出台的有关精神病处理的条文才陆续散见于当时的刑民法中，如当时的《刑法》第 19 条关于精神病人刑事责任能力规定："心神丧失人之行为，不罚。精神耗弱人之行为，得减轻其刑。"何为"心神丧失人"？何为"精神耗弱人"？这就需要专家进行精神病鉴定，这就是法医精神病鉴定之始。

3. 汤尔和

汤尔和（1878—1940 年），原名调鼎，晚年号六松老人，浙江杭州人。1903 年留学日本，就读于成城学校，学习军事。1904 年回国任浙江高等学堂音乐教员。1907 年再次留学日本，改学医学，就读于金泽医学专门学校。后又留学德国柏林大学，获得医学博士学位。1910 年回国任浙江高等学堂教务长。同年创办浙江医院，自任副院长兼内科医师。1912 年受政府的委托，在北京建立我国第一所国立医学校——北京医学专门学校（北京医科大学的前身），并曾于 1912 年 10 月至 1915 年 12 月、1916 年 8 月至 1922 年 4 月两次出任该校校长。其译著有《生物学精义》《近世妇人科学》《诊断学》等。汤尔和对法医学的贡献是他在国立北京医学专门学校任校长期间，于 1913 年参与制定《解剖条例》，呈请教育部公布，经他多方努力，1913年11月22日由内务部正式公布，取名《解剖规则》，这是我国历史上第一部正式允许医师解剖尸体的法律，为现代医学、法医学发展做出了贡献。

4. 陈垣

陈垣（1880—1971年），字援庵，广东新会人。1897年赴京应试不第。1910年毕业于光华医学院。在宗教史、元史、考据学、校勘学等方面，著作等身，成绩卓著，受到国内外学者的推重。先后任天主教辅仁大学校长、北京师范大学校长40余年。陈垣对法医学的贡献是他研究元史，从事《元典章》的校补工作，在国内外史学界获得高度评价。在研究《元典章》的过程中，他曾用元刻本对校沈刻本，再以其他诸本互校，查出沈刻本中伪误、衍脱、颠倒者共12 000多条，于是分门别类，加以分析，指出致误的原因，1931年写成《元典章校补释例》一书，又名《校勘学释例》。《元典章校补释例》记载了元代"沈刻元典章"案例："康留住因患心疯举发，在至元六年十一月二十四日夜，不知怎生摸得棍棒，将本家安下乔老打死，并将伊男乔大及康留住的妻子等四人俱各打伤。又举小孩儿、抱着棍棒，瞅叫笑走，至二十七日有弓手捉住，才知为心风病发，打死乔老。罪犯议得康留住系癫狂杀人，理应依旧例合行上请听赦处分，为此移准中书省，咨该都省议得康留住所犯，既与身死乔老，生前别无仇嫌，因旧患疯病症举发，昏迷不省，不知怎生将乔老打死，不合偿命，正拟于本人处征烧埋银五十两给付苦主，于至元八年二月二十六日奏奉圣旨，钦此，仰依上施行。"《元典章》记载的"康留住因患心疯举发杀人案"（元朝中书省"议得康留住所犯，既与身死乔老，生前别无仇嫌，因旧患心疯病症举发，昏迷不省，不知怎生将乔老打死，不合偿命"，赔偿处理），是记载比较完整的元朝精神病杀人案件，有较高的法医学研究价值。

5. 颜福庆

颜福庆（1882—1970年），字克卿，祖籍地厦门，出生地上海。1904年，颜福庆毕业于上海圣约翰大学医学院。1906—1909年赴美国耶鲁大学医学院深造，获医学博士学位。1909年赴英国利物浦热带病学院研读，获热带病学学位证书。1910年任长沙雅礼医院外科医师。1914年赴美国哈佛大学公共卫生学院攻读，获公共卫生学证书。1927年10月创办第四中山大学医学院（后改称"江苏大学医学院""中央大学医学院"，1932年改称"上海医学院"），并任第一任院长。他先后创办湖南湘雅医学专门学校（湖南医科大学前身）和中央大学医学院（上海医科大学前身），为中国医学教育事业作出了卓越的贡献。颜福庆对中国法医学的贡献是他于1928年邀请刚从德国留学归来的林几创办了中央大学法医科。著名的《拟议建立中央大学医学院法医科意见书》即颜福庆委托林几而作，发表于当年的《中华医学杂志》，该文是中国现代法医学史上重要的文献。后来，林几奉命创办司法行政部法医研究所，并任第一任所长。1945年，抗战胜利，林几再次受颜福庆之邀在南京创办中央大学医学院法医研究所并任主任教授。林几在《最近二十年法医学之进步》一文中对颜福庆对医学发展的贡献作了专门介绍。中央大学法医研究所是我国重要的法医人才培养基地，在中国现代法医学史上占有重要地位。

6. Oppenheim

Oppenheim，中文名欧本海。1900 年，德国退役军医埃里希·宝隆在上海建立了同济医院，后又开办了同济德文医学堂。1912 年，同济德文医学堂设有病理学馆、卫生学馆、药理学馆和细菌学室。1916 年，同济德文医学堂在上海成立"中华德医学会"。1918 年 8 月，中华德医学会开办同德医学院。1924 年，上海地方检察厅检察长车庆云"每感法院检验工作尚沿洗冤录之旧说，检验吏之臆断以折狱，疑点既多，冤抑难免"，经与同济医院主持病理学工作的欧本海博士多次合作，收效很大，于是，委托同济医院病理学教室办理法医疑难案件，为期一年，双方均以学术为立场，彼此不取报酬。在一年的合作中，共验案约 400 起，除尸体外表可断死因者外，剖验者不超过 40 起。欧本海结合检案所获得资料，写了《对于洗冤录之意见》一文，内容包括《洗冤录》之优点、误点、缺点三大部分，以科学的眼光作了正直批评，极有价值。然而这种颇有成效的合作遭到当时封建习惯势力的攻击。律师陈奎堂上书司法行政部并登报攻击新法检验，内有"被验之尸体淌肠伐胃，肉血狼籍，大小脑又为医校囊括而去"之语，引起哗然。就这样，当时刚刚发展起来的现代法医病理检验，被迫在未经科学论证的情况下早早收场；但使社会各界有识之士对法医检验有了新的认识，对我国现代法医学发展作出了贡献。

7. 叶汉丞

叶汉丞（1882—1961 年），字秉衡，上海南汇新场人，清末举人。1907 年，叶汉丞东渡日本在长崎医学专门学校药科学习。1909 年留日学生在日本东京成立中华药学会，叶汉丞等 20 人出席会议。1912 年，中华药学会迁回北京，改称"中华民国药学会"（简称"总会"）。叶汉丞回国后，于 1913 年在浙江公立医学专门学校药科任教授。1916 年又赴德国柏林大学化学系深造，同时研修哲学。1919 年取得博士学位。1921 年，北京大学校长蔡元培邀请他去北京大学化学系任教。在叶汉丞建议下，化学系设立了药学专业课程，叶汉丞不但亲自授课，还编写了《制药化学》《卫生化学》《裁判化学》（即毒物化学）等讲义，这些讲义成为我国早期药学的专业著作。叶汉丞是我国早期介绍法医学的教授之一，为早期现代法医学的传播做出了贡献。

8. 黄群

黄群（1883—1945 年），原名冲，字旭初，后改为溯初，祖籍浙江省平阳县万船乡郑楼村，父辈以经商迁居温州朔门。清光绪二十七年（1901 年），黄群到杭州执教于求是书院。光绪三十年（1904 年），黄群留学日本，入早稻田大学，攻读政法。学成回国后，先后在湖北督署调查局、政法学堂工作。黄群自民国七年（1918 年）开始，聘刘景晨、刘绍宽选辑与校勘，编成《敬乡楼丛书》共 4 辑 38 种 257 卷。1929 年，黄群进一步证实《宋元检验三录》中的《无冤录》乃是新注本的上卷，而其中的《平冤录》则是新注本的下卷，真正的《平冤录》已经失传。黄群在《敬乡楼丛书》刊本《无冤录》跋中首先引《瓯海轶闻》一书（1929 年），详细介绍了元代法医学家王与的生平。

9. 华鸿

华鸿（1886—1923 年），字裳吉，无锡荡口人。1903 年留学日本，在千叶医药专门学校药学专业学习，获药学博士。清宣统元年（1908 年），中华药学会在日本东京成立并举行第一届年会,华鸿等20人出席会议。是我国早期药学学者。1910年归国,1912年在浙江公立医学专门学校任教,负责筹办药科。浙江公立医学专门学校是我国最早创办药学专业和开设法医学课的学校(另一所学校是国立北京医学专门学校)。1913年,浙江公立医学专门学校开设药科专业,华鸿讲授"裁判化学"(即现在的"法医中毒学")、"药品鉴定"、"分析化学"等课程。华鸿著作有《饮食物鉴定篇》《裁判化学》《药物鉴定》等。华鸿还于1921年编写了《药物名汇》,由商务印书馆发行。华鸿是我国最早传授法医学的学者之一。

10. 范启煌

范启煌(1887—1982年),字晓初,号灿明,福建长汀人,出身于世代中医家庭,医学博士、教授。1908年毕业于汀郡中学堂(今福建省长汀第一中学)。1919年赴法国勤工俭学,后考入法国巴黎医科大学。1928年毕业,以《外伤性右肾完全横断三例论述》论文获医学博士学位。同年回国,在福音医院救治伤病员。1930年被北平中法大学陆模克医学院聘为解剖学教授。1932年,林几教授聘他为司法行政部法医研究所教授,培养法医人才和参与法医检案,协助林几教授创办《法医月刊》。林几教授亲任《法医月刊》主编,法医研究所培养的学生任责任编辑,林几、范启煌、张平、祝绍煌、杨尚鸿等人负责编审。范启煌曾编写《法医学》《法医尸体检验》等教材,在法医研究所创办的《法医月刊》上发表《法医学上血斑及血瘤之研究》等论文。1935年,华侨捐款创办汕头医院及平民医院,他受聘为院长兼医务主任、外科主任,兼任高级助产学校和高级护士职业学校校长。抗日战争时期回长汀自设诊所,兼长汀中学校医。1945年任上海警察总局法医技正。1947年任福音医院院长兼医务主任。1951年受聘为山西太原医学院外科学教授兼附属医院外科主任。1952年参加国际科学调查委员会,任法文翻译。1953年调保定市河北医学院任外科学教授兼附属医院外科主任医师。期间,曾编写《法医学讲义》《法医尸体检验》等教材,还为河北省公安厅、河北省人民检察院、河北省人民法院进行尸体检验和案件鉴定。1958年在内蒙古自治区医学院任教,先后任病理教研室主任、法医学教授及医学院基础部主任,曾当选为内蒙古自治区政协委员。

11. 罗文干

罗文干(1888—1940年),字钧任,广东番禺人,民国外交官。在官场上,特立独行,颇有官场"侠客"风格,且被认为是学贯中西的法界泰斗。他一生游走于学者与官员之间,仕途跌宕起伏,甚至三度入狱成为"罪犯"。早年留学英国,回国后任清政府广东审判厅厅长。1912年后历任北京政府检察厅检察长、北京大学法律教授、大理院院长、财政总长等职。1928年应东北大学聘请为文法学院教授。1931年被东北大学聘为大学委员会委员。同年,任国民党政府司法行政部部长。1932年兼任外交部长。罗文干发现、培养并支持林几开展法医学工作,任命林几为第一任法医研究所所长。1938年任国民参政会参政员、西南联合大学教授。1940年10月因病在广东乐昌去世。

12. 徐诵明

徐诵明(1890—1991年),字轼游,号清来,浙江新昌人。1914年考入日本九州帝国大学医学院。1918年毕业留在日本从事病理学研究1年。1919年学成归国,任中国第一所西医学校——国立北京医学专门学校教授，任病理学教室主任。他力推尸体解剖，积累尸体标本，以供教学之用。1924年，徐诵明派留校病理助教林几到德国学习法医学，1928年林几获博士学位回国，徐诵明大力支持林几创办了中国历史上第一个法医学教室——北平大学医学院法医学教室。1928年，徐诵明担任国立北平大学医学院院长。1929年，创办北平大学医学院第一附属医院并担任院长，接受北平乃至华北地区有关吸食鸦片、强奸案件的检验。1932年，担任北平大学校长。徐诵明对林几的法医事业予以巨大支持（1932年，林几从北平医学院调到司法行政部法医研究所任所长；1935年回北平大学医学院继续在法医学教室任主任教授；1937年至1945年北平大学迁到西安、汉中、四川，林几继续培养法医人才，特别是在四川培养了两期法医检验员班）。1949年，徐诵明当选为北京市第一届政协委员。1950年出任中央人民政府卫生部教育处处长兼卫生部教材审编委员会委员，并任北京医学院病理学一级教授。1952年任人民卫生出版社首任社长。1954年当选为中国人民政治协商会议第二届全国委员会委员。1956年任中华医学会编辑部主任，兼《中华医学杂志》总编辑。1978年被推选为第五届中国人民政治协商会议全国委员会委员。

13. 黄鸣驹

黄鸣驹（1895—1990年），又名黄正化，江苏扬州人。1918年毕业于浙江省公立医药专门学校。1921年先后赴德国柏林大学医学院、哈勒大学药学院进修。1924年回国，在浙江省公立医药专门学校任药科主任、教授。1935年赴德国、奥地利从事毒物微量分析研究工作。1938年回浙江省立医药专科学校任药科教授。1944年受聘为中央大学教授。1946年在林几创办的中央大学法医科任教授。1949年任浙江省立医学院院务委员会主任、药学系教授。1951年受林几邀请参加全国首届法医高师班教学培训和毒物化学实验指导工作。1952年任浙江医学院教授、院务委员会主任。同年调任中国人民解放军军事医学科学院药物系主任。1956年任第二军医大学药学系主任、教授。他曾当选为浙江省人大代表，杭州市、上海市政协委员，担任卫生部药典委员会委员、药品分析组组长、中国药学会理事、总后卫生部医学科学技术委员会委员、药学专业组组长。1931年编著出版了我国第一部《毒物分析化学》教科书（当年再版两次，新中国成立后多次再版）。1931年开展吗啡成分的分析研究，发表《烟民小便吗啡成分的研究》等一系列论文。在德国、奥地利进修期间，发表《小便或乳液中吗啡及其衍生物之微量鉴识法（点滴法）》《甘油之微量鉴识法》，改进了传统的分析方法。1959年、1962年，先后在《药学学报》发表《碱性含氮毒物的快速分离鉴别法》《毒物分析中杀虫剂敌百虫的半微量鉴识法》等论文。1960年，受南京市公安局委托，对已埋藏4年之久的尸体进行有无中毒的成分检验，结果确认为砷中毒，为解决疑案提供了科学依据。1962年在《解放日报》上发表《谈毒物分析化学内容与发展前途》文章，建议药学院校学生应学习毒物分析的知识并训练，以适应社会的需要。他为教学、科研以及公检法部门培养了众多法医毒物分析工作者。

14. 魏立功

魏立功（1889—1981年），字次其，江苏南通人。1902年赴法国读中学，后转俄国皇家医学院学医。之后又到德国留学，获博士学位。曾在俄卫生部门供职，通晓英

第五章 近现代法医学人物介绍

语、法语、德语、俄语等多国语言。1927 年回国在哈尔滨中东铁路公司任医务总监（该公司当时是俄国人经营）。1930 年 6 月出任上海地方法院法医。1931 年后，法医魏立功以及首席检察官陈满三、检察官丁仕奎等人经常在上海地区刑案法医检验和刑案侦查方面出现于报端。可见，司法行政部在上海真如成立法医研究所之前，魏立功就是上海的法医检验人员，是我国早期的法医先驱之一。1939 年，魏立功在《中华医学杂志》上发表《我国法医概况》一文，大力赞扬林几任法医研究所所长期间培养法医人才的功绩。他在文章中说："林几博士专习检验、研究工作，时遇有各级法院疑难案件多送研究所，又招医科毕业生，实地参加法医师班，毕业后派往各级法院工作。法医一门，至是益精进而发展矣！"1937—1949 年，魏立功任《中华医学杂志》编委。1958 年返回江苏南通，曾任南通医学院法医教研组主任，后又调去苏州医学院任法医学教授。魏立功是新中国第一部《中国药典》的编委之一。

15. 王兆培

王兆培（1890—1989 年），福建漳浦人。1906 年在厦门教会救世医院医学专门学校学习，后到台湾继续修业，1912 年到日本东京慈惠医学院学习，获医学学士，后在日本东京帝国大学医院任医师 3 年。1918 年回国在福州创办兆培医院。1931—1950 年，兼任福州戒烟医院院长和福州地方法院法医。王兆培还曾是福州市人大代表，新中国成立后先后任福州市医院院长、福州市红十字会副会长、福建省政协常委、民革中央顾问。

16. 孙逵方

孙逵方（1897—1962 年），字萝庵，安徽寿县人。毕业于北京大学，曾留学法国十余年，学习医学与法医学，获法国巴黎大学医学院医学博士学位和法国巴黎大学法医学研究所法医师资格，于 1930 年被吸收为法国法医学会会员。1928 年，江苏高等法院向中央提交《速养成法医人才案》，司法行政部决定在上海选址，创建"司法行政部法医检验所"，以就近解决江苏、浙江、江西、安徽、上海等地法医检案。1929 年春，孙逵方回国，在上海第二特区法院任法医。1929 年冬，孙逵方被聘为司法行政部法医检验所筹备处主任。孙逵方奉命在上海真如购地建屋，并亲自前往欧洲采办各种仪器和书籍。孙逵方筹建二年，久未就绪。1931 年秋，罗文干任司法行政部部长，命林几到上海继续筹办"法医检验所"。林几奉命于 1932 年 4 月前往上海真如，并改为"司法行政部法医研究所"规模筹建。1932 年 8 月 1 日，林几奉命任司法行政部法医研究所第一任所长。1935 年秋，林几因病回北平。时王用宾继任司法行政部部长，命孙逵方为第二任所长。任职期间，孙逵方尽心尽职。1935 年 9 月 18 日，法医研究所招收了第二期法医研究员（林筱海、沈大钧、蒋大颐、胡齐飞及黄锡揩等 5 人）和法医检验员（仲许、蒋培祖、马荫源、谭兴、龚自为、王圣众、朱允中、钱沅、张允任、全万春、符洪恩、孙世熙、李景杰、俞应康、赵绅、陈志明、汪殿梁、陈禾章、顾仲达、周亚人、钟国鼎、倪端拱、萧钟耿和范树犹等）。1936 年，法医研究所招收了第三期研究员（陈履告、王效尹等 11 人）。1937 年，抗战爆发，法医研究所工作受挫。1937 年 8 月 13 日淞沪会战，法医研究所毁于日军的炮火。法医研究所奉命撤离上海，一路上又遭日军炮火袭击，至四川重庆歌乐山时，人数、仪器已寥寥无几。1946 年夏，法医研究所迁回上海时，已不能在真如相家桥原址重新开始工作，只能在上海市区长乐路 666 号租屋办公。1947 年，孙逵方为俞叔平博士撰写的《法医学》作序，该书由远东图书股份有限公司发行。1948 年春，孙逵方离开上海在巴黎定居。1962 年，孙逵方不幸因车祸在巴黎逝世。

17. 汤飞凡

汤飞凡（1897—1958 年），又名瑞昭，湖南醴陵人，1921 年毕业于长沙湘雅医学院，后获耶鲁大学医学博士学位。1921—1924 年，在北京协和医学院细菌学系进修，后任助教。1925—1929 年，在美国哈佛大学医学院细菌学系深造并工作。1929—1937 年任中央大学医学院（后改称"上海医学院"）教授，兼任上海雷士德医学研究所细菌学系主任。汤飞凡是中国第一代医学病毒学家。1955 年他首次分离出沙眼衣原体，是世界上发现重要病原体的第一个中国人，也是迄今为止唯一的一个中国人。汤飞凡对法医学的贡献是 1932 年被林几聘为司法行政部法医研究所教授，培养法医人才和参与法医检案工作，是我国早期法医细菌学研究的开创者。

18. 林几

林几（1897—1951 年），字百渊，福建侯官（今福州）人。1915 年到日本东京帝国大学法政科就读法学，1917 年夏回国。1918 年考入北京医学专门学校（北京医科大学的前身），1922 年夏毕业，留校研究病理学。1924 年，林几在北京《晨报》发表了《司法改良与法医学之关系》一文，联合医界人士向当时司法行政部上书，主张"收回法权乃当前当务之急"，要求政府重视培育法医人才，改旧法验尸为尸体解剖，提倡科学办案。1924 年岁末，他受北平大学医学院之托赴德留学，专攻法医学四年，毕业于维尔茨堡大学医学院，获博士学位。1928 年，林几学成回国，被北平大学医学院聘为教授。时国民政府准备实施《养成法医人才》草案，决定交中央大学办理，并委托林几草拟培育法医的方案。林几写了《拟议创立中央大学医学院法医学科教室意见书》，在意见书中他详细叙述了建立法医学教室的作用和意义，并规划了教室的所需设备、规模等，还提出了"分建六个法医学教室（上海、北平、汉口、广州、重庆、奉天）以便培养法医学人才、兼办邻省法医事件"的建议。1930 年，他在北平大学医学院创办法医学教室。1932 年 8 月，被司法行政部委以"司法行政部法医研究所"第一任所长之重任。他首先明确了研究所任务：培养法医人才，承办各地疑案，开展科学研究。1933 年，研究所开始招收法医学研究员。1934 年创办中国第一本公开发行的法医学杂志——《法医月刊》。培养了中国第一代法医人才陈康颐、陈安良、汪继祖、张树槐、张积钟、李新民、陈伟、吕瑞泉、于锡銮、蔡炳南、陈基、蔡嘉惠、鲍孝威、胡师瑷、谢志昌、张成镳、王思俭等 17 人。为了振兴中国的法医事业，林几主持制定了自 1933—1938 年及其后的法医学工作和发展计划。根据计划，将在北平、武汉等地建立法医研究所分所，医学院校要配备法医研究员。当时的法医研究所已具备了相当大的规模，设有三科（第一科含三股，管研究、审核鉴定、人才培训、教务、教材、资料、图书等，第二科含四股，分管毒化、解剖、活体检验、病理检验、细菌学检验、物证检验等，第三科为事务主任）；配备了解剖、病理组织学检验、毒物分析、摄影室、第一第二人证诊查室、心神鉴定收容室、眼耳鼻科暗检处、动物饲养室、实验室、教室等工

第五章 近现代法医学人物介绍

作和办公用房;有关大小仪器均购自德国、美国、法国;建造了当时国内鲜有的尸体冷藏柜;当时已能自己制造人和动物的鉴别血清、亲子鉴定血清,开展生化、定性定量分析、细菌培养;聘请了外部的专门人才,如北平大学病理学教授徐诵明、林振纲,李斯特研究所的 Robertson、高麟祥、汤飞凡、Read,自然科学研究所病理系杨述祖,山东大学化学药物毒物学家、主任教授汤腾汉,曾任当时卫生署化学组主任的黄鸣龙等人。1935 年 3 月,林几因病返回北平大学医学院任教,被聘为北平大学医学院法医学教室主任教授,继续开展法医学检案和教学工作,并兼任冀察政务委员会审判官训练所教职。抗日战争爆发后,他随校迁至西北,任西北联合大学医学院教授。1943 年,林几受聘于中央大学医学院任教,创立法医学科,在成都举办第一期"高级司法检验员训练班",结业后学员分配至各地方法院工作。抗日战争胜利后,他随中央大学医学院返回南京,又开办第二期"司法检验专修科",培养了法医人才郑钟璇、文剑成、林锡署等。1949 年 4 月,林几任中央大学法医学主任教授。1950 年 8 月,中央大学改为南京大学,该校医学院奉华东军政委员会教育部指示,继续招收学生,开办第三期"司法检验专修科"。1950 年 10 月,林几被聘为中央人民政府卫生部卫生教材编审委员会法医学组主任委员,编审全国统编法医学教材,还被人民军医出版社聘为特约编辑、顾问。1951 年秋,受卫生部委托,林几创办了全国第一期法医学高师班,培养了全国第一批高等医学院校法医学师资郭景元、胡炳蔚、祝家镇、吴家驳等 19 人。1951 年 11 月 20 日,林几不幸病逝。他的过早去世是中国法医学界的巨大损失。林几为人正直,治学严谨,学识渊博,在《北平医刊》《中华医学杂志》《法医月刊》《新医药杂志》都可见到他的文章。他的《法医史略》是我国第一部从现代法医学角度写中国古代医学发展简史的著作。他著有《鸦片与吗啡中毒》、《骨质血荫检查》、《已腐溺尸体的溺死液检查》、《最近法医学界鉴定法之进步》、《实验法医学(总论、各论)》、《法官用法医学讲义》、《医师用法医学讲义》、《洗冤录驳义》、《鉴定实例专号》(四卷共一百例)、《法医学》(全三册,总论一册、各论二册)、《二十年来法医学之进步》等著作和论文。林几毕生研究法医学,从事法医学教育工作,培养各级法医人才,办理刑民事疑难案件等,均取得巨大的成绩(详见本章第四节内容),是公认的中国现代杰出的法医学家、教育家、活动家和现代法医学的奠基人。

19. 黄鸣龙

黄鸣龙(1898—1979 年),江苏扬州人。1918 年毕业于浙江公立医学专门学校。1920—1922 年,在瑞士苏黎世大学学习。1922—1924 年在德国柏林大学学习,获博士学位。1924—1928 年,任浙江省卫生试验所化验室主任、卫生署技正与化学科主任、浙江省医药专科学校药科教授等职。1928—1934 年,在浙江省立医药专科学校药科任教授、主任。1935—1938 年,在德国维尔茨堡大学化学研究所作访问教授。1940—1945 年,任中央研究院化学研究所研究员兼西南联合大学教授。1945—1949 年,在美国哈佛大学化学系作合成化学研究访问教授。1949—1952 年,在美国默克药厂任研究员。1952 年回国后,历任中国人民解放军医学科学院化学系主任、中国科学院有机化学研究所研究员、中科院数学物理化学部委员(院士)、中国药学会副理事长。第三届全国人大代表,第二、第三、第五届全国政协委员。黄鸣龙对法医学的主要贡献是

1932年林几教授在上海成立司法行政部法医研究所时被聘为毒物学教授,承担法医研究所法医学检案和法医毒物学教学工作。

20. 陈邦贤

陈邦贤(1889—1976年),字冶愚、也愚,晚年自号红杏老人,江苏镇江人,近现代医史学家,也是中国第一部医学通史专著作者。早年毕业于上海中日医学校,1910年就学于丁福保现代医学函授学校,曾发起成立医史研究组织。1919年编成我国近代第一部医学史专著《中国医学史》(1947年商务印书馆再版)。后任江苏省医政学院教授、国民党政府教育部医学教育委员会委员、国立编译馆编审。1954年后,历任中央卫生研究院医史研究室副研究员、卫生部中医研究院医史研究室副主任、农工党中央委员。第四届全国政协委员。陈邦贤是著名的医史专家,他的《中国医学史》记载名医徐之才(505—572年)曾著《明冤实录》;介绍历代医事制度和近现代医学教育,包括外国人教授华人医学、外国人设立的医学校、本国自办的医学校、留学外国学医等情况,介绍民国早期解剖尸体实行的法律规定与现实情况,介绍当时法医学一般情况等,有重要史料价值。

21. 佘小宋

佘小宋,安徽巢湖人,翻译家。1936年翻译麦奇尼可夫(俄)的《人类的始祖》,由商务印书馆出版。1936年翻译《遗传学》,由上海中华书局出版。1937年翻译《红外线摄影》,由上海中华书局出版。佘小宋对法医学的主要贡献是他于1936年根据美国耶鲁大学医学院毒物分析教授F. P. Underhill所著的《毒物学》、黄鸣驹的《毒物分析化学》等,编成《毒物学》一书,由商务印书馆出版。1937年,佘小宋的《法医学之最近进展》由中华书局出版。

22. 汤腾汉

汤腾汉(1900—1988年),祖籍福建龙海,出生于印度尼西亚爪哇省阿拉汗。1920年,汤腾汉考入天津北洋大学,1922年赴德国柏林大学化工系留学,1926年毕业,取得德国国家药师证书,1929年在柏林大学获博士学位。1930年,汤腾汉回国,被聘为山东大学教授,任化学系主任。1932年,司法行政部法医研究所成立,林几聘他为毒物化学教授,培养法医毒物学人才。汤腾汉毕生致力于化学、药学和毒物学的教学与科学研究工作,培养了几代药学、毒物学专门人才。1951年后,他献身于军事医学领域、药物化学的研究工作,是中国军用毒剂化学检验研究的先驱者。

23. 林振纲

林振纲(1900—1976年),浙江绍兴人。1922年考入国立北京医学专门学校。1930年留学德国。1933—1935年任北平大学医学院病理学科兼法医学科主任、教授,期间,还被林几聘为司法行政部法医研究所病理学教授,培养法医病理人才。之后,林振纲还先后任沈阳医学院总务主任、病理科主任,中央大学医学院、河北医学院教授。新中国成立后,历任北京医学院基础医学部主任、病理解剖教研组主任,中华医学会微生物学会副主任委员。林振纲毕生从事病理学研究,是我国法医学和病理学的先驱者。

24. 高麟祥

高麟祥,上海雷斯特医学研究所病理学博士。高麟祥对法医学的主要贡献是他于

第五章 近现代法医学人物介绍

1932 年被林几聘为司法行政部法医研究所教授，培养法医人才和参与法医检案。高麟祥对我国血吸虫病发现和防治有重要贡献。1935 年 1 月，福州协和医院外籍医师 Compbell 解剖一例福清县埔尾村人洪阿松死因不明尸体后，将内脏送往上海雷斯特医学研究所，经高麟祥和该所病理科主任罗伯逊检查，在肝、脾、心、肾等器官中均查到血吸虫卵。此为我国福清县发现的首例血吸虫病人。随后，高麟祥和罗伯逊到福建，会同福建科学馆唐仲璋到福清县实地调查，在福清县北郊部分村民大便中检出血吸虫卵。唐仲璋对福清县发现的钉螺的大小和生活习性做了一些观察，并寄往美国鉴定，认为是新种，被命名为唐氏钉螺。唐仲璋送检的病理标本均经高麟祥确诊。

25. 杨述祖

杨述祖（1903—1983 年），陕西华县人，我国著名病理学家。1918 年留学日本。1928 年从日本名古屋医科大学医疗系毕业后，又考入东京帝国大学，为病理部研究生，1931 年获博士学位。同年回国后进入上海自然科学研究所，历任助教、副研究员、研究员。后任上海东南医学院、同德医学院及上海同济大学医学院病理学教授。新中国成立后，调至武汉医学院任病理解剖学教研室主任、基础医学部主任等职。他是国家高教一级教授、国务院学位委员会学科评议组成员，还曾任第三届全国人民代表大会代表、第五届与第六届全国政治协商会议委员、中华医学会病理学会副主任委员。杨述祖对法医学的主要贡献是 1932 年林几在上海成立司法行政部法医研究所时被聘为病理学教授。当时，他在上海自然科学研究所工作，承担法医研究所法医学检案和法医病理学教学工作。

26. 杨元吉

杨元吉，我国近代医学家、法医史学家。曾先后出版《病理胎产学》（人文印书馆，1926 年）、《生理胎产学》（大德出版社，1928 年）、《中国医药文献初辑（研究参考资料）》（大德出版社，1929 年）。杨元吉研究法医学史的特点是着重对所处年代法医学进行考察后述评。在《法医学史略补》（《北平医刊》，1936 年）中，杨元吉介绍，1924 年上海地方检察厅检察长车庆云"每感法院检验工作尚沿洗冤录之旧说，检验吏之臆断以折狱，疑点既多，冤抑难免"，经与同济大学主持病理学工作的 Oppenheim （欧本海）博士多次合作，收效很大，但终因旧中国的政治腐败，法医事业的发展阻力重重。他呼吁医师、理化学者从事法医学检验。他认为林几引进现代法医学值得赞赏，成绩斐然。杨元吉的《法医学史略补》是一篇有价值的法医学史文章，他记载的 20 世纪 20 年代欧本海办班培养法医学人才及以失败告终的事实，真实反映了当时中国法医学的发展情况，值得研究。

27. 俞叔平

俞叔平（1909—1978 年），浙江诸暨人。1928 年考入浙江警官学校一期。1930 年被选拔赴奥地利学习警察司法业务。1933 年冬归国，在杭州警察局建立指纹室和烟犯检验室。1934 年秋，再度接受公费资助赴奥地利留学。1938 年获维也纳大学博士学位。1939 年任中央警官学校实验室主任。抗战期间还兼任重庆大学、四川大学教授，在此期间，俞叔平撰写了大量著作。1946—1949 年任上海市警察局局长，兼任国立同济大学、东吴大学教授。1949 年，俞叔平离开大陆到了台湾，受聘担任台湾大学、新竹清华大学、文化大学教授。1964年任台湾当局驻奥地利"大使",以后又转任联邦德国"大使"。他在刑法、诉讼法、刑事侦察、法医鉴定和物证鉴定等方面都有建树。俞叔平的著作有《法医学》《指纹学》《犯罪与侦察》《刑事法与刑事科学》《刑事警察与犯罪调查》等十余部。

28. 张崇熙

张崇熙,杭州人,医师。曾于1936年在新医书局出版《法医学》,这是以医师眼光撰写的法医学书籍。张崇熙还在民国时期编著了大量医学方面的书籍,如在东亚医学书局出版的《新药集》(1934年)、《最新实用医学各科全书》(1935年),在杭州宋经楼出版的《戒烟调验及治疗》(1937年)、《外国文医药名词拼读法》(1938年)、《药物学》(1939年)、《耳鼻咽喉齿科学》(1948年)等。

第三节　中华人民共和国时期法医人物（1949年至今）

1. 王希张

王希张(1901—1966年),河南濮阳人。1920年考入河北大学医科学习,1926年7月毕业。1927—1932年7月在日本东京庆应大学药理学教室就读研究生,获得医学博士学位。1932年回国后,在南京军医学校任药理学教授。1933年8月在河北省立医学院任药理学兼法医学教授。1939年12月任福建医学院药理学兼法医学教授。1947年8月到河北省立医学院任药理学科主任、教授。1932年在日本发表《中药麝香之药理研究》《伊色林对于体温之影响》《可得因对于血糖之影响》。1942年著《药理学》,1943年著《法医学》。他长期从事药理学和法医学教学工作。20世纪50年代初,在河北医学院授药理学、法医学等课程,期间编写《药理学》《法医学》《实习指导》等教材。

2. 张颐昌

张颐昌(1902—1968年),字养吾,曾任司法部司法鉴定科学技术研究所副所长兼华东政法学院和上海第二医学院法医学教授。早年毕业于上海法学院和上海复旦大学医学院。1935年为司法行政部法医研究所学员,毕业后留所工作。1951年,司法部法医研究所恢复,张颐昌为主管业务副所长。曾主编新中国成立初期我国法医学专刊《法医工作简报》,先后参与培养建国后司法部法医研究所培养的3期法医班300多名学员,这些法医学成后分配到全国各地公、检、法机关从事法医工作,是新中国成立后培养的法医骨干。张颐昌著有《中国法医史》等。

3. 汪继祖

汪继祖(1905—1977年),别号柏荫,又名汪逸梅。1925年考入浙江省公立医药专门学校,1929年毕业。1929年2—7月在浙江省高等法院法医专修班学习,毕业后在金华地区法院任法医。1933年考取林几创办的法医研究所研究员,参与我国第一部公开发行的法医学杂志——《法医月刊》的编辑,并获司法行政部颁发的法医师证书。

1935年回金华地方法院任法医。以后分别在金华、丽水、永嘉、泰顺和杭州等地任法医。1945—1947年在浙江医学院任副教授。1947年经林几推荐，奉调南京首都高等法院任法医，并在中央大学医学院任教。1950年，卫生部成立医学教材编审委员会，汪继祖参加法医学组编写教材。1951年，卫生部委托南京中央大学医学院由林几主持开办第一届法医师资进修班，汪继祖为该届法医师资进修班的教授。后林几不幸病逝，陈康颐、黄鸣驹、汪继祖等教授继续办完该班，为全国各高等医学院校开设法医课培养了第一批师资。1954年，卫生部召开教学大纲审定会议，陈康颐、陈东启和汪继祖教授等制定了我国第一部法医学必修课教学大纲。汪继祖发表有《疑狱集、折狱龟鉴、棠阴比事之释例》《竹打中空之机理》《表皮剥脱在临案检查中之实验研究》等著作和文章。汪继祖毕生从事法医学研究，在法医损伤学、文字检验等方面有独到见解。

4. 赵宪章

赵宪章（1906—1969年），名广茂，河北宛平人，出身于中医家庭。1922年考入国立北京医学专门学校，主攻病理学、法医学。1925年毕业后留校，任助教。1932年7月起在司法行政部法医研究所法医学试验室任技正、主任。1947年8月，一名中国人被美国兵谋杀，赵宪章验尸取证，在法庭上证明是暴力所致。后任上海市公安局刑警处三科法医股长，兼司法部法医研究所技术顾问。1953年任上海市公安局治安处技术科科长，兼任公安部公安学院、第一民警干部学校、司法部法医研究所法医学教员。赵宪章曾对一具已掩埋近2年的无名尸体进行检验，对尸骨的长度、右腿股骨内固定的铜片、上颌缺损的犬齿等，反复检验、查看病例记载和X光片比对，确认系导演石挥的遗骸。赵宪章潜心钻研业务，在《中华医学杂志》《法医月刊》上发表《血痕预备检查在几种试药内最低感应度之比较》等论文。1951年为公安部公安学院、第一人民警察干部学校编写"法医学"课程教学大纲，1953年为司法部法医研究所法医班编写《法医学讲义》《物证检查》《现场勘查》等教材。

5. 宋大仁

宋大仁（1907—1985年），别号医林怪杰、海煦，原籍广东中山，出生于澳门。宋大仁是我国近代著名医史学家、画家。1924年就读于上海中医专门学校。1927—1932年在上海东南医学院学习西医。毕业后留东南医院胃肠科任医师，同时受聘于上海中医学院教授。期间，协助丁济万编辑出版《丁氏医案》四册。1933年东渡日本深造，获得日本国消化器病学会会员资格。宋大仁于20世纪30年代开始研究中国医学史。1935年任上海中西医药研究社常务理事、医史委员会主席等职，主编出版《中西医药期刊》。1936年在《中华医学杂志》上发表《中国法医学简史》。之后，宋大仁潜心研究宋慈生平，后多次去福建建阳考察。1957年，宋大仁在《医学史与保健组织》上发表《中国法医学典籍版本考》一文，对历代《洗冤集录》版本进行科学考证。1957年12月，中央文化部指示福建省文物管理委员会指名宋大仁代撰《重修伟大法医学家宋慈墓》碑文，著述《伟大法医学家宋慈传记史迹和〈洗冤集录〉的研究》。现存的宋慈画像就是宋大仁所作。宋大仁一生撰写医史学术论文380余篇，编辑医药图书90余种，出版医史专著10余种，医史科技绘画、人物像200多帧。

6. 陈康颐

陈康颐（1908—2005年），江苏江阴人。1932年北平大学医学院毕业，同年考入林几创办的法医研究所研究生班。1935年成为我国最早获得法医师资格的人之一。曾协助林几创办《法医月刊》。先后在广西高等法院、广西大学、广西医学院、南京大学医学院、第二军医大学、司法部法医研究所任职。1946年协助林几开办法医专修班。1951年开办法医高师班。1960年调任上海第一医学院任法医学教授及法医教研室主任。曾任国家卫生部教材编审委员会特约编审、军委卫生部医学科学委员会委员、上海医科大学专家委员会名誉委员、全国法医学专业教育指导委员会委员、司法部司法鉴定科学技术研究所名誉顾问、中国法医学会名誉理事。主审《法医学》《实用法医学》等著作，参编《辞海·医药卫生分册》。著有《应用法医学总论》《应用法医学各论》著作。

7. 陈安良

陈安良（1908—1998年），广东宝安（今深圳）人。1929年毕业于国立中山大学医科。1932年考入林几创办的司法行政部法医研究所研究生班。1935年成为我国最早获得法医师资格的人之一。曾协助林几创办《法医月刊》。1936年创办广东法医研究所。1937年以岭南大学医学院讲师的身份考取洪堡基金会资助项目资格，到德国维尔茨堡大学法医研究所深造，著有"毛发皮质毛小皮结构特征及相关毒物检测技术"的学术论文，获法医学博士学位。1946年赴美国纽约大学医学院从事博士后研究一年，次年回国。曾任中山大学医学院教授兼广州方便医院（广州市第一人民医院前身）院长。新中国成立后，历任广州市第一人民医院副院长、广州市卫生防疫站站长、广州市卫生局副局长、广州市副市长、广州市人大常委会副主任、广州市科协主席、中国红十字会理事。中国农工民主党党员。1984年加入中国共产党。陈安良长期致力于公共卫生事业和法医学研究。是中国法医学会名誉理事，著有《法医检验学》等。

8. 张树槐

张树槐（1909年—卒年不详），河北定县人。1932年毕业于北平大学医学院，1933年考入司法行政部法医研究所研究员班，在林几指导下学习法医学。1935年毕业，论文是《斑蝥中毒的动物实验》。曾协助林几创办《法医月刊》并任杂志编辑，获司法行政部颁发的法医师证书。1935年毕业后到山东高等法院任法医。曾先后在山东医学院、北京医学院任法医教授。1951年由卫生部主办的全国高级法医师资班在南京医学院开办，林几不幸病逝后，由陈康颐、黄鸣驹、陈谦禄等负责继续培养高师班学员。张树槐是受聘给高师班学员上法医课的教授之一。1959年参加陈康颐主编，陈东启、汪继祖参编的全国高等医药院校教科书《法医学》（人民卫生出版社出版）的编写工作。

9. 胡乃钊

胡乃钊（1909—1993年），江苏丹阳人。1932年于北平军医学校大学部药科毕业，后在四川卫生材料厂、广西药品化学制造所从事药品检定工作。1941年任南京军医学校教授，讲授卫生化学、药品检定和毒物分析化学。1946年赴美国麻省理工学院攻读食物化学和药品分析化学，同时在麻省药学院进修药物分析。1947年回国，任上海国防医学院、中法大学药学专修科教授。1949年8月任南京药学专科学校教授。1950年调任上海第二军医大学药学系教授,创建药物分析化学教研室。曾任中国药品编纂委员会委员、中国药学会上海分会理事。胡乃钊擅长金属毒物和含氮毒物的分析,对药品鉴定、卫生化学及毒物分析化学等领域有较深的造诣。曾主编《药物分析》《卫生化学》《毒物分析》等教材和专著。1984年主编出版《新编毒物分析化学》,是法医毒物分析的重要参考书。

10. 孔禄卿

孔禄卿(1910—1992年),祖籍浙江宁波,生于日本横滨市。1937年于日本千叶医科大学医学科毕业,进入该大学法医学教研室研究法医学、血型学5年,曾任助教、医师,1942年获医学博士学位。1943年回上海定居,先后任私人诊所内科医师和上海东南医学院法医学教授。新中国成立后,致力于法医事业发展,在上海市公安局从事法医物证检验,历任第二军医大学法医学教研室主任、司法部法医学研究所物证室主任、上海生物制品研究所主任技师。1978年任上海市中心血站技术顾问。1982年8月加入中国致公党。1983年与日本医学博士吉成意之合编《英日汉血液用语医学辞典》,由日本血液事业学会出版。曾任中国法医学会、中国输血学会名誉理事,上海输血学会主任委员,司法部司法鉴定科学技术研究所名誉顾问等。出版《血型血清学》专著;发表《上海地区中国人HP血清型的分布和遗传调查》《Lewis血型与ABH血型物质》等论文,编译《法医学论》《用标定免疫测定法检验血型》《红细胞抗原与抗体的快速检测法》等论著。

11. 陈履告

陈履告(1911—1996年),浙江义乌人。1930—1935年就读于南京军医学校大学部医学系。1936年考入司法行政部上海真如法医研究所第三期法医研究员班,在孙逵方指导下学习法医学。1937年毕业,获司法行政部颁发的法医师证书。抗战时期在贵州安顺军医学校大学部病理系任教,1946年升任教授。抗日战争胜利后,学校迁至上海,改名"国防医学院",陈履告任该校病理学教授兼系主任。1949年8月,陈履告受聘任浙江大学病理学教授。1950年,浙江大学选址杭州田家园筹办病理诊断室,诊断室的第一张病理报告(食道癌)由陈履告教授做出。当时陈履告教授还受理浙江邻省(江西、安徽、福建)送检的病理标本。1952年任浙江医学院病理学教授兼病理教研室主任,接受司法机构送检的法医病理检查和开展法医尸体解剖工作。1956年与徐英含出版《法医病理解剖学》。曾任中国病理学会浙江省分会主任委员,《中华病理学杂志》编委。

12. 陈东启

陈东启(1912—2006年),奉天(今辽宁)辽阳人,法医学家。1929年入满州医科大学医学系学习,1938年本科毕业并获得日本医学学士学位。同年4月留校于法医学教室任教。曾任吉林省九台县医院医师,沈阳医学院副教授、教授,专长法医血清学。1948年后,历任中国医科大学法医系主任、教授,国务院学位委员会第一届学科评议组成员。中国民主同盟盟员。1950年,卫生部召开教学大纲审定会议,陈康颐、陈东启、汪继祖等制定了我国第一部法医学必修课教学大纲。同年,中国医科大学在陈东启领导下,着手翻译苏联波波夫著《法医学》,并于1956年出版,由卫生部指定作为高等医药院校试用教材。1955 年，卫生部又指定中国医科大学开办第二届法医师资进修班，由陈东启主持，学员有黄光照、张文科、石秋念、高文琴、赵以诚、肖伯坤、王维民、李家陶等。1960 年，陈东启用废红细胞吸收非特异抗体研制出抗 M、抗 N 血清。1964 年他提出了甲醛固定脏器血型检查法。同年他用浓缩唾液制备高价血清，用于混合凝集反应检查人毛、组织、体液的血型。

13. 叶昭渠

叶昭渠（1913 年—卒年不详），博士，台湾大学医学院法医学教授。1946 年任台湾大学医学院法医学助教，1955 年在世界卫生组织的资助下，前往日本东京大学医学部法医学教室，在上野正吉教授指导下以《骨组织之血液型物质之研究》论文成为台湾第一位法医学博士。叶昭渠除在台大法医科授课外，还为警方工作，并兼任台湾"中央"警官学校教授，指导培养研究生。主编《最新法医学》（南山堂出版社，1987 年版）等著作。

14. 陈谦禄

陈谦禄（生卒年不详），第四军医大学教授，著名法医毒物分析化学专家。1951 年，卫生部委托南京大学医学院（后改为第五军医大学）开办第一期法医高级师资班，林几负责筹办，陈康颐、黄名驹、陈谦禄、丁涛等协助。陈谦禄被林几聘为高师班教师，与其他教授共同培养了胡炳蔚、张其英、景民、祝家镇、郭景元、吴家驭、吴梅筠、徐英含、刘明俊、赵经隆、杨增言、周雪良、王恩寿、胡三多、沈宝镕、黄其善、叶挺光、高慧珍、王建清等 19 位学生。高师班的学生毕业后分配到全国各高校，陈谦禄回到中国人民解放军第四军医大学从事毒物分析化学教学和科研工作。1981 年参加《实用法医学》及《中国医学百科全书·法医学》分册《毒物分析和中毒鉴定》的编写工作。

15. 仲许

仲许（1914—2009 年），字成子，江苏海安人。1935 年考入司法行政部法医研究所检验员班，毕业后回江苏省从事法医工作。新中国成立后在无锡市中级法院、无锡市公安局任法医，曾被司法部司法鉴定科学技术研究所聘为兼职教授，先后出版《法医学》《中国法医学史》《机械性窒息》《机械性损伤》等著作。仲许是中国法医学会名誉理事，还是中国书法家协会会员，魏碑派书法家。

16. 蒋大颐

蒋大颐（1914 年—卒年不详），浙江东阳上蒋人。1935 年毕业于浙江医药专科学校。1936 年毕业于司法行政部法医研究所（第二期研究员班），并由司法行政部颁发法医师证书。毕业后，分配到江西高等法院任法医。后又到浙江龙泉、永康、嘉兴等地方法院任法医。1949 年后在浙江高等法院任法医。浙江医科大学客座教授。

17. 蒋培祖

蒋培祖（1915 年—卒年不详），浙江诸暨人。1935 年考入司法行政部法医研究所检验员班，在孙逵方指导下学习法医学。1936 年毕业后留法医研究所任病理技师。蒋培祖毕生从事法医检验工作，曾先后在上海市法院、上海市检察院和上海市公安局任法医、主任法医师，上海市法医学会顾问。曾主持傅雷死因鉴定等重大法医检验。著作有

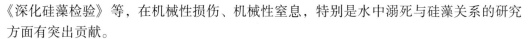

《深化硅藻检验》等，在机械性损伤、机械性窒息，特别是水中溺死与硅藻关系的研究方面有突出贡献。

18. 俞慎初

俞慎初（1915—2002年），医学史家，福建福清人，福建中医药大学教授。1933年毕业于上海中医专门学校。曾任《现代医药》月刊主编、上海复兴中医专科学校教务主任。撰写《中国医学简史》，获卫生部科技成果奖。该书记载清末年间，随着西方医学输入我国，法医学知识也被介绍到国内，1899年由来华英国人傅兰雅口译、赵元益笔述的《法律医学》由江南制造局出版，这是我国第一部翻译出版的国外法医学著作。俞慎初认为民国时期医学期刊是医学研究和学术交流的平台，也是近代中西医论争的主要舆论工具，民国时期的医学刊物"数量之多、品种之繁、发行范围之广皆达到了历史上的空前水平，其中包括林几创办的《法医月刊》"。新中国成立后，他提出研究宋慈事迹和宋慈家谱的建议，并为宋慈立传。

19. 陶国泰

陶国泰（1916年—卒年不详），江苏无锡人。1941年毕业于中央大学医学院医疗系。1948年获WHO奖学金赴美国加利福尼亚大学精神医学研究所学习精神医学。1949年回国创建南京精神病防治院。陶国泰对法医学的贡献主要是他于1951年在林几主持的全国首届法医高级师资班授课，被聘为法医精神病学教授，培养法医人才。

20. 丁涛

丁涛（生卒年不详），曾在原中央大学医学院（后改为第五军医大学）林几身边从事法医教学和科研工作。1951年参与我国卫生部主办的第一届法医高级师资班教学工作。1956年参加陕西省西安市法医学术讨论会，协助成立西安法医学会。丁涛是上海第二医科大学教授，司法部司法鉴定科学技术研究所顾问。参与《中国医学百科全书·法医学》的编写工作，在个人识别、法医牙科学、指纹学、复容、颅像重合等方面有专门研究。1983年，首先在新鲜尸体上按His的15个测点测量中国人面部软组织厚度，进行"面貌复原"研究，在第一届全国法医学术讨论会上发表论文《109例男、女尸体面部软组织厚度的测量》。2004年发表《忆林几教授》，纪念中国现代法医学奠基人林几教授。

21. 文剑成

文剑成（1923—1969年），江苏人。1946年考入中央大学医学院第二期法医专修班，在林几指导下学习法医学。1949年毕业后在南京市地方法院任法医。1950年在南京中级法院任法医，兼南京大学医学院法医实习带教。1950年，南京大学医学院招收第三期法医专修班，实习带教和现场指导均由文剑成负责。1955年，文剑成在南京市公安局任法医。当时，南京地区尸体解剖率较高，南京市公安局建有尸检病理室，是全国公安法医实习基地之一。1956年开始，公安部第一民警干校（中国刑事警察学院前身）开设法医班，连续办4期，江苏、湖北、安徽、福建等地学员安排在南京市公安局实习（南京白下路实习点），文剑成是带教法医。到第四期法医班时，文剑成患食道癌，仍坚持上班，尸解时亲自示范讲解。文剑成著作颇丰，如《夹竹桃中毒》《几种尸体现象与某些生前损伤的鉴别》《急死181例之死因分析》等。

22. 林锡署

林锡署（生卒年不详），1946年考入中央大学医学院第二期法医专修班，在林几指导下学习法医学。1949年毕业后在南京市地方法院任法医。1950年在南京中级法院任法医。1950年，南京大学医学院招收第三期法医专修班，林锡署兼南京大学医学院法医实习带教。1957年，在《法学》杂志发表《血迹检查》一文。

23. 赵经隆

赵经隆（1924—），山东省龙口市人。北京市刑事科学技术研究所研究员、副所长。1952年毕业于北京医科大学，1953年结业于卫生部法医学高级师资班。历任北京医科大学助教、讲师，北京大学医学院附属医院病理医师，北京市刑事科学技术研究所副研究员，中国法医学会常务理事，中国法医病理学专业委员会副主任，《中国法医学杂志》编委，北京医科大学、中国人民大学兼职教授。出版《法医学颅脑损伤》专著，主编高等学校教材《法医学》，参编《中国医科百科全书·法医学分册》《法医病理学》及译著等10余部，部分著作获部级科技奖及优秀教材奖。主持并参与完成国家自然科学基金等资助科研项目，获省部级科技进步奖二、三等奖。发表论文60余篇。享受国务院政府特殊津贴。为有重大影响案件侦破及疑难案件的鉴定做出重要的贡献。

24. 吴家驭

吴家驭（1926—），云南省昆明人。1952年毕业于湖南湘雅医学院。1953年结业于南京大学医学院法医学师资训练班。后在四川医学院从事法医学教学、科研和法医学工作，为四川省和成都市公安局作了大量检案，从现场勘查、尸体解剖到毒物分析、物证检验等解决了许多重大疑难案件。曾任华西医科大学首任法医学系主任、中国法医学会常务理事、全国法医学教育指导委员会委员、全国法医学教材编审委员会主任、《中国法医学杂志》主编、四川省医学技术鉴定委员会副主任委员、四川省法医学会名誉副会长、《实用法医学杂志》主编。在他和吴梅筠等的努力下，1978年，四川医学院成立了法医学教学小组，隶属于病理教研室，随后成立了法医学教研室；1986年成立了法医学系；1986年，他和祝家镇等法医学家的共同努力促使我国法医学通过了教育部专业目录论证，使这门学科有了法定地位。他提议并促成了四川省法医学会、四川省法医学技术鉴定委员会的成立，并在其中主持工作。他主持翻译并出版了《法医显微病理学诊断》一书。1995年，主编的《法医学》由北京医科大学、中国协和医科大学联合出版社出版。

25. 郑钟璇

郑钟璇（1926—2019），广东人。1947年考入中央大学医学院林几创办的法医专修班学习。1983年司法部司法鉴定科学技术研究所经国家科委定为司法部直属中央级公益性科研院所并批准复建。郑钟璇为恢复后司法部司法鉴定科学技术研究所所长；司法部司法鉴定科学技术研究所建于1951年，它的前身是1932年成立的司法行政部法医研究所。1982年郑钟璇主编《法医学》，由法律出版社出版。1985年7月，司法部司法鉴定科学技术研究所主办的《法医学杂志》创刊发行，郑钟璇任主编。郑钟璇主持工作期间，接纳全国公安、检察、法院系统法医办法医学培训班，承担法医学和刑事技术疑难案件的鉴定，开展法医科学研究和教学工作，发表《颅脑钝器损伤的生物力学研究》《林几与洗冤录驳议》等论文。

26. 胡炳蔚

胡炳蔚（1926—2019年），山东省济南人。1945年在中央大学医学院（现为南京大学医学院）学习，1951年在该校第一届全国高级法医师资班进修，1953年在西安医学院工作。50多年来一直从事法医学教学、科研及检案实践，是西安医科大学法医学系创始人，首任法医学系主任和法医毒理学教研室主任。曾任中国法医学会常务理事、陕西省法医学会首任理事长、全国法医毒理专业委员会副主任、全国法医学教育指导委员会委员、全国法医学教材编审委员会委员、陕西省第六届及第七届人民代表大会代表及陕西省人大法制委员会委员，兼任《法医学杂志》编委会副主任及中国畜牧兽医学会动物毒物学会理事。享受政府特殊津贴。1964年，他和刘明俊教授合著《常见中毒的法医学鉴定》一书。担任统编教材《法医学》及《法医毒理学》副主编，《法医学》教材获卫生部优秀教材奖。在法医毒理学方面，对乌头碱、斑蝥素、酒精和吗啡的代谢动力学及其法医学应用进行了系列研究，其中"乌头碱法医毒理研究"项目获陕西省科技进步奖。他研究福尔马林固定对亚硝酸盐中毒鉴定的影响，结果发现福尔马林可延长血液和脏器内亚硝酸盐的检测时限，这一项目获陕西省科技进步三等奖。胡炳蔚曾利用保存型尸体干尸上刀创破案，检查唐永泰公主遗骸狭窄骨盆认定为难产致死，从福尔马林固定脏器里提取中毒检材进行化验，在病理蜡块上提取检材进行组织化学毒物检验等。先后参编法医学专著9种，发表论文50余篇，获得省部级科研及教学成果奖8项，专利1项。1992年获"陕西省科技精英"称号。

27. 吴梅筠

吴梅筠（1926—），浙江省黄岩人。1952年毕业于上海医科大学，1953年7月参加卫生部主办的法医学高级师资培训班结业后被分配至原四川医学院，博士研究生导师，华西医科大学四川省学术带头人。曾任法医学及法庭生物学教研室主任。1980—1982年美国访问学者，1984年澳大利亚访问学者。1985年1月作为国家教委组织的法医学教育考察团成员兼翻译赴美国考察。1990年、1991年赴日本参加第一届国际法科学进展学术会议及日本第75届法医学学术年会，并在大会上作学术报告。共培养17名硕士研究生、8名博士研究生。发表论著60篇，其中8篇发表在国外杂志上，2篇发表在国内外文版杂志上。主编《血型血清学及物证检验》《英汉对照法医学词汇》及《法医物证学》，参编9部著作，参加译校3部。科研成果及著作共获部省级科技进步奖8项、优秀教材奖2项。兼全国法医学专业教育指导委员会委员、中国法医学杂志顾问及英文编审、中国法医学会理事等。荣获"成都市劳动模范""优秀研究生导师""全国教育系统巾帼建功标兵""第二届四川省优秀女科技工作者"等称号。

28. 张其英

张其英（1926—2019年）1953年结业于卫生部法医学高级师资班，在上海医学院病理学教研室成立法医学教学组，自编《法医学讲义》和实验指导。1979年12月，为留学生及临床医学本科开设法医学课程，1984年创建了上海医科大学法医学系并任系主任，1984年开始招收法医学专业本科学生，并同时被批准为法医学硕士学位授点。任全国法医学专业统编教材《法医病理学》（第一、第二版）副主编，全国法医学专业教育指导委员会委员，中国法医学会理事，上海市法医学会副理事长，《中国法医学杂志》编委等。

29. 徐英含

徐英含（1926—），浙江省萧山人。1952年毕业于浙江大学医学院本科。1953年全国法医高级师资训练班结业后，一直在浙江医科大学担任病理学与法医学教学与科研工作，病理学教授，曾兼任全国政协第七、第八届委员，民盟浙江省委副主委，国家教委法医学专业教育指导委员会委员，浙江省重点学科评估委员会委员，中华医学会病理学会委员，中国法医学会理事等职。主编《法医毒物学》《法医病理解剖学》《实用法医病理学》《最新法医病理学》《法医学》《环境病理学》等著作10部，参编教材、专著12部。在国内外刊物发表论文138篇。曾获浙江省科技进步奖一、二、三、四等奖6项，卫生部科技进步奖二等奖1项，浙江省卫生厅科技进步奖二等奖1项。多次被评为学校优秀教师，两次被评为省级优秀教师，1988年被评为"浙江省劳动模范"。国务院政府特殊津贴获得者。

30. 李德祥

李德祥（1926—1998年），辽宁沈阳人，中国医科大学法医学系法医学教授、博士研究生导师。1951年中国医科大学毕业。1985—1989年，任中国医科大学法医学系法医病理学教研室主任。主要研究方向为损伤与猝死法医病理学。参编《实用法医学》（上海科学技术出版社，1980年）、《中国医百全书·法医学》（上海科技出版社，1987年），主编《法医通讯》（沈阳法医学会刊物），主编国家教委规划教材《临床法医学》（人民卫生出版社，1989年），任国家教委规划教材《法医病理学》（人民卫生出版社1994年）副主编。发表论文数十篇。先后指导硕士研究生13人、博士研究生2人。

31. 杨日松

杨日松（1927—2011年），出生于台湾苗栗助公馆乡，客家人，博士。1945年在台湾大学医学院学习法医学。1948年进入台湾地区警务处。1949年任台湾地区警务处刑警总队法医师。1979年2月，台湾地区刑事局成立法医室，负责死因、药毒物鉴定等业务，由杨日松担任法医室主任。1998年，杨日松获颁"特种领绶景星勋章"。杨日松为台湾著名法医，经手过许多重大案件，被誉为"台湾福尔摩斯""法医神探"。在法医生涯47年期间，检验尸体超过20 000具，参与重大刑案尸验达半世纪。

32. 贾静涛

贾静涛（1927—2017年），辽宁辽阳人。1945年入盛京医科大学学习。1950年4月毕业于中国医科大学。中国医科大学法医学教研室主任教授。1985年5月，中国医科大学法医学系成立，贾静涛任系主任兼法医血清学教研室主任。曾任中国医科大学科研处处长、日本久留米大学医学院客座教授、英国伦敦大学医学院访问教授。曾任中国法医学会常务理事、《中国法医学杂志》副主编、全国法医学专业教育指导委员会委员、中国卫生法学会理事、国家自然科学基金同行评议专家组成员、国务院学位委员会审核博士生指导教师通讯评议专家组成员等。先后多次获得"中国医科大学先进工作者""沈阳市和辽宁省优秀教师""沈阳市和辽宁省劳动模范"等称号。1955年参加《法医学》（波波夫著）一书翻译及卫生部委托的第二期全国法医师资进修班的教学等工作。主编的《法医学概论》于 1989 年和 1993 年分别获得辽宁省优秀教学成果二等奖。他致力于研究中国法医学史,先后发表有 50 余篇论文,出版《中国古代法医学史》和《世界法医学与法科学史》。他主持并参加了对红细胞型(8 种)、血清蛋白多型(8 种)、红细胞酶型(5 种)、补体蛋白多型(7 种)、唾液蛋白多型(4 种)及 VNTR 和 STR 多型(5 种)等 37 种遗传标记的辽中地区频率分布及检测技术等研究,先后获得卫生部和辽宁省科技进步三等奖 4 项。1980 年,在他的倡导和组织下建立了沈阳法医学会,并创办《法医通讯》。1987 年他在中国医科大学主持召开了国际法医学进展研讨会。他撰写的《法医血型血清学》一书 1990 年荣获"北方十省市图书一等奖"。贾静涛还是一位法医诗人。

33. 郭景元

郭景元(1928—),籍贯福建龙岩。1951 年毕业于福建医学院。1953 年南京大学医学院第一届法医高师班毕业,分配至中山医学院工作。1992 年以高级访问学者身份在美国 Buffalo 大学进修一年半。1992 年起享受国务院政府特殊津贴。中山大学法医学专业创始人之一,曾任中山医科大学法医学系副主任、法医物证学教研室主任。中山医科大学教授、博士研究生导师,国家自然科学基金会评审人,全国法医学专业教育指导委员会委员兼教材编审委员会副主任,中国法医学会常务理事兼物证专业委员会主任,曾受聘兼任司法部上海司法鉴定科学技术研究所物证研究室主任。主要兼职有广东省政协委员、广州市科协委员、广东省人民检察院法医顾问、广东省法医学会副理事长、广州法医学会理事长、广东省公安厅专家顾问、《中国法医学杂志》编委、《法医学杂志》副主编等。编写翻译法医学著作数十部,在国内外杂志发表论文 200 多篇,出版有影响的法医学著作 14 部,包括《实用法医学》《中国医学百科全书·法医学》《实用法医学词典》《现代法医学》等。曾参与马王堆一号汉墓古尸研究,其成果于 1978 年获"全国科学大会及卫生部科学大会奖",1990 年获"广东省科技进步一等奖";《实用法医学》和《法医学》(卫生部统编教材)分别于 1988 年和 1994 年获卫生部优秀教材奖。《微量血痕与毛发的血型鉴定》获 1978 年"全国医药卫生科学大会奖";深入研究毛发血型物质的部位以及血清型、酶型、HLA、DNA 的检测填补了当时国内空白。共培养硕士研究生 21 名、博士研究生 5 名。举办法医物证学高师班及进修班十余届,培养了大批法医学专业人才。

34. 刘明俊

刘明俊(1928—2015 年),湖南长沙人。1946 年进入湖南湘雅医学院学习。1951 年参加南京大学医学院全国第一届法医高级师资班。1953 年 7 月由中央卫生部统一分配至西安医科大学任教,先后担任西安医科大学法医学系法医病理学教研室主任、法医物证学教研室主任,兼任《中国法医学杂志》编委、《法医学杂志》编委、中国法医学会理事、陕西省法医学会常务理事。享受国家突出贡献专家特殊津贴。1953 年在西安医科大学开设法医学课程,1982 年起招收硕士研究生。1984 年,西安医科大学受卫生部委托举办法医师资班,刘明俊亲自任班主任,该班学员后来不少成为中国法医骨干,他们是丛斌、黄瑞亭、顾晓生、何颂跃、高彩荣、田川等 21 人。1964 年,刘明俊与胡炳蔚共同编著了《常见中毒的法医学鉴定》一书,此后参编了《实用法医学》《中国医学百科全书·法医学》《法医学概论》《法医病理学》《实用法医手册》《法医学入门》《中国法医实践》《法医检骨与颅像重合》等书。她与胡炳蔚合作带领硕士研究生对乌头碱、斑蝥毒素、酒精及吗啡等毒物进行了系列研究，建立了微量检测技术（HPLC、GC 及免疫测定等）、毒物动力学参数及实验中毒动物心肌线粒体呼吸酶的亚微病理损害资料。国内首家报道了（1994 年）吗啡的免疫组织化学鉴定，该项技术可应用于常规固定检材及石蜡切片检验。刘明俊通过研究测定绒毛膜组织的 ABH 血型物质、酶型及 DNA 型，解决了早期胚胎尚无血液形成，不能按传统方法测定血细胞血型的问题，可以达到认定亲权的水平，为早期妊娠亲子鉴定找出了新的途径。1988 年，访美归国后，首先引进了单位点 DNA 探针分析及数量化表达结果。报道了国人自己的六位点群体遗传资料，继而又将其应用于早期妊娠亲子鉴定研究。1990 年，运用 PCR 技术开发硬组织（骨、牙）DNA 分型的研究，该项成果可用以鉴定遗骸身源。在国内外发表论文 50 余篇，3 次获国家自然科学基金，4 次获陕西省及国家教委科技进步奖。1989 年，被评为"全国优秀教师"。1993 年，被陕西省妇联评为"巾帼建功标兵"。

35. 祝家镇

祝家镇（1928—2019 年），浙江杭州人，生于上海。1952 年毕业于上海医学院。1951 年参加卫生部主办的第一届全国法医高级师资班学习法医学。1953 年毕业后分配到中山医学院病理教研室法医组从事法医学工作。中山医学院教授。1960 年起兼中山医学院科研处科长，1978—1984 年兼任科研处副处长，1984 年中山医学院（同年更名为中山医科大学）建立法医学系后担任法医学系主任直至 1992 年。1979 年起招收硕士研究生，1986 年起招收博士研究生，是我国第一批法医学博士研究生导师。共培养硕士研究生 20 余名、博士研究生 11 名。1984—1990 年任中山医科大学副校长（分管科研和外事）。1971—1977 年任中山医学院主办的《国外医学杂志内科学分册》主编。1985—1996 年兼任国家教委法医学专业教育指导委员会副主任，同期兼任中国法医学会副理事长。1984 年 1 月至 1985 年 3 月在美国洛杉矶 Chief Medical Examiner Coroner Office 做访问学者。1985 年 2 月出席全美法医学年会，在会上报告论文 2 篇。1985 年初，国家教委派法医代表团访问美国时，受美国教育部聘请担任美方中文翻译 1 个月。1985 年 3 月回国途中应 Shogo Misswa 教授之邀访问日本 Tsukuba University 法医学科 1 周。1990 年出席德国、日本在日本金泽联合举办的国际法医学进展研讨会，报告了论文。1993 年 7—8 月应多伦多 Institute of Criminal Science 所长 Mr. Lucas 之邀访问了该研究所和多伦多的法医、警察局刑事技术部门，以及 Hamilton 的法医和 McMaster University；9 月应 Bernard Knight 教授之邀访问英国 University of Wales 法医学科 1 个月。1995 年、1996 年应 Pekka Saukko 教授之邀赴芬兰 University of Turku 合作心脏传导系统研究，每年 2 个月。1994 年起任 *Forensic Science International* 杂志编委。1986 年起任全国《法医病理学》教科书第一版、第二版主编，获"国家教委优秀教材一等奖"。

36. 刘协和

刘协和（1928—2016 年），出生于湖南，1955 年毕业于湖南医学院医学系。毕业后在四川医学院及华西医科大学工作，教授、博士研究生导师，教研室主任，研究室主任，大学图书馆馆长，法医学系司法精神病学主任。1985 年，被指定为《精神卫生法》

第五章　近现代法医学人物介绍

的起草人。1986年，建立了国内第一个司法精神病学教研室，成为新中国司法精神病学的开创者及精神卫生立法的推动者。完成国家自然科学基金课题8项，博士点基金课题6项，国家"九五攻关"子课题和卫生部重点项目各1项、纽约中华医学基金（CMB）课题3项、WHO课题1项。主编和参编著作50余部（其中参编英文著作2部），发表论文300余篇。培养硕士研究生30名、博士研究生26名、博士后2名。获卫生部科技进步一等奖、三等奖，四川省科技进步二等奖等。国务院政府特殊津贴获得者，获"四川省劳动模范""四川省优秀教师"称号。

37. 朱小曼

朱小曼（1929—），江苏省南京市人，1952年毕业于南京大学医学院法医专修科，曾任中山医科大学法医学系法医临床学教研室主任，教授、硕士研究生导师，1993年美国布法罗（Buffalo）大学及布法罗（Buffalo）法医局访问学者。兼任中国法医学会临床法医学专业委员会副主任、广东省法医学会副理事长、广州法医学会副理事长兼秘书长。广东省人民检察院、广东省公安厅、广州市公安局法医顾问，汕头大学、广东医学院客座教授。主编《法医临床学》（1999年获教育部科技进步三等奖）、《法医临床指南》，参编《实用法医学》（1982年获广东省高教局科技进步二等奖，1988年卫生部优秀教材奖）、《实用法医手册》（1996年医药卫生杰出科技著作科技进步奖）、《中国医学百科全书·法医学分卷》（1983年广东省高教局卫生厅科技成果三等奖）、《法医学入门》（1982年《中级医刊》优秀论文奖）、《法医检验学》等著作。发表论文50余篇。荣获"广州市'三八'红旗手""广东省高教局优秀教师""广州市科协先进工作者"等称号。国务院政府特殊津贴获得者。

38. 刘世沧

刘世沧（1930—2018年），四川省乐山市人，1955年毕业于四川医学院（现四川大学华西医学中心）医学系。1958年毕业于第二军医大学副博士研究生，后在四川医学院病理教研室、华西医科大学法医学系从事病理学和法医病理学的教学、科研和检案工作，华西医科大学法医学系病理教研室主任、教授、硕士研究生导师，第一届法医学系副主任，1987—1988年为美国迈阿密大学医学院病理系访问教授，曾任中国法医学会理事兼法医病理学专业委员会副主任、四川省科学技术协会委员、四川省法医学会副理事长兼秘书长、《中国法医学杂志》编委、《实用法医学杂志》副主编、《华西医学教育》杂志编委。享受国务院政府特殊津贴。先后发表科研论文70多篇，主编《实用法医临床学》《法医毒理学及其进展》《法医学进展与实践》，统编教材《临床法医学》副主编，参编《法医病理学》《中国医学百科全书法医学分卷》《医学未来学》《中国法医学实践》《法医显微病理诊断》（译著）《颅脑外伤》《新实用法医学》《性法医学》等。获国家卫生部科技进步一等奖（1986年）和四川省科技进步三等笑（1985年）。

39. 黄光照

黄光照（1932—2019年），浙江余姚人。1955年毕业于武汉医学院医学系并留校任教。1955—1956年在中国医科大学参加卫生部主办的第二届全国高师班学习，结业后回武汉医学院从事法医学教学、科研及检案工作。1957年开始从事法医学工作，是著名的法医病理学及毒理病理学家。1989 年 9—12 月赴德国进修；先后去日本、美国、加拿大参加国际法医会议交流及参观访问。从事法医病理学教学、科研和检案工作 50 多年，成果丰硕，农药及有毒动植物中毒病理研究处于国内领先地位，参加的"粗制棉籽油中毒研究"课题于 1985 年获国家科技进步二等奖，在国内外发表论文 50 余篇，主编全国医药院校法医学教材《法医毒理学》（第一、第二版）、《中国刑事科学技术大全》（法医病理学分册）等。黄光照是同济医学院法医学系创始人，同济医学院法医学系第一任主任，建系以来，共检案 2 万例，每年受理各类鉴定 3 000 余例，为全国各地公、检、法机关和院校先后培养出多名法医专业人才，其中不少已成为业务骨干，共培养博士研究生 19 名、硕士研究生 80 名、本科生 536 名，为我国司法鉴定工作第一线输送了一大批法医学人才。博士研究生导师，享受国务院政府特殊津贴。

40. 李伯龄

李伯龄（1932—），1953 年司法部法医研究所第二期法医班毕业，曾任公安部第二研究所所长、主任法医师，主编《法医 DNA 分析》《法医物证学》等著作，发表论文 60 余篇。1984 年 11 月，发起在中国古代伟大法医学家宋慈的故乡召开中国法医学会筹备会。1985 年 10 月 27 日，在河南省洛阳召开中国法医学会成立大会及第二届全国法医学术交流会上，李伯龄当选为中国法医学会第一任理事长。1991 年 5 月在江苏无锡市召开的中国法医学会第二次代表会议上，李伯龄当选中国法医学会第二任理事长。

41. 翟建安

翟建安（1932—），河北省安新县人，1955 年毕业于山东医学院，分配到司法部法医研究所从事解剖、法医教学工作。历任刑警学院副院长、院长，警官大学党委书记兼校长、法医学教授，兼任中国法医学会副理事长、中国警官学会常务理事、全国法医学专业教育指导委员会副主任等职。主编、参编的著作有《中国法医实践》《法医学》《刑事科学技术》《法医病理学》《证据学》等十余部，发表论文数十篇。享受国务院颁发政府特殊津贴。

42. 麻永昌

麻永昌（1933—），回族，吉林省人。1952 年第三军医大学本科毕业并继续攻读研究生，历任助教、讲师、长春市公安局法医、公安部第二研究所主任法医师等职。曾兼任国家科技奖励公安专业委员会评委、国家自然科学基金评审专家、中国法医学会常务理事、专业委副主任、《中国法医学杂志》副主编、编辑部主任等职。1995 年后兼国家自然科学基金会评审专家和中国法医学会学会名誉理事。1970 年起，连续 10 年被评为长春市公安局先进工作者，1980 年获"刑事技术标兵"称号、"吉林省先进工作者"，1981 年和 1983 年被评为长春市先进工作者，1986 年被评为公安部第二研究所先进工作者。发表《经哑门穴向颅内注入硫酸致死》《心脏猝死的法医学鉴定》《当前法医尸检工作中存在的问题》等论文。参与创办《中国法医学杂志》，1991 年开始一直关注、支持黄瑞亭对中国现代法医学鉴定人林几教授的研究，并介绍《林几传》。

43. 王镭

王镭（1935—），山东省泰安市人。1956 年毕业于北京大学医学院口腔医学专业，毕业后留校从事教学、医疗与科研工作。1958 年 7 月，被共青团北京市委授予"青年红旗手"称号。1958年9月,被卫生部授予"全国医药卫生技术革命先锋"奖状和奖章。由于工作成绩突出,1958年9月被中国医学科学院聘为特约研究员,1958年10月被北京医学院聘为特约教授。1972—1978年在卫生部工作,1978—1994年在教育部任高等教育司副司长兼体育卫生司副司长,分管农林、医药、文科、体育院校与国防教育。1989年发起创建全国高等医学教育学会,当选为首届理事长。策划创建了会刊《中国高等医学教育》杂志。1994年,调任中华医学会专职副会长,当选医学教育学会主任委员、《中华医学杂志》总编,兼任全国高等医学教育学会理事长。2000年9月后,担任国家医学教育发展中心主任。2006年1月24日,在首都医科大学庆祝王镭教授70华诞座谈会上,中华医学会医学教育分会为王镭教授颁发了医学教育"终身成就奖"。王镭教授成为我国第二个获此殊荣的人。王镭对法医学的贡献在于法医学专业的创设。20世纪80年代初,王镭对我国法医学人才的现状进行了调查,调查结果令他大吃一惊,全国经过正规本科教育培养的法医人才仅320人。而按照全国2 100个县,每个县公安局仅1名法医学人才计算的话,尚需2 000多名专业人员。加上检察院、法院、医学院校等,全国至少需要法医学人才上万名。这个人才的巨大缺口不仅会影响医学教育事业的全面发展,还会影响到社会的安定与和谐。由此他萌生了创设法医学专业的想法。开设法医学专业谈何容易,这涉及公安部、教育部、司法部、财政部等多个部委。为了医学教育事业,他在各部委间往返奔波,组织论证,筹措资金,发展项目,一度身上带着腹部手术后尚不能撤掉的引流管率团到美国考察了若干所培养法医学专门人才的大学、法医局、验尸所和研究所。在王镭的不懈努力下,法医学专业的开设终于获得批准。法医学专业自1986年创设以来,已为国家培养了数万名法医学专门人才。我国法医学专业从无到有,王镭教授可谓居功至伟。我国医学院校中的影像医学、医学检验、麻醉学、医学营养学、学校医学,以及藏医学、维医学等专业也都是在王镭的倡议下开设的。王镭主编的《继往开来:振兴中国法医教育事业》于2008年由四川大学出版社出版。

44. 陈世贤

陈世贤(1936—),浙江瑞安人。1954年赴上海司法部法医研究所学习,后一直从事法医工作。曾任公安部物证鉴定中心研究室主任、主任法医师、中国人民公安大学教授、一级警监、公安部特聘刑侦专家,曾长年担任公安部物证鉴定中心主任法医师,兼任中国法医学会副会长、全国法医检验技术标准化委员会主任。长期以来,他主要承办全国重大疑难涉外刑事案件和重大灾害事故的法医鉴定。在法医人类学方面有贡献,提倡开展"人体损伤机制及损伤生物力学"研究。主编或参编《中国法医实践》《法医学》《法医学手册》《中国大百科全书·法学卷》《中国百科全书·现代医学卷》《法医骨学》《法齿学概论》。参办的案子有:1994年3月浙江千岛湖特大纵火、抢劫、杀人案,1998年7月辽宁海城台湾高雄"市议员"林滴娟被绑架、伤害致死案,2006年4月甘肃天祝121个头盖骨法医学检验等。

45. 刘耀

刘耀(1937—),山西河曲人。法庭科学、法医毒物分析专家,中国工程院院士。1963年毕业于内蒙古大学。曾任公安部物证鉴定中心主任、中国人民公安大学副校长。

现任中国法医学会理事长、印太地区法庭科学会副理事长。主持、参与完成了16项重大科研项目。获国家科技进步三等奖2项，国家科技大会奖1项，部级科技进步一等奖1项、二等奖2项、三等奖2项、四等奖1项。在国内外刊物上发表论文40多篇，出版著作3部。参加了全国一大批疑难案件检验解决物证鉴定难题；从事法医学专业规范研究开创并发展我国刑事技术标准化工作；热心中国法医学会和其专刊工作，主编《中国法医学杂志》。为世界毒物学会会员和中国地区代表，1997年任中国法医学会理事长。被国家人事部、国家教委评为优秀留学回国人员。泛美法庭科学会授予其"对中国和世界法庭科学做出突出贡献奖"。

46. 李瑞兰

李瑞兰（1945—），1982—2002年先后任最高人民法院法医处处长、技术局副局长、副研究员。组建并负责最高人民法院法医技术工作，负责全国地方法院司法技术规划和管理工作，主编最高人民法院出版的《法医名词解释》《法医鉴定案例选》《司法鉴定概论》（法官教材）等著作，组织法院系统法医学术交流会，汇编第一、第二、第三届《全国法院系统法医学术交流论文集》。李瑞兰献身人民法院法医技术管理工作，是第一、第二、第三届中国法医学会常务理事、副秘书长。

47. 丛斌

丛斌（1957—），山东省文登市人，医学博士，教授，主任法医师，中国工程院院士，中国医学科学院学部委员。河北医科大学副校长、法医学院院长、法医学及病理生理学博士研究生导师，四川大学、中国政法大学博士研究生导师。最高人民法院、最高人民检察院、公安部特聘专家。中国法医学会副会长，中国病理生理学会常务理事，中国法医高等教育研究会副理事长，教育部高等学校医学教学指导委员会副主任委员，中国法医学会专家委员会副主任委员，中国药理学会神经精神药理学专业委员会常委，河北省法医学会理事长，《中国法医学杂志》编委会副主任、副主编，《中国病理生理杂志》常务编委，《中国大百科全书》（第三版）"法医学"部分主编。培养博士研究生和硕士研究生160余名。主持、参与过多起重大疑难案件的法医鉴定，主持完成了中国工程院重点课题"中国法医科学发展战略研究"。以第一完成人获国家科技进步一等奖1项、二等奖1项、省部级科技进步一等奖3项，2018年获何梁何利奖。在国内外期刊发表学术论文430余篇，主编《实用法医学》、《法医病理学》（第五版）、《法医法学》等专著和教材8部。第十、十一、十二、十三届全国人民代表大会常务委员会委员，第十二届全国人民代表大会法律委员会副主任委员，第十三届全国人民代表大会宪法和法律委员会副主任委员，九三学社第十二、十三、十四届中央委员会副主席。

第四节　林几生平小结

林几，享年54岁，却有近30年时间在从事法医学事业。我们从图5-3可以大致

第五章 近现代法医学人物介绍

了解林几的生平。

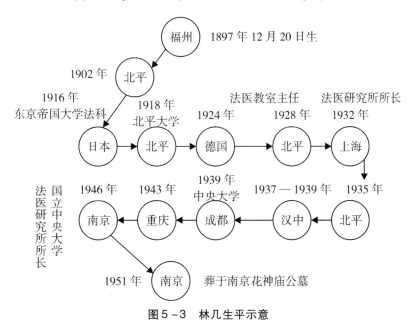

图 5-3　林几生平示意

一、林几的一生

清光绪二十三年（1897），林几出生于福州一个书香家庭，年幼时在福州私塾求学，10 岁随父到北京学习。他从小就向往学习世界先进律法，18 岁选择到日本学法政。林几在日本的第三个年头参加了一次反日游行而被迫回国。次年，他考入国立北京医学专门学校改攻医学。他家世显赫，父亲林志钧曾任北洋政府司法部部长。林几为什么选择法医学？为什么要立志改良中国法医学？从林几的家境、地位、学识来看，他完全可以选择更好的职业，但他看到当年治外法权旁落、租借地内国人不能检验、仵作验尸影响法医发展，就毅然投身前途不明朗的法医事业，而且一干就是一辈子，这是一种爱国精神！林几于大学期间就在北京《晨报》发表《司法改良与法医学之关系》一文，一方面承诺自己将从事法医学事业，另一方面表示要用现代法医学改造"旧法仵作检验"，并作为自己的奋斗目标。林几的观点是："法医学乃国家应用科学"，在"当兹吾华检政最困难时期"要"收回领事裁判权发展现代法医学"。1924 年，他到德国留学，4 年后获法医学博士学位回国。1930 年，林几创办北平大学医学院法医学教室；1932 年，创办法医研究所；之后，创办法官训练所、西北联大法医教室、中央大学医学院法医科、南京医学院法医科。他培养法医人才，创办法医研究员班、法医专修班、法医高师班；他创办了中国历史上第一部法医学杂志《法医月刊》；他把自己办的案件向社会和学界公开，宣传法医学；他在 1935 年筹建法医研究所计划中设计"拟在北平、武汉、广州、重庆设立法医研究分所，分所设于各地医学校或设备较齐全之医院内"；他对法医历史、亲子鉴定、窒息类型、已腐溺尸、墓土验毒、骨质血荫、血迹精斑、毒品烟瘾、毒物毒理、猝死病理、枪击弹道等进行法医学实验和理论分析,对医学法规、医疗过误、个人笔迹、图章印鉴、指纹足迹、法医昆虫、匿病怠工、造作伤病、犯罪心理、精神状态等进行科学研究;1939年,他到中央大学医学院,加快步伐培养人才和制定规划,直到1951年不幸病逝于任内。林几一生只从事法医学事业;他没有子女,却把所有学生视作己出进行培养,他的学生、法医档案和著作论文就是他留给后人的宝贵遗产,特别是他的高尚人品和职业精神永远留在中国法医学界。

1959年,林几妻子林惠病逝,由林津(林几三弟)、林敏(林惠妹妹)、林子京(林惠弟弟)三人将林几林惠夫妇的骨灰合葬于南京雨花台山上的"中国公墓"(今花神庙公墓)墓地。笔者多次寻找未果,终于1993年秋在南京市郊花神庙公墓找到墓地。2012年笔者再次到雨花台拜谒林几时,被当地公墓管理人员告知墓地已被迁移无法找到。图5-4是林几林惠夫妇之墓墓碑照片)。

图5-4　林几夫妇合葬之墓

二、林几的学术思想

(一)大法医学观点

林几在《法医研究所一周年报告》中指出:"夫法医之为专门科学,于司法设施上颇占重要。不独刑事检验为然,即所有人证、物证均需科学的方法为鉴定之标准也"

第五章 近现代法医学人物介绍

"学术包括法律、医药、理化、生物学、毒化、心理、侦查各科。事例分别民事、刑事各案。以科学之方式，判人事之是非""法医学之应用涉及医、法、警三界，乃国家社会应用医学之一"翻开林几在法医研究所办案档案我们可以看到：上海第一特区法院委托鉴定俄文"A Также AM. ＄ 11.177. ‐ ‐ ￡ 722 ‐ ‐／‐ ‐"是否添加，经鉴定，发现其墨色、字型及距离均与其他文字不同，确认系"打字机作伪添加俄文"；上海第二特区法院委托鉴定英文"this caneels balance of 18 tons Smoked Sheets F. A. Q per Contract No. L. 555."是否与其他文字同时打成，经鉴定，确认系"同一打印机同时打成"；江苏高等法院委托的印章鉴定被确认为"剪碎函件印章作伪"；山东济南地方法院委托的契约指纹被确认为"同一人指纹"；湖北地方法院委托的"伪造图章笔迹鉴定"；上海第二特区法院送检的"同一人足迹鉴定"；湖南邵阳地方法院委托的"乾隆年间地契"鉴定；江苏宝山法院委托的工具上指纹鉴定；上海第一特区法院委托的亲子鉴定；福建高等法院委托的枪伤鉴定；等等。

在法医研究所的鉴定书中，经笔者研究，沪字第一号鉴定书是江苏上海地方法院于1932年9月6日10时委托的"鉴定事由：函请化验伪药诈财妨害生命案"，对证物"陈金汁水"检验，该案在"法医鉴定实例一百例专号"的第八十五例中介绍，鉴定意见为"陈金汁水"不堪成为药，其含有多种细菌和其他微生物。第二号鉴定书是江苏上海地方法院于1932年9月10日11时委托的"妨害饮料案"，该案在"法医鉴定实例一百例专号"的第八十九例中介绍，鉴定意见为"饮料含有石炭酸来苏儿等成分，不宜作饮料，属妨害卫生"。法医研究所第一、第二号鉴定书实际上是细菌学、毒物学、药物学、健康检疫、公共卫生的范畴。因此，法院涉讼案件的诉求就是鉴定的要求，超出了法医学只进行人体检查和尸体剖验的业务范围。这也是林几发展"大法医学"的实践基础。此外，法医研究所课程中有指纹、足纹、齿痕鉴定，还有监狱卫生学、灾害医学、劳动保险学、法医精神病学、社会医学等。学术方面，《法医月刊》发表陈伟的《伪造文件鉴定法》、谢志昌的《指纹显出法》、赵广茂的《图章印痕之鉴定》、张积锺的《足迹之比较》、蔡嘉惠的《心理学与法律关系》、蔡炳南的《犯罪心理学》、陈椿年的《法医细菌学》、陈伟的《枪创法医学观察》等。也就是说，法医研究所办案和研究，除传统法医活检、尸体、病理、毒物、血型检验等业务外，为适应审判需要，扩大至检验笔迹、印章、指纹、足迹、枪弹、精神状态等业务，类似现在"法医、物证、毒物、文检、法医精神病"等司法鉴定管理类别。可见，林几在主持法医研究所工作期间的检案工作就是"大法医学"的实践，他提出"大法医学"发展理念就是现代"司法鉴定"的概念。他的"大法医学"理念在1928年写的《拟以创立中央大学医学院法医学科教室意见书》里就有体现，在《司法部法医研究所一周年工作报告》和《二十年来法医学之进步》中得到完善。林几虽然身处20世纪初中叶，但他的思维已进入21世纪。

（二）实验法医学观点

林几的另一个观点是"法医学重在实验"。林几在《法医月刊》发表《实验法医学》，其主要特点：一是以法医实际需要编排内容；二是以实验的观点对待法医学的理论与实践；三是从实验的视角对待前人和现存法医成果；四是以实验的态度纠正古代法医学检验错误；五是以实验的技术规范研究新出现的检验内容。林几实验法医学的观点，在今天仍有现实价值。

（三）鉴定文书公开观点

林几还有一个观点是法医学鉴定文书公开。他在法医研究所任所长时，把经办的100个案件公开发表在《法医月刊》上，并为之开辟"案例专号"栏目；在北平大学医学院任法医学教室担任主任教授时，又把经办的50个案例发表在《北平医刊》上。林几是我国历史上把法医学鉴定完成后"原汁原味"直接以书面形式向社会公开的第一人。这种公开鉴定文书的方式，一是表示公正，二是接受监督，三是传播法医知识，四是树立法医地位。这如同把判决书中的法医鉴定向社会公开展示，与今天网络公开文书没有两样，早在80年前，林几就这样做了，多么超前，令人为之赞叹！这也是林几留给后人的宝贵精神财富。

（四）法医学教育观点

关于林几法医学教育思想，可以从他在1928年写的《拟议创立中央大学医学院法医学科教室意见书》中的一个示意图（图5-5）加以了解。

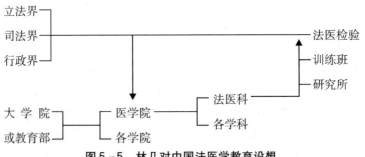

图5-5 林几对中国法医学教育设想

林几建议我国建立欧洲大学法医研究所法医制度。虽然这一规划后来没有实现，但林几于1928年提出的这种局部发展带动全国发展的教育思想，一直是我国法医学教育的发展模式。中华人民共和国成立初期，南京医学院、中国医科大学先后举办了法医高师班，学员分配至全国各大学医学院培养学生。20世纪80年代，西安医学院、中山医学院、四川医学院、中国医科大学、上海医学院和同济医学院成立法医学系，培养法医人才。此外，公安、政法院校也开设法医学课程。今天我国法医学繁荣发展，应该感谢林几等老一辈法医学家为中国法医学做出的贡献。

（五）法医史观

林几研究法医学史有别于其他史学研究，是用事实定义法医学，既肯定在古代当时条件下法医学的发展，也批评不接受科学导致的落后。林几还用比较法医学的观点研究古今世界上法医学的发展史，充分肯定我国悠久法医学历史及其贡献，强调用现代法医学加以研究和发展的必要性和现实性，还指出"检验洗冤录银钗验毒方法不切实用"等。只有正确了解、评价历史，才能科学规划、发展当下，这是一种值得提倡的法医史观。林几对法医学有深刻认识："创立专门法医，以求适合科学之鉴定，维持法律之公允与尊严也。"林几所作的定义,实际上是根据法庭审判需要,应用医学及其他科学为法庭服务的现代法医学概念。林几重要的观点是"法医学为国家应用医学之一"。这一观点有两层意思:一是作为诉讼参与活动的法医鉴定活动,为国家提供的是一种公共产品,不仅涉及当事人利益,更重要的是涉及公共利益;二是鉴定活动本身不是司法活动,但为司法活动服务,其公益性质占主导地位。林几这一观点揭示了法医学的本质,对当前司法鉴定体制改革有现实意义。

三、林几学术思想的当代价值

（一）突破

如何突破旧的观念对法医学进行职业定位？林几认为,法医学必须按其内在发展规律进行研究。林几强调法医学是一门服务法庭的科学,"虽为国家社会应用医学之一,但与临床各科运用有殊,且其运用范围、方式,每因国家现行制度法律而不同"。随着社会进步,法医学范围不断扩大,"遂陆续更有医法学、伪病论、健康保险医学、灾害医学、社会医学、社会病理学、施刑医学（作者注：如刑场注射执行死刑、保外就医疾病范围等研究）等紧密专门分科的创立,均属法医学的分科,遂形成包罗万象庞大广义的现代法医学"。今天法医学的发展印证了林几当年的设想。关于法医学要专家主持的观点,林几在《二十年来法医学之进步》一文中讲得很明确:"诉讼之纠纷,徒增社会及个人之损失。窃以为属专门问题,学理精深,症变繁多,绝非法官及常人所能通晓。故宜交由研究机构,群集研讨,裨佐定谳,方昭公允。"林几认为,法医学专业性强,由专家主持,才能保证公正。这对当前司法鉴定体制改革也有重要启发。

（二）发展

林几学术思想的生命力在于其继承性和批判性,在于发展,这为我们认识古代法医学和当代法医学提供了一个科学的分析工具。林几肯定我国古代法医检验制度与成就,但也表明,古代法医学中好的要继承,错误的要摒弃,并以发展的眼光去考虑,用现代制度与成就去取代。历史证明,林几学术思想仍然是当代观察分析法医学发展的科学方法。无论时代发生何种变化,法医学仍在继承性和批判性中不断纠正和发展,这一总体格局没有改变。20世纪80年代,公检法恢复发展法医学。21世纪初,国家提出,除侦察需要外,司法鉴定实行社会化管理,但司法鉴定仍应服务于"以审判为中心"的司法改革,这些在林几学术思想的逻辑框架和分析方法下都能被科学地解释和说明。

（三）务实

林几学术思想的生命力又在于其实践性和实验性,在于务实。林几去世60多年来,法医发展经历了风风雨雨。林几对我国法医学产生了深刻的影响,使我国跨入现代化道路,并推动法医学的探索和发展。林几学术思想中"实验法医学"的观点,正确引领了现代法医学的发展。我国现代法医学的标准化、统一规范、能力验证和损伤程度及分级标准等,推动了司法鉴定的发展。21世纪以来,司法鉴定改革再次说明,林几务实理念仍然有其现实价值。

（四）创新

林几学术思想的生命力还在于其创新性。除日常工作外,法医学工作中还有一项重要的任务就是研究各种类型死亡的法医学规律。林几不仅从事日常法医工作,还研究其内在规律。早在20世纪30—40年代,林几就对我国猝死发生的季节和时间进行研究。他指出:"暮夜,中宵,当7至9月间,最常发生。"这也是林几作了大量猝死案例检验得出的结论,具有重要的法医学研究价值。林几还对1932年8月至1937年7月法医研究所和北平医学院法医教室检见猝死82例进行统计,是我国20世纪30年代一份有价值的法医学猝死统计资料,对当时猝死病因、病种研究,乃至法医病理学发展,都有重要的参考意义。我国目前还没有完整的法医学死因分析资料,主要原因是我国法医学机构分设于公、检、法、司和社会机构,有待于组织以上机构联合研究,形成我国法医学死因统计资料。此外,林几对非正常死亡也进行了统计,"中毒约占27%、外伤46.5%、窒息死22.5%、疾病猝死3%、其他不明原因1%",这又是一份有价值的关于我国当年非正常死亡的法医学统计数据。法医学是建立在大量实际检案和科学研究基础上的应用科学,林几的研究丰富了我国法医学的发展。

(五) 品行

林几在每份鉴定书末尾上都写有"公正平允,真实不虚"8个大字。这是林几对鉴定负责和林几一生人品的真实写照!从林几这8个字,我们认识到,从事法医职业不仅要有专业,还要有人品。专业决定了存在,人品决定了良知。林几对法医学的理解,远远超出解剖台、实验室的概念。法医职业最大的特点是服务于司法,决定人的生死予夺,没有高尚人品,难以胜任这一工作。从这一点来说,林几象征了中国法医的智慧和深度。林几生前受人尊重,死后仍受爱戴,现在北京、上海等地都建有他的纪念馆和雕像。如今,当人们翻开他的鉴定书时,还会被他入木三分的分析所折服;当人们重温他的文章时,还会被他富有哲理的探寻所感动。值得一提的是,林几受人景仰,并非只因他知识渊博和人品高尚。作为法医教育家,他培养了几代学生,桃李满天下。在他的影响下,学生们也承绪师业,从事法医教育。20世纪80年代,司法部司法鉴定科学技术研究所是由林几等培养的学生主持恢复的;全国6所部属医学院成立的法医系中有4所医学院法医系是林几培养的学生创办的;而全国公、检、法、司、院校的法医机构中不少也是由他的学生组建的。林几的学生培养出一批又一批学生,进而不断地推进我国法医学发展。这种影响的延续,从另一个侧面再次体现了林几当年的敏锐眼光和其思想的当代价值。这种珍贵的价值延续,将给后人以巨大的鼓舞。

第六章　近现代法医学大事年表

1842 年（道光二十二年）

鸦片战争中国战败，被迫签订《南京条约》，我国沦为半封建半殖民地国家，外国人在中国享有领事裁判权。同时，鸦片涌入，烟毒泛滥全国。外国人开始在广州、福州、宁波、厦门、上海五个通商口岸通过教会开设医院和西医学堂、翻译西医书籍，不久，向全国蔓延。西方医学的传播，使中国逐渐形成西方现代医学和中国传统医学两个体系。

1844 年（道光二十四年）

文晟的《重刊补注洗冤录集证》出版。

1854 年（咸丰四年）

许梿的《洗冤录义证》四卷出版。

1862 年（同治元年）

洋务运动开始，清末政府派遣留学生去日本和欧美国家学习法律和医学等社会和自然科学。留学生归国后不少成为我国法律和医药学的骨干，为传播现代法学和医学的发展做出了贡献。

同治年间，两江总督沈葆桢曾奏请解除仵作禁锢，予以椽吏出身，是司法改革的先声，但未实现。

1866 年（同治五年）

美国传教士、外交家伯驾（John Parker）在广州设立博济医学堂，是中国最早的西医学校，后被并入岭南大学成为岭南大学医学院，是中山医科大学（现中山大学中山医学院）的前身。

1868 年（同治七年）

外国人在上海设"会审公廨"，外国领事有权"观审"刑民事案件的审理。

1871 年（同治十年）

徐寿和英国人傅兰雅（John Fryer）合译《化学鉴原》，由上海江南制造局出版。

1877 年（光绪三年）

潘霨重刊《洗冤录详义》，在详义四卷后加先哲名言及急救方十三则，反映了清末的检验情况。

据本年度统计，外国教会在华设立医院共 16 处，诊所 26 所。

1881 年（光绪七年）

李鸿章在天津办医学馆，为我国创办了第一所医学校，该校于 1893 年由清政府接管，改名北洋医学堂，向西医学生讲授法医学课程。

1884 年（光绪十年）

济远船水手李荣被日本人打死后，因事涉中日纠纷，清政府请外国人作尸体剖验。这次法医剖验在我国法医学史上乃至医学史上都有重大意义。

1886 年（光绪十二年）

许槤完成《检骨补遗考试》，纠正部颁图格许多错误，是清末受欢迎的法医学图书。

由英国和美国医生组织的中国医药传道医生会（后改为"中国博医会"）成立，该医生会出版了不少医学图书，20 世纪初叶还出版了法医学图书。

1887 年（光绪十三年）

赵元益和英国人傅兰雅合译《西药大成》。

1891 年（光绪十七年）

刚毅的《洗冤录义证》出版，本书是第一部收入近代解剖学骨图的法医图书。

1899 年（光绪二十五年）

江南制造局出版《法律医学》，由英国人傅兰雅口译，徐寿笔述，赵元益校录，是我国输入国外法医学的最早图书。

此间，外国人兴办的教会医学堂中（如山东基督教共合大学医道学堂），法医学已列入教学课程。

1901 年（光绪二十七年）

受戊戌变法影响，清政府下诏变律变法，提出更变"法名"和破除"固习"的主张。

1902 年（光绪二十八年）

清政府建立修订法律馆，委派沈家本、伍廷芳为修订法律大臣。

于 1906 年颁布《大理院审判编制法》，次年颁布《各级审判厅章程》，后于宣统元年（1910）改为《法院编制法》。还于 1907 年颁布《大清新刑律》，其中与法医学有关的有"医师""理化学者"充任"鉴定人"，及"健康状态""血痕"的判定等多项，但未作允许尸体解剖的规定。

1903 年（光绪二十九年）

外国人在厦门鼓流屿设立"会审公堂"。

1908 年（光绪三十四年）

王佑、杨鸿通二人合译日本石川清忠所著《实用法医学》，由汉口湖北公友会假事务所 1908 年 7 月初版，1909 年 7 月再版，封面题：《实用法医学》，书脊题：《东西各国刑事民事检验鉴定最新讲义》。

1909 年（宣统元年）

清政府在高等审判厅内附设检验所，教习《洗冤录》《生理学》《解剖学》《理化学》《法律大意》《医学大意》等部分现代医学、法医学和法学的简单内容。

第六章　近现代法医学大事年表

1910 年（宣统二年）

清政府规定，检验学习所毕业的学员发给文凭，分派到各州、县，旧日仵作名称改为检验吏。自著役之日起，5 年后，勤慎无过，经考试可给"从九品"或"未入流"出身。

1911 年（宣统三年）

日本人田中祐吉著，丁福保，徐蕴宣译述的《近世法医学》由上海文明书局于 1911 年 6 月出版。

日本人在沈阳创办南满医学堂（后改称"南满医科大学"）。该校于 1914 年设立法医学讲座，1923 年 8 月设立法医学教室。1946 年改为沈阳医学院法医学科。1948 年 11 月沈阳解放后，沈阳医学院并入中国医科大学，其法医学科并入病理学系法医学组。

自 1883 年起至 1916 年，出现了 23 所教会医院传播西方医学，主要有苏州博习医院医学院（1883 年）、上海圣约翰学院医科（1896 年）、北京协和医学堂（1906 年）、华西协合大学医学院（1910 年）、湘雅医学院（1914 年）、齐鲁大学医学院（1916 年）等。

1912 年（民国元年）

由英国人 G. H. Giffen 著，E. J. Stuckey 译《基氏法医学》由上海中国博医会 1912 年 7 月初版，1927 年和 1929 年再版。

中华民国成立。北洋政府颁布《刑事诉讼律》，历史上首次提出允许医师作尸体解剖解决案件中的医学问题。这是中国法医学向现代化发展的法律基石。

司法行政部颁布《检验新知识》作为实际检案的工具书。

11 月，国立北京医学专门学校校长汤尔和草拟《解剖条例》呈教育部。

11 月 22 日，民国教育部令第 25 号和第 26 号令分别公布了《医学专门学校规程令》和《药学专门学校规程令》，医学专门学校开设的 48 门课程中列有《裁判医学》和《裁判医学实习》，药学专门学校开设的 31 门课程中列有《裁判化学》和《裁判化学实习》。

1913 年（民国二年）

内务部发布《解剖规则》，对尸体解剖做出了有关法律规定，提出由医士执行解剖。

1914 年（民国三年）

教育部颁布《解剖规则施行细则》十条。

司法行政部开设司法讲习所，课程中设"法医学""指纹学""心理学"等内容。

万青选著的《新法检验书》由上海广益书局发行。该书 1924 年 7 月出第 4 版，1931 年再版。

京师地方审判厅检察厅设法医席，由江尔鄂医师担任。

1915 年（民国四年）

颁布民国《法院编制法》，实行四级三审制。

国立北京医学专门学校和浙江省立医药学校设裁判医学一科。

教育部公布的"高等文官考试命令"中规定医学专科第三科目有法医学一科，制药专科第二科目中有裁判化学一科。

1916 年（民国五年）

司法行政部派江尔鄂医师赴日本考察法医学的情况。

1919 年（民国八年）

北京、天津、山西法院检察厅开始委托国立北京医学专门学校检验是否人血、检验鸦片及妊娠月数等案件。

1921 年（民国十年）

商务印书馆出版由王佑、杨鸿通编译的《法医学大全》。该书与 1908 年版所根据的都是日本石川清忠的《实用法医学》。但本书的序、题材与 1908 年版都有变化。书脊及版权页书名题：《法医学》。

1924 年（民国十三年）

医学界、司法界要求改良司法，改良法医，废除不平等条约，收回领事裁判权。

北平大学医学院的林几在北京《晨报》上发表《改良司法与法医学之关系》一文。

林几赴德国维尔茨堡大学医学院专攻法医学。

上海地方法院检察厅委托同济大学病理教室办理法医案件，合同期 1 年。

1926 年（民国十五年）

上官悟尘编译的《近世法医学》由中国博医会出版。

林几在《中华医学杂志》上发表《最近法医学之进步》一文，是他在留学期间在国内发表的介绍法医学的文章。

林几用德文在柏林《法医学杂志》上发表《吗啡与鸦片急慢性中毒法医病理检验》一文。

1927 年（民国十六年）

江苏高等法院向中央政治会议提出《速养成法医人才》提案。

林几向国内介绍《父权鉴定诉讼法对血球凝集现象之应用及实例》文章。

中国博医会（后于 1932 年加入中华医学会）出版《基氏法医学》

1928 年（民国十七年）

南京国民政府成立。国民政府颁布《中华民国刑法》（即《新刑法》）和《中华民国刑事诉讼法》，1932 年又公布《法院组织法》，改四级三审制为三级三审制，审判厅与检察厅归为一体，称为"法院"。法医鉴定人称为"检验员"。规定检验尸体由医师或检验员施行，解剖尸体由医师施行。

内政部公布重新修订的《解剖尸体规则》。

林几回国，在北平大学医学院任教授。曾借调到卫生部参与修订医学法规。同年 10 月，林几编译的《法医学讲义》三卷作为在南京举办的法官训练所的教材。

林几完成著名的《拟议创立中央大学医学院法医学科教室意见书》，提出重视法医教育和培养法医人才并在全国分建 6 个法医学教室的建议。

1929 年（民国十八年）

浙江高等法院委托浙江省立医药专门学校附设法医专修班。

江西高等法院委托江西医学专门学校附设法医专修班。

第六章　近现代法医学大事年表

7月，司法行政部饬令各省高等法院仿照浙江高院办法培养法医人才。

冬，司法行政部命孙逵方在上海真如筹建"法医检验所"。

1930年（民国十九年）

春，林几在北平大学医学院创办我国第一个法医学教室。4月，上海地方法院和第二特区法院收回法权，接收法院，孙逵方充任法医。

司法行政部训令冀、鲁、晋、豫各高等法院，委托北平大学医学院筹办法医养成所，筹办中即中辍。

1932年（民国二十一年）

2月，毛咸编《法医学讲义》（浙江省警官学校讲义）出版。

4月，林几奉司法行政部令前往上海真如接孙逵方之职筹建法医检验所。8月1日，正式成立并更名为"法医研究所"，林几被任命为第一任所长。

12月，《司法行政部法医研究所筹备经过情形暨现在处事务及将来计划概略》出版。

黄鸣驹的《毒物分析化学》出版。

1933年（民国二十二年）

法医研究所招收法医研究员，一年半毕业。学员毕业后分配至各省法院从事法医工作，被任命为法医师，这是我国历史上第一次出现"法医师"的名称。至此，全国各省陆续开始成立法医检验室。

徐苏中的《犯罪搜查学》（译自日本）出版。

邓纯棣的《最新法医学》出版。

吴星鸿的《犯罪心理学》（译自日本）出版。

姚致强《近年来我国法医之鸟瞰》在《社会医报》发表。

1934年（民国二十三年）

李剑华的《犯罪学》出版。

法医研究所创办我国第一份公开发行的法医学杂志——《法医月刊》，林几任主编。

教育部规定国内各大学校高等专门以上学校教育科目内将法医学列为医学院校必修科和法律院校选修科。

林几的《医师用简明法医学》出版，《实验法医学总论》发表。

1935年（民国二十四年）

2月，林几组织法医研究所师生成立"法医学研究会""法医学审议会"。

5月，林几辞去法医研究所所长职务，回北平医学院法医学教室任主任教授。

孙逵方继任法医研究所第二任所长，又举办第二、第三届检验员班，学生毕业后分配至各省法院从事法医工作。

8月，司法行政部令北平大学医学院法医学教室受理冀、鲁、绥、陕、晋、豫、新疆九省法院送检的法医案件。

秋，江苏高等法院检察厅向司法部提出"法医采取同法官的委任职，提高办案效率，并提高法医待遇"的呈文。

宋国宾的《医讼案件汇抄（第一集）》由中华医学会业务保障委员会出版。

刘兆霖编《法医学》（北平朝阳学院法律系四年级讲义）1935 年出版。

1936 年（民国二十五年）

《法医月刊》改为《法医学季刊》（办 3 期后停刊）。

孙逵方组织法医研究所师生并邀请国内部分医学专家成立"法医学审议会。"

张崇熙的《法医学》由杭州宋经楼书店 1936 年 7 月出版，1938 年 12 月再版，1941 年 5 月 3 版，1944 年 6 月 4 版，1949 年 1 月 5 版。该书属于《最新实用医学各科全书》的一种。

林几发表《法医学史》。

8 月，佘小宋编译的《毒物学》（F. P. Underhill 原著）由商务印书馆出版。

10 月，北平冀察政务委员会审判官训练所设检验员班，林几任教职。

10 月，浦士钊校阅的（增补注释）《洗冤录集证大全》由上海鸿文书局出版。

11 月，司法行政部委托上海中医药讼案鉴定委员会处理全国中医药诉讼案纠纷。

12 月，宋大仁的《中国法医学简史》发表。

1937 年（民国二十六年）

林几受英国使馆委托检验英国女温纳死亡案的有关物证。

6 月，佘小宋编译的《法医学最近之进展》出版（Sydney Smith，John Glaister 原著）由商务印书馆发行。

7 月，日军入侵上海，法医研究所被毁于日军飞机轰炸。研究所被迫迁往重庆歌乐山。

林几的《犯罪侦察学》《犯罪心理学》出版。

宋国宾的《医讼案件汇抄（第二集）》由中华医学会业务保障委员会出版。

1938 年（民国二十七年）

冯忠尧的《刑事检察科学知识》（包括法医学内容）发表。

1939 年（民国二十八年）

9 月，孙雄编著《变态行为》由上海世界书局出版。

1940 年（民国二十九年）

3 月，日本人服部健三著，汪良寄译《裁判化学实验法》由长沙商务印书馆发行。

1942 年（民国三十一年）

全国第一次司法人员高等考试，招收法医师，但全国只有 2 人报考。第一次司法人员全国普通考试，招收检验员，全国无人应考。

4 月，宪兵学校编《法医学教程》和《法医学讲义》在重庆出版。

1943 年（民国三十二年）

林几参与立法活动，发表《新颁布医师法之检讨》。

秋，国立中央大学医学部创立法医科，聘林几为主任教授。

1945 年（民国三十四年）

林几的《对医院诊所管理规则之检讨》发表。

春，国立中央大学医学院法医科在四川开办第一期高级司法检验员班。

4月，经修订的《法院组织法》规定，法院设法医，分为法医师和检验员两种。

8月，北平大学医学院被并入北京大学，成立北京大学医学院，重建法医学科。

1946年（民国三十五年）

行政院颁发"法医人才训练计划"，由林几拟定。提出四种人才培养计划：①法医学师资研究班；②法医师训练班；③高级司法检验员训练班；④初级司法检验员训练班。其中，培养法医学师资是首次提出，表明林几的教育思想十分有远见，但未实现。

林几的《二十年来法医学之进步》发表。

1947年（民国三十六年）

春，法医研究所迁回上海，在上海长乐路666号租屋办公，因设备、人员不足，未能正式开始工作。

4月，俞叔平的《法医学》由上海远东图书股份有限公司出版。

5月，徐圣熙的《实用指纹学》由南京中华警察学术研究社研究股出版，1948年3月再版。

8月，国立中央大学医学院法医科迁回南京。

10月，第二次全国司法人员高等考试招收法医师，普通考试招收检验员，但报名者寥寥无几。

1948年（民国三十七年）

8月，国立中央大学医学院成立法医研究所，筹设法医师资班及法医师训练班，并奉司法行政部令将高级司法检验员班改为司法检验专修科。

位于镇江的江苏医学院成立法医科，聘请林几兼任教授、主任。

国立中山大学医学院创设司法检验专修科，因教员、经费问题，招收的学生转并医学本科。

11月，沈阳医学院法医学科并入中国医科大学病理学系为法医组，由陈东启教授负责，技术员2名。

1950年

2月，政务院公布《关于严禁鸦片烟毒的通令》，明确禁毒是法医工作者的一项任务。

司法行政部法医研究所被上海市高级人民法院接管，改为法医检验所。

7月，中央人民政府卫生部卫生教材编审委员会聘林几为法医学组主任委员，陈康颐和陈安良为特约编审。

8月，中央大学医学院改为南京大学医学院，奉华东区教育部令开办第三期司法检验专修班。同时，中南区教育部委托南京大学医学院训练法医人才（未办成）。

9月，中央人民政府卫生部颁发《解剖尸体暂行规则》，规定了法医学尸体解剖的对象、目的和原则。

位于镇江的江苏医学院（今南京医科大学）将法医学科改为法医学教室。

1951年

法医检验所由上海市高级人民法院划归华东军政委员会司法部接管，恢复成立法医研究所。

9月4日,中央人民政府颁布《中华人民共和国人民法院暂行组织条例》,规定省级、县级人民法院视需设法医。

秋,受中央人民政府卫生部委托,南京大学医学院(即原中央大学医学院,1952–1954年更名为第五军医大学)法医科由林几、陈康颐主持创办第一届全国高校法医师资班,为各高等医学院校开设法医必修课培养第一批师资。

11月20日,林几病逝于任内,享年54岁。

中国医科大学法医组开办法医专业训练班,学员结业后分配至东三省公、检、法从事法医工作。

中央人民政府卫生部公布《医师暂行条例》,在职责及义务中规定:"医师检验尸体或死产,须会同公安人员办理。医师受人民政府询问或委托检验鉴定时,不得拒绝。"

位于镇江的江苏医学院建立法医学组,聘汪继祖为主任。

中国人民解放军医学科学院设法医学系,聘孔禄卿为主任。

1952年

华东军政委员会司法部下属的法医研究所由彭澄清为所长,张颐昌任主管业务的副所长,开办第一期法医训练班,1952—1956年共开办3期,培养法医专业人才近400名,学员分配至全国各地公、检、法从事法医工作,初步建立全国性的多系统法医鉴定体系。

9月,中国医科大学成立法医学教研室,陈东启为法医学教研室主任。

张崇熙原编,仲许修订的实用医学各科全书之二十九《法医学》由新医书局发行。

1953年

5月,中央人民政府公布《城市陆上交通管理暂行规则》,规定交通肇事的法医学鉴定。

7月,南京大学医学院举办的第一届全国高校法医师资班学员结业,学员分配至全国各地医学院,主要是中山医学院、上海第一医学院、西安医学院、四川医学院、北京医学院、浙江医学院和南京医学院等。

华东军政委员会司法部撤销,其下属的法医研究所改为隶属最高人民法院华东分院。

1954年

中央人民政府卫生部召开法医学教学大纲审定会议,陈康颐、陈东启教授及汪继祖副教授制定我国第一部法医学教学大纲。

政务院公布《中华人民共和国劳动改造条例》,对狱中死亡和保释就医作了规定。

中国医科大学法医组着手翻译苏联波波夫著的《法医学》,于1955年出版,由卫生部指定为高等医学院校试用教材。

1955年

最高人民法院华东分院撤销,其下属的法医研究所又改隶司法部。

中央人民政府卫生部指定中国医科大学由陈东启教授主持开办全国第二届高校法医师资班,培养学员22名。

第六章　近现代法医学大事年表

中央人民政府卫生部委托军事医学科学院陈康颐和孔禄卿教授培养我国第一批法医学研究生，共6名。

张树槐任北京医学院法医学教研组主任。

王增润等翻译苏联哈夫捷耶夫著的《法医学》，为法律院校选修课教材。

胡廷喜等译苏联斯切潘诺夫著的《法医学》。

1956年

军事医学科学院法医学系调整至第二军医大学后，培养研究生的同时又开办法医师资培训班。

中央人民政府卫生部组织编写高等医学院校统一教材《法医学》，由陈康颐和陈东启等编著。

中央人民政府卫生部召开修订教育计划、教学大纲、教材规划讨论会议，陈康颐、陈东启、汪继祖、张树槐参加讨论。会上，推举陈康颐为高等医药教材《法医学》主编。

陈履告、徐英含出版《法医病理解剖学》。

1957年

中央人民政府卫生部修订《尸体解剖规则》。

黄鸣驹的《毒物分析化学》由人民卫生出版社再版。

1958年

司法部撤销，其下属的法医研究所改为公安部刑事科学技术研究所，由上海市公安局代管。

徐英含的《法医毒物学》出版。

法医学在全国高校"废科建组"运动中被取消。

1959年

陈康颐的《法医学》出版，并作为医学院校的教材使用（1964年再版一次）。

1960年

司法部法医研究所被撤销后的设备归公安部，人员部分留在公安部门，部分改行。

法院、检察系统法医陆续离开队伍或归并到公安系统从事法医工作。此时开始，法医鉴定工作主要由公安系统法医独立承担，直至1979年止。

1961年

公安部第一民警干校（即中国警官学院前身）分批培养了法医专业技术人员，从1961年起至20世纪90年代陆续培养了近500名法医人员，学员分配到全国各地公安部门从事法医工作。

1962年

《高教六十条》颁布，中山医学院郭景元等先后上书周恩来总理、公安部和卫生部，力陈法医学专业的重要性。1963年卫生部通知中山医学院设立法医学教研组并恢复法医学课程。

1964年

陈安良、郭景元编著，祝家镇、朱小曼合作编写的《法医检验学》由群众出版社出版。

胡炳蔚、刘明俊的《常见中毒的法医学鉴定》出版。

1966 年

"文化大革命"开始，法医学发展处于停滞状态。

1972 年

12 月，国务院批准公安部在北京成立公安部研究所即 126 研究所，于 1984 年更名为公安部第二研究所，首任所长曹萍，1983—1997 年所长为李伯龄，1996 年以公安部第二研究所为基础组建公安部物证鉴定中心。

公安系统的法医人员陆续归队。公安部第二研究所的《刑事技术资料》杂志发刊，于 1981 年更名为《刑事技术》。

1978 年

中山医学院郭景元、朱小曼等《马王堆一号汉墓古尸研究》，公安部 126 研究所《77－1 型红外鉴别仪》、《微量干血 MN 血型检验》、《吩噻嗪类药物中毒检验》获全国科学大会奖。

公安部公布《刑事科学技术工作细则》。

1979 年

7 月，《人民法院组织法》颁布，其中第 41 条规定"地方各级法院设法医"。

《中华人民共和国刑法》颁布。

《中华人民共和国刑事诉讼法》颁布。

公安部公布《刑事案件现场勘查规则》。

9 月，卫生部重新颁布《解剖尸体规则》。

中华人民共和国司法部恢复成立。司法部委托华东政法学院在上海市恢复建立"司法部司法鉴定科学技术研究所"。

12 月，第一届全国法医学术交流会在陕西省西安市召开，这是中华人民共和国成立后法医学界的第一次盛会。

自 1979 年起，卫生部指定中国医科大学、中山医科大学和四川医学院开始从大学考试中招收专业学生，开办法医专业班，学制五年，毕业后发给学士学位证书。

中山医学院开始招收法医学硕士研究生。

赵经隆的《法医颅脑损伤》出版。

1980 年

公、检、法、司、卫生部门法医及教师归队，开始恢复中华人民共和国成立初期建立的多系统法医鉴定体系。

郭景元主编（陈康颐审）的《实用法医学》出版。

辽宁省沈阳市成立 1949 年后的第一个地方性学术团体组织沈阳法医学会，并出版刊物《法医通讯》（1985 年停刊），其后，广州、武汉、四川等地也相继建立法医学会。

公安部 126 研究所组织各省市公安机关开展法医骨学、溺死、凶器推断等多项科学研究工作。

陈世贤的《法医骨学》出版。

罗时润、田一民的《洗冤集录译释》出版。

公安部公布《刑事技术鉴定规则》。

西安医学院、山西医学院开办法医进修班。

1981 年

中国医科大学举办全国法医师资班。

武汉医学院、南京医学院开办法医进修班。

中国刑警学院开设法医专业班。

1982 年

郭景元主编的《中国医学百科全书·法医学分卷》出版。

郑钟璇等主编高等法律院校《法医学》教材。

教育部对法医学专业进行论证工作，统计中国刑警学院、山西医学院、中山医学院、中国医科大学、武汉医学院、南京医学院、西安医学院、四川医学院 8 所院校的法医学专业在校生仅 249 名，法医学教授 1 名（这里指陈东启教授，因陈康颐教授、陈安良教授、孔禄卿教授不在上述 8 所院校内，故未统计在内）、副教授 12 名，讲师 12 名，在校研究生指导老师 7 人，研究生 8 名，专业教学实验设备总值计 11.45 万元。决定将法医学列入亟需发展的专业，并提出全国司法机关估计需补充高等法医专业人才 1 万名的教育培养计划。

西安医学院、武汉医学院、南京医学院、山西医学院、中山医学院、沈阳医学院、四川医学院等相继开办法医培训班。

司法部司法鉴定科学技术研究所的《法医学译刊》（后更名为《国外法医学》）刊出，由李士亨担任主编，1990 年停刊。

徐婉的《常见毒物的微量分析》出版。

《中华人民共和国食品卫生法（试行）》颁布。

吴梅筠在美国专攻法医血清学检验（1982—1984 年）。

1983 年

教育部联合公安部、司法部、卫生部、最高人民法院、最高人民检察院在山西太原晋祠召开"全国高等法医专业教育座谈会"（史称"晋祠会议"）。会后，"四部两院"会签印发了《全国高等法医学专业教育座谈会纪要》。

教育部向各高等医学院校发出增设法医学必修课的决定。司法部在上海 20 世纪 50 年代法医研究所旧址成立司法鉴定科学技术研究所，次年任命郑钟璇为第一任所长，第二任所长为习友芳，第三任所长为吴军。研究所开办 3 期进修班。

胡乃钊主编的《新编毒物分析化学》出版。

胡炳蔚主译的《基础法医学》发表。

1984 年

《中华人民共和国药品管理法》颁布。

3 月，教育部成立"全国法医学专业教学教材工作协作组"，下设法医学教材编审委员会。

7月，卫生部和教育部确立中山医科大学、华西医科大学、上海医科大学、中国医科大学、西安医科大学、同济医科大学设法医专业，建立法医学系，每年招收法医专业学生。上述大学法医学系主任分别是：中山医科大学祝家镇、华西医科大学吴家驭、上海医科大学张其英、中国医科大学贾静涛、西安医科大学胡炳蔚、同济医科大学黄光照。

中国刑警学院招收法医学专业学生。法医学专家翟建安任该院院长（1984年7月至1988年10月）。

西安医科大学培养一期法医学高师班。

贾静涛的《中国古代法医学史》出版。

赵桐茂的《HLA分型原理和应用》出版。

徐英含主编的《实用法医病理学》出版。

1985年

武汉医学院黄光照《粗制棉籽油中毒研究》获国家科技进步二等奖。

4月，国家教育委员会确定将"全国法医学专业教学教材工作协作组"更名为"全国法医学专业教育指导委员会"，由中山医科大学李福海任第一任主任，翟建安、祝家镇为副主任。在洛阳召开委员会第一次会议，确定3年内编写8种法医学教材：《法医学概论》《法医病理学》《临床法医学》《法医物证学》《法医精神病学》《法医毒物分析》《法医毒理学》和《刑事科学技术》。

祝家镇到美国南加利福尼亚大学及洛杉矶市法医局进行学术访问。

1月，司法部司法鉴定科学技术研究所主办的《法医学杂志》创刊，郑钟璇任主编。

10月，中国法医学会在洛阳召开成立大会，同时召开第二届全国法医学术交流会。选举李伯龄任第一任理事长。

杨清玉的《急死法医学》出版。

吴家驭主译的《法医显微病理学诊断》出版。

1986年

《中国法医学杂志》成立杂志编委会，由吴家驭任主编。该杂志于1989年得到巴黎国际标准连续出版物中心确认，列入国际书刊。同时，该杂志被中国科学院科学情报研究所列为国内主要科学期刊，纳入联机检索。1990年，荷兰EM（Excerpte Medica）同意将《中国法医学杂志》列入生物学期刊资料库，并将杂志英文摘要载入荷兰医学文摘。

《中华人民共和国治安管理处罚条例》公布。

秦启生在德国慕尼黑大学法医研究所攻读法医学博士。

最高人民法院发出《关于加强法院法医工作的通知》，对法院法医机构、人员、技术职务、培训等作了规定。

中央职称改革工作领导小组批复最高人民法院、最高人民检察院、公安部、司法部《关于法医技术人员靠用卫生技术职务系列的请示》，同意将法医技术人员名称分为主任法医师、副主任法医师、主检法医师、法医师四级。最高人民法院、最高人民检察院、公安部、司法部联合发布《关于法医技术人员靠用〈卫生技术人员职称试行条例〉的实施细则》的通知。

2月，刘耀、麻永昌等参加美国法庭科学年会。

7月，国务院学部委员会批准中山医科大学法医学系和中国医科大学法医学系为我国法医学专业的首批博士学位授予权单位，祝家镇、贾静涛为首批博士生指导教师。

8月，第二届印度太平洋法医学和法庭科学大会在斯里兰卡科伦坡召开，我国林维新、刘耀等四人受最高人民法院和公安部委派应邀参加了大会。

10月，李伯龄在墨西哥城参加第一届世界法医大会和第三届拉美法医与医德会议。

《中华人民共和国民法通则》颁布。

司法部、最高人民法院、最高人民检察院、公安部联合发布《人体重伤鉴定标准（试行）》。

中国人民保险公司公布《人身保险伤残程度分类表》。

12月，公安部二所发起在中国古代法医学家宋慈故乡福建省建阳县纪念宋慈诞辰800周年活动，并在宋慈墓前建碑纪念。

1987年

3月，中国法医学会在陕西省西安市召开第一次临床法医学术交流会。

6月，国家教育指导委员会将法医学及法医物证学列入国家高等医学院校专业目录。

国务院发布《医疗事故处理办法》。

10月，中国法医学会在重庆举行第三届全国法医学术交流会。

由中国医科大学主办的国际法医学术研讨会在辽宁省沈阳市召开。

刘世沧到美国佛罗里达法医鉴定部门和马里兰州法医局进行学术访问。

刘耀编著的《现代毒物分析技术》出版。

1988年

9月，中国法医学会在北京召开"北京国际法医学术研讨会"，276个国家和地区的296名专家学者参加了会议。

10月，第三届全国法医学术交流会在重庆召开。

国务院发布《军人抚恤优待条例》。

卫生部发布《医疗事故分级标准（试行草案）》。

贾静涛的《法医血清学》出版。

陈忠保的《应用司法精神病学》出版。

《湖南法医通讯》创刊（1995年改为《法庭科学杂志》）。我国地方法医学杂志还有《法律与医学杂志》《实用法医学杂志》《吉林法医》《武汉法医通讯》等，另有一本科普读物《法医天地》。

1989年

4月，民政部颁发《革命伤残军人评定伤残等级的条件》。

8月，全国首届中青年法医学者论文研讨会在成都召开。

《中华人民共和国行政诉讼法》颁布。

最高人民法院、最高人民检察院、公安部、司法部、卫生部共同制定《关于精神病司法鉴定暂行规定》。

印度太平洋法医学和法庭科学国际会议在印度马德拉斯召开，最高法院派叶炯华、吴宝琛等4人参加。

1990年

最高人民法院、最高人民检察院、公安部、司法部联合发布《人体轻伤鉴定标准（试行）》。

司法部、最高人民法院、最高人民检察院、公安部联合发布修改的《人体重伤鉴定标准》。

全国法院系统首届法医临床学术交流会在山东省威海市召开。

法医学进展第一次国际研讨会在日本金泽市召开，我国祝家镇、贾静涛、胡炳蔚、黄光照等参加了会议并在会上交流。

四川省成立法医学技术鉴定委员会。

贾静涛到日本久留米大学医学院学术访问。

1991年

5月，中国法医学会第二次全国代表大会暨第四次全国法医学术交流大会在江苏省无锡市召开。大会再次推选李伯龄为理事长。会上，代表纪念中国现代法医学奠基人林几教授逝世40周年，黄瑞亭在会上宣读《林几传》。

《中华人民共和国民事诉讼法》颁布。

国务院发布《道路交通事故处理办法》。

中国科协第三届常委会第十次会议讨论决定接纳中国法医学会为中国科协所属团体。

1992年

全国第一次法医病理学术会议在吉林省抚松市召开。

全国第二次法医临床交流会在江西省九江市召开。

公安部公布《道路交通事故受伤人员伤残评定标准》。

1993年

刘耀等的《毒物分析质量控制技术研究》获国家科技进步三等奖。

由最高人民法院组织编写，李瑞兰、黄瑞亭等参编的《司法鉴定概论》出版。

全国第二次法医病理学术交流会在内蒙古自治区呼和浩特市召开。

黄瑞亭的《中国现代法医学史与林几》在《国际法庭科学》杂志上发表。

1994年

10月，全国高等医学院校法医学专业第二轮教材编审委员会成立，吴家驭为主任委员，组织修订和编写全套教材共10种，其中6种为修订出版第二版。

胡炳蔚主编的《法医检骨与颅像重合》出版。

全国法院系统法医临床交流会在浙江省杭州市召开。

《中华人民共和国国家赔偿法》颁布。

杨庆恩主编的《DNA在法庭科学上的应用》出版。

第六章 近现代法医学大事年表

1995 年

祝家镇牵头起草关于制定《法医法》或《法医工作暂行条例》的建议，通过全国人大代表李绍珍向第八届全国人大第三次会议提出，被接受为〔第 3298 号〕建议。

黄瑞亭的《法医青天——林几法医生涯录》由世界图书出版公司出版。

陈康颐主编的《应用法医学总论》出版。

全国第三次法医病理学术会议在安徽省黄山市召开。

1996 年

10 月 13 日，全国法院系统第四届法医临床学术交流会暨首届司法鉴定科学技术学术交流会在湖北省武汉市召开。

10 月 29 日，中国法医学会第五次全国法医学术交流会在北京召开。

1997 年

3 月 12 日，中国法医学会第三届全国法医代表大会在北京中国科技堂召开，刘耀当选为理事长。

4 月 9 日，全国法院法医工作会议在海南省海口市召开。来自全国 30 个高院和部分中院主管法院工作的副院长和法医技术室负责人参加了会议。

黄瑞亭主编的《中国近现代法医学发展史》由福建教育出版社出版。

河北医科大学博士研究生丛斌荣获共青团中央、全国学联"中国大学生跨世纪发展基金·建昊奖学金"1997 年度优秀奖。

1998 年

5 月，全国第四次法医病理学术会议在福建省武夷山市召开。

7 月，国务院在机构改革出台"三定"方案，赋予司法部指导全国"面向社会服务的司法鉴定工作"。

刘耀等的《指纹显现新技术研究》获国家科技进步三等奖。

黄瑞亭的《拟议创立中央大学医学院法医学科教室意见书与林几教授的法医学教育思想——纪念林几教授诞辰 100 周年》在《法医学杂志》发表。

12 月，中山医科大学法医学博士研究生胡丙杰荣获共青团中央、全国学联"中国大学生跨世纪发展基金·建昊奖学金"1998 年度特等奖。

1999 年

9 月 17 日，全国高等医学教育法医学教育分会成立大会在华西医科大学召开。

2000 年

5 月，中国法医代表团赴爱尔兰参加都柏林国际法庭科学学术会。

8 月 14 日，司法部公布《司法鉴定人管理办法》（司法部令第 63 号）。

2001 年

11 月，最高人民法院印发《人民法院司法鉴定工作暂行规定》。

刘耀当选为中国工程院院士。

《中国司法鉴定》杂志创刊。

2002 年

1 月，法医学专业研究生用《高级法医学》教材（伍新尧主编）由郑州大学出版社出版。

5月，全国第五次法医病理学术会议在江西省井冈山市召开。

8月，全国高等医学院校法医学专业第三轮教材编审委员会成立，吴家驭为主任委员，组织第三轮法医学专业教材编写工作，全套教材共10种。

2003年

12月，最高人民法院在辽宁省大连市召开人民法院对外委托司法鉴定工作座谈会，黄瑞亭参加了这次会议。

2004年

黄瑞亭的《洗冤集录与宋慈的法律学术思想》在《法律与医学杂志》发表。

2月，中国法医学会第四次会员代表大会在北京中国科技会堂召开。

4月，中国法医学会在山东泰安举办中美法庭科学技术交流暨研讨班。

7月，中国法医学会在吉林省延吉市召开中韩法医临床学学术交流会。

10月，中国法医学会在湖南省长沙市举办中国法医学会第七次全国学术交流会议。

2005年

2月28日，全国人民代表大会常务委员会发布《全国人民代表大会常务委员会关于司法鉴定管理问题的决定》，规定法医类、物证类、声像资料司法鉴定实行司法行政机关登记管理。

5月9日，中国法医学会刘耀会长率团赴英国参加了在杜布兰（Dunblane）召开的世界警官第七届国际法医临床学学术交流会暨法医临床学会年会。

9月29日，司法部公布《司法鉴定人登记管理办法》（司法部第95号令）和《司法鉴定机构登记管理办法》（司法部第96号令），规定"司法鉴定许可证"和"司法鉴定人执业证"是经司法行政机关审核登记获准行政许可的司法鉴定机构和司法鉴定人从事司法鉴定执业活动的有效证件。

丛斌等的《人类基因组五种DNA遗传标记多态性研究及其法医学应用》获国家科技进步二等奖。

黄瑞亭的《法医探索》由福建教育出版社出版。

黄瑞亭、陈新山的《百年中国法医学》在《中国法医学杂志》发表。

2006年

黄瑞亭的《宋慈洗冤集录与宋朝司法鉴定制度》在《中国司法鉴定》发表。

9月，最高人民法院下发《关于各级地方法院设立司法技术辅助工作机构的通知》（法发〔2006〕182号）。

12月，国务院发布中华人民共和国国务院令第481号《诉讼费用交纳办法》。

2007年

3月，教育部成立2007—2010年高等学校法医学专业教学指导委员会，侯一平任主任委员。

5月，全国高等医学院校法医学专业第四轮教材编审委员会成立，吴家驭为主任委员，组织第四轮法医学专业教材编写工作，全套共10种主教材和4种配套教材。

《法律与医学杂志》改名为《证据科学》杂志，由国家新闻出版署批准出版，国内外公开发行。

司法部司法鉴定科学技术研究所作为中方牵头单位，组建了由15家机构（其中国内5家、国外10家机构）参加的国际司法鉴定教育合作计划，搭建了国际司法鉴定科学技术和教育培训交流合作的平台。

黄瑞亭的《百年之功——纪念林几教授诞辰110周年》在《中国法医学杂志》发表。

8月，最高人民法院办公厅印发《技术咨询、技术审核工作管理规定》和《对外委托鉴定、评估、拍卖等工作管理规定》。

2008年

10月11日，在山西太原举行了纪念全国法医学教育座谈会（"四部两院"晋祠会议）25周年庆祝活动。会议由全国高等法医学教育研究会、教育部高等学校法医学专业教学指导委员会主办，山西医科大学法医学院承办。

王镭主编的《继往开来：振兴中国法医教育事业》由四川大学出版社出版。

黄瑞亭、陈新山的《洗冤集录今释》由《军事医学科学出版社》出版。

2009年

8月，中国法医学会法医临床学专业委员会在青海省西宁市举办全国第十二次法医临床学术交流会。

9月，中国法医学会决定授予乌国庆等256位1959年前参加法医工作的专家"为中国法医事业贡献50年法医专家"荣誉称号。

12月，司法部印发《国家级司法鉴定机构遴选办法》和《国家级司法鉴定机构评审标准》（司发通〔2009〕第207号）。

2010年

司法部公布确定国家级司法鉴定中心：最高人民检察院司法鉴定中心、公安部物证鉴定中心、北京市公安司法鉴定中心、上海市公安司法鉴定中心、广东省公安司法鉴定中心、北京市国家安全局司法鉴定中心、司法鉴定科学技术研究所司法鉴定中心、法大法庭科学技术鉴定研究所、中山大学法医鉴定中心、西南政法大学司法鉴定中心。

3月，中国法医学会召开第八次全国法医学术交流会。

黄瑞亭、陈新山的《对洗冤集录中特殊方式窒息死亡论述的探讨》在《中国法医学杂志》发表。

2011年

丛斌当选为中国工程院院士。

丛斌等的《高度腐败检材降解DNA检验技术体系的建立》获2011年国家科学技术进步奖一等奖。

法医学专业研究生用《高级法医学》教材（第二版，伍新尧主编）由郑州大学出版社出版。

黄瑞亭、陈新山的《话说大宋提刑官》由军事医学科学出版社出版。

黄瑞亭的《中国近现代法医学人物志》在《中国法医学杂志》发表。

2012 年

2 月，中国法医学会第五次全国会员代表大会在北京召开。大会选举产生了新一届理事会领导成员：会长：刘耀。副会长：王羽、王雪梅、丛斌、石鹏建、吴少军、胡占山、翟恒利。秘书长：翟恒利（兼）。副秘书长：付悦余、田雪梅、张桂勇、李禹、汪宏、高斌、焦亚辉，2013 年增选赵丽娜为副秘书长。下设专家委员会主任刘耀、法医病理学专业委员会主任刘力、法医损伤学专业委员会主任万立华、法医临床学专业委员会主任张继宗、法医物证学专业委员会主任叶建、法医毒物学专业委员会主任孙云青、法医精神病学专业委员会主任袁尚贤、医疗损害鉴定专业委员会主任刘鑫、法医学教育指导委员会主任侯一平、赔偿法庭科学工作委员会（组成人员候补）、中国法医学杂志编委会主任刘耀。

5 月 20 日，"宋慈雕像揭幕仪式暨法庭科学文化研讨会"在北京举行。刘耀、丛斌、霍宪丹、张保生、常林、黄瑞亭等参加了揭幕仪式。

黄瑞亭的《我国仵作职业研究》和《中国近现代法医学人物志》在《中国法医学杂志》发表。

黄瑞亭的《法庭科学的真谛》在《证据科学》发表。

9 月，中国法医学会在广州举办中外法庭科学新技术研讨培训班。

10 月，中国法医学会医疗损害鉴定专业委员会在河南焦作举办首届医疗损害法医鉴定学术研讨会。

12 月，中国法医学会第五届法医毒物学专业委员会第一次工作会议在江西省景德镇市召开。

12 月，司法部司法鉴定科学技术研究所获首批国家级服务业标准化试点。

2013 年

黄瑞亭的《我国古代法医语言的现代借鉴价值》在《中国司法鉴定》发表。

1 月，中国法医学会五届二次会长办公会议在北京召开。

4 月，教育部成立 2013—2017 年高等学校法医学专业教学指导委员会，侯一平任主任委员。

10 月，中国法医学会召开第九次全国法医学术交流会。这是学会进行换届后举行的首次全国性学术交流活动，交流内容涵盖法医病理学、法医损伤学、法医临床学、医疗损害鉴定、法医物证学、法医毒物学、法医人类学、司法精神病学以及其他相关或交叉学科。

10 月，中国法医学会在北京举办中外法庭科学学术交流会议。

11 月 23 日，山西医科大学举办高等法医学专业教育三十年回顾暨学科发展高峰论坛。中国工程院院士、中国法医学会会长刘耀教授，中国工程院院士、中国法医学会副会长丛斌教授等在我国法医学科领域做出卓越贡献的国内知名专家出席会议。

2014 年

刘耀、丛斌、侯一平主编的《实用法医学》由科学出版社出版。

经全国高等医药教材建设研究会和全国高等医学院校法医学专业教材编审委员会审议，启动第五轮法医学专业教材编写工作，全套共 16 种教材，其中主教材 11 种、配套教材 5 种。

黄瑞亭的《林几》由鹭江出版社出版。

黄瑞亭的《林几教授与他的实验法医学——缅怀中国现代法医学奠基人林几教授》在《中国司法鉴定》发表。

12 月，最高人民法院、最高人民检察院、公安部、司法部、国家卫生和计划生育委员会印发《暂予监外执行规定》（司发通〔2014〕112 号）及附件《罪犯保外就医疾病伤残范围》。

12 月，中国法医学会法医临床专业委员会在黑龙江省哈尔滨市举办中国法医学会第十七届全国法医临床学术研讨会及临床专业委员会工作会议。

2015 年

国内两本面向国际的以法医学专业为主的法医科学领域的英文杂志《Journal of Forensic Science and Medicine》（中国政法大学证据科学研究院）、《Forensic Sciences Research》（司法部司法鉴定科学研究院）分别创刊。

黄瑞亭、陈新山主编的《中国法医学史》由华中科技大学出版社出版。

黄瑞亭的《罗文干与中国早期的法医研究所》在《中国法医学杂志》发表。

5 月，最高人民法院与司法部联合到浙江开展司法鉴定管理与使用向衔接机制的调研，黄瑞亭参与了调研。

9 月，中国法医学会医疗损害鉴定专业委员会专题研讨会在四川省成都市召开。

10 月，中国法医学会在江苏省南京市召开五届一次法医精神病学学术交流会。

黄瑞亭的《林几教授在日本侵华时期坚持法医学教育》在《中国法医学杂志》发表。

12 月，黄瑞亭的《法医月刊办刊特色与历史作用》在《中国法医学杂志》发表。

12 月，司法部司法鉴定科学技术研究所通过国家标准委组织的"国家级服务业标准化试点"项目评估。

12 月 24 日，司法部颁布《司法鉴定程序通则》。

2016 年

4 月，宋慈纪念邮票在福建省建阳首次发行。

4 月 18 日，最高人民法院、最高人民检察院、公安部、国家安全部、司法部发布《人体损伤致残程度分级》。

5 月，第五届全国法医 DNA 检验技术研讨会暨 2016 法医遗传学新进展国际研讨会在北京召开。

7 月，最高人民法院印发《罪犯生活不能自理鉴别标准》（法〔2016〕305 号）。

10 月，福建省政协、司法部、福建省司法厅在福建建阳召开纪念宋慈 830 周年。

黄瑞亭的《宋慈及洗冤集录产生的历史文化条件》在《中国法医学杂志》发表。

10 月 9 日，最高人民法院、司法部印发《关于建立司法鉴定管理与使用衔接机制的意见》（司发通〔2016〕98 号）。

10 月 30—31 日，西安交通大学等单位联合举办的"2016 年法医科学前沿国际研讨会暨丝路法医联盟成立大会"在西安市召开。

2017 年

黄瑞亭、陈新山主编的《宋慈说案》由科学出版社出版。

黄瑞亭的《林几学术思想及其当代价值——纪念林几诞辰 120 周年》在《中国法医学杂志》发表。

黄瑞亭的《1936 年以前林几论文著作的综览》在《中国司法鉴定》发表。

7 月 19 日,中共中央全面深化改革领导小组审议通过并由中共中央办公厅、国务院办公厅印发的《关于健全统一司法鉴定管理体制的实施意见》指出,司法鉴定制度是解决诉讼涉及的专门性问题、帮助司法机关查明案件事实的司法保障制度。健全统一司法鉴定管理体制,要适应以审判为中心的诉讼制度改革,完善工作机制,严格执业责任,强化监督管理,加强司法鉴定与办案工作的衔接,不断提高司法鉴定质量和公信力,保障诉讼活动顺利进行,促进司法公正。

8 月,英文版《世界法医学史》(*History of Forensic Medicine*)正式出版,陈新山和黄瑞亭参与编写书中的"中国法医学史"部分。

8 月,中国法医学会法医临床专业委员会在新疆维吾尔族自治区乌鲁木齐市举办中国法医临床学高峰论坛暨全国第二十届法医临床学学术研讨会。

9 月,2017 年国际法医科学理论与技术高峰论坛暨河北医科大学法医学院成立大会在河北省石家庄市召开。

10 月,司法部司法鉴定科学技术研究所更名为"司法鉴定科学研究院"。

11 月,司法部下发《司法部关于严格准入、严格监管,提高司法鉴定质量和公信力的意见》(司发〔2017〕11 号文件),对社会鉴定机构进行管理。

12 月,司法鉴定科学研究院在上海举办纪念林几诞辰 120 周年座谈会,黄瑞亭作《林几研究三十问》的演讲。

12 月,黄瑞亭的《法医说案》由福建科技出版社出版。

12 月,经统计,全国经司法行政机关登记管理的鉴定机构共 4 338 家,全国经司法行政机关登记管理的鉴定人共 49 498 人。

2018 年

1 月,黄瑞亭的《宋慈〈洗冤集录〉与洗冤文化》收录于《法庭科学文化论丛(3)》。

1 月,国家标准化管理委员会确定"上海市司法鉴定服务标准化示范"为 2018—2019 年度国家级服务业标准化示范项目,承担单位为司法鉴定科学研究院。

司法部开始以省份为单位建立司法鉴定重点实验室,解决本省司法鉴定疑难案件。

7 月 31 日,国务院公布《医疗纠纷预防和处理条例》,自 2018 年 10 月 1 日起施行。

10 月,2018—2022 年教育部高等学校法医学教学指导委员会成立,张林任主任委员。

丛斌院士获 2018 年度何梁何利奖。

2019 年

丛斌院士被聘为中国医学科学院学部委员。

刘耀、丛斌、胡丙杰主编《中国法医学 70 年理论与实践》由科学出版社出版。

由丛斌主审，黄瑞亭、胡丙杰主编的《中国近现代法医学史》由中山大学出版社出版。

第七章　中国近现代法医学史小结

在世界法医学史上，我国古代法医学发展最早，但是直到 20 世纪初叶才缓慢地向现代法医学迈进。纵观历史，我国现代法医学经历了输入、形成和发展三个阶段。研究这段历史，探讨其兴衰成因，对开拓我国现代法医学事业无疑有现实意义和深远影响。

一、清末法医学

1840 年，鸦片战争打开了中国的大门，现代法医学开始随药学、医学由外国传教士在中国办医院、学校而输入中国。

（一）法律规定方面

我国最早提出"解除仵作禁锢"是清朝两江总督沈葆桢（同治年间，1861—1874 年），但事经部议，例格不行。直至清光绪三十三年（1907），清政府才颁布修律大臣沈家本修订的《大清新刑律》，提出鉴定人由"有特别学识或技术之人"充任，"医师、理化学者判定加害人健康状态，有无精神病或有无血痕之类"，但对尸体检验仍责成仵作充任。宣统元年（1909）政府迫于压力，决定建立"检验学习所"，改仵作为检验吏出身，指出"检验之法外国责之法医、中国付之仵作。法医仍系专门学科，必由学堂毕业"，并规定"检验学习所"讲授"洗冤录、法医学、生理学、解剖学、理化学、法律大意等"，而受训者多为"各地识字仵作"。在《大学堂章》中附加规定：在外国有解剖学、组织学，中国风俗礼教不同，只能用模型解剖。本来，根据国内外情况对比，又有法律保障，请医师承担鉴定工作，并培养法医人才，面貌便可焕然一新，但清政府却考虑"缓不济急"，不照各国设"法医专科"，仍然走仵作检验之路。这实际上无非是把旧的仵作改为检验吏而已。这不能不算是我国现代法医学输入阶段的一个悲剧。

（二）法医学检验方面

清末仍沿袭唐宋尸表检验制度，但也受到了国外法医学一定的影响。光绪十年（1884）七月十六日，济远船水手李荣被日本警察打伤致死，地方官员请了西医布百布卧作尸体解剖。清代著名法医学者许梿的《检骨补遗考证》（1886 年）用自己新发现的人体部位、骨骼形态对部颁图格进行了修正。刚毅的《洗冤录义证》（1891 年）收入了近代解剖学部分内容。尽管如此，在封建制度的桎梏下，法医学这门科学"研究者为官吏，操作者为仵作"，其进步仍然十分缓慢。

（三）法医学输入方面

现代法医学较之西医传入中国约晚 250 年（1643 年国内已出版人体解剖学内容书籍《人身说概》）。最早介绍国外法医学的是清光绪二十五年（1899）由江南制造局出版的《法律医学》，原书为英国盖惠连与弗里爱同撰，由英国人傅兰雅口译，徐寿笔述，赵元益校录。光绪三十四年（1908），王佑、杨鸿通二人合译日本石川清忠（又说石川贞吉）所著《实用法医学》，在这段时间里，有些外国人兴办的西医学堂中（如南满医学堂及山东基督教会大学医道学堂），法医学已被列入教学课程。国外法医学知识在我国的传播使一些司法界人士认识到应用医学知识进行法医学鉴定的重要性。清末整顿司法时，刑部饬令各省审判厅设"检验学习班"讲授法医学知识。此外，我国在此时期大量派遣留学生出国，接受科学知识和介绍西方医学科学，促进了法医学的输入，为现代法医学发展奠定了基础。

我国清末的法医学与古代法医学发展有显著的区别，对于这一历史变化，我国法医学史研究者给予很大关注。林几提出，光绪、宣统年间已着手整顿司法和"改良检验"。魏以立功认为："清末光宣之际，吾国法界人士鉴于各国法院法医之成效卓著，对于检验乃亦引用西法。"孙逵方指出："清末是现代法医学输入期。"笔者认为，鸦片战争后至 20 世纪初叶，我国法医学的发展无论从立法、教育、学术和国外法医学输入乃至部分检验上都受到西方法医学的影响；同样，此期法医学历史变革又为以后的民国时期接受西方法医科学，建立法医学法规、社会基础，以及改变传统观念等创造了有利条件，是一个很重要的历史阶段。为将此时期区别于古代法医学，又表明其为现代法医学的前奏，特称其为现代法医学的过渡阶段。

二、中国现代法医学的形成

1911—1949 年，我国法医学开始跨入现代法医学的行列，经历了两个阶段。

（一）第一发展阶段（1911—1932 年）

此阶段以法律制定、法医先驱提倡法医改良和早期鉴定机构设置为标志。

1911 年，辛亥革命推翻了封建王朝，给中国现代法医学发展奠定了法律基石。1912 年颁发了《刑事诉讼律》，明确规定："遇有横死人或疑为横死之尸体应速行检验，检验得挖掘坟墓，解剖尸体，并实验其必要处分。"1913 年 11 月又发布了《解剖规则》，其中第 2 条规定："警官及检察官对变死体非解剖不能确知其致命之由者，指派医士执行解剖。"为查明死因，准许解剖尸体，是古代法医学与现代法医学的分水岭，是现代法医学形成的法律标志。从此，我国法医工作者能公开地研究人体内部疾病、损伤情况，并脱离旧检验模式，吸收和应用现代医学成就，进行现代法医学鉴定。

由于长期封建制度的束缚，现代法医学仍在孕育之中。此时，法医学如何发展，成为关键问题。1914 年，京师地方审判厅检察厅设法医席，由江尔鄂医师担任。同年，教育部公布了"高等文官考试令"，规定医学专科第三科和药学专科第二科有法医学内容。1915 年，国立北京医学专门学校和浙江省立医药专门学校设立了裁判医学课。1916 年，司法行政部派江尔鄂医师赴日本考察日本法医学情况。不久，司法界、医学界人士相继提出中国现代法医学发展模式"司法部设二局。甲：裁判法医局；乙：犯罪学研究局"，处理死伤、精神状态鉴定及犯罪学研究，还提出进一步在医学专科学校里的基础课中增设法医学内容，并授"医师法令、卫生行政大纲、法律裁判医学（即法医学）"。进而提出了"司法部卫生专处，筹设法医专科学校"的建议。当时，由于法医人才匮乏，不少案件仍由仵作承担。这引起了医、法各界的强烈不满，其中"江苏无锡刘案"和"陕西王案"实际上是仵作验尸不科学导致不公正后果，民愤很大，纷纷抨击。1924 年，国内掀起废除不平等条约的人民运动。林几首于北京《晨报》发表了《司法改良与法医学之关系》一文，主张"收回法权乃当务之急"。一些医界人士也相继对旧法验尸提出批评，要求改良法医，发展现代法医学。同年，国立北京医学专门学校派林几赴德国维尔茨堡大学医学院学习法医学，4 年后获医学博士学位。林几在德国期间除在《德国法医学杂志》发表文章外，还不断地向国内传播法医学知识和现代法医学新进展。此期间，上官悟尘和丁福保、徐蕴宣分别编译出版了《近世法医学》（日本田中祐吉著）。中国博医会出版了英国 E. J. Stuckey 编译的《基氏法医学》。1928 年，林几回国，著《法医学讲义》一书，作为法官训练所教材。当时江苏省政府及江苏高等法院向中央政府提交了《速养成法医人才提案》，中央政治会议经审议交中央大学办理。林几受委托完成了著名的《拟议创立中央大学法医学科意见书》。该意见书提出建立法医学教室的作用和意义，并为成立教室的人员、设备、经费及规模等作了规划，还提出全国建立 6 个法医学教室（上海、北平、汉口、广州、重庆、奉天），以及培养法医人才并检验邻省法医事件的建议。林几这一意见书是我国现代法医学史上非常重要的文献，表明林几构思在中国创建大学研究所模式，但未实现。1929—1931 年，浙江、江西等省还在各省医学专门学校办了法医检验员班。

但是因法医人员匮乏，直至 1919 年国立北京医学专门学校病理教室及其附属医院受司法部委托检验血痕、鸦片嫌疑犯、孕妇妊娠月数，才首先将现代法医学应用于司法检案之中。1924 年，上海地方法院检察厅委托同济大学德国病理学博士 Oppenheim（欧本海）合作办理法医案件，一年共检案 400 起，解剖近 40 起，但后来遭到上海律师陈奎棠等旧习惯势力的反对而中止。1930 年春，林几在北平大学医学院创办法医学教室，任主任教授，正式受理各地法院送检的法医学案件，并培养法医人才。1930 年 4 月，上海租界地法院改组，公共租界地首先接收法院，法租界第二特区法院也被接收，该两处法医检验由我国法医办理，由留法博士孙逵方医师充任。同年 11 月，司法行政部委托孙逵方在上海真如筹建"法医检验所"。经办二年，久未就绪。

（二）第二阶段（1932—1949 年）

此阶段以法医研究所成立及法医鉴定体系形成为标志。

1932 年 4 月，林几奉司法行政部之命前往上海真如，改"法医检验所"为"司法行政部法医研究所"。同年 8 月 1 日，研究所正式成立，林几任第一任所长。林几用现代法医学技术解决全国各地法医鉴定的案件，很快使法医科学在医、法各界占有一席之地，深受欢迎和信赖。他还培养法医人才，招收医学（药）学院（校）毕业生进行培养，名"法医研究员班"，毕业后授予"法医师"资格，这是我国历史上最早出现的法医师名称。林几在法医研究所工作 3 年，成绩斐然，1935 年春因病回北平。法医研究

第七章 中国近现代法医学史小结

所第二任所长为孙逵方，他继续开办第二期、第三期研究员班，并于1936年7月在上海成立法医学审议会。1937年7月7日，日本侵略中国，法医研究所被毁。该所人员迁往重庆歌乐山。1946年在上海复办，但已无力开展工作。

法医研究所成立后，培养出来的学生在全国各地方法院发挥了积极的作用，法医研究所也成为全国法医鉴定、知识传播和学术交流中心。民国时期，法院设检察厅（处），法医属检察厅（处）管理。1935年，民国《刑事诉讼法》已明确规定，尸体解剖由医师进行，尸体检验由医师或检验员执行。当时，北平、上海、山东、广东、江苏等地方法院配备了法医，江苏高等法院还向司法行政部送交关于"法医职参照法官的任免形式，将法医改为委任职，以提高办案效率及检验水平"的提案，但未实现。1936年，江苏、浙江、山东、河北各省高等法院自设法医检验员班。1936年10月，林几又办北平冀察政务委员会审判官训练所法医检验员班。当时以上海司法行政部法医研究所为中心，以法医研究所培养出来的法医人才为骨干，加上北平大学医学院法医教室、广东中山大学法医研究所及各地法院的法医学鉴定机构，在全国形成了以法院系统为主的法医检验鉴定体系。

学术研究方面：1932年司法行政部法医研究所成立后，林几即创办《法医月刊》，这是我国历史上第一份公开发行的法医学杂志，刊物大力宣传法医学理论、技术和新成果，刊登新经验和体会，成为全国影响很大的学术刊物。此外，《中华医学杂志》聘林几为法医学特约编委（1937年以后由魏立功接任），林几在该杂志上也发表了不少法医学论文（著）。黄鸣驹的《毒物分析化学》也在此间出版。全国其他杂志如《北平医刊》《司法公报》《实验卫生杂志》等也都转载法医学成果。这一阶段法医研究如骨质血荫研究、水中腐尸检验、鸦片检验、尸体现象研究等取得成果，促进了法医学发展。1937年3月，林几在北平对英使馆英国女温纳被害案的检验影响很大。

法医学教育方面：1934年，教育部规定国内各大学及高等医学专科学校设法医学科目，首次把法医学列入医科教育的必修课和法科的选修课。1935年，教育部编写的《医学专科学校暂行课目表》① 和《大学医学院及医科暂行课目表》② 中均将法医学列为医学院校的必修课，医学专科学校规定课程为第四学年开设，大学医学院及医科规定课程为第五学年开设，讲授理论16学时，实习16学时。1943年，中央大学医学院创办法医科，林几为主任教授。先后于1943年和1947年培养两期法医检验员（后改为法医学专修科）。1946年春，林几拟立了一份法医人才培养五年计划，内容为：①法医学师资研究班；②法医师训练班；③高级和初级司法检验员训练班。但法医学一直未受重视，至1949年，全国高等医学院建立法医学教室（科）的只有中央大学医学院、北京大学医学院和中国医科大学。

由于政府对法医事业仍未重视，法医这个职业更是受到社会上的歧视，因此有志从事这个职业者甚少。1935年，第二届法医研究员招收数量不多，司法行政部饬令各省高等法院保送合格学员以资深造。1942年全国第一次司法人员高等考试录取法医师时，

---

① 《医学专科学校暂行课目表》，载《中华医学杂志》（上海）1935年第7期，第808－813页。
② 《大学医学院及医科暂行课目表》，载《中华医学杂志》（上海）1935年第7期，第801－807页。

全国仅录取 2 名（曾义、殷福沧），普通考试录取检验员时，未有人应考。1947 年第二次司法人员高等考试和普通考试时又设法医科目，报名应考者仍寥寥无几。

总之，1932 年以后是我国现代法医学形成的一个很重要的阶段，尤其是 1932—1937 年发展较快，但由于 1937 年抗日战争爆发，中国法医学的发展遭受挫折，直到 1945 年以后才开始复苏。林几在这一阶段起了重要的作用。他还为中国现代法医学进入 1949 年以后的发展阶段培养了人才、提供了办案和教学基地，并提供了法医学教育、科研、检案的成功经验，是中国现代法医学的奠基人。

三、中国现代法医学的发展

中华人民共和国成立后，法医学事业获得发展，经历了三个发展阶段。

（一）第一阶段（1949—1979 年）

此阶段以法律制定、高等法医学教育和法医学鉴定体系形成为标志。

法律法规方面：1950 年 2 月，政务院公布《关于严禁鸦片烟毒的通令》，使禁毒成为法医工作者的一项任务。1950 年 9 月，卫生部发布了《解剖尸体暂行规则》，规定了法医学尸体解剖的对象、目的和原则。1951 年 9 月 4 日，中央人民政府颁布《中华人民共和国人民法院暂行组织条例》，规定省级、县级人民法院视需设法医。1953 年 5 月，中央人民政府公布的《城市陆上交通管理暂行规则》，其中第十二条规定："交通肇事、致人死亡或重伤，应将肇事情形连同肇事人移交法院判处。"1954 年 9 月，政务院公布《中华人民共和国劳动改造条例》，其中第四条规定："犯人死亡，应作出医疗鉴定，经过当地人民法院检验。"1957 年 7 月，卫生部又颁修《尸体解剖规则》，强调了尸体解剖的重要性和研究价值。1957 年 10 月，国务院颁布了《中华人民共和国治安管理处罚条例》，其中第十条、第二十七条、第二十八条分别规定"殴伤他人"、"精神病人和醉酒者"违反治安的管理条例，也是法医活体检查的内容之一。此外，新中国成立初期国家颁布的《传染病管理办法》《国境卫生检疫条例》《医师暂行条例》等法规，是法医学工作者对医疗、劳动或工作中有关法医学问题进行鉴定的法律依据，也扩大了法医工作范围。

高等教育方面：1950 年，卫生部成立医学教材编审委员会，设法医学组，林几任主任委员。1951 年，卫生部委托南京中央大学医学院，由林几、陈康颐主持开办第一届法医学师资进修班，为各高等医学院校开设法医必修课培养了第一批高级师资人才。1952 年，张崇熙原编，仲许修订的《法医学》出版。1954 年，卫生部召开教学大纲审议会，陈康颐、陈东启、汪继祖等制定了我国第一部法医学课教学大纲。1955 年，卫生部委托军事医学科学院，陈康颐、孔禄卿培养了第一批法医学研究生。同年，卫生部又指定中国医科大学由陈东启主持开办第二届法医师资进修班。1956 年，陈东启等翻译苏联波波夫著《法医学》出版并被指定为高等医学院校试用教材。这些有力措施使我国医学院校配备了法医师资并建立了法医学教研室（或教研组）。1959 年，陈康颐主编的高等医药院校试用教材《法医学》出版。此外，陈履告、徐英含的《法医病理解剖学》，胡炳蔚、刘明俊的《常见毒物法医学鉴定》，陈安良、郭景元的《法医检验学》和徐英含的《法医毒物学》相继问世。以上标志着在中华人民共和国成立后的 10 余年

第七章 中国近现代法医学史小结

里我国高等法医学教育已初步形成。

全国法医学鉴定体系也是在中华人民共和国成立初期形成的。1949年，原司法行政部法医研究所只剩下几个人和非常简陋的破旧设备，由上海高级人民法院接管。1951年又由华东军政委员会接管，1953年隶属最高法院华东分院，1955年改隶司法部。1951年建立的司法部法医研究所由张颐昌教授担任主管业务的副所长。1952—1956年，先后培养了法医近400名，分配至全国各地公、检、法系统。此外，中国医科大学法医组在东北也培养法医人才，分配到东北三省公、检、法部门。全国各地司法部门设法医，初步建立了多系统法医鉴定体系。1959年以后，由于我国"左"的路线，法制不受重视，高等院校刚建立起来的法医教学单位又被撤销，法医研究所也"下马"，不少法医教学人员和法医工作者转业或改行。实际上，20世纪60年代初、中期至70年代末近20年时间里，我国主要在公安系统设法医，其他系统法医工作者和院校教学人员只能在十分艰难的条件下坚持工作。"文革"时期，法医事业又遇重创。所以，第一个发展阶段的前10年（1949—1959年）是我国现代法医学发展卓有成效的10年，初步建立了法医学教育和全国性多系统鉴定体系；后20年（1959—1978年），公安系统法医承担了全国繁重的法医鉴定工作，但由于法制不受重视，法医学发展缓慢，甚至暂时停顿。

（二）第二个发展阶段（1979—2005年）

此阶段以建立法制、恢复高等教育事业和法医鉴定体系，以及法医学术交流、科技飞速发展为标志。

法制健全是关键一环。1978年12月（十一届三中全会）后，我国立法工作全面铺开，走上了正常轨道。1979年7月公布的《中华人民共和国刑法》其中第十五条、第十六条对精神病人、间歇性精神病、醉酒者及又聋又哑或盲人犯罪作明确规定，第八十五条对"重伤"作了原则规定，第一百八十二条、第一百八十三条对虐待问题作了规定。同时公布的《中华人民共和国刑事诉讼法》规定刑事诉讼"以事实为根据，以法律为准绳"，第三十一条规定物证、书证鉴定结论和勘验记录等为事实证据，第七十四条规定对死因不明进行尸体解剖，第七十五条对活体检查作规定，第八十八条、第八十九条、第九十条对鉴定和鉴定人作明确规定。1979年公布的《人民法院组织法》第四十一条规定"地方各级法院设法医"。1979年9月，卫生部重新发布《解剖尸体规则》。1980年5月，公安部发布《刑事技术鉴定规则》。1986年，司法部、最高法院、最高检察院、公安部联合发布《人体重伤鉴定标准（试行）》。1986年5月，最高法院、最高检察院、公安部、司法部印发《关于法医技术人员靠用〈卫生技术人员职务评聘条例〉实施细则》的通知。1986年12月，最高法院发出《关于加强法院法医工作》的通知，对法院法医工作的开展起了很大的作用。1986年9月公布《中华人民共和国治安管理处罚条例》。1987年公布《中华人民共和国民法通则》，其中第十九条、第一百一十九条、第一百二十二条、第一百二十六条与法医学有关。1987年6月，国务院发布《医疗事故处理办法》。同年，国务院发布《麻醉品管理办法》。1987年6月，最高法院答复上海高级人民法院《关于人民法院在审判中能否采用人类白细胞抗原（HLA）作为亲子鉴定问题的批复》，同意应用HLA技术进行亲子鉴定。1988年，国务院发布《中华人民共和国道路管理条例》。1989年公布《中华人民共和国行政诉讼法》。1989年7月,最高人民法院、最高人民检察院、公安部、司法部、卫生部公布了《精神病司法鉴定暂行规定》。1990年3月,重新颁布《人体重伤鉴定标准》。1990年4月,最高法院、最高检察院、公安部、司法部颁布了《人体轻伤鉴定标准（试行）》。1998年6月,国务院办公厅发布《关于印发司法部职能配置内设机构和人员编制规定的通知》,把"指导面向社会服务的司法鉴定工作"的职责赋予司法部。1999年6月,司法部发布《关于加强面向社会服务的司法鉴定工作的通知》。1999年8月,司法部发布《关于组建省级司法鉴定协调指导机构和规范面向社会服务的司法鉴定工作的通知》。1999年9月,中国标准出版社出版中国法医学会编撰的《人体伤亡伤残鉴定标准选编》。2000年8月,司法部发布《司法鉴定登记管理办法》和《司法鉴定人管理办法》。2000年11月,司法部发布《司法鉴定执业分类（试行）》。2001年2月,司法部发布《司法鉴定许可证管理办法》。2001年8月,司法部发布《司法鉴定程序通则（试行）》。2001年11月,最高人民法院印发关于《人民法院司法鉴定工作暂行规定》的通知。2001年12月,最高人民法院审判委员会第1201次会议通过《最高人民法院关于民事诉讼证据的若干规定》。2002年12月,国家质量鉴定检验检疫总局发布《道路交通事故受伤人员伤残评定标准》。2004年4月,国家质量监督检验检疫总局发布《实验室和检查机构资质认定管理办法》。法律的健全和实施以及有关法医法规的制定使我国法医工作朝着健康的方向发展。

高等法医学教育方面：1979年,卫生部指定中国医科大学、中山医学院和四川医学院通过高考招收法医学学生,又在西安医学院、上海第一医学院、武汉医学院恢复法医学教研室,培训法医专业医师。1983年4月,教育部在全国范围内进行调查,确认法医学是亟待发展的专业,开始大量培养法医人才。1983年10月,教育部联合公、检、法、司、卫在山西省太原召开全国高等法医学专业教育座谈会,"四部两院"签署了《全国高等法医学专业教育座谈会纪要》。会后,教育部向各医学院校发出增设法医学必修课的决定,并于1984年3月决定成立全国法医专业教材协作组,设法医学教材编审委员会。同年7月,卫生部、教育部确定中山医科大学、华西医科大学、西安医科大学、上海医科大学、中国医科大学、同济医科大学设法医专业,建立法医系,每年招收法医学专业学生。1985年11月,国家教委（1985年6月8日至1998年3月10日教育部更名为国家教育委员会）于11月召开全国法医学专业教育指导委员会（李福海任第一任主任）第一次会议,确定3年内完成8种专业法医学教材（《法医学概论》《法医病理学》《临床法医学》《法医物证学》《法医精神病学》《法医毒物分析》《法医毒理学》和《刑事技术》）的编写出版。1986年8月,国务院学位委员会批准中山医科大学法医系和中国医科大学法医系为我国法医学专业首批博士学位授予单位,祝家镇、贾静涛教授为首批博士生指导教师。1987年5月,在反复调查论证的基础上,国家教委确定法医学属医学中的第六门类,其中设法医和法医物证学两个专业。我国部属和地方医学院校设法医系或法医教研室进行法医学人才培养和进修,并对医学院校其他专业本科生进行法医学普及教育。此外,司法部司法鉴定科学技术研究所和中国刑警学院也培养了法医人才。1978年以后是我国历史上法医学教育事业发展最快、最成功的时期。

第七章 中国近现代法医学史小结

法医人才队伍和法医学鉴定体系：1979年起，公、检、法、司系统逐步建立了鉴定机构，配备了法医，解决实际检案并开展科学研究。至此，坚持第一线工作和重新归队的法医以及大批新培养的法医充实了各系统的法医鉴定机构。1979年，全国法医队伍不足千人，1985年成立法医学会时已达5 000人，至1995年已发展形成近万名的法医队伍。各省（自治区、直辖市）公安厅（局）成立刑事技术所。最高人民法院、最高人民检察院由技术局管理本系统法医工作。公安部第二研究所（现公安部物证鉴定中心）、司法部司法鉴定科学技术研究所（现司法部司法鉴定科学研究院）则是公安和司法系统的法医学鉴定最高业务领导机构。我国又恢复了司法机构设法医的多系统法医鉴定体系。这个阶段，我国法医学鉴定服务主要面向公检法各机关和卫生行政部门（医疗事故），直接为司法机关提供侦查、审判的证据，必要时出庭作证；不对私人及其法律代表服务。公检法各系统逐步建立省-市-县三级鉴定组织。公安系统法医侧重于现场勘查、尸体检验和物证（血清学、人类学）检验，法院、检察系统法医则侧重复核鉴定和损伤程度评定、性功能、劳动能力评定及狱中或意外死亡鉴定等。公检法各系统还建有法医门诊，解决活体鉴定问题。我国法医系统的特点是，公检法司各系统设法医为办案部门，教育系统开展教学和科研工作为输送人才部门，二者保持密切联系。2001年，刘耀成为我国第一个法医学中国工程院院士。

科学研究与学术交流方面：1978年，《马王堆一号汉墓古尸研究》《77-型红外鉴别仪》《微量干血MN血型检验》《吩噻嗪类药物中毒检验》获全国科学大会奖。1979年2月，公安部第二研究所与各医学院校联合在陕西省西安市召开第一次全国法医学学术交流会。1980年3月，在中国医科大学法医学教研室倡议下，建立了我国第一个地方法医学会——沈阳法医学会，并办有学会刊物《法医通讯》（季刊）。其后，广州、武汉、四川等地相继成立了法医学会。为了适应培训人才和实际需要，由郭景元主编了《实用法医学》（陈康颐审，1980年）与《中国医学百科全书·法医学分册》（1982年），郑钟璇、李德祥等主编了高等学校法医学教材《法医学》（1982年），以后，赵经隆的《法医学颅脑损伤》、陈世贤的《法医骨学》、胡炳蔚主译的《基础法医学》、贾静涛的《中国古代法医学史》、徐英含的《实用法医病理学》、赵经隆和刘明俊主译的《法医病理手册》、吴家驭主译的《法医显微病理诊断学》等相继问世，推动了法医学的发展。20世纪80年代初，公安部组织力量开展尸温测定、法医人类学、溺死研究、损伤凶器认定、损伤与疾病等科学研究，以及大量尸检报告、物证检验等，使法医工作大有起色。

1984年11月，由公安部第二研究所发起，在中国古代伟大法医学家宋慈的故乡福建省建阳县召开了中国法医学会筹备会，并在宋慈墓前建碑留念。1985年7月，司法部司法鉴定科学技术研究所主办的《法医学杂志》创刊发行。1985年10月，中国法医学会在河南省洛阳市召开了成立大会，同时召开了第二届全国法医学术交流会。由李伯龄担任第一任理事长。1986年8月创刊全国法医学术刊物《中国法医学杂志》（季刊），由吴家驭任第一任主编，麻永昌为编辑部主任。1987年又在重庆举行第三届法医学术交流会。1988年9月，中国法医学会在北京召开国际法医学术研讨会。1991年在江苏省无锡市召开中国法医学会第二次全国代表大会暨第四届法医学术会议，李伯龄当选为第二任理事长。黄瑞亭在大会上介绍林几生平，以纪念我国现代法医学奠基人林几教授逝世40周年。《中国法医学杂志》在同年开辟专栏研究林几教授学术、教育思想，缅怀这位对中国现代法医学作出贡献的学者。1992年，黄瑞亭还在《国际法庭科学》杂志上介绍林几教授，使国际法医学界了解中国现代法医学发展及其对世界法医学发展的贡献。1996年在北京召开第五届全国法医学术会，1997年在北京召开中国法医学会第三次全国代表大会，刘耀当选为第三任理事长。1995年11月，世界图书出版公司出版黄瑞亭著作《林几传》，取名《法医青天——林几法医生涯录》。1995年12月，福建省志人物志为林几立传，由黄瑞亭撰写《林几传》，取名《中国现代法医学奠基人、法医学家、教育家林几教授》，收录于《福建史志》。1997年6月，黄瑞亭在《法医学杂志》发表《早期中外医学家对我国法医学的贡献》。1997年11月，福建教育出版社出版黄瑞亭著作《中国近现代法医学发展史》。1998年2月，《法医学杂志》发表黄瑞亭论文《拟议创立中央大学医学院法医科教室意见书与林几教授的法医学教育思想》。2000年6月，郭景元的《现代法医学》出版发行。2001年1月，在陕西省西安市召开第六次全国法医学术交流会。2001年2月，《中国司法鉴定》杂志出版发行。2004年4月，《法律与医学杂志》发表黄瑞亭论文《洗冤集录与宋慈法律学术思想》。2004年4月，中国法医学会在山东泰安举办中美法庭科学技术交流暨研讨班。2004年12月，在湖南省长沙召开第七次全国法医学术交流会。

这一阶段，我国法医学术上较为活跃的研究方向有：法医病理学中的死亡时间、损伤时间研究、个人识别、各种猝死死因研究，法医临床学中的损伤程度及劳动能力丧失评定、法医赔偿学及其理论性研究，法医物证学中的微量血痕、分泌物（斑）的高效检测、亲权鉴定、DNA指纹技术应用，法医毒物学中的毒物毒代动力学研究、各种毒物的高效检测及其标准化研究，以及法医体制研究、法医立法学研究等。我国法医学发展已具有自己特点和侧重面，在某些领域逐步与世界先进国家的法医学术水平接近，不少中国学者在国际性法医学杂志上发表论文（著），并在国际性法医学年会上介绍中国现代法医学的新成果、新进展。

（三）第三个发展阶段（2005年至今）

2005年2月28日，第十届全国人民代表大会常务委员会通过《全国人民代表大会常务委员会关于司法鉴定管理问题的决定》，规定"国务院司法行政部门主管全国鉴定人和鉴定机构的登记管理工作""侦查部门根据侦查工作需要设立的鉴定机构，不得面向社会接受委托从事司法鉴定业务。人民法院和司法行政部门不设立鉴定机构"。中华人民共和国成立后，中国法医学形成公、检、法多系统法医体制。在《全国人民代表大会常务委员会关于司法鉴定管理问题的决定》颁发之前6年，国务院赋予司法部指导面向社会的司法鉴定工作管理职能。之后，司法部出台《司法鉴定执业分类规定（试行）》《司法鉴定机构登记管理办法》《司法鉴定人管理办法》等规定。至此，中国出现社会鉴定机构，由各省司法行政部门登记后从业。根据最高人民法院《人民法院第二个五年改革规划》要求，参照大陆法系做法，将法医等司法技术人员纳入人民法院工作人员人事管理制度中进行分类管理，人民法院将转变法医等司法技术人员工作的职能，完成协助法官审查法医鉴定结论等有关证据材料、列席合议庭合议、回答法官咨

第七章 中国近现代法医学史小结

询、监外执行组织诊断、委托司法鉴定、刑场枪决（注射）执行死刑死亡确认等法庭科学技术工作。

司法鉴定管理和改革方面：2010 年，最高人民法院、最高人民检察院、公安部、国家安全部、司法部联合发文，公布 10 家国家级司法鉴定机构：最高人民检察院司法鉴定中心、北京市国家安全局司法鉴定中心、司法鉴定科学技术研究所司法鉴定中心、公安部物证鉴定中心、法大法庭科学技术鉴定研究所、北京市公安司法鉴定中心、中山大学法医鉴定中心、上海市公安司法鉴定中心、西南政法大学司法鉴定中心、广东省公安司法鉴定中心。2012 年，司法部司法鉴定科学技术研究所获首批国家级服务业标准化试点。2014 年，最高人民法院、最高人民检察院、公安部、司法部、国家卫生和计划生育委员会印发《关于印发〈暂予监外执行规定〉的通知》（司发通〔2014〕112号）。2016 年，最高人民法院、最高人民检察院、公安部、国家安全部、司法部印发《人体损伤致残程度分级》；最高人民法院、司法部印发《关于建立司法鉴定管理与使用衔接机制的意见》（司发通〔2016〕98 号）；最高人民法院印发《关于印发〈罪犯生活不能自理鉴别标准〉的通知》（法〔2016〕305 号）。2017 年，中央深化改革领导小组审议通过并由中共中央办公厅、国务院办公厅印发《关于健全统一司法鉴定管理体制的实施意见》（厅字〔2017〕43 号）；司法部印发《司法部关于严格准入、严格监管，提高司法鉴定质量和公信力的意见》（司发〔2017〕11 号文件），对社会鉴定机构进行管理。经统计，2017 年，全国经司法行政机关登记管理的鉴定机构共 4 338 家，全国经司法行政机关登记管理的鉴定人共 49 498 人。2018 年，国家标准化管理委员会确定上海市司法鉴定服务标准化示范为 2018—2019 年度国家级服务业标准化示范项目，承担单位为司法鉴定科学研究院。2018 年，司法部开始全面实施以省为单位建司法鉴定重点实验室的新举措，其首要任务是解决各省重大疑难案件。司法鉴定重点实验室是集鉴定、科研、教学、生产四位一体的平台。司法鉴定重点实验室与国家重点实验室设立有本质的区别，国家重点实验室以全国排名，而司法鉴定重点实验室则遵循地域性原则，以满足每个省份司法诉讼的需要。

截至 2018 年，全国出台的法医技术规范主要有：公安部《公安机关刑事案件现场勘验检查规则》，中华人民共和国公共安全行业标准《法医学尸体解剖》（GA/T 147—1996）、《法医学尸表检验》（GA/T 149—1996）、《机械性窒息尸体检验》（GA/T 150—1996）、《新生儿尸体检验》（GA/T 151—1996）、《中毒尸体检验规范》（GA/T 167—1997）、《机械性损伤尸体检验》（GA/T 168—1997）、《猝死尸体的检验》（GA/T 170—1997）、《毒物分析检验记录内容及格式》GA/T 192—1998、《物证检验照相要求规则》（GA/T 221—1999）、《尸体辨认照相、录像方法规则》（GA/T 223—1999）、《道路交通事故尸体检验》（GA 268—2001）、《交通事故痕迹物证勘验》（GA 41—2005）、《刑事技术微量物证的理化检验》（GB/T 19267.1—19267.12-2003）、《机动车安全检验项目和方法》（GA 468—2004）、《火灾烟气毒性危险评价方法-动物试验方法》（GA/T 506—2004）、《多道心理测试心理系统通用技术规范》（GA 544—2005），以及最高法院、最高检察院、公安部、国家安全部、司法部联合发布《人体损伤程度鉴定标准》，最高法院、最高检察院、公安部、国家安全部、司法部联合发布《人体损伤致残程度分级》等。

法医学会与学术交流方面：2005 年，中国法医学会会长刘耀率团赴英国参加了在杜布兰（Dunblane）召开的世界警官第七届国际法医临床学学术交流会暨法医临床学会年会。2009 年 8 月，中国法医学会法医临床学专业委员会在西宁举办全国第十二次法医临床学术交流会。2009 年，中国法医学会对中国现代法医学先行者和奠基人林几、陈康颐、孔禄卿、丁涛、陈谦禄、汪继祖、张树槐、黄鸣驹、陈东启、仲许、张颐昌、陈安良、吕瑞鑫等为代表的法医先辈作了高度的褒扬，同时对 1949—1959 年开始参加法医工作至今（为中国法医事业贡献 50 年，即 1959 年前参加法医工作）的 256 位法医专家颁发了纪念奖牌。2010 年，中国法医学会在海南召开第八次全国法医学术交流会。2011 年，司法部司法鉴定科学技术研究所主办召开"2011 司法鉴定理论与实践研讨会"。2012 年，中国法医学会第五次全国会员代表大会在北京召开。大会选举产生了新一届理事会领导成员：会长：刘耀，副会长：王羽、王雪梅、丛斌、石鹏建、吴少军、胡占山、翟恒利，秘书长：翟恒利（兼）。中国法医学会在广州举办中外法庭科学新技术研讨培训班。中国法医学会医疗损害鉴定专业委员会在河南焦作举办首届医疗损害法医鉴定学术研讨会；中国法医学会第五届法医毒物学专业委员会第一次工作会议在江西省景德镇市召开。2013 年，中国法医学会五届二次会长办公会议在北京召开；中国法医学会召开第九次全国法医学术交流会，这是学会进行换届后举行的首次全国性学术交流活动，交流内容涵盖法医病理学、法医损伤学、法医临床学、医疗损害鉴定、法医物证学、法医毒物学、法医人类学、司法精神病学以及其他相关或交叉学科；中国法医学会在北京举办中外法庭科学学术交流会议；司法部司法鉴定科学技术研究所主办召开"2013 司法鉴定理论与实践研讨会"。2014 年，中国法医学会法医临床专业委员会在哈尔滨举办中国法医学会第十七届全国法医临床学学术研讨会及临床专业委员会工作会议。2015 年，司法部司法鉴定科学技术研究所主办的英文期刊《Forensic Sciences Research》和中国政法大学证据科学研究院主办的英文期刊《Journal of Forensic Science and Medicine》分别创刊。司法部司法鉴定科学技术研究所主办召开"2015 司法鉴定理论与实践研讨会"。中国法医学会在江苏省南京市召开五届一次法医精神病学学术交流会。2016 年，第五届全国法医 DNA 检验技术研讨会暨 2016 法医遗传学新进展国际研讨会在京召开。2017 年，司法部司法鉴定科学技术研究所主办召开"2017 司法鉴定理论与实践研讨会"。

法医学教育方面：2007 年 3 月，教育部成立 2007—2010 年高等学校法医学专业教学指导委员会，侯一平任主任委员。同年 5 月，全国高等医学院校法医学专业第四轮教材编审委员会成立，吴家驷为主任委员，组织第四轮法医学专业教材编写工作，全套共 10 种主教材和 4 种配套教材。2008 年，王镭主编的《继往开来：振兴中国法医教育事业》由四川大学出版社出版；在山西太原举行了纪念全国法医学教育座谈会（"四部两院"晋祠会议）25 周年庆祝活动。2011 年，法医学专业研究生用《高级法医学》教材第二版（伍新尧主编）由郑州大学出版社出版。2013 年，教育部成立 2013—2017 年高等学校法医学专业教育指导委员会，侯一平任主任委员。同年，山西医科大学举办"高等法医学专业教育三十年回顾暨学科发展高峰论坛"。2014 年，经全国高等医药教

第七章 中国近现代法医学史小结

材建设研究会和全国高等医学院校法医学专业教材编审委员会审议，启动第五轮法医学专业教材编写工作，全套共 16 种教材，其中主教材 11 种、配套教材 5 种。2018 年 10 月，教育部成立 2018—2022 年高等学校法医学专业教学指导委员会，张林任主任委员。

法医学人才队伍建设和科学研究方面：2007 年，司法部司法鉴定科学技术研究所作为中方牵头单位，组建了由 15 家机构（其中国内 5 家、国外 10 家机构）参加的国际司法鉴定教育合作计划，搭建了国际司法鉴定科学技术和教育培训交流合作的平台。2011 年，丛斌当选为中国工程院院士；丛斌等的《高度腐败检材降解 DNA 检验技术体系的建立》获 2011 年国家科学技术进步奖一等奖。2005—2017 年，多个项目获得国家科技进步二等奖。

法医学著作与法医学史研究方面：2005 年，黄瑞亭的《法医探索》由福建教育出版社出版。黄瑞亭、陈新山的《百年中国法医学》在《中国法医学杂志》发表。2006 年，《中国司法鉴定杂志》发表黄瑞亭论文《宋慈洗冤集录与宋朝司法鉴定制度》。2007 年，《中国法医学杂志》发表黄瑞亭论文《百年之功——纪念林几教授诞辰 110 周年》。2008 年，军事医学科学出版社出版黄瑞亭、陈新山的《洗冤集录今释》。2011 年，军事医学科学出版社出版黄瑞亭的《话说大宋提刑官》。2012 年，《中国法医学》杂志发表黄瑞亭的《中国近现代法医学人物志》。2014 年，刘耀、丛斌、侯一平主编的《实用法医学》由科学出版社出版。2014 年，黄瑞亭的《林几》由鹭江出版社出版。2015 年，黄瑞亭、陈新山主编的《中国法医学史》由华中科技大学出版社出版。2016 年，福建省政协、司法部、福建省司法厅在福建建阳召开纪念宋慈 830 周年。2017 年，司法鉴定科学技术研究所召开"纪念林几诞辰 120 周年座谈会"；陈新山、黄瑞亭参与 Burkhard Medea 的 *History of Forensic Medicine*（《世界法医学史》）中国法医学和法科学史部分的编写。2018 年，黄瑞亭的《宋慈〈洗冤集录〉与洗冤文化》收录于《法庭科学文化论丛（3）》出版。2019 年，刘耀、丛斌、胡丙杰主编的《中国法医学 70 年理论与实践》由科学出版社出版，丛斌主审，黄瑞亭、胡丙杰主编的《中国近现代史法医学史》由中山大学出版社出版。

四、历史的启示

我国现代法医学从输入阶段起迄今已逾 160 年，若从现代法医学形成阶段算起，也达百年。温故而知新，我们深受启发：

（一）法医学发展与法制建设

由于长期受到封建制度的束缚，我国在中世纪已发达的古代法医学领先于欧州达 350 余年，但以后的 200 余年里，欧州完成了现代法医学的飞跃，而我国却不能！究其原因，贾静涛教授剖析说，我国古代法医学及其成就是应封建法典的需要而产生的，但也是这个封建制度，把古代法医学的发展限制在尸体表面检查的范围内，以致未能及时迈向现代化发展。这就是说，法医学发展与法律制定密切相关。我国现代法医学发展也验证了这一观点。历史表明，清朝末年司法改革后出现了某些现代法律的萌芽，因而现代法医学始能出现；民国时期制定的法律使现代法医学得以形成。我国从古至今在治理体系和治理能力的探索中，一直是儒家德治、法家峻法和道家无为的交替或者融合。中华人民共和国成立后,特别是 1979 年以来,法制健全,法医学迅速发展。这是一条十分重要的历史经验。

(二) 法医学发展与法医学宣传教育

清末虽然出现了现代法医学前奏,但尸体检验仍维持在尸表。历史是一个漫长的孕育过程。在几千年封建礼教的束缚下,西方先进的法学、医学、法医学以及基础科学知识能在短时间内服务于司法实践吗?长期封闭、科学基础薄弱,接受自然科学的能力又能达到何种程度?另外,清末司法改革不彻底(也不可能彻底),想引用现代法医学为司法服务,又害怕用"解剖尸体"这个违反封建礼教的现代法医学工作方式(由医师承担)来替代旧的检验方式(由仵作承担),在法医学宣传、教育和普及工作未完成的情况下,社会自然不会接受现代法医学,现代法医学便只能维持在过渡阶段。民国时期,法律冲破了几千年的封建枷锁,允许尸体解剖,但仍因法医学社会基础薄弱,社会接受法医学的能力有限,加之法医人才匮乏,使法律未能正常实施,出现仵作不科学验尸所致的"陕西王案"和"江苏无锡刘案",而当现代法医学初步形成时,又出现了"陈奎棠状告司法行政部"案。事实说明当时阻碍法医学发展的社会旧传统势力还很强,也证明了法制宣传、法医学教育和普及是何等重要!中华人民共和国成立后法医学的实践进一步表明,法医学发展与法制健全和法制宣传息息相关,特别是法医学教育、人才培养十分重要。另外,在医学院、政法院校以及全社会普及法医学知识亦非常重要,可加深人们对法医学这门学科的认识,再加上法医学本身的发展和不断拓宽的业务也对社会作出贡献,使法医学在社会、政治、经济、文化领域逐渐占有一席之地。历史经验是,法医学离开了社会这个土壤会变成为无本之木,法医学虽与医学同属医学范畴,却在发展上与医学不同,受到社会旧习的影响更大,其社会基础更薄弱,还需要作大量宣传、普及和教育工作。教训深刻,不可忽视。

(三) 法医学学研究

法医学除了本学科理论技术,如法医病理学、法医物证学、法医临床学等外,还有法医法学(如《解剖尸体规则》《死亡管理法》等)、法医社会学、法医哲学(包括伦理学)、法医史学、法医人文、法医立法学(包括《法医师法》《法医师工作条例》《法医鉴定程序》《法医保健办法》《法医奖惩规则》等)、法医管理学、法医信息学等,以法医学本身为研究对象的科学,可称之为法医学的科学,即法医学学(science of forensic medicine)。我国现代法医学发展到今天,法医学学的研究还很不够,这不能不说是件憾事。没有健全的法律,不利于法医学发展;相反,有很好的法律,没有相应的法医学法规予以贯彻执行,则在某些时期法律将会成为一纸空文。显然,法医学这门特殊科学只有单纯的技术研究是不够的,还要注重这门科学的法学、政治、经济、历史、文化、哲学等社会科学研究,否则法医学发展没有保障。历史上,法医队伍不稳定、法医工作者积极性多次受挫的教训不能忘记。笔者呼吁,法医学界应尽快开展法医学学研究,为中国现代法医学创造良好的发展条件,促进其进一步发展。

(四) 法医学体制问题

我国自古代以来就把法医(或机构)设在司法部门内。民国时期,法医机构设在

第七章　中国近现代法医学史小结

法院。中华人民共和国成立后形成了公、检、法、司多系统法医鉴定体系。这一法医学体制与国外单一系统的法医鉴定人制度（美国）、死因裁判官制度（英国）、法医鉴定局制度（俄罗斯）、大学研究所制度（德国）等形成鲜明对比。这一体制是根据我国宪法规定的"公、检、法互相制约、互相监督"的立法精神而设置的。我国曾在20世纪60—70年代一度改由公安系统法医单独承担鉴定任务，至1978年后又组建多系统鉴定体系。至于作为专门技术证据的法医学是否也与审判、侦查、检察工作相提并论，法学界和法医学界认识不一。但我国这一鉴定体系在现代法医学发展中确实发挥了很大的作用，我国在中华人民共和国成立初期几乎停滞的法医学发展了起来，人员和教育迅速得到发展。然而，这一体制有一定缺陷。首先，机构重复，仪器和人才使用有浪费现象。其次，由于法医不能集中使用，使我国几万名的法医因分散设置而显得"人才不够用"。另外，至少在短期内无法进行"法医师任命制度"，如美国那样医师鉴定人需医学毕业后从事病理专业4年以上、法医局工作2年以上才能取得法医师鉴定人（medical examiner）资格。这是法医学人才选拔、使用上的缺陷。再次，多系统法医机构不利于进行规范化全国性有关尸解、活体、物证方面的科学统计工作；而对本系统法医工作之外的保险业、劳动、工伤、家庭、交通意外、居民病伤死亡管理（其中有不少是与法律有关），及医院里死亡（可能是非自然死或是医疗事故）等反而"对不上口"而漏检。此外，法医学属自然科学范畴，由于设在行政机关里，法医技术职称评聘和科研工作难以实现，而由于公、检、法间的分工，法医工作的法医道德、鉴定权限等问题也突出表现出来。2005年以来，我国开展了司法鉴定社会化改革，案件大量增加，同时也带来鉴定机构更加分散、鉴定人素质良莠不齐，多头和重复鉴定等问题。总之，我国法医体制存在既适应又不适应的方面，需从多层次、多方面加以分析，并根据中国特有国情去解决这一历史遗留问题。

（五）法医界很需要一种精神

我国现代法医学发展经历了一个世纪，其中有许多法医学先驱艰苦创业、执著追求和无私奉献。由于传统陈腐的观念，法医职业被视为"贱业"，在长达几千年的封建统治下，旧中国有医学知识者是不问津此道的。"有志者裹足不前，有就者也相率离去。"但是，我国现代法医学先驱林几给我们树立了楷模，他毕生研究法医学，为中国现代法医学的发展鞠躬尽瘁、死而后已。林几是我国当之无愧的现代法医学奠基人和一代名法医。在我国现代法医学史上，还有孙逵方、陈康颐、黄鸣驹、陈安良、魏立功、佘小宋、张颐昌、陈东启、汪继祖、张树槐、陈履告、孔禄卿、蒋培祖、文剑成、林锡署、蒋大颐、仲许、陈谦祿、吕瑞鑫、丁涛等以及当代许许多多法医学者的名字。正是千千万万像林几那样的法医工作者的努力，才使在"狭缝"中生长的法医学分外茁壮！当今，我国正进入中国特色社会主义新时代，来自各方面的因素对法医工作者又将是一次极大的考验！退缩是没有出路的，需要提倡先驱们的奉献精神，去开创中国现代法医学的新局面！

（六）未来2030年前后的法医学

经历了一个多世纪的艰难旅程，中国现代法医学终于走出了岔道。今后10年如何发展？还会遇到哪些困难？总的趋势发展如何？笔者认为：

（1）由于我国20世纪80年代培养的法医人才至2030年前后将逐渐退出舞台，法医队伍将出现新的"新旧交替"现象。目前，中青年法医学的管理和科技人才的发现与培养迫在眉睫，也是今后10年的重要任务之一。

（2）2030年前后是我国法医学立法时期。这期间，司法部将出台更加规范的司法鉴定管理规定，对社会司法鉴定机构进行管理。在《司法鉴定通则》基础上，渴望进行《司法鉴定法》的立法前期工作。

（3）至2030年前后，科技的发展给法医学带来更多的鉴定条件。随着计算机技术的发展和医学影像水平的提高，有限元方法与CT三维重建技术及其他虚拟现实技术相结合，法医显微病理学、分子病理学、法医分子生物学、基因组学、蛋白质组学、法医毒物组学、纳米技术等的研究和应用，将推动法医学各学科研究水平的提高。同时，为适应法律需要和工作规范化，法医病理学、法医化学、法医临床学将朝标准化方向发展。

（4）随着社会进步和对外交往，特别是共建"一带一路"倡议的推进实施，涉及法律的各种纠纷也将逐渐增多，涉及法医学的司法鉴定案件也会随之出现。由于沿线各国法律不同，各国司法鉴定体制、鉴定程序和标准以及鉴定机构和鉴定人资质要求不同，给我国法医工作带来新的挑战，也给我国法医工作者的业务带来不断拓宽的机遇。应加强"一带一路"司法鉴定新课题研究，加强中外法医学交流与合作。中国司法鉴定只有扩大视野、学习各国法律并主动融入世界才有发展前途，这也是今后10年法医的研究方向之一。

附　录
中华人民共和国现行与法医鉴定有关的法律、法规、标准

第一部分　法律、法律性文件（目录）

全国人民代表大会常务委员会关于司法鉴定管理问题的决定（2005年2月28日第十届全国人民代表大会常务委员会第十四次会议通过）
全国人大法工委关于对法医类鉴定与医疗事故技术鉴定关系问题的意见（2005年9月22日）
中华人民共和国劳动争议调解仲裁法（2007年12月29日）
中华人民共和国仲裁法（2017年第二修正）
中华人民共和国职业病防治法（2011年12月31日修正）
中华人民共和国刑事诉讼法（2018年第三次修正）
中华人民共和国民事诉讼法（2017年第三次修正）
中华人民共和国精神卫生法（2012年10月26日公布，2013年5月1日起施行。）
中华人民共和国监狱法（2012年10月26日修正）
中华人民共和国行政诉讼法（2017年第二次修正）
中华人民共和国刑法（2017年第十次修正）

第二部分　行政法规（目录）

医疗事故处理条例（2002年4月4日）

医疗纠纷预防和处理条例（2018年7月31日）
诉讼费用交纳办法（2006年12月8日）
工伤保险条例（2010年12月20日修订）
军人抚恤优待条例（2011年7月29日修订）

第三部分　司法解释、司法文件（目录）

最高人民法院印发《关于贯彻执行〈中华人民共和国民法通则〉若干问题的意见（试行）》的通知（1988年4月2日）

最高人民法院、最高人民检察院、公安部、司法部、卫生部关于颁发《精神疾病司法鉴定暂行规定》的通知（1989年7月11日）

最高人民法院关于确定民事侵权精神损害赔偿责任若干问题的解释（2001年3月8日）

最高人民法院关于印发《人民法院司法鉴定工作暂行规定》的通知（2001年11月16日）

最高人民法院关于民事诉讼证据的若干规定（2001年12月21日）

人民法院对外委托司法鉴定管理规定（2002年3月27日）

最高人民法院关于行政诉讼证据若干问题的规定（2002年7月24日）

最高人民法院关于审理人身损害赔偿案件适用法律若干问题的解释（2003年12月26日）

最高人民法院关于印发《人民法院民事诉讼风险提示书》的通知（2003年12月24日）

最高人民法院关于印发《人民法院司法鉴定人名册制度实施办法》的通知（2004年2月9日）

最高人民法院关于地方各级人民法院设立司法技术辅助工作机构的通知（法发〔2006〕182号）（2006年9月25日）

最高人民法院办公厅关于印发《技术咨询、技术审核工作管理规定》和《对外委托鉴定、评估、拍卖等工作管理规定》的通知（2007年8月23日）

最高人民法院、最高人民检察院、公安部、国家安全部、司法部关于做好司法鉴定机构和司法鉴定人备案登记工作的通知（2008年11月20日）

最高人民法院、最高人民检察院、公安部、国家安全部、司法部关于印发《国家级司法鉴定机构遴选办法》和《国家级司法鉴定机构评审标准》的通知（2009年12月24日）

最高人民法院关于审理刑事案件中涉及人体损伤残疾程度鉴定如何适用鉴定标准问题的请示的批复的通知（2010年5月5日）

附录　中华人民共和国现行与法医鉴定有关的法律、法规、标准

最高人民法院、最高人民检察院、公安部、国家安全部、司法部关于国家级司法鉴定机构遴选结果的通知（2010年9月30日）

最高人民法院关于审理道路交通事故损害赔偿案件适用法律若干问题的解释（2012年11月27日）

最高人民法院、最高人民检察院、公安部、国家安全部、司法部、全国人大常委会法制工作委员会关于实施刑事诉讼法若干问题的规定（2012年12月26日）

最高人民法院、最高人民检察院、公安部、国家安全部、司法部关于发布《人体损伤程度鉴定标准》的公告（2013年8月30日）

最高人民法院关于执行《人体损伤程度鉴定标准》有关问题的通知（2014年1月2日）

最高人民法院、最高人民检察院、公安部、司法部、国家卫生计生委关于印发《暂予监外执行规定》的通知（司发通〔2014〕112号），附件：《罪犯保外就医疾病伤残范围》（2014年12月1日施行）

最高人民法院关于印发《罪犯生活不能自理鉴别标准》的通知（法〔2016〕305号）（2016年7月26日）

最高人民法院、司法部《关于建立司法鉴定管理与使用衔接机制的意见》（司发通〔2016〕98号）（2016年10月9日）

最高人民检察院关于印发《人民检察院法医工作细则（试行）》和《人民检察院文件检验工作细则（试行）》的通知（1988年1月28日）

最高人民检察院关于CPS多道心理测试鉴定结论能否作为诉讼证据使用问题的批复（1999年9月10日）

最高人民检察院关于"骨龄鉴定"能否作为确定刑事责任年龄证据使用的批复（2000年2月21日）

最高人民检察院关于贯彻《全国人民代表大会常务委员会关于司法鉴定管理问题的决定》有关工作的通知（2005年9月21日）

最高人民检察院关于印发《人民检察院鉴定机构登记管理办法》、《人民检察院鉴定人登记管理办法》和《人民检察院鉴定规则（试行）》的通知（2006年11月30日）

人民检察院刑事诉讼规则（试行）（2012年11月22日修订）

第四部分　部门规章、规范性文件（目录）

公安部关于印发《公安机关办理伤害案件规定》的通知（2005年12月27日）
公安机关鉴定机构登记管理办法（2005年12月29日）
公安机关鉴定人登记管理办法（2005年12月29日）
道路交通事故处理程序规定（2008年8月17日）

公安机关办理刑事案件程序规定（2012 年 12 月 13 日）

公安机关办理行政案件程序规定（2014 年 6 月 29 日修正）

司法部关于下发《司法鉴定执业分类规定（试行）》的通知（2000 年 11 月 29 日）

司法部关于下发《司法鉴定许可证管理规定》的通知（2001 年 2 月 20 日）

司法部关于对司法鉴定地方立法和司法鉴定管理制度性质问题的批复（2001 年 6 月 12 日）

司法鉴定人登记管理办法（2005 年 9 月 29 日）

司法鉴定机构登记管理办法（2005 年 9 月 29 日）

司法部关于印发《司法鉴定教育培训规定》的通知（2007 年 11 月 1 日）

司法部关于法医精神病鉴定业务范围问题的复函（2008 年 7 月 2 日）

司法部关于印发《司法鉴定职业道德基本规范》的通知（2009 年 12 月 23 日）

司法鉴定执业活动投诉处理办法（2010 年 4 月 8 日）

司法部关于印发《司法鉴定许可证和司法鉴定人执业证管理办法》的通知（2010 年 4 月 12 日）

司法部关于印发《司法鉴定人和司法鉴定机构名册管理办法》的通知（2010 年 4 月 12 日）

司法部办公厅关于印发《司法鉴定高级专业技术职务任职资格评审细则》的通知（2010 年 6 月 4 日）

司法部关于认真贯彻落实精神卫生法做好精神障碍医学鉴定工作的通知（2013 年 6 月 6 日）

司法部关于进一步加强司法鉴定投诉处理工作的意见（2013 年 8 月 27 日）

司法部关于认真做好贯彻落实《人体损伤程度鉴定标准》工作的通知（2013 年 10 月 9 日）

司法部司法鉴定管理局关于适用《人体损伤程度鉴定标准》有关问题的通知（2014 年 1 月 6 日）

司法部关于进一步发挥司法鉴定制度作用防止冤假错案的意见（2014 年 2 月 13 日）

司法部关于印发《司法鉴定机构内部管理规范》的通知（2014 年 4 月 22 日）

司法部 环境保护部关于规范环境损害司法鉴定管理工作的通知（司发通〔2015 年〕118 号）（2015 年 12 月 21 日）

司法鉴定程序通则（2016 年 3 月 2 日）

司法部《关于严格准入、严格监管、提高司法鉴定质量和公信力的意见》（司发〔2017〕11 号）（2017 年 11 月 22 日）

卫生部关于医师未经许可在家行医导致纠纷是否受理鉴定的批复（1999 年 11 月 17 日）

卫生部关于医疗事故鉴定申请期限的批复（2000 年 1 月 14 日）

卫生部法监司关于对医疗事故鉴定有关问题的答复（2000 年 5 月 25 日）

卫生部关于医疗事故技术鉴定有关问题的批复（2000 年 10 月 23 日）

附录　中华人民共和国现行与法医鉴定有关的法律、法规、标准

卫生部关于医疗事故技术鉴定中胎儿死亡事件如何认定的批复（2000年12月19日）

卫生部关于医疗事故技术鉴定工作有关问题的批复（2001年4月24日）

病残儿医学鉴定管理办法（2002年1月18日）

卫生部关于对《职业病诊断与鉴定管理办法》实施中有关问题的批复（2002年6月4日）

卫生部关于职业病诊断与鉴定有关问题的批复（2002年7月19日）

医疗事故技术鉴定暂行办法（2002年7月31日）

医疗事故分级标准（试行）（2002年7月31日）

卫生部、国家中医药管理局关于印发《医疗事故技术鉴定专家库学科专业组名录（试行）》的通知（2002年8月2日）

卫生部、国家中医药管理局关于印发《医疗事故争议中尸检机构及专业技术人员资格认定办法》的通知（2002年8月2日）

关于禁止非医学需要的胎儿性别鉴定和选择性别的人工终止妊娠的规定（2002年11月29日）

卫生部关于对异地职业病诊断有关问题的批复（2003年10月17日）

卫生部关于进一步加强职业病诊断鉴定管理工作的通知（2003年12月23日）

卫生部关于职业病诊断标准有关问题的批复（2004年3月12日）

卫生部关于职业病诊断鉴定专家库有关问题的批复（2004年7月1日）

卫生部关于职业病诊断鉴定有关问题的批复（2004年8月2日）

卫生部关于医疗机构不配合医疗事故技术鉴定所应承担的责任的批复（2005年1月21日）

卫生部关于职业病诊断有关问题的批复（2005年4月4日）

卫生部关于参加医疗事故技术鉴定专家学科问题的批复（2005年6月14日）

卫生部关于医疗事故技术鉴定有关问题的批复（2005年12月9日）

卫生部关于在医疗事故技术鉴定中有关回避问题的批复（2006年8月2日）

卫生部关于医疗争议经人民法院裁定再审案件重新启动医疗事故鉴定的批复（2007年6月26日）

卫生部关于抽取法医参加医疗事故技术鉴定有关问题的批复（2009年3月16日）

劳动和社会保障部办公厅关于资源枯竭矿山企业有工伤（职业病）史且已办理离退休手续人员能否进行工残等级鉴定问题的复函（2000年11月22日）

劳动和社会保障部、人事部、卫生部、中华全国总工会、中国企业联合会关于劳动能力鉴定有关问题的通知（2003年9月26日）

劳动和社会保障部关于实施《工伤保险条例》若干问题的意见（2004年11月1日）

劳动和社会保障部关于新旧劳动能力鉴定标准衔接有关问题处理意见的通知（2007年3月6日）

工伤认定办法（2010年12月31日）

人力资源和社会保障部关于执行《工伤保险条例》若干问题的意见（2013年4月25日）

伤残抚恤管理办法（2013年7月5日修订）

国家发展和改革委员会、司法部关于印发《司法鉴定收费管理办法》的通知（2009年9月1日）

第五部分　鉴定标准、技术规范、行业标准

卫生部关于重新发布施行《解剖尸体规则》的通知（1979年9月10日）

国家体育运动委员会关于国家队运动员伤残保险事故程度分级标准（1998年2月17日）

运动创伤与运动致病事故程度分级标准（1999年9月）

劳动和社会保障部关于印发《职工非因工伤残或因病丧失劳动能力程度鉴定标准（试行）》的通知（2002年4月5日）

司法部办公厅关于推荐适用《文书鉴定通用规范》等25项司法鉴定技术规范的通知（2010年4月7日）

司法部办公厅关于推荐适用《法医临床检验规范》等8项司法鉴定技术规范的通知（2011年3月17日）

最高人民法院、最高人民检察院、公安部、国家安全部、司法部关于发布《人体损伤程度鉴定标准》的公告（2013年8月30日）

司法部办公厅关于推荐适用《周围神经损伤鉴定实施规范》等13项司法鉴定技术规范的通知（2014年3月17日）

司法部办公厅关于推荐适用《法医学虚拟解剖操作规程》等28项司法鉴定技术规范的通知（2015年11月20日）

最高人民法院、最高人民检察院、公安部、国家安全部、司法部关于发布《人体损伤致残程度分级》的公告（2016年4月18日）

最高人民法院关于印发《罪犯生活不能自理鉴别标准》的通知（法〔2016〕305号）（2016年7月26日）

司法部办公厅印发《关于颁布和废止部分司法鉴定技术规范的通知》（司法部〔2018〕139号）（2018年11月8日），颁布了《人体前庭、平衡功能检查评定规范》等36项司法鉴定技术规范，废止2项司法鉴定技术规范。

司法部关于废止《印章印文鉴定规范》等15项司法鉴定技术规范的通知（司法通〔2019〕33号）（2019年3月8日）

劳动能力鉴定职工工伤与职业病致残等级（GB/T 16180—2014）

人身损害护理依赖程度评定（GB/T 31147—2014）

附录　中华人民共和国现行与法医鉴定有关的法律、法规、标准

司法部归口/发布的法医类专业国家标准（GB）/技术规范（SF/Z）见表8-1。

公安部现行/最新发布法医科学领域技术标准共计489项，其中，2019年10月之前累计分布现行有效法医科学领域技术标准365项，见表8-2。

2019年10月14日，公安部发布了124项法庭科学领域技术标准，见表8-3。

表8-1　司法部归口/发布法医类专业国家标准（GB）/技术规范（SF/Z）

序号	文件名称	编号	发布日期	实施日期
法医病理鉴定				
1	法医学尸体解剖规范	SF/Z JD0101002—2015	2015-11-20	2015-11-20
2	法医学虚拟解剖操作规程	SF/Z JD0101003—2015	2015-11-20	2015-11-20
3	道路交通事故涉案者交通行为方式鉴定	SF/Z JD0101001—2016	2016-09-22	2016-09-22
法医临床鉴定				
4	法医临床检验规范	SF/Z JD0103003—2011	2011-03-17	2011-03-17
5	嗅觉障碍的法医学评定	SF/Z JD0103012—2018	2018-11-08	2019-01-01
6	人体前庭、平衡功能检查评定规范	SF/Z JD0103009—2018	2018-11-08	2019-01-01
7	外伤性癫痫鉴定实施规范	SF/Z JD0103007—2014	2014-03-17	2014-03-17
8	周围神经损伤鉴定实施规范	SF/Z JD0103005—2014	2014-03-17	2014-03-17
9	视觉功能障碍法医学鉴定规范	SF/Z JD0103004—2016	2016-09-22	2016-09-22
10	法医临床学视觉电生理检查规范	SF/Z JD0103010—2018	2018-11-08	2019-01-01
11	听力障碍法医学鉴定规范	SF/Z JD0103001—2010	2010-04-07	2010-04-07
12	男性性功能障碍法医学鉴定	GB/T 37237—2018	2018-12-28	2019-04-01
13	男性生育功能障碍法医学鉴定	SF/Z JD0103011—2018	2018-11-08	2019-01-01
14	法医临床影像学检验实施规范	SF/Z JD0103006—2014	2014-03-17	2014-03-17
15	人身损害后续诊疗项目评定指南	SF/Z JD0103008—2015	2015-11-20	2015-11-20
法医精神病鉴定				
16	精神障碍者司法鉴定精神检查规范	SF/Z JD0104001—2011	2011-03-17	2011-03-17
17	精神障碍者刑事责任能力评定指南	SF/Z JD0104002—2016	2016-09-22	2016-9-22
18	精神障碍者受审能力评定指南	SF/Z JD0104005—2018	2018-11-08	2019-01-01
19	精神障碍者服刑能力评定指南	SF/Z JD0104003—2016	2016-09-22	2016-09-22

续表 8-1

序号	文件名称	编号	发布日期	实施日期
20	精神障碍者民事行为能力评定指南	SF/Z JD0104004—2018	2018-11-08	2019-01-01
21	道路交通事故受伤人员精神伤残评定规范	SF/Z JD0104004—2014	2014-03-17	2014-03-17
法医物证鉴定				
22	个体识别技术规范	SF/Z JD0105012—2018	2018-11-08	2019-01-01
23	法医学 STR 基因座命名规范	SF/Z JD0105011—2018	2018-11-08	2019-01-01
24	常染色体 STR 基因座的法医学参数计算规范	SF/Z JD0105010—2018	2018-11-08	2019-01-01
25	法医 SNP 分型与应用规范	SF/Z JD0105003—2015	2015-11-20	2015-11-20
26	法医物证鉴定 X-STR 检验规范	SF/Z JD0105006—2018	2018-11-08	2019-01-01
27	法医物证鉴定 Y-STR 检验规范	SF/Z JD0105007—2018	2018-11-08	2019-01-01
28	法医物证鉴定线粒体 DNA 检验规范	SF/Z JD0105008—2018	2018-11-08	2019-01-01
29	法医物证鉴定标准品 DNA 使用与管理规范	SF/Z JD0105009—2018	2018-11-08	2019-01-01
30	亲权鉴定技术规范	GB/T 37223—2018	2018-12-28	2019-04-01
31	亲子鉴定文书规范	SF/Z JD0105004—2015	2015-11-20	2015-11-20
32	生物学全同胞关系鉴定实施规范	SF/Z JD0105002—2014	2014-03-17	2014-03-17
33	生物学祖孙关系鉴定规范	SF/Z JD0105005—2015	2015-11-20	2015-11-20
法医毒物鉴定				
34	血液中氰化物的测定气相色谱法	SF/Z JD0107002—2010	2010-04-07	2010-04-07
35	血液、尿液中毒鼠强的测定气相色谱法	SF/Z JD0107003—2010	2010-04-07	2010-04-07
36	血液中碳氧血红蛋白饱和度的测定分光光度法	SF/Z JD0107010—2011	2011-03-17	2011-03-17
37	法医毒物有机质谱定性分析通则	SF/Z JD0107019—2018	2018-11-08	2019-01-01
38	血液中铬、镉、砷、铊和铅的测定电感耦合等离子体质谱法	SF/Z JD0107012—2011	2011-03-17	2011-03-17
39	气相色谱-质谱联用法测定硫化氢中毒血液中的硫化物实施规范	SF/Z JD0107013—2014	2014-03-17	2014-03-17

附录　中华人民共和国现行与法医鉴定有关的法律、法规、标准

续表 8-1

序号	文件名称	编号	发布日期	实施日期
40	血液中 45 种有毒生物碱成分的液相色谱-串联质谱检验方法	SF/Z JD0107015—2015	2015-11-20	2015-11-20
41	血液中溴敌隆等 13 种抗凝血类杀鼠药的液相色谱-串联质谱检验方法	SF/Z JD0107018—2018	2018-11-08	2019-01-01
42	血液中磷化氢及其代谢物的顶空气相色谱-质谱检验方法	SF/Z JD0107020—2018	2018-11-08	2019-01-01
43	血液、尿液中 238 种毒（药）物的检测液相色谱-串联质谱法	SF/Z JD0107005—2016	2016-09-22	2016-09-22
44	血液和尿液中 108 种毒（药）物的气相色谱-质谱检验方法	SF/Z JD0107014—2015	2015-11-20	2015-11-20
45	尿液中 Δ9-四氢大麻酸的测定液相色谱-串联质谱法	GB/T 37272—2018	2018-12-28	2019-04-01
46	尿液、毛发中 S（+）-甲基苯丙胺、R（-）-甲基苯丙胺、S（+）-苯丙胺和 R（-）-苯丙胺的液相色谱-串联质谱检验方法	SF/Z JD0107024—2018	2018-11-08	2019-01-01
47	毛发中 15 种毒品及代谢物的液相色谱-串联质谱检验方法	SF/Z JD0107025—2018	2018-11-08	2019-01-01
48	毛发中可卡因及其代谢物苯甲酰爱康宁的液相色谱-串联质谱检验方法	SF/Z JD0107016—2015	2015-11-20	2015-11-20
49	毛发中 Δ9-四氢大麻酚、大麻二酚和大麻酚的液相色谱-串联质谱检验方法	SF/Z JD0107022—2018	2018-11-08	2019-01-01
50	生物检材中 32 种元素的测定电感耦合等离子体质谱法	SF/Z JD0107017—2015	2015-11-20	2015-11-20
51	生物检材中苯丙胺类兴奋剂、哌替啶和氯胺酮的测定	SF/Z JD0107004—2016	2016-09-22	2016-09-22
52	生物检材中单乙酰吗啡、吗啡、可待因的测定	SF/Z JD0107006—2010	2010-04-07	2010-04-07

续表 8-1

序号	文件名称	编号	发布日期	实施日期
53	生物检材中巴比妥类药物的测定液相色谱-串联质谱法	SF/Z JD0107008—2010	2010-04-07	2010-04-07
54	生物检材中乌头碱、新乌头碱和次乌头碱的 LCMSMS 测定液相色谱-串联质谱法	SF/Z JD0107009—2010	2010-04-07	2010-04-07
55	生物检材中河豚毒素的测定液相色谱-串联质谱法	SF/Z JD0107011—2011	2011-03-17 发布	2011-03-17 实施
56	生物检材中钩吻素子、钩吻素甲和钩吻素己的液相色谱-串联质谱检验方法	SF/Z JD0107021—2018	2018-11-08 发布	2019-01-01 实施
57	生物检材中雷公藤甲素和雷公藤酯甲的液相色谱-串联质谱检验方法	SF/Z JD0107023—2018	2018-11-08 发布	2019-01-01 实施

表 8-2 公安部 2019 年 10 月之前累计发布现行有效的法庭科学领域技术标准目录

序号	标准编号	标准名称
1	GB/T 19267.1—2008	刑事技术微量物证的理化检验 第1部分：红外吸收光谱法
2	GB/T 19267.2—2008	刑事技术微量物证的理化检验 第2部分：紫外-可吸收光谱法
3	GB/T 19267.3—2008	刑事技术微量物证的理化检验 第3部分：分子荧光光谱法
4	GB/T 19267.4—2008	刑事技术微量物证的理化检验 第4部分：原子发射光谱法
5	GB/T 19267.5—2008	刑事技术微量物证的理化检验 第5部分：原子吸收光谱法
6	GB/T 19267.6—2008	刑事技术微量物证的理化检验 第6部分：扫描电子显微镜/X 射线能谱法
7	GB/T 19267.7—2008	刑事技术微量物证的理化检验 第7部分：气相色谱-质谱法
8	GB/T 19267.8—2008	刑事技术微量物证的理化检验 第8部分：显微分光光度法
9	GB/T 19267.9—2008	刑事技术微量物证的理化检验 第9部分：薄层色谱法
10	GB/T 19267.10—2008	刑事技术微量物证的理化检验 第10部分：气相色谱法
11	GB/T 19267.11—2008	刑事技术微量物证的理化检验 第11部分：高效液相色谱法
12	GB/T 19267.12—2008	刑事技术微量物证的理化检验 第12部分：热分析法
13	GB/T 21679—2008	法庭科学 DNA 数据库建设规范
14	GB/T 23865—2009	比例照相规则

附录　中华人民共和国现行与法医鉴定有关的法律、法规、标准

续表 8-2

序号	标准编号	标准名称
15	GB/T 29347—2012	法庭科学 枪械射击弹壳痕迹检验规范
16	GB/T 29348—2012	法庭科学 枪械射击弹头痕迹检验规范
17	GB/T 29349—2012	现场照相、录像要求
18	GB/T 29350—2012	法庭科学 数字影像技术规则
19	GB/T 29351—2012	法庭科学 照相制卷质量要求
20	GB/T 29352—2012	物证检验照相录像规则
21	GB/T 29360—2012	电子物证数据恢复检验规程
22	G8/T 29361—2012	电子物证文件一致性检验规程
23	GB/T 29362—2012	电子物证数据搜索检验规程
24	GB/T 29635—2013	疑似毒品中海洛因的气相色谱、气相色谱-质谱检验方法
25	GB/T 29636—2013	疑似毒品中甲基苯丙胺的气相色谱、高效液相色谱和气相色谱-质谱检验方法
26	GB/T 29637—2013	疑似毒品中氯胺酮的气相色谱、气相色谱-质谱检验方法
27	GB/T 34919—2017	法庭科学 打印文件检验技术规程
28	GB/T 35048—2018	法庭科学 语音及音频检验术语
29	GB/T 37226—2018	法庭科学 人类荧光标记 STR 直合扩增检测试剂质量基本要求
30	GA 235—1999	警用多波段光源通用技术要求
31	GA 426.1—2008	指纹数据交换格式 第1部分：指纹数据交换文件格式规范
32	GA 426.2—2008	指纹数据交换格式 第2部分：任务描述类记录格式
33	GA 426.3—2008	指纹数据交换格式 第3部分：十指指纹记录格式
34	GA 426.4—2008	指纹数据交换格式 第4部分：现场指纹信息记录格式
35	GA 426.5—2008	指纹数据交换格式 第5部分：指纹正查和倒查比中信息记录格式
36	GA 426.6—2008	指纹数据交换格式 第6部分：指纹查重比中信息记录格式
37	GA 426.7—2008	指纹数据交换格式 第7部分：指纹串查比中信息记录格式
38	GA 426.8—2008	指纹数据交换格式 第8部分：现场指纹查询请求信息记录格式
39	GA 426.9—2008	指纹数据交换格式 第9部分：十指指纹查询请求信息记录格式
40	GA 426.10—2008	指纹数据交换格式 第10部分：正查比对结果候选信息记录格式
41	GA 426.11—2008	指纹数据交换格式 第11部分：倒查比对结果候选信息记录格式
42	GA 426.12—2008	指纹数据交换格式 第12部分：查重比对结果候选信息记录格式
43	GA 426.13—2008	指纹数据交换格式 第13部分：串查比对结果候选信息记录格式
44	GA 426.14—2008	指纹数据交换格式 第14部分：自定义逻辑记录格式

续表8-2

序号	标准编号	标准名称
45	GA 476—2004	人血红蛋白金标检验试剂条
46	GA 477—2004	人前列腺特异抗原（PSA）金标检验试剂条
47	GA 540—2005	刑事照相定向反射镜
48	GA 721.1—2007	显现潜在手印试剂 第1部分：水合茚三酮
49	GA 721.2—2007	显现潜在手印试剂 第2部分：3.3′.5.5′-四甲基联苯胺
50	GA 721.3—2007	显现潜在手印试剂 第3部分：1.8-二氮芴-9-酮（DFO）
51	GA 721.4—2007	显现潜在手印试剂 第4部分：7-苄胺基-4-硝基苯并呋咱（BBD）
52	GA 721.5—2007	显现潜在手印试剂 第5部分：1,2-茚二酮（IDO）
53	GA 722—2007	茚三酮/DFO手印显现柜
54	GA 765—2008	人血红蛋白检测 金标试剂条法
55	GA 766—2008	人精液PSA检测 金标试剂条法
56	GA 773—2008	指纹自动识别系统术语
57	GA 774.1—2008	指纹特征规范 第1部分：指纹方向
58	GA 774.2—2008	指纹特征规范 第2部分：指纹纹型分类与描述
59	GA 774.3—2008	指纹特征规范 第3部分：指纹中心点标注方法
60	GA 774.4—2008	指纹特征规范 第4部分：指纹三并点标注方法
61	GA 774.5—2008	指纹特征规范 第5部分：指纹细节特征点标注方法
62	GA 775—2008	指纹特征点与指纹方向坐标表示方法
63	GA 777.1—2010	指纹数据代码 第1部分：指纹指位代码
64	GA 777.2—2008	指纹数据代码 第2部分：指纹纹型代码
65	GA 777.3—2008	指纹数据代码 第3部分：乳突颜色代码
66	GA 777.4—2010	指纹数据代码 第4部分：被捺印指纹人员类别代码
67	GA 777.5—2008	指纹数据代码 第5部分：十指指纹协查目的编码规则
68	GA 777.6—2008	指纹纹数据代码 第6部分：指纹协查级别代码
69	GA 777.7—2008	指纹数据代码 第7部分：指纹比对状态代码
70	GA 777.8—2008	指纹数据代码 第8部分：指纹特征提取方式缩略规则
71	GA 777.9—2010	指纹数据代码 第9部分：掌纹掌位代码
72	GA 778—2008	十指指纹文字数据项规范
73	GA 779—2008	现场指纹文字数据项规范
74	GA 780—2008	指纹比中数据项规范

附录 中华人民共和国现行与法医鉴定有关的法律、法规、标准

续表 8－2

序号	标准编号	标准名称
75	GA 781—2008	被比中指纹人员到案情况数据项规范
76	GA 787—2010	指纹图像数据转换的技术条件
77	GA 788—2008	指纹图像数据压缩倍数
78	GA 789—2008	掌纹图像数据转换的技术条件
79	GA/T 55—2011	物证通用标签
80	GA/T102—1995	中毒检材中巴比妥类药物的定性定量分析方法
81	GA/T103—1995	中毒检材中拟除虫菊酯类农药的定性定量分析方法
82	GA/T116—2005	视听技术检验标准体系表
83	GA/T 119—1995	刑事照相负正片后期制作质量标准
84	GA/T 120—1995	刑事照相、录像词汇
85	GA/T121—1995	中毒检材中斑蝥素的定性定量分析方法
86	GA/T 122—1995	毒物分析名词术语
87	GA/T 144—2018	法庭科学指纹专业术语
88	GA/T 145—2019	手印鉴定文书规范
89	GA/T 147—1996	法医学尸体解剖
90	GA/T148—1996	法医病理学检材的提取、固定、包装及送检方法
91	GA/T 149—1996	法医学尸表检验
92	GA/T 1S0—1996	机械性窒息尸体检验
93	GA/T151—1996	新生儿尸体检验
94	GA/T155—1996	刑事录像后期制作质量要求
95	GA/T156—1996	翻拍照相方法规则
96	GA/T 157—1996	脱影照相方法规则
97	GA/T 167—1997	中毒尸体检验规范
98	GA/T 168—1997	机械性损伤尸体检验
99	GA/T 170—1997	猝死尸体的检验
100	GA/T 187—1998	中毒检材中敌敌畏、敌百虫的定性及定量分析方法
101	GA/T 189—1998	中毒检材中氯丙嗪、异丙嗪、奋乃静的定性及定量分析方法
102	GA/T 190—1998	中毒检材中苯唑卡因、利多卡因、普鲁卡因、丁卡因、布比卡因的 GC/NPD 定性及定量分析方法
103	GA/T 193—1998	中毒案件采取检材规则
104	GA/T 194—1998	中毒案件检材包装、贮存、运送及送检规则

续表 8-2

序号	标准编号	标准名称
105	GA/T 198—1998	中毒检材中氯喹的定性及定量分析方法
106	GA/T 199—1998	中毒检材中阿米替林、多虑平、三甲丙咪嗪、氯丙咪嗪、丙咪嗪的定性及定量分析方法
107	GA/T 200—1998	中毒检材中士的宁、马钱子生物碱的定性及定量分析方法
108	GA/T 201—1998	理化检验报告书的编写规定
109	GA/T 203—1999	中毒案件检材中磷胺、久效磷的定性及定量分析方法
110	GA/T 204—1999	血、尿中的苯、甲苯、乙苯、二甲苯的定性及定量分析方法
111	GA/T 207—1999	中毒案件检材中可卡因及其主要代谢物苯甲酰爱冈宁的 HPLC 和 GC 定性及定量分析方法
112	GA/T 208—1999	中毒案件检材中磷化物的定性及定量分析方法
113	GA/T 222—1999	近距离照相方法规则
114	GA/T 223—1999	尸体辨认照相、录像方法规则
115	GA/T 242—2018	法庭科学 微量物证的理化检验术语
116	GA/T 325—2001	辨认照相、录像要求
117	GA/T 326—2001	刑事案件声像档案资料保存要求与方法
118	GA/T 327—2001	偏振光照相方法
119	GA/T 328—2001	犯罪嫌疑人和罪犯司法登记照相规则
120	GA/T 382—2014	法庭科学 DNA 实验室建设规范
121	GA/T 383—2014	法庭科学 DNA 实验室检验规范
122	GA/T 419—2018	法庭科学 502 手印熏显柜通用技术要求
123	GA/T424—2003	审讯过程录像规则
124	GA/T 538—2005	短波紫外图像观察仪
125	GA/T 539—2005	紫外翻拍仪通用技术要求
126	GA/T 582—2005	现场照相方法规则
127	GA/T 583—2005	红外照相、录像方法规则
128	GA/T 584—2005	紫外照相方法规则
129	GA/T585—2005	刑事照相底片档案管理规则
130	GA/T 591—2006	刑事照相设备技术条件
131	GA/T 593—2006	光致发光照相、录像方法规则
132	GA/T 597—2006	中毒检材中静松灵的定性定量分析方法
133	GA/T 601—2006	犯罪嫌疑人模拟像制作规则

附录 中华人民共和国现行与法医鉴定有关的法律、法规、标准

续表 8-2

序号	标准编号	标准名称
134	GA/T 622—2010	活体指纹图像采集技术规范
135	GA/T 626.1—2010	活体指纹图像应用程序接口规范 第1部分：采集设备
136	GA/T 626.2—2010	活体指纹图像应用程序接口规范 第2部分：图像拼接
137	GA/T 718—2007	枪支致伤力的法庭科学鉴定判据
138	GA/T 723—2007	储墨指纹捺印盒
139	GA/T 724—2007	手印鉴定程序
140	GA/T 725—2007	现场手印检材的包装、送检规则
141	GA/T 750—2008	不锈钢尸体解剖台
142	GA/T 769—2008	道路交通事故受伤人员救治项目评定规范
143	GA/T 772—2008	刑事影像技术专业实验室工作用房技术要求
144	GA/T 790—2008	十指指纹信息卡式样
145	GA/T 791—2008	现场指纹信息卡式样
146	GA/T 799—2008	现场勘查车技术条件
147	GA/T 813—2008	人体组织器官中硅藻硝酸破机法检验
148	GA/T 815—2009	法庭科学人类荧光标记STR复合扩增检测试剂质量基本要求
149	GA/T 819—2009	蛋白质纤维上酸性染料的分析方法
150	GA/T 820—2009	涤纶纤维上分散染料的分析方法
151	GA/T 822—2009	压腹静电显现仪技术要求
152	GA/T 823.1—2018	油漆物证的检验方法 第1部分：颜色比对检验法
153	GA/T 823.2—2009	油漆物证的检验方法 第2部分：红外吸收光谱法
154	GA/T 823.3—2009	油漆物证的检验方法 第3部分：扫描电子显微镜X射线能谱法
155	GA/T 823.4—2009	油漆物证的检验方法 第4部分：激光拉曼光谱法
156	GA/T 824—2009	法庭科学 枪弹性能检验实验室建设规范
157	GA/T 828—2009	电子物证软件功能检验技术规范
158	GA/T 829—2009	电子物证软件一致性检验技术规范
159	GA/T 830—2009	尸体解剖检验室建设规范
160	GA/T 831—2009	灰尘足迹压敏胶提取胶带技术要求
161	GA/T 854—2009	灰尘痕迹静电吸附器通用技术要求
162	GA/T 864—2010	活体掌纹图像采集技术规范
163	GA/T 865—2010	活体掌纹图像采集接口规范
164	GA/T 866—2010	活体指纹/掌纹采集设备测试技术规范

续表 8-2

序号	标准编号	标准名称
165	GA/T 882—2014	讯问同步录音录像系统技术要求
166	GA/T 895—2010	法庭科学 模糊图像处理技术规范 图像增强
167	GA/T 896—2010	法庭科学 模糊图像处理技术规范 退化图像复原
168	GA/T 897—2010	法庭科学 模糊图像处理技术规范 图像去噪声
169	GA/T 902—2010	微量物证的提取、包装方法 纤维
170	GA/T 903—2010	微量物证的提取、包装方法 玻璃
171	GA/T 904—2010	微量物证的提取、包装方法 油脂
172	GA/T 905—2010	微量物证的提取、包装方法 金属
173	GA/T 906—2010	微量物证的提取、包装方法 泥土
174	GA/T 907—2010	微量物证的提取、包装方法 爆炸残留物
175	GA/T 908—2010	微量物证的提取、包装方法 易燃液体残留物
176	GA/T 909—2010	微量物证的提取、包装方法 扫描电子显微镜/能谱法检验射击残留物
177	GA/T 914—2010	听力障碍的法医学评定
178	GA/T 916—2010	图像真实性鉴别技术规范 图像真实性评价
179	GA/T 917—2010	图像真实性鉴别技术规范 图像重采样检测
180	GA/T 918—2010	图像真实性鉴别技术规范 图像 CFA 插值检测
181	GA/T 919—2010	图像真实性鉴别技术规范 图像 JPEG 压缩检测
182	GA/T 927—2011	枪支号码复现技术规范
183	GA/T928—2011	法庭科学 线形痕迹的检验规范
184	GA/T 929—2011	法庭科学 外凸牙花钥匙上增配痕迹的检验技术规范
185	GA/T 930—2011	生物样品中氰离子的气相色谱法和化学检验方法
186	GA/T 931—2011	生物样品中液化石油气及天然气气相色谱-质谱联用定性检验方法
187	GA/T 932—2011	生物样品中敌鼠等六种抗凝血杀鼠剂的高效液相色谱检验方法
188	GA/T 933—2011	生物样品中氟乙酸根离子的气相色谱和气相色谱-质谱联用检验方法
189	GA/T 934—2011	生物样品中次乌头碱、乌头碱、中乌头碱的液相色谱-串联质谱检验方法
190	GA/T 935—2011	法庭科学 枪弹痕迹检验鉴定文书编写规范
191	GA/T 936—2011	法庭科学 平面灰尘痕迹铁氰化钾增强法
192	GA/T 951—2011	紫外观察照相系统数码拍照规则

附录 中华人民共和国现行与法医鉴定有关的法律、法规、标准

续表 8-2

序号	标准编号	标准名称
193	GA/T 952—2011	法庭科学 机动车发动机号码和车架号码检验规程
194	GA/T 953—2011	法庭科学 枪口比动能测速仪法测试规程
195	GA/T 954—2011	法庭科学 工具痕迹中凹陷痕迹的检验规范
196	GA/T95S—2011	法庭科学 枪支物证的提取、包装和送检规则
197	GA/T 956—2011	法庭科学 弹子锁开启痕迹的检验技术规范
198	GA/T 957—2011	微量物证的提取、包装方法 涂料
199	GA/T 958—2011	微量物证的提取、包装方法 橡胶和塑料
200	GA/T 965—2011	法庭科学 DNA 亲子鉴定规范
201	GA/T 985—2012	法庭科学立体痕迹石膏制模提取方法
202	GA/T 1008.1—2013	常见毒品的气相色谱、气相色谱-质谱检验方法 第 1 部分：鸦片中五种成分
203	GA/T 1008.2—2013	常见毒品的气相色谱、气相色谱-质谱检验方法 第 2 部分：吗啡
204	GA/T 1008.3—2013	常见毒品的气相色谱、气相色谱-质谱检验方法 第 3 部分：大麻中三种成分
205	GA/T 1008.4—2013	常见毒品的气相色谱、气相色谱-质谱检验方法 第 4 部分：可卡因
206	GA/T 1008.5—2013	常见毒品的气相色谱、气相色谱-质谱检验方法 第 5 部分：二亚甲基双氧安非他明
207	GA/T 1008.6—2013	常见毒品的气相色谱、气相色谱-质谱检验方法 第 6 部分：美沙酮
208	GA/T 1008.7—2013	常见毒品的气相色谱、气相色谱-质谱检验方法 第 7 部分：安眠酮
209	GA/T 1008.8—2013	常见毒品的气相色谱、气相色谱-质谱检验方法 第 8 部分：三唑仑
210	GA/T 1008.9—2013	常见毒品的气相色谱、气相色谱-质谱检验方法 第 9 部分：艾司唑仑
211	GA/T 1008.10—2013	常见毒品的气相色谱、气相色谱-质谱检验方法 第 10 部分：地西泮
212	GA/T 100&.11—2013	常见毒品的气相色谱、气相色谱-质谱检验方法 第 11 部分：溴西泮
213	GA/T 1008.12—2013	常见毒品的气相色谱、气相色谱-质谱检验方法 第 12 部分：氯氮卓
214	GA/T 1017—2013	现场视频颁布图编制规范
215	GA/T 1018—2013	视频中物品图像检验技术规范
216	GA/T 1019—2013	视频中车辆图像检验技术规范

续表 8-2

序号	标准编号	标准名称
217	GA/T 1020—2013	视频中事件过程检验技术规范
218	GA/T 1021—2013	视频图像原始性检验技术规范
219	GA/T 1022—2013	视频图像真实性检验技术规范
220	GA/T 1023—2013	视频中人像检验技术规范
221	GA/T 1024—2013	视频画面中目标尺寸测量方法
222	GA/T 1069—2013	法庭科学 电子物证手机检验技术规范
223	GA/T 1070—2013	法庭科学 计算机开关机时间检验技术规范
224	GA/T 1071—2013	法庭科学电子物证 Windows 操作系统日志检验技术规范
225	GA/T 1073—2013	生物样品血液、尿液中乙醇、甲醇、正丙醇、乙醛、丙醛、异丙醇和正丁醇的顶空-气相色谱检验法
226	GA/T 1074—2013	生物样品中 γ-羟基丁酸的气相色谱-质谱和液相色谱-串联质谱检验方法
227	GA/T 1160—2014	常见毒品原植物的 DNA 提取 二氧化硅法
228	GA/T 1161—2014	法庭科学 DNA 检验鉴定文书内容及格式
229	GA/T 1162—2014	法医生物检材的提取、保存、送检规范
230	GA/T 1163—2014	人类 DNA 荧光标记 STR 分型结果的分析及应用
231	GA/T 1187—2014	法庭科学 颅骨面貌复原技术规范
232	GA/T 1188—2014	男性性功能障碍法医学鉴定
233	GA/T 1189—2014	现场白骨化尸体骨骼提取、保存、运输规范
234	GA/T 1193—2014	人身损害误工期、护理期、营养期评定规范
235	GA/T 1194—2014	性侵害案件法医临床学检查指南
236	GA/T 1195—2014	法庭科学 滤光镜型光谱成像方法
237	GA/T 1196—2014	法庭科学 全波段 CCD 数码物证照相规范
238	GA/T 1197—2014	法庭科学 人体损伤检验照相规范
239	GA/T 1198—2014	法庭科学 尸体检验照相规范
240	GA/T 1199—2014	法庭科学 视频资料连续性检验鉴定规范
241	GA/T 1200—2014	法庭科学 物证照相配光检验方法
242	GA/T 1238—2015	法庭科学 DFO 显现手印技术规范
243	GA/T 1239—2015	法庭科学 茚三酮显现手印技术规范
244	GA/T 1240—2015	法庭科学 碘熏显现手印方法
245	GA/T 1241—2015	法庭科学 四甲基联苯胺显现血手印技术规范

附录 中华人民共和国现行与法医鉴定有关的法律、法规、标准

续表 8-2

序号	标准编号	标准名称
246	GA/T 1242—2015	法庭科学 硝酸银显现手印技术规范
247	GA/T 1243—2015	法庭科学 光学检验手印技术规范
248	GA/T1310—2016	法庭科学 笔迹鉴定意见规范
249	GA/T1311—2016	法庭科学 印章印文鉴定意见规范
250	GA/T1312—2016	法庭科学 添改文件检验技术规程
251	GA/T1313—2016	法庭科学 正常笔迹检验技术规程
252	GA/T1314—2016	法庭科学 纸张纤维组成的检验规范
253	GA/T 1315—2016	法庭科学 笔迹特征的分类规范
254	GA/T1316—2016	法庭科学 毛发、血液中氯胺酮气相色谱和气相色谱-质谱检验方法
255	GA/T 1318—2016	法庭科学 吸毒人员尿液中吗啡和单乙酰吗啡气相色谱和气相色谱-质谱检验方法
256	GA/T 1319—2016	法庭科学 吸毒人员尿液中苯丙胺等4种苯丙胺类毒品气相色谱和气相色谱-质谱检验方法
257	GA/T1320—2016	法庭科学 血液、尿液中氟离子气相色谱-质谱检验方法
258	GA/T 1321—2016	法庭科学生 物体液中哌替啶及其代谢物气相色谱、气相色谱-质谱检验方法
259	GA/T1322—2016	法庭科学 血液中地西泮等十种苯骈二氮杂草类药物气相色谱-质谱检验方法
260	GA/T 1327—2016	法庭科学 生物检材中唑吡坦气相色谱、气相色谱-质谱和液相色谱-串联质谱检验方法
261	GA/T1328—2016	法庭科学 生物检材中卡马西平气相色谱和气相色谱-质谱检验方法
262	GA/T1329—2016	法庭科学 吸毒人员尿液中氯胺酮气相色谱和气相色谱-质谱检验方法
263	GA/T1330—2016	法庭科学 吸毒人员尿液中四氢大麻酚和四氢大麻酸气相色谱-质谱检验方法
264	GA/T1331—2016	法庭科学 血液中阿维菌素B1a液相色谱-串联质谱检验方法
265	GA/T1332—2016	法庭科学 血液中甲草胺等五种酰胺类除草剂气相色谱-质谱检验方法
266	GA/T 1377—2018	法庭科学 复合SNPs检验族群推断方法
267	GA/T 1378—2018	法庭科学 STR已知分型参照物质技术要求
268	GA/T 1379—2018	法庭科学 DNA磁珠纯化试剂质量基本要求

续表 8-2

序号	标准编号	标准名称
269	GA/T 1380—2018	法庭科学 DNA 数据用人员样本采集规范
270	GA/T1417—2017	法庭科学 玻璃物证的元素成分检验 波长色散 X 射线荧光光谱法
271	GA/T 1418—2017	法庭科学 玻璃物证的元素成分检验 扫描电镜/能谱法
272	GA/T 1419—2017	法庭科学 玻璃微粒折射率测定 油浸法
273	GA/T1420—2017	法庭科学 爆炸残留物中常见无机离子检验 毛细管电泳法
274	GA/T 1421—2017	法庭科学 爆炸残留物中常见无机离子检验 离子色谱法
275	GA/T 1422—2017	法庭科学 常见火炸药组分检验 X 射线衍射法
276	GA/T 1423—2017	法庭科学 塑料物证检验 红外光谱法
277	GA/T 1424—2017	法庭科学 合成纤维物证检验 红外光谱法
278	GA/T 1425—2017	法庭科学 煤油、柴油检验 溶剂提取－气相色谱/质谱法
279	GA/T 1430—2017	法庭科学 录音的真实性检验技术规范
280	GA/T 1431—2017	法庭科学 降噪及语音增强技术规范
281	GA/T 1432—2017	法庭科学 语音人身分析技术规范
282	GA/T 1433—2017	法庭科学 语音同一认定技术规范
283	GA/T 1436—2017	法庭科学 刑事案件现场图示符号规范
284	GA/T 1437—2017	法庭科学 平面鞋印形象特征检验技术规范
285	GA/T 1438—2017	法庭科学 荧光粉末显现手印技术规范
286	GA/T 1439—2017	法庭科学 复印文件检验技术规程
287	GA/T1440—2017	法庭科学 印刷方法鉴定意见规范
288	GA/T1441—2017	法庭科学 同版印刷鉴定意见规范
289	GA/T 1442—2017	法庭科学 摹仿笔迹检验技术规程
290	GA/T 1443—2017	法庭科学 笔迹特征比对表制作规范
291	GA/T 1444—2017	法庭科学 笔迹检验样本笔迹提取规范
292	GA/T 1445—2017	法庭科学 压痕字迹的静电显现技术规范
293	GA/T 1446—2017	法庭科学 纸张定量测定技术规范
294	GA/T 1447—2017	法庭科学 变造文件的紫外光致发光检验技术规范
295	GA/T 1448—2017	法庭科学 淀粉浆糊的显色反应检验规范
296	GA/T1449—2017	法庭科学 印章印文检验技术规程
297	GA/T1450—2017	法庭科学 车体痕迹检验规范
298	GA/T 1451—2017	法庭科学 赤足足迹特征分类规范
299	GA/T1452—2017	法庭科学 线形痕迹硅橡胶提取方法

附录 中华人民共和国现行与法医鉴定有关的法律、法规、标准

续表 8-2

序号	标准编号	标准名称
300	GA/T 1460.2—2018	法庭科学 文件检验术语 第2部分：笔迹检验术语
301	GA/T1474—2018	法庭科学 计算机系统用户操作行为检验技术规范
302	GA/T1475—2018	法庭科学 电子物证监控录像机检验技术规范
303	GA/T 1476—2018	法庭科学 远程主机数据获取技术规范
304	GA/T 1477—2018	法庭科学 计算机系统接入外部设备使用痕迹检验技术规范
305	GA/T 1478—2018	法庭科学 网站数据获取技术规范
306	GA/T 1479—2018	法庭科学 电子物证伪基站电子数据检验技术规范
307	GA/T 1480—2018	法庭科学 计算机操作系统仿真检验技术规范
308	GA/T 1488—2018	法庭科学 枪弹测速仪通用技术条件
309	GA/T 1489—2018	法庭科学 法医电动开颅锯通用技术要求
310	GA/T 1490—2018	法庭科学 激光物证显现仪技术要求
311	GA/T 1491—2018	法庭科学 枪支射击架通用技术要求
312	GA/T 1492—2018	法庭科学 游动配光照相技术规则
313	GA/T 1493—2018	法庭科学 脱落细胞负压提取器通用技术要求
314	GA/T 1496—2018	法庭科学 足迹检验名词术语
315	GA/T 1497—2018	法庭科学 整体分离痕迹检验术语
316	GA/T 1498—2018	法庭科学 剪切工具痕迹检验规范
317	GA/T 1501—2018	法庭科学 圆珠笔字迹油墨的检验 气相色谱法
318	GA/T 1502—2018	法庭科学 视频中人像动态特征检验技术规范
319	GA/T 1506—2018	法庭科学 枪弹痕迹检验术语
320	GA/T 1507—2018	法庭科学 视频目标物标注技术规范
321	GA/T 1508—2018	法庭科学 车辆轮胎痕迹检验技术规范
322	GA/T 1509—2018	法庭科学 现场制图规范
323	GA/T 1510—2018	法庭科学 雪地足迹硫磺制模方法
324	GA/T 1513—2018	法庭科学 印章色痕检验 高效液相色谱法
325	GA/T 1514—2018	法庭科学 合成胶粘剂检验 红外光谱法
326	GA/T 1515—2018	法庭科学 汽油残留物提取检验 固相微萃取-气相色谱-质谱法
327	GA/T 1516—2018	法庭科学 轮胎橡胶检验 裂解-气相色谱-质谱法
328	GA/T 1518—2018	疑似毒品中苯丙胺等五种苯丙胺类毒品检验 毛细管电泳、傅立叶变换红外光谱法
329	GA/T 1519—2018	法庭科学 墨粉元素成分检验 扫描电子显微镜/X射线能谱法

续表 8-2

序号	标准编号	标准名称
330	GA/T 1520—2018	法庭科学 黑火药、烟火药元素成分检验 扫描电子显微镜/X 射线能谱法
331	GA/T 1521—2018	法庭科学 塑料元素成分检验 扫描电子显微镜/X 射线能谱法
332	GA/T 1522—2018	法庭科学 射击残留物检验 扫描电子显微镜/X 射线能谱法
333	GA/T 1523—2018	微粒悬浮液显现手印技术规范
334	GA/T 1530—2018	法庭科学 230 种药（毒）物液相色谱－串联质谱筛查方法
335	GA/T 1S32—2018	赤足足迹检验技术规范
336	GA/T 1533—2018	指纹特征分类规范
337	GA/T 1534—2018	茚二酮显现手印技术规范
338	GA/T 1535—2018	生物检材中地芬诺酯检验 液相色谱－质谱法
339	GA/T 1553—2019	法庭科学 换页文件检验规范
340	GA/T 1554—2019	法庭科学 电子物证检验材料保存技术规范
341	GA/T 15S5—2019	法庭科学 人身损害受伤人员后续诊疗项目评定技术规程
342	GA/T 1564—2019	法庭科学 现场勘查电子物证提取技术规范
343	GA/T 1565—2019	法庭科学 擦刮变造文件检验技术规范
344	GA/T 1566—2019	法庭科学 传真文件检验技术规程
345	GA/T 1568—2019	法庭科学 电子物证检验术语
346	GA/T 1569—2019	法庭科学 电子物证检验实验室建设规范
347	GA/T 1570—2019	法庭科学 数据库数据真实性检验技术规范
348	GA/T 1571—2019	法庭科学 Android 系统应用程序功能检验方法
349	GA/T 1572—2019	法庭科学 移动终端地理位置信息检验技术方法
350	GA/T 1575—2019	法庭科学 枪弹痕迹样本制作技术规范
351	GA/T 1576—2019	法庭科学 枪弹痕迹自动识别系统枪弹痕迹采集规范
352	GA/T 1577—2019	法庭科学 制式枪弹种类识别规范
353	GA/T 1579.1—2019	法庭科学 印刷文件检验样本提取规范 第 1 部分：印章印文
354	GA/T 1579.2—2019	法庭科学 印刷文件检验样本提取规范 第 2 部分：制版印刷文件
355	GA/T 1579.3—2019	法庭科学 印刷文件检验样本提取规范 第 3 部分：打印文件
356	GA/T 1S79.4—2019	法庭科学 印刷文件检验样本提取规范 第 4 部分：复印文件
357	GA/T 1580—2019	法庭科学 制版印刷文件检验技术规程
358	GA/T 1581—2019	法庭科学 印章印文待征分类规范
359	GA/T 1582—2019	法庭科学 视觉功能障碍鉴定技术规范

附录　中华人民共和国现行与法医鉴定有关的法律、法规、标准

续表 8-2

序号	标准编号	标准名称
360	GA/T 1583—2019	法庭科学 汉族青少年骨龄鉴定技术规程
361	GA/T 1584—2019	法庭科学 人体耻骨性别形态学检验技术规范
362	GA/T 1585—2019	法庭科学 尸体检验摄像技术规范
363	GA/T 1586—2019	法庭科学 涉嫌吸毒人员尿液采集操作规范
364	GA/T 1587—2019	法庭科学 声纹自动识别系统测试规范
365	GA/T 1588—2019	法庭科学 法医临床鉴定室建设规范

表 8-3　2019 年 10 月 14 日公安部发布 124 项法庭科学领域技术标准目录

序号	标准编号	标准名称
1	GA/Z 1600—2019	法庭科学标准体系结构
2	GA/T 1601—2019	法庭科学 生物检材中芬太尼检验 液相色谱-质谱法
3	GA/T 1602—2019	法庭科学 生物检材中地西泮及其代谢物检验 液相色谱和液相色谱-质谱法
4	GA/T 1603—2019	法庭科学 生物检材中地芬尼多检验 气相色谱和气相色谱-质谱法
5	GA/T 1604—2019	法庭科学 生物检材中地西泮等 23 种药物检验快速溶剂萃取气相色谱-质谱法
6	GA/T 1605—2019	法庭科学 生物检材中丁丙诺啡检验 液相色谱-质谱法
7	GA/T 1606—2019	法庭科学 生物检材中毒死蜱等五种有机磷农药检验快速溶剂萃取气相色谱和液相色谱-质谱法
8	GA/T 1607—2019	法庭科学 生物检材中海洛因代谢物检验 液相色谱-质谱法
9	GA/T 1608—2019	法庭科学 生物检材中河豚毒素检验 液相色谱-质谱法
10	GA/T 1609—2019	法庭科学 生物检材中林可霉素检验 液相色谱-质谱法
11	GA/T 1610—2019	法庭科学 生物检材中红霉素和罗红霉素检验 液相色谱-质谱法
12	GA/T 1611—2019	法庭科学 生物检材中甲氰菊酯类农药及其代谢物检验 液相色谱-质谱法
13	GA/T 1612—2019	法庭科学 生物检材中乐果等八种有机磷农药检验气相色谱和气相色谱-质谱法
14	GA/T 1613—2019	法庭科学 生物检材中利多卡因、罗派卡因和布比卡因检验气相色谱-质谱和液相色谱-质谱法
15	GA/T 1614—2019	法庭科学 生物检材中氯胺酮检验 气相色谱和气相色谱-质谱法

续表 8-3

序号	标准编号	标准名称
16	GA/T 1615—2019	法庭科学 生物检材中氯氮平检验 气相色谱和气相色谱-质谱法
17	GA/T 1616—2019	法庭科学 生物检材中氯霉素检验 液相色谱和液相色谱-质谱法
18	GA/T 1617—2019	法庭科学 生物检材中马钱子碱和士的宁检验 液相色谱和液相色谱-质谱法
19	GA/T 1618—2019	法庭科学 生物检材中美沙酮检验 液相色谱-质谱法
20	GA/T 1619—2019	法庭科学 生物检材中灭多威和灭多威肟检验气相色谱-质谱和液相色谱-质谱法
21	GA/T 1620—2019	法庭科学 生物检材中扑尔敏检验 气相色谱和气相色谱-质谱法
22	GA/T 1621—2019	法庭科学 生物检材中噻嗪酮检验 气相色谱-质谱和液相色谱-质谱法
23	GA/T 1622—2019	法庭科学 生物检材中沙蚕毒素、杀虫双、杀虫环和杀螺丹检验气相色谱、气相色谱-质谱和液相色谱-质谱法
24	GA/T 1623—2019	法庭科学 生物检材中涕灭威检验气相色谱-质谱和液相色谱-质谱法
25	GA/T 1624—2019	法庭科学 生物检材中五氟利多检验 液相色谱-质谱法
26	GA/T 1625—2019	法庭科学 生物检材中西玛津和莠去津检验 气相色谱-质谱法
27	GA/T 1626—2019	法庭科学 生物检材中佐匹克隆和右佐匹克隆检验 液相色谱-质谱法
28	GA/T 1627—2019	法庭科学 生物检材中2,4-D等四种苯氧羧酸类除草剂检验 气相色谱和气相色谱-质谱法
29	GA/T 1628—2019	法庭科学 生物检材中草甘膦检验 离子色谱-质谱法
30	GA/T 1629—2019	法庭科学 血液、尿液中百草枯检验 气相色谱和气相色谱-质谱法
31	GA/T 1630—2019	法庭科学 血液、尿液中铬等五种元素检验 电感耦合等离子体质谱法
32	GA/T 1631—2019	法庭科学 血液、尿液中米氮平和氟西汀检验 气相色谱和气相色谱-质谱法
33	GA/T 1632—2019	法庭科学 血液、尿液中缩节胺和矮壮素 液相色谱-质谱法
34	GA/T 1633—2019	法庭科学 血液、尿液中乙基葡萄糖醛苷检验 气相色谱-质谱和液相色谱-质谱法
35	GA/T 1634—2019	法庭科学毛发、血液中苯丙胺等四种苯丙胺类毒品检验气相色谱和气相色谱-质谱法

续表 8-3

序号	标准编号	标准名称
36	GA/T 1635—2019	法庭科学 毛发、血液中吗啡和单乙酰吗啡检验 气相色谱-质谱法
37	GA/T 1636—2019	法庭科学 毛发、血液中四氢大麻酚和四氢大麻酸检验 气相色谱-质谱法
38	GA/T 1637—2019	法庭科学 血液中甲磺隆等四种磺酰类除草剂检验 液相色谱和液相色谱-质谱法
39	GA/T 1638—2019	法庭科学 尿液中地西泮等四种苯骈二氮杂䓬类药物及其代谢物检验 气相色谱-质谱法
40	GA/T 1639—2019	法庭科学 生物检材中唾液中苯丙胺等四种苯丙胺类毒品和氯胺酮检验 液相色谱-质谱法
41	GA/T 1640—2019	法庭科学 唾液中吗啡和 O^6-单乙酰吗啡检验 液相色谱-质谱法
42	GA/T 1641—2019	法庭科学 疑似毒品中苯丙胺和替苯丙胺检验 气相色谱和气相色谱-质谱法
43	GA/T 1642—2019	法庭科学 疑似毒品中大麻检验 液相色谱和液相色谱-质谱法
44	GA/T 1643—2019	法庭科学 疑似毒品中二亚甲基双氧安非他明检验 液相色谱和液相色谱-质谱法
45	GA/T 1644—2019	法庭科学 疑似毒品中甲卡西酮、卡西酮和4-甲基甲卡西酮检验 液相色谱-质谱法
46	GA/T 1645—2019	法庭科学 疑似毒品中可卡因检验 液相色谱和液相色谱-质谱法
47	GA/T 1646—2019	法庭科学 疑似毒品中美沙酮检验 液相色谱和液相色谱-质谱法
48	GA/T 1647—2019	法庭科学 疑似毒品中溴西泮等五种苯骈二氮杂䓬类毒品检验 液相色谱和液相色谱-质谱法
49	GA/T 1648—2019	法庭科学 疑似毒品中鸦片检验 液相色谱和液相色谱-质谱法
50	GA/T 1649—2019	法庭科学 毒物检验方法确诊规范
51	GA/T 1650—2019	法庭科学 碳微料试剂显现胶带粘面手印技术规范
52	GA/T 1651—2019	法庭科学 真空镀膜显现手印技术规范
53	GA/T 1652—2019	法庭科学 植物油脂中天然辣椒素、二氢辣椒素和合成辣椒素检验 液相色谱-质谱法
54	GA/T 1653—2019	法庭科学 催泪剂中苯氯乙酮和邻氯苯亚甲基丙二腈检验 气相色谱-质谱法
55	GA/T 1654—2019	法庭科学 纸张元素成分检验 波长色散X射线荧光光谱法
56	GA/T 1655—2019	法庭科学 泥土元素成分检验 X射线荧光光谱法

续表 8-3

序号	标准编号	标准名称
57	GA/T 1656—2019	法庭科学 口红检验 红外光谱法
58	GA/T 1657—2019	法庭科学 圆珠笔字迹色痕检验 液相色谱法
59	GA/T 1658—2019	法庭科学 三硝基甲苯（TNT）检验 气相色谱-质谱法
60	GA/T 1659—2019	法庭科学 羊绒纤维检验 生物显微镜法
61	GA/T 1660—2019	视频侦查技术实验室建设规范
62	GA/T 1661—2019	法医学 关节活动度检验规范
63	GA/T 1662—2019	法庭科学 硅藻检验技术规范 微波消解-真空抽滤-显微镜法
64	GA/T 1663—2019	法庭科学 Linux 操作系统日志检验技术规范
65	GA/T 1664—2019	法庭科学 MS SQL Server 数据库日志检验技术规范
66	GA/T 1665—2019	法庭科学 人类血液采集存储卡通用技术要求
67	GA/T 1666—2019	法庭科学 吗啡尿液检测试剂盒（胶体金免疫层析法）通用技术要求
68	GA/T 1667—2019	法庭科学 吗啡/甲基安非他明唾液检测试剂盒（胶体金免疫层析法）通用技术要求
69	GA/T 1668—2019	法庭科学 可卡因尿液检测试剂盒（胶体金免疫层析法）通用技术要求
70	GA/T 1669—2019	法庭科学 紫外、红外数码照相机技术要求
71	GA/T 1670—2019	法庭科学 比较显微镜通用技术要求
72	GA/T 1671—2019	法庭科学 宽幅强光足迹灯通过技术要求
73	GA/T 1672—2019	法庭科学 工具痕迹检验术语
74	GA/T 1673—2019	法庭科学 弹子锁具痕迹检验术语
75	GA/T 1674—2019	法庭科学 痕迹检验形态特征比对方法确认规范
76	GA/T 1675—2019	法庭科学 平面水渍足迹提取方法
77	GA/T 1676—2019	法庭科学 血足迹提取规程
78	GA/T 1677—2019	法庭科学 立体鞋印形象特征检验技术规范
79	GA/T 1678—2019	法庭科学 鞋底磨损特征检验技术规范
80	GA/T 1679—2019	法庭科学 牲畜蹄迹提取技术规范
81	GA/T 1680—2019	法庭科学 平面灰尘痕迹溴甲酚蓝增强方法
82	GA/T 1681—2019	法庭科学 凹窝牙花钥匙增配痕迹检验技术规范
83	GA/T 1682—2019	法庭科学 凹陷痕迹样本制作技术规范
84	GA/T 1683—2019	法庭科学 枪械种类识别检验技术规范
85	GA/T 1684—2019	法庭科学 纺织品上显现铜、铅元素判断射击距离的方法

附录 中华人民共和国现行与法医鉴定有关的法律、法规、标准

续表 8-3

序号	标准编号	标准名称
86	GA/T 1685—2019	法庭科学 炸药爆炸冲击波超压测定方法
87	GA/T 1686—2019	法庭科学 现场伐根测量方法
88	GA/T 1687—2019	法庭科学文件检验标准体系表
89	GA/T 1688—2019	法庭科学 文件检验术语 第3部分：印刷文件检验
90	GA/T 1689—2019	法庭科学 文件检验术语 第4部分：言语识别与鉴定
91	GA/T 1690—2019	法庭科学 印章印文检验 第1部分：显微检验法
92	GA/T 1691—2019	法庭科学 印章印文检验 第2部分：重合比对法
93	GA/T 1692—2019	法庭科学 印章印文检验 第3部分：细节性比对法
94	GA/T 1693—2019	法庭科学 印章印文检验 第4部分：测量比较法
95	GA/T 1694—2019	法庭科学 印章印文检验 第5部分：拼接比对法
96	GA/T 1695—2019	法庭科学 印章印文检验 第6部分：画线比对法
97	GA/T 1696—2019	法庭科学 纸张检验外观纸病分类规范
98	GA/T 1697—2019	法庭科学 书写条件变化笔迹检验规程
99	GA/T 1698—2019	法庭科学 复制印章印文检验指南
100	GA/T 1699—2019	法庭科学 复制笔迹检验指南
101	GA/T 1700—2019	法庭科学 彩色激光打印（复印）文件跟踪暗码显现方法
102	GA/T 1701—2019	法庭科学 墨粉检验 红外光谱法
103	GA/T 1702—2019	法庭科学 纸张检验 染色剂法
104	GA/T 1703—2019	法庭科学 犬DNA实验室检验规范
105	GA/T 1704—2019	法庭科学 DNA实验室质量控制规范
106	GA/T 1705—2019	法庭科学 生物样本自动分拣方法
107	GA/T 1706—2019	法庭科学 生物样本自动分拣设备通用技术要求
108	GA/T 103—2019	法庭科学 生物检材中甲氰菊脂等五种拟除虫菊酯类农药检验气相色谱-质谱法
109	GA/T 121—2019	法庭科学 生物检材中斑蝥素检验 气相色谱-质谱和液相色谱-质谱法
110	GA/T 147—2019	法医学 尸体检验技术总则
111	GA/T 148—2019	法医学 病理检材的提取、固定、取材及保存规范
112	GA/T 150—2019	法医学 机械性窒息尸体检验规范
113	GA/T 151—2019	法医学 新生儿尸体检验规范
114	GA/T 167—2019	法医学 中毒尸体检验规范

续表 8-3

序号	标准编号	标准名称
115	GA/T 168—2019	法医学 机械性损伤尸体检验规范
116	GA/T 170—2019	法医学 猝死尸体检验规范
117	GA/T 204—2019	法庭科学 血液、尿液中苯、甲苯、乙苯和二甲苯检验 顶空气相色谱法
118	GA/T 208—2019	法庭科学 生物检材中磷化氢检验 顶空气相色谱和顶空气相色谱-质谱法
119	GA/T 424—2019	法庭科学 讯问犯罪嫌疑人录音录像方法
120	GA/T 724—2019	法庭科学 手印鉴定规程
121	GA/T 773—2019	指掌纹自动识别系统术语
122	GA/T 774—2019	指掌纹特征规范
123	GA/T 790—2019	捺印指掌纹信息卡式样
124	GA/T 791—2019	现场指掌纹信息卡式样

备注：编号10—124项为修订标准。

第六部分　资质认定和实验室认可相关规定（目录）

中华人民共和国认证认可条例（2016年2月6日修订）

实验室和检查机构资质认定管理办法（2006年2月21日）

司法部、国家认证认可监督管理委员会关于全面推进司法鉴定机构认证认可工作的通知（2012年4月12日）

国家认证认可监督管理委员会、司法部关于印发《司法鉴定机构资质认定评审准则》的通知（2012年9月14日）

认证机构管理办法（2015年5月11日修订）

国家认证认可监督管理委员会关于实施《检验检测机构资质认定管理办法》的若干意见（2015年7月29日）

主要参考文献

[1] 陈康颐. 应用法医学总论［M］. 北京：群众出版社，1995.
[2] 贾静涛. 中国古代法医学史［M］. 北京：群众出版社，1984.
[3] 黄瑞亭. 法医青天——林几法医生涯录［M］. 北京：世界图书出版公司，1995.
[4] 黄瑞亭. 中国现代法医学发展史述评［J］. 法庭科学杂志，1995：1-2.
[5] 何颂跃. 民国时期我国的法医学［J］. 中华医史杂志，1990；20(3)：1290.
[6] UBELAKER D H，全球司法鉴定实践［M］. 何晓丹，李成涛，主译. 北京：科学出版社，2019.
[7] 陈新谦，张天禄. 中国近代药学史［M］. 北京：人民卫生出版社，1992.
[8] 翟建安. 中国法医实践［M］. 北京：警官教育出版社，1993.
[9] 黄瑞亭. 中国现代法医学奠基人法医学家教育家林几［J］. 福建史志，1995，6：45.
[10] 贾静涛. 辛亥革命以后的中国法医学［J］. 中华医史杂志，1986，1：205.
[11] 贾静涛. 中国法医学发展简史［C］. 国际法医学研讨会论文集，中国医科大学，1987.
[12] 林厚棋. 国民党统治时期的司法概述［M］. 福建文史资料（第二十辑），1989.
[13] 刘平，刘培友. 医学法学［M］. 南宁：广西人民出版社，1992.
[14] 最高人民法院研究室. 司法手册（第一至十二辑）［M］. 北京：人民法院出版社，1987-1997.
[15] 张友渔. 中国大百科全书（法学卷）［M］，北京：中国大百科全书出版社，1980.
[16] 黄瑞亭. 我国仵作职业研究［J］，中国法医学杂志，2012，27（5）：428-430.
[17] 贾静涛. 法医学概论［M］，北京：人民卫生出版社，北京：1988.
[18] 黄瑞亭. 中国近现代法医学发展史［M］. 福州：福建教育出版社，1997.
[19] 田涛、郑秦点校. 大清律例［M］. 北京：法律出版社，1999.
[20] 黄瑞亭. 我国古代法医语言的现代借鉴价值［J］，中国司法鉴定，2013，5：114-118.
[21] 陈新山. 人口死亡管理及相关立法现状和对策研究［J］. 医学与社会. 2010，23（4）：70-71.

[22] 邓铁涛. 中医近代史 [M]. 广州：广东高等教育出版社，1999.
[23] 贾静涛. 法医学史 [M] // 郭景元. 现代法医学. 北京：科学出版社，2000：11-52.
[24] 叶孝信. 中国法制史 [M]. 上海：复旦大学出版社，2002.
[25] 陈新山. 香港法医学考察见闻与思考 [J]. 中国法医学杂志，2009，24（6）：431-432.
[26] 黄瑞亭. 法医探索 [M]. 福州：福建教育出版社，2005.
[27] 黄瑞亭. 中国近现代法医学人物志 [J]. 中国法医学杂志，2011，4：345-348.
[28] 黄瑞亭. 法庭科学的真谛 [J]. 证据科学，2012，20（4）：489-499.
[29] 祝庆琪. 刑案汇览全编 [M]. 北京：法律出版社，2007.
[30] 黄瑞亭. 宋慈洗冤集录与宋朝司法鉴定制度 [J]. 中国司法鉴定，2006（1）：57.
[31] 黄瑞亭，陈新山. 洗冤集录今释 [M]. 北京：军事医学科学出版社，2008.
[32] 黄瑞亭，陈新山. 话说大宋提刑官 [M]. 北京：军事医学科学出版社，2011.
[33] 中华民国法令大全. 解剖规则施行细则. 内务部令第五十一号，1942.
[34] 中华民国法令大全. 司法讲习所规程. 司法行政部令第六十九号，1942.
[35] 林几. 最近法医学鉴定法之进步 [J]. 中华医学杂志，1926，3：220.
[36] 林几. 拟议创立中央大学医学院法医学科教室意见书 [J]，中华医学杂志，1928，6：205.
[37] 林几. 检验洗冤录银针检毒法不切实用意见书 [J]. 法医月刊，1934，5：53.
[38] 孙逵方，张养吾. 中国法医学史 [J]. 法医学季刊，1936，1：3.
[39] 林几. 法医学史略 [J]. 北平医刊，1936，8：22.
[40] 杨元吉. 法医学史略补 [J]. 北平医刊，1936，9：9.
[41] 宋大仁. 中国法医学简史 [J]. 中华医学杂志，1936，12：1267.
[42] 魏立功. 我国法医概况 [J]. 中华医学杂志，1939，12：1066.
[43] 林几. 二十年来法医学之进步 [J]. 中华医学杂志，1946，32（6）：18.
[44] 陈康颐. 中国法医学史 [J]. 医史杂志，1952，1：1.
[45] 张颐昌. 祖国法医学发展简史 [J]. 华东政法学报，1956，3：39.
[46] 黄瑞亭. 洗冤集录与宋慈的法律学术思想 [J]. 法律与医学杂志，2004，11（2）：123.
[47] 黄瑞亭，陈新山. 百年中国法医学 [J]. 中国法医学杂志，2005，20（5）：318-319.
[48] 黄瑞亭，陈新山. 中国法医学史 [M]. 武汉：华中科技大学出版社，2016.
[49] 仲许. 有关我国法医学史方面二事 [J]. 医学史与保健组织，1957，4：286.
[50] 汪继祖. 疑狱集、折狱龟鉴、棠荫比事释例 [J]. 医学史与保健组织，1958，（1）：45.
[51] 张大庆. 中国近代解剖学史略 [J]，中国科技史料，1994，15（3）：21-31.
[52] 王道还. 论医林改错之解剖学——兼论解剖学在中西医学传统中的地位 [J]. 新

史学,1995,6(1):19.

[53] HUANG RT. Professor Lin Ji (1897—1951) [J]. Forensic Sci Int, 1992, 53: 121-123.

[54] DICKENS P. Forensic medicine in Hong Kong [J]. Am J Med Pathol, 1990, 11: 265-266.

[55] BEH SL, DICKENS P, KAM EP, et al. The likely implications of the 1997 Coroners Ordinance on the autopsy service of a teaching hospital [J]. Hong Kong Med J, 1998, 4 (2): 191-194.

[56] 黄瑞亭. 早期中外医药学专家对我国现代法医学的贡献 [J]. 法医学杂志, 1997, 3: 21.

[57] 黄瑞亭. 林几教授在日本侵华时期坚持法医学教育 [J]. 中国法医学杂志, 2015, 30 (5): 516

[58] 黄瑞亭. 罗文干与中国早期的法医研究所 [J]. 中国法医学杂志, 2015, 3: 53-56

[59] 黄瑞亭.《法医月刊》办刊特色与历史作用 [J]. 中国法医学杂志, 2015, 5: 121-125

[60] 黄瑞亭. 林几 [M]. 厦门: 鹭江出版社, 2016.

[61] 黄瑞亭. 林几教授与他的《实验法医学》——缅怀中国现代法医学奠基人林几教授 [J], 中国司法鉴定, 2014, 4: 110-114.

[62] 黄瑞亭. 留有清气满乾坤——纪念中国现代法医学奠基人林几教授逝世40周年 [J]. 中国法医学杂志, 1991, 4: 243-246.

[63] 黄瑞亭.《拟议创立中央大学医学院法医学科教室意见书》与林几教授的法医学教育思想——纪念林几教授诞辰100周年 [J]. 法医学杂志, 1998, 14 (1): 55-58.

[64] 黄瑞亭. 百年之功——纪念林几教授诞辰110周年 [J]. 中国法医学杂志, 2007, 22 (2): 141-144.

[65] 黄瑞亭. 林几学术思想及其当代价值——纪念林几诞辰120周年 [J]. 中国法医学杂志, 2017, 6: 547-551.

[66] 黄瑞亭. 1936年以前林几论文著作的综览 [J]. 中国司法鉴定, 2017, 6: 21-24.

[67] CHEN X S, HUANG R T. The history of Chinese forensic medicine and science [M]. // Burkhard Medea. History of Forensic Medicine Berlin: Lehmanns Media GmbH, B, 2017, 78-107.

[68] 黄瑞亭. 宋慈《洗冤集录》与洗冤文化 [M] //张保生. 法庭科学文化论丛 (3). 北京: 中国政法大学出版社, 2018: 306-317.

[69] 李传斌. 基督教在华医疗事业与近代中国社会 (1835—1937) [D]. 苏州: 苏州大学, 2001.

[70] 贾静涛. 世界法医学与法科学史 [M]. 北京: 科学出版社, 2000.

[71] 法医师法（修正版）[J]. 台湾法医学志, 2015, 7 (2): 84-89.

[72] 法医师法施行细则 [J]. 台湾法医学志, 2009, 1 (1): 102.

[73] PHILIP B. The development of forensic medicine in Hong Kong [M] // BURKHARD M. History of forensic medicine. Berlin: Lehmanns Media GmbH, 2017, 188-197.

[74] 国家医学教育发展中心主任王镛教授简介 [J]. 国际眼科杂志, 2010, 10 (9): 1776

[75] 韩燕. 君子盛德天下为公——记"医学教育终身成就奖"获得者王镛教授 [J]. 中国医药导报, 2006, 3 (27): 12-14

[76] 司法鉴定技术考察团. 司法部司法鉴定科学技术研究所赴台湾地区考察报告 [J]. 中国司法鉴定, 2011, 4 (57): S4-S9.

[77] 刘振红. 海峡两岸法医学人才培养之比较 [J]. 中国法医学杂志, 2011, 26 (6): 511-512, 516.

[78] 王彩平, 廖学东. 海峡两岸法医现状之比较 [J]. 中国司法鉴定, 2011, 1 (54): 75-77.

[79] 陈新山. 法医学司法鉴定体制的现状及改革建议 [J]. 中国司法鉴定, 2018, 2 (97): 85-87

[80] 王镛. 继往开来: 振兴中国法医教育事业 [M]. 成都: 四川大学出版社, 2008.

[81] 刘耀, 丛斌, 侯一平. 实用法医学 [M]. 北京: 科学出版社, 2014.

[82] 伍新尧. 高级法医学 [M]. 2版. 郑州: 郑州大学出版社, 2011.

[83] 丛斌. 法医病理学 [M]. 5版. 北京: 人民卫生出版社, 2016.

[84] 丁梅. 法医学概论 [M]. 5版. 北京: 人民卫生出版社, 2016.

[85] 常林. 法医法学 [M]. 3版. 北京: 人民卫生出版社, 2016.

[86] 特别企画: 第一届两岸法医学术交流论坛 [J]. 台湾法医学志, 2009, 1 (2): 1-40.

[87] 侯一平. 我国高等法医学教育的特色 [J]. 中国高等医学教育, 1999, 6: 11-12

[88] 仲靖芳, 钱光立. 我国当前法医学教育面临的几大问题 [J]. 读与写杂志, 2010, 7 (12): 57.

[89] 钟鸣, 蔡继峰, 兰玲梅, 等. 新形势下我国法医学高等教育改革的思考 [J]. 医学教育探索, 2009, 8 (3): 231-233

[90] 侯一平. "十三五"法医学科学研究发展战略思考 [J]. 中国司法鉴定, 2016, 2 (85): 57-63.

[91] 丛斌, 齐倩. 法医转化医学模式——法医学发展的新契机 [J]. 中国法医学杂志, 2015, 30 (6): 553-555.

[92] 周文铺, 周亦武. 中国法医学著作与相关图书概览 (1949—2008) [M]. 北京: 中国人民公安大学出版社, 2009

[93] 黄瑞亭. 宋慈祖籍考 [J]. 中国司法鉴定, 2018, 4: 75-77

[94] 吕重九. 吴家驳吴梅筠从教五十年[M]. 成都：四川大学出版社，2003.

[95] 刘良. 高山景行——纪念法医病理学家黄光照教授从教50年[M]. 武汉：湖北科学技术出版社，2005.

[96] 胡丙杰，黄瑞亭. 民国时期我国法医学教育的建立与发展[J]. 中国继续医学教育，2018，10（24）：18-20.

[97] 苏红亮，贠克明. 1997—2016年法医学领域获国家自然科学基金资助情况分析[J]. 法医学杂志，2017，33（6）：657-661.

[98] 何晓丹，沈敏. 全国高等院校和科研院所法医学科竞争力分析和对策——基于国际自然科学基金委2010—2016年资助情况[J]. 中国司法鉴定，2017，1（90）：80-84.

[99] 香港特别行政区政府化验所2016年年报.[2018-07-23]https://www.govtlab.gov.hk/ar2016/ar2016_sc.pdf.

[100] 香港特别行政区政府化验所2017年年报.[2019-07-24]https://www.govtlab.gov.hk/ar2017/en-sc/index.html.

[101] 香港特别行政区卫生署2013/2014年年报.[2018-07-23]https://www.dh.gov.hk/tc_chi/pub_rec/pub_rec_ar/pdf/1314/ADR2013_14_c.pdf.

[102] 香港特别行政区卫生署2014/2015年年报.[2019-07-24]https://www.dh.gov.hk/tc_chi/pub_rec/pub_rec_ar/pdf/1415/ADR_2014_15_c.pdf.

[103] 陈才俊. 香港西医书院的创办及其历史意义[J]. 高等教育研究，2005，26（8）：84-88.

[104] 丛斌，宋随民. 廓清法医学学科体系 完善法医学概念内涵[J]. 中国法医学杂志，2019，34（2）：109-112.

[105] 侯一平，云利兵，诸虹，等. 我国法医学人才培养发展战略研究[J]. 中国工程科学，2019，21（2）：84-88.

[106] 叶靖. 我国司法鉴定体制的完善路径——以域外比较为分析视域[J]. 郑州航空工业管理学院学报：社会科学版，2019，38（2）：15-23.

[107] 王玲. 北京协和医学堂的创建[J]. 历史档案，2004，3：128-130.

[108] 顾景范，杜寿玢. 北平协和医学院暨协和医院（现中国协和医科大学暨北京协和医院）[J]. 营养学报，2007，29（2）：206-208.

[109] 林几. 对医院诊所管理规则之检讨[J]. 中华医学杂志，1945，31（4）：305-318.

[110] 朱世海. 香港司法制度的形成、演变与改革[J]. 国家行政学院学报，2017，3：32-36.

[111] 赵威. 民国时期总书目（1911—1949）法律分册[M]. 北京：书目文献出版社，1990.

[112] 台湾法医学会简介及出版品. 台湾法医学会网站.[2018-07-23]. http://tsfm.org.tw/.

[113] 台大医学院法医学科及法医研究所介绍. 台湾大学医学院法医学科及研究所网

站. [2019-09-06]. https://www.mc.ntu.tw/forensic.
[114] 廖文. 陈安良传 [M]. 广州：华南理工大学出版社，2014.
[115] 安君.《重刊补注洗冤集证》成书经过及版本考略 [J]. 贵图学苑，2015，3：37-39.
[116] UBELAKER D H. The global practice of forensic science [M]. Oxford：Wiley Blackwell，2015.
[117] 胡丙杰，翟恒利，黄瑞亭，等. 改革开放40年我国法医学发展的成就与展望 [J]. 中国法医学杂志，2019，34（1）：5-11.
[118] 刘耀，丛斌，胡丙杰. 中国法医学70年理论与实践 [M]. 北京：科学出版社，2019.